主編 吴洪澤 尹 波
主審 李文澤 刁忠民

宋人年譜叢刊

第八册

四川大學出版社

全國高等學校古籍整理研究工作委員會規劃項目

全國古籍整理出版規劃項目

國家「211工程」重點學科項目

目録（第八册）

劉勉之事蹟考

郭齊　編

據《宋代文化研究》第三輯增訂

劉勉之（一〇九一—一一四九），字致中，號白水先生，建州崇安（今福建武夷山市）五夫里白水人。踰冠以鄉舉入太學，師事程頤弟子譙定。盡得其學，遂棄科舉，歸結草堂，力耕苦讀。嘗請益於劉安世、楊時，又與胡寅、劉子翬爲友，相與講論切磋。紹興間，以呂本中等薦特詔至臨安，秦檜阻其見高宗，遂謝病歸。杜門十餘年，學者多慕名而至。紹興十九年卒，年五十九。

劉勉之是高宗朝著名隱士，雖懷才不用，但聲名遠播。與朱松爲友，爲朱熹岳父、導師。著《草堂文集》，不傳。事蹟見朱熹《聘士劉公先生墓表》（《朱文公文集》卷九〇）、《宋史》卷四五九《隱逸傳下》。

本譜爲郭齊編，以《墓表》所載劉勉之事蹟較簡略，於是博採群書，鈎稽排比，對其家世、行歷、交遊及著述與學術成就等均有考述。雖不以年譜名，但按年繫事，仍屬年譜。今據四川大學古籍所編《宋代文化研究》第三輯增訂改編，收入本書。

劉勉之是高宗朝著名的隱士之一，他雖然沒有做過官，但名氣卻很大。朱熹稱「一時賢士大夫莫不注心高仰之」，「卓然杰立，遂爲一世之聞人，名立于不朽」。見朱熹文集卷九〇《聘士劉公先生墓表》（以下簡稱《墓表》）、卷九一《劉十九府君墓誌銘》（以下簡稱《墓銘》）。高宗曾特詔其入闕，準備重用，宰相趙鼎也親顧茅廬，專門前去拜訪。作爲朱熹的岳父，他也是朱熹學儒的啓蒙老師之一，對朱熹早期學術和思想發生過重要影響。劉克莊說：「維我文公先生高明光大之學得之于天，然逆其淵源所自，……則有若草堂劉公者，實告之以聖賢講學門戶。雖其德業之大成猶待後日，而闔端正始之功有不可誣者。」（《西山文集》卷二六《建陽縣學四君子祠記》）《宋史·劉勉之傳》也說：「熹之得道，自勉之始。」

然而迄今爲止，我們對劉勉之其人知之不多。各家所載勉之事蹟，均不出《墓表》。而《墓表》乃劉勉之死後五十年寫成，全文僅一千餘字，若干事蹟語焉不詳。對這樣一位既是朱熹岳父，又是朱熹導師的重要人物，我們理應有更多的了解。

閩中之劉氏，肇始于唐末。據熊禾《麻沙劉氏族譜》（《勿軒集》卷三）載，唐末鎮國上將軍、光州大都督、工部尚書、沛國忠簡公劉楚之子劉翺、劉翔于僖宗時入閩，翔居崇安五夫里，是爲東族；翺居建陽麻沙，是爲西族。然萬曆《建陽縣志》卷六載：劉翺「昭宗季年與弟金吾將軍翔、將作監簿豳入閩，翔卜居崇安五夫里，號東族；翺居建陽麻沙，翺居建陽馬鋪，號西族」，與熊禾所稱「入閩者二人」不同。細考熊禾原文，劉楚「生六子，入閩者二人，曰少府監翺、將作簿、金吾上將軍翔。金吾生三子，……居崇安之五夫，……是爲東派祖也。將作簿者，其子爲兵部尙書，居于劉原。少府監開國公，……生子四人，……是爲西派祖也。」入閩者實也應爲三人，即少府監劉翺、將作簿某、金吾上將軍劉翔。只是官將作簿者失其名，「三人」誤作「二人」。《建陽縣志》所載劉翺爲將作監簿，與熊禾族譜正合。此蓋取自家譜，或可據信，今從之。同書卷六又載：「勉之，字致中，翺九世孫。」是劉勉之當出自西族。

曾祖父劉滋，生于宋初，年四十餘，以文學起家于農畝之中，登景德二年進士。調知無錫縣，通判福州。仁宗天聖時，知南劍州，興修水利，州人德之。歷典九郡，更中外十四任，官終尙書職方郎中，累贈開府儀同三司、吏部尙書（《墓表》，《青箱雜記》卷三，《八閩通志》卷六四，《閩中理學淵源考》卷六）。

劉滋生三子：劉同，仕至大理寺丞；劉勳，知臨江軍；劉照，即勉之祖父，歷仕朝請郎、河陽令。爲官不得志，未滿七十，即致仕歸，以高壽卒（《墓表》，康熙《福建通志》卷四七）。

父親劉元振，字君式，《墓表》不載其事蹟。嘉靖《建寧府志》卷一八稱元振「弱冠游太學，……國子先生呂大臨、游酢皆與之友善。……元豐中，士子方尙文華，元振獨沉涵載籍，深造義理。」據

《續資治通鑑長編》卷三九六、《東都事略》卷八九、《皇宋道學名臣言行外錄》卷六及《游酢年譜》等，呂大臨任太學博士在元祐元年、二年之間，游酢任太學錄在元豐八年。據此，元振入太學當在元豐末無疑。此時年及「弱冠」，進而可知元振生于仁宗嘉祐末或英宗治平間。元振少時沉靜有器識，季父劉勳當任子，準備讓他補官，他卻讓給了他的弟弟劉晛。在太學時，「持身有禮，衆敬憚之」。由于不願與俗沉浮，遂「不合于有司」而歸。他對父母親說：「兒爲志養，不爲祿養矣。」從此無意于科舉，縱情山水之間，終其一生（參乾隆《福建通志》卷五〇）。關于劉元振的卒年，諸書不載。《墓銘》稱：「國子祭酒翁公所爲志其墓者也。」嘉靖《建寧府志》卷一八云：「卒于家，友人翁彥深銘其墓。」按《斐然集》卷二六《翁公神道碑》，翁彥深，字養源，世居崇安之白水村。累官太常少卿，建炎二年罷歸，家居奉祠，紹興十一年卒。據此，則僅知劉元振卒于紹興十一年以前。但劉勉之與其兄紹興初年遷居建陽（詳見下考），各家記載都沒有提到劉氏兄弟奉親前往的事，或元振紹興初已卒。

母親余氏，建州人，能讀書史，有文化（《墓銘》）。

從以上這些關于劉勉之家世的記載中可以看出，劉勉之的曾祖父劉滋，尚可稱顯赫。《拙齋文集》卷一九《祭劉丈先生文》盛贊「堂堂開府，德高七閩。」祖父一輩，則沒有人做過大官。而到了劉勉之的父親劉元振，只是一個沒有出身的布衣了。家庭經濟情況也日見拮据，《墓銘》：「家世清貧，至先府君時，食口益衆。」劉勉之就出生在這樣一個家道中落的士族家庭。

哲宗元祐六年

劉勉之生於建州崇安縣白水村。

關于劉勉之青少年時代的情況，已無從考知，我們只能從一些零星的記述中，得到一星半點的了解。《墓表》稱劉勉之「自幼強學，日誦數千言，耳目所接，一過不復忘。其爲文肆筆而成，滂沛閎闊，凌厲頓挫，儕輩少能及之。」可知勉之小時候十分穎悟，博聞強記，擅長作文，蓋習舉子業也。劉子翬《屏山集》卷一二《雲際會劉致中》云「少年鼻哂輕流俗」，這是對自己和劉勉之兒時年少氣盛，目空一切的精神狀況的回憶；《劉致中惠瓜》：「因思少年時，窺園步清樾。百金酬地主，熟蒂香可揭。鄙懷須一快，聊效野人齕。」則描繪了他們偷偷溜進瓜園，在地頭大吃的有趣情景。

政和初，劉勉之二十餘歲。

時三舍法行于天下，《宋史》卷一五五《選舉志一》載，崇寧三年，「詔天下舉士，悉由學校升貢，其州郡發解及試禮部法幷罷。」自此，通過太學入選基本上成了入仕的唯一途徑。這種狀況一直持續到宣和三年。劉勉之也在這時由建州州學貢入太學學習。在太學期間，他不顧當時「元祐學術政事不許教授」的禁令，私下訪求河南程氏之書，潛心鑽研。同時，他又向當時在京師的程頤弟子譙定請教，更多地了解了二程的學說。不久，他離開了太學。在還家途中，劉勉之先後拜訪了名儒劉安世、楊時，他們的教誨，給予青年劉勉之以深刻影響。大約在政和末、宣和初，劉勉之回到了崇安。這次太學之行，奠定了劉勉之思想、學術的基礎，此後一生出處繫焉。因此，有必要作進一步的考證。

關于太學之行的時間。《墓表》：「逾冠，以鄉舉詣太學。時蔡京用事。」大觀四年劉勉之二十歲，既稱「逾冠」，則其入太學不得早于政和元年。又言「時蔡京用事」，據《東都事略》卷一〇一《蔡京傳》、《宋宰輔編年錄》卷一二及《宋史》卷四七二本傳等，蔡京于政和二年五月自杭州召還，任太師右僕射，直至宣和二年六月致仕，又可進一步確定勉之入太學當在政和二年五月以後。那麼劉勉之是何時離開太學的呢？我們認爲至遲在政和八年。胡寅《斐然集》卷二七《祭劉致中》稱「膠庠之舊，磨琢之誠」，係指他和劉勉之是太學同學，曾一起切磋學業。同書卷一九《上蔡論語解後序》云：「某年二十一，當政和戊戌，在太學」，知胡寅政和末在太學，時劉勉之和他在一起。又考同書卷一七《寄劉致中書》言：「致中兄，一別二十年」，此書作于紹興六年，由此上推二十年，正爲政和七年。又按朱熹文集卷九〇《屏山先生劉公墓表》：「先生少負奇才，未冠游太學。」劉子翬宣和二年年及二十，稱「未冠」，則其入太學至遲在宣和元年。而迄今爲止，沒有見到任何關于劉勉之與劉子翬同游太學的記載，唯一的解釋，就是劉子翬入太學以前，即宣和元年以前，劉勉之已離開太學了。又胡憲《祭劉子翬文》（宋劉學裘《劉氏傳忠録》卷三）說：「建炎戊申，公由上都間關來歸，始獲見于里中。」據朱熹文集卷九七《籍溪先生胡公行狀》，胡憲「以鄉貢入太學，會元祐學有禁，乃獨與鄉人白水劉君致中陰誦而竊講焉」。胡憲既和劉勉之同在太學，如果當時劉子翬也已入太學（子翬與勉之少年時即已熟識），就不會直到建炎二年才「始獲見于里中」。由此可確知劉勉之與劉子翬在太學實未謀面，即至遲在政和八年，已離開京師了。

關于私習伊洛之學。《墓表》記述道：「時蔡京用事，方禁士毋得挾元祐書，制師生收司連坐法，犯者罪至流徙。……先生心獨知其非是，陰訪伊洛程氏之傳，得其書，藏去。深夜，同舍生皆熟寐，乃始探篋解衮，下帷然膏，潛抄而默誦之。」蔡京禁元祐學時間較長，《道命錄》卷二「元祐學術政事不許教授指揮」條下注：「至是（崇寧二年），頒學制于天下，首有元祐學術政事之禁。凡二十有四年，至金人圍京師乃罷。」前面說過，勉之的父親劉元振曾經與呂大臨、游酢友善。而呂、游均爲「程門四先生」之一，元振受其影響，對二程的學說當有相當的了解。勉之受學于家，耳濡目染，後置嚴詔于不顧，陰習伊洛之學，其淵源也有所自。

關于師事譙定。《墓表》：「聞涪陵譙公天授嘗從程夫子游，兼邃《易》學，適以事至京師，即往扣焉，盡得其學之本末。」譙定，字天授，涪陵（今四川涪陵）人，《宋史》有傳。據《宋會要輯稿》選舉三四之五〇、《宋史》卷三七八

《胡舜陟傳》等載，靖康元年，殿中侍御史胡舜陟言：「涪陵譙定受《易》于郭雍，究極象數，逆知人事，洞曉諸葛亮八陣法，宜厚禮招之。」又《建炎以來繫年要錄》卷八：「其後黨禍作，頤屏居伊闕山，學者往從之，而定與尹焞爲首。」譙定從學程頤，精通《易》學，殆不爲虛傳。其首見程頤于洛之伊闕山在紹聖間，二見程頤于涪陵，在紹聖、元符頤遭貶時。程頤建中靖國元年始返洛（據朱熹《伊川先生年譜》），譙定親送以歸。《獨醒雜志》卷七：「伊川之貶涪也，始盡棄其學而學焉。……後伊川得歸，天授送至洛中而返。」史家或以定爲程門私淑，或直接將其列爲程門弟子，其學實有淵源。大觀元年程頤死後，譙定又到了京師，開始講學授徒。直到建炎元年，定還在汴京。關于劉勉之與胡憲一起從學于譙定，今天已無從得知其詳情。唯宋劉應李所編《新編事文類聚翰墨全書》辛集卷二載有譙定《答胡籍溪論易》一書，尚可窺一斑，玆錄于後：「某老朽無用，常欲緘口例俗，迂疏之學得遂棄置，私心所尚。然以吾友聽過情之問，奮古學之志，曠心無擇，主善而適，當風之竅，雖冀泯聲，不可得也。示喻見乃謂之象，若如是言，推爲文辭則可，于見處則未必。公不思象之在道，乃《易》之有太極邪？語直傷絞，惟冀亮察。」

關于問學于劉安世、楊時。《墓表》：「一日，棄錄牒，揖諸生而歸。道南都，見元城劉忠定公；過毗陵，見龜山楊文靖公，皆請業焉。而劉公尤奇其材，留語數十日，告以平生行己立朝大節，以至方外之學，它人所不及聞者，無不傾盡。」劉安世，字器之，號元城，謚忠定，大名（今河北大名）人，《宋史》有傳。安世師承司馬光，爲一代名臣、名儒。黃震《古今記要》卷一九稱士大夫「過南京必見劉待制」。其著述今存《盡言集》、《劉先生譚錄》、《劉先生道護錄》，其門人馬永卿又輯其講學之語，爲《元城先生語錄》三卷。據馬永卿《元城先生語錄序》、宋黃去疾《龜山先生年譜》，劉安世大觀四年尚在謫籍，居亳州永城。尋敘復，于是年末、政和元年初卜居南都，遂不復出，宣和七年卒。劉勉之訪元城，當在政和末。關于問學的內容，稍見記載。朱熹文集卷八一《跋劉元城言行錄》：「熹之外舅聘君少嘗見公睢陽，間爲熹言其所見聞，與是數書略同，而時有少異。」可知元城所傳，大致不出《元城先生語錄》的範圍。又《墨莊漫錄》卷四載：「劉安世器之在都下，僧化成見之曰：『公在胞胎中，當有不測驚危。幼年復有惡疾，幾爲廢人，然卒無恙。』」蓋器之父航赴官蜀中，時母方娠，遇棧道，天雨新霽，磴滑危甚。忽石隕馬蹶，夫人已墜崖下矣。衆皆驚泣，無復生望。試使下瞰，崖腹有巨木，葛藟縈結，蟠屈如蓋，落葉委藉，夫人安坐于上，呼之即應。乃縋而上，了無所傷。至官未幾而育器之。後十餘歲居京師，苦赤目甚惡，睛溢于外，百醫莫差。一日，有客云：『某有一相識來調官，畜惡目藥甚效。昨日來別，云已陛辭，早晚即行。試遣人往求之。』時行李已出房，云藥誠有之，匆匆忘記在某篋中。初發一篋，藥乃在焉，遂得之。令以藥傅睛上，軟帛纏護，戒七日方開。一傅，痛即止，及開，睛以內，眸子瞭矣。二事器之自爲劉勉中言。」（「勉中」當為「勉之」之誤）此也足見談及的話題十分廣泛。這次問學，劉勉之受到的影響是很深的。《墓表》說：「先生拜受其言，精思力行，朝夕不怠。久而若有得焉，則疇昔所聞一言之善融會貫通，皆爲己用，而其踐履日以莊篤。」林之奇《祭劉丈先生文》言：「始學于譙，已得其眞。繼師于劉，所養益淳。」胡寅《祭劉致中》云：「嗟嗟致中，早自貴珍。見賢必事，遇仁必親。學無定師，參以訂證。濬其明穎，礲其廉勁。」

據黃去疾《龜山先生年譜》，楊時政和元年正月二十三日離京，二月二日至南都，見劉安世，二月九日別。三月四日至常州，寓居待次。三年，赴蕭山知縣（《咸淳毗陵志》卷一八：「政和元年，待次越州蕭山知縣，自京過毗陵，寓早科巷。……明年，赴蕭山任。」是楊時赴蕭山在政和二年。嘉靖《蕭山縣志》卷五也作二年）。四年奉祠，復入京師，八月自京師還餘杭。十一月，由餘杭徙居毗陵，十二月抵達。五年，又自毗陵單騎還鄉，十一月復還毗陵。楊時居毗陵凡十八年，然政和五年以前行踪不定，劉勉之與之相見當在政和末。由京師至毗陵復還崇安，實爲迂道專程拜訪。但《墓表》未言其詳，林之奇祭文也只稱「始學于譙」、「繼師于劉」，沒有提到楊時，恐此次拜訪僅止于一面而已。

總之，劉勉之的太學之行，決定了他的一生。從總體上講，他主要接受了二程的洛學，厭棄科舉，不求聞達，專注于修身養性。同時，他又接受了譙定的《易》學，劉安世的涑水之學，以及其他「方外之學，它人所不及聞者」。謝去場屋，劉勉之從此開始了他長達三十年的隱居生活。

宣和元年，劉勉之二十九歲。

關于勉之娶親的時間，已無從考知。但根據其子女的情況，估計成親較晚。據《墓表》，勉之無子，其長女即朱熹夫人劉氏。劉氏凡生三男五女（黄榦《朱熹行狀》），最幼者生于乾道九年，四年後劉氏卒。（朱熹文集卷九三《女已志銘》）因此可以推測劉氏的生年大約與朱熹同時，即生于建炎末、紹興初。那麼，勉之成親，或在宣和中，時已三十多歲了。夫人連氏，娘家富而無子，準備把全部家產交給勉之夫婦。勉之謝絶了，將這些財產分送給妻子的宗屬。這件事爲劉勉之博得了聲譽，朱熹專門將其作爲高行義舉，載入《墓表》。林之奇祭文中所贊揚的「萬金之產，視若埃塵」，即是指此。

劉勉之隱居生活的一個重要內容，是讀書論道。《墓表》說：「與籍溪胡公原仲、屏山劉公彥沖兩先生友善，日以講論切磋爲事。其于當世之務，若不屑焉，而論說區處，巨細顯微皆有條理。」《屏山先生劉公墓表》：「與胡劉二先生爲道義交，相見講學外無一雜言。」《籍溪先生胡公行狀》：「先生所與同志，唯白水先生，既與俱隱，又得屏山劉公彥沖先生而與之游，更相切磨，以就其學。」他們講論最多的，是《易經》。《劉氏傳忠錄》卷三載劉勉之挽劉子翬詩有「春寒古寺題詩日，夜永虛堂講《易》時」之句。《拙齋文集》卷九有林之奇《答劉先生》、《寄遺逸先生》二書，引錄了不少劉勉之論《易》論學的話語，是了解其學術思想的寶貴資料。《屏山集》也有不少提及讀《易》講《易》之處，如卷六《跋浩然子》：「吾黨有浩然子（潘殖），著書九篇，劉致中以示胡原仲，原仲轉以示余。」卷一三《入白水訪劉致中昆仲》：「暮投鵝峰宿，青燈耿柴門。相從二三子，交情久彌敦。談玄測彖象，攬佩紉蘭蓀。」卷一九《原仲致中寄雪梅二詩再次前韻》：「清湖讀《易》日當午，烏石挂廬梅照晨。」值得注意的是，劉勉之同胡憲、劉子翬一樣，也好禪學。《屏山集》卷一二《寄茶與二劉》：「大劉談天紫髯張，小劉逃禪清興長。」大劉指劉溫其，小劉即劉勉之。他們與宗杲弟子道謙等許多僧人都有來往，《東萊詩集》卷一四《送謙上人回建州》三首之二：「平生苦節胡元仲，老大多才劉致中。爲我殷勤問消息，十年堅坐想高風。」除相與講論外，劉勉之還經常向前來請教的學子傳經講道：「學子造門，隨其材品，爲說聖賢教學門戶，以及前言往行之懿，終日娓娓無倦色。自壯至老，如一日也。」林之奇、魏掞之、范念德、朱熹等許多名儒，都曾問學于勉之。

當然，作爲一個隱士，劉勉之絕非「講學外無一雜言」。他的生活內容更多地是游山玩水、飲酒賦詩及琴棋書畫等。這方面在劉子翬與他的唱和詩中有較多的記載，見于《屏山集》卷一一、一二、一三、一八、一九、二〇，這裏不一一列舉。

建炎之初，宋王朝震蕩于內憂外患之中。外而金人乘滅亡北宋的驕橫氣焰頻頻南侵，內而各地戰亂紛至沓來。隱居于鵝子峰下、白水之濱的劉勉之，也不能幸免于一場浩劫。建炎四年，甌寧人范汝爲聚衆起義，攻城略地，衆至十餘萬。其義軍屢起屢伏，直至紹興二年，才被韓世忠鎮壓下去，范汝爲自殺，餘部于年底潰散。朱松親身經歷了這次戰亂，他在《與祝公書》（朱熹續集卷四），中有詳細的記載。嘉靖《建陽縣志》卷一還具體記述了崇安的情況：「紹興元年六月，崇安民廖公昭合汝爲餘黨熊志寧作亂，既散，志寧復與建陽民丁朝佐合兵陷二縣。」劉子翬在《屏山集》中更是如泣如訴地寫下了故鄉遭到破壞的慘烈情景：「紹興改元寇作，里中騷動」（卷九《處士劉公墓表》），「故園喪亂餘，歸來復何有？鄰人雖喜在，憂悴成老叟。爲言寇來時，白刃穿田畝。驚忙不知路，夜踏人屍走。屋廬成飛烟，囊橐無暇取。……艱難歷冬夏，遷徙遍林藪。深虞邏寇知，兒啼扼其口。樹皮爲衣裳，樹根作糧糗。還家生理盡，黑瘦面如狗。」（卷一二《諭俗十二首》）甚至富豪也不能幸免于難：「西村人漸歸，撑住燒殘屋。東村但蒿萊，死者無人哭。昔茲號富穰，被禍尤殘酷。二三里中豪，喪亂身爲僇。遺骸悵莫掩，飢鳶啄其腹。」（同上）劉勉之隱居之地本來與劉子翬相鄰，《屏山集》卷二〇《致中晚集》：「喜君新隱地，山翠切吾廬」，正因爲「亂後故山室廬荒頓，乃即建陽近郊蕭屯別墅結草爲堂，讀書其中，力耕稼以自給，澹然若無求于世。」（《墓表》）是劉勉之遷居建陽約在紹興三年前後，其號草堂，殆自此始。蕭屯今無考，《墓表》稱「建陽近郊」，又說「先生墓在草堂涉溪西北七里所群玉鄉三桂里之學士原」，又朱熹文集卷九四《孺人祝氏壙志》：「葬于建寧府建陽縣後山天湖之陽東北（屬崇泰里，在三桂里西北），距先君白水之兆百里而遠。」觀其方位，則劉勉之結庵處應在三桂里之東南，即建陽縣東南隅郊外。而萬曆《建陽縣志》卷五，劉勉之爲崇泰里人；卷二，勉之祠也在崇泰里；朱熹母祝氏也葬于崇泰里，恐亦非偶然。是否勉之初居建陽近郊，後遷至崇泰里？俟考。

劉勉之家原來從事種瓜業，《屏山集》卷一八《致中惠瓜》云：「侯家昔見連阡盛，賈肆徒夸厚貌奇」，可見生產規模還不小。遷居建陽後，劉勉之仍以西瓜生產爲其經濟主要來源。《屏山集》卷一八《致中惠瓜因成二絕句》：「故人夙有瓜畦約，走送筠籃百里間。」《有懷十首》：「不見蕭屯劉處士，年年清夢繞瓜畦。」卷一九《謝致中瓜二首》：「顧我小詩偏發市，年年博得蕭屯瓜。」劉子翬還將勉之送來的西瓜轉贈給胡憲：「呼兒急走送筠籃，敵暑惟應此物堪。」（卷一八《送瓜與胡原仲》）那麼，劉勉之是不是「力耕稼以自給」呢？我們認爲，作爲一個士大夫，根據當時家庭經濟狀況，親自耕種，自食其力是不大可能的。他仍是以一個地主的身份，雇傭瓜農進行生產，自己只不過偶爾到地頭，尋求一點「躬耕南畝」的樂趣罷了。

遷居建陽以後，劉勉之與劉子翬、胡憲等崇安老友不可能經常見面了，這是值得注意的。劉子翬在詩中描繪了他對故人的思念及前往建陽拜訪的情形：「林幽萬籟息，月出虛堂明。披衣坐復起，懷人思空盈。經時不對面，素榻浮埃生。……褰帷望岐路，慨然欲宵征。無人導我先，何因識門庭？仰憑鴻雁飛，書詞寫深誠。」（卷一一《懷致中》）「曉色陰晴久未分，亂山何處是蕭屯？荒荒日轉漁樵路，靄靄烟生桑柘村。勝地逢春聊駐馬，主人好客爲開樽。」（卷一八《蕭屯訪致中》）

紹興六年，劉勉之四十六歲。

四月，劉勉之給在湖南的胡寅寫了一封信，責備他不盡孝于生身父母，引出了一場軒然大波。

胡寅，字明仲，崇安人。宣和三年進士，仕至禮部侍郎，《宋史》有傳。寅本爲胡安國侄，安國養爲己子，其生身父母歷來無考。《斐然集》卷九《申尚書省議服狀》：「世母者，先父（指胡安國）同堂三兄之嫂也」，可知其生父爲胡安國堂兄，排行第三，胡寅概稱「三伯父」、「先伯父」、「先伯」。同書卷一七《寄秦丞相書》又說：「蓋伯氏與先伯今爲嫡長子」，「伯氏」即指《議服狀》中的「三兄之子，見任建州教授憲」。據此，則知胡寅竟是胡憲之胞弟！又考朱熹《籍溪先生胡公行狀》：「先生諱憲，……故侍讀南陽文定公從父兄之子也。祖聳、父淳皆不仕」，至此，可確知胡寅生父爲胡安國堂兄胡淳。據《斐然集》卷一一《議服劄子》，胡淳卒于建炎三年。又考林之奇《拙齋文集》卷九《上胡教授》：「欲以書求益于左右，適遭李表兄之喪，哀切倥偬，故雖遇便而不獲一言。既而聞先生遭罹憂患，未終大事，又未敢以此浼瀆先生之聽。」李表兄，指李楠，字和伯，事見本集卷一八《李和伯行狀》、卷一九《祭李和伯文》。李楠卒于紹興十七年九月，此言「既而聞先生遭罹憂患」，當指胡憲母（亦即胡寅之生母）卒于是年。

胡寅初生時，其父母將他遺棄，後爲胡安國所收養。《議服劄子》叙述了收養的經過：「閩之俗地狹人稠，計產養子。臣祖母憫臣之必不生也，委臣父收養之。」四十餘年，胡寅對自己的身世似一無所知。建炎三年其生父淳卒，寅未服喪，又長期不回崇安看望生母，由此招來非議。而劉勉之致書胡寅，始將此事公諸于衆。《寄秦丞相書》叙述當時的情況說：「鄉情理分疾勝而忌前，乃始交唱迭和，暴而短之。其下則群吠所怪，聚蚊成雷」，「乙卯年呂常伯之譏誚密行，丙辰年劉進士之書札顯至」，「一時群公隨俗毀譽」。對此，「先父震怒，所患遂增。作《辯謗》一篇，以授寅二弟寧、宏及三兄之子、見任建州教授憲，又授父指，令寅答書，以曉勉之。」胡寅的態度又如何呢？雖然《墓表》說「胡公感其言，爲數歸省，恩禮略備，議以少息」，雖然林之奇祭文說「聞其風者，革頑爲仁」，雖然胡寅《祭劉致中》也承認「其在友朋，忠益相告」，但他始終拒絶以父母之禮事其生身父母。從《申尚書省議服狀》、《議服劄子》、《寄劉致中書》、《寄秦丞相書》中可知其詳。《賓退錄》卷二云：「致堂本文定從子，其生也，父母不欲舉，文定夫人舉而子之。及貴，遭本生之喪，士論有非之者。故《漢宣帝立皇考廟》、《晉出帝封宋王敬儒》兩章，專以自解；而于《漢哀帝謝立定陶後》一節，直謂『爲人後者，不顧私親，安而行之，猶天性也。』吁，甚矣！……若致堂者，其亦有所爲而著書者歟！」是胡寅著《讀史管見》，其動機之一也是爲自己尋找根據。

這件事上自皇帝、宰相，下至鄉人士大夫，議論紛紛，沸沸揚揚，前後十餘年，鬧了個滿城風雨。而劉勉之儼然以衛道士的面目出現，充當了維護封建倫常的急先鋒，也名聲大噪了。

紹興八年，劉勉之四十八歲。

以呂本中等薦，召赴行在。這次應召，載在史冊。

《建炎以來繫年要錄》卷一一九紹興八年四月丁卯條：「戶部侍郎李彌遜、權刑部侍郎曾開、給事中吳表臣、張致遠、中書舍人句濤、呂本中奏：『建州進士劉勉之學有淵源，行可師法，閩中士人無不推仰，伏望特賜錄用。』詔召赴行在。」

李彌遜，字似之，《屏山集》卷一四有唱和詩。其弟李彌正，字似表，與劉勉之等人關係極爲密切。曾開，字天游，從學游酢，與劉安世交。張致遠，字子猷，胡寅同年進士，《屏山集》卷一九有唱和詩。此數人，皆熟知勉之者。而呂本中知之尤深，今《東萊詩集》卷一四、一七、二〇皆有唱和。卷一七《病中寄胡原仲劉致中》：「累月不寄書，我病亦在床。仰見出林鶴，如睹二子翔。冰壺貯秋月，所至有輝光。」其推許如此。

十月，應召至臨安。

《宋會要輯稿》選舉三一之二一：「（紹興）八年十一月四日，中書門下省言：『建州進士劉勉之已赴都堂審察訖』，詔令中書後省召試策一道。」

劉勉之雖隱居多年，若與世相忘，但并不絕對地拒絕入仕。這次應詔至臨安，并沒有見到高宗皇帝。《墓表》對這件事的解釋是：「既至，會秦丞相檜已專國枋，爲其事非己出，不能平。時又方決屈己和戎之策，惡聞天下正論，意山林之士不顧利害，敢盡言觸忌諱，尤不欲使見天子，談當世事，第令策試後省，給札俾上其對。」其實原因不止此，學術上的分岐以至朋黨之爭也是勉之遭冷遇的原因之一。《建炎以來繫年要錄》卷一二六載周南仲上高宗書云：「宣和之學弊于王氏，紹興弊于伊川，大臣唱之，學者響應。陛下用尹焞，詔劉勉之，厚風俗可也。若曰得人如寇準，如富弼，臣未知其可。」指名點姓地貶低劉勉之。對此，劉勉之「即日謝病歸。」

這次徵召，是劉勉之一生中唯一的入仕機會。他毅然辭歸，從側面反映了他反對主和的政治態度，表現了一個士人不阿附權貴的氣節，在士大夫中傳爲美談。林之奇祭文云：「搢紳論薦，聘以蒲輪。

一語不契，故山歸耘。出處大節，卓然不群。」胡寅祭文云：「德義積躬，名聞于朝。公卿引重，弓旌是招。三揖而前，尚赴堂察。君以疾辭，歸馭遄發。搢紳趣榮，快往奔馳。豈有匹士，重已如斯！」這是對劉勉之氣節的贊美。紹興九年四月，宰相趙鼎出知泉州，也專門「紆轡入謁，坐語移日，彌加嘆重」（《宋會要輯稿》職官七〇之二一，《墓表》），可見士大夫對劉勉之的敬重。

紹興十年，劉勉之五十歲。

是年前後，結識朱熹父朱松。

據朱熹《先君行狀》，朱松「未冠，由郡學貢京師，以政和八年同上舍出身」，則松政和中當與劉勉之、胡憲同在太學。但迄今沒有關于他們在太學交往的任何記載，辟雍之大，外舍生數千人之多，可以肯定當時互相并不認識。其後朱松入閩，尉政和、尤溪，寓建、劍二州，顛沛二十餘年。中間于紹興四年嘗一召爲秘書省正字，尋丁內艱而還。服除，紹興七年召對，累遷至吏部員外郎兼史館校勘。紹興十年春罷歸，寓居建州城南。根據現有材料，我們認爲朱松入閩雖早，但認識劉勉之、劉子羽、劉子翬、胡憲等人卻比較晚，大約在紹興十年罷歸以後。理由如次：

一、朱熹《籍溪先生胡公行狀》：「先生所與同志，唯白水先生，既與俱隱，又得屛山劉公彥冲先生而與之游，更相切磨，以就其學。而熹之先君子，亦晚而定交焉。」說明朱松與數人相識在晚年。

二、《劉氏傳忠錄》卷二朱熹《劉子羽神道碑銘》：「熹之先人，晚從公游，僅一再見，不幸屬疾，寓書以家事爲寄。」劉子羽紹興十二年罷歸崇安，朱松卒于次年三月二十四日，所以僅見過一兩次面，相識不會很早。

三、《屏山集》與朱松唱和詩僅三首，且皆作于紹興十年以後。卷一三《夜行潭溪上念原仲致中喬年茂元伯達皆有入山期以詩趣之》，喬年爲朱松字，伯達爲范如圭字。據朱熹文集卷九四《范直閣墓記》，范如圭生于荆南，自幼從舅氏胡安國學。建炎二年進士，歷官中外，至紹興十年春與朱松同日罷歸，入荆門遷親柩，始得歸建陽。由此可知此詩作于紹興十年後，此時朱松與劉勉之、劉子翬、胡憲等人方相識交往。卷一九《次韻朱喬年送山老住三峰二首》有「直須吏部尋盟日」之句，《朱喬年同傅茂元見訪》有「校書蘭臺昔名士」之句，可確知爲紹興十年朱松罷歸後所作。而朱松《韋齋集》無一首與勉之等人的唱和詩，也足證其交往時間不長。因此，朱松結識劉勉之等人，當在紹興十年或稍晚。

紹興十一年，勉之五十一歲。

作《翁彥深行狀》（《斐然集》卷二六《右朝奉大夫集英殿修撰翁公神道碑》）。

紹興十三年，劉勉之五十三歲。

春，朱松卒，其子朱熹前往稟學。

《墓表》：「熹之先君子蚤與先生游相好，將沒，深以後事爲寄，且戒熹往學焉。及棄諸孤，先生慨然爲經理其家事，而教誨熹如子侄。」《墓銘》：「熹年十四五時，以先君遺命，學于故聘士劉君先生。」《屏山先生劉公墓表》：「先人疾病時，嘗顧語熹曰：『籍溪胡原仲、白水劉致中、屏山劉彥冲，此三人者，吾友也。其學皆有淵源，吾所敬畏。吾即死，汝往父事之，而惟其言之聽，則吾死不恨矣。』熹飲泣受言不敢忘。既孤，則奉以告于三君子而稟學焉。」《籍溪先生胡公行狀》：「熹之先君子亦晚而定交焉。既病且沒，遂因以屬其子，故熹于三君子之門皆嘗得供灑掃之役。」

關于朱熹師從劉勉之的情況，本文開頭引用了劉克莊和《宋史》本傳的評論。「熹之得道，自勉之始」的說法影響很大，爲各家傳記所沿用。現略作考辨。

朱熹《少傅劉公神道碑》：「熹之先人晚從公游，疾病，寓書以家事爲寄。公惻然憐之，收教熹如子侄，故熹自幼得拜公左右。」王懋竑《朱子年譜》卷一紹興十三年下引明李古冲本、洪去蕪本《年譜》云：「韋齋歿，少傅（劉子羽）爲築室于其里第之傍，先生遂奉母夫人遷而居焉。」《鶴林玉露》甲編卷二：「韋齋歿，文公年十四，少傅爲築室于其里，俾奉母居焉。少傅手書與白水劉致中云：『于緋溪得屋五間，器用完備，又于七倉前得地，可以樹，有圃可蔬，有池可魚，朱家人口不多，可以居。』文公視卓夫人（子羽妻）猶母云。」根據這些材料，可知朱松死後，負責料理其家事的主要是劉子羽，而劉勉之在建陽，僅相與謀焉。定居崇安以後，朱熹朝夕從游者，則唯劉子翬。《屏山先生劉公墓表》：「時先生之兄侍郎公尤以收恤孤窮爲己任，以故熹獨得朝夕于先生之側。」王懋竑《朱子年譜考異》卷一紹興十三年下注：「按：韋齋遺命稟學三君子，而朱子師事屏山爲舉業，于白水、籍溪蓋以父執事之。」又引李本年譜云：「至于師門誼篤，則屏山爲最。」劉子翬外出講學，朱熹也常侍側。王氏《年譜》卷一隆興元年下引李本云：「初，屏山與朱子講習武夷，去家頗遠。時于中途建歇馬莊，買田二百餘畝，以供諸費，實與朱子共之。」朱熹十六七歲時，劉子翬命字曰「元晦」，并有祝詞，今載《屏山集》卷六。又朱熹晚年書門符曰：「佩韋遵考訓，晦木謹師傳」，其「師」獨指劉子翬（王氏《年譜考異》卷一紹興十三年下引李、洪本《年譜》）。朱熹從劉子翬習舉子業，連釋氏也有記載。《大慧普覺禪師語錄序》、《佛祖歷代通載》卷三〇云：「（朱熹）十八歲請舉，時從劉屏山，屏山意其必留心舉業，暨披其篋，只《大慧語錄》一帙爾。」至于劉勉之，朱熹只是偶爾見上一面。《墓銘》：「及少長，而先生以女妻之，又得數往拜于府君之側。」朱熹成爲劉勉之女婿之後，往建陽的次數才稍稍增多，這裏已經說得很清楚了。總之，朱熹稟學三先生，主要是師事劉子翬，其所受影響也應該主要是來自屏山。劉勉之雖是朱熹的岳父，對朱熹也不能沒有影響，但他們畢竟相處的時間不多。這也就是朱熹文集及語錄中多次說到劉子翬、胡憲治學授業的情況，而很少提及劉勉之的緣故。說劉勉之曾給青年朱熹以重要影響則可，言「朱熹得道，自勉之始」則欠妥。

紹興十四年，劉勉之五十四歲。

作《祭劉子翼文》（《劉氏傳忠録》卷二）。

紹興十六年，勉之五十六歲。

作《挽劉子羽詩二首》、《祭劉子羽文》（同上）。

紹興十七年，勉之五十七歲。

春，作《與林之奇書》數首（《拙齋文集》卷九）。

冬，作《挽劉子翬詩》十首幷序（《劉氏傳忠録》卷三）。

是年已嬰疾，挽詩之七：「歲晚交游半零落，更持衰病哭詩翁。」

以女歸于朱熹。

關于劉勉之嫁女，確切年月已不可考。《墓表》言「既又以其息女歸之」，《墓銘》言：「及少長，而先生以女妻之」，好象成親在紹興十九年劉勉之去世之前。王氏《年譜考異》卷一云「白水妻以女不詳何時，未幾而卒」，也將其定爲劉勉之去世以前事。但紹興十九年朱熹年始及冠，時方着意科舉，于十七年秋予鄉貢，十八年春登進士第，似不急于成家。又考朱熹夫人劉氏生三男五女，朱塾爲最長（熹長女適劉玶之子劉學古，劉玶生于紹興八年，則學古當生于紹興末，其妻自不得長于朱塾），而朱塾生于紹興二十三年，次年又生子埜。如朱熹成婚在勉之去世前，似不當婚後五六年始連生子。疑勉之僅及許以女，其去世後方于紹興二十二年前後完婚。今姑繫于此。

又宋丁升之輯《婚禮新編》卷四之五有劉勉之《答魏掞之定》書一首：「宗譜雖微，術業敢忘于世學；門牆伊邇，聲華夙響于里仁。念合志以同方，宜講信以修睦。某女德容匪著，方結蕙以紉蘭；令似志行克修，早依仁而抱義。薦奉行媒之請，特承合姓之求。禮幣及門，畀以情文之典；英才作配，蔚爲蓬蓽之光。」據朱熹文集卷九一《國錄魏公墓誌銘》，知魏掞之娶勉之兄女，此答定蓋代其兄所作。同書卷三有掞之父求婚書二首，可互證。掞之妻劉氏卒于紹興二十五年，然其許婚年月也已無考。

紹興十九年，劉勉之五十九歲。

二月十日，終于建陽之里第。葬建陽縣群玉鄉三桂里之學士原（《墓表》）。

《中興小紀》卷三四：「（紹興十九年二月）庚辰，布衣劉勉之……卒。勉之通經術，識治體，非拘儒曲士素隱之流也。」

關于劉勉之的著述，萬曆《建陽縣志》卷六稱「有文集若干卷」，卷七著錄有《草堂文集》。但原書早已亡佚，保存至今的，只有本文提及的數篇詩文了。

縱觀劉勉之的一生，他出生在一個家道中落的士族家庭，從小受到儒學尤其是伊洛之學的薰陶。稍長游太學，先後問學于譙定、劉安世、楊時，深受二程學說的影響，逐步形成了自己的思想。他厭棄科舉，不求聞達，專注于修身養性。他鄙外富貴，甘于窮約，甚至「力耕稼以自給」。他恪守封建倫理道德，對「違經背禮」之事首先發難。他持身自重，不阿附權貴，一言不契，浩然而歸。在政治上，他雖身在山林，卻心不忘國家，于當世之務「論說區處，巨細顯微皆有條理」。應召而起，說明志亦未嘗不在天下；辭命而歸，表明了反對議和的明確態度。在學術上，他多年潛心于《易》及六經，其見解時見于記載。他兼承劉安世的涑水之學，并將其傳之朱熹。他又好禪學，與許多僧人過從甚密。在文學方面，他自幼穎悟，擅長作文。觀今存數紙詩文，其才氣躍然字裏行間。呂本中稱其「老大多才」，李處全贊其「祖筆摩空有賦聲，《長楊》《羽獵》舊齊名」（《崧庵集》卷五《簡劉致中兄弟》），劉子翬詩云「境熟來已屢，徵君常主盟」（《屏山集》卷一三），足見其詩才爲衆所推許。而卷一九《謝致中瓜二首》之一稱其「才似謫仙良可嗟」，至以李白相比。卷六《招劍文送劉致中》，更極盡贊美之能事。總之，劉勉之身雖非顯赫之達宦，卻也不失爲當世之名流。

作爲朱熹的岳父，他給予朱熹的影響是多方面的。朱熹的崇尚二程，注重「爲己」，朱熹的安貧樂道，不求仕進，朱熹的恪守禮法，疾惡如仇，朱熹的鄙外浮榮，不附權貴，朱熹的學而不厭，誨人不倦，朱熹早年的熱衷禪學，乃至注重《易》學的研究，反對議和的政治立場，甚至耿直倔強，不苟合于人的性格，無不同劉勉之如出一轍。我們不能不承認，朱熹卒爲一代大儒，劉勉之也具有不容抹殺的言傳身教之功。

張九成年譜

尹波 編

據《宋代文化研究》第五輯增訂

張九成（一〇九二—一一五九），字子韶，號無垢居士，又號橫浦居士，祖籍開封（今屬河南），後徙錢塘（今浙江杭州）。從楊時學。紹興二年進士，授鎮東軍簽判，與提刑不合，投檄歸居。趙鼎薦于朝，召爲著作佐郎、遷著作郎。除宗正少卿，權禮部侍郎兼侍講，兼權刑部侍郎。因論和議忤秦檜，謫知邵州，落職，謫居南安軍。秦檜死，起知溫州。紹興二十九年卒，年六十八。寶慶初，謚文忠。

張九成爲南宋時理學大儒，精研義理之學，于諸經均有訓釋，又與僧徒相往，于禪學頗有造詣。著述甚豐，有《尚書説》、《論語説》、《孟子説》，大多已殘佚。又有《橫浦先生文集》二十卷、《心傳録》三卷、《日新》一卷，流傳至今。事蹟具《橫浦先生家傳》（宋刻本《橫浦先生文集》附）、《宋史》卷三七四《張九成傳》。

張九成年譜，不見前人著録。今按，宋嘉定間徐鹿卿任南安教授時，嘗「裒其言行，繫以歲月」（《文獻通考》卷二一〇），則嘗爲年譜矣，惜不傳於世。本譜爲尹波編，原載《宋代文化研究》第五輯，本書收録時略有訂補。

張九成，字子韶，號無垢居士，又以居横浦十四年，號横浦居士。其先涿郡範陽（今河北涿縣）人，後移居開封（今河南開封），至九成大父士壽時，居鹽官，是爲鹽官（今浙江海寧）人（《横浦先生家傳》，民國十四年影印明萬曆十四年吴惟明刊本《横浦先生文集》卷末附，以下簡稱《家傳》）。故其文多題「範陽張某」。善書。

五世祖藏英（八九四—九六二），涿郡範陽（今河北涿縣）人，自言爲唐相嘉貞之後。唐末，舉族爲孫居道所害，藏英臠肉剳心，爲親復仇，號爲「報仇張孝子」。仕後周，以刺史領邊任，屢敗契丹。宋初，遷瀛州團練使，幷護關南軍。建隆三年，卒于治所，年六十九。官至檢校少保（《宋史》卷二一七《張藏英傳》）。

四世祖裔，藏英子，以蔭補供奉官（《宋史》卷二七七《張鑑傳》）。

按：《家傳》云：「其先涿郡範陽人，篤孝至行，爲親復仇，時號孝子張家者，即公四世祖檢校少保公藏英也。後徙開封。曾大父鑑。」而《宋史》卷二七七《張鑑傳》則云：「鑑，瀛州團練使藏英之孫。父裔。」據此，則藏英又當爲九成五世祖也。今姑從《宋史》，以俟續考。

曾祖父鑑，字德明。太平興國三年進士。釋褐大理評事，監泰州柴墟榷務。明年，爲太子左贊善大夫、知婺州，遷著作郎，拜監察御史，歷三司度支、樞密直學士、左諫議大夫。真宗即位，遷給事中。咸平初，改工部侍郎，知廣州，三年，知郎州。六年，在相州任，有芝草生于監牧之室，表其祥異，以爲河朔弭兵款附之兆。卒，年五十八（《宋史》卷二七七《張鑑傳》）。

祖父士壽，《家傳》載：「辭密學資蔭以授其次，窮泉石之勝，名利殊不屑意，樂錢塘湖山，因家焉。風度凝遠，精采秀發，元祐諸公守是邦，必造廬請交。」

叔祖士廉，官殿中丞（《宋史》卷二七七《張鑑傳》）。《擒文堂集》卷八有《東頭供奉官張士廉轉三官制》，或即一人也。

叔祖士宗，官太子洗馬（《宋史》卷二七七《張鑑傳》）。《續資治通鑑長編》卷四九七載，元符元年四月，內殿承制張士宗爲供備庫副使。或即一人也。

叔祖士程，任屯田員外郎（《宋史》卷二七七《張鑑傳》）。

父伸（一〇六七—一一四一），《家傳》云：「贈右朝議大夫。少有大志，卓犖不羈，貧無資用，而賙人之急，雖解衣推食弗恤也。生平耻言人過，樂誘以善道。鄉曲無少長皆愛慕欣欣焉。晦德隱居，才用弗究。」（《横浦先生文集》卷一八，民國十四年影印明萬曆吴惟明刊本，以下簡稱《集》）九成紹興五年《又上宰相》云：「父某年六十九歲。」《答何中丞伯壽書》（《大慧禪師年譜》紹興十一年條）曰：「九成忽棄老親……四月十四日奄經百日。」據此，伸生卒年爲一〇六七—一一四一。

妻林氏，早卒（《家傳》）。

繼室馬氏（？—一一三五），婺州人，先適

吳察，有子克忠（一一二七—？），克忠有子曰休、曰思、曰省、曰行、曰宣。紹興三年，再適九成，五年卒（《集》卷二〇《龔夫人墓誌銘》）。

弟九思，卒于九成之後（《家傳》）。

按：九成有弟四人，其中有二弟字子集、子才（《集》卷一六《寄醫僧序》），不知是否有一人爲九思之字耶？

九思子窔，紹熙元年進士。述《横浦先生家傳》（《家傳》、民國《海寧州志稿》卷一二）。

有妹三人：其一妹適虞深之。深之紹興中卒，張氏卒于虞氏後。

《集》卷二〇《祭虞深之》：「今官止于一簿，年不滿六十。一病不復，竟成永訣。……我之與公，始于學校之舊，終爲姻婭之親。……我竄嶺下……廪乎惟公，兩遣問勞，……回思孀妹，遠憐孤兒。」

一妹張氏，適于定遠。定遠，諸城人，紹興中爲台州判官，因家黄巖。有子于恕、于憲（《横浦心傳》卷中，《横浦先生文集》卷末附。以下簡稱《心傳》）。于恕，字忠甫，紹興二十年前，「徒步三千餘里，抵嶺下，……朝夕得侍座席，講論經史難疑……莫不備録……名曰《心傳》。」（《横浦心傳序》）後以思親歸。其弟于憲，「亦不憚勞遠，奮然獨往，其承教猶予前日也。」（同上）至二十六年九成北歸，始一同返回。各以所得，合爲一集。于恕六舉于禮部，未果，居黄巖。中淳熙二年特科，歷官靖安尉、昌國主簿。有文集數十卷。淳熙元年，黄巖丞刁駿，字仲聲，出資將《心傳錄》鏤板（《橫浦心傳序》、《後序》、嘉靖《太平縣志》卷六、民國《海寧州志稿》卷二五）。

于恕、于憲有子于有成，字君錫，嘉定元年進士。紹定元年十二月除秘書丞，二年正月除將作少監，兼權國子司業兼景獻府教授，三年十二月爲秘書少監，四年兼國史院編修官、實錄院檢討官，五年五月直顯謨閣，知寧國府（《南宋館閣續錄》卷七、卷九）。《家傳》末載于有成紹定二年八月《跋趙汝皓刻橫浦簡帖》一文（以下簡稱《跋》）。

一妹張氏，生平無考。

子伯厚（？——一一六五），從南劍州謝舉之讀書，九成爲舉之字志遠（《集》卷一六《謝舉之字序》）。伯厚官至迪功郎，後公七年而沒（《家傳》）。

子幼厚，官承務郎、靜江府陽朔縣丞。後居于廣。紹定初八十餘歲（《家傳》、于有成《跋》）。

子孫厚，淮西總領所幹辦公事。卒于紹定二年之前（《家傳》、于有成《跋》）。

婿家劉必達，九江人，官幹辦軍頭司（《寶真齋法書贊》卷二四）。

孫勛，紹定初居鹽官（于有成《跋》）。

重孫克仁，紹定初居鹽官。據于有成《跋》，克仁似爲勛子也。姑置于此。

孫象先，咸淳四年十二月以力學飭行，不墜家聲，免一解以示表勵（《宋史》卷四六《度宗紀》）。

孫某，生平無考。

茲據《家傳》、《宋史》諸書將張九成五世祖以後世系列表于下：

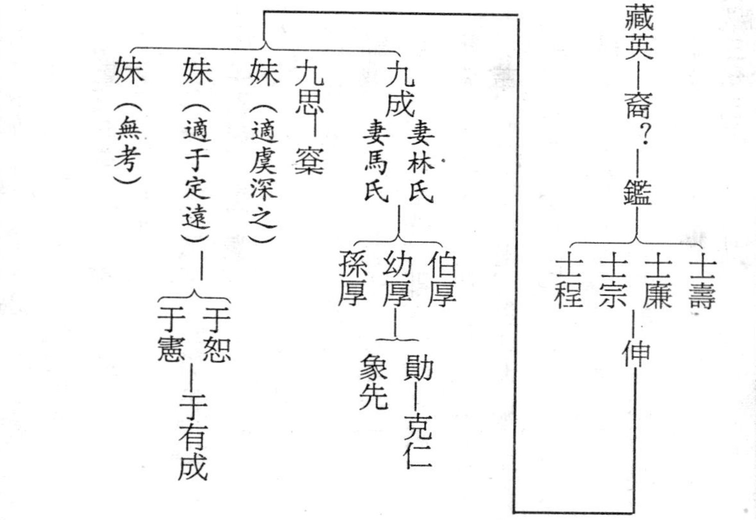

元祐七年壬申，一歲。

是年，九成生。

《心傳》卷上：「予困于場屋四十一，方得塵忝。」九成紹興二年狀元。《建炎以來繫年要錄》卷一八二（以下簡稱《要錄》）：「（紹興二十九年六月）卒，年六十八。」據此上推，九成當生于元祐七年壬申。

紹聖四年丁丑，六歲。

始讀書。

《集》卷一八《又上宰相》：「竊念某自六歲讀書。」

元符二年己卯，八歲。

默誦六經，通大指，答經難。

《家傳》：「八歲默誦六經，通大指。朝議公積書傍坐，命客就試，或以經疑問難。公對答如響，且置卷斂衽曰：『精粗本末無二致，勿謂區區紙上語不足多，下學上達，某敢以聖言爲法。』」

建中靖國元年辛巳，十歲。

擅長作文，冠于倫輩。

《家傳》：「十歲擅文，時儕稱雄。」

崇寧四年乙酉，十四歲。

入鄉校。

《心傳》卷中：「予十四入鄉校，止以勤誦讀、不出戶加謹畏，遂爲學中所知。」《家傳》：「十四游郡庠，閉閣終日，寒折膠，暑爍金，不越戶限。比舍生穴隙以視，則斂膝危坐，對置大編，服膺匪懈，若與神明爲伍。」《心傳》卷下：「予少年處鄉校，看書必至達旦，思不困。一夜寒甚，將四鼓，偶爾得意，看之尤力。」

大觀三年己丑，十八歲。

爲人門客，教子弟。

《心傳》卷中：「十八即爲人門客，教子弟，聚束脯歸贍家。」

政和六年丙申，二十五歲。

在杭州州學，從黃珪學。

九成《黃吏部墓誌銘》（《集》卷二〇）云：「政和中，福唐黃先生（珪）爲杭州教官，余時居鄉校爲諸生，實在先生座下。」

按：上文又云：「先生政和元年校試已在選中，……明年殿試，復中乙科，注官，爲襄州司理參軍，旋爲衢州州學教授，……終更循從政郎，除杭州州學教授。」黃珪二年除司理參軍，旋教授衢州，據宋人三年一擢之規定，教授杭州或當在斯時也，姑繫于此。

宣和三年辛丑，三十歲。

在杭州州學。

按：《黄吏部墓誌銘》云：「自先生秩滿，不相見凡二十年，……會三舍法罷，先生亦以溢員解去，從辟爲鹽官縣丞。」《宋史》卷一五七《選舉志》三載：（宣和）「三年，罷天下州縣學三舍法。」則黄珪解官，當在是年。此據「紹興八年，余忝爲禮部侍郎，先生時爲吏部郎官，間相過」，不相見亦幾近二十年。可見九成當時在鄉校無疑。

宣和七年乙巳，三十四歲。

與高閌同舟游京師，拜見楊時。

《家傳》：「宣和間，游京師。杖策陪後乘者皆英流，……楊龜山諸公講明大道，名重天下，聞公行誼，相與締交。」檢宋黄去疾《龜山先生文靖楊公年譜》（明正德十二年刻本《龜山先生集》卷首）：（宣和六年甲辰）「十二月，至京師。」則九成游京師，拜見楊時，當已在七年無疑。《心傳》卷上載：「嘗記與高抑崇（閌）同舟入京師，時淮上多蟹。」或當指此也。《胡宏集·與高抑崇書》（中華書局一九八七年點校本）：「宣和之末，先君至京師，諸俊秀謁祭酒楊公，公首以閣下爲稱。」

向楊時問仁。

《心傳》卷上載：「時楊先生在中路，到其所，因以仁爲問，……少刻告退，先生獨見留，徐云：『子韶以周公爲仁人否？』」

楊時有書。

《龜山集》卷一八有《與張秀才書》，或作于此也。姑繫之。

靖康元年丙午，三十五歲。

與沈晦同舟歸錢塘。

《橫浦日新》「殿策」條云：「予兵火後，與元用同舟歸錢塘。」

按：九成返居鹽官時間難于確定，當在靖康元年至建炎二年之間也，姑繫于此。

與沈晦議殿策。

《橫浦日新》「殿策」條云：「元用曰：『子韶曾作殿課否？』予曰：『未也。』元用曰：『廷對問目既多，不可泛答，當立一大意，以總括之，庶幾首尾繼屬。』予心識其說。」沈晦，字元用，宣和六年狀元。時晦已進士及第，而九成尚未應試。姑置于此。

建炎元年丁未，三十六歲。

居鹽官。喻樗贈以槐簡。

《宋史》卷四三三《儒林傳》三：「喻樗善鑑識。……建炎初，又謂今歲進士張九成第一，凌景夏第二。會風折大槐，樗以作二簡遺之。」喻樗字子才，從楊時學，建炎三年進士。

按：《宋史》傳中「建炎初」當作「紹興初」。詳本譜「紹興二年」條。

建炎三年己酉，三十八歲。

居鹽官，爲鄉先生。

《集》卷一六《寄醫僧序》：「予家貧，水菽不給，寓鹽官東鄉，作村教書。」

十月，中風疾，請醫僧正慈懿方公治病。

《寄醫僧序》：「建炎三年十月二十六日，予自村中歸，忽中邪風……醫僧正慈懿方公……能起死扶生。」

十一月，作《寄醫僧序》（《集》卷一六）。

紹興元年辛亥，四十歲。

兩浙類試爲第一。

韓元吉《南澗甲乙稿》卷二二《閣學劉公行狀》：（一止）「除秘書省校書郎，考試兩浙類試進士。公語同列，科舉方變，欲文學之外，通時務爾，凡言涉浮靡者，盡黜之。既皆患其無人。公袖出一軸曰：『是宜爲首。』及啓號，乃九成也。……是年冬，遷監察御史。」

按：陳騤《南宋館閣錄》卷八載：劉一止，紹興元年六月除校書郎，十月爲監察御史，則擢九成，當在七至九月間。

紹興二年壬子，四十一歲。

四月五日，殿試第一。

《集》卷一八《又上宰相》：「某昨于紹興二年四月初五日蒙恩賜進士及第。」

《宋會要輯稿》選舉八之三（以下簡稱《會要》）：「紹興二年，親策進士張九成等，時凌景夏爲第二，呂頤浩言：『景夏詞實勝九成，請更賞第一。』上曰：『士人初進，便須別其忠佞，九成上自朕躬，下至百執事，言之無所畏避。』乃擢賞首選。」今《集》卷一二載《狀元策一道》。

《要錄》卷五二：「甲寅，上策試諸路類試奏名進士於講殿。上謂輔臣曰：『朕此舉將以作成人才，爲異日之用。若其言鯁亮切直，他日必端方不回之士。自崇寧以來，惡人敢言，士氣不作，流弊至今，不可不革。』因手詔諭考官：『直言者置之高第，凡諂佞者居下列。』臚官進士張九成《對策》……上感其言，擢九成第一，餘杭凌景夏次之。尚書左僕射呂頤浩言：『景夏之詞實勝九成。』欲以景夏爲第一。上曰：『九成對策，文雖不甚工，然上自朕躬，下逮百執事之人，無所回避。擢置首選，誰謂不然？』」

按：九成對策，在當時很有影響，宋人頗樂道此事，兹錄數條於此。九成《橫浦日新》「殿策」條云：「予答中興策，則每事以規模遠大爲主」是也。《鶴林玉露》卷五甲編載：「張子韶對策，至晡未畢，貂璫促之，子韶曰：『未也，方談及公等。』故其策曰：『閹寺聞名，國之不祥也。堯舜閹寺不聞于典謨，三王閹寺不聞于誓誥，豎刁聞于齊而齊亂，伊戾聞于宋而宋危。』」《要錄》卷五二載：「九成《家傳》云：『公對策言劉豫，比之狐狸鴟梟，豫怒，手劍屬客欲刺之。』乃策語不同（策語作『將聞閹寺之言，如狐狸夜號而鴟梟晝舞也』），《家傳》小誤也。」《獨醒雜志》卷六云：「張子韶廷對時，欲寫至『豎刁聞於齊而齊亂，伊戾聞於宋而宋危』等語，諸璫在殿下者來竊窺之。子韶捲卷正色謂曰：『方欲言諸君，幸勿觀也。』皆慚恚而退。子韶又論劉豫事云：『彼劉豫者何爲者耶？素無勳德，殊乏聲稱，天下徒見其背叛君親，委身夷狄耳。黠雛經營，有同兒戲，何足慮哉！』間牒得之，傳以示豫，豫大不平。會其左右出其文，令牓於汴京通衢，召刺客欲刺子韶。或人以告，子韶未嘗爲之動。其事達上聽，他日子韶陛對，上語之曰：『劉豫牓卿廷策，謀以致害，非卿有守，豈能獨立不懼乎！』

褒嘉久之。」《老學庵筆記》卷二云：「張子韶對策，有『桂子飄香』之語。趙明誠妻李氏嘲之曰：『露花倒影柳三變，桂子飄香張九成。』」

殿試唱名日，叩頭殿階乞獎陳之茂。

《咸淳毗陵志》卷一七：「陳之茂，字卓卿，無錫人。……入太學，與張公九成同登第。之茂廷對忤權相，以雜犯黜之。九成舉第一，叩頭殿階曰：『臣之學不如陳之茂。臣不當獎之。茂能言人之所不敢言，宜獎不宜黜。』高宗覽對，悚然曰：『忠言也。』賜同進士出身。」《要錄》卷五二：「陳之茂……以犯諱降等。」

四月二十日，授左承事郎、簽書鎮東軍節度判官廳公事（《集》卷一八《又上宰相》）。

五月六日，詔張九成係類試第一名，合陞一甲，唱名又係第一甲第一名，可特轉一官，授左宣教郎（《會要》選舉二之一四）。

按：《集》卷一八《又上宰相》作「五月十一日」，與《會要》小異。或六日下詔，十一日接詔也。

冬，楊時有《答張子韶》書。

《龜山集》卷二一：「辱書勤勤，以諗歲寒之意……廷對自更科以來未之有，非剛大之氣不爲得喪回屈不能爲也。」

是年，劉一止有《答張狀元啓》、《答特奏名張狀元啓》（《苕溪集》卷二一）。沈與求有《賀張狀元啓》（《龜谿集》卷一〇）。

紹興三年癸丑，四十二歲。

簽判鎮東軍公事。嘗書「此身苟一日之閑，

百姓罹無涯之苦」于屋壁（《家傳》）。

不受供給錢。

《心傳》卷上：「先生在越上作幕官，不肯受供給……答曰：『既受月俸，又受供給，……于我心實有不安。』」

欲爲相識趙庇民印書，以資費不辦，未果。

《心傳》卷中云：「予舊在越上作幕官，相識趙庇民託印書，云：『旦夕納所資以請』，久而不至。吾家奉甘旨，養弟妹之外，并無餘金。加以印書紙版工墨，須便當以直先償之資，治一書紙墨未易即辦，遂致稽緩，大蒙見憾。」

四月，尚書考功員外郎、兼權監察御史朱異宣諭浙東，薦張九成，詔轉左奉議郎（《要録》卷六四）。

按：《家傳》亦云：「浙東宣諭朱御史異奏公治最，蒙恩職事修舉，轉奉議郎。」而《集》卷一八《又上宰相》：「紹興二年七月初三日，蒙恩以究心職事轉左奉議郎。」或四月下詔，七月轉官，「二年」則當爲「三年」之誤也。今從《家傳》、《要錄》。

九月，再娶婺州浦江馬氏。

《集》卷二〇《龔夫人墓誌銘》：「紹興癸丑九月，余再娶婺州浦江馬氏。」

按：《家傳》云：「公娶林氏，蚤卒，馬氏其繼也。」則娶馬氏之時，林氏已歿矣。

十月，與浙西提刑張宗臣爭賣鹽事不果，投檄歸鹽官。

《要錄》卷六九：「會婺州以賣鹽不法事被劾，宗臣欲逮平民數十人，府官就白，宗臣大怒曰：『此事左相專遣人封來，知之否？』簽書鎮東節度判官廳公事張九成曰：『九成但知有聖旨，不知有宰相。主上屢下恤刑之詔，惟恐無辜被繫。公身爲部使者，不能上體聖意，而觀望宰相耶？』聞者莫不快意。宗臣大慚。九成因投檄去。」

紹興四年甲寅，四十三歲。

在鹽官，授徒講學。

《家傳》：「學士大夫聞公歸海昌，登笈雲集，千里而遙。」

紹興五年乙卯，四十四歲。

正月，因趙鼎薦，除太常博士，未至（《要録》卷八四）。

《要錄》卷八八載：「紹興四年，趙鼎作相，凡習伊川學者，往往進用。……張九成……自言篤好頤學，頗能誦說，由館職三遷爲禮部侍郎。」

六月，在鹽官撰《爲先奉直陳乞章服上參政》、《又上參政》二文，乞以磨勘一官爲父右承事郎伸改五品服（《集》卷一八、《要録》卷九〇、《揮麈三録》卷三）。

以明堂赦恩，父伸封承事郎。

《集》卷一八《又上宰相》：「紹興五年，以明堂赦恩，父某封承事郎。」

按：《要錄》卷八五載：（紹興五年二月）「觀文殿學士、提舉臨安府洞霄宮李綱復觀文殿大學士，……始用明堂恩也。」又卷九〇載：（紹興五年六月）「九成乞以磨勘一官爲父右承事郎伸改五品服。」則伸封贈承事郎，當在二至六月之間。

是月，除著作佐郎。

《要錄》卷九〇載：（紹興五年六月戊午）「是日早朝，上問輔臣曰：『近有民自汴來，云張九成投僞齊，有此否？』趙鼎曰：『九成見居鹽官縣，焉有此事！必有讒者惑聖聽』……沈與求曰：『陛下召用九成，則讒者息矣。』上曰：『無讒言，北來人所傳不審耳。然用之若遲，人必謂九成不用于僞齊復還矣。』遂有是命。」

按：據此，九成正月除太常博士後，仍寄居于鹽官。

八月，至京師任職，參與趙鼎監修之《重修神宗實錄》的纂寫。

按：九成紹興五年九月因《重修神宗實錄》成五十卷之故，言「在館未及一月」（《要録》卷九三），說明至京師臨安任職，當在八月也。

是月，門人樊光遠禮部試第一（《要録》卷九二）。

《咸淳臨安志》卷六七載：「樊光遠，字茂寔，錢塘人，少從張九成學，紹興五年南省奏名第一。」

九月，進《重修神宗實錄》五十卷，九成以在館未及一月辭進一官。

《要錄》卷九三：（紹興五年九月乙酉）「尚書左僕射，監修國史趙鼎上《重修神宗實錄》五十卷，……著作佐郎張九成進一官。……九成言：『在館未及一月，最無功。』乃命俟終篇進秩。」《北窗炙輠錄》卷下：「某在史館，方知作史之法，無他，在屢趣其文耳。」

十月轉對，論門徒魁殿省之法。

《家傳》：「公曰：『臣不佞，不復以利祿之說聳誘其徒，惟知講明經術，景行前修，庶幾克盡忠孝耳』！」

又進《乞定理官輪次看詳來上獄案奏》，不

行。

見《要錄》卷九四。其下小字注云：「九成所奏，以是月甲辰送部。」

請同舍郎、秘書省正字、兼史館校勘胡珵撰《鹽官縣儒學記》一文，秘書省正字兼史館校勘喩樗篆額。

《咸淳臨安志》卷五六載胡珵撰《鹽官縣儒學記》：（紹興五年）「時丹陽刁廱令鹽官，……就縣故學基以營焉。……十月丙午學成，……廱乃各具本末，書抵張先生，請記于是。……張先生方以太史氏列職東觀，于珵爲同舍郎，顧而屬之記，辭不獲命。」

十一月，薦右迪功郎、明州鶴鳴賈納鹽場周孚先任「師儒之職」，賜同進士出身，添差臨安府學教授（《要録》卷九五）。

是年，繼室馬氏卒。

《集》卷二〇《龔夫人墓誌銘》：「馬氏適余二年，乃不幸。」

陳長方與九成通書。

《野客叢書》卷一三：「無垢先生爲郎曹日，唯室先生通書則曰『子韶郎中老兄』。」

汪應辰從之學。

《宋史》卷三八七《汪應辰傳》：「應辰少受知于喩樗，既擢第，知九成賢，問之于樗，往從之游，所學益進。」

按：汪應辰，字聖錫，紹興五年九月狀元。則從學當在九月之後。

紹興六年丙辰，四十五歲。

正月，《重修神宗實錄》二百卷成。

三月，因《實錄》成，陞著作郎（《要録》卷九九）。

八月，以父老乞侍養，直徽猷閣、提點兩

浙東路刑獄公事（《會要》職官七七之二六）。

十月，上《辭免直徽猷閣奏狀》，改除直秘閣（《要録》卷一〇六）。

按：《會要》載八月九成已除「直徽猷閣」，不可能時隔兩月方上狀辭免，《要録》所載或爲允準之時。

紹興七年丁巳，四十六歲。

正月，因左司諫陳公輔奏劾，與小郡，辭，旋主管江州太平觀。返居鹽官（《要録》卷一〇八）。

趙鼎稱九成有士望。

《宋史》卷三七六《張致遠傳》：「趙鼎嘗謂其客曰：『自鼎再相，除政府外，從官如……張九成……皆有士望，他日所守當不渝。』」

按：趙鼎再相在紹興七年九月，則稱九成有士望，當在九月之後也。

紹興八年戊午，四十七歲。

三月，因常同薦，試宗正少卿。

《要録》卷一一八載制詞云：「爾以深厚之詞，早魁多士，止足之操，嘗致爲臣。風節凜然，士林推重。宗卿之貳，其選甚高，庶使天下之士，靡然向風，以自振拔于苟賤不廉之地，豈無助歟？」《要録》卷一二〇載：九成曰：「常同亦嘗薦臣。」《集》卷一八《與常子正中丞書》：「伏承中丞舉之廢棄之中，置在侍從之列。」

六月，權尙書禮部侍郎（《要録》卷一二〇）。

《集》卷二〇《黄吏部墓誌銘》：「紹興八年，余忝爲禮部侍郎。」

辨潘良貴廷叱向子諲及常同事。

《要錄》卷一二〇載：「權禮部侍郎張九成爲上言：『臣比聞良貴廷叱子諲，甚懼，因就問之。良貴曰：旰暑甚，子諲久對，而朝膳未進。良貴懼勞聖躬，遽前叱之，不覺聲之厲也。』上曰：『良貴用心乃耳。』又曰：『三人得無不相能否？』九成曰：『良貴嘗爲臣言，子諲佳子，子諲亦云得子賤在朝，子賤，良貴字也。以此知二人初無不相得。』上曰：『常同嘗薦子諲，今反論之。』九成曰：『常同亦嘗薦臣。同之事，臣不當言，然前日之薦，以子諲之才可薦也；今日之事，乃國體也。』上意稍解。九成因曰：『朱震死，陛下命國公往奠，又命子諲治其喪。尊師重道，天下嘆仰。且士大夫所以嘉子諲者，以其能眷眷于善類也。今以子諲之故，逐柱史，又逐中司，非所以愛子諲也。』」

八月，兼侍講，進講《春秋》（《要録》卷一二一）。

《集》卷一三載《邇英春秋進講》數篇，當于斯時講也。

兼權刑部侍郎。

《集》卷一八《與常子正中丞書》五：「某……遽兼兩部……比又置之經筵。」

按：常同紹興八年七月罷御史中丞知潮州，而九成權禮部侍郎在六月，兼侍講在八月，則權刑部侍郎，當在七至八月間也。

在經筵，言當用賢人及臺諫不可承宰相、人主風旨（《容齋隨筆》卷一）。

十月，不附秦檜和議。

《要錄》卷一二三載：「鼎既免，秦檜謂九成曰：『且同檜成此事，如何？』」九成曰：『事宜所可，九成胡爲異議，特不可輕易以苟安耳！』他日，與呂本中同見檜，檜曰：『大抵立朝，須優游委屈，乃能有濟。』九成曰：『未有枉己而能正人。』檜爲之變色。」

辨和議之害及非趙鼎黨于帝前（《要録》卷一二四）。

陳長方與通書。

《野客叢書》卷一三：「無垢先生……入西清……（唯室先生通書）頓加稱官而不稱字，門人疑之，或以問。唯室曰：『今爲天子從臣，不比向來，當還其禮。豈能以故舊之私廢之』？」

十一月，因秦檜言，罷爲秘閣修撰，提舉江州太平觀，返居鹽官。

《要錄》卷一二三：「既而九成再章求去，上命以次對出守，檜必欲廢置之，奏除秘閣修撰，提舉江州太平觀，免謝辭。」

居鹽官。惟尙禪師請撰《海昌童兒塔記》，未成。

《集》卷一七《海昌童兒塔記》：「予寓居鹽官，遇風日清美，芒鞵竹杖，徑尋師于茂林修竹之間。一日，予指塔而問其故，……（師）曰：『似可記也。公其有意乎？』予笑而不答。」

有《與常子正中丞書》十餘篇（《集》卷一八）。

按：常同，字子正，紹興八年七月自御史中丞罷知潮州，則九成書信，當在七月之前，或延至次年。姑皆繫于此。

問學于尹焞。

《南澗甲乙稿》卷一六《書和靖先生手書

刻石後》：「紹興初，和靖先生自蜀出。……當是時，士大夫頗以《伊川語録》資誦說，……先生既長道出館中，俊彥多從先生問學。……張公子韶亦以爲請，先生曰：『伊川之學在《易傳》，不必他求也。』」檢《和靖集》末附《和靖年譜》，尹焞紹興七年閏十一月至臨安，任崇政殿說書，九年正月提舉江州太平觀，返會稽。而九成紹興七年提舉江州太平觀，八年三月試宗正少卿，十一月又罷官，則問學當在八年三至十月之間也。又《南澗甲乙稿》卷一六《書師說後》：「頃和靖爲張子韶言：『伊川暮年爲《易傳》，未肯出也，其學于是乎在。後生宜盡心焉。』」亦或爲斯時事也。

紹興九年己未，四十八歲。

在鹽官，目疾澀疼（《集》卷一八《與常子正中丞書》十二）。

三月，撰《宋縣令續題名記》（民國《海寧州志稿》卷一九）。

八月，撰《中大夫周公傳》（江西省博物館藏抄本《周敦頤畫像題跋》）。

按：九成八年罷官後，九年三月撰《宋縣令續題名記》一文，繫銜爲「左奉議郎、充秘閣修撰、提舉江州太平觀，賜紫金魚袋」，與史載相合。而八月所撰《周公傳》一文，繫銜爲「禮部侍郎、鹽官張九成」，九成已于八年罷禮部侍郎，何以此時尚稱舊銜，待考。

十月，撰《海昌童兒塔記》（《集》卷一七）。

按：紹興八年惟尙禪師即有撰記之請，延至今年方成。

是年，有《上李泰發參政書》（《集》卷一八）。

按：李光，字泰發，紹興八年十二月除參知政事，九年十二月罷。則九成斯文之撰，當在此年。

紹興十年庚申，四十九歲。

與汪應辰問道于宗杲。

《大慧禪師年譜》「紹興十年」條云：「時侍郎張公九成、狀元汪公應辰登山，問道于師。張與師談格物之旨，師曰：『公只知有格物，而不知有物格。』公擬議，徐曰：『師豈無方便耶？』師笑而已。張曰：『還有樣子否？』師曰：『不見小說所載，唐有與祿山謀叛者，其人先爲閬守，有畫像存焉。明皇幸蜀，見之怒，令侍臣以劍擊像首，其人在陝西，忽頭落。』公聞之，頓領厥旨，乃題偈于不動軒壁間曰：『子韶格物，曇晦物格。欲識一貫，兩個五百。』又一日問曰：『前輩既得了，何故理會臨濟四料揀則甚議論問？』師曰：『公之所見，只可入佛，不可入魔，豈可不從料揀中去耶？』公遂舉克符問臨濟，至『人境兩俱奪』，不覺欣然。師曰：『余則不然。』公曰：『師意如何？』師曰：『打破蔡州城，殺卻吳元濟。』公于言下得大自在，嘗曰：『每聞徑山老人所舉因緣，豁然四達，如千萬戶，不消一踏而開；或與聯輿接席，登高山之上；或緩步徐行，入深水之中。非出常情之流，莫知吾二人落處。然九成了末後大事，實在徑山老人處，此瓣香不敢孤負佗也。』一日，與師座于方丈，偶僧持師頂相求師自贊。師曰：『無垢試爲題之。』公點筆疾書曰：『擊石揚沙，驅雷逐電。一觸其鋒，神飛膽戰。未及領略，火蛇燒面。』」公擲筆于案，自有得色。師笑曰：『意未盡在。』公曰：『和尚如何？』師應曰：『何不道此是阿誰？徑山老漢。』公唯唯，復書之。」

八月，知邵州。

《要錄》卷一三七：「及是秦檜罷兵，九成家臨安之外邑，故斥遠之。尋以九成知邵州。」《集》卷一六《孟聲遠字序》：「紹興庚申，予謫守邵陽。」《家傳》：「時方盛暑，公聞命不就舍，即驅車而行。」

過袁州，拜學宮夫子廟。

《集》卷一七《袁州學記》：「余出守邵陽，道過其門，自念平時起居食息，不敢忘吾夫子，輒秉心一意，整冠肅容，擁笏以入，再拜而退。」

因不主和議，御史中丞何鑄奏劾落職（《要録》卷一三七、《宋史》卷二九《高宗紀》六）。

張嵲行《張九成爲臣僚上言落職依舊知邵州制》（《紫微集》卷一七）。

汪應辰與通書。

《宋史》卷三八七《汪應辰傳》：「張九成謫邵州，交游皆絶，應辰時通問。」

九成在邵州之日，寬民賦，振饑寒，束蠻酋（《家傳》）。

是年，撰《惟尙禪師塔記》（《咸淳臨安志》卷八五）。

按：惟尙禪師卒于七月，則《塔記》之撰，當在七月之後。

袁州教授劉瑜、宜春尉林仰來書請撰《袁州學記》（《集》卷一七《袁州學記》）。

紹興十一年辛酉，五十歲。

正月，在邵州撰《袁州學記》（《集》卷一七）。

是月，丁父仲憂，返居鹽官。

《集》卷一六《孟聲遠字序》：「未七八十日，余乃以憂去。余茹苦含辛，拊心泣血，不復知人間事。」《大慧禪師年譜》紹興十一年載張九成《答何中丞伯壽書》云：「九成忽棄老親……四月十四日奄經有日。」四月上推百日，當在正月初也。

汪應辰千里往吊（《宋史》卷三八七《汪應辰傳》）。

四月，至徑山，爲父卒哭。

《大慧禪師年譜》「紹興十一年」條云：「張子韶四月十四日以父卒哭，十六日請陞座，十八日下山。」

葬父仲于鹽官，爲撰《祭墳園神》。

《集》卷二〇：「某卜葬先人于此，今將開擴，謹用告虔。」

撰《答何中丞伯壽書》（《大慧禪師年譜》紹興十一年條）。

五月，秦檜以九成在徑山與主僧宗杲議朝廷除三大師事，詔丁憂人、前左奉議郎張九成在家持服，候服闋日取旨（《要録》卷一四〇）。

《大慧禪師年譜》「紹興十一年」條曰：「師（宗杲）《答馬給事濟川書》云：『張子韶四月……十八日下山，除三大師卻在月末，今座此得罪，事體昭明，豈偶然哉！』」

紹興十二年壬戌，五十一歲。

居鹽官持服。

紹興十三年癸亥，五十二歲。

服除，汴人孟鏗到鹽官拜訪。
《集》卷一六《孟聲遠字序》：「服除，鏗惠然訪余于海昌。」
按：九成父卒于正月初，則服除之日，亦在此時。
五月，以右司諫詹大方劾九成與宗杲交往，議論時政，詔九成與宮觀，貶南安軍居住（《要録》卷一四九、《會要》職官七〇之二七）。
《四朝名臣言行别録》上卷九：「九成既免喪，秦檜取旨，上曰：『可與宮觀，此人最是結交趙鼎之深者。自古朋黨惟畏人主知之，此人獨無所畏。』既而詹大方言：『頃者鼓唱浮言，九成實爲之首。徑山僧宗杲和之，今已遠竄，爲首者豈可置而不問？望罷九成宮觀，投之遠方，以爲傾邪者之戒。』落職，編置南安軍。

公與徑山主僧宗杲爲莫逆交，時緇流之赴宗杲者二千餘衆。徑山雖巨刹，至無所容，宗杲更敞千僧閣以居之。而公往來其間，檜恐其議己，於是言者論公與宗杲謗訕朝政。」
到大庾，寓城西寶界寺。撰《癸亥初到嶺下寄汪聖錫》、《三月晦到大庾》二詩（《集》卷一、《鶴林玉露》卷之一）。
按：《要錄》、《會要》載九成五月貶南安軍居住，而所撰二詩，一係「癸亥初」，一係「三月晦」，兩處記載時間不合。或九成服除之後，旋即離開鹽官，前往大庾，才有《要錄》所云「仍令南安軍居住」之語。九成離鹽官及到大庾之時間，因無材料佐證，難以確定也，姑仍其舊。
論秦檜以名欺人。

《心傳》卷上：先生云：洪忠宣公皓一日歸自虜中，忠節炳炳，有識稱嘆。聖意方眷，將欲大用，秦公忌而斥之。南安士子春試歸，且以秦氏子取高第爲美者，談不容口，乃嗟洪公之斥，因説及其子。先生不覺失笑，因謂之曰：「以名欺人，其如實何？」……越一日，士復有請，且以一笑爲問。先生曰：「洪公諸子藴藴有器識，不肯作時習語，往往自有知者。况此公見厄虜庭十餘年，艱險萬狀，死亦不畏，義氣凜凜，照映古人。秦公以私害之，不久天必伸之矣。不可以一時得失利害，妄窺賢者用心。」問者見先生色變而遏。

按：洪皓八月入京，九月出知饒州，秦檜子熺，紹興十二年進士，則九成談論之事，或當在此前。

于書室中置夫子像，以宋代諸賢畫像列侍，晨起敬拜。

《横浦日新》載：「我謫嶺下，……乃于書室中置夫子、顔子像，適有淵明、曲江、萊公、富鄭公、韓魏公、歐公、温公、余襄公、邵堯夫、二蘇、梁況之、龔王彦霖、范淳夫、鄒志完、劉器之、龔彦和、陳瑩中、黄魯直、秦少游、晁無咎、張文潛諸畫像乃環列于夫子左右，晨起焚香瞻敬，心志蕭然，其所得多矣。有一毫愧心，其見諸人，心若市朝之撻矣。」

按：九成于横浦讀書十四年，則斯事或于初到時建也，姑置于此。

紹興十四年甲子，五十三歲。

居南安軍。

高宗在經筵問張九成安否。

《要錄》卷一五一：「上在經筵，嘗謂（高）閎曰：『向來張九成嘗問朕《左氏傳》載一事或千餘言，《春秋》只是一句書之，此何也？朕答之云：聖言有造化，所以寓無窮之意；若無造化，即容易知，乃常人言耳。』閎曰：『說《春秋》者雖多，終不能發明，正如窺造化矣。』上曰：『九成所問極是。』閎曰：『陛下所答亦極是。』上因問九成安否？翌日，謂秦檜曰：『九成今在何處？』檜曰：『九成頃以倡異惑衆爲臺臣所論，既與郡，乃乞祠。觀其意，終不爲陛下用。』上曰：『九成清貧，不可無祿。』」

按：高閎除禮部侍郎在三月，而秦檜疑閎薦九成，呼給事中兼侍講楊愿詢其事，李文會劾閎在五月，則高宗問九成安否一事，當在三至四月間也。

王大卞出知韶州，過南安訪九成。

《容齋四筆》卷八：「嚴陵王大卞赴曲江守，過南安，謁張先生子韶，從容言：『大卞頃在檢院，以羅彥濟中丞章去國。其後彥濟自吏書出守嚴，遂遷避于蘭溪。彥濟到郡，遺書相邀曰：與君有同年之契，何爲爾？不得已，復還，既見，密語云：前此臺評，乃朱新仲所作，托造物之意以相授，一時失于審思，至今爲悔。此事既往，今適守韶，而朱在彼，邂逅有弗愜，爲之奈何？』張揣其必將修怨，即云：『國先爲君子爲小人，皆在此舉。』王悚然曰：『謹受教。』至則降意彌縫，終二年不見分毫形迹，蓋本自相善也。」

按：羅汝楫彥濟紹興十四年八月知嚴州，朱翌新仲紹興十一年貶居韶州，則王大卞守詔，或在十四年之後也。

姑繫于此。

紹興十五年乙丑，五十四歲。

居南安軍。

撰《聞沈元用帥南海喜而有作》詩。《集》卷四：「與公相別五經年。」

按：《要録》卷一五四載：（紹興十五年十月）杜天舉奏「廣西……沈晦。」卷一八六載李鼎臣奏「廣西……沈晦爲帥一年」，則沈晦帥南海，當在十五年，歷時一年。

七月，吕本中卒，爲撰《悼吕居仁舍人》（《集》卷四）、《祭吕居仁舍人》（《集》卷二〇）。

紹興十六年丙寅，五十五歲。

居南安軍。

正月，撰《丙寅正月》詩（《集》卷四）。

紹興十七年丁卯，五十六歲。

居南安軍。

紹興十八年戊辰，五十七歲。

居南安軍。

正旦，宗杲自衡州作書事寄九成曰：「上苑玉池方解凍，人間楊柳又垂春。山堂盡日焚香座，長憶毗耶多口人。」（《大慧禪師年譜》「紹興十八年」條）

三月，《題李伯時孝經圖》（《集》卷一九）。

六月，撰《祭靈潭龍君》（《集》卷二〇）。嘉靖《南安府志》卷一二：「龍君廟，在（南安府）東一百八十里，久廢。」

七月，《書吕居仁與范秀才詩簡》（《集》卷一九）。

紹興十九年己巳，五十八歲。

居南安軍。

撰《謫居賦》。

《集》卷一：「七年于茲兮」，紹興十三年後推七年，當在此時。

撰《竹軒記》（《集》卷一七）。

《記》曰：「子張子謫居大庾，借僧居數椽閲七年，即東窗種竹數竿，爲讀書之所，因榜之曰竹軒。」

撰《題竹軒》三首（《集》卷四）。

按：竹軒之建在十九年，或《題竹軒》三首，亦作于此，姑繫之。

撰《食苦筍》詩（《集》卷一）。

撰《次單推韻》（《集》卷四）。

又《集》卷四有《送單普赴肇慶節推》、《次單推韻》二詩，或同作于此時。姑繫之。

按：單普，紹興中任肇慶推官。嘗過南安，拜見九成。

撰《十一月忽見雪片居此七年未曾見也》詩（《集》卷一）。

十二月，撰《十二月二十四夜賦梅花》詩（《集》卷二）。

十二月，探視解潛疾，潛卒後，爲撰祭文。

《心傳》卷上：「解潛太尉貶南安，臨決之前，越一日，焚香寂卧，令人來請，若有所言。因往省之，曰：『太尉平日所懷，莫有不足者否？』解公遂屏左右，垂淚云：『某平生惟仗忠義，誓于虜死，以雪國耻。以不肯議和，遂爲秦公斥遠，此心唯天知之。』因謂之曰：『無愧此心足矣，何必令人知！然人未有不知者，事有眞僞遲速耳。』解云：『聞侍郎此言，心下豁然。某今即去矣。』奄然而逝。」《集》卷二〇載九成撰《祭解帥》一文。

是年，宗杲撰《答無垢居士論正法眼藏書》

（《大慧禪師年譜》「紹興十九年」條）。

紹興二十年庚午，五十九歲。

居南安軍。

正月，撰《庚午正月夜自詠》詩（《集》卷一）。

六月，以自己平日所行事告戒侄于恕。

《心傳》卷中：「我今略戒汝數事，皆是我平日行者……一謹禮法，二存忠厚，三親正直，四勤學問，五守家業；一戒欺心，二戒不正，三戒喜訣，四戒溺愛，五戒習下。……紹興庚午六月四日，書于南安傳舍。」

十二月，撰《記夢》（《心傳》卷中）。

紹興二十一年辛未，六十歲。

居南安軍。

閏四月，撰《辛未閏四月即事》六首（《集》卷二）。

七月，撰《十九日雜興》二首。

《集》卷二：「西塘荷已花，北戶棗亦實。……謫來已九年」，應作于此月也。

秋，撰《秋興》三首。

《集》卷三：「身世兩相違，于今六十年。」

十二月，撰《有感》（《集》卷二）、《子集弟寄江蟹》詩（《集》卷三）。

紹興二十二年壬申，六十一歲。

居南安軍。

六月，因陳誠之事，論秦檜排斥異己，大起告訐，將反激人之言。

《要錄》卷一六三：（紹興二十二年六月）「尚書禮部侍郎兼侍講陳誠之以母憂去，……左朝散郎張九成時謫居南安軍，或問九成曰：『近日士大夫氣殊不振，曾無一言及天下事者，豈皆無人材耶？』

九成曰：『大抵人材，在上之人作成，若摧抑之，則此氣亦索。有道之士不任其事，安肯自辱哉！秦公方斥異己，大起告訐，此其勢欲殺賢者，然未必不反激人之言，子姑俟之。』」

八月，虔州兵叛，九成爲獻破敵之策，後用其策卻之。

《要錄》卷一六三：「賊之始作也，其徒侵軼旁郡，或勸左朝散郎、南安軍居住張九成徙避之，九成曰：『吾謫此邦，死分也。何避焉？』守貳未得計，請于九成曰：『此爲廣南要衝，失守，則郡以南皆賊區，策將安在？』九成曰：『僻小寡弱，難與爭鋒。今聞賊寨水南，夜募善泅者，火攻之，俾其衆驚擾，則宵遁必矣。』用其策，賊果散走。」

是年，盧陵幕官孟鏗訪九成。

《集》卷一六《孟聲遠字序》：「服除……後十年，鏗爲盧陵幕官，又訪余于橫浦。」九成十三年服除，十年後，當在二十二年也。

與陳開祖書。

《集》卷一八：「眼閉目潛，視六十以前行己是非，自進自退，亦一快也。」

按：九成既有「視六十以前」之語，則斯文之撰，或在此也。

紹興二十三年癸酉，六十二歲。

居南安軍。

二月，永嘉陳開祖遺書，請爲書室撰記。九成爲撰《靜勝齋記》（《集》卷一七）。

四月，撰《孟聲遠字序》（《集》卷一六）。

十一月，書題東坡《竹石圖》後（嘉靖《南安府志》卷二五）。

嘉靖《南安府志》卷二二載：「墨君閣，

在府城內寶界寺東廊鐘樓下，有東坡畫竹于壁。」

是年，撰《送陳朝彥序》（《集》卷一六）。

周必大《文忠集》卷四九《跋張子韶與陳朝彥序詞》云：「其告同年富沙陳朝彥，及引楊中立溫柔寬厚之教，以煉金爲喻。」與九成所撰《序》合。又云：「朝彥諱廷傑，紹興癸酉自南康宰辟廣西經略司幹官。子韶時在南安，以《序》及長短句送之。」

廖顒謁九成。

《集》卷二三《廖守墓誌銘》：「紹興乙亥，……顒前年謁余于大庾嶺下。」乙亥上推二年，當在二十三年。廖顒，字季邛，連州人，紹興五年進士。紹興二十五年通判欽州，三十一年知化州。

回陳開祖書。

《集》卷一八：「《靜勝齋記》輒拜呈，伏幾改抹，更求善書者。」九成二月接陳開祖書，爲撰《靜勝齋記》，回函當在斯年也。

紹興二十四年甲戌，六十三歲。

居南安軍。

五月，應江南安撫大使林之芳之請，撰《敕賜梁少師縉雲侯祠祀田碑記》（康熙《常州府志》卷三六）。碑末題云：「右《縉雲侯祀田記》，張九成撰。……縉雲侯名汝嘉，字仲謨……紹興二十三年十月卒于常州，十二月，敕下常州路，……給賜祭田二頃。」而九成所撰文中，亦有「給廟田二頃，以供祠事」之語，又有「紹興二十四年五月立石」之語，則斯文之撰，或在此也。

紹興二十五年乙亥，六十四歲。

居南安軍。

四月，撰《都聖與易傳序》（《集》卷一六）。

四月，應廖顒之請，爲其父玖撰《廖守墓誌銘》（《集》卷二〇）。

六月，應同年友陳一鶚請，撰《陳氏考妣墓銘》（《集》卷二〇）。

與曾日升學諭《借米帖》。

《集》卷一八：「公如納秋苗，卻可就取也。」據此，還米當在秋季。又《徐清正公存稿》卷五《跋無垢借米帖》，云借米于曾君日升學諭。

十月，洪皓卒，柩過南安，九成爲撰祭文。

《容齋隨筆》卷一五：「『維某年月日，具官某謹以清酌之奠，昭告于某官之靈。嗚呼哀哉，伏惟尚饗！』其情旨哀愴，乃過于詞，前人未有此格也。」

十二月，胡寅作《答張子韶侍郎》書。

《斐然集》卷一八：「冬春之交，……某……行將六十。……會之……溘然遽死，遺臭奈何？」

按：胡寅紹興二十六年閏十月卒，年五十九，秦檜紹興二十五年十月卒，則冬春之交，當爲紹興二十五年十二月也，時九成尚未復官。

是月，復官，令自便（《宋史》卷三一《高宗紀》八）。

按：九成謫居橫浦十四年，其理學思想的最後形成，當在南安時也。九成思想是二程再傳，陸學之先，他一方面繼承了二程思想，同時又有所創新，認爲「心即理，理即心」，「學問之道無他，求其放心而已」，「仁即是覺，覺即是心，因心生覺，因覺有仁」。特別是與大慧禪師宗杲交往，使其思想中含有「借儒談禪，而不復自認爲禪，是爲以僞易眞」，因此，朱熹說九成是將佛法「改頭換面，隨宜說法」，是有一定道理的。但是，九成的根本精神仍是儒者，他說：「道非虛無也，日用而已矣。以虛無爲道，足以亡國；以日用爲道，則堯舜三代之勛業也。」（《橫浦日新》）批評佛學「以仁義爲贅，不知道德自仁義中出」，「不識仁義即是道德」（《橫浦心傳》）。這種以仁義爲道的觀點，正是儒學的根本精神。故其思想在南宋早期影響巨大，「天下之學者靡然從之。家置其書，人習其法。」（《龍川文集》卷一九《與應仲實》）其侄于恕、于憲從九成學于南安軍，記其言，錄其行，撰成《橫浦心傳》，門人郎曄撰成《橫浦日新》。

紹興二十六年丙子，六十五歲。

正月，復秘閣修撰，知溫州（《要錄》卷二七一）。

閉門讀書，談經自樂，「執手就明于此者十四年。倚立積久，雙趺隱然」（《集》卷一九《題書室柱》）。羅大經評曰：「前輩爲學，勤苦如此……無垢乃晚年，尤難也。」（《鶴林玉露》卷一）。

自號橫浦居士。

《家傳》：「公被命則曰：『吾居橫浦久，心實安之，不能忘也。』因自號橫浦居士。」

《四朝名臣言行別錄》上卷九：「公謫居十四年，談經自樂，手不停披，歲久庭磚足蹟依然。公題于柱曰：『予平生嗜書，老來目病，執書就明于此者十四年矣。倚立積久，雙趺隱然，可一笑也。』」因自號橫浦居士。」

元夕，《題書室柱》（《集》卷一九）。

二月，「挾三十餘口」至贛州，與趙守善繼、鄒推及宗杲相見。

《集》卷一八《回贛州鄒推》：「某今春經由，乃得與同年款，大慰平昔所以欽慕之意。」《大慧禪師年譜》「紹興二十六年」條曰：「師六十八歲……取道汀州，二月至贛州。時無垢居士侍郎張公子韶自橫浦蒙旨守永嘉。師維舟俟之，用慰契闊。既見，留連款語，遍賞名山，留題馬祖庵詩云：『中有奇道人，機鋒如劈箭。』謂師也。公因以自畫像需贊，師點筆疾書，有『貧兒索舊債』之句。」

撰《游塵外亭呈妙喜老師陳元器鄭叔茂沈季誠》詩。

《集》卷一：「中有奇道人，機鋒如建水」，與《大慧禪師年譜》載相合。嘉靖《贛州府志》卷五：「塵外亭，（在）馬祖巖顛。」

撰《重建贛州學記》。

《集》卷一七：「右朝奉大夫趙公善繼，紹興甲戌來守是邦。」檢《要錄》卷一六七：「紹興二十四年七月，以右朝散郎趙善繼代守贛州。」又卷一七七：「紹興二十七年九月，右朝奉大夫、主管台州崇道觀趙善繼直秘閣。善繼前守贛州，始修城，至是城成。故有是命。」據此，善繼至贛州後，「當叛兵方定」，首予修學，「建學未幾，而四野清淨，訟牒稀簡」，在任上，又由右朝散郎轉右朝奉大夫，或九成適過其地，故請撰記。

趙善繼「借以舟人」，與宗杲聯舟東下，過廬陵，至新淦，撰贈別詩。

《大慧禪師年譜》「紹興二十六年」條云：「已而聯舟東下，至廬陵……分袂于臨江之新淦……無垢贈別詩云：『相別十七年，其間無不有。今朝忽相見，對面成老丑。人生大夢耳，是非安足究。欲叙惓惓懷，老大慵開口。公作湖南行，我赴永嘉守。重別是今日，南北又奔走。已歃相過盟，長沙不宜久。』」《集》卷一八《答贛州趙守》之二：「伏蒙延以卮酒，借以舟人。方當囊無半金之儲，居無半面之舊，挾三十口欲還故鄉，而賦性庸辟，耻于干懇。惠然存慰，如平生交。顧惟此意，何日敢忘。」

在新淦，令侄于憲扣拜宗杲。

《心傳》卷中：「憲自嶺下侍舅氏歸至新淦，因會杲老，先生令拜之。憲云：『素不拜僧，未敢輒拜。』舅氏云：『汝姑扣之。』」

爲建昌黃新淦撰《黃氏訓學說》。

《集》卷一九：「建昌黃新淦……余謫居橫浦十四年，今春被命守永嘉，道過新淦。新淦攜四子一孫來謁，且曰：『愿先生幸敎之。』」

五月，參知政事沈該爲尙書左僕射，万俟卨爲右僕射，九成撰《賀沈左相》、《賀万俟右相》（《集》卷一八）。

七月，在溫州任，撰《自畫像贊》。

民國《海寧州志稿》卷一八：「不務尋常，惟行怪異。經術不師毛、鄭、孔、王，文章不法韓、柳、班、揚。論詩不識江西句法，作字不襲二王所長。參禪則不記公案，爲政又不學龔黃。貶在大庾嶺下，十有四年，歸來雖白髮滿面，而意氣尚是飄揚。咄！其沒轉智底漢陰丈人，而無用處底楚狂接輿也歟？」文末編者按：「今重刻碑尚存，前列『紹興丙子七夕，無垢居士書』。」

八月，撰《盡言集序》、《元城先生語錄序》（《集》卷一六）。

在永嘉，撰《到任祭文宣王》、《祭本衙土地》。

《集》卷二〇：「猥奉宸綸，起臨是郡。視事云初，躬謁廟貌」及「叨竊郡寄」之語，爲九成初到溫州時撰也。

舉薦州學教授史浩。

史浩《鄮峰眞隱漫錄》卷一四《祭無垢先生張公侍郎文》：「晚守永嘉……某掌郡庠，時適相値，頃蓋忘年，雅同聲氣。乃以旦日，衣冠畢萃，端笏趨隅，薦牘見遺。公云舉詞，深有旨味：識超幾先，意傳經外。」《清波別志》卷三：「薦舉之法日弊，坐主類不識門生面，第徇權貴所欲予者，舉詞概以『猷爲敏劭、吏事疏通』書刻牘。史魏公分教永嘉日，張無垢爲守。一日語次謂史曰：『某未嘗輕薦士，今以浼公，可乎？』詞曰：『識超幾先，經傳語外』（與《鄮峰真隱漫録》異），且云杼思三日，方得此八語。士夫聞之，皆曰：『若此，方可名知己。』史初尉余姚，嘗卻帥曹泳之薦，當其怙勢，誰敢爲此舉。宜其無垢以國士待之。」

作《與永嘉何舍人》書（《集》卷一八）。

何舍人，即何溥，字通遠，永嘉人，紹興十二年禮部試第一。官至翰林學士、兵部尚書。

撰《淨居諶禪伯》二首（《集》卷一八）。

與宋之翰書幷致酒。

乾隆《溫州府志》卷二八載九成書云：「某到任以來，尋訪此邦賢者，竊聞公寡嗜欲、薄滋味，安貧守義，作詩有《三百篇》遺風，用明敎化，極深欽仰。年高德尊，不敢通姓名以勤動止，輒奉春酒以介眉壽，且少見敬慕之意。」弘治《溫州府志》（上海書店影印《天一閣藏明代方志選刊續編》本）卷一二載：「宋之翰，字邦憲，永嘉人，號五休居士。篤實好善，爲鄉壽儁……張九成深加敬慕，首致書饋酒焉。」

與劉愈書，有云：「孝于親，友于弟，行義聞于鄉里。敬致州郡之禮，以見尊賢之誠。」

弘治《溫州府志》卷一二：「劉愈，字進之，永嘉人，孝友端慤……行義信于鄉……太守張九成下車得愈之賢，移書致饋禮。」

饋連世瑜酒。

弘治《溫州府志》卷一二：「連世瑜，樂淸人，居左源，同妻方氏事母至孝。母死刻像，奉益恭。郡守張九成嘗移文體訪里人王十朋，親到其家，詢諸比鄰，咸稱世瑜事亡如存，晨昏饋食，經今十年，孝誠不替，九成饋酒禮之。」

口誦蔣元中《經不可使易知論》。

弘治《溫州府志》卷一〇：「蔣元中，永嘉人。……早喪，無傳可見于世者，唯有《經不可使易知》一論，太學刻于石。紹興末，郡守張九成下車詣學，口誦元中此論。諸生大驚，以爲吾鄉之文，播于四方，先生長者，傳誦乃爾。于是後進，益知向方。」蔣元中，與許景衡爲洛學。元豐中太學刻《經不可使易知論》一文于石。

撰《答贛州趙守》二首、《回贛州鄒推》三首（《集》卷一八）。

《答贛州趙守》二云：「某爲別未幾，已踰半載。」二月在贛州，半年後，當在八、九月間也。

有書啓致尙書三首。

《集》卷一八：「秋暑尙炎，……某蒙恩自便，且叨郡寄。」當作于初秋也。

十月，撰《回孫尙書》二首。

《集》卷一八：「永嘉舊號名郡，……雖已上疏請宮祠。」九成閏十月罷溫州守，此文或作於此時。

撰《回全椒杜簿》。

《集》卷一八：「既許還家，復叨郡寄，……已請宮祠。」

撰《題郡齋壁》。

《集》卷四：「嗟予老矣欲歸去。」

在溫州太守任上勤于民事，以禮義教民，頗著政績。

陳傅良《止齋集》卷四二《跋陳求仁所藏張無垢帖》：「無垢來爲郡守，聞見鄉人父老數百人以淫雨害稼訴郡，無垢若不省然，俄而駛足來索狀，而數百人者皆以不滿解去，狀亦不知安在矣。且日還鄉下，自城以南達瑞安，凡閘者堰者皆已決，捕魚蟹箅笱，凡可以梗水者，亦已徹去。不數日水落。是歲大熟。」

載栩《浣川集》卷九《跋無垢先生言行》：「故侍郎張公無垢先生來守永嘉，一以禮義廉恥遇其士民。有讕辭以訟者，先生廉得其情，既而拱手對之曰：『九成爲公惶恐。』訟者愧汗自悔，終其身不至訟庭。」

閏十月五日，以目疾罷溫州守，提舉江州太平興國宮，返歸故里鹽官。旋即登舟離任（《要録》卷一七五、《家傳》）。

按：九成在溫州之日，減苛賦，罷柑宴，禁褻語，蠲酤禁，離開之時，民挽車遮道，不得行。公特假小車以出（《家傳》）。

閏十月二十九日，住括蒼（麗水），有《書司馬溫公咨》（《集》卷一九）。

在括蒼（麗水），撰詩。

《集》卷四《某還故里過括蒼謝景思少卿示及諸公和詩次韻爲謝》。」

冬，汪應辰有《答張侍郎書》。

《文定集》卷一六：「先生以是日得宮祠。又十日而有東陽之除。」東陽，即婺州，應辰除官亦在閏十月，故此文之撰，或在是年冬也。

到義烏，訪妻馬氏前夫之母龔氏。

《集》卷二〇《龔夫人墓誌銘》：「紹興丙子，余守永嘉，上章求閑，得遂所請。專往謁吳氏，求龔夫人相見，所以償吾妻馬氏之志也。上堂參拜，瞻其顏色，望其儀容，藹然肅然，眞賢婦人也。」

是年，撰《祭史幾先》。

《集》卷二〇：「今我北歸」，或撰于此時也。

撰《祭陳唯室文》。

《唯室集》卷五：「昔余遠竄……萬里歸來，莫與對談」，或爲二十六年返回時作也。姑置于此。

紹興二十七年丁丑，六十六歲。

居鹽官。

三月，撰《妙喜泉銘》。

見《兩浙金石志》卷九，末附編者按云：「右碑文正書九行，後附行書二行，在鄞縣。」陳傅良《止齋集》卷四二《跋陳求仁所藏張無垢帖》：「世未有言無垢先生善作字者，而筆勢如此，令人起敬。」

紹興二十八年戊寅，六十七歲。

居鹽官。

七月，知崑山縣事程沂作書求爲縣學記，九成爲撰《崑山學記》。

《中吳紀聞》卷六：「右通直郎、知平江府崑山縣事程公詠之……紹興二十八年七月十二日，作書抵余曰：『……先生昔學于大儒……愿以其所聞者，明以告我。』」

九月，撰《黃吏部墓誌銘》。

《集》卷二〇：「紹興戊寅九月七日，先生之子濬以其宗人右司員外郎黃祖舜狀其行實來請銘。」

十月，撰《龔夫人墓誌銘》。

《集》卷二〇：「歲在戊寅五月十一日，夫人以微疾而逝。……將葬有期，……乞銘于余，……以其年十月二十日葬于官塘之原。」

紹興二十九年己卯，六十八歲。

居鹽官。

撰《不愁念起惟怕覺遲頌》，云：「念是賊子，覺是賊魁。搥殺賊魁，賊子何歸？堂堂大路，惟吾獨之。越南燕北，遼東隴西。撒手便到，何慮何疑。神劍在山，鍔冷光寒。魑夔魍魎，莫之敢干。此名眞覺，秦時轅轢。」

按：《大慧禪師年譜》「紹興二十九

年」條云：「冬……程詠之運使以無垢居士與三川道人論《不愁念起惟怕覺遲頌》，請師書其後。」九成六月卒，則此頌之撰，當在六月之前。姑置于此。

六月六日，病卒。

洪邁《夷堅甲志》卷一九：「紹興二十九年三月望夜，夢青衣人引至大寺，門金書牌八字，但記其二曰『開福』。一僧如禪刹知客，見張甚喜，延入坐。張問主僧爲誰，曰：『沈元用給事也。』張曰：『吾與沈先生久不相見，亟欲謁之。』命取公服，隨語即至。見沈再拜，沈答其半禮，勞苦如平生。且曰：『尊公在此。』命青衣導往方丈東小堂。其父母方對坐長嘯，張趨拜號泣。旁人叱曰：『此不是哭處。』復至法堂前，問曰：『何故無佛殿？』青衣曰：『此以十方法界爲佛殿。』張曰：『吾病廢，又失明，未知他日有眼可見佛，有口可誦經否？』曰：『侍郎何嘗不見佛，何嘗不誦經？』又行及門側，有小池清冷，外設欄楯，青衣曰：『八功德水也。』酌一杯飲之，涼徹肌骨。西廡一室極潔，中挂畫像，視之，乃張寫眞。大駭曰：『何以得此？』青衣曰：『異日當主此地，然待公見玉帶了即來。』遂寤。遽召門人郎曄，使書其事，皆謂玉帶爲吉證，若疾愈，且大拜。」

又：「至六月二日，兩疾頓除，即日出謁先墓，繼往所親家燕集，如是五日。偶與諸生讀江少虞所集《事實類苑》，至章聖東封丁晉公取玉帶事，怒曰：『丁謂眞奸邪！雖人主物，亦以術取。』因不憚，廢卷而入。疾復作，不能言，翌日卒。人始悟玉帶之夢。張壽六十八云。」

按：洪邁《夷堅志》爲小說家言，所記事多神怪詭異。姑錄以備考證。

《家傳》：「己卯季夏四日，謂窆先君九思曰：『明日掃塋域。』次日過汝邑，人聞公之出，群喜聚觀曰：『公疾愈矣。』」

閏六月，詔復敷文閣待制，贈左朝請大夫致仕（《會要》職官七七之七〇、《家傳》）。

宗杲到鹽官吊唁，并作祭文。

按：《大慧禪師年譜》「紹興二十九年」條原繫于五月，今從《要錄》。

其墓在鹽官縣（《家傳》末附于有成《跋》）。

寶慶元年八月，贈太師，封崇國公，謚文忠（《宋史》卷四一《理宗紀》一）。

寶慶二年正月，錄張九成子孫官有差（《宋史》卷四一《理宗紀》一）。

九成著有《論語解》二十卷、《論語絕句》一卷、《孟子解》十四卷、《尚書詳說》五十卷、《中庸說》一卷、《大學說》一卷，《孝經解》一卷、《鄉黨》、《少儀》、《咸有一德論》、《孟子拾遺》共一卷、《經筵講義》一卷、《書傳統論》六卷、《春秋講義》一卷、《唐鑑》五十卷、《橫浦集》二十卷，以及參與修纂《重修神宗實錄》二百卷、侄于恕編《橫浦心傳》十二卷、門人郎曄記錄的《橫浦日新》二卷，嘉定中徐鹿卿教授南安，「裒其言行，繫以歲月，及《遺文》三十篇」，共爲一卷。

按：紹興二十五年十二月，胡寅《答張子韶侍郎》（《斐然集》卷一八）：

「復禮、忠恕兩段，蒙不相鄙，見既透徹，言已了達。珍拜，珍拜。何時得睹全書幷《尙書》、《大學》、《中庸》、《孟子》諸說，渴饑莫喻也。」「復禮、忠恕兩段」，當出自《論語解》也。說明在紹興二十五年，九成上述諸書尙未刊行也。隨着九成學術影響的日漸擴大，諸書遂得以陸續刊行，陳亮在《與應仲實》（《龍川文集》卷一九）文中云：「天下之學者靡然從之，家置其書，人習其法。」至遲到紹興末，乾道初，上述諸書已刊畢。朱熹《朱熹集》卷七二《張無垢中庸解》：「因覽其《中庸說》……其它如《論語》、《孝經》、《大學》、《孟子》之說，不暇遍爲之辨。」同書卷七二乾道二年何鎬跋：「二蘇、張、呂……其學乃不知道德性命之根原，反引老莊、浮屠不經之說，而紊亂先王之典，著爲成書，以行于世……新安朱元晦以孟子之心爲心，大懼吾道之不明也，弗顧流俗之譏議，嘗即其書破其疵繆，針其膏肓，使讀者曉然知異端爲非而聖言之爲正也。」朱熹紹興三十年拜李延平爲師，棄佛歸儒，居崇安家中，于乾道初完成《雜著》諸篇，說明九成諸書已于乾道初廣爲流行了。

九成著述大都在後世散佚，兹就所存者，考訂如下：

《論語絕句》一卷。附于《横浦集》末《横浦心傳》卷下，另有《藝海珠塵絲集》（丙集）本。周煇《清波雜志》卷九：「張無垢貶南安，凡十有四年，寓處僧舍，未曾出門。其一話一言，舉足爲法，警悟後學宏矣。其甥于恕裒集《語錄》十二卷，既已刊行，其間《論語絕句》，讀者疑焉。蓋公自有《語解》，亦何假此發明奧義？嘗叩公門人郎曄，曄云：『此非公之文也。』」據此，似《論語絕句》非九成所撰。

《孟子解》。《家傳》作《孟子說》；《直齋書錄解題》卷三、《文獻通考·經籍考》卷一一、焦竑《國史經籍志》卷二作《孟子解》十四卷；《郡齋讀書附志》上作《孟子解》三十六卷；清初季振宜《季滄葦書目》作宋板《孟子解》三十二卷。乾隆間修《四庫全書》，以今藏南京圖書館、有丁丙跋語之《張狀元孟子傳》二十九卷作四庫底本，《四庫提要》稱其爲「南宋舊槧」，缺《盡心篇》上、下；民國張元濟編《四部叢刊》三編，從蘇州滂喜齋借得宋刊本，予以影印，亦題爲《張狀元孟子傳》二十九卷，缺《盡心篇》上、下。

《中庸說》。《直齋書錄解題》卷二、《宋史藝文志》一作一卷。又《直齋書錄解題》卷二校云：曲江本《中庸》六卷；《文獻通考·經籍考》卷八亦作六卷。民國張元濟從日本京都東福寺攝得宋槧殘本三卷，編入《四部叢刊》三編中。胡銓曾曰：「張子韶《中庸》甚佳。」朱熹「因覽其《中庸說》」，作《中庸解》（《朱熹集》卷七二）。

《鄉黨》、《少儀》、《咸有一德論》、《孟子拾遺》共一卷，《書傳統論》六卷，《經筵講義》一卷。載于《橫浦集》中，其中《咸有一德論》附于《書傳統論》之中。

《春秋講義》一卷。在海昌縣庠所講，門

人陶與諧錄，今載于《横浦集》中。

《横浦集》二十卷，門人郎曄編。今北京圖書館存有宋刻本一部，將《横浦家傳》、施德操《孟子發題》附于卷末。明萬曆中，吴惟明、方士騏又重新校梓刊印，增入《横浦心傳錄》三卷、《横浦日新》一卷。康熙中，張鳴皋又予重印，僅收文集十四卷、《家傳》一卷及自撰《無垢公遺跡》一卷。乾隆間編《四庫全書》，僅將文集二十卷收入，《心傳》、《日新》則以有單本行世，不予收錄。民國張元濟復據吴惟明刊本影印，又增入《校勘記》一卷，是爲至今卷數最多的本子。

《無垢先生心傳錄》十二卷，甥于恕編；《横浦日新》二卷，門人郎曄編。二書均爲記錄張九成之講說也。今附載于《横浦集》末爲《心傳》三卷、《日新》一卷。二書初各以單行本行世，後有將二書合併，題爲《無垢語錄》十四卷。陳振孫《直齋書錄解題》卷九載：「《無垢語錄》十四卷，張九成子韶之甥于恕所編《心傳錄》，及其門人郎昱（當為曄）所記《日新錄》。」周煇《清波雜志》卷九：「其甥于恕裒集《語錄》十二卷，既已刊行。」戴栩《浣川集》卷九：「嘉定甲申之春，南安教授徐君（鹿卿）以《無垢先生張公語錄》見寄。」則至遲在嘉定中，就有以《無垢語錄》名此書者。周煇曾詢之郎曄，曄云：「《語錄》亦有附會者。」（《清波雜志》卷九）今商務印書館《說郛》卷九八節錄有《横浦語錄》一卷。

延平李先生年譜

（清）毛念恃 編
李春梅校點

乾隆十年延平御書閣刊延平四先生年譜本

李侗（一〇九三—一一六三），字愿中，學者稱延平先生，南劍州劍浦（今福建南平）人。游鄉校有聲稱，從鄉人羅從彦學，受《春秋》、《中庸》、《語》、《孟》之説。學成後退居鄉里不仕，居家四十餘年。紹興間，朱熹嘗受業于其門。紹興三十二年，又迎謁于建安。隆興元年卒，年七十一。

李侗與朱松爲同門學友，朱松稱其「如冰壺秋月，瑩徹無瑕」（《皇朝名臣言行外録》卷一一）。著有《延平問答》、語録行世。清張伯行輯有《延平先生文集》四卷，收入《正誼堂全書》。事蹟見朱熹《延平先生李公行狀》（《朱熹集》卷九七）、《宋史》卷四二八本傳。

清毛念恃、張伯行分别編有李侗年譜二種。又，清光緒五年延平府署刊《延平答問》附《延平先生年譜》一卷，題宋朱熹編，疑以朱熹撰《李公行狀》而誤以年譜相屬（見謝巍《中國歷代人物年譜考録》）。張伯行所編《李延平年譜》一卷，載于正誼堂全書本《李延平集》卷首，較簡略。本譜爲毛念恃編，前載《宋史·李侗傳》，譜文側重道學授受與學術源流，原載于乾隆十年刊《延平四先生年譜》。

文靖李延平先生年譜引

延平之有李先生，亦猶鄒魯之有孟夫子也。東魯之道立極於吾夫子，而孟子爲之大聲疾呼，乃闢百家而一歸我夫子之聖。閩南之道倡始於楊龜山，而李先生爲之闡微繼渺，乃衍伊洛而大傳於紫陽之賢，則宜家奉圭璋、人寶圖書矣。而傳誦寥寥，散見於《問答》之中者，一覽未即得其要領。今其後人臚列成書，可謂盛矣，而舉先生繼往開來之大指，展卷即得之，未必無待也。念恃乃摘取《宋史》本傳論次之，依文公《行狀》、答問之歲月，擇其言尤精要者編爲《年譜》，庶閩學之源流，開卷即悟也。觀先生之勤思大道於早年，諄誨傳人於既耄，則少而不學、老而志怠者，均無以立於天地矣。敬梓之以自勵，亦以勵人云爾。晋陵後學毛念恃勑五氏謹題。

《宋史》李延平先生傳

李侗字愿中，南劍州劍浦人。年二十四，聞郡人羅從彥得河、洛之學，遂以書謁之。從之累年，授《春秋》、《中庸》、《語》、《孟》之說。從彥好靜坐，侗退入室中，亦靜坐。從彥令靜中看喜怒哀樂未發前氣象，而求所謂「中」者，久之，而于天下之理該攝洞貫，以次融釋，各有條序，從彥極稱許焉。既而退居山田，謝絶世故餘四十年，飲食或不充，而怡然自適。事親孝謹，仲兄性剛多忤，侗事之得其歡心。閨門內外，夷愉肅穆，若無人聲，而衆事自理。親戚有貧不能婚嫁者，則爲經理賑助之。與鄉人處，飲食言笑，終日油油如也。其接後學，答問不倦，雖隨人淺深施敎，而必自反身自得始。故其言曰：「學問之道不在多言，但默坐澄心，原批：大本原在此。體認天理。若是，雖一毫情欲之私，亦退聽矣。」又曰：「學者之病，在於未有灑然冰解凍釋處。如孔門諸子，羣居終日，交相切磨，又得夫子爲之依歸，日用之間，觀感而化者多矣。恐於融釋而脫落處，非言說所及也。」又曰：「讀書者當知其所言莫非吾事，而即吾身以求之，則凡聖賢所至而吾所未至者，皆可勉而進矣。若直求之文字，以資誦說，其不爲玩物喪志者幾希。」又曰：「講學切在深潛縝密，然後氣味深長，蹊徑不差。若槩以理一，而不察其分之殊，此學者所以流於疑似亂眞之說而不自知也。」嘗以黃庭堅之稱濂溪周茂叔「胸中灑落，如光風霽月」，爲善形容有道者氣象，嘗諷誦之，而顧謂學者存此於胸中，庶幾遇事廓然，而義理少進矣。其語《中庸》曰：「聖門之傳是書，其所以開悟後學無遺策矣。然所謂『喜怒哀樂未發謂之中』者，又一篇之要指也。若徒記誦而已，則亦奚以爲哉？必也體之於身，實見是理。若顏子之歎，卓然若有所見，而不違乎心目之間，然後擴充而往，無所不通，則庶乎其可以言《中庸》矣。」其語《春秋》曰：「《春秋》一事，各是發明一例。如觀山水，徒步而形勢不同，不可拘以一法。然所以難言者，蓋以常人之言推測聖人，未到聖人灑然處，豈能無失邪？」侗既閒居，若無意當世，而傷時憂國，論事感激動人。嘗曰：「今日三綱不振，義利不分，原批：君臣之義，根於天性。三綱不振，故人心邪僻，不任所用，是致上下之氣間隔，而中國日衰。義利不分，故自王安石用事，陷溺人心，至今不自知覺。人趨利而不知義，則主勢日孤。人主當於此留意，不然，則是所謂『雖有粟吾得而食諸』也。」是時，吏部員外郎朱松與侗爲同門友，推重侗，遣子熹從學，熹卒得其傳。沙縣鄧迪嘗謂松曰：「愿中如冰壺秋月，瑩徹無瑕，非吾曹所及。」松以爲知言。熹亦稱侗：「姿稟勁特，氣節豪邁，而充養完粹，無復圭角，精純之氣達於面目，色溫言厲，神定氣和，語默動靜，端詳閒泰，自然之中，若有成法。平日恂恂，於事若無甚可否，及其酬酢事變，斷以義理，則有截然不可犯者。」又謂自從侗學，辭去復來，則所聞益超絕。其上達不已如此。侗子友直、信甫皆舉進士，試吏傍郡，更請迎養。歸道武夷，會閩帥汪應辰以書幣來迎，侗往見之，至之日疾作，遂卒，年七十有一。信甫仕至監察御史，出知衢州，擢廣東、江東憲，以特立不容於朝云。

先生《行狀》出於朱夫子之手，《誌銘》爲汪學士應辰作，言皆有道。《宋史》因之而成文，故簡潔精粹，可以起人景仰之思。錄此一篇而不及《行狀》者，以朱夫子序先生之家世，而謙不自侈其授受之大。今便於學者取法，則茲傳亦善形容有道矣。

延平李先生年譜

宋哲宗元祐八年癸酉，先生生於南劍州之劍浦縣。

紹聖元年甲戌，先生二歲。

元符元年戊寅，先生六歲。

徽宗建中靖國元年辛巳，先生九歲。

崇寧元年壬午，先生十歲。

大觀元年丁亥，先生十五歲。

政和元年辛卯，先生十九歲。

按：先生《行實》云：「先生幼警悟。既冠，遊鄉校有聲。」雖不誌其歲，約在政和初年也。

六年丙申，先生二十四歲。

受學於羅豫章先生之門。有初見羅先生書，刻集中。

羅先生致書於陳默堂云：「近有後生李愿中者，向道甚鋭，曾以書求教，趨向大抵近正。錄其書呈左右。」

朱紫陽《行實》云：「羅公清介絕俗，雖里人鮮克知之。見先生從遊受業，或頗非笑，先生若不聞。從之累年，受《春秋》、《中庸》、《語》、《孟》之說，從容潛玩，有會於心，盡得其所傳之奧。羅公少然可，亟深許焉。」

甚矣，學道之不易也。羅先生之學，得之於龜山，傳伊洛之正，而當年習俗之謬，不知羅先生者多。及先生從之受學，猶相與非笑之，使非先生毅然見道，其不惑於世俗之見者幾希矣。故學貴乎立志，不同於流俗也。

先生於是退而屏居山田，結茅水竹之間，謝絕世故。

《誌》云：「於是不事科舉。」

按：先生生於簪纓之胄，以常情言之，祿利之溺人久矣。乃年甫逾冠而志於絕學，不復縈心世故，眞非常人可及。

重和元年戊戌，先生二十六歲。

宣和元年己亥，先生二十七歲。

欽宗靖康元年丙午，先生三十四歲。

高宗建炎元年丁未，先生三十五歲。

紹興元年辛亥，先生三十九歲。

二十三年癸酉，先生六十一歲。

朱文公來，受業於先生之門。

文公云：「先生經學純明，涵養精粹，延平人士甚尊事之，請以爲郡學正。雖不復應舉，而溫謙慤厚，人與之處，久而不見其涯，鬱然君子人也。先子與之遊數年，道誼之契甚篤。」又曰：「先生終日危坐而神彩精明，略無隤墮之氣。」又曰：「李延平初間也是豪邁底人，到後來也是琢磨之功。在鄉若不異於常人，鄉曲以上底只道他止是善人，他略不與人說，待問了方與說。」又曰：「李先生少年夜醉，馳馬數里而歸。後來養成徐緩，雖行一二里路，常委蛇緩步，如從容室中。嘗隨至人家，才相見，便都看了壁上碑文。先生俟茶罷，起向壁立，看了一壁碑文，移步向次壁看。看畢，就坐。其所持專一詳緩如此。初性甚急，後來養成至是也。」

按：先生陶鑄朱夫子，自有一段默識心融兩人獨喻處。然即朱夫子所記之語觀之，其有道之容，千載如見矣。

二十七年丁丑，先生六十五歲。

子信甫及友直同登王十朋榜進士。

是年有六月二十六日答朱夫子書，言涵養存養之事。

二十八年戊寅，先生六十六歲。

朱夫子來見先生於延平。有七月十七日與朱夫子書，《春秋》、《論語》答問七條。有冬至前二日與朱夫子書，《春秋》、《論語》答問二十一條。有十一月十三日與朱夫子書，答孟子放心夜氣之說。

二十九年己卯，先生六十七歲。

是年有六月二十二日、長至後三日與朱夫子兩書。

三十年庚辰，先生六十八歲。

朱夫子又見先生於延平。

朱夫子曰：「先生居處有常，不作費力事。所居狹隘，屋宇卑小。及子弟漸長，逐間接起，又接起廳屋，亦有小書室。然甚齊整，瀟灑安物，皆有常處。其制行不異於人，亦嘗爲任希純教授延入學作職事，居常無甚異同，頹如也，眞得龜山法門。」

是年，有五月八日與朱夫子書三則，七月後與朱夫子書八則。

三十一年辛巳，先生六十九歲。

是年，有上元日與朱夫子書；二月二十四日與朱夫子書，答問五條；五月二十六日與朱夫子書，答問二條；中元後一日書；八月七日書，答問五條；十月十日書，共三則。

三十二年壬午，先生七十歲。

春，朱夫子迎謁先生於建安，遂與俱歸延平。

有四月二十二日、六月十一日、七月二十一日、八月九日、十月朔日與朱夫子書，共十一則。

是年孝宗即位，文公以封事質正於先生。先生答曰：「今日所以不振，立志不定，事功不成者，正坐此以和議爲名爾。書中論之甚善。見前此赦文中有和議處一條，又有事迫許便宜從事之語，蓋皆持兩端，使人心疑也。要之，斷然不可和。自振頓綱紀，以大義斷之，以示天下向背，立爲國是可爾。此處更可引此。又許便宜從事處，更下數語以曉之，如何？某不能文，不能下筆也。封事中有少疑處，已用紙貼出矣，更詳之。明道語云：『治道在於修己，責任求賢。』封事中此意皆有之矣，甚善，甚善。吾儕雖在山野，憂世之心，但無所伸爾。亦可早發去爲佳。」

按：先生即不問世故，而紫陽師之。其答問理義精微處，紫陽所編，自言言拱璧，而茲與癸未答文公應召之言，皆當世大務，似非儒者所及，乃文公詢之，先生答之。其忠義之意，見於文字之中，無非血忱，知先生之學該內外，兼體用也。

孝宗隆興元年癸未，先生七十一歲。

以二子更請迎養，自建安如鉛山，訪外家兄弟於昭武。

是年，有五月二十三日、六月十四日、七月十三日與朱夫子書。時文公將趨召，問所宜言者於先生。先生答以「三綱不振，義利不分。王安石用事以來，人只趨利而不顧義，故主勢孤」。有七月十七日書。朱子首用其說以對。

按：王安石之執拗，今日人人知之矣。當日先生言之，則正學術、定國是之大義也。

是年十月十五日，先生卒於福州。

按《誌》，先生遊武夷而歸，福唐守敷

文閣學士汪應辰以書禮來迎，求質所疑。十月，公應聘至福唐，方三日，疾作，卒於府治之館舍。其孫護喪以歸。門人朱紫陽爲《狀》，福守汪應辰爲《誌》。至理宗淳祐六年，提刑楊棟爲請謚於朝。七年，賜謚文靖，去先生殁時二十有五年矣。

元至正二十二年八月，以江浙行省申，據胡瑜牒，請咨中書省，奏準禮部定擬爵號，贈太師，追封越國公。

明萬曆四十二年甲寅，從閩學臣熊尙文之請，從祀文廟。

大清康熙四十五年丙戌，允學臣沈涵疏，賜御書祠額曰「靜中氣象」。

陳康伯年譜

羅國威　編

據《宋代文化研究》第三輯增訂

陳康伯（一〇九七—一一六五），字長卿，信州弋陽（今屬江西）人。宣和三年進士，授長洲主簿，累遷太學正。建炎末，爲敕令所删定官，通判衢州。紹興五年，除太常博士，改提舉江東常平茶鹽。八年，除樞密院計議官，遷司勳郎中。十三年，遷軍器監。出知泉、漢二州。召對，除吏部侍郎。二十七年，權吏部尚書，尋拜參知政事。二十九年，拜尚書左僕射，同中書門下平章事。孝宗即位，兼樞密使。隆興元年，以觀文殿大學士判信州，進封福國公，又判紹興府。二年，再拜左僕射兼樞密使，封魯國公。乾道元年卒，年六十九，謚文恭，慶元初改謚文正。

康伯與秦檜有舊，而不附檜，又力主抗金，爲後人稱賞。所著《葛溪集》三十卷（《宋史·藝文志》七），已佚，今存輯本《陳文正公集》二卷，有清康熙二十九年刻本，《四庫全書總目》以爲中多僞作。事蹟見《宋史》卷三八四本傳、《陳文正公家乘》。

本譜爲羅國威編，據《宋史》本傳、《永樂大典》卷三一四八載《陳康伯傳》及《陳文正公家乘》、《宋會要輯稿》、《建炎以來繫年要録》及宋人文集等，纂次康伯事跡，間有考證。原載《宋代文化研究》第三輯，收入本書時有所增訂。

紹聖四年丁丑，一歲。

是歲，康伯生。

《宋史》卷三八四《陳康伯傳》：康伯于乾道元年正月薨，卒年六十有九。由乾道元年上推六十九年，可知康伯生于是歲。《陳文正公家乘》卷一載宋汪藻被敕所草之《陳氏家譜叙文》云：「今觀陳氏之譜，其先世系出潁川陳鄉。晉末永嘉之亂，太尉廣陵郡公準之六世孫步兵校尉鼎南遷，分爲五大支。太尉十九世孫雲騎將軍眞、二十二世孫常侍將軍嶠、沆遷于睦州，宗系載于碑碣、國史，爲官族。二十四世孫監太公逵，自睦州因官擔簦而來，乃息肩于信之輝光黃鑾社。後五年，徙居懷玉山下隱漿社居焉。生三子：長材析居于前，號曰前陳；次林析居于後，號曰後陳；三爲僧。但緣山水秀奇，風氣完固，陳氏又世多積德，澤及子孫，由是英傑輩出，開科業儒者一百三十餘人，蕃衍盛大。析居于祥符九年，分二十有一支。三十二世孫仁瑞，遭難避地于亳州譙縣三里，後遷于弋之巒山下，愛山水之勝，遂遷居焉。生一子欽，拜官莆田尉，尋擢承直郎，判信州，謚明道，以明堂及以孫貴恩，贈太師，追封英國公，實起家之祖。生二子：長文義，早年高尙，晚以禮聘玉山書院山長，謚學正，以孫貴贈太保，追封鎮國公。次文淸，以薦知東陽尉。文義生仕堯，以孫貴贈太師，追封楚國公，謚惠和。仕堯生居仁，以孫貴贈太師，追封越國公，謚孝靖。生三子：長林仲，以皇恩贈上騎軍都尉；次榮仲，以力名封上騎輕車都尉；次亨仲，登紹聖甲戌進士，拜左承議郎，累擢江浙提舉轉運副使，以子貴贈太師，追封秦國公，謚忠肅。生二子：長康侯，登建炎己酉進士，授迪功郎，累轉防禦支使，擢大中大夫、統制；次康伯，登宣和丙午進士，拜左、右僕射，進封福國公。」

案：《陳文正公家乘》卷首載宋劉珙所撰康伯《神道碑銘》及《宋史》本傳，均言康伯宣和三年登進士第，宣和三年乃辛丑年，此處作「丙午」，誤。

《神道碑銘》：「曾祖妣鄭氏，贈楚國夫人。祖妣徐氏，贈越國夫人。妣鄭氏、李氏，俱贈秦國夫人。

是歲，張浚（一〇九七—一一六四）生，秦檜（一〇九〇—一一五五）八歲，朱倬（一〇八六—一一六三）十二歲。

建中靖國元年辛巳，五歲。

幼聰穎，過目成誦。

《神道碑銘》：「公幼穎悟，讀書一過輒不忘，下筆成文，見者心服。」《宋史》本傳云「幼有學行」。

崇寧五年丙戌，十歲。

是歲，史浩（一一〇六—一一九四）生。

政和五年乙未，十九歲

未冠，即入郡學。

《神道碑銘》云「未冠入郡縣學，貢京師」，未確指何年，姑繫于此。

政和七年丁酉，二十一歲。

是歲，洪适（一一一七—一一八四）生。

重和元年戊戌，二十二歲。

是歲，周麟之（一一一八—一一六四）生。

宣和三年辛丑，二十五歲。

是年，康伯進士及第，調平江府長洲主簿

（《神道碑銘》、《宋史》本傳）。

十一月，授迪功郎（《陳文正公家乘》卷一）。

《陳文正公文集》（康熙廿九年重訂本）卷四有《尚書吏部擬授迪功郎劄》，是劄乃是年十一月十三日下。

改京畿轉運司屬官，爲太學正。丁秦國鄭夫人憂，又丁秦國亨仲公憂（《神道碑銘》、《宋史》本傳）。

《碑銘》謂康伯「事後母李夫人尤篤」，知康伯爲鄭夫人所出。又案《儀禮·喪服》，子爲父母服喪均爲期三年，至宣和六年服除。

宣和六年甲辰，二十八歲。

是歲服闋。

康伯起義丁逆擊貴溪盜，俘其渠魁，邑得全（《宋史》本傳）。

《神道碑銘》：「服闋，會鄰邑妖人誘愚民作亂，公諭鄉黨曰：『賊蟻聚當出不意擊之，不然且受禍。』衆用公計，擒其渠魁戮之，一邑遂全。州上其功，公推以與其兄，鄉人韙之。」

建炎四年庚戌，三十四歲。

遷校書郎，奉敕修《聖政實錄》、《經世大要》（《陳文正公家乘》卷一）。

《陳文正公文集》卷四《敕轉奉議郎劄》：「康伯由甲科出身，恩例授左迪功郎，拜任平江府長洲縣主簿。赴任，改差充京畿路轉運司。赴任，改差京西路□□司。以功調孟州濟源縣丞，簽書一考滿，例轉從政郎，任開封府雍丘縣尉。辟河北宣撫司總領，主餉大軍。召試館職，權秘書省正字，補國子太學正。循左從政郎，改差江東路提舉鹽茶司幹辦公事，監太軍倉。召對，改宣教郎。建炎四年奉旨享明堂，以恩中外官俱轉一官，特遷校書郎。」

紹興元年辛亥，三十五歲。

爲敕令所删定官，預修《紹興敕令》。

案：《宋史》本傳將此事繫于建炎末，而《建炎以來繫年要録》卷四九及《永樂大典》卷三一四八載《陳康伯傳》（據《登科記》、《宰輔拜罷録》、李心傳《繫年録》、徐夢莘《北盟會編》、《炎興績補》、朱熹語録、沙隨程迥《言行録》等撰）作「紹興初」，今依後一説，繫于紹興元年。

九月，轉承奉郎（《陳文正公家乘》卷一）。《陳文正公文集》卷四有《尙書吏部擬轉承奉郎劄》，劄子乃九月二十四日下。

十一月，出通判衢州。《建炎以來繫年要録》卷四九：「（紹興元年）十一月辛巳，承務郎、敕令所删定官陳康伯通判衢州。」又見《宋史》本傳及《永樂大典·陳康伯傳》。《宋史》本傳云：「盜發白馬原，康伯督州兵濟王師進討，克之。」

紹興二年壬子，三十六歲。

八月，轉奉議郎（《陳文正公家乘》卷一）。《陳文正公文集》卷四有《敕轉奉議郎劄》，是劄乃八月二十三日下。

紹興五年乙卯，三十九歲。

三月，仍爲左奉議郎、通判衢州（《宋會要輯稿》儀制一〇之一九）。

五月，提舉江南東路鹽茶公事。《建炎以來繫年要録》卷八九：「（紹興五年）五月壬午，左承議郎陳康伯提舉江南東路茶鹽公事。」又見《永樂大典·

陳康伯傳》。又《神道碑銘》云：「太上駐蹕建康，公請擇用大將。太上開納，爲誦《馬援傳》至數十百年。」案：「年」疑爲「遍」之誤。

七月，轉太常博士（《陳文正公家乘》卷二）。

《陳文正公文集》卷四有《敕轉博士劄》，乃是年七月二十一日下。

《建炎以來繫年要錄》卷一〇三：「（紹興六年）七月壬午，左承議郎陳康伯行太常博士。」又見《永樂大典·陳康伯傳》。

案：《敕轉太常博士劄》乃紹興五年七月下，而《建炎以來繫年要錄》將此事繫于紹興六年七月，兩書所載差一年，二者孰是孰非，存疑待考。

紹興八年戊午，四十二歲。

七月，以樞密院計議官充本院編修官。

《宋會要輯稿》食貨三一之一〇有「紹興八年七月七日樞密院計議官陳康伯言」云云。又《建炎以來繫年要錄》卷一二一：「（紹興八年）七月乙酉，樞密院計議官陳康伯充本院編修官。」又見《神道碑銘》及《永樂大典·陳康伯傳》。

十一月，除屯田員外郎。

《建炎以來繫年要錄》卷一二三：「（紹興八年）十一月庚寅，樞密院編修官陳康伯爲屯田員外郎。」又見《陳文正公家乘》卷一、《陳文正公文集》卷四《敕左朝奉郎尙書屯田員外郎劄》，是劄十一月十六日下。

紹興九年己未，四十三歲。

仍官屯田員外郎。

《建炎以來繫年要錄》卷一三三云「十一

月癸未，屯田員外郎陳康伯對奏」，可知是年仍官屯田員外郎。

上義倉法疏。

《陳文正公家乘》卷一、《陳文正公文集》卷二載有疏文，略云：「義倉之法，唯充賑急，不許他用。」又云：「訪聞諸州縣軍，往往將遞年所收米數更不依條逐項樁管，皆是擅行侵用，從來未曾稽察。乞下諸路州縣主管常平官取索五年的實收支數目，仍開説逐年有無災傷水旱，檢奉稽察施行。」

紹興十年庚申，四十四歲。

五月，除戶部員外郎（《建炎以來繫年要録》卷一三五、《宋會要輯稿》食貨二〇之一八）。

紹興十一年辛酉，四十五歲。

三月，轉左朝散郎。

《陳文正公家乘》卷一、《陳文正公文集》卷四載《尚書吏部擬轉左朝散郎劄》，乃紹興十一年三月十七日下。

紹興十二年壬戌，四十六歲。

除吏部司勳員外郎，尋徙郎中。

宋劉才卲《㮣溪居士集》卷四有《司勳員外郎陳康伯關升郎中制》，題下注云：「其遷戶部司勳郎中在紹興八年。」案此繫年有誤，《建炎以來繫年要錄》卷一三五載康伯紹興十年五月由尚書屯田員外郎改戶部員外郎（詳前），卷一五〇載康伯紹興十三年十月由尚書司勳郎中改官軍器監，《尚書吏部擬轉左朝散郎劄》又在紹興十一年下，則康伯除吏部司勳員外郎當在紹興十一年以後、十三年以前，而其由司勳員外郎升司勳郎中，亦當在十三年以前，姑繫二事於此。劉才卲所草制詞云：「敕具官陳康伯：天官之屬，冠于郎選，敘其正位，是唯舊章。爰因積閥之勞，茲舉陟明之典。以爾風猷寧遠，操履端良，學有淵源，才惟通敏。備吏事任，藹著聲華。宜稽辨等之文，俾陟正員之任。列職雖舊，申命維新。其務欽承，益隆譽處。可。」又《神道碑銘》云：「秦檜用事，凡所附麗，遷擢無虛日。公性雅素，乃淡然其中，檜雖稱靜重，常越用他人，不以爲意。」《陳文正公家乘》卷一、《陳文正公文集》卷二載康伯奏疏，略云：「康伯居司勛郎官時，上疏力陳更化之說，欲以救時病，強國勢。」又云：「欲求死節之臣于倉卒之時，不若進剛直之士于閑暇之日。去歲兩淮望風奔潰，曾無一城能拒守者，此秦檜壅塞言路，摧折士氣之餘毒也。能反其道，則士氣日振，而見危授命者有人矣。」

紹興十三年癸亥，四十七歲。

十月，除軍器監。

《建炎以來繫年要錄》卷一五〇：「（紹興十三年）十月己丑，尚書司勛郎中陳康伯爲軍器監。」又見《陳文正公家乘》卷一《敕左朝奉大夫軍器監劄》，是劄乃紹興十三年十月十八日下。

紹興十四年甲子，四十八歲。

二月，權尚書吏部侍郎。

《建炎以來繫年要錄》卷一五一：「（紹興十四年）二月己酉，軍器監陳康伯權尚書吏部侍郎。」《永樂大典·陳康伯傳》：「紹興十四年，除權吏部侍郎。」

四月，充報大金國賀生辰接伴使。

《建炎以來繫年要錄》卷一五一：「（紹

興十四年）四月戊戌，吏部侍郎陳康伯爲報大金賀生辰接伴使。」

五月，假吏部尚書，充大金國報謝使。

《建炎以來繫年要録》卷一五一：「（紹興十四年）五月戊辰，權尚書吏部侍郎陳康伯假吏部尚書，充大金國報謝使。」《永樂大典·陳康伯傳》云：「于是虜始遣烏延和來賀天申節，康伯假本部尚書充接伴使，因命爲報謝使。」《神道碑銘》云：康伯使金，「至汴館，將晡而餉不至，從者變色，公一不問，館人謝不敏，公亦不對，敵遂加敬。」《宋史》本傳載此事略同。

紹興十五年乙丑，四十九歲。

正月，以權吏部侍郎同知貢舉。

《建炎以來繫年要録》卷一五三：「（紹興十五年）正月己巳，左諫議大夫何若知貢舉，權吏部侍郎陳康伯、秘書少監游操同知貢舉。」《宋會要輯稿》選舉一之一六及選舉二〇之八所載全同。

四月，充任大金國接伴使。

《神道碑銘》云：「十五年四月，命公接伴使者。」又《永樂大典·陳康伯傳》：「十五年，虜復遣完顔宗永來賀生辰，康伯仍充接伴使。既入境，上以端午賜扇帕，宗永言本國是日例賀，且接伴使、副同之乃敢受。康伯以舊制卻之。或謂康伯此細事，朝廷必不惜，康伯曰：『今曲從之，後爲例不復可改，且辱命自我始，況所求或無厭，寧能盡從之乎！』宗永卒受賜。因自辨，數曰：『接伴慢我！』朝廷聞之，懼生事，言者論康伯，罷之。」《神道碑銘》、宋李幼武《四朝名臣言行别録》卷二、《宋史》本傳、《宋史新編·陳康伯傳》、《南宋書·陳康伯傳》載此事略同。

五月，出知泉州。

《建炎以來繫年要録》卷一五三：「(紹興十五年)五月甲子，陳康伯出知泉州。」又見《神道碑銘》、《宋史》本傳、《永樂大典·陳康伯傳》。

紹興十六年丙寅，五十歲。

仍知泉州。

《神道碑銘》云：「知泉州，政治寬簡，有盜剽海，出沒波濤中，朝廷遣將逐捕。公自以上命招還之，多出降者，籍爲兵，州遂無警。」《宋史》本傳云：「海盜間作，朝廷遣劉寶、成閔逐捕，康伯以上意招懷，盜多出降，籍爲兵。久之，不逞者陰倡亂，康伯訊得實，論殺之，州以無事。」又云：「秩滿，三奉祠，垂十年。」《神道碑銘》云：「秩滿，提舉江州太平興國宫，歷三任。優游數年，泰然自得，名士多從之游。」

上綱紀疏。

《陳文正公家乘》卷一、《陳文正公文集》卷二載此疏，有云：「十六年指揮，言監司郡守須修舉職事，若不恤民，不奉行法令，郡守令監司按劾，監司令御史臺諫按劾，然後上下有綱紀。」又云：「陛下承祖宗付托之重，正宜使上下内外，共爲一心，以扶持而全安之。奈何命之出于上者，下不得以矯其非，政之行于下者，上無以稽其失，所謂命出于上而下不能矯其非者，蓋人君之行事，豈非一一其盡善盡美也哉！今陛下必欲杜私謁而存公道，舉朝廷之紀綱法度，以與臣子共守之，誠國家之福也。」

紹興二十年庚午，五十四歲。

上籍民爲義勇疏。

《陳文正公文集》卷一、《陳文正公家乘》卷二載有此疏，云：「（紹興）二十年，詔籍鄉社兵續減實數，公請籍民爲義勇，其法戶取雙丁，十戶爲一甲，五甲爲一團，皆有長，擇一邑之豪爲總首，歲于農隙教閱，官給其糧。」又云：「自軍興以來，東南州縣，糾率鄉兵捍禦盜賊，官司無一毫之費，若非激賞，無以勸功。欲將應鄉社守隘防托出處，每鄉守領限以名數，從州縣出給文憑與免身，假勞（勞）〔役〕之人次第保申朝廷，量加爵賞。」

紹興二十四年甲戌，五十八歲。

二月，康伯專主奉先祠事。

《陳文正公文集》卷二、《陳文正公家乘》卷二載有康伯所撰孔子五十代孫孔搢授承奉郎襲封衍聖公之誥文，誥文乃二月十一日下。

紹興二十五年乙亥，五十九歲。

二月乙未，秦檜卒（《宋史》卷四七三《奸臣傳》三）。

五月，起知漢州。

《建炎以來繫年要錄》卷一六八：「（紹興二十五年）六月戊子，左朝請郎、提舉江州太平興國宮陳康伯知漢州。」

紹興二十六年丙子，六十歲。

二月，除吏部侍郎（《建炎以來繫年要録》卷一七一）。

《神道碑銘》云：「起知漢州，值太上更用大臣，收拾耆德，中道召還，復爲吏部侍郎。」《宋史》本傳云：「檜死，起知漢州，將出峽，召對，除吏部侍郎。」

十一月，仍官吏部侍郎（《建炎以來繫年要録》卷一七五、《宋會要輯稿》食貨五一之四）。

《永樂大典·陳康伯傳》云：「二十六年，得旨措置戶部財賦，康伯言，當節妄費以寬民力，請令監司察州郡支用，如權攝饋遺借請批劵諸不如法者，則臺諫彈劾。」《神道碑銘》云：「兼禮、戶、刑三部，前此有司專用權臣風指爲獄輕重，公輒平反之，故家多被其賜。」

紹興二十七年丁丑，六十一歲。

二月，以吏部侍郎兼侍讀（《建炎以來繫年要録》卷一七六）。

宋周麟之《海陵集》卷一四有康伯兼侍讀之制詞，有云：「具官某，才兼數器，識洞群書，允矣典銓之公，聿爲持槖之舊。力行所學，豈惟世務之博通；德裕乃身，蓋亦前言之多識。方與修于寶牒，宜入侍于金華」云云。

二月戊午，湯鵬舉參知政事（《宋宰輔編年録》卷一六）。

三月，撰成《皇宋太祖皇帝玉牒》、《皇宋今上皇帝玉牒》、《仙源類譜》進呈。

《宋史》卷八《禮志》十七：「三月，宰臣沈該奏，玉牒所官陳康伯撰成《皇宋太祖皇帝玉牒》、《皇宋今上皇帝玉牒》、《仙源類譜》，請擇日進呈。」

四月，遷吏部尙書（《建炎以來繫年要録》卷一七六）。

《神道碑銘》云：「除侍讀，公在講筵，數論事，太上以爲知本體。有旨遷尙書，宰執擬以『權』字，太上曰：『陳康伯從班之舊，朕將大用，何以權爲？』遂眞授。」

五月，罷兼措置戶部財賦（《建炎以來繫年要録》卷一七七）。

六月戊申，湯思退除右僕射（《宋宰輔編年録》卷一六）。

九月，拜參知政事（《建炎以來繫年要録》卷一七七、《宋史·高宗紀》）。

《海陵集》卷一四載《陳康伯參知政事制》云：「具官某，負博達之材，蘊深湛之量。心平不競，每休焉如有容；宇定而光，蓋淵乎其似道。早陪鵷鷺之武，已識棟梁之姿。去國十年，以復來而望重；效官六列，以素宦而識明。洊升喉舌之司，益懋經綸之業。覽條綱之備舉，嘉品核之咸精。施設有方，靡不合中和之度；剸裁多事，未嘗見喜慍之容。矧惟大官，實冠卿位。周總以建邦之典，唐兼于謙政之臣。宜副邦瞻，遂躋政路。」

夫人何氏卒。

《神道碑銘》謂：「何氏，故相執中之孫女，封魏國夫人，先公八年歿。」康伯卒于乾道元年（詳後），上推八年，乃紹興二十七年，故何氏當卒于是歲。

紹興二十八年戊寅，六十二歲。

二月丙申，陳誠之知樞密院事。乙巳，王綸同知樞密院事。（《宋宰輔編年録》卷一六）。

康伯仍官參知政事。

《宋史·王綸傳》：「（紹興）二十八年，除同知樞密院事。金將渝盟，邊報沓至，宰相沈該未敢以聞。綸率參知政事陳康伯、同知樞密院事陳誠之共白其事，乞備御。」

紹興二十九年己卯，六十三歲。

六月，康伯兼樞密院事（《建炎以來繫年要録》卷一八二、《宋史·高宗紀》、《宋史·宰輔表四》）。

九月六日，高宗賜御書手札。

《陳文正公家乘》卷一載：「紹興二十九年九月六日，命下文書房官李寶賷捧手書御札到省，召諭特進、尚書右僕射、同中書門下平章事兼樞密院使陳康伯：『朕以庸德，仰承上天大命，咎多在躬，自日至夜勉副。惟欲至治，須賴大臣輔佐。朕于幾暇，偶寫「麟鳳」二字、畫「忠孝勤儉」四字以賜卿，可用心供職，匡朕不及。有疾宜調治，愈日赴行在視事。當體至意，無有遐心。』」

九月甲午，守右僕射、同中書門下平章事。

《建炎以來繫年要録》卷一八三：「（紹興二十九年）九月甲午，尚書右僕射湯思退遷左僕射，參知政事陳康伯守右僕射，並同中書門下平章事。」《宋史·高宗紀》、《宋史·宰輔表四》、《宋宰輔編年録》卷一六所載同。

《宋宰輔編年録》卷一六載洪椿所草康伯除左僕射制詞，云：「具官陳康伯，才贍而氣和，望高而實茂。羽儀一世，森玉筍之清班；出入十年，佩紫荷之禁橐。方剖符而作牧，亟賜環而造朝。副予求舊之誠，佐我圖新之治。老而益壯，凜松柏之後凋；知無不爲，判蓍龜之先見。冠中臺之常伯，侍便坐之經帷。處心近厚而有容，遇事至剛而不撓。爰自論思之列，徑躋丞轄之司。文武兼資，所臨底績，安危注意，何適不宜。朕以眇躬，獲承大統。久選于衆，思得其人。式符巖石之瞻，遂正臺衡之拜。榮開侯社，光陟文階。侈次輔之登庸，降大君之體貌。」

又云：「是月，右僕射湯思退爲左僕射，參知政事陳康伯爲右僕射。故事，初除例賜銀絹。至是，思退與康伯並拜左、右相，思退等辭，共奏：『今國用匱乏，自人主及百司皆當節省，庶幾有濟。臣等若盡受，何以風百寮？』力請減半，從之。康伯又辭兼史院，上曰：『自卿除用，朝野翕然無間言。卿靜重明敏，一語不妄發，眞宰相也。今與思退共政，如有可否，不憚商量。』康伯言：『大臣論國事，進退人才，自當盡心。若媕婀取容，植黨以自固，臣不敢也。』高宗嘆其長者。」

十二月辛未，王綸知樞密院事（《宋宰輔編年録》卷一六）。

紹興三十年庚辰，六十四歲。

正月，以右僕射提舉修三朝國史（宋陳騤《南宋館閣録》卷七）。

二月，普安郡王封建王。

《宋史》本傳云：「普安郡王居潛藩，高宗一日謂康伯，當以使相封眞王，今宜冠以屬籍，于是詔以爲皇子，封建王，實三十年二月也。」又《四朝名臣言行別録》卷二云：「今上（孝宗）居潛邸，上皇一日謂宰臣曰：『普安郡王當異其禮。』除少保眞王、賜玉帶。公與同列稱賀，上皇獨留公曰：『向嘗與卿議及此，朕不爲難。』公奏曰：『陛下聖學高明，洞炤今古，易其所難，臣敢爲天下賀。』」

七月戊戌，朱倬除參知政事，周麟之同知樞密院事（《宋宰輔編年録》卷一六）。

八月丙辰，提舉詳定一司敕令。

《建炎以來繫年要録》卷一八五：「（紹興三十年）八月丙辰，尙書右僕射、提舉詳定一司敕令陳康伯上參附吏部敕令格式七十卷，刑名疑難斷例三十二卷。」又《宋會要輯稿》刑法一之四六：「（紹興三十年）八月十一日，尙書右僕射、同中書門下平章事兼提舉詳定一司敕令陳康伯等上《尙書左選令》二卷、《格》二卷、《式》一卷、《申明》一卷、《目録》三卷。《尙書右選令》二卷、《格》二卷、《式》一卷、《申明》二卷、《目録》三卷。《侍郎左選令》二卷、《格》一卷、《式》一卷、《申明》一卷、《目録》三卷。《侍郎右選令》二卷、《格》二卷、《式》一卷、《申明》二卷、《目録》三卷。《尙書侍郎左右選通用敕》一卷、《令》二卷、《格》一卷、《式》一卷、《申明》二卷、《目録》一卷。《司封敕》一卷、《令》一卷、《格》一卷、《申明》一卷、《目録》一卷。《司勛敕》一卷、《令》一卷、《格》一卷、《申明》一卷、《目録》一卷。《考功敕》一卷、《目録》一卷、《改官申明》一卷、《修書指揮》一卷、《釐析》八卷。」又云，時康伯爲提舉，刑部侍郎黄祖舜爲詳定，右迪功郎閆人滋、左從政郎徐履、右從政郎陸游爲删定官。

八月壬戌，拜左正議大夫（《建炎以來繫年要録》卷一八五）。

《永樂大典·陳康伯傳》云：「初，逆亮有南吠之意，賀允中、葉義問相繼使還，言虜必敗盟，而朝廷未之信也。至是，兵部尙書楊椿言于康伯曰：『迹虜敗盟，其兆已見，今不豫備，悔將奚及！』康伯因與椿策所以防虜之術，如兩淮諸家各盡分界，使自爲守；措置民社，密爲寓兵之計；淮東劉寶將驕卒少，不可專倚；沿江州郡，增壁積糧，爲歸宿地，皆其目也。康伯見上言：『虜謂我和好玆久而兵備弛，其南牧無疑。』因條上兩淮守禦之計甚悉，上嘉納之。」

案：該傳將此事繫于紹興三十一年以前，今從之，繫于此。

紹興三十一年辛巳，六十五歲。

二月，賜御筆金書「盡忠」二字，《內則》詩四章。

《陳文正公文集》卷一、《陳文正公家乘》卷一載《平臺召對賜御筆金書盡忠二大字內則詩四章謝表草》有云：「紹興三十一年二月戊申早朝罷，召令諭宣陳康伯至殿左平臺上，賜露華酒一瓶，燒割一分、點心二樣，各攢下飯一，臣奏領叩頭拜賜訖，……文書房官捧鸞箋御筆金書『盡忠』二大字、《內則》詩四章，手賜臣康伯，臣拜跪，謹叩頭領受。」

三月，授左光禄大夫，遷左僕射（《建炎以來繫年要録》卷一八九、《宋宰輔編年録》卷一六）。

《陳文正公家乘》卷一載《授左光禄大夫制》云：「具官陳康伯，高明而純粹，敦大而裕和。學承百聖之宗，體備四時之氣。澄不清撓不濁，若觀水于萬頃之波；鄙夫寬薄夫敦，想聞風乎百世之下。」又云：「心休休而有容，事井井而攸叙。眞當今廊廟之器，實近古社稷之臣。」又云：「可特授左光禄大夫、守尙書左僕射、同中書門下平章事、依前兼提舉修三朝國史、詳定一司敇令所，加食實封四百戶。」《宋宰輔編年錄》卷一六、《陳文正公文集》卷五亦載此制，乃三月十七日下。又案《梲溪居士集》卷六有《賜陳康伯辭免兼修玉牒恩名不允詔》，亦當于此時下。

同日，參知政事朱倬爲右僕射（《宋宰輔編年録》卷一六）。

四月，以左僕射兼修國史（《南宋館閣録》卷七）。

五月，金遣使賀天申節，出嫚言，求淮漢地，指取將相大臣，且以淵聖凶問至。康伯主禮部侍郎黄中之論，持斬衰三年（《宋史》本傳）。

《永樂大典·陳康伯傳》云：「五月，金國賀生辰使、副高景山、王全入見，全升殿報淵聖皇帝上仙，聲言索漢、淮故地，指求湯思退以下將相大臣及內侍凡四名，來南京議事。廷中震懼，報欲虜使去乃發喪。權工部侍郎黄中聞之，馳白康伯曰：『此國家大事，臣子至痛之節，一有失禮，謂天下後世何？且使人問焉，將何以對？』于是始議發哀成服，調兵守江淮之策。天申節免百官上壽，集侍從臺諫于都堂議起兵。康伯傳旨云：『今日更不論和與守，直問戰當如何？』知樞密院周麟之已受命充金國起居稱賀使，已而聞亮親提兵謀大舉，懼上疏言遣使無益，虜必殺臣以動兵。疏入，上震怒。康伯見麟之，勉以國事，麟之語侵康伯，康伯曰：『上若遣康伯，聞命即行，雖死何避！』」

《四朝名臣言行別錄》卷二云：「初，逆亮入寇，內侍張去爲陰沮用兵之計，且陳退避之策。或又妄傳有幸閩蜀之議，人情惶惑。公奏曰：『聞有勸陛下幸越及閩者，誠用其言，大事去矣。』一日，中使持御批來甚遽，公讀之，乃有旨『如更一日虜騎未退，且令放散百官』，公取焚之。馬軍司成閔出戍，御史中丞江澈節制荆襄，知密院葉義問督視江淮軍馬，皆公指授方略，分據要害之地。虜臨江，朝論洶洶，雖同列間有遣家屬先去，公屹然不動，氣貌自如，遽書警奏，緣手裁決。一時言兵事者，皆得盡展底藴，擇其長而用之，人恃以安。」

十月丁巳，帝聞王權敗，召楊存中同宰執議于內殿，陳康伯贊帝定議親征（見《宋史·高宗紀》）。

《四朝名臣言行别録》卷二云：「公奏：『虜違天道，離巢穴數千里，爭一旦之利，必將自焚。況曲在彼，則我軍奮怒，惟陛下決計用之，士氣自倍，及其鋒可以必勝。』太上以爲然。檄書下，六軍踴躍，爭北首死敵。命侍衛幸江上視師，邊報淮東虜騎皆遁去，在和州者尚三萬餘。康伯奏：『給招安旗榜，雖女眞概與補官，萬戸許授節鉞，餘視爵秩高下更超等换授，白身人特命之官，開以生路，庶幾束手來歸也。』上曰：『彼雖夷狄，亦人爾，首惡止亮一人，若概殺之，朕不忍爲也。』」

《永樂大典·陳康伯傳》云：「十月，諜報虜將瞰江，下詔親征。傳檄諸國。虜東京留守葛王褒自立。」

《陳文正公文集》卷二、《陳文正公家乘》卷一載康伯紹興辛巳《親征詔草》，有云：「朕履運中微，遭家多難，八陵廢祀，可勝抔土之悲；二帝蒙塵，莫贖終天之痛。皇族尙淪于沙漠，神京猶裂于版圖。銜恨何窮，待時而動。未免屈身而事小，庶幾繼好以弭兵。屬戎敵之無厭，曾信盟之不顧，怙其簒奪之惡，濟以貪殘之凶。流毒遍于華夷，視民幾于草芥。赤地千里，謂暴虐爲無傷；蒼天九重，以高明爲可侮。」又云：「尙賴股肱爪牙之士，文武大小之臣，戮力一心，捐軀報國，共雪侵凌之耻，各堅恢復之圖。朕以正月十五日親臨軍前，撫勞士卒，播告中外，咸使聞之。」

十一月，金主亮爲諸酋所斃，報至，康伯請率百官賀（《永樂大典·陳康伯傳》）。

十二月，金兵遁去，餘皆被招安。

《永樂大典·陳康伯傳》：「十二月，駕入，奏曰：『審如聖訓，百官既散，主勢孤矣。』上問：『焚之何也？』公曰：『既不可付外施行，又不可輒留私家，故焚之。』上深然之。公知上意雅欲視師，乃奏曰：『敵國敗盟，天人共憤，今日之事，有進無退。若聖意堅決，則將士之氣自倍。願分三衙禁旅助襄漢兵力，待其先發，然後應之。』」

宋杜大珪《名臣碑傳琬琰集》卷三三載陳良祐《楊文安公椿墓誌銘》，所述抗金事小有出入，今贅于此，以備參考：

「（紹興）三十一年，（椿）拜中大夫參知政事。未幾，朝廷再遣樞臣葉公義問報聘，歸言虜已聚兵境上。公語左僕射陳公康伯曰：『迹虜敗盟，其兆已先，今不先事爲備，悔將何及！』因與陳公策所以防虜之術，其一令兩淮諸將各畫界分，使自爲守；其二措置民社，密爲寓兵之計；其三淮東劉寶將驕卒少，不可專用；其四沿江州郡增壁積糧，以爲歸宿之地。奏行之。冬，虜使高景山來賀天申，輒出嫚言，索淮、漢地，指取將相大臣，朝論洶洶。或者妄傳有幸閩蜀之議，人情惶惑，上意雅欲視師。公與陳公奏曰：『敵國敗盟，天人共憤，今日之事，有進無退。如臣所料，成功可必。若聖意堅決，則將士之氣自倍。願分三衙禁旅助襄漢兵力，待其先發，然後應之。』上深以爲然。」

紹興三十二年壬午，六十六歲。

正月，從高宗至金陵。

《永樂大典·陳康伯傳》：「上至金陵，有上書言進取者，康伯不能決，上命侍從臺諫集議可否，群臣皆無言，唯請回蹕臨安而已。」

閏二月，充送欽宗虞主禮儀使（《宋會要輯稿》禮七之六）。

《建炎以來繫年要録》卷一九八：「（紹興三十二年）閏二月戊寅，上送欽宗虞主于和寧門外，奉辭，遂祔神主于太廟第十一室，以尚書左僕射陳康伯爲禮儀使。」

三月，金遣高忠建來告葛王褎登位。

《永樂大典·陳康伯傳》云：「三月，金國遣元帥府左監軍高忠建報登位。先是閤門定授書之儀，略于汴京故事，詔館伴徐以示忠建，忠建固執，上特許殿上進書。及升階，猶執舊禮，康伯以誼折之，忠建語塞，乃請宰相授。康伯奏曰：『臣爲宰相，難以下行閤門之職。』忠建奉書跪不肯起，廷臣相顧愕然。康伯呼收至榻前，厲聲曰：『館伴在館，所議何事？』收徑前掣其書以進，虜氣沮。及面授報書，始用敵國禮。」

五月，康伯求去，高宗復喻以倦勤之意。甲子日，詔立皇太子。（《宋史》卷三三《孝宗紀》一）。

《神道碑銘》：「太上倦勤，初有與子意，公朝夕協贊，以決大議，有古社稷臣之風。」

《永樂大典·陳康伯傳》：「五月甲子，詔皇子瑗（案：當作「瑋」，立為太子改名為眘，見《孝宗紀》一）康伯等升殿奏言：『臣等輔政無狀，聖恩貸而殊。今陛下超然高蹈，臣等不勝欣贊，但自此不獲日侍清光，犬馬之情不無依戀。』因再拜泣下，上亦爲之揮涕，曰：『此事斷自朕意，卿等宜悉力輔嗣君。』康伯等奏曰：『皇太子賢聖仁孝，天下所知，但聞謙遜太過，未肯即御正殿。』上曰：『已再三邀留矣。』上入宮，內侍扶掖皇太子至御榻前，拱手側立，不坐。康伯率百僚賀，升殿，奏言：『願陛下正南面以副太上皇帝付托之重。』天顏愀然，曰：『此大位，懼不敢，尚容辭遜』。太上皇帝即日駕之德壽宮。」

六月二十日，行內禪之禮，孝宗即位，以康伯捧冊（《建炎以來繫年要録》卷二〇〇、《宋會要輯稿》儀制八之一九）。

六月二十一日，授金紫光祿大夫，提舉編修玉牒，監修國史（《宋會要輯稿》運曆一之二三、職官二〇之五九）。

《陳文正公家乘》卷一、《陳文正公文集》卷五有《制授金紫光祿大夫誥》，云：「宅兆民之上，倚舊弼以代天，載疇翊贊之勛，爰峻褒崇之典。增文階之兩秩，衍賦邑之眞租，以昭體貌之隆，以厚股肱之遇。……可特授左金紫光祿大夫、依前守尚書左僕射、同中書門下平章事、兼提舉編修玉牒所、監修國史，加食邑一千戶、食實封四百戶，封如故。紹興三十二年六月二十一日下。」

七月，詔尚書左僕射陳康伯撰太上皇帝冊文兼禮儀使（《宋會要輯稿》禮四九之二四、禮四九之二九）。

八月，又加封食邑一千戶。

《陳文正公家乘》卷一、《陳文正公文集》卷五載《擢任制誥》，有云：「金紫光祿大夫、守尚書左僕射、同中書門下平章事、兼提舉編修玉牒所、監修國史、兼提舉詳定一司敕令、上饒郡開國公、食邑五千九百戶、食實封二千三百戶陳康伯，學醇而能鉅，材茂而履方。風采聳聞，魁然著宰相之望；忠忱自許，卓爾非世俗所知。」又云：「可特授特進，依前尚書左僕射、同中書門下平章事、兼提舉編修玉牒所、監修國史、兼提舉詳定一司敕令，加食邑一千戶，食實封四百戶如故。」此制乃紹興三十二年八月二十四日下。

十月，提舉編類聖政所。

《宋會要輯稿》職官四一之七一：「（紹興）三十二年十月二十四日，詔尚書左僕射陳康伯提舉編類聖政所。」

宋洪适《盤洲文集》卷一四《賜陳康伯辭免提舉玉牒所監修國史提舉編類聖政不允詔》云：「夫修玉牒之文，約金匱之史，纂慈闈之政，皆國家信書大典，垂之不刊，非鴻儒比良遷、董者，未易居其職，上臺典領，厥唯舊矣。機務之隙，毋以筆削爲勞也。」

十月丙寅，康伯乞解機政。

《建炎以來繫年要錄》卷二〇〇云：「（紹興三十二年）十月丙寅，左僕射陳康伯乞解機政，御筆曰：『太上皇帝除卿以佐朕，卿遽力請，豈朕涼菲不足與爲治？況今邊陲未爲無事，卿縱欲舍朕而去，寧忍違太上皇帝之意耶？』太上御筆曰：『皇帝來奏，卿上章力乞解罷，欲吾親筆諭卿，皇帝以卿元老耆舊，方委任機務，留卿之意甚堅，卿可體至意，不得再有陳請。』」

宋王之望《漢濱集》卷三《賜特進尙書左僕射陳康伯等乞解機政檢會前奏速賜罷免不允詔》云：「敕康伯等，省劄子所奏乞解機政檢會前奏速賜罷免事具悉。機會之來，安危所繫；議論之際，可否是資。卿等宜協定謀猷，切磋利害，以宏濟于大事，俾無有于後艱。胡恤異同，輕爲去就，非朕之所望于大臣者也。備禮要君之請，在自信以何嫌；解紛排難之功，顧仰成之方切。所請宜不允。」

十月己巳，史浩參知政事（《宋宰輔編年録》卷一七）。

十一月，對問沙田事，爲孝宗所嘉納。

《建炎以來繫年要錄》卷二〇〇：「（紹興三十二年）十一月庚戌，進呈方滋論沙田疏，上問沙田事，或以爲可取，或以爲可捐。陳康伯等奏：『君子小人各以其類，小人樂于生事，不惜爲國斂怨；君子務存大體，唯恐有傷仁政，此所以不同。』上曰：『然。』乃詔措置沙田蘆場指揮更不施行。」

十二月丁卯，兼樞密使、進信國公（《建炎以來繫年要録》卷二〇〇）。

《宋宰輔編年錄》卷一七載《兼樞密使進信國公制》，有云：「具官陳康伯……蚤際遇于上皇，遂登崇于碩輔。望隆華夏，名著鼎彝。胡馬飲江，首決親征之策；時龍御漢，獨高顯相之功。朕唯兵律之尚煩，念邊防之未靖，欲圖妙算，協濟多虞。考藝祖仁宗之宏規，遵建炎紹興之聖政。肆令東府，仍管西樞。興言屬任之專，宜有疏榮之寵。是用申裒徽數，特表殊庸。」《陳文正公家乘》卷一、《陳文正公文集》卷五亦載此制。

案：《神道碑銘》云：「上（孝宗）即位，公爲首相，奉冊如禮。九月，加特進、封信國公。」將封信國公事繫在九月，《宋史》本傳但云：「孝宗即位，命兼樞密使，進封信國公，禮遇殊渥，但呼丞相而不名。」亦未繫時日，而《陳文正公家乘》卷一、《陳文正公文集》卷五所載之制詞，乃紹興三十二年十二月五日下，今依制誥所署，將此事繫于十二月。

隆興元年癸未，六十七歲。

正月，史浩除右僕射（《宋宰輔編年錄》卷一七）。

二月，康伯等請裁減逐月請給。

《宋會要輯稿》職官五七之八一：「（隆興元年）二月十一日，尚書左僕射陳康伯、尚書右僕射史浩、同知樞密院事黃祖舜、張燾奏：『今日之務，節省爲先。臣等備位近臣，所有逐月請給，乞下有司裁損。』」得旨，令戶部條具聞奏。

七月大旱蝗，康伯抗章自劾乞解職，詔不允。

《宋會要輯稿》瑞異三之四四：「隆興元

年七月十六日，詔：『以秋亢旱，飛蝗在野，星變數見，朕心懼焉。意者政令多有所缺，賞罰或不當，朕雖側身求應以實，卿等各思革正積弊，勿徇倭私，務塞災異之原，稱朕寅畏之意。』又令劄與侍從、臺諫、兩省官照會，仍依今月十二日已降指揮，條具時政缺失聞奏。十九日，宰執陳康伯以旱蝗星變抗章自列，詔不允。」

十月，冊皇后，康伯充撰冊文官。

《宋會要輯稿》輿服六之一二：「隆興元年十月二十六日，詔有司備禮冊皇后，禮部太常請撰冊文官差尙書左僕射陳康伯，書冊文官差尙書右僕射湯思退，篆寶文官差參知政事周葵。」

十一月，詔廷臣議和金得失，康伯力爭不可與和。

《陳文正公文集》卷六外集引明周德恭《續資治通鑑綱目》云：「隆興元年十一月，詔廷臣集議和金得失。召張浚還。陳康伯等言：『金人來通和，朝廷遣盧仲賢報之，其所持論最大者三事，我所欲者削去舊禮，彼亦肯從。彼所欲者歲幣如數，我不深較。其未決者，彼欲得四州，而我以祖宗陵寢、欽宗梓宮爲言，未之與也。乞召張浚歸國，特垂咨訪，仍命侍從、臺諫集議。』帝從之。群臣多欲從金人所請，張浚、陳康伯、虞允文、胡銓、閻安中力爭，以爲不可與和。」

十二月三日，尙書左僕射兼樞密使信、國公陳康伯罷尙書左僕射，特授少保、觀文殿大學士，判信州，進封福國公（《宋會要輯稿》禮五九之七、職官一之五、職官七八之四八，《宋宰輔編年録》卷一

七、《宋史·宰輔表四》）。

《漢濱集》卷三《陳康伯可罷尚書左僕射同中書門下平章事兼樞密使特授少保觀文殿大學士判信州進封福國公加食邑食實封制》云：「陳康伯學貫天人，才周經緯。中和自稟，言有物而行有恆；度量難名，澄不淸而撓不濁。爰登揆路，六閱歲華。當國家多事之時，專廊廟萬機之寄，雍容鎭俗，談笑折衝。……朕方委任而責成，爾亦勤勞而匪懈，久煩機務，累抗封章。丁寧諭旨而莫回，傴僂陳詞而愈固」云云。《宋宰輔編年錄》卷一七亦載有此制。

《神道碑銘》云：「隆興改元，公乞出益堅，上留之愈力。章十數上，十二月，制授少師、觀文殿大學士，封福國公，判信州。公入謝，上慰之曰：『丞相之歸，所謂歇馬，他日宣召，切勿辭。』」仍命就府第治行。將就道，詔宰執餞別。及出都，百官郊送，恩禮殊絕，父老聚觀，咨嗟泣下。」

十二月十一日，詔康伯子安節久在選調，改合入官（《宋會要輯稿》職官一一之四三）。

十二月丁丑，湯思退除左僕射，張浚右僕射（《宋宰輔編年錄》卷一七）。

隆興二年甲申，六十八歲。

正月，詔判信州陳康伯除醴泉觀使（《宋會要輯稿》選舉三四之一三）。

八月，判紹興府。

案：《神道碑銘》記判紹興府在隆興二年二月，與上引《宋會要輯稿》禮四七不符。《宋宰輔編年錄》卷一七繫于六月，《宋史》本傳記在八月，今依

《宋史》。
《盤洲文集》卷一四《賜少保觀文殿大學士充醴泉觀使福國公陳康伯辭免判紹興府不允詔》云：「卿道藴夔龍，名參魏邴，久處中而當軸，能亮采以惠疇。懷赤松之游，遂輕元宰；享緑野之佚，既閱三時。睠岳狩之輔藩，起巖瞻之舊德。幾禡牙而爲重，兹擊柝之可聞。尚馳稱疾之章，未動趣裝之意。先一州而後天下，已有愧于是言；潤九里而福京師，遂忘于斯世。即期引道，勿事循牆。」
《神道碑銘》云：「起公判紹興府，令赴闕奏事，再以疾告。未幾，召陪祠。」
《盤洲文集》卷一四有《賜陳康伯辭免召赴陪祠不允詔》，亦當于是時下。
九月，詔陳康伯依舊醴泉觀使，任便居住（《宋宰輔編年録》卷一七）。

十一月戊戌，陳康伯拜左僕射、同中書門下平章事兼樞密使，依前少保，進封魯國公（《宋宰輔編年録》卷一七、《宋史·宰輔表四》）。
《盤洲文集》卷一一、《宋宰輔編年錄》卷一七載《除陳康伯尚書左僕射同中書門下平章事兼樞密使依前少保進封魯國公加食邑實封制》云：「具官陳康伯，用博而適時，量宏而容物。……學過況雄，貫古今之千載；道侔伊吕，逾前後之數公。……胡騎投鞭，軫抱火寢薪之慮；周京奠枕，賴濟川作楫之功。……是用再冠魁衡，仍司樞管」云云。
《盤洲文集》卷一四《賜陳康伯辭免尚書左僕射不允詔》、卷一五《賜陳康伯辭免尚書左僕射不允仍斷來章批答》，當于是時下。

《神道碑銘》云：「時北兵再犯淮甸，以左僕射湯思退總督江淮軍馬，人情大駭，望公復用。上親札遣中使即家居召公，復拜尚書左僕射，進封魯國公。制出，中外鼓舞。然議者疑公久厭于富貴，得去如釋重負，又養痾卧家，必不肯起。雖子弟親戚亦謂公宜以病辭。公曰：『不然，今國家艱難，大臣體國，輿疾上路，幸一見上，或憐而歸之可也。』中道聞邊警遽甚，乃兼程以進，閏月至闕下。上詔其子安節、婿文好謙扶掖入見。」又云：「都人見公，夾道歡呼，莫不以手加額。」

康伯既赴任，而北師退（《宋宰輔編年録》卷一七）。

閏十一月，賜康伯男安節同進士出身（依慶曆宰相龐籍子元英例，故有是命）。對康伯恩禮有加，許乘肩輿入宫，扶掖上殿（《宋會要輯稿》選舉九之一九）。

《盤洲文集》卷一四有《賜陳康伯辭免長男偉節除直秘閣次男安節賜同進士出身不允詔》，當于此時下。

《宋會要輯稿》禮四七之九（又禮四七之一二）云：「隆興二年閏（三）〔十一〕月三日詔：『少保、觀文殿大學士充醴泉觀使、福國公陳康伯内殿起居，早上殿賜坐，奏事訖更不降階，止便就坐賜茶，下階免謝坐。』又詔：『陳康伯爲病，權令乘肩輿入皇城，至殿門外，差知班扶赴殿内起居，候上殿即差舍人扶掖至榻前。』五日詔：『陳康伯餘疾未平，尚妨拜跪，可隔日一朝，每日赴都堂治事，應非取旨並常程事，並權免簽押。』」

乾道元年乙酉，六十九歲。

二月十九日，康伯罷左僕射（《宋宰輔編年録》卷一七、《宋史·宰輔表四》）。

《宋會要輯稿》職官七八之四九：「乾道元年二月十九日詔，少保、尚書左僕射、同中書門下平章事兼樞密院使陳康伯特授少師、觀文殿大學士、魯國公致仕。」

《宋宰輔編年錄》卷一七載蔣芾所草制詞云：以康伯「膺兩朝眷注之（求）〔恩〕」，積四載經緯之業。任重力逾于柱石，決疑謀審于蓍龜，澤潤生民，勛在王室。」又云：「豈意乞身之請，略無移晷之淹。諒難奪于忱辭，爰曲從于雅志」云云。

二月二十八日，康伯卒。

《宋會要輯稿》禮四一之二一：「（乾道元年）二月二十八日詔：『少保、尚書左僕射陳康伯薨，令太常寺擇日駕幸臨奠。』」

《神道碑銘》云：「二月二十八日入對，午漏未盡數刻，退至殿門，喘劇，輿歸第，遂不起，享年六十有九。降麻以太保致仕。遺表聞，上震悼，輟朝三日。贈太師。命內侍省押班賈竑主管喪事。詔太常討論宰相薨于位典禮，賻銀絹三千匹兩，水銀龍腦以斂，謚文恭。擇日臨奠，命工部侍郎何溥護其喪以歸。」

《宋會要輯稿》職官七七之七七云：「乾道元年二月二十九日詔：『少保、尚書左僕射、同中書門下平章事陳康伯可特授少師、觀文殿大學士、魯國公致仕。』」

十一月庚申，與魏國夫人合葬鉛山之楊源。

《神道碑銘》：「公娶何氏，故相執中之孫女，封魏國夫人，先公八年歿。二子：偉節，左通直郎、新差福建路安撫司主管機宜文字；安節，右宣教郎、新監尙書六部門，皆謹願能守家法。二女：長適右承議郎、幹辦行在諸司審計司文好謙，次適右文林郎、監鎭江府榷貨務都茶場何傅。十一月庚申，與魏國夫人合葬鉛山之楊源。」

劉珙《神道碑銘》謂康伯「樂易和粹，與物無競，若不經意于世者。及臨大事，呼吸變化而安危立剖，動合機宜，世以爲氣宇似謝安，度量似楊綰，庶幾可以無恨。用能運動樞機，乂安天下」云云。

《陳文正公文集》卷八所載諸家贊詞如下：

一、宋僕射虞允文《文正公小像贊》：「瑩乎其外，玉潤而冰潔；確乎其內，理具而氣充。勛業昭于盛時，簡命出自淵衷。執正議而不回，臨危變而不傾。藻鑒之明，足以登崇乎俊乂；才猷之著，足以黼黻乎時雍。噫，其所以默相天常者，孰非斯人之功也耶！」

二、宋梁克家《魯國陳文正公生前贊》：「年未逾六十而官階一品，身不滿七尺而心雄萬夫。備《洪範》五福之全，沐四朝雨露之濡。噫，若公者蓋喬岳之降神，與古人而齊驅者耶！」

三、宋朱熹贊云：「弘遠規模，汪洋度量。學貫天人，位隆將相。人物權衡，生靈倚伏。翊我聖皇，天年有像。」

四、宋張栻《文正公小像贊》：「學識之充，才量之博，先君之憂而憂，後己之樂而樂。避金非策也，而焚詔促征；備邊非難也，而解衣論道。於戲，若公者其克濟時艱，而誠哉眞宰相也歟！」

譜後

乾道三年丁亥，卒後二年。

二月，賜故贈太師陳康伯御書神道碑額曰「旌忠顯德之碑」（《宋會要輯稿》崇儒六之二一）。

乾道七年辛卯，卒後六年。

朱熹編訂《陳文正公文集》三十卷行世。

朱熹序云：「先生中興之首勛也，先生之相業行實，繫籍聖賢，其後必傳諸史冊，泐諸金石，昭然可紀。故凡性情道德學問文章，發之于紀綱政事，顯之于號令聲名，顒卬問望，金錫圭璧，無在不見，爲可法而傳者也，况其有關于廟謨，有裨于先民，有傳于後世，此天地之正氣，川岳之鍾靈，蓋不世出之英傑，誠哉一代之偉人也。故先生之在朝，歷事二帝，前後廿餘載，功業詞章，巍然煥然。設使天假以年，則宋室之土宇可全復，而不徒江南之半壁矣。熹從事二紀，獲庇同朝，先生之相業行實，皆熹之習見習聞，親炙而佩服之者也。惜泰山既頹，梁木既壞，遺言碩畫，幸賴有賢嗣偉節伯仲諸人克繼先業，顯名于朝，又熹之金蘭筆研同事者。一日以先生之文集丐余爲序，熹雖不敏，亦不敢辭。于是澣手焚香，端坐肅觀，越月餘而始畢，亦不敢贊一詞，但因所請，以次第其篇，凡三十卷而弁諸道云。乾道七年新安門人朱熹頓手拜書于碧落洞天。」

案：朱熹所編訂之文集，至宋以降，已經亡佚。康伯之後世子孫，輯得康伯遺文凡奏疏十首、表四首、詔誥四首、志一首、祭文四首、詩二首、詩餘一首，合爲二卷。又將高宗、孝宗手書之御札、康伯授官之制誥、史志諸書之傳贊，康伯友朋後學之書、啓、序、跋、詩、贊，以及後世子孫之跋識，都爲十三卷，書首弁以朱熹序文，于康熙二十九年刊刻行世，此乃傳世之《陳文正公文集》。前引朱熹序，即轉引自此刊本。《陳文正公家乘》卷首亦載此序。

紹熙元年庚戌，卒後二十五年。

三月，孝宗祔廟，以故相陳康伯侑食（《宋會要輯稿》禮一一之七）。

紹熙四年癸丑，卒後二十八年。

二月，以陳康伯孫陳景山依例應補襲宣教郎。

《陳文正公家乘》卷一、《陳文正公文集》卷四載《恩補蔭襲劄》，乃紹熙四年（《家乘》及《文集》誤作「紹熙二十四年」，紹熙僅五年，「二十」誤衍）二月二十五日行下，葛邲所草。

嘉泰元年辛酉，卒後三十六年。

正月，改謚文正。

《陳文正公家乘》卷一、《陳文正公文集》卷五有《敕改謚文正誥》，誥于正月行下。

八月，敕修理陳康伯祠墓。

《陳文正公家乘》卷一有《敕修理祠墓劄》，乃八月二日行下。

潘舍人年譜

（明）宋濂 編
尹波 校點

清康熙三十六年黄珍刻本《潘默成公文集》

潘良貴（一〇九四—一一五〇），字子賤，一字義榮，號默成居士，婺州金華（今屬浙江）人。政和五年進士，授辟雍博士，遷秘書郎。除主客郎中，提舉淮南東路常平。靖康元年召對，極言何㮚等不可用，被指爲狂率，黜監信州汭口排岸司。建炎元年，召爲左司諫，改工部郎，去職奉祠。紹興二年，除提點荆湖南路刑獄，遷左司郎。又與宰相吕頤浩不合，出知嚴州，旋奉祠。五年，起爲中書舍人。八年，再奉祠。九年，起知明州，復去職奉祠。坐嘗與李光通書信，貶三官，二十年卒，年五十七。事蹟見《宋史》卷三七六本傳。

良貴剛介清苦，不爲權貴屈節，宋高宗褒稱爲「清潘」，朱熹稱其清明直諒，剛毅而近仁（《默成文集序》）。所作詩文「高古」，文如論治體劄子數篇，悱惻沉痛，見其節概；詩如《梅花》、《雪中偶成》等，有「風格老練，而繳句皆高古悲愴」之譽（《瀛奎律髓》卷二一）。著有《潘默成文集》十五卷，原集久佚，清康熙間其裔孫重輯爲文集八卷，今存康熙三十六年刊本、《四庫全書》本。

是譜原載《潘默成公文集》卷二，未題撰人。據《宋學士集》卷一四《跋潘舍人年譜》稱，宋濂嘗「仿朱子作《程洛公年譜》例，爲文一通，凡三千餘言」，所言與是譜相吻合，則此譜當即宋氏所撰。所採事跡，多據《宋史》本傳，繫以年月，文似行狀。叙事簡略，且側重於宦歷、政事，於交遊、詩文、著述等多所不及。

公諱良貴，字義榮，一字子賤，行四七，姓潘氏，自號默成居士，世爲婺州金華人。曾祖介，妣倪氏。祖宗簡，妣馬氏。父祖仁，累贈右中大夫，妣祝氏，贈令人。

公紹聖元年六月初七日亥時生。

自幼穎悟，受學於伯兄良佐，授以群書，過目輒成誦。

大觀元年，公年十四。

試入州學。

政和二年

以本州舍選貢入太學。

五年

中上舍第三名，爲省試經魁。及廷對，徽宗合前後所試文觀之，謂通經學，欲擢爲第一。大臣以故事當先廷試士，因寘第二。登何㮚榜中榜眼，授文林郎、辟雍博士。

六年

丁令人憂。

重和元年

服除。十一月，權國錄。

宣和二年

七月，除太學博士。少宰王黼、中書侍郎張邦昌、御史中丞郭三益皆欲以女妻之，公曰：「吾起家寒微，貴人之女安能執婦道以事吾親乎？」辭不許。

三年

公輪當次對，回言河北群盜及方臘反叛之由，且力詆廷臣內爲諂佞、外蔽總明，不使陛下早聞，以致有今日猖獗。聞者爲之膽落。

四年

二月，以上幸太學，特恩授承直郎。

十一月，轉秘書郎。時太史蔡京與其子攸方以爵祿鈎知名士，公屹然特立，親故數爲京致願交意，公正色謝絕。

六年

閏三月，以校讎御前文籍遷奉議郎，未幾擢尚書主客員外郎。

十一月，改秘書著作郎。公屢以親老力求補外。

七年

二月，出提舉淮南東路常平司。揚州有中貴人以職事久留，監司帥臣遇之甚厚，每與同宴席。或以白公，公曰：「監司與中官郎非同官，何名同席耶？」不聽。當是時，朝廷多用宦官爲廉訪，若有所陳，直達禁中，無敢較曲直者。兵部員外郎程瑀以調舟夫事劾內侍王珣，反爲珣所奏。詔以其事屬公，公辨之，瑀獲免。州新開大湖，大姓分佃之，自是漁人不得漁，並湖之中不沾水利。公知爲民害，革之。

靖康元年

三月，召赴闕。

四月，以欽宗即位，覃恩轉承議郎。

十月，至闕下。上問孰可秉鈞軸者，公極言時宰何㮚、唐恪等不可用，他日必誤社稷。陛下必欲持危扶顚之相，非博詢於下僚，明揚於微陋，未見其可也。語徹於外，當國者指爲狂率，黜監信州汭口排岸兼酒稅板木。未幾，言輒驗。

建炎元年

五月，高宗立，覃恩轉朝奉郎。

六月，擢右司諫。八月三日供職，抗疏乞誅僞党，使叛命者受刃國門，即敵人不輕議宋鼎。又乞封宗室賢者於山東、河北，以壯國體。巡幸淮揚，養兵威以圖恢復。且幷及當時用事者奸邪之狀。右僕射黃潛善、同知樞密院汪伯彥惡其言，閲三日，左遷工部員外郎。公以不得其言，求去益力。

三年

十一月，主管亳州明道宫。

四年

以官工部時自南京扈從至淮揚，遷朝散郎。署荆湖南路提刑，以親老不赴。

紹興元年

四月，主管江州太平觀。

十月，起爲考功員外郎。

十二月，兼權秘書少監。

二年

轉左司員外郎，事無巨細，必以人情法理親爲擬定。吏白舊例皆房中自簽擬，都司不過點檢書判，公曰：「果若是，何用都司爲？」大臣欲有所私，公必堅執，雖脅以禍福，言不可奪。左僕射吕頤浩素禮公，一日以事謁，頤浩從容謂公曰：「旦夕決相，援入兩省，吾若不能，不爲宰相也。」公知其有利誘之意，拒曰：「兩省官豈良貴可當也耶？親老多病，方欲乞外以便醫藥耳。」頤浩怒形於色，公退語人曰：「宰相進退一世人才，苟以爲賢，自當用之，何至握臂密語，先示私恩哉？若屈己受其牢籠，異時何以立朝？」即日乞補外。

三月，以直龍圖知嚴州。

六月，召赴行在，公辭以親疾，請祠，主管亳州明道宫。

十二月，兩浙轉運副使徐康國迎合頤浩意，劾公罷嚴州日，不當借給送還兵卒月糧，特降一官。

四年

復主前宮。

五年

八月，轉秘書少監。

十一月，除起居郎，兼權中書舍人，復朝散郎。時中奉公年已八十有九，公屢拜殿前，請歸養，上堅不許。公因入奏曰：「自堯舜以至五代，其間所以治者，以合於大公至正之道，所以亂者，蓋反此而已。陛下能力行之，則天下庶有休息之期。」言多激切，上深嘉納。政和末，前知峽州王寀倣林靈素妖怪之術，謂能使天神降，上察其誣，誅之。至是有旨欲復寀原官，公曰：「先王之制，假鬼神時日卜筮以疑衆者，殺。况寀有甚於此者乎！」乃繳奏不行。

六年

正月，拜中書舍人，未上，丁中奉公憂。

給事中呂祉、中書舍人朱震共言公貧於上，上憐之，賜錢五十萬以供喪事。

八年

服除，四月復拜中書舍人。

六月兼侍講。會戶部侍郎向子諲入見，因論京都舊事，頗及珍玩。公故善子諲，時攝起居郎，立殿上，聞其言，甚怒，徑至榻前，厲聲曰：「向子諲以無益之言久勤聖聽。」叱之使下。上顧公曰：「乃朕問之。」復留子諲語。子諲意氣自得，愈云云不休。公又進言叱之，上驚而怒，欲抵公罪。次日，右正言李誼亦奏公犯分，御史中丞常同聞之，歷疏公觸邪忠國之意，上不納。權禮部侍郎張九成復再三爲上言之，上怒稍解，公再上章求去。

七月，以集英殿修撰提舉江州太平觀。

九年

四月，起知明州。治尚樸厚，務大體勤小物，民甚安之。

初，公赴官日，行裝惟數笥，迨罷，益以其四。公訝而問，乃貯《傳燈錄》二十部耳。公命舍去，毋使踰原數。

十年

四月，除徽猷閣待制、提舉亳州明道宫。自時厥後六載之間，凡三除，皆提舉前宫。

十九年

三月，坐與貶謫安置官李光通書，特降三官。

二十年

七月二十七日卒，享年五十七，贈左朝奉大夫。以是年十二月葬縣北二十里潛岳寺左法喜山之原。

公初娶傅氏，贈令人，尚書傅墨卿之女。再娶范氏，封令人。

三子：昣，承事郎、江南東路提舉茶鹽司幹辦公事，累贈奉直大夫，娶祝氏，居金壇；儼，先奏補將仕郎，後改右承務郎；疇，右承議郎、主管建昌仙都觀，居烏程。女三人。孫四人：友直，朝奉大夫、知武岡軍事；友諒，朝奉郎；友益，早卒；友龍，國學內舍生。孫女八人。

公面白如玉，唇丹如硃，眉目疏秀如畫，精采照耀。見者謂爲神仙中人。平生忠義凜凜，雖更流離困苦，愈奮而不衰。病中聞淮西軍叛，輒廢寢食，數至危殆。自少至老，出入三朝，在官不過八百六十餘日。所居僅蔽風雨，郭外無尺寸之田。經界法行，獨以丘墓之寄納帛數尺，輸錢一千六百文，清苦貧約，人所不堪，公則處之超然。高宗御書「清潘」二字以賜，故閭里稱爲清潘云。

跋潘舍人年譜

自幼頗聞公之事，默成先生潘公事蹟，載於舊史列傳及李燾、陳均、羅大經諸家之書者爲詳，然所載頗有可議。公初授辟雍博士，不赴，後以累遷爲秘書郎，列傳則謂自辟雍擢居館職。公爲主客員外郎，歷著庭，方出使淮南，列傳則謂自員外郎即提舉常平。公自嚴州請祠，再入秘書，進左史，而後有西掖之命，列傳則謂自請祠之後，起爲中書舍人。公攝起居郎，向子諲奏事，其語稍涉於珍玩，乃廷叱之，陳均則謂子諲初以和議爲是，公大非之。及是同奏事，子諲與公交争於殿上，上怒，遂俱罷。羅大經則又謂子諲與高宗論筆法，故公斥之。公辭免秘書少監狀，自言建炎四年除提點荆湖南路刑獄，不赴。紹興二年任左司員外郎，僅兩月，差知嚴州。公家所記《遺事》，則謂紹興元年三月遷提刑，十二月入左司。凡若此類，皆顯然謬戾，有不難辨者。今之去公僅二百年餘，公之官序言行，鄉先達類能道之，而紀述之家乃復不同如此，况欲考夫千載之上者哉！濂幸生公鄉，自幼頗聞公之事，因會萃諸家，取其理通者，倣朱子作《程洛公年譜》例，爲文一通，凡三千餘言，藏之仙華山中，以俟博雅君子之審定之，庶幾求公之事者無惑焉耳。宋濂《宋學士全集》卷一四，文淵閣《四庫全書》本。

簡惠公年譜

（清）周湛霖 編
尹波 校點

清光緒七年木活字本

周葵（一〇九八—一一七四），字立義，晚號惟心居士，宜興（今屬江蘇）人。宣和六年進士，歷廣德、徽州軍推官。紹興五年除監察御史，進殿中侍御史，在職二月，言事多至三十章。徙司農少卿，出知信州，歷河南、江東路提刑，復召爲殿中侍御史。忤秦檜，主管洪州玉隆觀。十二年，起知湖州，移平江府，再落職奉祠。秦檜死，起知紹興府。二十六年，除權禮部侍郎，權給事中。出知信州，歷知撫、太平、婺諸州。孝宗朝歷兵部、户部侍郎，隆興元年六月拜參知政事，次年罷。乾道三年起知泉州，六年以資政殿大學士致仕。淳熙元年卒，年七十七，謚簡惠。

周葵學問淵深，不泥傳注，著有《聖傳詩》二十篇、文集三十卷、奏議五卷，已佚。事蹟見周必大《資政殿大學士毗陵侯贈太保周簡惠公神道碑》（《周文忠公集》卷六三）、《宋史》卷三八五本傳。

此譜爲其裔孫湛霖所編，跋語稱據史傳、碑刻、方志、文集、宗譜輯爲年譜，有考有述，且明示出處，簡而有法。原譜與《孝侯公（周處）年譜》合刊，有光緒七年木活字本。

簡惠公年譜

裔孫湛霖輯注

公諱葵，字立義，號惟心，宜興人。

宋哲宗元符元年戊寅

九月十九日生。

己卯，二歲。

庚辰，三歲。

贈韓國夫人大母黃太夫人卒。

徽宗建中元年辛巳，四歲。

崇寧元年壬午，五歲。

癸未，六歲。

仲弟萃生。

甲申，七歲。

入塾讀書。

【註】公幼穎悟，讀書目數行下。參吴紱《梓里舊聞》。

贈少保大父南巖公卒。

乙酉，八歲。

丙戌，九歲。

大觀元年丁亥，十歲。

戊子，十一歲。

受業蔣敬叔先生門。

【註】蔣敬叔名之勉，吏部尚書堂從子。博通經籍，爲西浙大儒，學者稱荆南先生。公入塾時，師窺公袖中有小冊，出之，乃彙古聖賢省身克己語，大驚異之。見王升《邑志》，參《毘陵人品記》。

己丑，十二歲。

庚寅，十三歲。

政和元年辛卯，十四歲。

善屬文，名聞於時。

【註】公通經史，丱夙授行文，灑灑數千言立就。前輩蔣叔明靜、吳文節師古咸器重之。參王升《邑志》。

壬辰，十五歲。

癸巳，十六歲。

從唐彥思先生受學。

【註】公篤志力學，弱冠萃里中英俊，晨夕切劘。聞彥思專事爲己之學，遂執經門下，業以大就。彥思名棣，宋政和五年進士，嘗與晉陵周孚先同事程伊川先生，不樂仕進，名不他見，獨著於《程氏遺書》，編次《伊川語錄》二卷。見楊懷遠《鄉評備考》，參邑舊志理學。

甲午，十七歲。

乙未，十八歲。

丙申，十九歲。

丁酉，二十歲。

重和元年戊戌，二十一歲。

移籍京師。

【註】公經義宏博，聲振江左。自鄉校移籍京師，兩學傳誦其文。參《宋史》，節周必大撰《神道碑記》并《名臣言行録》。

宣和元年己亥，二十二歲。

庚子，二十三歲。

辛丑，二十四歲。

壬寅，二十五歲。

癸卯，二十六歲。

甲辰，二十七歲。

三月，廷試，中沈晦榜進士。

【註】廷試以曆數爲問，公詳對，考官歎賞，（提）〔擢〕置甲科。見周必大《碑記》。

乙巳，二十八歲。

在廣德推官任。

【註】公任廣德刑曹，潔己奉公，折獄多所平反。參王升《邑志》。

欽宗靖康元年丙午，二十九歲。

以上登極，覃恩授文林郎，調徽州軍〔事〕

推官。周必大《碑記》。

高宗建炎元年丁未，三十歲。

之徽州推官任。

【註】州有奸民馬元龍，結黨數十人，侵佔民產，強市廬舍，詞訟至府，吏觀望不敢治。公下車，廉得其實，悉抵於法，民皆感頌。參徐嗜鳳《邑志》。

戊申，三十一歲。

在徽州推官任。

【註】公精於鞫獄，折以片言，兩造允服，時有青天之稱。他郡之訟於兩臺者，輒令公訊決之。參《梓里舊聞》。

己酉，三十二歲。

在徽州推官任。

庚戌，三十三歲。

在徽州推官任。

【註】公莅任三載，訟息庭清，署中有古松枯而復生，咸以爲善政所感。參節《鄉評備考》。

紹興元年辛亥，三十四歲。

攝郡事。

【註】高宗車駕移蹕臨安，公與判官攝郡事，諸軍交馳境上(二)，公應變敏速，千里帖然。節《宋史》，參《一統志》及《安徽通志》。

壬子，三十五歲。

請除浮稅。

【註】大觀間，諸郡增賦物帛，其後赦書已蠲減，而有司仍取之於民。公白新守，力止其稅。公去，乃增如故。節《神道碑記》。

癸丑，三十六歲。

改通直郎、臨安府教授，未赴。見《宋史》及《名臣言行録》。

甲寅，三十七歲。

乙卯，三十八歲。

四月，除監察御史。

【註】吏部侍郎陳與義密薦公，召試館職。引對，上曰：「從班多說卿端正。」面除監察御史。節《宋史》，參《名臣言行録》。

十月，進殿中侍御史。

【註】公在職兩月，言事至三十章，歷陳所行不當事，凡二十條，指宰相不任責，高宗變色曰：「趙鼎、張浚肯任事，須假之權，何遽以小事形迹之！」公徐奏曰：「假如陛下有過，尙望大臣盡忠。使大臣有過，而言者一指，便爲形迹。彼過而不改，罪戾日深，非所以保全之。」上改容曰：「此論甚可取。」節《宋史》，參《一統志》、《江南通志》并《名臣言行録》。

丙辰，三十九歲。

二月，除司農少卿。

【註】公連章極論趙子湎，語侵趙鼎，又三章力言張浚大舉北伐，係國存亡。鼎謂公沮大計，罷爲司農少卿。節《神道碑記》，參《宋史》并唐鶴徵《常州府志》。

丁巳，四十歲。

正月，除直秘閣、知信州。今江西廣信府。

【註】公廢離言路半載，四求去，皆不允，自以親老請外補，乃除直秘閣、知信州，未之任。節《神道碑》，參《宋史》。

戊午，四十一歲。

改湖南提點刑獄事。

【註】趙鼎罷，陳與義執政，改湖南提刑，以親老，就近調浙西。又避本貫，易江東，皆不就。同上。

己未，四十二歲。

二月，除太常少卿。

五月，復除殿中侍御史。

【註】秦檜獨相，意公憾趙鼎，召公入。一日，內降差除四人，公奏言：「願陛下以仁祖爲法，大臣以杜衍爲法。」又歷疏國用、軍政、士民三大弊。檜始怒甚。節《宋史》，參《名臣言行録》并陳玉琪《府志》及邑舊志。

八月，改起居郎。

十二月，主管洪州玉隆觀。

【註】秦檜所厚戶部尚書梁汝嘉聞公欲劾之，亟告檜，檜奏以公爲起居郎，尋黜主洪州玉隆觀。節《宋史》，參周必大《碑記》。

庚申，四十三歲。

郊恩，復直秘閣，告歸。周必大《碑記》。

長子樅生。字尚文，號敬心。

辛酉，四十四歲。

倡議建岳少保生祠於英烈廟。

【註】公告歸之里，建議革淫祠，復衛將軍廟。又以岳少保於建炎間移軍陽羨，平巨盜郭吉，有功於民，興議爲岳建祠，祔享孝侯廟，衆皆踴躍從事。閲月，祠成。參王升《邑志》及徐溥《岳廟記》。

壬戌，四十五歲。

二月，起知湖州。四月，之任。

【註】公莅任湖州，甫下車，即捕邑豪劉某，正其罪，境內肅然。見儲惠《碎金集》，參周必大《碑記》。

次子楷生。字尚正，號心齋。

癸亥，四十六歲。

正月，移知平江府。今蘇州府。二月，之任。

【註】公守平江，多惠政。運使李椿年行經界法，郡故田租不滿四十萬，椿年欲以七十萬爲率，公力爭，乃得減數，民

德之。見《江南通志·蘇州府·名宦》，參《姑蘇志》。

十一月，以郊恩賜緋魚。周必大《碑記》。

甲子，四十七歲。

二月，落職主管台州崇道觀，屛居鄉閭。

【註】公任平江，時北方初修聘，金使絡繹於道，公不爲禮。轉運李椿年希秦檜旨劾之，由是落職。節《宋史》，參《一統志》。

乙丑，四十八歲。

家居養親事。公事親極孝，愉愉色養，定省無間。參《荆南舊譜》。

【註】公於侯墓側植松柏千餘株，綠蔭森森，一時傳爲勝景。參《梓里舊聞》。

省孝侯墓。

三子棟生。字尚才，號心吾。

丙寅，四十九歲。

贈秦國夫人妣王太夫人卒。

丁卯，五十歲。

守制。

戊辰，五十一歲。

累贈少師、朝奉郎，賜緋魚袋。考心巖公卒。

【註】公考心巖公諱豫，政和間任樂陵尉，爲政廉平仁愛，不忍杖罰百姓，而民自格心向化，視若父母焉。以朝奉郎致仕。紹興十八年卒，享年八十有六。本《國山舊譜》，參《荆南舊譜》。

十二月，合葬考妣於邑山之陽。王升《邑志》。

己巳，五十二歲。

守制廬墓。

庚午，五十三歲。

守制廬墓。

辛未，五十四歲。
創建孝侯祠於國山。
【註】公擇地於國山禮斗壇南，搆建新祠，奉祀孝侯，追祀侯祖廣平公、侯考關內公。見《國山舊譜》，參李衡《碑記》。
壬申，五十五歲。
四月，侯祠落成。
【註】祠成，倚平岡，瞻大澤，曠達開朗，奉侯主於其中，而次第先代之主於藏室，延毘陵蔣芾撰記。見李衡《碑記》。
著《聖傳錄》一卷。
【註】陳振孫曰：「自堯舜至孔孟，聖傳正統，爲絕句詩二十章，而各著其說，自爲一家，編成《聖傳錄》一卷。」見《邑志·藝文》。
四子林生。字尚友，號心暇。
癸酉，五十六歲。

纂輯《家乘》。
甲戌，五十七歲。
譜牒成。
【註】公出舊牒，續纂新編，既成，延張九成爲序，而自撰序跋於後。參《國山舊譜》。
乙亥，五十八歲。
十二月，復直秘閣，知紹興府。
【註】秦檜既死，朝臣交章推薦，公復起用，以舊職知紹興府。參《宋史》。
丙子，五十九歲。
正月，過闕，除禮部侍郎。
四月，兼國子祭酒。
【註】公任大司成，引掖後進，善誘循循，衆士悅服。本《宋史》，參《神道碑記》。
丁丑，六十歲。
二月，兼權給事中。

三月，出知信州。

【註】公疏科舉弊，言路忌之，以御史湯鵬舉奏劾落職，太學生黃作、詹淵等列狀留公，不報，出知信州，隨罷去。節《宋史》，參周必大《碑記》并邑舊志。

戊寅，六十一歲。

三月，起知撫州。引疾，改提舉江州太平興國宮。節《宋史》，參周必大《碑記》。

十月，直龍圖閣，知太平州。《宋史》。

己卯，六十二歲。

二月，之太平州任。

【註】公守太平，秋雨決圩隄，公亟行修治，親督工作，完繕一百二十里，民賴以濟。傍郡圩皆沒，惟當塗太平首縣。有年，鄰邑饑民咸來就食，全活數萬人。節《宋史》，參《一統志》、《太平府·名宦》。

十月，濬河便民。

【註】太平市河久湮，雨暘交病，公下令城中家出一夫，官給之食，晨夕督率，併力浚導，公私便之。節《宋史》，參《一統志》并《安徽通志》、《太平府·名宦》。

庚辰，六十三歲。

八月，進集英殿修撰、敷文閣待制。《宋史》，參《名臣言行録》。

十月，移知婺州。今金華府。

【註】公在太平，解任時，百姓沿途候送者以億萬計。太平人立祠祀之。見《碎金集》，參周必大《碑記》。

孫大年生。

辛巳，六十四歲。

正月，之婺州任。

【註】公知婺州，甫下車，即黜臟吏數人。地多曠土，令民無田者開墾荒野，蠲其租，兩年得熟田數千頃。時當江上

用師，（詞）〔調〕度繁興，公不擾而辨，號曰仁主。周必大《碑記》，參蔣錫震《見聞雜記》。

壬午，六十五歲。

七月，被召，除兵部侍郎。

【註】孝宗即位，公與張燾、辛次膺首被召，初對，有繩綱剔謬之論，命佐夏官。《宋史》，節周必大《碑記》并史能之《咸淳毗陵志》。

九月，兼權侍講，授朝散大夫。周必大《碑記》。

孫大辨生。

孝宗隆興元年癸未，六十六歲。

二月，同知貢舉。

三月，兼權戶部侍郎。

【註】戶部闕官，兼權侍郎，上數手詔，問錢穀出入。公奏：「人主不宜留心細故，必有小人乘間獻忠，欲售其私，不可不察。」蓋指龍大淵、曾覿也。孝宗色動。節《宋史》，參《江南通志》。

六月，奉詔以左中大夫參知政事。

【註】張浚密奏請北伐，以圖恢復，相皆不與問〔二〕。公請對，謂不可輕舉，累數千言。及李顯忠等敗績，上思公言，拜參知政事。本《宋史》，參《咸淳毗陵志》、陳玉璂《府志》。

奉給四世誥命。

【註】以孝宗登極，覃恩追贈三代誥命四軸。本《舊譜》。

九月，兼權知樞密院事。

【註】公在政府，盡心輔治。朝臣多請幸金陵，公力爲諫止。上曰：「今戰雖不足，守則有餘。」公曰：「措置未善，政事未修，雖守亦難。」同列皆甚其言。明

日，公留身謝，上奬其直，且曰：「聞卿在中書，每事力爭，朕甚嘉之。」公又疏奏，乞迎還太上於大內，盡發內帑付有司，勿令近習干政，汰革溢額內侍，罷擊鞠，節飲宴，內治舉然後可攘夷虜。節《宋史》，參周必大《碑記》并《名臣言行録》。

孫大壯生。孫大中生。

甲申，六十七歲。

三月，乞罷，不許。

【註】湯思退、張浚並相，思退主和議，陰謀去浚。公與思退論不合，上疏乞罷，留中，固請。上曰：「卿何請之力也。」公曰：「自預政以來，與宰相論事，不得已而強從者十有七八，安得不愧於心？此臣所以欲去也。」節《宋史》，參《通鑑綱目》并《名臣言行録》及《咸淳毘陵志》。

四月，薦李浩、龔茂良爲言官。

【註】嘗乞召用侍從、臺諫，上曰：「安得如卿直諒者。」遂薦李浩、龔茂良，上皆以爲佳士，次第用之。節《宋史》。

九月，奏復胡銓官。

【註】兵部侍郎胡銓抗疏諫沮和金，湯思退怒甚，議貶銓。公奏：「銓直言，久謫嶺外，今方召用，遽廢之，可乎？」上嘉納之。節周必大《碑記》，參《通鑑綱目》。

十月，權知樞密院事。

【註】先是，副樞密洪遵罷，命公權知樞密院，已而召用賀允中，不兩月，允中致仕，公兼領如故。軍國事繁，悉心裁決，持論正平，上甚信任。節《宋史》，參周必大《碑記》。

十一月，奏請免郊，詔從之。

【註】太常奏郊牛斃，公奏：「《春秋》

鼷鼠食牛角，免郊。况邊虞未靖，請展郊以符天意。」《宋史》。

閏十一月，除資政殿大學士、提舉臨安洞霄宫。

【註】先是，公引疾乞罷，上諭廟堂無人，力疾少留。至是，陳康伯相，公求退益堅，上不得已，乃從之。陛辭，上曰：「卿筋力未衰，他日宣召，勿辭。」周必大曰：「公貳政兩年，始終守自治之説，是則曰是，非則曰非，不將不迎，不諛不訐。」朱子曰：「公在樞府，因事納忠，隨材器使，鎮以安静，中外咸寧。」節《宋史》，參周必大《碑記》并《毘陵人品記》。

孫大本生。

乾道元年乙酉，六十八歲。

奏請以廣福寺爲先父墳刹，報可。今保安寺。

【註】保安寺原係公先祖申錫公諱承祐。捨宅建。公以考少師公墓在邑山之陽，因請改爲墳刹，賜名崇恩彰孝寺。節王升《碑跋》，參《邑志》。

孫大直生。

丙戌，六十九歲。

仲子楷補授臨安縣縣丞。

【註】心齋公將之臨安任，公戒之，略曰：「居官勿納人一錢，亦勿以一錢賄於人。」又公教子弟以孝友爲先，嘗曰：「生子掇科第，不如生子能孝弟。」見史孟麟《玉池語録》，參王升《邑志》。

隱士趙九齡來訪。

【註】趙九齡字次張，李忠定諱綱。辟爲承務郎，識岳鄂王於行伍中，言之忠定，擢補軍校。忠定罷，九齡亦歸隱。公屢薦其才，而不用，屏居以終。見《邑志·僑

寓》。

孫大猷生。

丁亥，七十歲。

三月，起知泉州。《宋史》。

戊子，七十一歲。

知泉州。

己丑，七十二歲。

仍知泉州。

【註】公治泉州，輕徭減賦，政尚寬簡。百姓感化，相約：有犯法者，衆共斥之。訖三載，不責一人。參《梓里舊聞》。

從事郎長子樅卒。

孫大昌生。

庚寅，七十三歲。

致仕。

【註】告老章五上，以大學士致仕。本《宋史》并《江南通志》。

封同安郡夫人、累贈魏國夫人配李夫人卒。

【註】夫人生於元符庚辰，卒於乾道庚寅，享年七十有一。本《國山舊譜》。

辛卯，七十四歲。

致仕閒居。

【註】公平生不治産業，功成身退，優游林下，布衣疏食，泊如也。累年閒適，不以世故縈心，晚號惟心居士。節《鄉評備考》，參《宋史》并《邑志》。

壬辰，七十五歲。

少宗伯周必大來訪。

【註】周必大字子充，一字洪道。少年登第，爲翰林學士，制命溫雅，推一時詞臣之冠。與公交最深，歲壬辰，自小宗伯奉祠歸，過陽羨，訪公於陽山別墅，僑居載餘而去。其跋蘇東坡《橘頌帖》云：「余自紹興癸酉至淳熙己酉，三十

七年間，凡六至宜興。」參《宋史》，節《橘頌帖》石刻并《邑志》。

宣教郎、原任臨安縣縣丞、遷臨安令仲子楷卒。

孫大仁生。

癸巳，七十六歲。

置義田。

【註】公誼重宗祊，族人無遠邇，貧者月給之粟。至是始置義田，以垂永遠。相國虞忠肅諱允文，贈太傅。贈詩，有「解組投閒始買田，建莊分粟繼前賢」之句。節《梓里舊聞》。

淳熙元年甲午，七十七歲。

正月十二日，薨於里第。

【註】公薨，上聞震悼，賜祭葬。《宋史》。

贈正奉大夫，累贈太傅。《宋史》。

賜爵毘陵郡開國侯。周必大《碑記》。

二年乙未

正月乙酉日，葬於邑東清泉鄉梅林之原。見《神道碑記》，參《邑志》。

四年丁酉

有司請謚，賜謚簡惠〔三〕。見《宋史》并《江南通志》。

十六年己酉

同平章事、少傅、封益國公周必大撰《神道碑記》。今碑尚存。

《宋史》曰：公孝於事親，尤睦宗族。當任子，先孤姪。平生學問，不泥傳註，作《聖傳詩》二十篇、文集三十卷、奏議五卷。

〔一〕諸：原作「親」，據《宋史》卷三八五《周葵傳》及周必大《文忠集》卷六三《神道碑》改。

〔二〕此句當有脱誤，疑作「他相皆不與聞」。

〔三〕簡惠：《宋史》卷四八五本傳作「惠簡」，當誤。

謹按：唐宋以來，如太白、少陵、昌黎、香山、東坡、紫陽諸公，均有年譜。我祖簡惠公，少年篤學，壯列諫垣，歷知各郡，晚入樞府。學問事業，昭垂天壤。兹謹據《宋史》、省志、邑志并《神道碑記》及各名家文集、各支家乘所載，殫心考證，輯成年譜一編。公之一生出處、立身、忠君之大節，庶於此窺見一斑。其遺漏訛錯處，尚祈後之賢者正之。裔孫湛霖謹跋。

從兄湛霖編輯《孝侯》及《簡惠公年譜》各一卷，以示家楣。時方修宗譜，將請於族長老，印列譜端，以示後昆，垂諸不朽。家楣受而讀之，敬維孝侯忠孝文武，卓然與日月爭光，千載而下聞風興起者，莫不欲追溯生平，感懷偉烈，先睹爲快，豈獨爲子孫者奉若球圖，願世世勿忘哉。曩者鴻軒伯祖纂著《忠義集》，首列年譜，於侯身後崇德報功之典較詳。今則上稽史傳，旁搜典籍，兼攷志乘以及賢哲藝文、鄉評、宗譜，按時徵事，註明所自，不僭不誣。其叙《簡惠公年譜》亦然。而於侯吴徵官未就，大書特書，尤有特識。其引唐陶山所攷爲證，足以破千古之疑，而助史氏之所不及矣。簡惠公居家孝友，篤學勵行，以迄登朝，敭歷中外，上格君心，下培元氣，所歷德政在人，循猷卓特，迨由宰相出典大郡，隨在民受其福。於時宋室播遷之後，公力持内治之説，以固根本，遂使主和、好戰兩家均有所格，卒之由此則治，非此則敗，應若影響。蓋公之學識素裕，有以審其端而決其機也。若久於相位，宋室其不日蹙乎！在後世言之，或指爲以成敗論事，然謀國者大原所在，如燭之照，如鏡之鑒，非逞意氣、持高論者所能與也。至於鄉里宗族之誼，今日猶有遺規緒論，此則我子孫所當勉承祖武者爾。既跋於後，復議於宗譜外。另印二百部，異日再付手民，刊示天下後世，庶幾我先德歷久彌光，而文字亦足千秋附以不朽矣。光緒七年七月二十六日，裔孫家楣謹跋。

屏山先生年譜

（近）詹繼良 編

彭邦明校點

民國十一年排印本《屏山志略》卷一

劉子翬（一一〇一—一一四八），字彦冲，號屏山，亦號病翁，崇安（今福建武夷山市）人，劉韐子。未冠游太學，以父蔭補承務郎，入真定幕府。建炎三年，通判興化軍，秩滿以最聞。以疾不堪吏事，乞閑，主管武夷山冲佑觀，居屏山潭溪，講學不倦。與胡憲、劉勉之交游，切磋學問不殆。朱熹奉父遺命從其學。紹興十七年卒，年四十七。理宗朝追謚文靖。子翬讀書廣博，筆力高古，不僅以道學知名，其詩文亦不襲陳調，多「明體達用」（《四庫全書總目》卷一五七）。著有《屏山集》二十卷，事蹟見朱熹《屏山先生劉公墓表》（《朱熹集》卷九〇）、《宋史》卷四三四本傳。

此譜爲近人詹繼良編，序稱「搜取群籍，摭拾舊聞，分年論次其事，以便檢考」，而繫事則嫌簡略。末有按語一通，述其考述事實之得及編載時事、兄弟子姪事蹟之譜例，可補譜文中未載文獻依據之憾。原刊於民國十一年排印《屏山志略》卷一之下。

學者尚友古人，莫不欲詳其人之出處與其人之始末，藉資印證，奉爲楷模。曹道振爲羅豫章編年譜，毛念恃爲李延平訂年譜，皆此意也。兹編乃搜取羣籍，摭拾舊聞，分年論次其事，以便檢考，敢曰知人論世耶！輯《年譜》。

宋徽宗皇帝建中靖國元年

辛巳三月初七日，公生於五夫里潭溪，一歲。

崇寧元年壬午，公二歲。

大觀元年丁亥，公七歲。

大觀二年戊子，公八歲。

祖贈太保民先卒於里第。

大觀三年己丑，公九歲。

太保葬建陽西廓原。

政和元年辛卯，公十一歲。

政和五年完顏阿骨打稱帝，國號金。乙未，公十五歲。

重和元年戊戌，公十八歲。

宣和元年己亥，公十九歲。

宣和二年遣使於金，約夾擊遼。後二年，金滅遼。

宣和七年乙巳，公二十五歲。

娶陸氏。

欽宗皇帝靖康元年金陷汴京，徽、欽二帝北狩，河北全土没於金。丙午，公二十六歲。

有《靖康改元四十韻》。

靖康二建炎元年是年一歲兩係，五月以前爲欽宗靖康二年，五月以後爲高宗建炎元年。丁未，公二十七歲。

父贈太保韐自經於金營。

按：太師正月死節，凡八十日乃就斂，顏色如生。

高宗皇帝建炎二年戊申，公二十八歲。

葬太師於拱辰山，自此哭墓三年。

建炎四年庚戌，公三十歲。

通判興化軍。有《到任與張守啓》。

紹興元年金寇宋，吴玠及其弟璘大敗之。辛亥，公三十一歲。

孺人陸氏卒。

乞祠，主管武夷冲佑觀。自此優遊祠官之

職十有七年。

紹興二年壬子，公三十二歲。

葬陸孺人於拱辰山，與忠定夫人同丘。公撰《墓表》。

紹興十年金侵宋，岳飛、劉（琦）〔錡〕等大破之。**庚申，公四十歲。**

紹興十一年殺岳飛，稱臣於金，納歲貢。**辛酉，公四十一歲。**

紹興十二年壬戌，公四十二歲。

及門從子劉珙登陳誠之榜，與劉如愚同擢進士。公題有「吾家亦有傳臚喜，叔姪聯名賜第歸」之句。

珙少從公學，教之不懈，使務其遠大者。是年二十一歲，珙卒有立。

紹興十三年癸亥，公四十三歲。

朱熹奉父命及門受業。

紹興十四年甲子，公四十四歲。

仲兄大中大夫子翼卒。

紹興十六年丙寅，公四十六歲。

長兄贈少傅子羽卒，公撰《行狀》。

紹興十七年丁卯，公四十七歲。

十二月初八日，卒。葬拱辰山。至理宗朝，追謚文靖。

朱熹侍疾，公告以易之不遠，復爲三字符。疾將革，出故篋，得平日省躬自勵之言，命熹與黃銖筆之，復手自更定，篇名《遺訓》。

按：《屏山先生集》未載年譜。家乘載生卒，脱落其他之年歲。惟讀先生《送張守序》曰：「庚戌，張侯來守莆田，余佐郡事，後兩月至。」乃知先生倅莆之日即建炎四年也。又考《武夷志》載紹興元年，辭興化通判，主管冲佑觀。紹興紀元於辛亥，先生捐館於丁卯，適符《儒林傳》「辭歸武夷十七年」之語。而《送張守序》有言「壬子春，寇平，天子召侯爲郎，余亦及瓜焉」者。論年則辛亥、壬子異其歲，論事則既有「辭」之一字，必辭於秩滿之先，瓜代在後。遐想紹興元年辭通判而丐祠，即得冲佑命，其去莆在壬子春夏之交。讀張奉常《謚議》「優游祠官之職，十有七年」，《武夷志》非無據也。至若朱子學年，家乘莫載。考朱子生於建炎庚戌，以十四歲童子來學，其年即紹興癸亥也。先生之娶室喪偶，家乘亦無所考。而先生撰立《墓表》，載孺人享年二十四，既卒於紹興己酉之明年，當生於大觀戊子之歲。自戊子至乙巳，迢迢十八寒暄，即知十八歲作殯之期，蓋宣和紀元七年於兹矣。又若先生祖父死葬之年、昆姪哀榮之日，則各從本傳求之。其附載之也，從《孔子年譜》家屬門人並書之例；又附載國家大事，以劉氏世忠於國，關係特切之故，亦《孔子年譜》書及國君時事之例。然先生道承東魯，學啓南閩者也，其年譜必須有道能文者爲之。良何人斯，豈敢冒昧執筆。但幸生於先生之鄉，慕之深故欲知之詳，聞之久斯欲載之亟，且觀先生事實本末，凡無操行學業之人，皆不可立於兩間矣。用敬輯之，以自勵云。

宋長興施氏父子事蹟考

陳乃乾 編

據一九四一年四月刊《學林》第六輯

施元之（?—一一七六以後），字德初，長興（今屬浙江）人。紹興二十四年進士，乾道二年除秘書省正字。五年遷秘書省著作佐郎，徙起居舍人，兼國史院編修官。除右司諫，尋遷左正言，以獨試李壆詞業放罷，權發遣衢州，八年除浙西提刑。淳熙間移知贛州，三年爲辛棄疾所劾，奉祠歸吳興，卒年七十餘。施元之以博學知名於天下，嘗注蘇軾詩集，嘉泰間，其子施宿請陸游爲序，後復爲補注、年譜，於嘉定間刊行於淮東倉司。

施宿（一一六四—一二二二?），字武子。紹熙四年進士。慶元間知餘姚縣，調發民夫修補海堤四萬二千尺。遷紹興府通判，嘉泰二年除知盱眙軍。嘉定間，歷江淮發運判官，除淮東提舉。後罷歸家居，約卒於嘉定十五年前後。編著有《嘉泰會稽志》、《東坡先生年譜》，俱傳於世。事蹟見《宋史翼》卷二九。

是譜爲施氏父子合譜，將載籍中可考之施氏父子事蹟，匯聚成編，搜輯之功，可謂勤至。惟譜中編年偶有疏略，如謂元之卒於淳熙元年，而據鄧廣銘《辛稼軒年譜》考證，辛彈劾元之在淳熙三年，則元之之卒，必在三年以後。

宋槧《施註蘇詩》，久爲藝林稱重，與世綵堂《韓》、《柳》二集媲美。自商丘重刻，多所芟改，於是天水殘卷，益爲藏書家珍祕。余曩年得測海樓舊藏無名氏校本，乃據景定修補本校改，惜僅改異文，未標行格。今年始獲覩翁蘇齋所藏嘉定本二十冊，每冊首尾，題識殆遍。既竭三旬之力，覆勘一過，並錄諸家之題，庋之篋衍，自謂寠人得徑寸珠矣。惟猶有憾者，自宋迄今，致力於是書者或校或補，與夫考證題跋，無慮數十家，而於施氏父子之事蹟莫能詳悉。所引者惟《直齋書錄解題》與《癸辛雜識》數行，知元之以進士官司諫，及其子宿爲淮東倉司，以刻《蘇詩》被劾去官而已。嗚呼！讀其書不知其人，可乎！爰檢南宋人文集洎郡邑志，輯其行事，撰爲一卷。蓋父子相繼爲江浙循吏逾二十年，其豐功偉績，百世可祀，吾民之蒙其遺澤者深矣。即以刻書論，若《五代會要》、《五代通》、《新儀象法要》、《滄浪集》、《學易集》皆賴以刊布，不僅《蘇詩》也。以收藏言，則墓田丙舍之石、定武《蘭亭》之帖，震燿千古，令人想望於無窮。以交遊言，則洪忠宣父子、趙昌父、孫燭湖、樓宣獻、陸放翁以及黨禁諸賢，皆爲莫逆。世所盛傳康伯可「鬱孤臺上立多時」，羅鄂州「秋宇涼如水」諸闋，皆與元之接席同賦。其客如此，主可知矣。而其遺文湮沒，不少概見，何哉！以余荒陋，僅能識其大略。世有宏博，當能網羅其遺著，表章其事功，然後知《蘇詩》之註僅施氏餘事而已。庚辰除夕。

宋高宗紹興二十四年甲戌

施元之登張孝祥榜進士。

《癸辛雜識》：施宿，湖州長興人。父元之，紹興張榜。

《湖州府志》：施元之字德初，長興人，紹興二十四年進士。

《夷堅丙志》：吳興施德初□□□□□□□□□□公廟夢□□□□□□□□□□□□角合一箇，言曰，相□□□□□□□乃骰子六枚，皆成四采。揭□□至第三板，見施姓者，湖州長興人，而缺其名。疑問之。曰，「此是矣。」明日以語同舍，皆賀吉夢。曰，「子及第，必居高甲，且爲博士。骰子者，博具也。」別一人往來窗外，應聲曰，「夢非今日事，其應尚遠。」施頗不樂，出外視之，無一人焉。已而，京城亂，歸故鄉，家間多故，不復就舉。後三十年而德初登科，以掌團司牋表，刊名正在第三板。時官年恰二十四，當紹興二十四年。始盡悟骰子六□□□□□□□□未告下缺

按：元之生年無考，據《夷堅志》謂初應舉尚在前此三十年，則當生崇寧、大觀時矣。

是年，孫應時生。趙蕃、詹體仁十二歲。杜穎十三歲。袁說友、辛棄疾十五歲。樓鑰、張祖順十八歲。羅願十九歲。王厚之二十四歲。朱熹二十五歲。陳騤二十七歲。陸游三十歲。洪邁三十二歲。洪遵三十五歲。洪适三十八歲。李燾四十一歲。

紹興二十五年乙亥

是年，洪皓卒，年六十八歲。

孝宗隆興元年癸未

是年，樓鑰、陳讜舉進士。

隆興二年甲申

夏六月十七日，施宿生。

《癸辛雜識》：施宿字武子，湖州長興人。父元之。

董斯張《石鼓文跋》：予按《春秋》季孫宿謚武子，施不應以權奸之謚爲字也。葛稚川云「人生值文宿則文，値武宿則武」，施之命名本此。古星宿及宿夜之宿原一字兩音，今人以宿、宿二字別之，殊誤。

按：元之初應試於靖康之末，歷三十年而登科，又十年而生宿，計其年當在六十左右矣。

是年，洪适以太常少卿權直學士院。九月，除中書舍人，內直如故。十二月，假禮部尙書，充賀金生辰使。

乾道元年乙酉

元之除左文林郎，主管尙書戶部架閣文字。

見《盤州集》。

《宋史·職官志》：六部架閣，主管架閣庫，掌儲藏賬籍文案以備用。擇選人有時望者爲之，以主管尙書某部架閣庫爲名。

《咸淳臨安志》行在所録：六部架閣在天水院橋，紹興三年置庫。十五年，復置官四人，又治其棟宇而新之。禮兵主管周紫芝爲記，曰：「朝廷自罷兵以來，祖宗典禮，一切蒐講，靡有闕遺。至於百官有司，莫不具舉，下至架閣之職，亦修其廢官而復其舊制，駸駸乎其嚮於太平矣。」

洪适回都轉官，奏狀辭免。夏五月，除翰林學士，舉元之自代。

洪适《舉自代奏狀》：「今月一日，准告授前件職。準令節文，諸侍從官授訖三日內舉官一員自代者。臣伏覩左文林郎、主管尚書戶部架閣文字施元之，學問該洽，文采清新，使居英俊之躔，可備翰墨之選。舉以爲代，實允公言。」

《宋史·職官志》：翰林學士掌制誥詔令撰述之事，凡宮禁所用文詞皆掌之。乘輿行幸則侍從以備顧問，有獻納則請對，仍不隔班。凡初命爲學士，皆遣使就第，宣詔旨召入院，上日敕設會從官，宥以樂。凡他官入院，未除學士，謂之直院。學士俱闕，他官暫行院中文書，謂之權直。

宿二歲。

乾道二年丙戌

春二月，元之除祕書省正字。見《中興館閣録》。故事：御試唱名日，祕書丞至正字，升殿侍立。見《宋史·職官志》。三月丁卯，賜禮部進士蕭國梁以下四百九十三人及第出身，見《宋史·孝宗紀》。新安羅願預焉。

按：羅願祭文：「我晚進而睎公，蓋爵齒之不論。當龍飛而對策，公實奏乎嚴宸。」指此。

《宋史·藝文志》：高宗移蹕臨安，乃建祕書省於國史院之右。搜訪遺闕，優獻書之賞。於是四方之藏稍稍復出，館閣編輯，日益以富。

《中興館閣録》：紹興十四年六月，遷新建祕書省在清河坊糯米倉巷西懷慶坊。東西三十八步，南北二百步。

《咸淳臨安志》行在所録：祕書省在天井坊之左。十四年七月，車駕臨幸，召羣臣觀累朝御書御製書畫古器等。省官遷秩有差。

《宋史·職官志》：祕書省校書郎四人、正字二人，掌校讎典籍，判正訛謬。宣和四年，校書郎二員、正字四員。渡江後，校書、正字各二員。續又參酌舊制，校書郎、正字召試學士院而後命之。

錢大昕《廿二史考異》：《麟臺故事》：元豐改官制，罷三館職事，歸之於祕書省，其官曰監，曰少監，曰丞，曰祕書郎，曰著作佐郎，曰校書，曰正字。自丞郎以下，皆爲館職。若元豐以前，校書、正字、著作但爲虛銜，其秩甚卑，州郡幕僚與知縣皆得帶之，非若後來之清要也。

三月，罷祕書省正字。見《中興館閣録》。尋除樞密院編修官。

按：元之除是官以非館職，故不載《館閣録》中，年月無稽。惟王懋竑《朱子年譜》云：「乾道三年十二月，至自潭州。是月，除樞密院編修官待次。」註：「用執政陳俊卿、劉珙薦，替施元之闕。」則知元之之除是官，在罷祕書省正字後也。

《宋史·職官志》：樞密院掌軍國機務兵防邊備戎馬之政令，出納密命以佐邦治，凡侍衛諸班直內外禁兵招募閱試遷補屯戍賞罰之事皆掌之。編修官隨事置，無定員。熙寧三年，以王存、顧寧等同編修《經武要略》，並删定諸房例册。紹興置編修官二員，監三省樞密院門。

《咸淳臨安志》行在所録：樞密院在和寧門北，舊顯寧寺，紹興二十七年建都堂，堂上列詔令御製御書石刻。今院在都堂東，止爲樞屬列曹之所。淳熙十三年，檢詳楊萬里記題名曰：「樞密之屬，曰都承旨，副都承旨，曰檢詳，曰編修。中興損益至今日，都承旨、檢詳各一員，編修二員，蓋六十年矣。」嘉定六年，將作監兼副都承旨胡榘續記曰：「樞密之屬本兵枋，故自使至僉書，文武參用，雖都、副承旨爲之屬，亦然。所以隨時制置之意深矣。其次則檢詳之職掌考核文書，編修之職掌删潤時政，故專用文臣。至於叶贊帷籌，與聞朝論，其責一也。紹興初，都、副承旨爲清望官，檢詳則位視檢正，編修則位次檢詳。此樞屬之大凡也。」

宿三歲。

是年十月，洪适以觀文殿學士、左通奉大夫知紹興府、浙東安撫使。倪思舉進士。

乾道三年丁亥

冬十二月，新安朱熹至自潭州，除樞密院編修官，替施元之闕，待次。見王懋竑《朱子年譜》。

按：待次謂闕尚遠也。

是年正月，洪适刻自著《隸釋》二十七卷及王充《論衡》於越中。見《盤洲集》。

宿四歲。

乾道四年戊子

洪适既刻《隸釋》，復訪求闕遺，其續有得者，刻爲《隸續》十卷。卷三所收《嚴訢碑》，即元之所贈也。

《隸續·嚴訢碑跋》：「長興施元之德初既見《隸釋》，博求闕遺，轉搨此碑以贈我。句中有脱字者，俟見石本當正之。」按《嚴訢碑》政和中出於下邳，至是五十餘年矣。

是年洪适又刻元微之《長慶集》六十卷於紹興郡齋。

宿五歲。

乾道五年己丑

夏五月，元之因磨勘改官，别行注授。

王懋竑《朱子年譜》：「乾道五年夏五月，省劄再趣就職，再辭。」注：「樞密院編修官施元之因磨勘改官，别行注授，省劄催促前來供職。」

除祕書省著作佐郎。見《中興館閣録》。

《宋史·職官志》：祕書省著作郎一人，著作佐郎二人。日歷所隸祕書省，以著作郎、著作佐郎掌之，以宰執時政記、左右史起居注所書，會集修撰，爲一代之典。宣和二年，詔著作佐郎專管修纂日歷之事。

《中興館閣録》：祕書省大門内爲右文殿，殿後爲祕閣，安奉會要、日歷、御製御札等。閣後道山堂，藏祕閣四庫書目。石渠在祕閣後，道山堂前。堂東西，監、少監居之。東西廊，大監、少監位之，祕書丞郎及館職分居之。館職位前，各設校讎式牌。國史日歷所在道山堂之東，中有儀門。又北爲國史庫，内藏日歷、時正記、起居注等文字。庫兩旁設小牌，曰「非本所官吏如輒上入，準漏泄法。」著作郎、著作佐郎分居於其次，位前設修書式牌。

撰「北蜡」七曲。

《中興館閣録》：先是，四年十月十一日，禮部員外郎李燾奏乞舉行嶽、鎮、海、瀆、先農、先蠶、風師、雨師、雷神，並復舊典樂章，報祕書省修撰。有旨從之。於是著作佐郎劉季裴撰「立春祀東方嶽鎮海瀆」七曲，校書郎劉焞撰「風師」六曲，祕書郎季木撰「孟春祀先農」七曲，著作佐郎季遠撰「季春祀先蠶」六曲，校書郎詹亢宗撰「立夏祀南方嶽鎮海瀆」九曲，校書郎員興宗撰「雨師雷神」七曲，祕書丞唐孚撰「季夏祀中嶽中鎮」七曲，正字陳騤撰「立秋祀西方嶽鎮海瀆」九曲，正字楊興宗撰「立冬祀北方嶽鎮海瀆」九曲，正字蕭國梁撰「臘前百祭南蜡」七曲，著作佐郎施元之撰「北蜡」七曲。

按：《宋史·樂志》：十二蜡祭樂章，紹興以後四十二首。東方百神十四首，西方百神十四首，其第二十九首、三十六首以下爲南方百神、北方百神。樂章即《南蜡》七曲、《北蜡》七曲也。

冬十月，除起居舍人。見《中興館閣録》。

趙蕃寄餞詩：「昔公立螭坳，秉筆罔不書。」指此。

《宋史·職官志》：門下省起居郎一人，掌記天子言動。御殿則侍立，行幸則從，大朝會則與起居舍人對立於殿下螭首之側。凡朝廷命令赦宥、禮樂法度損益因革、賞罰勸懲、羣臣進對、文武臣除授、及祭祀宴享、臨幸引見之事、四時氣候、四方符瑞、户口增減、州縣廢置皆書，以授著作官。國朝舊置起居院，命三館校理以上修起居注。熙寧四年，詔諫官兼修注者因後殿侍立許奏事。元豐二年，兼修注王存乞復起居郎舍人之職，使得盡聞明天子德音，退而書之。神宗亦謂人臣奏對有頗僻讒慝者，若左右有史官書之，則無所肆其姦矣。然未果行。故事：左右史雖日侍立，而欲奏事，必禀中書俟旨。存因對及之。八月，乃詔雖不兼諫職，許直前奏事。蓋存發之也。官制行，改修注爲郎舍人。先是，御後殿則左右史分日侍立。崇寧三年，詔如前殿之儀，更不分日。紹興二十八年，用起居郎洪遵言，起居郎、舍人自今後許依講讀官奏事。隆興元年，用起居郎兼侍講胡銓言，前殿依後殿輪左右史侍立。

中書省起居舍人一人，掌同門下省起居郎。侍立修注官，元豐前以起居郎、舍人寄（録）〔禄〕，而更命他官領其事，謂之同修起居注。官制行，以郎、舍人爲職任。淳熙十五年，羅點自户部員外郎爲起居舍人，避其祖諱，乃以爲太常（太）〔少〕卿，兼侍立修注官。其後兩史或闕而用資淺者，則降旨以某人權侍立修注官。

《咸淳臨安志》行在所録：中書門下後省在樞密院都堂西。

十一月，兼國史院編修官。見《中興館閣録》。

《宋史·職官志》：紹興二十八年，詔修神宗、哲宗、徽宗三朝正史，復置國史院，以宰臣監修，侍從官兼同修，餘官充編修。明年，置修國史、同修國史，共二員。編修官二員。乾道四年，修欽宗正史，以右僕射蔣芾提舉四朝國史，詔增置編修官二員。續又增置二員。

《咸淳臨安志》行在所録：國史院在祕書省右文殿東，提舉廳在殿西。

《中興館閣録》：國史院在省門内之東，大門西向，一間正廳，南向三間，廳後過廊二間。堂三間，爲提舉官過局之所。堂東四間，修國史、同修國史分居之；堂西四間，三間修國史、同修國史分居之，一間爲供給庫。廳東西四間，編修官分居之。廳堂前後皆有瓦凉棚三間，棚前植冬青九，水缸七環之。東廊十四間，西廊九間，内三間爲編修官位。

尋除左司諫。見《中興館閣録》。故事：諫官之職，凡發令舉事有不便於時，不合於道者，大則廷議，小則上封。見《宋史·職官志》孫覺奏。緜是，極意諷議，殆無虛日。

趙蕃寄餞詩：「及乎上諫坡，議論無日虛。」羅願祭文：「歷著廷與諫省，久聲名之在人。」均指此。

《宋史·職官志》：門下省左散騎常侍、左諫議大夫、左司諫、左正言，同掌諫院諷諭。凡朝政闕失，大臣至百官任非其人，三省至百司事有違失，皆得諫正。國初雖置諫院，知院官凡六人，以司諫、正言充職，而他官領者謂之知諫院。正言、司諫亦有領他職而不與諫諍者。官制行，始皆正名。中書省右散騎常侍、右諫議大夫、右司諫、右正言，與門下省同。但左屬門下，右屬中書，皆附兩省班籍，通謂之兩省官。

錢大昕《廿二史考異》：司諫、正言即唐之補闕、拾遺也。宋初亦沿其名。端拱元年二月，改補闕爲司諫，拾遺爲正言。

《潛確類書》：宋雍熙四年，改補闕爲左、右司諫，拾遺爲左、右正言。是時太宗欲令諫官修職，故詔改其（言）〔官〕，詔有云：諫議大夫、司諫、正言咸預軒陛之列，共爲耳目之官。

《咸淳臨安志》行在所録：諫院在後省之西。紹興元年，右司諫方孟卿言，諫官自來於中書門下省置聽事，蓋兩省朝廷政令所自出，祖宗以諫官居之，不無深意。詔候移蹕臨安，於都堂相近置局。

宿六歲。

乾道六年庚寅

元之罷左司諫官。未幾，復擢用。

趙蕃寄餞詩：「直言有不讎，柴桑念歸與。高卧屬幾日，朱旛起閭閻。」指此。

秋九月壬寅，以左宣教郎權發遣衢州軍州，主管學事並管內勸農事。見《宋史全文》、《衢州府志》及《五代會要跋》。

《宋史·職官志》：宋初，分命朝臣出守列郡號權知軍州事。軍謂兵，州謂民政焉。其後諸府置知府事一人，州軍監亦如之，掌總理郡政，宣布條教，歲時勸課農桑。旌別孝悌，其賦役錢穀獄訟之事，兵民之事，皆總焉。凡法令條制，悉意奉行以率所屬。有赦宥，則以時宣讀而班告于治境。舉行祀典，察羣吏德義材能而保任之，若疲耎不任事或姦貪冒法，則案劾以聞。遇水旱，以法振濟，安集流亡，無使失所。凡屬縣之事皆總焉。紹興五年，以守令皆帶勸農公事，多不奉職，令自今有治效顯著者，中書省籍記姓名，時加擢用。十三年，詔依舊制帶提舉或主管學事。又提舉學事司掌一路州縣學政，歲巡所部以察師儒之優劣，生員之勤惰，而專舉刺之事。

《宋史·地理志》：衢州，上，信安郡軍事，縣五：西安、禮賢、龍游、信安、開化。禮賢本江山縣，南渡後改。信安本常山縣，咸淳三年改。太平興國六年，升開化場爲開化縣。

又《職官志》：文散官二十九，宣德郎正七。宣教郎元豐本宣德，政和避宣德門改。

《齊東野語》：紹興以文散階皆有左、右字，以別有無出身。惟嘗犯贓者則去之。劉季高得罪秦氏，坐贓廢，後復去其左字，季高署銜，不以爲愧也。

錢大昕《廿二史考異》：宋時外任差遣，資淺者加「權」字，尤淺者則稱「權發遣某官公事」。史家皆略而不言，惟石刻一一言之。

進對，論用人責小過太詳。上曰：「今日之弊正在此。」見《宋史全文》。

《宋史全文》註：臣留正等曰：「用人之道，取其長者必護其短，其大節苟可稱，則其細故雖略焉可也。觀守臣論用人責小過之失，而壽皇灼知爲今日之弊，聖謨洋洋，如天覆物。人才之在天下，孰非可用者乎！」

《宋史·職官志》：紹興五年，凡從官出知郡者，特許不避本貫。初除授見闕及自外罷任赴闕，並令引見上殿。

按《宋史全文》乾道四年九月癸未，新差權發遣衢州劉風奏對。六年八月己酉，新權發遣衢州（朝）〔胡〕堅常進對，皆一時除授衢守之見闕者也。

既至衢州，一清條教，風俗具美。

趙蕃寄餞詩：「惟公治衢州，他郡蓋無是。豈惟條教清，坐見風俗美。」

於府城內建超覽堂，又爲亭曰月坡。

毛幵《超覽堂記》：郡跨龜峰之上，南山爲最近，反蔽於譙門之樓，昧然不快於心。太守吳興施公步過東山堂前，絶若堆阜，崛起數仞，上可容百人，椔翳之墟，蛇鼠之圃，因命翦而除焉。仰而望之，則萬峰闖然出於林木之杪，高者，下者，鄉者，背者，前者，卻者，銳者，平者，如游龍者，如色雲者，繚者如屏，峙者如壁，角秀爭雄，表裏呈露。乃若風雨晦明寒燠慘舒之變，俯仰萬殊，雖淵、雲之藻思，顧、陸之筆精，猶將應酬不暇，蓋古今之勝概盡於此矣。其下曠野平川，一俯千里。近則連抱之木，竦幹垂陰，庇映左右。乃作新之以爲觀遊，而其南爲延宇，植檻憑虛，層軒遡風，亢爽宏寬四達。既成，遂以超覽名之。其旁積壤成規，高可隱射，又爲亭曰月坡。不逮戶牖之間，几席之上，飄然若決浮雲，檝膠葛，搏扶搖而上征，而遊乎埃壒之外也。遂書以記之。

趙蕃《超覽堂詩》三首：「浙西水平遠，浙東山偃蹇。使君是中人，胸次極收卷。竚舟固佳處，超覽更勝踐。智匠一何深，天藏一何淺。」「爲州古云樂，今蓋異昔時。看公振規模，於古端似之。乃知用有餘，如體運四肢。苟能盡此道，天下何難治。」「我評信安士，無若捧檄孫。政如賣卜嚴，勢屈蜀郡尊。堂成爲公記，賓主不在言。更有夢得句，眞成壓璵璠。」

范成大《驂鸞錄》：乾道壬辰十二月七日，發吳郡。癸巳正月十三日，至衢州。十四日，前吏部尚書汪聖錫自玉山來，同赴郡守敷文閣待制張幾仲燈宴。是日乃立春。十七日，將發衢州，暫遊郡圃，登超覽堂，前守施元之德初所作，甚得登眺之勝。但恨小偏，與木相直，若右徙數丈，盡對諸山，乃佳。

按：范成大所記在作超覽堂後之第三年，時元之以秩滿入對，張幾仲繼其任。

又於城西邊立屋兩楹，名之曰風亭。時洪邁除知贛州，道出三衢，元之招飲其上。

洪邁《風亭記》：吳興施侯德初，登城西邊，立屋兩楹，而名之曰風亭。凡亭之見，遠則與山謀，近則與水謀。馮闌而左，萬室了吾目中。右顧悠然，村舂相應而漁榔響也。予爲寓客過焉，侯飲於其上，因記之。

洪邁嘗傳錄劉跂《學易集》二十卷，至是俾元之刻版。

《四庫全書總目》：《學易集》八卷，宋劉跂撰。跂字斯立，東光人，家於東平。尚書右僕射摯之子也。《宋史》附見《摯傳》。登元豐二年進士。晚作學易堂，鄉人稱爲學易先生。其集原本二十卷，陳振孫《書錄解題》謂最初李相之得於跂甥蔡瞻明，紹興中，洪邁傳於長樂官舍。後施元之刻版行世。《宣防宮賦》、《學易堂記》世尤傳誦。今元之舊刻，久無傳本。惟《永樂大典》載跂詩文頗多，依類編訂，釐爲八卷。

按：今本《直齋書録解題》無「最初李相之」以下三句。

宿七歲。

乾道七年辛卯

元之在衢州任。校刻王溥《五代會要》、范質《五代通》於郡齋。

自跋：國朝王文康公所纂《五代會要》三十卷，慶曆中文忠烈公帥蜀，嘗刻行之。兵興以後，久軼其傳。元之假守信安，得舊版于江陰以來，因併與范魯公所著《五代通》刻版寘郡。五季之事陋矣，亡足云者，然而前承唐餘，後訖宋興，其間五六十載，儀物章程，官名文法，因革損益之由，使後世有考者多見，此書其可廢乎！昔孔子之杞、宋，得夏時坤乾而取之，以其近於用也。是亦學士大夫之所宜知也。乾道七年三月旦日，左宣教郎、權發遣衢州軍州主管學事兼管內勸農事施元之書。

《四庫全書總目》：溥字齊物，并州人。漢乾祐中進士第一。檢尋舊史，條分件繫，撰《五代會要》三十卷。建隆初，與《唐會要》並進，詔藏史館。陳振孫《書録解題》：《五代通録》六十五卷，宰相昭文館大學士大名范質文素撰。亦以實録繁冗，節略而成是書。

按：質封魯國公，見《宋史》。

作竚舟亭於西溪之上。

毛幵《竚舟亭記》：太守吳興施公元之治衢，明年作亭西溪之上。既成，請以竚舟爲名而記之。

龍游宰張祖順來謁，賞其剛果，特薦之。

樓鑰《知梅州張君墓誌銘》：龍游爲浙東壯縣，號難治。四明張和卿由袁州萬載尉以捕盜賞，改右承務郎，年壯氣鋭，往爲之宰。既至謁廟，以廉勤公平自誓，聞者竦然。初謁太守司諫施公元之，迎謂曰：「邑大未易治。」蓋以君年少也。君曰：「正恐上官以爲易。今知其難，則可爲矣。」守待寮屬嚴，一日令賦外別輸。四令奉命維謹，按：四令謂西安、禮賢、信安、開化，與龍游並隸衢州。君獨爭曰：「使某左枝右梧，月獻緡錢千計，未爲甚難。如貽患後人何！」守盛怒，君辭益堅，且曰：「寧棄官以歸，已束裝矣。」守曰：「試子爾，乃能剛果如此。」更薦之。後日書問如待子姓，家事亦或咨謀焉。白革湖鎮當水陸之衝，戍兵經由，不翅寇盜，莫敢誰何。君白帥府以軍法齊之，無敢譁者。治行流聞四遠，帥憲具績效奏聞，有旨候任滿赴都堂審察。淳熙初元，既造朝，幹辦行在諸軍審計司，俄改差權發遣均州。

按：《宋史·職官志》，乾道以後，縣令以三年爲任。和卿以淳熙初元造朝，逆推之，知宰龍游正在是年。

又按：宋制，朝臣出守列郡，號權知軍州事。軍謂兵，州謂民政。樓鑰文所稱帥府、帥憲，當即指元之言。

秋七月，江西饑，玉山大旱，輸衢粟以濟之。

《宋史全文》：乾道七年秋七月，江西饑。趙蕃寄餞詩：「去歲旱無收，閭里欲驚惶。匪藉衢粟輸，烏能免流亡。」自注：「去年玉山大旱，賴衢粟以濟。」

按：《宋史·地理志》：玉山隸江南西路信州。蕃爲信之玉山人，故云。

宿八歲。

乾道八年壬辰

元之在衢州任。秋九月，校刻蘇頌《新儀象法要》三卷。

錢曾《讀書敏求記》：《新儀象法要》三卷，前列蘇頌《進儀象狀》。卷終二行云：「乾道壬辰九月九日，吳興施元之刻本于三衢坐嘯齋。」

《四庫全書總目》：是書爲重修渾儀而作，事在元祐間。時别製渾儀，命頌提舉。頌既邃於律算，以吏部令史韓公廉有巧思，奏用之，授以古法。爲臺三層，上設渾儀，中設渾象，下設司辰，貫以一機。激水轉輪，不假人力，時至刻臨，則司辰出告星辰躔度所次，占候測驗，不差晷刻。晝夜晦明，皆可推見。前此未有也。書首列進狀一首，上卷自渾儀至水趺共十七圖，中卷自渾象至冬至曉中星圖共十八圖，下卷自儀象臺至渾儀圭表共二十五圖。圖後各有説。蓋當時奉敕撰進者。其列璣衡制度，候視法式，甚爲詳悉。卷末天運輪等四圖，及各條所附一本云云，皆元之據别本補入，校核殊精。

又注嚴羽《滄浪集》，刻之。

蔣心餘詩：向聞《滄浪集》，亦出元之注。鏤板三衢間，漶滅落何處。

冬，元之除浙西提刑。趙蕃自贛縣道中以詩寄餞。

趙蕃《施衢州除浙西提刑以詩寄餞》三首：「昔公立螭坳，秉筆罔不書。及乎上諫坡，論議無日虚。直言有不讎，柴桑念歸與。高卧屬幾日，朱幡起閭閻。政成合入奏，返直承明廬。如何更持節，未便經綸攄。上心豈無謂，勞公重皇居。吏惡必翦刈，士良必吹噓。此是宰相事，於公定何如。」「六飛駐吴中，地實三輔比。擇守固甚艱，况於部刺史。惟公治衢州，他郡蓋無是。豈惟條教清，坐見風俗美。邦畿四方本，王化所自始。俾公按連城，此責亦重矣。繡衣非古官，漢乃有直指。于今盜賊清，所繫獄事爾。讞議苟以平，遺功孫若子。」「我客懷玉山，有如梓與桑。地故隸江東，與衢蓋鄰疆。自公剖符來，亦既閱雨霜。非惟衢人安，我民亦小康。去年旱無收，閭里欲驚惶。匪藉衢粟輸，烏能免流亡。嗣聞被災郡，誅賞率亦當。况於惠比境，於今見何嘗。事雖鬱上聞，我民不公忘。」

《宋史·地理志》：南渡後，分臨安、平江、鎮江、嘉興四府，安吉、常、嚴三州，江陰一軍，爲浙西路。紹興、慶元、瑞安三府，婺、台、衢、處四州，爲浙東路。

又《職官志》：提刑提點刑獄公事，掌察所部之獄訟而平其曲直。所至審問囚徒，詳覆案牘，凡禁繫淹延而不决，盜竊逋竄而不獲，皆劾以聞。及舉刺官吏之事。紹興初，兩浙路以疆封闊遠，差提刑二員。淮南東路罷提刑，令提舉茶鹽官兼領。蓋因事之煩簡而損益焉。乾道八年，用臣僚言，諸路經總制錢併委提點刑獄官督責。

按：《宋史·職官志》，紹興九年詔守臣以二年爲任。元之由衢守除提刑，當在是年。又按：趙蕃詩在《淳熙稿》卷三，次《九月晦日》詩及《贛縣道中》詩之後，知時屆初冬矣。

是年，羅願以主管台州崇道觀除通判贛州事，遄攝州事。見曹涇《鄂州羅公傳》及王禕《鄂州小集序》。

按：羅願《書劉子和行狀後》云：「始願佐贛州，在學之士一見而退，無數造吾之屏者。間攝州事，無至吾之庭者。願素聞教授劉君靖之之賢，意有以勸率之。問之而信。」又云：「願到官兩月，君改秩當去。」據此，知攝州事與劉君改秩，皆到官兩月內事也。

又按：羅願攝贛州即繼洪邁任。考邁撰《縣東尉署記》署乾道八年十月二十九日，則去任當在十月以後。錢大昕撰《洪文敏公年譜》謂乾道八年至淳熙元年當在贛州任中，淳熙二年始改知建寧府，與《鄂州集》所載不合。俟考。

是年五月，洪邁以所撰《夷堅乙志》會稽本別刻於贛。

宿九歲。

乾道九年癸巳

元之在浙西提刑任。

是年，尤溪主簿杜穎官贛州觀察推官。見劉克莊《杜郎中墓志銘》。

洪遵刻《翰苑羣書》三卷於建康府任。

宿十歲。

淳熙元年甲午

夏，元之以浙西提刑除知贛州軍州事。通判羅願進見，酬倡相得。

羅願祭文：我晚進而睎公，蓋爵齒之不論。當龍飛而對策，公實奏乎嚴宸。辱眷緣其有在，眇會合以無因。後十載，予佐州，行中途之兟兟，望貢川之猶邈，知阻嶺而帶閩。謂師帥其孰宜，公適降乎明倫。奄十縣與三州，懍先聲之所震。我雖昧乎平生，公已察其忱恂。貢長牋而寫臆，乃數展而時呻。過國都而夸示，飽傳玩乎四鄰，恨答者之末工，退自出其瑰珍。曰予肱之三折，求子助而禔身。逮既接於色辭，近君子之光塵。公有懷而必盡，願無見而不申。朝發議於黄堂，磬民瘼而同詢。夕燕衎乎相求，粲藝文而雜陳。

《宋史·地理志》：贛州，上，本虔州南康郡昭信軍節度。大觀以後，歷有改置。紹興二十二年改今名。縣十：贛、虔化、興國、信豐、雩都、會昌、瑞金、石城、安遠、龍南。虔化，紹興二十二年改寧都。興國，太平興國中析贛縣之七鄉置。會昌，太平興國中析雩都六鄉於九州鎮置。龍南，宣和三年改虔南，紹興三十三年改龍南。

嘗亟於繩吏，推官杜穎諫止之，爲罷邏卒。

劉克莊《杜郎中墓誌銘》：諱穎，字清老，以祖澤爲尤溪主簿，歷贛州觀察推官。太守施司諫元之繩吏急，日緘片紙來，云：「某吏方游飲，亟簿錄其家。」公袖還之，曰：「罪由邏發，懼者衆矣。」施公矍然而罷邏卒。

羅願祭文：雖擿奸之似察，亦爲吏之終循。

贛兵數驕，小不如欲，輒跋扈。郡歲遣人戍九江，或怵以至則留不復返，衆遂反戈。訛言相驚，百姓恟懼。見《宋史·洪邁傳》。自洪邁鎮撫以來，寇攘雖除，民尚驚塵。及元之鈐江右，下擔設施，三軍盡喜。在任百日，尤多惠政。

羅願《送施司諫奉祠歸吳興詩》：屬者寇雖除，遺民尚驚塵。公來鈐江右，喜氣感三軍。下擔見施設，果蘇彫瘵羣。天姿夙已高，況復勇所聞。屬縣但期約，訟庭無放紛。村團不識吏，處處飽羹芹。生女戒勿怒，減輸勸其耘。惠術頗次第，歸心已鄉枌。

又祭文：閔棄孩之滅類，惡倍粟之傷民。

酌惠術以漸行，庶遠氓之可均。

是年六月，簽書樞密院事葉衡遷中大夫，除參知政事，入相。見《宋史·宰輔表》。力薦司農寺主簿、知滁州辛棄疾慷慨有大略。召見，遷倉部郎官，提點江西刑獄。平劇盜。見《宋史·辛棄疾傳》。秋，棄疾以私意劾元之，遂予奉祠。

《宋史·地理志》：江南西路，州六：洪、虔、吉、袁、撫、筠。軍四：興國、南安、臨江、建昌。縣四十九。南渡後，府一：隆興。州六：江、贛、吉、袁、撫、筠。軍四：興國、建昌、臨江、南安。爲西路。

《宋史·職官志》：宋制，設祠祿之官，以佚老優賢，經理時政。患疲老不任事者，欲悉罷之，乃使任宫觀以食其祿。紹興以來，月破供給。初將以撫安不調之人，末乃重僥求泛與之弊。於是復著爲定令以律之。皆於優厚之中，寓閒制之意。

元之既罷贛守，登鬱孤臺，與滑州康與之同讀蘇東坡詩，慨然有作。通判羅願和之。

康與之《訴衷情》詞「登鬱孤臺與施德初同讀坡詩作」：鬱孤臺上立多時。煙晚暮雲低。山川城郭良是，回首昔人非。

今古事，祇堪悲。此心知。一尊芳酒，慷慨悲歌，月墮人歸。

羅願《水調歌頭》詞《中秋和施司諫作》：秋宇淨如水，月鏡不安臺。鬱孤高處張樂，語笑脱氛埃。簷外白毫千丈，坐上銀河萬斛。心境兩佳哉。俯仰共清絕，底處着風雷。　問天公，邀月姊，媿凡才。婆娑人世，羞見蓬鬢漾金罍。來歲公歸何處，照耀彩衣簪橐。禁直且休催。一曲庾江上，千古繼韶陔。

按：元之註《蘇詩》，致力最深。惟何年寫定，無明文可考。與康氏同讀者，當即此稿。

未幾，命舟歸吳興。推官杜穎護送其孥。

劉克莊《杜郎中墓誌銘》：在贛，辛提刑棄疾以私意劾贛守，郡僚皆恐，公俱受其薦。慨然曰：「施公深知我。」事之益謹。施公扁舟先發，公徐護送其孥而歸，舉牒於辛公。辛有愧色。

羅願《送贛州守施司諫奉祠歸吳興》詩：去國二千里，叱馭良已勤。到官一百日，啜菽念所欣。使君豈常流，早歲承華勛。蝸首有故步，天香帶餘熏。時清省諫紙，符竹亦再分。屬者寇雖除，遺民尚驚麏。公來鈐江右，喜氣感三軍。下擔見施設，果蘇彫瘵羣。天姿夙已高，況復勇所聞。屬縣但期約，訟庭無放紛，村團不識吏，處處飽虀芹。生女戒勿怒，減輸勸其耘。惠術頗次第，歸心已鄉枌。小子謬從師，頗嘗侍朝曛。從容進逢掖，慘澹立紅裙。中坐要娛客，所陳金石文。行裝遂如此，何以充棟棼。人事與天意，嗟予豈須云。來攜諫坡雨，去開崆山雲。多公能摧剛，聖處已策勳。行藏吾有命，所願不忘君。

秋杪，方擬赴闕入對，以疾卒於家(一)。

《宋史·職官志》：凡從官出知郡者，初除授見闕及自外罷任赴闕，並令引見上殿。

案：元之生卒年月無考，以羅願祭文參之，知卒在是年之秋。上推紹興甲戌登第，再前三十年應試汴京，則其時年當七十餘矣。

陸游《施註蘇詩序》：司諫以絕識博學名天下。

樓鑰《餘姚縣海隄記》：司諫用不盡其才，齎志而歿。

是月，通判羅願以任滿去。十一月，洪遵卒。年五十五。

宿十一歲。

淳熙二年乙未

春，羅願遣使來弔。

羅願《祭施司諫文》：嗟人生之相與，初豈論於故新。挾誠意以相求，亦安往而不親。公早歲而駿發，策高足乎要津。歷著廷與諫省，久聲名之在人。我晚進而睎公，蓋爵齒之不論。當龍飛而對策，公實奏乎嚴宸。辱奮緣其有在，眇會合以無因。後十載予佐州，行中途之兟兟，望貢川之猶邈，知阻嶺而帶閩。謂師帥其孰宜，公適降乎明倫。奄十縣與三州，懍先聲之所震。我雖昧乎平生，公已察其忱恂。貢長牋而寫臆，乃數展而時呻。過國都而夸示，飽傳玩乎四鄰。恨答者之未工，退自出其瑰珍。曰予肱之三折，求子助而褆身。逮既接於色辭，近君子之光塵。公有懷而必盡，願無見而不申。朝發議於黃堂，謦民瘼而同詢。夕燕衎乎相求，粲藝文而雜陳。閔棄孩之滅類，惡倍粟之傷民。酌惠術以漸行，庶遠氓之可均。雖擿姦之似察，抑爲吏之終循。登鬱孤而有慨，念謦膳之及晨。謇臨兮而不忍，意惻愴而傷神。曰去此其何難，惜吾佐之孔仁。惟明時之置守，立副貳以同寅。兩相得之罕逢，或越肝而膽秦。公天資之峻峙，氣高世而益振。晚託契於我曹，悲此意之殊辛。繼別佩於守符，庶人事之屈伸。方昕朝而入對，忽大夜以長窀。願官滿而東歸，厭江湖之漣淪。撰秋杪以造都，俄旅食其經春。恐贈弔之不時，起攬涕而霑巾。假健步以致哀，悵我生之長貧。寓千里於一杯，記始别如隔晨。死生異兮長辭，精爽在兮不泯。

是年三月，羅願歸新安。三月癸未，撰《新安志序》，自署郡人。四月十五，撰《城陽院五輪藏記》，自署州人。蓋家居時作。孫應時舉進士。

宿十二歲。

淳熙三年丙申，宿十三歲。

是年，洪适增改《隸釋》千有餘字，除去者數板。次子山陰令泌刊正之。任希夷舉進士。

淳熙四年丁酉，宿十四歲。

是年，成都守范成大增刻洪氏《隸續》四卷於郡齋。天台陳騤撰《中興館閣錄》十卷成。九月，越州餘姚縣大風雨，挾海濤敗隄二千五百六十餘丈。見《餘姚縣志》。

淳熙五年戊戌，宿十五歲。

是年，孫應時爲黄巖尉。眞德秀生。

淳熙六年己亥，宿十六歲。

是年二月，羅願差知南劍州，陛奏，孝宗大賞異。從臣亦交薦其才。乃改畀鄂州。見曹涇《羅公傳》。臺臣言民之厭差役久矣，臣願下明旨，凡民間願爲義役者聽，凡官吏撓敗者有罰，庶幾人樂就義，以成輯睦富厚之風。奏可。見孫應時《餘姚縣義役記》。紹興守李彥穎又增刻《隸續》五卷於郡齋。

淳熙七年庚子，宿十七歲。

是年，洪邁再刻《夷堅志》於建安。撰《容齋隨筆》成。秋，罷建寧郡守。錫山尤袤續刻《隸續》三卷於江東倉臺，輦板歸越。

淳熙八年辛丑，宿十八歲。

淳熙九年壬寅，宿十九歲。

是年，崑山龔明之撰《東吳紀聞》成。按是書有記施元之父子及續景夔註《蘇詩》事。

淳熙十年癸卯，宿二十歲。

是年，李燾卒，年七十。

淳熙十一年甲辰，宿二十一歲。

是年二月，洪适卒。年六十八。七月，鄂州守羅願卒。年四十九。通判劉淸之編刻《鄂州小集》五卷於郡齋。

洪邁起知婺州。尋遷敷文閣待制。史忠定王延孫應時講道東湖。

淳熙十二年乙巳，宿二十二歲。

是年，洪邁自婺州內召。自刻《史記法語》於婺州郡齋。

十月，孫應時官泰州海陵丞。

淳熙十三年丙午，宿二十三歲。

是年，洪邁除翰林學士，知制誥。兼修國史。婺州刻《經子法語》二十四卷成。

淳熙十四年丁未，宿二十四歲。

淳熙十五年戊申，宿二十五歲。

是年四月，洪邁除敷文閣直學士，出知鎭江府。九月，改除知太平府。孫應時丁父憂，聚徒講學。

淳熙十六年己酉，宿二十六歲。

光宗紹熙元年庚戌，宿二十七歲。

是年二月，洪邁進煥章閣學士，出知紹興府。張嗣古舉進士。

紹熙二年辛亥，宿二十八歲。

是年，洪邁以端明殿學士致仕歸鄱陽。選刻《唐人萬首絕句》成。孫應時爲嚴州遂安令。

紹熙三年壬子，宿二十九歲。

是年，孫應時居蜀帥丘崈幕。

紹熙四年癸丑，宿三十歲。

夏五月，登陳亮榜進士。見《長興縣志》。

《宋史·光宗紀》：四年五月己巳，賜禮部進士陳亮以下三百九十六人及第出身。

紹熙五年甲寅，宿三十一歲。

是年七月乙亥，風濤壞餘姚海隄及西部三塘，故隄蕩盡。見《餘姚縣志》。孫應時自蜀歸餘姚。

寧宗慶元元年乙卯，宿三十二歲。

初仕監丞。

孫應時有《與施監丞書》，作於慶元二年。

《宋史·職官志》：淳熙四年，始定遷秩之制。凡制舉進士九經出身者，校書郎、正字、寺監主簿、助教，並轉大理評事，轉本寺丞。仕太祝奉禮郎者，轉諸寺監丞。諸寺監丞轉著作佐郎，或特遷太子中允。祕書郎由大理寺丞轉殿中丞，由著作佐郎轉祕書監丞。

按：宋制自祕書丞、殿中丞外，太常寺至太府寺，國子監至司天監，並各有丞。諸寺丞異諸監丞，諸監丞又異祕書監丞。宿之監丞不可考，惟《越郡仁濱譜》稱「少府公宿」，則所官殆爲少府監丞。

是年，宿壻章良朋官旌德尉。

慶元二年丙辰，宿三十三歲。

春，知越州餘姚縣事，與孫應時定交。逾月，應時出爲常熟令。

孫應時《餘姚縣義役記》：慶元二年，吳興施侯下車。

《嘉泰會稽志》：望餘姚縣。

《宋史·選舉志》：天下縣以四千户以上爲望，三千户以上爲緊，二千户以上爲上，千户以上爲中，不滿千户爲下。自是注擬以爲資叙。詮選之制：進士、制舉三選，望縣令；九經四選，緊上縣令；五經、三禮、三傳、三史、通禮、明法五選，中縣令；六選，下縣令。紹興三年，命吏部注授縣令，惟用合格之人。五年，建議者請詔監司郡守條上劇邑，遴選清平廉察之人爲之。

又《職官志》：縣令掌總治民政，勸理農桑，平決獄訟。有德澤禁令則宣布於治境。凡户口賦役錢穀振濟給納之事皆掌之。以時造户版及催理二税。有水旱則有災傷之訴，以分數蠲免。民以水旱流亡，則撫存安集之，無使失業。有孝弟行義聞於鄉閭者，激勸以勵風俗。邑大事煩，則堂除，仍備〔借〕緋章服。嚴差出之禁。任滿有政績，則與升擢。乾道以後，定以三年爲任。

孫應時《與施監丞書》：比者兩得進見，蒙開懷款請，使人沛然滿飽。語別半月，美政之聲洋洋盈耳。父老奉迎，舉手相賀，鄉邑幸甚。某自鄞還家數日，更數日當奉親就道，過復上謁，請教而西。

按：孫應時是年出知常熟縣事。《燭湖集·上晦翁朱先生書第十一》有云：「新年尊壽正七十，實爲大慶。某爲親從祿，於茲三年。此去一甲子，當受代。倘遂善去，爲宏多矣。」考晦翁年七十，爲慶元五年，孫氏於是年四月受代。上推到任之期，當爲慶元二年四月。施宿官餘姚時，孫氏猶在里中。其云「兩得進見，開懷款語」，乃宿初到官時。其云「奉親就道，請教而西」，則孫氏將赴常熟時也。據此，則宿官餘姚當爲應時官常熟之前一月。

下車伊始，首勸義役。邑龍泉鄉民茅宗愈捐田爲倡，孫應時尤贊助之。遂漸次及於通邑。

孫應時《與施監丞書》：年來所至，民物彫瘁，役戶絶稀，惟義役略可救之。然議者多不主此說，未識仁侯以爲何如。某居鄉，每輒以此勸鄰曲，而不敢強。今所居一都，稍稍樂從，漸欲就緒。且推一名徐宗廣者抵替見役保副。截至三月旦爲始，敢爲封納其狀，且令桯拜庭下。其餘保正及税長名次，一面排結，當以面呈。倘可領略，仍稍示主張之意，益當有繼爲之者。田里小安，風俗厚矣。非恃仁侯在上，亦何緣敢率易及此。若其可否，更聽（才）〔裁〕酌，尤不敢必也。

又《餘姚縣義役記》：昔在我孝宗皇帝，臨御久長，勤求民瘼。嘉謨日聞，命出惟允。數咨役法之弊，多所更定。乃淳熙六年春二月，臺臣有言，民之厭於差役久矣。間者，所在郡縣，父老或相與謀。率金市田，以爲義役。行之有年，豪宗大姓，無復仇訟，而驩然相親。中家儒民，免於蕩析，而安土樂業，其效甚美。唯是姦胥猾吏無以弄權取貲，嗛羣不逞專欲沮敗。陛下明聖，幸知義役之便，已敕諸道勸民舉行，德至渥也。臣願復下明旨，凡民間願爲義役者聽，凡官吏撓敗者有罰，庶幾人樂就義，以成輯睦富厚之風。奏可。原注：《宋史·食貨志》：義役起於乾道五年處州松陽縣，自是隨處推行。而此淳熙六年臺臣之奏，以行之未久即廢，故有此奏。當是時，部使者郡縣奉旨從事，民既翕然丕應。然縣令長吏誠意有至有不至，則亦或從或否，或以成而隨廢，其維持至今，歌詠不衰者，四方猶多有之。餘姚，越之名區也。遠則帝舜氏之餘子所封，猶有歷山遯畔之遺迹。在漢則嚴子陵之故鄉，其風烈未泯也。故其士廉以厚，其民淳以勤，勸之以義，實易於他邑。然義役之行，惟吾邑最先廢，則以胥吏害之，猶如議臣所云。慶元二年，吳興施侯下車，按故籍，或連數都無正長名氏，而訟役者往往皆歷歲未決。喟然曰：「皋陵政令，炳如日星，宜法萬世。矧玆未遠，曷敢不承？且夫民貧訟滋，公私交病若是，非義役其安出！」於是有龍泉鄉之二都首以爲請，侯欣然許之。里民白事，溫顏賞勞，爲明其約束，寬其期會，省其追胥，而優其社田之征賦。吏若民或從旁以計搖之，輒斥。未幾，遠近競勸。比三年，通邑十五鄉而就義役者十三鄉矣。侯一撫之如初，則爲總其規式，參其得失，同其戒禁，異其物宜，定爲正長之名次，及某歲月，周而復始。以至於死生、貧富、水旱、豐凶、升降、損益之變。稽謀於衆，具有成約。不留一隙，以啓後姦。籍而上之於府，於外臺，庋而藏之於縣廡，於鄉校，俾民異日有恃無恐。猶懼其軼也，又刊其凡目使戶知之。噫！侯之誠心慮民，極至於此，眞不負皋陵勸令之本旨。推此心也，雖古之法度，其宏闊精密，舉後世以爲難者，猶將可復，獨義役哉！義役告成，邑民大和，天人叶應，年穀善熟，輯睦富厚，厥有休緒。歲時里社，舉酒相屬，皆曰天惠我侯，使我登玆。今侯去矣，誰其繼之。其繼惟人，其信惟書。嗟我子孫，無忘厥初。則使來請記於某。某亦邑民也，嘗贊成侯之初議，頗復効侯以勸常熟。而條貫靡竟，遠不逮侯，故因備著侯事，私志其愧云。侯名宿，字武子，其爲邑興利除害之績甚衆，則未能併書也，

又《茅唐佐墓誌銘》：先時，里正多破業，仇訟不已。施侯宿爲縣，勸民義役，君喜曰：「吾素志也。」亟捐膏腴數十畝

倡之。博盡衆謀，畫爲要束，期於堅定永久。施侯特所嘆重，遂以爲一縣式。唐佐名宗愈。築海堤四萬二千餘尺。建海堤倉，用其租入隨時補葺，自是邑無海患。

樓鑰《餘姚縣海堤記》：餘姚爲紹興壯縣，岸大海者八鄉。分東西二部，綿地一百四十餘里。舊有長堤，蔽遮民田。孝義、龍泉、雲柯三鄉，沙漲土高，無風潮衝決之患。開元、東山、蘭風、梅川、上林五鄉，間有闕壞，實爲民憂。其東自雲柯而北，至於上林，爲二萬八千尺，慶曆七年縣令謝景初爲之，王文公記之。今自上林以及蘭風，四萬二千餘尺，慶元二年冬，知縣施君宿所築。其中有石堤四所，計五千七百尺者，又其所創建也。邑人求記於余。謝之曰：

「令尹之功力，固倍於前人，然前有文公之記，何敢爲第二碑？」請不已，則又曰：「文公之文不可及，姑以記今日之實則可爾。」余外祖汪公少師宣和中嘗爲是邑，修燭溪之湖，建承宣之亭。其後伯父、從兄皆嘗爲之。婦家王氏，自尙書而下四世寓邑中，熟知海堤之爲害，而近歲猶甚。大率歲起夫六千，夫役二十日，計工一十二萬，費緡錢萬有五千。夫力或不均，弊孔百出，故勞費如許，民力不堪，曾不足以支一歲，而又往往蕩去矣。施君始至，問民疾苦，咸以此爲大病。親往視之，詢究利害，乃得要領，選鄉豪之首，公直強幹爲人所信服者十五人，分地而共圖之。尉曹趙君伯威協力佽助，必欲集衆力以捍怒濤，謀久計，以蘇民瘼。承平時，提刑羅公適、知縣祕書丞牛君，嘗以石爲之，今既百年，舊迹遠在海塗中，則民田之侵多矣。先因修築，搜取塗中舊石，創築二千七百尺，用工二十萬三百六十，以蔽東部之田。惟西部三塘，以紹熙五年秋潮爲菑，故堤蕩盡，爲害甚酷。乃於謝家塘、王家塘、和尙塘三處度爲石堤，通計三千尺，尤當海水突怒之衝。鄉民趙明、釋子行球董其役。約費甚重，邑不足以供，列於府，於監司。提舉常平劉公誠之深主其說，首助穀三百斛，益勉爲之。凡所陳請，率應如響。通守王君介、幹辦公事王君柄，左右尤力。令得恃以展布。堤高一丈，石厚一尺爲一層，用石至三萬尺。縣出緡錢四千三百有奇，邑之士夫與其鄉人助三百萬，工力尤重，費猶未足也。茲事既成，則並海之田始盡可以無虞矣。前者惟知修築，弗思守護之策，隨補隨壞，迄無寧歲。況堤壞有漸，特人事有所未盡爾。冬而起夫，春始興役，因仍粗畢，姑以辦聞。日隳月損，無肯出力。蟻穴尤能潰堤，況秋至潮起，其壞必甚，亟科近堤民夫，爲之救捺，農事方殷，靑黃未接，安有財力以爲久計。今則四邑官分季臨視，廟山、三山兩寨官月遣十兵巡其上，鄉豪又伺察之。堤苟有闕，即以聞於邑，隨即補治。其視蕩然而後爲之者，豈不相萬萬哉！令猶以爲未也，謂不有以爲千百載之圖，終恐不足以繼，而前功寖隳矣。於是又議建一莊，約爲田二千畝，始得上林海沙田二百三十餘畝，又得東山汝仇湖外之地六百八十三畝，龍泉有桐木廢湖素不蓄水，得七百四十五畝，三者凡爲田一千六百六十八畝，皆出官司之相視，不妨公，不害民，收地之遺力，俱有水源以爲灌溉。募民耕墾，假以資糧，菑畬新地，皆成阡陌，得禾稼實利以助費。又將益求曠土，且以其收而歲增之，以足二千之數。築倉於縣酒務之西，專儲粟以備修堤之用。歲省重費，民遂息肩。浮土爲千金之堤，斥鹵化膏腴之地，傳之將來，利顧不溥哉！劉公又備邑人所請，奏之九重，白之廟堂及當路諸公，乞以此莊之田，依常平法，不許他用。仍禁官民戶之請，庶可經久。聖天子加惠田里，諸公相與維持其說，亟下俞音，曾不淹時，令率吏民祗拜明命，刻之堅珉，以詔後人。今之宰劇邑者，簿書期會，日不暇給，水利等事，遇有急闕，趣了目前。其至誠愛民，有不可解於心而才智足以行之，如施君者幾何人。施君，湖之長興人，實司諫之子。司諫用不盡其才，齎志而歿，君能世其家。下車以來，百廢俱興，飾以儒雅。整辦有餘，銖積寸累，以圖此舉。中間易地之行，咸恐敗於垂成。及其來歸，爲之愈力，百年之害，一日盡除。去歲他邑告歉，而此獨豐，海田幾於倍入。明效大驗，今已如此。宜乎邑人歌舞之。天下之事，害不極則利不興，若有數然。民困已甚，令以深長之思而興民庸。部使者之賢，建白甚明。聖朝勤恤民隱，遂躋登茲，非止人力也。後之人守其成規，隨力補治，雖至於無窮可也。

康熙《餘姚縣志》：桐樹湖在治東北四十里龍泉一都，周十一頃有奇。宋慶元四年，縣令施宿將七百四十五畝作田佈種，每年課其税入海隄倉，爲築塘之費。原存四百畝有奇，今已盡廢。

前邑令李祺壽建高風閣於祕圖山麓，未畢工而去。至是，始落成之。

《嘉泰會稽志》：高風閣，李祺壽重建，未備而去。後十一年，吴興施宿來知縣事，始一新之。閣據祕圖山之麓，前對南山，爲一邑佳處。閣之下，即有嚴公堂。閣後有亭，名釣隱，嚴光墓在其北。

樓鑰《高風閣》詩：「不從文叔作三公，歸著羊裘大澤中。石瀨釣臺非故地，雲山江水自高風。煙迷宿草古遺恨，樹擁危樓新奏功。傴馭飄飖疑不遠，翩然獨鶴度寒空。」

秋八月丙辰，朝廷以胡紘上書，禁用僞學之黨。於是權吏部尚書樓鑰、添差監左藏西庫趙汝讜、太府卿詹體仁、池州教授周南、校書郎李𡌴、直顯謨閣江東提刑王厚之等五十九人，均遭罷黜。見《慶元黨禁》。

冬十月，樓鑰過餘姚，爲宿題《墓田丙舍帖》石刻，並及所藏諸帖。

樓鑰《跋墓田丙舍帖》：慶元二年孟冬壬子，見餘姚施令尹，蓋司諫之子也。出其家所藏墓田帖碑石，余誦山谷之詩曰：「平生半世看墨本，摩挲石刻鬢成絲。」爲之三嘆。

按：袁桷《跋唐摹鍾繇賀捷表》云，施武子《墓田丙舍》石刻，與此筆法無異。知此帖至元猶存。

又按：樓鑰有王右軍《東方畫贊》、《黄庭經》，王大令《洛神賦》，東坡《救月圖贊》、《醉中書》、《對客醉眠詩》、《醉白堂記》、《老融二牛圖》諸跋，皆施氏所藏物。施氏藏《定武蘭亭帖》，爲熙寧以前舊拓，同時人爲之跋者十三人。首爲臨川王厚之，次爲四明樓鑰，皆不署年月，當作於是年。

十一月四日，提舉浙東常平倉朝奉大夫劉誠之至越州。

慶元三年丁巳，宿三十四歲。

在餘姚縣任。刻蘇東坡墨蹟於石。

《施顧註蘇詩·登望禖亭詩》註：「此詩墨蹟乃欽宗東宮舊藏，今在曾文清家，宿嘗刻石餘姚縣治。」又《送劉寺丞赴餘姚詩》註：「□□名摀，以下缺四十五字。蓋□□□□□□載，公守湖州行□□□□□守城赴餘姚公□□□□又即席作《南柯子》□□餞□句云『山雨瀟瀟過』者是也。」後題「元豐二年五月十三日，吳興錢氏園作。」今集中乃指他詞爲送行甫，而此詞第云湖州作，誤也。眞蹟宿皆刻石餘姚縣治。又《次韻孔毅父久旱已而甚雨詩》註：「先生爲楊道士書一帖云：『僕謫居黃岡，綿竹武都山道士楊世昌子京自廬山來，過余，□□年乃去。其人善畫山水，能鼓琴，曉星曆骨色，及作軌革卦影，通知黃色藥術，可謂藝矣。明日當舍余去，爲之悵然，浮屠不三宿木下，眞有以也。元豐六年五月八日，東坡居士書。』又一帖云：『十月十五日夜，與楊道士泛舟赤壁，飲醉，夜有一鶴自江南來，翅如車輪，嘎然長鳴，掠余舟而西，不知其爲何祥也。聊復記云。』二帖書在蜀牋，筆畫甚精，宿嘗以入石云。」又《次韻錢穆父詩》註：「欽宗在東宮時，所藏東坡帖甚富，多有宸翰簽題。即位後，出二十軸賜吳少宰元中。元中爲曾文清妹壻，以十軸歸之，今藏於元孫戶部郎樂道槃。宿爲餘姚，嘗刻石縣齋。」又《玉堂栽花周正孺有詩次韻詩》註：「□□□□宮藏公帖，以賜吳□□□與王晉卿都尉一帖云：『花栽，乞兩荼蘼、兩林檎、兩杏，仍乞令栽花人來，種之玉堂前後，亦異時一段佳話也。』此詩之作，正謂是也。宿刻此帖餘姚縣齋，汪端明刻此詩成都府治。」《韓康公挽詞》註：「三詩墨蹟精絕，宿嘗刻石餘姚縣齋。」

《嘉泰會稽志》：翰墨堂舊有芙蓉亭，施君刊東坡先生帖甚衆，臨邛常褚繼之，盡裒諸帖堂上，因以名焉。

秋杪，以新刻拓本寄孫應時

孫應時《再與施監丞書》：曩得秋杪所賜書，并新帖珍味之餉。尋因叔晦之子行，草草寓一紙，不究感謝之懷，諒徹呈久矣。

是年，以知綿州王沈請，詔省部籍僞學姓名。

十一月辛丑，憲聖慈烈太皇太后吳氏崩。

十二月丁丑，以大行太皇太后欑宮，蠲紹興府貧民。以上並見《宋史·寧宗紀》。前龍游宰張祖順卒。年六十一。

慶元四年戊午，宿三十五歲。

在餘姚縣任。春至會稽，與新任郡守耿延年共襄山陵事。

三月甲子，權欑大行太皇太后梓宮於永思陵。見《宋史·禮志》。

《嘉泰會稽志》：欑宮卜地在越州會稽縣，然道路橋梁之類，皆命越州所管八縣分地修營。

按：樓鑰《餘姚縣海堤記》「中間易地

之行，咸恐敗於垂成，及其來歸，爲之愈力」，指此。

張孝曾以朝請大夫、新湖南運判除浙東提刑，四月改除福建運使。見《會稽續志》。

孫應時《與張提刑書》：七州之民久望明使者之來，而越人歲瘠，又山陵事急，想宜攬轡遄驅，亟爲一方之福。餘姚宰施宿，德初司諫之子，極有佳政，孜孜爲民遠慮，勸義役，興水利，皆非觀美。會稽丞詹阜民，有學行，似已滿。山陰簿王澡，少有才識。四明司理潘友恭，德夫左司之次子，尤賢明練事。三衢添倅史開叔彌堅，魏公之季子，謹厚力學，於吏事不苟。此皆某所深知者。竊謂觀風問事，似當以人物爲先，凡百可以詢訪，委令無欺罔之慮。故敢以告。

時宗室趙師夏亦以山陵事入越，三月上巳，與宿及會稽丞詹阜民修禊於蘭亭。宿出《定武蘭亭帖》同觀，爲書第三跋。

《定武蘭亭帖第三跋》：慶元戊午，詹阜民子南、趙師夏致道，與武子以是日修故事於此地。武子出示同觀，相望八百四十有六年矣。懷想風流，爲之慨然。

孫應時自常熟遺宿書，極頌政績，自嘆弗如。

孫應時《再與施監丞書》：鄉里親舊，相繼有書來，各各誦循良之政不已。如義役莊之代輸，海堤之官辦，豈惟吾邑所未有，蓋四方所罕聞也。仁心所存，既到古人，而才力又足以發之，甚盛甚偉。以僕之促促朱墨，救過目前，不能庶幾百分之一，則知他人之不能及者不少矣。大書特書，於理固當。僕實縣民，所當援筆不讓，而茅君宗愈之請至再，甚欲作數語志其梗概。偶猶未暇，已報之以春爲期矣。按此當指撰《餘姚縣義役記》光祐復土，案光祐爲吴皇后號。越民方瘠而有此役，能無騷動。若吾邑，當賴賢侯之賜，斂不及民無疑也。

是年，越州守耿延年以山陵事有勞，轉中奉大夫。見《嘉泰會稽志》。知寧國府、除華文閣待制汪端義繼任。見《會稽續志》。提舉劉誠之以除直祕閣知平江府，入都。見《會稽續志》。

慶元五年己未，宿三十六歲。

在餘姚縣任。修復燭溪湖石閘。

《嘉泰會稽志》：燭溪湖在縣東北一十八里。舊經云：「昔人迷失道，忽有二人執燭，夾溪而行，因得路，故名燭溪。」一名明塘湖，俗號淡水海。周一百五十里，深二丈，溉田千餘頃。東西各有石閘，其西閘，中間易爲土門，奔流湍激，旋即廢。慶元五年，知縣事施宿始復其舊。更鑿山骨，闢令廣，每放湖，水勢不柅，人皆便之。

修建學宫及廨宇，並置贍書之田。政績懋著，民心深感。

《嘉泰會稽志》：學在縣東一里五十步，元豐元年知縣事黄鑄立。建炎兵燬，惟學獨全。余端禮、趙子潚、趙公豫相繼新之。慶元五年，施宿創直舍，爲致齋考課之所。築牆垣，作外門。買田，置書甚備，有尚書樓公鑰記。

萬曆《紹興府志》：元豐元年，縣令黄鑄遷廟建學，邑人莫當開四衢於左右前後，以來學者。紹興中，尉史浩買學前地作射圃，復建二亭。邑令趙豫、施宿、趙崇簡俱加增葺。

康熙《餘姚志》：施宿，慶元初知〔餘〕姚，以經術飾治，不事細謹。所關百姓大計，勇毅任之。尤加意風教，修學舍及子陵祠，皆市田置書。

又，宋乾道四年，前縣尉史浩爲丞相守越，市良田，取其歲入以給鄉賢之後不能爲喪葬婚嫁者。附於學，謂之義田。慶元五年冬，令施宿亦市田養士。

張壹民《施公德政記》：刊東坡帖於芙蓉亭上，新高風閣於釣隱亭南，創齋膳舍於邑學殿側，設躲閃屏於邑治門前，建修堤倉於榷酒務畔，置贍書田於汝仇湖邊，政績茂著，民心深感。

吳大本《三祠傳輯》：當其築塘時，嘗與鄉之人講學。今大湖門之南，所傳施公學亭者，蓋當時講學所築。

尋遷紹興通判，入對，途次長興。時太府卿詹體仁罷官居苕霅，爲作《定武蘭亭第四跋》。

是年，朝請大夫、試太府卿沈作賓以淮東總領除直龍圖閣，知越州。臨邛常褚知餘姚縣事。陸游致仕，居山陰澤中。眞德秀舉進士。

慶元六年庚申，宿三十七歲。

至紹興通判任。

《宋史·地理志》：紹興府本越州大都督府。紹興元年升爲府。縣八：會稽、山陰、嵊、諸暨、餘姚、上虞、蕭山、新昌。

又《職官志》：通判掌倅貳郡政，凡兵民錢穀户口賦役獄訟聽斷之事，可否裁決，與守臣通簽書施行。所部官有善否及職事修廢，得舉刺以聞。南渡後，設官如舊。入則貳政，出則案縣，有軍旅之事則專任錢穀之責，經制、總制錢額，與本郡協力均催，以入於户部。

《嘉泰會稽志》：藝祖有天下，首置諸州通判，以朝官以上充，實使之督察方鎮，非復唐上佐比。故當時謂之監州。典郡者至有欲求無通判處。建隆中，委任尤急。太平既久，其任稍削，然著令猶不許知州薦舉通判。蓋祖宗遺意也。越州舊止通判一員，及經駐蹕，又爲輔藩，增至三四員。亦嘗有不釐務者，往時謂通判爲倅，至今猶然。

撰《會稽志》二十卷。

陸游《會稽志序》：昔在夏禹，會諸侯於會稽。歷三千載而我高宗皇帝御龍舟，橫濤江，應天順動，復禹之跡。駐蹕彌年，定中興之業。羣盜剷平，強虜退遁，於是用唐幸梁州故事，陞州爲府，冠以紀元。大駕既西幸，而府遂爲股肱近藩，稱東諸侯之首。地望蓋視長安之陝、洛，汴都之陳、許。所命牧守，皆領浙東安撫使。其自丞相執政來，與去而拜丞相執政者，不可遽數。而又昭慈聖烈皇后及永祐以來四陵，欑殿相望於鬱葱佳氣中，朝謁之使，艫銜轂擊。中原未清，今天下鉅鎮，惟金陵與會稽耳。荆、揚、梁、益、潭、廣，皆莫敢望也。則山川圖牒，宜其廣載備書。顧未暇及者綿數十年。直龍圖閣沈公作賓來爲守，慨然以爲己任，而通判府事施君宿發其端，安撫司幹辦公事李公兼、韓君茂卿爲之助。郡士馮景中、陸子虡、王度、朱鼐，永嘉邵持正等，相與上參《禹貢》，下考《太史公》及歷代史，金匱石室之藏，旁及《爾雅》、《本草》、道、釋之書，稗官野史所傳，神林鬼區幽怪恍惚之說，秦、漢、晉、唐以降金石刻，歌詩賦詠，殘章斷簡，靡有遺者。若父老以口相傳，不見於文字者，亦間見層出。積勞累月乃成。沈公去爲轉運副使，猶經營此書不已。華文閣待制趙公不迹、寶文閣學士袁君說友繼爲守，亦力成之。而始終其事者施君也。書雖本之圖經，圖經出於先朝，非藩郡所可附益，乃用長安、河南、成都、相臺之比，名《會稽志》。會稽爲郡，雖遷徙靡常，而郡本以山得名，又禹所巡也，故卒以名之。既成，屬游參訂其概，且爲之序。嘉泰元年十二月乙酉，中大夫、直華文閣致仕、賜紫金魚袋陸游序。

錢大昕《十駕齋養新錄》：陸游序云，既成，屬游參訂其概。是務觀但預參訂，而《宋史·藝文志》既載沈作賓、趙不迹《會稽志》，又載陸游《會稽志》，重複互異，可謂不攷之甚也。攷作賓以慶元五年由淮東總領除越守。六年，除兩浙轉運副使，而不迹代之。嘉泰元年，改知潭州，而說友代之。志蓋創始於慶元庚申，而蕆事於嘉泰壬戌，前後凡閱三守，而通判尚未改秩，則宿於此志誠有功矣。

訪禹廟沒字碑，得二百二十有四字，作碑譜。

《嘉泰會稽志》：隋《禹廟碑》，史陵所書。張懷瓘《書斷》稱陵書高古，褚遂良嘗師焉。趙德父《金石錄》謂此碑文字磨滅，隱隱可辨，筆法精妙，不減歐、虞。姚令威《叢語》名爲禹廟沒字碑。吳興施宿來佐此府，命工椎拓，刮摩垢蝕，得二百二十有四字，乃爲碑譜，刻寘祠下。

又得《康希銑碑》殘石於民間，陷寘府治廳壁。

《嘉泰會稽志》：《康希銑殘碑》，大曆十二年顏眞卿撰並正書。舊在山陰離渚，今在府治廳壁。通判府事施宿又得二十餘字於民間，併陷寘焉。

按：《寶刻類編》引《諸道石刻錄》云：「《希銑碑》立在離渚，官遣匠摹本，爲村民擊碎。」《會稽志·冢墓》云：「其碑顔魯公書，郡守吳奎得之，而碑始著。」《會稽掇英總集》有王安國《題吳長文得康相墓顔魯公斷碑詩》，長文即吳奎字也。蓋碑碎後，吳奎得其殘石，即龕寘府治廳壁，至是宿又續得二十餘字，因並陷寘焉。

陸游觀宿所藏帖，九月九日，爲作《定武蘭亭第五跋》。見《蘭亭續考》。十一月甲子，爲作《東方畫贊跋》。又《跋東坡帖》，謂武子當求善工堅石刻之，與成都《西樓之帖》並傳天下。見《渭南文集》。

是年三月，沈作賓以朝議大夫除兩浙轉運副使。五月，朝議大夫司農少卿趙不迹以湖廣總領除直寶文閣，繼知越州。八月辛卯，太上皇崩。十二月辛卯，權欑於會稽永崇陵。

嘉泰元年辛酉，宿三十八歲。

在紹興通判任。春三月十六日，陸游至柯橋，迎其子子布東還。宿往謁，游與同食野菜，賦二絕句。又爲題所藏楊補之畫梅。見《劍南詩稿》。

按：陸游《食野菜》詩云：「野蔌山蔬次第嘗，超然氣壓太官羊。放翁此意君知否，要配吳粳曉甑香。」「萬里蕭條酒一杯，夢魂猶自度邛郲。可憐龍鶴山人菜，不伴峨眉栮脯來。」前詩爲宿賦，後詩爲子布作，時子布自蜀歸也。

是年，知越州事趙不迹以應辦光宗梓宮有勞，除華文閣待制。三月，移知潭州。

四月，通奉大夫袁説友以寶文閣學士知越州。六月，中奉大夫、太常少卿曾喚以直顯謨閣除浙東提刑。見《會稽續志》。

八月初八日，太常少卿陳讜以永祐山陵使至越，宿泰寧寺齋宫。宿前往佐薦獻禮，共讀《定武蘭亭》，讜爲作《第六跋》。

《定武蘭亭第六跋》：莆人陳讜正仲借觀於越上齋宫。是本眞定武二三百年前本也，宜珍藏之。嘉泰元年八月初八日。

《宋史·禮志》：紹興元年六月，太常寺言，昭慈獻烈皇太后欑宫在越州會稽縣，合依四孟朝獻例，差宰執一員，前一日赴欑宫泰寧寺宿齋，至日行朝拜之禮。每歲春秋二仲薦獻及周罷陵城，差太常少卿。遇闕，以次官太常丞充攝。率以爲例。

按：永祐陵，紹興十三年徽宗葬此，在昭慈欑宫西北五十里。故事，欑宫近在府界，許守臣以時朝謁。會稽知縣依倣蘭臺令典，故於階銜内兼帶主管欑宫事務，量加優異。守令如此，則通守可知矣。

提刑曾喚與宿朝夕過從，八月初十日爲作《定武蘭亭第七跋》。

《定武蘭亭第七跋》：嘉泰元年八月上休日，南豐曾喚茂昭觀於越之棣華堂。

按：唐法，一月三旬，遇旬則休沐。宋時百官旬候，猶循唐故事。棣華堂在提刑司署中。署在府治東，與通判廳密邇。

通判署便廳之南有小圃，宿建堂其中，旁植木犀。郡守袁説友爲題其扁曰桂堂。見《會稽續志》。

十一月，袁説友以召赴行在去，中大夫、試尚書戶部侍郎李大性以華文閣待制繼任。

是年，《會稽志》告成。十二月乙酉，陸游爲之序。

嘉泰二年壬戌，宿三十九歲。

在紹興通判任。正月五日，陸游爲作《註東坡詩序》。

陸游序：某頃與范公至能會於蜀，因相與論東坡詩，慨然謂予：「足下當作一書，發明東坡之意，以遺學者。」某謝不能。後二十五六年，某告老居山陰澤中，吳興施宿武子出其先人司諫公所注數十大編，屬某作序。司諫以絶識博學名天下，且功深歷年久，又助之以顧君景蕃之該洽，則於東坡之意亦幾可以無憾矣。某雖不能如至能所託，而得序斯文，豈非幸哉！

陳振孫《直齋書錄解題》：《注東坡集》四十二卷，《年譜》、《目錄》各一卷，司諫吳興施元之德初與吳郡顧景蕃共爲之。元之子宿從而推廣，且爲《年譜》以傳於世。陸放翁爲作序，頗言注之難，蓋其一時事實，既非親見，又無故老傳聞，有不能盡知者。

顧嗣立《王註蘇詩序》：東坡先生詩集，箋註者不啻數百家，惟吳興施氏、永嘉王氏二本稱最善。而《施註》編紀年月，自少壯及衰老，生平出處，行事大節，與凡嬉笑怒罵之情，無不恍然如見。識者以爲尤得知人論世之學焉。

邵長蘅《註蘇例言》：吳興施氏生南宋之初，去公之世未遠，其註訂先後，頗爲精當。卷端數語，厘識大略，不屑屑排纘年月，如黃鶴、魯訔之編杜，取譏後世。識者謂自有《蘇註》來，最稱善本。《施註》佳處，每於註題之下多所發明。

少或數言，多至數百言，或引事以徵詩，或因詩以存人，或援此以證彼，務闡詩旨。非取泛濫，間亦可補正史之闕遺。即此一端，迥非諸家所及。施氏合父子數十年精力，成是一編，徵引必著書名，詮詁不涉支離，詳贍而疏通，他家要難度越。

鄭元慶《湖録》：《施註蘇詩》，傳是樓有宋刊本。細閱書中句解，是元之筆。詩題下小傳低數字，乃武子補註。《文獻通攷》所謂從而推廣之者也。按《文獻通考》即録直齋語。

洪武《蘇州府志》：顧禧字景蕃，吴郡人。不求禄仕，居光福山，閉户誦讀，著述甚富。紹興間，有司以遺逸薦，不起。隱居五十年，築室邳村，表曰漫莊。嘗與吴興施元之註蘇子瞻詩行世。

是月，宿罷紹興通判入都，陸游賦詩贈行。

陸游《送施武子通判》詩：「初入修門鬢未秋，安期千里接英遊。送歸久散前三衆，邁往欣逢第一流。只道升沈方異趣，豈知氣類肯相求。龍鍾不得臨江別，目斷西陵煙雨舟。」

四月二十四日，與常褚、徐似道遊西湖之張園，同觀《定武蘭亭帖》，作《第八跋》。是日，微風小雨。見《蘭亭續考》。常褚以慶元五年繼宿宰餘姚，時罷任甫一月也。

十一月，奉命知盱眙軍事。冬至後五日，偕二弟寅、宏行次姑蘇，與林成季、周南、朱鼐、趙汝讜、朱元紘、滕宬別於虎丘，同觀書畫，作《定武蘭亭帖第九跋》。見《蘭亭續考》。

冬至後十六日，至盱眙軍任。

《宋史·選舉志》：以通判資序作州，隔等而授，是擇材能也。
陸游《翠屏堂記》：國家故都汴時，東出通津門，舟行歷宋、亳、宿、泗，兩堤列植榆柳槐楸，所在爲城邑。行千有一百里，汴流始合淮以入於海。南舟必自盱眙絶淮，乃能入汴。北舟亦自是入楚之洪澤以達大江。則盱眙實梁、宋、吳、楚之衝，爲天下重地，尚矣。粤自高皇帝受命中興，駐蹕臨安，歲受朝聘，始詔盱眙（進）〔近〕郡，除館治道，以爲迎勞宿餞之地。而王人持尺一牘，懷柔殊鄰者，亦皆取道於此。於是地望益重，城郭益繕治，選任牧守，重於曩歲。
樓鑰《北行日録》：地當南北使往來之衝，重任也，亦簡命也。
是年二月，弛禁僞學者黨禁，復諸貶謫者官。見《續通鑑綱目》。四月，浙東提刑曾喚召赴行在。五月，陸游以原官提舉佑神觀，兼實録院同修撰兼同修國史，免奉朝。洪邁卒於家。年八十。

嘉泰三年癸亥，宿四十歲。

在盱眙任。秋九月，與王鏐、陳樸、周箎同登第一山玻瓈泉，題名刻石。

《盱眙縣志》玻瓈泉石刻題名：清源陳樸、臨淮周箎，嘉泰癸亥秋九月，將命迓客漕使具茨王璆，都梁守吳興施宿拉登翠微。按：都梁，山名，在盱眙境。

周密《淳紹歲幣記》：時聘使往來，旁午於道，凡過盱眙，例遊第一山，酌玻瓈泉，題詩石壁，以紀歲月，遂成故事。鐫刻題名幾滿。
錢大昕《潛研堂跋尾》：自乾道與金通和以後，兩國交聘，必取道盱眙。凡宋臣使北，及接伴北使而至者，皆題名崖石間。

《盱眙縣志》：宋都汴，自京師抵汴口無山，至此始見山，故名第一山。

是年冬，金國多難，懼朝廷乘其隙，沿邊聚糧、增戍，且禁襄陽榷商。邊釁之開，自此始矣。

嘉泰四年甲子，宿四十一歲。

在盱眙任。六月癸巳，宋遺禮部尚書張嗣古、廣州觀察使陳煥賀金主生辰。七月辛巳，至盱眙。甲申，與宿同登第一山，題名刻石。嗣古又爲作《定武蘭亭帖第十跋》。

《盱眙縣志》玻瓈泉石刻題名：關中張嗣古、長樂陳煥將命修聘，同吳興施宿登第一山。嘉泰甲子孟秋甲申。

按：《蘭亭續考·定武蘭亭帖第十跋》署「甲子七月二十有三日，關中張嗣古敏則」，則是年七月二十三即甲申日也。又按嗣古爲韓侂胄甥，是年侂胄定議伐金，因遣嗣古伺敵虛實。及還都，言金未可伐。侂胄風國信所奏嗣古金庭幾乎墮笏，免嗣古官。見《四朝聞見録》。

宿建翠屏堂於南山，請記於陸游。

陸游《翠屏堂記》：吳興施侯之來爲知軍事也，政成俗阜。相地南山，得異境焉。前望龜山，下臨長淮，高明平曠，一目千里，草木蔽虧，鳧雁翔泳，蓋可坐而數也。乃築傑屋，衡爲四盈，縱爲七架，前爲陳樂之所，後有更衣之地，而旁又有麗牲繫鮮，與夫吏士更休之區。翼室修廊，以陪以擁，斲削髹丹，皆極工緻。最二十有六間而堂成。既取米禮部芾之詩名之曰翠屏，且疏其面勢于簡，繪其棟宇于素，走騎抵山陰澤中，請記于予。

是年，王厚之卒。年七十四。袁說友卒。年六十五。

開禧元年乙丑，宿四十二歲。

爲朝散郎、直祕閣，去盱眙任。見陸游《翠屏堂記》。

錢大昕《廿二史考異》：自太宗建崇文殿及祕閣而後，士大夫以館職爲榮，皆試而後除。曰直昭文館，直集賢院，直史館，直祕閣。其次爲集賢校理，祕閣校理。又其次爲館閣校勘。皆館職也。其除授則由校勘遷校理，又自校理遷直館、直院。亦有召試除直館、直閣者。

《宋史·職官志》：廢崇文院爲祕書監，建閣於中，自監少至正字，列爲館職，罷直館、直院之名。獨以直祕閣爲貼職，皆不試而除。蓋特以爲恩數而已。

按：洪氏《盤洲集》外制有《知盱眙軍郭淑直祕閣制》，又有《胡昉直祕閣知盱眙軍制》、《胡堅常直祕閣知盱眙軍制》，知當時由盱眙軍除直祕閣者，必有制以示恩遇。今不可考矣。

在盱眙日，嘗得東平康師孟所刻《二蘇帖》。又得樓鑰寄贈東坡《行香子詞》墨本。

《注東坡別子由詩》：宿守都梁，得東平康師孟元祐二年三月刻二蘇公所與九帖於洛陽。師孟醫士，能刻兩公簡札，託名不朽，有足嘉者。

樓鑰《跋東坡行香子詞》：《揮麈第三錄》載東坡自黄州移汝州，中道起守文登，舟次泗上，偶作詞云：「何人無事，燕坐空山。望長橋上燈火鬧，使君還。」太守劉士彥法家者流，山東木強人也，聞之，亟謁東坡云：「知有新詞。學士名滿天下，一出則京師便傳。在法，泗州夜過長橋者徒二年，況知州耶？切告收起，勿以示人。」東坡笑曰：「軾一生罪過，開口不在徒二年以下。」吾鄉豐吏部叔賈誼倅盱眙，游南山寺，有老僧云，寺舊有苦條木一段，上有東坡親書《行香子》詞。後沈於深水中。亟募人取得之，遺墨如新，就刻其上。尋爲一軍官買去，折爲槍幹矣。此詞惟曾寶文端伯所編本有之，亦云與泗守遊南山作，則《揮麈》所載殆未盡。豈與之同游後乃閱其詞耶？偶從豐氏得墨本，既登之石，又以寄施使君武子請刻之，以爲都梁一段嘉話。

盱眙爲南北使往來之衝，知軍事者例宜迎勞飲餞。宿以嘉泰二年冬到任，兩載之間，南北使臣可考者列表於下：

年月	宋使	金使
嘉泰二年十二月		武安軍節度使圖克坦（《宋史·》作徒單）公弼等賀正旦。
三年六月	禮部尚書劉甲、泉州觀察使劉倬賀天壽節。	
九月	吏部尚書張孝曾、容州觀察使林伯成賀正旦。	刑部尚書承暉等賀生辰。
十月		完顏奕賀瑞慶節。
十一月		簽樞密院事通吉思忠賀正旦。

四年正月		宋使張孝曾道卒。遣館伴使張雲護送以還。
六月	禮部尚書張嗣古、廣州觀察使陳煥賀天壽節。	
八月		知眞定府事完顏昌等賀瑞慶節。
九月	吏部尚書鄧友龍、利州觀察使皇甫斌賀正旦。	
十一月		殿前右副都點檢烏陵阿毅等賀正旦。

開禧二年丙寅，宿四十三歲。

直祕閣。

是年五月，下詔伐金。泰州軍權守趙逢修築泰州城垣，未就。詹體仁卒，年六十四。孫應時卒，年五十三。

開禧三年丁卯，宿四十四歲。

直祕閣。

正月望，倪思爲作《定武蘭亭帖第十一跋》。見《蘭亭續考》。

是年冬，金人入寇。十一月，誅韓侂冑。辛棄疾卒，年六十八。

嘉定元年戊辰，宿四十五歲。

直祕閣。

是年，知泰州軍翁潾修築泰州城垣，未就。八月，以樓鑰簽書樞密院事。九月，與金和。

嘉定二年己巳，宿四十六歲。

以直祕閣除江淮發運判官。是年，諸路旱

蝗，發米十萬石振兩淮饑民。命兩淮轉運給諸州民麥種，並給諸路民稻種。見《宋史·寧宗紀》。

《宋史·職官志》：都轉運使、轉運使、副使、判官掌一路賦財之人，案歲額錢物斛斗之多寡而察其稽違，督其欠負，以供於上。間詣所部，則財用之豐欠，民情之休戚，官吏之勤惰，皆訪聞而奏（除）〔陳〕之。有軍旅之事，則供餽錢糧，或令本官隨軍移運，或別置隨軍轉運使一員，或諸路事體當合一，則置都轉運使以總之。隨軍及都運，廢置不常，而正使不廢。若副使，若判官，皆隨資之淺深稱焉。案判官有兼提舉，兼知州，有以知州兼者。紹興十五年，詔提舉官依舊法爲監司，與轉運判官敘官，歲舉升改。官員有不職，則案以聞。是判官之秩稍卑於提舉，而亦爲提舉之進階。

是年正月，以樓鑰參知政事。杜穎卒，年六十八。

嘉定三年庚午，宿四十七歲。

官江淮發運判官。

是年夏四月丙寅，詔監司守臣安集泰、吉二州民經賊蹂踐者。五月乙未，淮東賊悉平，詔寬恤殘破州縣。戊申，經理兩淮屯田。十二月丙辰，詔江淮諸司嚴飭守令，安集流民。見《宋史·寧宗紀》。

是年，知泰州軍何郯修築泰州城垣，未就。陸游卒，年八十六。

嘉定四年辛未，宿四十八歲。

官江淮發運判官。

是年十月，以金國有難，命江淮、京湖、四川制置使謹邊備。

嘉定五年壬申，宿四十九歲。

以江淮轉運判官遷提舉淮東常平司，并提舉茶鹽事。

《宋史·地理志》：淮南路，熙寧間分東西兩路。東路南渡後州九：揚、楚、海、泰、泗、滁、淮安、真、通。軍四：高郵、招信、淮安、清河。爲淮東路。土壤膏沃，有茶鹽絲帛之利。

又《職官志》：先是熙寧間置諸路提舉官，掌常平義倉，免役市易坊場河渡水利之法，視歲之豐歉而爲之斂散，以惠農民。政和改元，復置諸路茶鹽司，掌摘山煮海之利，以佐國用。中興後，通置提舉常平茶鹽司。常平錢多取以贍軍，茶鹽司時詣所部州縣巡歷覺察，既與常平合一，遂並行兩司之事。

按：淮東提舉司公署在泰州。寶慶中泰州守陳垓有《淮東提舉司記》。

朝〔廷〕以泰州城垣久廢，歷任州守寡救，乃委宿修築泰州城垣。

嘉定六年癸酉，宿五十歲。

提舉淮東常平茶鹽事。修築泰州城垣工竣，視舊增五之一。復建惠民倉、惠民藥局，加惠元元，無所不至。

《揚州府志》：泰州城自南唐陞海陵爲泰州，刺史褚仁規築羅城。周顯德五年增子城，更築城於子城西北，合舊城周十里一十六步，皆甓。高子城一尺，而厚亦如之。今城是也。宋建炎中，增甓四門，城高三丈二尺，趾二丈，面三之一。紹興辛巳，完顏亮寇州，城廢。開禧丙寅，權守趙逢始修築。守翁潾、何郯繼之。六七年間，繞甓二里餘。朝以委提舉茶鹽事施宿。工竣，視舊增五之一。

又：施宿爲常平使，海陵城垣久圮，宿申乞耗鹽袋錢，置窰百座，並乞兵夫修築。廣厚視舊有加。復建惠民倉、惠民藥局，加惠元元，無所不至。宿以父司諫公所註《蘇東坡詩》數十大編未傳於世，因從而推廣之，且爲年譜，刻之倉司。時有所識傅穉善歐書，窮乏相投，遂俾書之以鋟板。

《癸辛雜識》：宿晚爲淮東倉曹時，有故舊在言路，因書遺以番葡萄。歸院相會，出以薦酒。有問知所自，憾其不己致也，劾之。無以蔽罪，宿嘗以其父所注《坡詩》刻之倉司，有所識傳穉字漢孺，湖州人。窮乏相投，善歐書，遂俾書之鋟板，以賙其歸。因摭此事，坐以贓私。

鄭羽《重刻蘇詩跋》：坡詩多本，獨淮東倉司所刊，明淨端楷，爲有識所賞。

按：《嘉泰會稽志》卷末題云「嘉泰二年五月日，安撫使司校正書籍傅穉」，是宿通判越州之日，正傅穉校書之時，至此窮乏相投，已十一年矣。

又按：任希夷字伯起，嘉定五年十月官將作少監。六年十月，以祕書少監兼國史院編修官、實錄院檢討官。考東坡詩《任師中》題下註云：「師中曾孫伯起，今爲將作少監太子侍講。」知刻坡詩在嘉定六年十月以前。

又撰《大觀法帖總釋》二卷。見《宋史·藝文志》。

按：此書未見刻本，惟陳思《寶刻叢編》引施氏《大觀帖總釋序》五十四字。孫承澤《閒者軒帖考》載三山王澧翁跋，有「語在施宿《釋文敘》」云云。至清乾隆三十四年《欽定淳化閣帖釋文》亦採其說於《釋文訂異》條下，則世間應有傳本。

刻《石鼓詛楚音》一卷，後附《朝那碑》及《周穆王吉日癸巳文》。《宋史·藝文志》作《石鼓文》一卷。

自序：《石鼓詛楚音》者，直寶文閣臨川王順伯所爲書也。公稽古成癖，至忘渴飢，《石鼓》考辨，尤爲精詣。蓋自南渡以還，故家之藏，極不多見，況摹有精粗，故亦艱得佳本，參校同異。宿乘傳海濱，賓朋罕至，時尋翰墨，拂洗吏塵。以先後得於北方及石林葉氏本訂其筆意，粗得一二。乃略倣古人八行足成是書，如《詛楚文》，山谷先生、浮休張公皆嘗有釋。王氏尋訪未得。比歲里居，得石林三人《音釋》頗備。又頃從互市得《朝那碑》，陰有畢造記，徙置宋城縣治，是歲蓋紹興八年也。先一歲爲丁巳，金人既廢劉豫，至己未正月，嘗歸我河南、陝西地。碑云歲在敦牂，則戊午歲也，其意亦不肯用彼年號，故爲此閒歲月，皆并錄之。異時中原掃清，猶可按圖問此石之在否也。嗚呼！自周至戰國遺文，見於金石者不過三數，祐陵悉萃之保和，寶護甚至，至用金填鼓文以絕摹拓。戎狄亂華，四海橫流，泯焉無復遺蹤，良可哀歎。此書之刻，使好古者相與讀之，猶足想絕學於千載，《穆王吉日癸巳》，諸家所記，皆言在趙州州廨。石林跋乃以政和五年歸內府矣。其說爲信，因附卷末，庶廣異聞。第石林諸跋，其間亦有譌舛而無別本可證者，不容臆決。姑俟知者正之。嘉定六年重五日，吳興施宿書。

章樵《石鼓文註》：周宣王狩於岐陽，所刻《石鼓文》十篇，近世薛尚功、鄭樵各爲之音釋，王厚之考正而集錄之，施宿又參以諸家之本，訂以《石鼓》籀文眞刻，壽梓於淮東倉司。其辨證訓釋，蓋亦詳備。

董斯張《石鼓文跋》：前從《渭南集》中得施宿名字，但其人節概無從而覈，爲之惘然。及讀都元敬《金薤琳琅·周壇山石刻跋》，云宋吳興施宿謂州廨舊石以政和五年取入內府，則知武子亦留心金石學者。今日讀章樵《釋石鼓文》，云施宿參諸家本，訂以《石鼓》籀文眞刻，壽梓於淮東倉司，其辨證訓釋，蓋亦詳備。予得之，賞其奥衍奇博，且與漁仲爭衡，爲之擊節不置。

按：施氏所刻，未見傳本。惟章樵《集註》見《古文苑》。潘迪《音訓》刻爲二石，與《石鼓》同列國學。兩家皆採及施氏説。又《石鼓》次序，諸家鮮有定本，自章、潘二家從施氏，厥後海鹽張氏、儀徵阮氏諸刻及乾隆重刻《石鼓文》，王氏《金石萃編》所録，莫不以施氏所定次序爲斷。

冬十月，眞德秀使金賀即位。李臯使金賀正旦。會金國内亂，皆未至而返。見《宋史·寧宗紀》。十一月，宿與眞德秀、李臯、任希夷同登盱眙玻瓈泉，作《定武蘭亭帖第十二跋》。見《蘭亭續考》。

是年，參知政事樓鑰致仕，卒於家，年七十七。周南卒，年五十五。

嘉定七年甲戌，宿五十一歲。

罷淮東提舉司，歸長興。

嘉定八年乙亥，宿五十二歲。

家居。

嘉定九年丙子，宿五十三歲。

家居。

嘉定十年丁丑，宿五十四歲。

家居。

嘉定十一年戊寅，宿五十五歲。

家居。以所藏《定武蘭亭帖》歸同郡向氏。

《定武蘭亭帖第十三跋》：《定武褉叙》有三：曰肥，曰瘦，曰五字損本。予皆舊藏焉。今又得此肥本於施武子，因以識之。嘉定戊寅重九日，古汴向冰若水甫。

按：古汴向氏以后族徙居吳興，三世好古，施氏註《蘇詩》，屢稱坡公墨蹟多藏吳興向氏。袁桷《清容集》云：「冰爲文簡公裔孫，當韓侂胄聚閱古堂書畫，皆出冰鑒定。自淳熙後，圖籍考訂之富，惟霅溪向氏、錫山尤延之、諸暨王頤伯三人。」

又按：施氏所藏《定武蘭亭帖》，得之蘇魏公家，經名流題跋，而歸向氏。又二十餘年而歸嘉禾俞松，著錄於所撰《蘭亭續考》中。十三跋於仕籍遷留，時事變易，灼然在目，一時會合諸賢，或配享於文廟，或從學於朱門，或名列黨籍，光耀簡編。足徵施氏交遊之一斑矣。

是年，滕宬卒。年六十五。

嘉定十二年己卯，宿五十六歲。

家居。

嘉定十三年庚辰，宿五十七歲。

家居。

嘉定十四年辛巳，宿五十八歲。

家居。

是年宿壻章良朋以朝奉郎提舉浙東常平茶鹽，兼權慶元府事，兼沿海制置司。

嘉定十五年壬午，宿五十九歲。

避壽至餘姚，遂卜居焉。

張壹民《宿公德政序》：後謝政歸田，至壽誕，避賀客復至餘姚。士民懇留，因感動衷曲，乃曰，吾親謝世已久，宗祀有弟克承，長興與餘姚亦不甚遠隔，況民俗樸茂，何不可居之有？即於龍山東麓得鄧安撫舊宅居焉。

是年，泰州士民祀宿於城隍廟西廡，禱多應。見《揚州府志》。

按：宿事蹟之可考者，盡於是年。泰州之民既祀而禱之，殆即宿逝世之年歟？

是年，章良朋以平海盜功，入爲吏部尚左郎官。

後六年，爲紹定元年戊子，泰州守陳垓增繪宿像於州治東南景賢堂。

又三十四年，爲景定三年壬戌，吳門鄭羽官淮東，取《施註蘇詩》舊板，汰其字之漫者大小七萬一千五百七十七，計一百七十九板，命工重梓。

明嘉靖十四年，餘姚令顧存仁建名宦祠，共祀三十三人。內知縣八人，施宿與焉。

〔一〕元之卒年，不能確考。據鄧廣銘《辛稼軒年譜》（上海古籍出版社一九七九年版），繫劾元之於淳熙三年。又據周必大《朝奉郎袁州孫使君逢辰墓誌銘》載，孫逢辰淳熙二年爲贛州贛縣丞，以剿茶商軍事爲辛棄疾所倚用，其後「守施元之面授京狀」，復「上章薦」。辛棄疾任江西提刑督捕茶商在淳熙二年七月，時贛守爲陳天麟，施元之繼陳爲守，僅百餘日即被劾，於中秋後離贛，則其知贛州必在淳熙三年，陳《考》繫其卒於淳熙元年，蓋誤。又據施宿《東坡先生年譜序》稱元之編注《蘇詩》，「遂因閑居，隨事詮釋，歲久成書」，似非退居長興，旋即辭世。宿序又云：「當亡恙時，未嘗出以視人。後二十餘年，宿佐郡會稽，始請待制陸公爲之序」，陸序作於嘉泰二年（一二〇二），則元之卒年，當在淳熙三年（一一七六）至淳熙九年（一一八二）之間。

忠文王紀事實録

（宋）岳　珂原編
謝起巖改編
李春梅校點

中華書局一九八六年影印宋咸淳七年刻本

岳飛（一一〇三—一一四一），字鵬舉，湯陰（今屬河南）人。宣和四年應募從軍，補承信郎，遷秉義郎，歷隨宗澤、張所征戰，後復歸宗澤，爲留守司統制。又隨杜充抗金，收復建康，升通泰鎮撫使兼知泰州。紹興間，參與平李成、曹成等，擢都統制，高宗親書「精忠岳飛」以賜之，授鎮南軍承宣使、江南西路沿江制置使、荆湖南北襄陽路制置使。其後屯兵襄陽以窺中原，大舉北伐，取得朱仙鎮、郾城大捷，收復洛陽等地。因秦檜主和，以十二道金牌下令班師。十一年解除兵柄，旋被誣下獄，以「莫須有」之罪名被害，年三十九。淳熙六年追謚武穆，嘉定四年追封鄂王。

岳飛爲南宋初著名抗金將領，忠肝義膽，彪炳史册。其詩文也慷慨激越，誠摯感人。其孫岳珂輯其詩文爲《家集》（《岳武穆集》）十卷，今人郭光著有《岳飛集輯注》（中州古籍出版社一九九七年）。

宋嘉泰間，其孫岳珂撰《岳鄂王行實編年》六卷，爲現存最早的岳飛年譜，收入《金佗稡編》（中華書局一九八九年出版有王曾瑜校點本）。至景定間，謝起巖改編爲《忠文王紀事實録》五卷。此後明張應登、謝康成，清岳士景、黄邦寧、梁玉繩、楊希閔等，以及近人錢汝雯、管雪齋、李漢魂等均編有岳飛年譜，累計達二十餘種。其中岳珂譜最古，流傳也最廣，錢汝雯譜引録資料豐富，考訂事實詳析，李漢魂譜更詳考詩文奏劄，内容翔實。

本書所收即謝起巖改編岳珂原譜本，依據中華書局影印宋刻本《忠文王紀事實録》校點，并據《金佗稡編》校補了部分闕字。

忠顯廟忠文王紀事實録本末序

王忠孝出於天資，功業存乎社稷，萬古在後，諒亦知其烈也，誰歟厄之！我國家思所以雪澡而日熙者，直與巍然衮冕不祀威魑同科，厄果終厄乎哉？今皇帝紬功繹德，闡幽煥懿，辟雍湯湯，貌像堂堂，彼得祠於他所者，莫之與京。且暢其忠義之氣，充之以脉斯文，忠文徽號，視疇昔武穆爲有加。意向所寓，亦可覩矣。蓋欲合光岳之兮有相之道，壹是全材，以副時需，豈止使之能禪禮樂以陶吾民於天下治而已。故事實之有本末，王所以垂竹帛而詔今傳後者，竊志之久矣。嘗嘆其在國史者不易見，在家集者不及見，在將傳者不多見。幸歲昨得與忠文諸孫同筆硯交，見其《鄂國金佗》有編，裒類浩繁，僭躐仍其纂記而爲要之，提聱書一通以置之側。筆甫既，自念王行事在國史，在人心，固不增損於是集之有無也。然有忠義於肝膽者，庶其一閱於目，則必將有激於衷而爲之憮然。景定癸亥元正，太學明善齋學生廬陵謝起巖序。

忠文王紀事實録卷之一

高宗皇帝宸翰

紹興四年
復襄陽四詔
援淮西二詔
紹興五年
平楊么二詔
還屯武昌一詔
紹興六年
督府視師二詔
移鎮襄陽一詔
起復一詔
按邊一詔
援淮西三詔
出師襄漢三詔
撫問賜器物一詔
降槍樣一詔
紹興七年
招僞官吏一詔
合軍二詔
乞解兵柄三詔
乞本軍進討一詔
招酈瓊一詔
乞建都上游一詔
行邊一詔
屯九江賜燕勞一詔
紹興八年
和議一詔
紹興九年
戒招納一詔
紹興十年
出師三詔

援順昌六詔
議建儲一詔
進取一十一詔
班師二詔
入覲一詔
紹興十一年
援淮西一十五詔

紹興四年

春三月，王奏請先復襄鄧六郡以圖中原。會方議通虜好，重於深入，御札命王毋出李横所守界：「勑岳飛：矧卿忠義之心通于神明，故兵不犯令，民不厭兵，可無愧於古人矣。今朝廷從卿所請，已降畫一，令卿收復襄陽數郡。惟是服者舍之，拒者伐之，追犇之際，謹無出李横所守舊界，卻致引惹，有悞大計。雖立奇功，必加爾罰，務在遵稟號令而已。收復之後，安輯百姓，隨宜措畫，使可守禦，不致班師之後復有疏虞，始可回軍，依舊屯駐。朕當重寘賞典，以旌爾功。故茲筆諭，無慢我言。十四日。」

劉光世請措置荆襄，詔不許，第令整兵以爲王援。復賜御札：「勑岳飛：朕具省出師奏，以卿智勇，必遂克敵，更在竭力致身，早見平定。近劉光世乞行措置荆襄，朕已命卿，豈易前制？但令光世嚴整步騎以爲卿援，緩急動息可行關報也。亦當令卿將佐等知，庶可益壯軍心，鼓勇士氣，所向無前，孰能禦哉？二十一日。」

夏五月，進兵襄陽，克之。捷聞，廷議猶患其難守，賜御札問方略：「勑岳飛：朕具聞卿已到襄陽，李成望風而退。朕雖有慰（十）〔于〕心，而深恐難善其後。此賊不戰而歸，其理有二：一以卿紀律素嚴，士皆效死，故軍聲遠振，其鋒不可當；一乃包藏禍心，俟卿班師，彼稍就緒，復來擾劫，前功遂廢。卿當用心籌畫全盡之策來上，若多留將兵，唯俟朝廷千里饋糧，徒成自困，終莫能守，適足以爲朕憂。不知李成在彼如何措置糧食，脩治壁壘，萬無劉豫爲運糧之理。今既渡江，屯泊何所？及金國、僞齊事勢強弱，卿可厚以金幣，密遣間探的確具聞，蓋國計之所在也。故茲筆喻，深宜體悉。」

李成益兵請戰，又大敗，復賜御札問方略，及喻王爲誘敵之計：「具省卿奏，李成益兵而來，我師大獲勝捷，乃卿無輕敵之心、有勇戰之氣之所致也，因以見賊志之小小耳，朕甚慰焉。此月九日，嘗降親筆令卿條畫守禦全盡之策。若少留將兵，恐復爲賊有；若師徒衆多，則饋餉疲勞，乃自困之道也。卿必有處焉。及密遣間探，要知金虜、僞齊事勢強弱、點集次第，想已必達。卿宜籌畫良策來上，庶幾不廢前功也。將來議定，卿若班師，將今留人馬亦權暫少留，作守城之大計，其餘設伏。而卿亦少留近境，要當致彼賊師再來，併力掩擊，勦除而後已。雖眞實少留人馬，彼亦不敢有所侵犯也。卿更籌之，朕不遙制。」

冬十一月，虜僞合兵，大舉入寇，邊報急。賜御札趣王提兵東下：「近來淮上探報緊急，朕甚憂之，已降指揮督卿全軍東下。卿夙有憂國愛君之心，可即日引道兼程前來，朕非卿到終不安心。卿宜悉之。」

十二月，提軍趨合肥，御札撫問：「卿義勇之氣，震怒無前，長驅濟江，威聲遠暢。宜奮揚於我武，務深得於敵情。既見可乘之機，即爲擣虛之計。眷兹忠略，豈俟訓言，深念勤勞，往加撫問。」

紹興五年

夏四月，奉詔平湖寇楊么，至長沙，賜御札：「近得奏，知卿已至潭州，時方盛暑，將士良勞。朕以湖湘之寇，逋誅累年，故特委卿爲且招且捕之計，欲使恩威並濟，綏靖一方。聞卿到彼，措畫得宜，朕甚嘉之。然今去防秋不遠，若此寇既平，則可以專意扞敵，更宜多算，決致成功，此朕所望於卿者。其他曲折，張浚既至軍前，可就議也。二十三日。」

六月，大破楊么等寇，湖湘悉平，賜御札褒寵：「比得張浚奏，知湖湘之寇已肅清，紓朕顧憂，良用欣愜。非卿威名冠世，忠略濟時，先聲所臨，人自信服，則何以平積年嘯聚之黨於旬朝？指顧之間，不煩誅夷，坐獲嘉靖，使朕恩威兼暢，厥功茂焉。腹心之患既除，進取之圖可議。緬思規畫，嘉嘆不忘。然恐招撫之初，人懷反側，更宜綏輯，以安衆情，措置得宜，彼自馴擾，浚必已與卿計之熟矣。或有陳請，可具奏來。」

湖湘平，還屯武昌，賜札令王豫備：「勑岳飛：武昌控制上流，淮甸只隔一水，可多方措置，遣得力人間探，無使寇攘窺伺。即今動息如何，莫謂未有警報而緩圖之。事不素定，難以應猝。卿其用心體國，萬一有警，當極力捍禦，乘勢掃戮，無少疎虞，即卿之功。日具的實動息奏來。十四日。」

紹興六年

春，詔宰臣張浚出視師，賜御札：「朕以寡昧之資，履艱難之運。雖夙宵自勵，冀恢復於丕基；而姦宄未銷，尚憑陵於方夏。殆欲親蒙矢石，身屬櫜鞬，報兩宮遷越之讎，拯百姓流離之苦。坐薪嘗膽，疾首痛心，十年于茲，終食屢歎。今委宰輔督護戎昭，而卿以柱石之資，總貔虎之衆，居懷憤激，期于盪平。然念王者之師本於伐叛，天下之將專以靖民，俾號令之申嚴，慰雲霓之徯望。毋窺近效，有害成功。必使部伍無譁，田閭不擾，副我撫綏之意，共成戡定之功。舍爵策勳，朕不敢忽。故兹親筆，卿宜悉之。」

張浚既出視師，復賜御札申諭眷倚之意：「朕以父兄蒙塵，中原陷沒，痛心嘗膽，不敢皇寧。已命相臣，往專經畫，正賴爾等深體此懷，各奮精忠，勉圖報效，儻有機會，無或後時。所冀二聖還歸，故疆恢復，用副朕平日眷待責成之意。」

二月，督府議進屯以圖中原，王遂移鎮襄陽。賜御札令勉諭將佐：「朕惟國之用武，必據形勝以爲地利。今西南之重，實占上游，既已委卿移屯要害，深圖戰守之計。卿宜以朕此意敦喻將佐，撫勞士卒，勉思忠義，戮力一心，協贊事幾，庶克攸濟。有功必報，朕不汝忘。」

三月，丁母周國夫人姚氏憂，賜御札趣起復：「比閱軍中奏，知卿奄遭內艱，倚注之深，良用震怛。然人臣大義，國耳忘家，移孝爲忠，斯爲兩得。已降制命趣卿起復，宜體幾事之重，略常禮之煩，無用抗辭，即祗舊服。乘吏士銳氣，念家國世讎，建立殊勳，以遂揚名顯親之美，斯孝之至也。故茲親筆，諒悉至懷。」

秋，〔王將〕按邊，朝廷患給餉者不時至，〔賜御札命〕按舉功罪以賞罰：「朕將遣大兵，控臨邊境，軍須調度，不可愆時。應守、令、〔監司〕措置〔餉〕運，不擾而辦者，卿可具名來上，當議褒擢。其或〔不〕虔，至悮國事，亦仰按劾以聞。邦有常刑，朕不敢貸。」

九月，還至武昌。僞齊兵犯淮西，有詔提軍東下。時王目疾甚，張浚以聞，詔遣僧中印、皇甫知常馳至軍療眂。賜御札勞問，且趣其師：「近張浚奏，知卿病目，已差醫官爲卿醫治。然戎務至繁，邊報甚急，累降詔旨促卿提兵東下。卿宜體朕至懷，善自調攝。其他細務，委之僚佐，而軍中大計，須卿決之。如兵之在遠者，自當日下抽還，赴此期會，想卿不以微疾遂忘國事，朕將親臨江滸矣。併悉之。」

淮西寇已遁，賜御札止東援之師，且勞問目疾：「比屢詔卿提兵東下，今淮西賊遁，未有他警，已喻張浚從長措置，卿之大軍未須遽發也。如聞卿果以目疾爲苦，不至妨軍務否？近差醫者疾馳往卿所看視，卿宜省思慮，謹藥餌，安靜調養。至於求閑之請，非朕所知，雖累請無益也。故茲親筆，以示眷懷。」

前詔未拜，王已力疾提軍至九江。奏至，玉音宣諭輔臣，以王有尊朝廷之義。復賜御札嘉奬，且命爲乘機進取之計：「聞卿目疾小愈，即提兵東下，委身徇國，竭節事君，於卿見之，良用嘉歎。

今淮西既定，別無他警，卿更不須進發。其或襄、鄧、陳、蔡有機可乘，即依張浚已行事理從長措置，亦卿平日之志也。故玆親詔，卿宜知悉。」

冬，王奉詔遂出師襄漢。賜御札：「覽奏，知卿出師漢上，規模素定，必不徒行。方冬遠涉，將士良苦，卿更勤加撫勞，用副朕意。」

師至襄漢，賜御札撫問，且諭以勉力遠圖之意：「卿志存憂國，義專報君，式總兵戎，再臨襄漢。顧霜露之冒犯，想徒御之勤勞。深副簡知，自宜神相。朕當食而嘆，中夜以思，非我忠臣，莫雪大耻，所祈勉力，用究遠圖。卿目疾邇來更好安否？故玆親諭，想宜悉之。」

初，王下商虢，至長水，得糧凡十七萬，俘獲甚衆。會淮西有警，遂還。至是，復與僞齊戰于何家寨、于白塔、于牛蹄，皆大捷。賜御札奬諭，且申述前功：「卿學深籌略，動中事機，加兵宛葉之間，奪險松栢之塞。仍俘甲馬，就食糗糧。登聞三捷之功，實冠萬人之勇。朕〔方申〕嚴漕輓，督責計臣，俾遠赴於師期，庶士無於飢色。卿其勝敵益戒，用心愈剛，毋少狃於前勞，用克當於大敵。但使先聲後實，我武既揚；將見左枝右吾，敵人自病。朕所望者，卿其勉旃。」

十二月，大雪苦寒，遣賜器物，傳宣撫問，兼賜御札：「戰鞍、繡鞍各一對，龍涎香一千餅，龍茶一合，靈寶丹一合，鐵簡一對賜卿，至可領也。」

降槍樣至軍中，賜御札：「卿軍中見長槍似未盡善，此物須是銛利勁決，即用之借助人力。今降槍樣去，可依此製造，盡改舊樣不用。」

紹興七年

春，既下詔招陷僞官吏，乃賜王御札，令以德音檄諭：「朕惟中原官吏，皆吾舊臣，迫於虜威，中致睽絶，豈棄君而從僞，實權時以保民。罪由朕躬，每深自咎。儻能懷忠體國，率衆來歸，當議因其官爵，更加褒寵。罪無大小，悉與寬除。天日所臨，朕言必信。故兹親筆，所宜悉之。卿可作恭被親筆手詔，移檄中原州縣官吏。」

復賜御札，命王詔諭僞齊親黨：「劉豫親黨有能察時順理、以衆來歸，自王爵以下皆所不吝。罪無大小，一切寬貸。卿可多遣信實之人宣諭朕意。」

三月，王扈蹕至建康，召至寢閣。玉音宣諭曰：「中興之事，一以委卿。」王頓首奉詔。時劉光世罷兵，未知所付，聖意屬王。議既定，賜御札令付王德等：「朕惟兵家之事，勢合則雄。卿等久各宣勞，朕所眷倚。今委岳飛盡護卿等，蓋將雪國家之耻，拯海内之窮。天意昭然，時不可失，所宜同心協力，勉赴功名。行賞荅勛，當從優厚。聽飛號令，如朕親行。儻違斯言，邦有常憲。」

王既奉詔，復抗疏論恢復大計。時秦檜力主和議，聞王將合師北討，懼其成功，謀奪所領光世軍，從中沮撓，前議遂寢，乃賜御札：「覽奏備悉，俟卿出師有日，別降處分。淮西合軍，頗有曲（析）〔折〕，前所降王德等親筆，須得朝廷指揮許卿節制淮西之兵，方可給付。仍具知稟奏來。」

王至督府，與張浚論劉光世軍，力言張俊、

呂祉、王德皆不可付，恐士心不服，或以致變。浚疑其有自營得軍意，王乃即上章，乞解兵柄，賜御札慰諭，且封還奏劄：「奏劄復還卿。國事至重，要當子細商量，期於有濟。可速起發見張浚，仍具奏來。」

王復上奏懇免，乞持餘服。賜御札封〔還原奏〕：「再覽來奏，欲持餘服，良用愕然。卿忠勇冠世，〔志在國家，朕〕方倚卿以恢復之事。近者探報〔賊〕計狂狡，將窺我兩淮。〔正〕賴日夕措置，有以待之。卿乃欲求閑息，豈所望哉？張浚已過淮西視師，卿可亟往商議軍事，勿復再有陳請。今封還元奏。故兹親筆，宜體至懷。」

王懇免不止，詔遣中使宣〔請〕〔赴〕張浚所議軍事。賜御札再還元奏：「比降親筆，喻朕至意，再覽卿奏，以渾瑊自期，正朕所望於卿者，良深嘉歎。國家多事之際，卿爲大臣，所當同恤。見遣中使宣卿赴張浚處，詳議軍事。《傳》曰：『將相和則士豫附。』卿其勿事形迹，以濟功勳。今再封還來奏，勿復有請。」

王議事畢，奉詔還屯，復上奏以爲〔賊〕豫逋誅，盜據中土，歲月滋久，汙染漸深，宜及時攻取，以除腹心患。乞不假濟師，止以本軍進取。賜御札褒諭：「覽卿來奏，備見忠誠，深用嘉歎。恢復之事，朕未嘗一日敢忘于心。正賴卿等乘機料敵，力圖大功。如卿一軍，士馬精鋭，紀律脩明，鼓而用之，可保全勝。卿其勉之，副朕注意。」

秋七月，張俊、楊沂中之旨至淮西，酈瓊等果大譟不服，遂殺呂祉，以全軍叛降僞齊。賜御札〔諭王〕招捕：「國家以疆埸多虞，已及防秋，比降指揮，除張俊爲淮西宣撫使，楊沂中爲制置使，而廬州統制官酈瓊意謂朝廷欲分其兵馬，遂懷反側，不能自安，於八日脅衆叛去。朕已降詔開諭招撫，兼遣大兵，如無歸意，即行掩捕。卿宜知悉。比覽裁減官吏奏狀，知卿體國愛民之意，深契朕心，嘉歎無已。」

王前奏乞以本軍進討劉豫，既奉詔，方整兵北鄉，復上奏請建都上游以瞰中原，以示聖意之所向。會淮西軍變，因賜御札報諭，令俟機會：「覽卿來奏，備見愛君忠義之忱。朕懷國家之大耻，竭盡民力以養兵訓戎，恢復之事，未嘗一日少忘于心。但以近者張俊謀之不臧，淮西兵叛，事既異前，未遑亟舉，而議者謂朕當不常厥居，使敵人莫測，建康、臨安，以時往來，固不害爲恢復之圖也。唯俟機會，以決大策。地遠，不得與卿面言，卿其益勵壯猷，副朕責成之意。」

王奉詔不復出師，第行邊備守。朝廷猶以上流爲慮，賜御札令王飭備：「卿盛秋之際按邊，風霜已寒，征馭良苦。如是別有事宜，可密奏來。朝廷以淮西軍叛之後，每加過慮，長江上流一帶緩急之際，全藉卿軍照管，可更戒飭所留軍馬，訓練整齊，常若寇至。蘄陽、江州兩處水軍，亦宜遣發，以防意外。如卿體國，豈待多言？」

王奉詔以舟師屯九江，爲淮浙聲援。既至，御札撫問，且遣馹使燕勞：「比降旨令卿領兵應援淮浙，庶幾王室尊安，中外寧謐。聞卿即日就道，已屯九江，憫勞跋履之勤，良用嘉歎。今遣江諮賜卿茶藥酒果，及燕犒將士，仍令諭朕委曲之意。卿宜悉之。」

紹興八年

秋，奉詔入覲。時虜人方議通好，王因賜對，力言夷狄不可信，和好不可恃，相臣謀國不臧，恐貽後世譏議。及還屯，飭備益嚴。已而卒許虜和，賜御札報諭，因其戒謹之意，復寓聖訓：「朕昨與卿等面議金國講和事，今金人已遣張通古、蕭哲前來議和。朕以梓宮未還，母兄宗族在遠，夙夜痛心，不免屈意商量。然卿等戮力練兵，國威稍振，是致敵人革心如此。卿等之功，朕豈可忘？若境土來復，自今尤當謹飭邊備。切宜體朕此意，益加訓練兵馬，常作不虞之戒，以圖永久安固。付此親札，想宜知悉。」

朝廷得金人書，歸我河南地，賜御札報諭，歸功王：「今月二十七日，已得大金國書。朕在諒陰中，難行吉禮，止是宰執代受。書中無一須索，止是割還河南諸路州城。此皆卿等扶危持顛之效，功有所歸，朕其可忘？尚期飭備，以保全勛。故茲親札，各宜體悉。」

紹興九年

朝廷得金人書，歸我河南地，虜好方密，令毋得過界招納：「朕委任卿嚴飭邊備，唯是過界招納，得少失多，已累行約束，丁寧詳盡。今後雖有三省密院文字，亦須繳奏，不得遣發。付此親札，想宜體悉。」

紹興十年

朝廷得諜報，虜人果有意叛盟，賜御札令飭備：「昨因虜使至，慮傳播不審，妄謂朝廷專意議和，是用累降旨嚴飭邊備。近據諸路探報，虜人舉措似欲侵犯。卿智謀精審，不在多說，更須曲盡關防，爲不可勝之計，斯乃萬全。朕比因傷冷作疾，凡十日不視朝，今則安和無事。慮貽卿遠憂，故兹親詔，宜悉。」

夏五月，虜人大舉入寇。王聞警，即奏乞面陳機會。已詔諸大帥進兵，賜御札不許，趣王乘機破敵，仍問計：「覽卿來奏，欲赴行在奏事，深所嘉歎。况以戎事之重，極欲與卿相見，但虜酋在近，事機可乘。已委卿發騎兵至陳、許、光、蔡，出奇制變，因以應援劉錡，及遣舟師至江州屯泊。候卿出軍在近，輕騎一來，庶不廢事。卿憂國康時，謀深慮遠，必有投機不可淹緩之策，可親書密封急置來上，朕所虛佇也。」

時河南盡陷，復詔趣王與諸大帥進兵，賜御札令乘機措置招納：「金人過河侵犯東京，復來占據已割舊疆。卿素藴忠義，想深憤激。凡對境事宜可以乘機取勝、結約招納等事，可悉從便措置。若事體稍重合稟議者，即具奏來。付卿親札，想宜體悉。」

劉錡據順昌以抗虜，王奉詔即遣張憲、姚政赴敵。未至，復賜御札命應援關陝河北以圖京師：「金人背約，兀朮見據東京。劉錡在順昌雖屢有捷奏，然孤軍不易支梧，已委卿發騎兵策應，計已遣行。續報撒離喝犯同州，郭浩會合諸路，扼其奔衝。卿之一軍與兩處形勢相接，况卿忠義謀略，志慕古人，若出鋭師邀擊其中，左可圖復京師，右謀援關陝，外與河北相應，此乃中興大計。卿必已有所處，唯是機會不可不乘。付此親札，想宜體悉。」

王既遣張憲、姚政至順昌、光、蔡援劉錡，具以奏聞。未至，六月札趣兵：「劉錡在順昌府捍禦金□，雖屢殺獲，其賊勢源源未已。卿依已降詔旨，多差精鋭人馬，火急前去救援，無致賊勢猖狂，少落姦便。不得頃刻住滯。」

王之奏未至，復賜御札趣遣兵：「已降指揮，委卿遣發軍馬往光、蔡以來，策應劉錡以分賊勢。緣錡首與虜人相角，稍有挫創，即於國體士氣所係非輕。卿當體國，悉力措置，無致少失機會。付卿親札，想宜體悉。」

王遣張憲、姚政之奏既至，因復請詣在所面陳機密，御札不許，〔令〕力戰：「覽卿奏，已差發張憲、姚政軍馬至順昌、光、蔡，深中機會。卿乞赴行在所奏事，甚欲與卿相見。緣張浚親率大兵在淮上，已降指揮委卿統兵併力破〔賊〕。卿可疾速起發，乘此盛夏我兵得利之時，擇利進取。候到光、蔡措置有緒，輕騎前來奏事，副朕〔虛〕佇也。付此親札，想宜體悉。」

詔以王屢請覲，慮妨乘機，驛遣李若虛詣軍前議事。賜御札令王審處機宜，且諭以委任之意：「金人再犯（來）〔東〕京，賊方在境，難以召卿遠來面議。今遣李若虛前去就卿商量，凡今日可以乘機禦敵之事，卿可一一籌畫措置，先入急遞奏（宋）〔來〕。據事勢，莫須重兵持守，輕兵擇利。其施設之方，則委任卿，朕不可以遙度也。盛夏我兵所宜，至秋則彼必猖獗，機會之間，尤宜審處。

遣親札，指不多及。」

朝廷以順昌爲憂，復賜御札趣已遣之兵，仍令濟師：「累降詔旨，令發精鋭人馬應援劉錡，今順昌與賊相對日〔久〕，〔雖〕屢殺獲，恐人力疲困不便。卿可促其已發軍馬，或更益其數，星夜前去協助劉錡，不可少緩，有失機會。卿體朕此意，仍具起發到彼月日奏來。」

初，王召對罷詣資善堂，見孝宗皇帝英明雄偉，退而歎曰：「中興基本，其在是乎！」時儲極虚位，天下寒心，權臣娼忌人言，在廷莫敢倡議。王獨念聖眷優渥，不敢愛身，思欲盡言以報。至是虜再叛盟，王灑泣厲衆，即日北討。將行，數請面陳，冀以感動上聽。會詔趣進兵，不許。乃密爲親書奏上之，大略以爲今欲恢復，必先正國本以安人心，然後不常厥居，以示不〔忘復〕讎之志。奏至，宸衷感悟，賜御札褒嘉。會劉錡戰退三路都統、龍虎等軍，因諭王以擣虚斷後之策：「覽卿親書，深用嘉歎，非忱誠忠讜則言不及此。卿識慮精深，爲一時智謀之將，非他人比。兹者河南復陷，日夕愴然。比遣兵渡淮，正欲密備變故，果致俶擾。劉錡戰退三路都統、龍虎等軍，以捷來上，顧小敵之堅，深軫北顧之念。卿可附近乘此機會，見可而進，或掎角擣虚，斷後取援，攻守之策，不可稽留。兵難遥度，卿可從宜措置，務在取勝，用稱引望。已進卿秩，并有處分，想已達矣。建不世之勳，垂名竹帛，得志之秋，宜決策於此。他處未曾諭旨，今首以詔卿，蔽自朕意，想宜體悉。」

王得順昌府陳規所申，復親提兵進援。奏

至，賜御札褒嘉，仍諭進取：「覽卿六月二十二日奏，得順昌府陳規所申，見親提兵前去措置。恐他時愈見費力，已令張俊措置亳州，韓世忠措置宿州淮陽軍。卿可乘機進取陳、蔡，就六月終一切了畢。候措置就緒，卿可輕騎一來相見也。」

劉錡既又戰退兀朮等軍，復賜御札趣先進兵，乘機決勝：「劉錡在順昌屢捷，兀朮親統精騎到城下，官軍鏖擊，狼狽遁去。今張俊提大軍在淮西，韓世忠輕騎取宿，卿可依累降處分，馳騎兵兼程至光、蔡、陳、許間，須七月以前乘機決勝，冀有大功，爲國家長利。若稍後時，弓勁馬肥，非我軍之便。卿天資忠智，志慕古人，不在多訓。」

提兵至蔡州，賜御札撫勞，仍諭聖意：「覽卿奏，提兵已至蔡州，暑行勞勩，益見忠誠許國，嘉歎無已。朕意初欲擒取孽酋，庶幾羣醜自潰，兩國生民有息肩之期。然賊情敵勢，必已在卿目中，遲速進退，卿當審處所宜。」

閏六月，張憲復潁昌府，王親帥大軍去蔡而北，賜御札嘉獎，仍諭以委寄之意：「覽卿奏，克復潁昌，已離蔡州，向北措置，大帥身先士卒，忠誼許國，深所嘉歎。然須過爲計慮，虜懷蠆毒，恐至高秋馬肥，不測豕突，當使許、蔡遺民前期保聚。大軍進退之宜，輕重緩急，盡以委卿，朕不從中御也。」

舉兵過蔡，所鄉破竹，軍聲大振。又遣楊成復鄭州，張憲復陳州。捷聞，賜御札獎諭，且遣中使宣勞，仍諭聖訓：「覽卿奏，知已遣兵下鄭州，自許、陳、蔡一帶形勢皆爲我有。又大軍去賊寨止百餘里。想卿忠義許國之心，必期殄〔滅〕殘虜，嘉歎無已。然賊計素挾狙詐，雖其姦謀不能出卿所料，更在明斥候，謹間諜，乘機擇利，必保萬全。兵事難以險度，遲速進退，朕皆付之卿也。已差中使勞卿一軍，未到間，卿有所欲，前期奏來。入覲無早晚，但軍事可以委之僚屬，即便就途。遣此親札，想宜體悉。」

王因奏捷，歸功諸將。會遣中使，詔賜王貴等袍、帶各一，以褒其功，賜御札命王給付：「朕嘗聞卿奏稱王貴、張憲、徐慶數立戰效，深可倚辦。方今正賴將佐竭力奮死，助卿報國，以濟事功，理宜先有以旌賞之。其王貴等各賜撚金線戰袍一領，金束帶一條，至可給付也。」

王進兵郾城，賜御札撫問，仍令措置屯守蔡、潁：「得卿奏，提兵在道，暑行勞勩，朕念之不忘。狂虜尚在近境，今已入秋，預當嚴備，以防豕突。蔡、潁舊隸京西，今專付卿措置，當分兵將屯守防扞，并謀絕其糧道，使虜有腹背之顧，在卿方略，隨宜處畫。朕久欲與卿相見，事畢輕騎一來爲佳，餘候面議。遣此親札，想宜體悉。」

兀朮與僞龍虎大王等會于東京議，以爲諸帥皆易與，獨王孤軍深入，且有河北忠義響應之援，其鋒不可當，欲誘致其師，併力一戰。於是朝廷得諜報，大以王軍爲慮，亟賜御札，令俟隙並舉：「近據諸處探報及降虜面奏，皆云兀朮與龍虎議定，欲誘致王師，相近汴都，併力一戰。卿切須占穩自固，同爲進止。虜或時遣輕騎來相誘引，但挫其鋒，勿貪小利，墮其詭計。俟有可乘之隙，約定期日，合力並舉，以保萬全。」

秋七月，師在潁昌，王以輕兵屯于郾城。張應、韓淸復西京，趙俊復趙州，孟邦傑復南城軍，梁興、董榮復絳州垣曲縣，遂復王屋，李寶、孫彥戰于曹州，于宛亭縣，于渤海廟，皆大捷，中原震響。兀朮併兵于東京，復以僞龍虎蓋天大王及昭武大將軍韓常之兵寇郾城。王師戲下迎擊，大破之。兀朮復收兵求戰，又大敗，殺其大酋阿里朵孛堇。賜御札嘉獎：「覽卿七月五日及八日兩奏，聞虜併兵東京及〔賊〕酋率衆侵犯，已獲勝捷。卿以忠義之氣，獨當強敵，志在殄滅〔賊〕衆，朕心深所傾屬。已遣楊沂中悉軍起發，自宿、亳前去牽制。聞劉錡亦進至項城，卿當審料事機，擇利進退，全軍爲上，不妨圖〔賊〕，又不墮彼姦計也。遣此親札，諒深體悉。」

郾城屢勝，兀朮歛兵退卻，捷繼至。復賜御札褒諭，申述前功：「覽卿奏，八日之戰，虜以精騎衝堅，自謂奇計。卿遣背嵬、游奕迎破賊鋒，戕其酋領，實爲雋功。然大敵在近，卿以一軍獨與決戰，忠義所奮，神明助之。再三嘉歎，不忘于懷。比已遣楊沂中全軍自宿、泗前去，韓世忠亦出兵東向。卿料敵素無遺策，進退緩急之間，可隨機審處，仍與劉錡相約同之。屢已喻卿，不從中御，軍前凡有所須，一一奏來。七月廿二日。」

兀朮兵十二萬退屯臨潁。小校楊再興以三百騎至小商橋，與虜遇，大破其師。兀朮憤其敗，遂攻潁昌。王命子雲以背嵬援王貴，戰于潁昌城西，虜衆大敗，殺兀朮之子壻統軍上將軍夏金吾等凡六人，俘馘萬計，得其雪護闌馬及金印七鈕以獻，兀朮僅以身免，副統軍黏汗重創，輿至東京而死，中原大震。王乘勝進兵朱僊鎮，兀朮收潰兵對壘而陳。王亟奏乞乘機破滅渠魁，以復故壤。賜御札報諭，仍寓嘉歎之意：「覽卿奏，兀朮見聚兵對壘，卿欲乘時破滅渠魁，備見忠義之氣通于神明，卻敵興邦，唯卿是賴。已令張浚自淮西、韓世忠自京東擇利並進，若虜勢窮蹙，便當乘機殄滅。如姦謀詭計尚有包藏，諒卿亦已熟料，有以應之。楊珪自虜中逃歸，有所見事宜，今錄本付卿，亦欲一知也。遣此親札，想宜體悉。」

僞昭武大將軍韓常既失夏金吾，畏罪不敢還，以兵五萬屯長葛，密遣使願以其衆降。王遣賈興報，許之。兀朮復聚兵十萬，拒王于朱僊鎮。王按兵不動，第遣將以背嵬五百奮擊，大破之，兀朮奔東京。時大軍去京纔四十五里，方議受降且進取，兩河響應，指期成功。秦檜主和議，懼得罪于虜，亟請班師。王抗疏，以爲：「虜人巢穴盡聚東京，屢戰屢奔，銳氣沮喪。得間探報，兀朮已盡棄輜重，疾走渡河。況今豪傑向風，士卒用命，天時人事，強弱已見，時不再來，機難輕失。臣日夜料之熟矣，惟陛下圖之。」奏至，宸衷感悟，令少駐近便得地利處，報諸帥同進止：「得卿十八日奏，言措置班師，機會誠爲可惜。卿忠義許國，言詞激切，朕心不忘。卿且少駐近便得地利處，報楊沂中、劉錡同共相度，如有機會可乘，約期並進。如無，且止以觀敵釁，亦須聲援相及。楊沂中已於今月二十五日起發，卿可照知。遣此親札，想宜體悉。」

前詔未至，諸大帥各已退師。秦檜復請休兵觀釁，亟趣王退，一日奉庚牌者十有二。王奉詔還自朱僊鎮，將朝于在所。會韓世忠在淮陽、楊沂中往徐州，朝廷慮虜軍襲其後，復賜御札令駐京西牽制：「比聞卿已趣裝入覲，甚慰朕虛佇欲見之意。但以卿昨在京西與虜接戰，遂遣諸軍掎角並進。今韓世忠在淮陽城下，楊沂中已往徐州，卿當且留京西，伺□意向，爲牽制之勢。俟諸處同爲進止，大計無慮，然後相見未晚也。遣此親札，諒深體悉。」

紹興十一年

春正月，諜報韓常將入寇。王聞警，即上疏乞會諸帥兵破敵，願以身爲先驅。既遣奏，整兵以竢命。未至，十五日乙卯，兀朮、韓常與僞龍虎大王先驅渡淮。二十五日乙丑，駐廬州界。報至，賜御札令王以兵至江州：「據探報，虜人自壽春府遣兵渡淮，已在廬州界上，張俊、劉錡等見合力措置掩殺。卿可星夜前來江州，乘機照應，出其前後，使□腹背受敵，不能枝梧。投機之會，正在今日。以卿忠勇，志呑此賊，當即就道。付此親札，卿宜體悉。」

二月四日癸酉，王在鄂，未奉前詔，念虜既舉國入寇，巢穴必虛。若長驅京、洛，虜必奔命，可以坐制其弊。既遣奏，又欲亟遏虜師，是日，再抗疏曰：「今虜〔在〕淮西，臣若擣虛，勢必得利。萬一以爲寇方在近，未暇遠圖，即乞且親至蘄、黄，相度以議攻卻。且虜知荆鄂宿師，必自九江進援。今若出此，貴得不拘，使敵罔測。」未至，賜御札趣出兵：「比以金〔賊〕侵犯淮西，已在廬州，張俊、楊沂中、劉錡見併力與〔賊〕相拒，已親札喻卿，乘此機會提兵合擊，必成大功，副卿素志。卿可星夜倍道來江州，或從蘄、黄繞出其後，腹背擊〔賊〕。機會在此，朝夕須報。再遣親札，想宜體悉。」

前詔未至，虜已迫和州。七日丙子，復賜御札趣出兵：「虜犯淮西，與張俊和州相拒，已遣親札，趣卿倍道前來，合力擊〔賊〕，早夜以俟。卿忠智冠世，今日之舉社稷所繫，貴在神速，少緩恐失機會也。再遣手札，卿當深悉。」

九日戊寅，王始奉出兵江州之詔，下令以十一日庚辰就道，且以奏聞。未至，十日己卯，詔遣中使張去爲至王軍，賜御札出兵：「虜寇聚于淮西，張俊、楊沂中、劉錡已於和州巢縣下寨，與〔賊〕相拒，韓世忠出兵濠上。卿宜倍道，共乘機會。前所發親札，卿得之必已就道。今遣張去爲往喻朕意，卿更須兼程，無詒後時之悔。諒卿忠智出於天性，不俟多訓也。」

王時以寒嗽在告，庚辰，力疾發鄂渚。會所乞合諸帥兵破敵之奏始至，賜御札褒嘉：「昨得卿奏，欲合諸帥兵破敵，備見忠誼許國之意，嘉歎不已。今虜犯淮西，張俊、楊沂中、劉錡已併力與〔賊〕相拒，卿若乘此機會，亟提兵會合，必成大功。以朕所見，若卿兵自蘄、黄繞出其後，腹背擊賊，似爲良策。卿更審度，兵貴神速，不可失機會也。再遣親札，想宜體悉。」朝廷得歸正人所報，十五日甲申，復賜御札趣出兵：「比屢遣手札，并面諭屬官，仍遣中使趣卿提兵前來共破虜賊。諒卿忠憤許國之心，必當力踐所言，以攄素志。今據歸正人備說，金〔賊〕桀黠，頭首皆在淮西。朕度破敵成功，非卿不可。若一舉奏功，庶朕去年宥密之詔，不爲虚言。况朕素以社稷之計倚重於卿，今機會在此，曉夕以俟出師之報。再遣此札，卿宜體悉。」王始沓奉前詔，乃益疾馳以行。十七日丙戌，王癸酉之奏始至，朝廷亦欲亟遏虜師。賜御札報諭，令姑緩京洛之策：〔屢發手詔，〔及毛敦書〕、張去爲繼往喻旨，朝夕需卿出師之報。攬二月四日奏，〔備悉〕卿意。然事有輕重，今江浙駐〔蹕〕，〔賊〕馬近在淮西，勢所當先，兼韓世忠、張俊、楊沂中、〔劉錡、李顯忠等皆〕已與賊對壘。卿須親提勁兵，星夜前來蘄、黄，徑趨〔壽春〕，出其賊後，合力勦除凶渠，則天下定矣。想卿聞此，即便就道。再遣親札，宜深體悉。」

是日，既詔令緩京洛之策，而王乞出蘄、黄之奏始至，復賜御札嘉獎：「得卿奏，欲躬親前去蘄、黄州，相度形勢利害，貴得不拘於九江。以卿天資忠義，乃心王室，諒惟蚤夜籌畫，必思有以濟國家之急。若得卿出蘄、黄，徑擣壽春，與韓世忠、張俊相應，大事何患不濟？中興基業，在此一舉，覽奏不勝嘉歎。再遣親札，卿宜體悉。」

十九日戊子，王出師之奏始至。賜御札嘉歎，且申述王初奏會兵破敵之意：「得卿九日奏，已擇定十一日起發往蘄、黄、舒州界。聞卿見苦寒嗽，乃能勉爲朕行，國爾忘身，誰如卿者！覽奏再三，嘉歎無斁。以卿素志殄虜，常苦諸軍難合，今兀朮與諸頭領盡在廬州，接連南侵。張俊、楊沂中、劉錡等共力攻破其營，退卻百里之外。韓世忠已至濠上，出鋭師要其歸路。劉光世悉其兵力，委李顯忠、吳錫、張琦等奪回老小孳畜。若得卿出自舒州，與韓世忠、張俊等相應，可望如卿素志。惟貴神速，恐彼已爲遁計，一失機會，徒有後時之悔。江西漕臣至江州，與王良存應副錢糧，已如所請委趙伯牛，以伯牛舊嘗守官湖外，與卿一軍相諳委也。春深，寒暄不常，卿宜慎疾以濟國事。付此親札，卿須體悉。」

王出師蘄、黄，親以背嵬先驅疾馳入廬州。兀朮懲潁昌之敗，聞軍至，舉營宵遁。韓常亦以長葛乞降之舊，先退兵渡淮。

二月一日庚子，報至，賜御札諭王，令平蕩壽春：「聞虜人已過壽春，卿可與張俊會合，率楊沂中、劉錡並往尅復。得之則盡行平蕩，使賊不得停迹，以除後患，則卿此來不爲徒行也。有所措置，開具奏來。」

朝廷得韓世忠奏，復賜御札趣王會合平蕩：「韓世忠奏，已親提兵自濠往壽春府，卿可約與相見，從長措置。虜人若未全退，或已退復來接戰，即當乘其既敗，痛與勦戮，使知懲畏。若已退不復來，即壽春、順昌皆可平蕩靜盡，絶其後來之害。以卿體國之意，必協心共濟，不致二三也。遣此親札，諒宜深悉。」

王軍在廬州，兀朮、韓常已遁。得張俊報，虜已渡淮盡絶，乃還軍舒州，具以奏聞，且候進止。會兀朮聞王退師，用酈瓊計，復窺濠州。王聞警，以四日癸卯夜發舒州進援。朝廷得警奏，十一日庚戌，賜御札趣出兵：「兀朮再窺濠州，韓世忠、張俊、楊沂中、劉錡皆已提軍到淮上。以卿忠智許國，聞之必即日引道。切須徑赴廬州，審度事勢，以圖壽春。廬通水運而諸路漕臣皆萃于彼，卿軍至，糧草不乏，又因以屏蔽江上，軍國兩濟，計無出此。已行下諸漕，爲卿一軍辦糧草，不管闕乏。付此親札，卿須體悉。」

王已先詔出師援濠，朝廷猶未知。庚戌之夕，王還舒之奏始至。乃賜御札，嘉奬王恭謹之節，而趣令夾擊以定大功：「得卿奏，知卿屬官自張俊處歸報虜已渡淮，卿只在舒州聽候朝廷指揮。此以見卿小心恭謹，不敢專輒進退，深爲得體，朕所嘉歎。據報，兀朮用酈瓊計，復來窺伺濠州，韓世忠已與張俊、楊沂中會于濠上，劉錡在廬州、柘皐一帶屯軍。卿可星夜提精兵，裹糧起發，前來廬州就糧，直趨壽春，與韓世忠等夾擊，可望擒殺兀朮，以定大功。此一機會，不可失也。廬州通水運，有諸路漕臣在彼運糧。急遣親札，卿切體悉。」

王自舒州疾馳，以十三日辛亥至定遠縣。兀朮先以八日丁未破濠州，張俊以全軍駐于黃蓮鎭，去濠六十里，不能救。楊沂中趨濠城，覆于虜，王德救之而免。

兀朮方據濠，聞王將至，復遁，夜踰淮，不能軍。時朝廷方得王發舒州之奏，乃賜御札嘉獎，且諭以適中機會之意：「得卿奏，卿聞命即往廬州，遵陸勤勞，轉餉艱阻。卿不復顧問，必遄其行，非一意許國，誰肯如此？據探報，兀朮復窺濠州，韓世忠八日乘捷至城下，張俊、楊沂中、劉錡先兩日盡統所部前去會合，更得卿一軍同力，此〔賊〕不足平也。中興勳業，在此一舉。卿之此行，適中機會。覽奏再三，嘉歎不已。遣此獎諭，卿宜悉之。」

王得張俊報，韓世忠先以四日癸卯自招信、泗州還楚，而俊亦以十四日癸丑還軍滁州。王既獨以孤軍駐定遠，而虜已悉遁，乃復還軍，且具以奏聞。未至，朝廷以未知世忠還楚，十七日丙辰，復賜御札，令王出濠、壽牽制：「累得卿奏，往來廬、舒間，想極勞勩。一行將士日夜暴露之苦，道路登涉之勤，朕心念之不忘。比以韓世忠尚在濠州，與〔賊〕相拒，獨力恐難支梧，累奏告急。卿智略有餘，可爲朕籌度擇利，提師一出濠、壽間，牽制〔賊〕勢，以援世忠。想卿忠義體國，必以宗社大計爲念，無分彼此。劉錡一軍已專令間道先行，張俊、楊沂中亦遣兵前去，并欲卿知。」〔二〕

追封鄂王告中書舍人李大異行詞

勑：人主無私予奪，一歸萬世之公；天下有眞是非，不待百年而定。晚言名將，夙號藎臣，雖勳業不究於生前，而譽望益彰於身後。緬懷英槩，申畀愍章，故追復少保、武勝定國軍節度使、武昌郡開國公、食邑六千一百戶、食實封二千四百戶，贈太師、謚武穆岳某，縕蓋世之材，負冠軍之勇。方略如霍票姚，志滅匈奴；意氣如祖豫州，誓清冀朔。屢執訊而獲醜，亦舍爵而策勳。外讋威靈，內殫謨畫。屬時方講好，將歸馬華山之陽；而爾獨奮身，欲撫劍伊吾之北。遂致樊蠅之集，寖成市虎之疑。雖懷子儀貫日之忠，曾無其福；卒墮林甫偃月之計，孰拯其冤？逮國論之旣明，果邦誣之自辨。中興之主，恩念不忘；重華之君，追褒特厚。肆眇冲之在御，想風烈以如存。是用頒我恩綸，襚之王爵，裂熊渠之故壤，超敬德之舊封。豈特慰九原之心？蓋以作六軍之氣。於戲！修車備械，適當閒暇之時；顯忠遂良，罔間幽冥之際。諒惟泉穸，歆此寵光。可特追封鄂王，餘如故。

王之子雲贈節度使告中書舍人俞烈行

勑：絳侯左袒而爲劉氏，豈知書牘背之威？李廣結髮而戰匈奴，不忍對刀筆之吏。旣邦誣之昭白，豈功令之悠忘？故追復左武大夫、忠州防禦使、贈安遠軍承宣使岳某，忠本家傳，才爲世傑。稟名父之筭勝，折醜虜之天驕。馬革裹尸，忠肝可見；蠅營集棘，奇禍遽興。早悲戰骨之翎飛霜，豈料戴盆而見白日？慰忠魂於拱木，新戎鉞於帥壇。庶一節之不磨，亦九原之可起。噫！引劍呼痛，世已知杜郵之寃；結草酬恩，爾尙思輔氏之報。勿以重泉之永隔，而忘許國之初心。可特贈武康軍節度使，餘如故。

王之將張憲贈承宣使同前人行

勑：權邪扇虐，久肆邦誣；忠義不磨，大明國是。既沈寃之昭白，豈功令之愆忘？故追封龍神衛四廂都指揮使、閬州觀察使張憲，有志戰多，素推拳勇。首將元戎之虎旅，志犁老上之龍廷。馬革裹尸，忠肝可見；蠅營集棘，奇禍遽興。早悲戰骨之翎飛霜，豈料戴盆而見白日？洗忠魂於丹筆，新制鉞於笛臺。庶一節之愈明，亦九原之可起。噫！引劍呼痛，世已知杜郵之寃；結草酬恩，爾尚思輔氏之報。勿以重泉之永隔，而忘許國之初心。可特贈寧遠軍承宣使，餘如故。

太學陳請賜廟額封王爵及父母妻子子婦將佐加封事

尚書省牒

太常寺狀：準送下禮部狀，朝奉大夫、國子司業、兼玉牒所檢討官何夢然等狀奏：「照對臣近據太學學錄學生臣楊懋卿等列申：『懋卿等嘗讀蘇文忠公所撰《昌黎伯韓文公廟碑》，有曰：「其生也有自來，其死也有所爲。」且謂：「不待生而存，不隨死而亡，故在天爲星辰，在地爲河嶽，幽則爲鬼神，明則復爲人。」於是益信夫一點忠義英靈之氣，景景千古，不可磨滅也。懋卿等伏見太學土地靈通廟神、正顯昭德文忠英濟侯，正直聰明，應感如響。其賜額之勑，則有倉卒息鬨、潛弭火警之褒；其初命之告，則有用物弘多、厥靈炳著之譽，其再命之詞，則有視學禮成、言協夢卜之驗。然是特言其死有所爲，而未言其生有自來也。逮夫三命溫綸，則顯述中興名將，英靈未泯，肹蠁甚著，蓋其故居，且謂忠臣衛社稷，生死以之，則指神爲忠武岳王明矣。況國史載紹興三十二年以岳飛宅爲太學，正合前所謂故居之説，不可誣也。侯封八字，其號已極，改畀王爵，於祀爲宜。兼寶祐五年明堂赦文，應神祠曾經禱祈靈應，有功於民，合該封爵去處，令所屬保明聞奏放行。況忠武昔已正王爵，今豈容更下一等乎？國家祀典之神，父母妻子子婦佐神，皆有封號。今來廟神父和贈太師、隋國公，母姚氏贈周國夫人，妻李氏贈秦國夫人。子五人：雲，贈安遠軍承宣使；雷，贈武略郎；霖，贈太中大夫；震，贈朝奉大夫；霆，贈修武郎。子婦五人，□氏、□氏、□氏、□氏、□氏。部將六人，張憲、徐慶、（黄）〔董〕先、牛臯、李寶、王貴，皆未該封，實爲闕典。比來祈禱禬禳，靈驗愈著，非特相多士，昌斯文，抑且妥寧京邑，其有功於國家，豈淺鮮哉？懋卿等濫叨廡員，義不容默，庸敢合辭申請。欲望保明敷奏，改賜廟額，特與超封王爵，及封神父母、妻及五子及五婦及佐神六人，非惟忠烈之神，陰拜褒嘉之寵，而諸生拜賜惟均。』臣等竊惟褒功者崇報之常典，表忠者激勸之大端，其有生爲忠臣，沒爲明神，而廟食於風化之地者，尤國家之所宜尊顯者也。臣等伏見太學土地靈通廟神正顯昭德文忠英濟侯，乃中興社稷之臣忠武岳王飛也。恭覩國史，紹興三十二年，以岳飛宅爲太學，及拜觀淳祐六年加封之誥，有曰中興名將英靈未泯，則神之爲忠武王飛明矣。天下土地之祠，不知其幾，而太學土地則忠武王飛爲之，非偶然者。惟忠武王飛明君臣之義，辨華夷之分，誓滅醜虜，恢復中原，校之中興諸將但有戰功而不知復讎之義遠矣。雖賊檜欺天，王以忠死，而志在君父、力扶名義之功，與宋無極。每讀孝宗皇帝褒揚之詔，爲之流涕。今太學諸生率循禮義，斯文日昌，固出聖明作人之造，而陰相默佑，神與有功。至若禱祈應感，靈迹顯著，不可殫述。夫功大者報隆，

生屈者死伸，其於褒典，合異常祠。况忠武王飛已正王爵，家廟悉正王禮，若於太學廟祀下稱公侯，似爲未便。前廊兼虜未授首，正激昂忠義之秋，前廊學生楊懋卿等積其陳請，所合敷奏。欲乞聖慈，念飛生死有功於國，改賜廟額，特與超封王爵，神父和、母姚氏、妻李氏、子雲、雷、霖、震、霆，子婦□氏、□氏、□氏、□氏、□氏，部將張憲、徐慶、（黄）〔董〕先、牛臯、李寶、王貴等，亦乞普賜封號，以章忠顯孝之懿，人神理一，其於激勸，實非小補。臣等不勝昧死皇懼俟命之至，取進止。謹録奏聞，伏候敕旨云云。」太常寺照得國子監奏內稱太學土地正顯昭德文忠英濟侯，廼是岳忠武王，今來陳乞改賜土地廟額，超

封王爵。切詳奏内聲說，竝爲岳忠武王一門父母、妻子、將佐等陳乞加封號，呈奉書判。照得今之太學乃岳鄂王故宅，生之所居，沒而魂魄猶應在焉。祀爲土地之神，誰曰不宜？忠武岳鄂王大節孤忠，爲中興冠冕，方今正宜崇異。近緣鄂州土神亦係岳鄂王，已奉指揮，超封「昭烈」二字王。今來國子監奏，欲以本學土地改賜廟額，超封王爵，及父母、妻子、子婦、將佐等賜以爵號，欲依鄂州土神一體施行。本寺未敢專擅，合取朝廷指揮。今欲勘當，伏乞省部備申朝廷，取自指揮施行。申部奉書判，備申本寺所據太常寺勘當申到事理，備錄在前。上件事理，伏乞朝廷指揮施行，伏候指揮云云。今準鈞判送下禮部申國子監奏，乞爲太學土地靈通廟神改賜廟額、超封王爵事，送寺擬申。本寺照得太學土地見係靈通廟正顯昭德文忠英濟侯，今國子監奏稱今太學土地爲岳鄂王之故宅，乞超封王爵。於陳乞間，忽遇鄂州諸神顯績，並加封號，内一項土神岳鄂王已擬封昭烈王，具申朝廷，遂奉寺官書判，欲照鄂州土神一體稱呼。今準鈞判送寺擬封申呈。奉寺官書判，太學岳鄂王之故宅也。因以祀爲土神，朝廷累嘗封至八字侯。近因武昌之捷，陰有相焉，封爲昭烈王，太學遂亦有超封王爵之請。同一鄂王，豈宜兩謚？但「昭烈」二字施之武昌之廟則可，施之孔堂之側之廟則不可。神生爲忠臣，豐功偉烈焜燿今古。今血食上庠，英靈默佑，於斯文有關焉，謚以忠文，疇曰不宜？況「文忠」二字，昔以之封侯，恐與先聖相似，故先「忠」後「文」，示有別也。其神父母、妻子、子婦并部將前此未有封謚，今準指揮檢照條法，各合封二字侯、夫人，併擬于後。乞從建炎三年正月空日已降指揮，并淳熙十四年六月十九日已降指揮，各合擬封下項：

一、土地見係靈通廟爲額，乞改賜廟額。今欲擬忠顯廟爲額，合行降勑。

一、太學土地正顯昭德文忠英濟侯，乞超封王爵，合擬二字王，今欲擬忠文王。

一、神父，合擬封二字侯，今欲擬顯慶侯。

一、神母姚氏，合擬封二字夫人，今欲擬淑美夫人。

一、神妻李氏，合擬封二字夫人，今欲擬德正夫人。

一、神長子，合擬封二字侯，今欲擬繼忠侯。

一、神次子，合擬封二字侯，今欲擬紹忠侯。

一、神三子，合擬封二字侯，今欲擬續忠侯。

一、神四子，合擬封二字侯，今欲擬緝忠侯。

一、神五子，合擬封二字侯，今欲擬纘忠侯。

一、神長子婦，合擬封二字夫人，今欲擬相德夫人。

一、神次子婦，合擬封二字夫人，今欲擬介德夫人。

一、神三子婦，合擬封二字夫人，今欲擬助德夫人。
一、神四子婦，合擬封二字夫人，今欲擬翊德夫人。
一、神五子婦，合擬封二字夫人，今欲擬贊德夫人。
一、佐神張憲，合擬封二字侯，今欲擬烈文侯。
一、佐神徐慶，合擬封二字侯，今欲擬昌文侯。
一、佐神董先，合擬封二字侯，今欲擬煥文侯。
一、佐神牛皐，合擬封二字侯，今欲擬顯文侯。
一、佐神李寶，合擬封二字侯，今欲擬崇文侯。
一、佐神王貴，合擬封二字侯，今欲擬尙文侯。

已上各合命詞給告，伏乞朝廷取旨加封施行，伏候指揮。

錄白忠文王告詞

勑：學以明人倫，忠於君者，百行之本；武必有文備，沒爲神者，千歲之英。緬懷中興名將之居，陰相首善京師之地，申以顯號，揚其烈光。太學土地忠顯廟神正顯昭德文忠英濟侯，氣塞天地之間，身爲社稷之衛。有功不伐，卓然禮樂謀帥之風；之死靡他，凜若春秋復讎之義。此維與宅，以赫厥靈。遡其生之自來，檻爾士之忱籲，冠帶不左衽者緊誰之力？干羽在東序則遐想其人。風化所關，肸蠁如在。僅疏侯爵，未正王封。況鄂國已極於隆名，宜廟食增蒙於命祀。英烈言言，可畏而仰，以迄于今；辟雍湯湯，永觀厥成，有相之道。尙福兹土，式勸爲臣。可特封忠文王。奉勑如右，牒到奉行。景定二年二月日。

錄白王父告祠

勑：忠顯廟神父，學者所以學爲忠與孝也。中興建學，實爲忠臣之故廬。朕既從六館士之請，錫王爵以顯厥靈。爾敎忠有訓，慶流祚嗣。生爲人英，沒爲明神，則尸而祝之，宜也。封侯廟食，匪唯慰烈士之志于九京，庶幾聞風可以厲俗。尙其永享，丕佑斯文。可特封顯慶侯。奉勑如右，牒到奉行。景定二年二月日。

錄白王子告祠

忠顯廟神長子可特封繼忠侯，次子可特封紹忠侯，叁子可特封續忠侯，肆子可特封緝忠侯，伍子可特封纘忠侯。勑忠顯廟神長子：非忠無君，非孝無親，在三之義嚴矣。厥有忠孝，萃於一門，浩然獨存，凜有生氣，則廟祀于明倫之地，亦以示勸。爾紹聞家庭之訓，志復君父之讎。夷險芟荒，易干戈爲俎豆，伊誰之功？矯矯五龍，嘗與帥焉，爵之徹侯，表爾世篤。春秋從享，尙克昌斯文。可依前件。奉勑如右，牒到奉行。景定二年二月日。

錄白佐神告祠

忠顯廟佐神張憲，可特封烈文侯；徐

慶，可特封昌文侯；董先，可特封煥文侯；牛皐，可特封顯文侯；李寶，可特封崇文侯；王貴，可特封尙文侯。勑忠顯廟佐神張憲等：文武之道二，而貫之以一，曰忠而已。其有忠於所事，死生以之，此有國者所務白也。爾爲偏將，實佐戎旃。視姦鈇逆鼎而如飴，凜義烈英風之未沬。觀其所主，可使懦夫立。匪唯有功於干城，亦有助於名教。封侯廟食，維以勸忠。可依前件。

奉勑如右，牒到奉行。景定二年二月日。

〔一〕此下原空十二行，行二十二字。

忠文王紀事實録卷之二

行實編年一

崇寧二年

宣和四年

宣和六年

靖康元年

靖康二年是年改元

建炎二年

建炎三年

本貫相州湯陰縣永和鄉孝悌里。

曾祖成，故贈太師、魏國公；妣楊氏，故贈慶國夫人。祖立，故贈太師、唐國公；妣許氏，故贈越國夫人。父和，故贈太師、隋國公；妣姚氏，故封魏國夫人，贈周國夫人。

崇寧二年癸未歲

王初歲遺事。

二月十五日，王生，名飛，字鵬舉。

按鄧名世《古今姓氏書辨證》及《姓源類譜》曰：「唐堯時，有佐四岳者，佐堯理天下，因官以命氏，實岳姓所自始。」其後支胄扶疎凡數千載，皆韜迹不耀。望雖出山陽郡，王實家于湯陰，亦莫知其所以徙。自王父而上，皆以力田爲業。及王父時有瘠田數百畝，僅足廩食。河北屢歉，饑者多，王父常日以脱粟數升雜疏爲糜，與家人旦暮食取半飽，盡以其餘呼道路之饑者，均而飼之。家人有不堪者，王父謂之曰：「彼饑者亦人也，而能一二日不食，吾與若日再食，而猶欲求飽耶？吾欲裁吾之僅有濟人之絶無耳。」人有侵其地者，割而予之，無爭意。有貸其財而弗償者，折劵棄之，無慍色。雖甚窶乏，未嘗悔，鄉人重敬之。王方在孕，有老父過門，聞姚氏之聲，曰：「所生男也，他日當以功名顯，且位至公孤。」父因忽不見。及生王之夕，有大禽若鵠自東南來，飛鳴于寢室之上。王父異之，因名焉。未彌月，黄河決内黄西，水暴至。姚氏倉皇襁抱坐巨甕中，衝濤而下，乘流滅没，俄及岸得免。

王少負氣節，沉厚寡言。性剛直，意所欲言，不避禍福。資敏悟强記，書傳無所不讀，尤好《左氏春秋》及《孫吴兵法》，或達旦不寐。家貧不常得燭，晝拾枯薪以自給。然於書不泥章句，一見得要領，輒棄之。爲言語文字，初不經意。人取而誦之，則辨是非、析義理，若精思而得者。

生而有神力，未冠能引弓三百斤，腰弩八石。嘗學□于鄉豪周同。一日，同集衆射，自衒其能，連中的者三矢。指以示王，曰如此而後可以言射矣。王謝曰：「請試之。」引弓一發破其筈，再發又中。同大驚，遂以其所愛弓二贈王。後王益自練習，能左右射，隨發輒中。及爲將，亦以教士卒，由是軍中皆善左右射，屢以是破賊鋒。

同與王別，未幾而死。王往弔其墓，悲慟不已。每朔望，則鬻一衣，設卮酒鼎肉于同冢上奠之而泣，引所遺弓發三矢又泣，然後酹酒瘞肉于冢之側，徘徊悽愴，移時乃還。衣就盡，王父覺而索之，默不言；撻之，亦不怨。後伺其出而竊從往視之，盡見其所爲，乃問之曰：「爾所從射者多矣，獨奠泣于周同墓，何也？」曰：「某向者學射於周君，而特與某厚。不數日，盡其道以歸。念其死無以報，聊於朔望致禮耳。」又問其故，曰：「射三矢者，識是藝之所由精也；酹酒瘞肉者，周君所享，某不忍食也。」王父始甚義之，撫其背曰：「使汝異日得爲時用，其徇國死義之臣乎！」王應之曰：「惟大人許某以遺體報國家，何事不敢爲？」王父乃歎曰：「有子如此，吾無憂矣。」

宣和四年壬寅歲，年二十。

初從軍。擒陶俊、賈進。王父卒。

眞定府路宣撫劉韐募敢戰士備胡，王首應募。韐一見，大奇之，使爲小隊長。

相州劇賊陶俊、賈進攻剽縣鎭，殺略吏民，官軍屢戰失利。王請以百騎滅之。韐與步騎二百，王預遣三十人易衣爲商入賊境，賊掠之以歸，置于部〔伍〕。〔王〕乃夜伏百人於山下，自領數十騎逼賊壘。易其兵少，出戰。俊箕踞坐馬上，嫚駡交鋒。王佯北，賊乘勝追逐，伏兵起擊。所遣三十人自賊中擒俊、進於馬上。賊衆亂，莫知所爲。遂俘獲其衆，餘黨盡散。

知相州王靖奏其功，補承信郎。命未下，得王父訃，跣奔還湯陰，執喪盡禮，毁瘠若不勝。會朝廷罷敢戰士，前命竟不下，王亦棄不復問。

宣和六年甲辰歲，年二十二。

殺張超。從平定軍。

春三月，賊首張超率衆數百，圍魏王韓琦故墅。王適在墅告糴，怒曰：「賊敢犯吾保耶？」一起而視之，超方恃勇直前，王乘垣，引弓一發，貫吭而踣。賊衆奔潰，墅賴以全。

是歲，投平定軍，爲效用士，稍擢爲偏校。

靖康元年丙午歲，年二十四。

榆次覘虜。干大元帥府。招吉倩，補承信郎。戰侍御林，轉寄理保義郎。戰滑州河上，轉秉義郎，隸宗澤。

夏六月，路分季團練知其勇，以百餘騎檄往慶陽榆次縣覘賊，謂之硬探。猝遇虜，衆騎士畏卻。王單騎突虜陳，〔出入〕數四，殺其騎將數人，虜衆披靡不敢逼。至夜，以虜〔服潛入〕其營，遇擊刁斗者，謬爲胡語荅之，遂周行營柵，盡得其要領以歸。補進義副尉，會夜渡亡其告身，王又棄不復問。間行歸相州。

冬，高宗皇帝以天下兵馬大元帥開府河朔，

至相州。王因劉浩得見，命招羣賊吉倩等，與以百騎。王受命出，日薄莫，頓所部宿食，自領四騎徑入賊營，羣賊駭愕。王呼倩等慰諭之，曰：「胡虜犯順，汝曹不輔義以立功名，反於草間苟活。今我以大元帥命招納汝曹，此轉禍爲福之秋也。」倩等素知王名，且感其至誠，置酒延之，王亦豪飲不疑。酒酣，倩謂王曰：「倩等既搔動州縣，今既受招，恐未免誅戮。」王開諭再三。衆已聽命，忽一賊起，搏王，王批其頰，應手仆地，拔劍向之。倩等羅拜請免，相率解甲受降，凡三百八十人。由是受知於大元帥，補承信郎。分鐵騎三百，使王往李園渡當虜軍，戰于侍御林，敗之，殺其梟將。轉成忠郎，以王曾祖諱，寄理保義郎。未幾，以檄從劉浩解東京圍，與虜相持於滑州南。王乘浩馬，從百騎習兵河上，河凍冰合，虜忽至。王麾其下曰：「虜雖衆，未知吾虛實，及其未定擊之，可以得志。」乃獨馳迎敵。有梟將舞刀而前，王以刀承之，刃入寸餘。復拔刀擊之，斬其首，屍仆冰上。騎兵乘之，虜衆大敗。斬首數千級，得馬數百匹。以功遷秉義郎。大元帥次北京，以王軍隸留守宗澤。

靖康二年是年改元建炎。**丁未，年二十五。**

戰開德，轉修武郎。戰曹州，轉武翼郎。宗澤授陳圖。從大元帥移南京。上書奪官。詣張所，借修武郎、閤門祇候、中軍統領。論兩河燕雲利害，借武經郎。從王彥，戰新鄉，敗王索。戰侯兆川，戰太行山，擒拓跋耶烏，殺黑風大王。歸宗澤，充留守司統制。

春正月，戰于開德，以兩矢殪金人執旗者二人，縱騎突擊敗之，奪甲馬弓刀以獻。轉修武郎。

二月，戰于曹州。王被髮揮四刃鐵簡，直犯虜陳，士皆賈勇，無不一當百。大破之，追奔數十里。轉武翼郎。

澤大奇王，謂之曰：「爾勇智材藝，雖古良將不能過，然野戰非古法，今爲偏裨尚可，他日爲大將，此非萬全計也。」因授以陳圖，王一見即置之。後復以問王，王曰：「留守所賜陳圖，某熟觀之，乃定局耳。古今異宜，夷險異地，豈可按一定之圖？兵家之要在於出奇，不可測識，始能取勝。若平原曠野，猝與虜遇，何暇整陳哉？况某今日以裨將聽命麾下，掌兵不多，使陳一定，虜人得窺虛實，鐵騎四蹂，無遺類矣。」澤曰：「如爾所言，陳法不足用耶？」王曰：「陳而後戰，兵之常法，然勢有不可拘者。且運用之妙，存於一心，留守第思之。」澤嘿然，良久，曰：「爾言是也。」

大元帥移南京，復令王以所部從。

五月，大元帥即皇帝位，改元建炎。王上書數千言，大槩謂：「陛下已登大寶，黎元有歸，社稷有主，已足以伐虜人之謀。而勤王御營之師日集，兵勢漸盛。彼方謂吾素弱，未必能敵，正宜乘其怠而擊之。而黄潛善、汪伯彦之輩不能承陛下之意，恢復故疆，迎還二聖，奉車駕日益南。又令長安、維揚、襄陽準備巡幸，有苟安之漸，無遠大之略，恐不足以係中原之望。雖使將帥之臣戮力于外，終亡成功。今日之計，莫若請車駕還京，罷三州巡幸之詔。乘二聖蒙塵未久，虜穴未固之際，親帥六軍，迆邐北渡，則天威所臨，將帥一心，士卒作氣，中原之地指期可復。」書奏，大忤用事之臣，以爲小臣越職，非所宜言，奪官歸田里。

秋八月，詣河北招撫使張所。所一見待以國士，借補修武郎、閤門祇候，差充中軍統領。所嘗從容問之曰：「聞汝從宗留守，勇冠軍，汝自料能敵人幾何？」王曰：「勇不足恃也。用兵在先定謀，謀者勝負之機也。故爲將之道不患其無勇，而患其無謀。今之用兵者，皆曰吾力足以冠三軍，然未戰無一定之畫，已戰無可成之功。是以上兵伐謀，次兵伐交，欒枝曳柴以敗荆，莫敖採樵以致絞，皆用此也。」所實儒者，聞王語，矍然起曰：「公殆非行伍中人也。」因命王坐，

促席與論時事。王慷慨流涕曰：「今日之事，惟有滅賊虜，迎二聖，復舊疆，以報君父耳。」所曰：「主上以我招撫河北，我惟職是思，而莫得其要，公嘗計之否？」王曰：「昔人有言，河北視天下猶珠璣，天下視河北猶四體。言人之一身，珠璣可無，而四肢不可暫失也。本朝之都汴，非有秦關百二之險也。平川曠野，長河千里，首尾綿亘，不相應援，獨恃河北以爲固。苟以精甲健馬馮據要衝，深溝高塹峙列重鎮，使敵入吾境，一城之後復困一城，一城受圍，諸城或撓或救，卒不可犯。如此，則虜人不敢窺河南，而京師根本之地固矣。大率河南之有河北，猶燕雲之有金坡諸關，河北不歸則河南未可守，諸關不獲則燕雲未可有。間嘗思及童宣撫取燕雲事，

每發一笑。何則？國家用兵爭境土，有其尺寸之地則得其尺寸之用。因糧以養其兵，因民以實其地，因其練習之人以爲嚮導，然後擇其要害而守之。今童宣撫不務以兵勝，而以賄求，虜人既得重賄，陽諾其請，收其糧食，徙其人民與其素習之士席卷而東，付之以空虛無用之州。國家以爲燕雲眞我有矣，則竭天下之財力以實之，不知要害之地實彼所據。彼俟吾安養之後，一呼而入，復陷腥羶。故取燕雲而不志諸關，是以虛名受實禍，以中國資夷狄也。河南、河北正亦類此。今朝廷命河北之使而以招撫名，越河以往，半爲胡虜之區，將何以爲招撫之地？爲招撫職事計，直有盡取河北之地以爲京師援耳。不然，天下之四肢絕，根本危矣。異時醜虜既得河北，又侵河南，險要既失，莫可保守。駸駸未已，幸江幸淮，皆未可知也。招撫誠能許國以忠，稟命天子，提兵壓境，使某以（徧）〔偏〕師從麾下，所向惟招撫命耳，一死烏足道哉！」所大喜，借補武經郎。

命王從都統王彥渡河，至衛州新鄉縣，虜勢盛，彥軍石門山下，王約彥出戰，不進。王疑彥有他志，抗聲謂之曰：「二帝蒙塵，賊據河朔，臣子當開道以迎乘輿。今不速戰而更觀望，豈眞欲附賊耶？」彥默然，強與置酒。幕下有姓劉者，數於掌上畫「斬」字示彥，彥不應。王怒起，獨引所部鏖戰，奪虜纛而舞之。諸軍鼓譟爭奮，遂拔新鄉，擒千戶阿里孛。又與萬戶王索戰，敗之。明日，將戰侯兆川，王預戒士卒曰：「吾已兩捷，彼必併力來，吾屬雖寡，當爲必勝計，不用命者斬！」及戰，士卒重傷，王亦被十餘創，與軍中皆死戰，卒破之。獲士馬不可勝計。夜屯石門山下，或傳虜騎復至，一軍皆驚，唯王堅卧不動，虜卒不來。糧盡累日，殺所乘馬以饗士。間走彥（璧）〔壁〕乞糧，彥不許，乃引所部益北擊虜，又戰于太行山，獲馬數十四，擒拓拔耶烏。居數日，復與虜遇。王單騎持丈八鐵鎗刺殺虜帥黑風大王，走其衆三萬，虜軍破膽。

王自知爲彥所疑，乃自爲一軍歸宗澤。澤命爲留守司統制。未幾，澤死，杜充代之。

建炎二年戊申歲，年二十六。

戰胙城縣，戰黑龍潭，戰官橋，擒李千戶。從閭勍保護陵寢。戰汜水關。戰竹蘆渡，轉武功郎。

春正月，合聟宣贊軍與金人戰于胙城縣，大敗之。又戰于黑龍潭、龍女廟側官橋，皆大捷。擒女眞李千戶、渤海漢兒軍等，送留守司。

秋七月，從閭勍保護陵寢。

八月初三日，與金人大戰于汜水關。虜有騎將往來馳突，王躍馬左射，應弦而斃。虜衆亂，官軍奮擊，大破之。又檄王留軍竹蘆渡與虜相持，糧垂盡，王密遣精鋭三百伏前山下，令人各以薪屬交縛兩束，四端爇火，夜半皆舉。虜疑援兵至，驚潰。王追襲，大破之，以奇功轉武功郎。

建炎三年己酉歲，年二十七。

大戰京師，破王善等五十萬，轉武經大夫。擒杜叔五、孫海，轉武略大夫，借英州刺史。說杜充勿棄京師。戰鐵路步，戰盤城，擒馮進。諫杜充。戰馬家渡，戰鍾山。戰廣德，擒王權等。戰溧陽，擒渤海太師李撒八。

春正月，賊首王善、曹成、張用、董彦政、孔彦舟率衆五十萬薄南董門外，鼓聲震地。充拊王曰：「京師存亡，在此舉也。」時王所部纔八百人，衆皆懼不敵。王謂曰：「賊雖〔多，不整也，吾〕爲諸君破之。」左挾弓矢，右運鐵矛，領數騎横衝其〔軍，賊軍〕果亂，後騎皆死戰。自午及申，賊衆大敗。轉武經大夫。杜叔五、孫海等圍東明縣，王與戰，擒之。轉武略大夫，借英州刺史。

二月，王善圍陳州，恣兵出掠。充檄王從都統制陳淬合擊之。王先命偏將岳亨以遊騎絶其剽掠之路，獲其餉卒牛驢。善兵不敢復出，勢益沮。二十一日，戰于清河，大敗之。擒其將孫勝、孫清等以歸，所降將卒甚衆。

六月二十日，次崔橋鎮西，又遇善軍，迎敵，敗之。單騎與岳亨深入，執馘乃還。杜充棄京師，之建康，王說之，曰：「中原之地，尺寸不可棄，况社稷宗廟在京師，陵寢在河南，尤非他地比。留守以重兵碩望且不守此，他人奈何？今留守一舉足，此地皆非我有矣。他日欲復取之，非捐數十萬之衆不可得也。留守盍重圖之？」充不聽，遂從之建康。

師次鐵路步，與賊首張用戰，敗之。至六合，檄討李成，破之于盤城。成又退保滁州，充命王瓚討之，瓚提兵瓦梁路，徘徊不進。其輜重在長蘆，成遣輕騎五百襲奪之，不獲，掠寺僧、百姓百餘人，劫取憲臣裴凜犒軍銀絹。王方渡宣化鎮，聞之，急進兵掩擊賊兵盡殪，得其梟將馮進，還所掠人於長蘆。成奔江西，瓊竟不至，至滁而返。

冬十一月，金人大舉兵，與李成共寇烏江縣。充閉門不出，諸將屢請，不荅。王叩寢閤諫之，曰：「勍虜大敵，近在淮南，睥睨長江，包藏不淺。臥薪之勢，莫甚於此時，而相公乃終日宴居，不省政事。萬一敵人窺吾之怠，而舉兵乘之，相公既不躬其事，能保諸將之用命乎？諸將既不用命，金陵失守，相公能復高枕於此乎？雖某以孤軍效命，亦於國家無補矣。」因流涕被面，固請出師。充漫應曰：「來日當至江滸。」竟不出。

十八日，虜由馬家渡渡江。充始遣王等十七人領兵二萬，從都統制陳淬與虜敵。戰方酣，大將王瓊以數萬衆先遁，諸將皆潰去，獨王力戰。會暮，後援不至，輜重悉爲潰將引還，士卒乏食，乃全軍夜屯鍾山。遲明復出戰，斬首以數千百計。諸將恟恟欲叛，戚方首亡爲盜，王麾下亦有從之者。王灑血厲衆曰：「我輩荷國厚恩，當以忠義報國，立功名、書竹帛，死且不朽。若降而爲虜，潰而爲盜，偷生苟活，身死名滅，豈計之得耶？建康江左形勝之地，使胡虜盜據，何以立國？今日之事，有死無二。輒出此門者，斬！」音容慷慨，士爲感泣，不敢有異志。又招餘將曰：「凡不爲紅頭巾者隨我。」於是傅慶、劉經以軍從。充竟以金陵府庫與其家渡江降虜。餘兵皆西北人，素慕王恩信，有密白王願請爲主帥而叛北者，王陽許之。有頃，其部曲首領各以行伍之籍來，王按籍呼之曰：「以爾等之衆且強，爲朝廷立奇功，收中原，身受上賞，乃還故鄉，豈非榮耶？必能湔滌舊念，乃可相附。其或不聽，寧先殺我，我決不能從汝曹叛。」衆皆幡然歡呼，曰：「惟統制命。」遂盡納之。

兀朮趨臨安府，王領所部邀擊之。至廣德境中，六戰皆捷，斬首一千二百一十六級，擒女眞漢兒王權等二十四人，俘諸路剃頭簽軍首領四十八人。察其可用者，結以恩信，遣還虜中，令夜斫營，燒毀七（稍）〔梢〕九梢砲車及隨軍輜重、器仗。乘其亂，縱兵交擊，大敗之，俘殺甚衆。

駐于廣德之鍾村。是時糧食罄匱，王資糧于敵，且發家貲以助之。與士卒最下者同食，將士常有飢色，獨畏王紀律，不敢擾民，市井囂販如常時。虜之簽軍涉其地者，皆相謂曰：「岳爺爺軍也。」爭來降附，前後萬餘人。

虜侵溧陽縣，王遣劉經將千人，夜半馳至縣，擊之，殺獲五百餘人，生擒女眞漢兒軍、僞同知溧陽縣事渤海太師李撒八等一十二人及千戶留哥。

行實編年二

建炎四年

紹興元年

紹興二年

紹興三年

建炎四年庚戌歲，年二十八。

破群〔賊〕。戰常州，擒少主孛堇、李渭。復建康府。獻俘行在，賜袍鎗鎧帶鞍馬。平戚方。轉武功大夫，昌州防禦使，除通泰州防禦使。戰承州，擒高太保、阿主孛董等，賜金注椀盞。戰北炭村，戰柴虚鎮，戰南霸塘。

春正月，金人攻常州，守臣周杞遣屬官趙九齡來迎。王欣然從之，且欲據城堅守扼路，使虜人無歸，以立奇功。會城陷，未及行。郭吉在宜興，擾掠吏民，令佐聞王威名，同奉書以迎，且謂邑之糗糧可給萬軍十歲。王得書，遂赴宜興。甫及境，吉已載百餘舟逃入湖矣。王即遣部將王貴、傅慶將二千人追之，大破其衆，驅其人舡輜重以還。時又有羣盜馬皐、林聚等精鋭數千，王遣辯士説之，盡降其衆。有號張威武者不從，王單騎入其營，手擒出，斬之，收其軍。常之官吏士民棄其產業趨宜興者萬餘家，邑人德之，各圖其像，與老稚晨夕瞻仰，如奉定省。曰：「父母之生我也易，公之保我也難。」又相帥即周將軍廟闢一堂祠之，邑令錢諶爲之記。

夏四月，金人再犯常州。王邀擊，四戰皆捷，擁溺河死者不可數計。擒女眞萬戶少主孛堇、漢兒李㥜等十一人。復尾襲之於鎮江之東，戰屢勝。

詔令就復建康，乃親將而往。二十五日，戰于清水亭。金人大敗，横屍十五餘里，斬耳帶金銀環者一百七十五級，擒女眞、渤海、漢兒軍四十二人，獲其甲馬一百九十三副，弓箭刀旗金鼓三千五百一十七事。

五月，兀朮復趨建康，王設伏於牛頭山上待之。夜令百人黑衣混虜中，擾其營。虜人驚，自攻擊，徐覺有異，益邏卒於營外伺望。王復潛令壯士銜枚於其側，伺其往來盡擒之。初十日，兀朮次黃龍灣，要索城中金銀、縑帛、騾馬及北方人。王以騎卒三百、卒徒二千人自牛頭山馳下，至南門新城設寨。遂戰，大破兀朮。凡其所要獲負而登舟者，盡以戈殪其人於水，物塡委於岸者山積。斬禿髮垂環者三千餘級，僵屍十餘里，降其卒千餘人，萬戶千戶二十餘人，得馬三百疋，鎧仗旗鼓以數萬計，牛驢輜重甚衆。兀朮遂奔淮西，王乃入城撫定居民，俾各安業，虜無一騎留者。

六月，獻俘行在所。上詢所俘，得二聖音問，感慟久之。王奏曰：「建康爲國家形勝要害之地，宜選兵固守。比張浚欲使臣守鄱陽，備虜人之擾江東、西者。臣以爲〔賊〕若渡江，必先二浙。江東、西地僻，亦恐重兵斷其歸路，非所向也。臣乞益兵守淮，拱護腹心。」上嘉納之，賜鐵鎧五十副，金帶、鞍馬、鍍金鎗、百花袍，褒嘉數四。

初，叛將戚方掠扈成軍老稚以歸。成責之，方陽謝，約成盟，還所掠。成不悟而往，方伏壯士殺之，併屠其家。成死，其部曲相（卒）〔率〕歸于王。廣德守臣亦奉書以方之難來告。會有詔命王討之，王以三千人行，寨于苦嶺。方時發兵斷官橋以自固，王射矢橋柱。方得矢，大驚，遂遁。王命傅慶等追之，不獲。俄益兵來，王自領千人出，凡十數合，皆勝，復遁。王窮追不已，方生路垂絕，知必爲王所誅。會張俊來會師，方乃間道降俊。俊爲王置酒，令方出拜。方號泣請命，俊力爲懇免。王謂俊曰：「招討有命，某固當從。然某與方同在建康，方遽叛去，固嘗遣人以逆順喻之，不聽。屠戮生靈，騷動郡縣，又誘殺扈將而屠其家。且拒命不降，比諸凶爲甚，此安可貰？」俊再三請，王呼方，謂之曰：「招撫既赦汝一死，宜思有以報國家。」方再拜謝，立于左。當廣德之戰也，王身先士卒，方以手弩射王，中鞍。王納矢於箙，曰：「他日擒此賊，必令折之以就戮。」至是，取矢畀方，方寸折惟謹。王與俊皆大笑，方流汗股慄，不敢仰視。於是胡虜、盜賊之在近境者，或殺或降。

時有刪定官邵緯者，上書廟堂，言王驍武沉毅而恂恂如諸生。頃起義河北，嘗以數十騎乘險據要，卻胡虜萬人之軍。又嘗於京城南薰門外以八九百人破王善、張用五十萬之衆，威震夷夏。而身與下卒同食，民間秋豪無擾。如虜金人留軍江南，牽制官軍，大爲東南之患，則奮不顧身，克復建康，爲國家奪取形勢咽喉之地，使逆虜掃地而去，無一騎留者。江浙平定，其誰之力？歷數功效，無慮數千言。廟堂以其書奏於上，於是有意超擢。

秋七月，宰臣范宗尹奏事，因言張俊自浙西來，盛稱岳某可用。上曰：「某乃杜充愛將，充於事君失臣子之節，而能用岳某，有知人之明，猶可嘉也。」遷武功大夫、昌州防禦使，通、泰州鎮撫使，兼知泰州。王以公牘申省，辭通、泰之命，願以母妻并二子爲質，乞淮南東路一重難任使，招集兵馬，掩殺金〔賊〕，復收本路州郡，乘伺機會迤邐漸進，使山東、河北、河東、京畿等路次第而復，庶幾得快平生之志，盡臣子之節。報聞。

八月，金人攻楚州急，簽書樞密院趙鼎遣張俊援之，命王隸俊節制。俊辭曰：「虜之兵不可當也。趙立孤壘，危在旦夕，若以兵委之，譬徒手搏虎，併亡無益。」鼎再三辨，俊亦再三辭。鼎奏上曰：「若俊憚行，臣願與之偕。」俊復力辭，乃詔王率兵腹背掩擊，令劉光世遣兵，而以王改隸光世節制。上數令人促光世親率〔兵〕渡江。光世將行，（莫）〔幕〕下或止之，遂已。上聞之，乃顧鼎曰：「移文不足以盡意，卿可作書與光世詳言之。」鼎遂移書光世，又不行。

是時，朝廷雖已詔王，而王方自行在歸宜興，盡提所部赴鎮，元未之知也。十九日，王發宜興。二十三日，軍至江陰，竢舟未濟。王聞警，輕騎而先。二十六日，入泰州，未視篆，籍郡中敢勇士及部押使臣、効用，責其從軍願否狀，盡收其馬，置之教場，集射于中，中的多，得自擇一馬。訖射，得百人，以賜甲五十副幷作院甲五十副與之，分爲四隊，常置左右。

九月初二日，入治所。初三日，復出屯。初九日，軍既畢濟，即日引兵屯三墩，爲楚聲援。二十日，遂抵承州。彌月三戰，皆大捷，殺其大酋高太保，擒女眞、契丹、渤海、漢兒軍等，又俘阿主孛堇及里眞、阿主黑、白打里、蒲速里酋長七十餘人，送行在。上賜札曰：「卿節義忠勇，無愧古人。所至不擾，民不知有兵也；所向必克，寇始畏其威也。朕甚嘉焉。今方國步艱難，非卿等數輩，朕孰與圖復中土耶？賜卿金注椀一副，盞十隻，聊以示永懷也。」

金人既陷承、楚，詔光世措置保守通、泰。時王在承州，泰州盜起，王昭寇城東，張榮寇城北。於是王得還守通、泰之命，乃旋師，自北炭村至柴墟，屢戰皆大捷，死者相枕籍。諜報金人併兵二十萬，將取通、泰，俄已破張榮茭城。光世復違詔，不遣援兵，王以聞。

冬十一月，有旨泰州可戰即戰，可守即守，如其不可，且於近便沙洲保護百姓，伺便掩擊。王顧虜勢盛，泰無可恃之險，初三日，全軍保柴墟，戰于南霸塘。金人大敗，擁入河流者不可勝計。相持累日，而泰州爲鎮撫使分地，不從朝廷應副，糧餉乏絶，刲虜屍以繼廩。初五日，乃下令渡百姓于陰沙。王以精騎二百殿，金人望之不敢〔逼，遂〕屯江陰。

時劇賊李成自號李天王，乘金人殘亂之餘，據江淮十餘州，連兵三十萬，有席卷東南之意，遣其將馬進犯洪州。十二月，上命張俊爲江淮招討使。

紹興元年辛亥歲，年二十九。

討李成，戰生米渡，戰筠州城東，戰朱家山，斬趙萬等。戰樓子莊，殺馬進、孫建，降其衆。降張用、一丈青。充神武副軍統制，轉親衛大夫，建州觀察使。擒饒達、姚青，陞神武副軍都統制。

春正月，俊入辭，盛言李成之衆。上曰：「成兵雖衆，不足畏。」因諭俊，以爲「今日諸將獨汝無功」。俊遽曰：「臣何爲無功？」上笑曰：「如韓世忠擒苗傅、劉正彦，卿殆不如也。」俊恐悚承命而退，退而畏縮，自度必不可勝，思諸將惟王爲謀勇，乃請以王軍同討賊，詔許之。

二月，王至鄱陽，與俊合兵。

三月初三日，次洪州。賊連營西山，王師不得渡，諸將莫當其鋒。俊大懼，召王問曰：「俊與李成前後數戰皆失利，君其爲我計之。」王對曰：「甚易也。賊貪而不慮後，若以騎兵三千自上流生米渡出其不意，破之必矣。某雖不才，願爲先鋒以行。」俊大喜，從之。初九日，王身被重鎧，先諸軍躍馬以濟。衆皆駭視，須臾以次畢渡，觀者以爲神。乃潛出進軍之右，王首突賊陳，所部從之，〔賊〕大敗，降其卒五萬。王追之二十五里，及〔河〕，渡土橋，纔數十騎而橋壞，後騎莫能進。進引軍五千，回攻王。王以一矢殪其先鋒之將，麾騎突前，進軍望風皆曳兵，又大敗。俊呼壕寨吏治橋，後騎亦至。進遂走筠州，王以軍屯筠城東。十一日，賊復引兵出城，布列橫亘十五里。王以紅羅爲幟，刺白「岳」字於上。平明領所擇馬軍二百人，建旗鼓而前。賊易其少，搏之，伏發，大敗走。王使人呼曰：「不從〔賊〕者即坐卸甲衣，當不汝殺！」〔賊〕應聲坐者八萬人，死者無數。擇所獲鎗刀、衣甲、器仗之堅全者，束之，令降卒負挈隨軍；其弊者置于筠之州帑，分隸降軍。三日乃畢。進以餘卒奔李成所。成時在南康之建昌，王復夜引兵銜枚至朱家山，偃兵伏幟於茂林待之。進至，伏兵一鼓出林，賊衆大敗。殺獲步兵五千人，斬其將趙萬等。進引十餘騎先走，僅以身免。

成怒，自引兵十餘萬來，王遇之于樓子莊。引軍合戰，大破成軍，降其卒二萬餘人，獲馬二千匹。追之，由武寧至江州道中，殺及降凡三萬人。成自獨木渡趨蘄州，王以馬軍追之，渡步軍于張家渡以夾擊之。殺馬進、孫建及酋領甚衆。成軍晝夜駭走，不得休息，飢困死者十四五。至蘄州，又降其卒萬五千人，馬二千餘匹，所棄器仗衣甲金帛無數。成走，降僞齊，江淮以平。

相州人張用勇力絶羣，號「張莽蕩」。其妻勇在用右，帶甲上馬，敵千人，自號「一丈靑」，以兵五萬寇江西。俊召王，語曰：「非公無可遣者。」問用兵幾何，王曰：「以某自行，此賊可徒手擒。」俊固以步兵三千益之。王至金牛頓兵，遣一卒持書諭之，曰：「吾與汝同里人，忠以告汝。南薫門、鐵路步之戰，皆汝所悉也。今吾自將在此，汝欲戰則出戰，不欲戰則降。降則國家錄用，各受寵榮；不降則身隕鋒鏑，或係累歸朝廷，雖悔不可及矣。」用與其妻拜使者，曰：「果吾父也，敢不降？」遂俱解甲，王受之以歸。俊謂諸僚屬曰：「岳觀察之勇略，吾與汝曹俱不及也。」繼又招降馬進餘黨之潰者數萬，王汰其老弱，得精兵萬餘人以歸。俊奏王功第一。

秋七月，充神武副軍統制，命權留洪州彈壓盜賊。

冬十月，授親衛大夫、建州觀察使。建寇范汝爲陷邵武軍，江西安撫大使李回檄王分兵三千保建昌軍，二千保撫州，以洪州鄰撫州、建昌鄰邵武也。王使以岳字幟植城門，且榜于境曰：「賊入此者死！」遊騎抄掠者望見，皆相戒以勿犯。村氓樵蘇猶故，民不知有盜。

十一月，姚達、饒青以萬餘人逼建昌。王使王萬、徐慶將建昌之軍討之，擒青、達於四望山。

十二月，陞神武副軍都統制。

紹興二年壬子歲，年三十。

賜甲。討曹成。破太平場寨。戰北藏嶺、上梧關。戰蓬嶺，擒張全。分兵降寇。擒郝政，擒楊再興。轉中衛大夫、武安軍承宣使。降郝通，逐馬友。平劉忠餘黨。平李通。

春正月，詔以王治軍整肅，勇於戰鬭，賜衣甲一千副。

曹成擁衆十餘萬，由江西歷湖湘，執安撫使向子諲，據道、賀州。二月，命王以本職權知潭州，兼荆湖東路安撫都總管。且以韓京、吳錫軍及廣東西洞丁、刀弩手、將兵、土軍、弓手、民兵等，會王以捕成，又付金字牌幷黃旗十副招降群盜。十七日，王發洪州。成聞王被命，謂其屬曰：「岳家軍來矣，吾屬能爲必勝計耶？」乃預令其軍分路逃去。十九日，成引兵趨全、永，犯廣西，獨留其中軍，乘王未至，縱兵四掠，焚劫百姓。三十日，王至茶陵，先遣兵趨郴江及桂陽路，伺成動息。上又令其受招與否爲之進退，王數以上意諭之，成不聽。乃上奏云：「內寇不除，何以攘外？近郊多壘，何以服遠？比年羣盜競作，朝廷務廣德意，多命招安，故盜亦玩威不畏。力強則肆暴，力屈則就招。苟不略加勦除，蠭起之衆未可遽殄。」上許之。

夏閏四月，入賀州境。成置寨太平場，王

未至，賊屯數十里按兵立柵。會得成諜，縛而坐之帳下。有間，王出帳，召軍吏調兵食。吏請曰：「糧且罄矣，奈何？」王曰：「促之耳，不然，姑返茶陵以就餉。」已而顧見成諜，捽耳頓足而入，乃逸之。諜至成軍，盡以告成。成大喜，期明日追王軍。是夜，王命士蓐食。夜半，悉甲趨遶嶺。初五日，未明，已破太平場寨，盡殲其守隘之兵而焚毁之。成大驚。明日，進兵距賀城二十里。成募願戰賊兵三萬，夜半據山之險迎捍官軍。王麾兵掩擊，賊衆大潰。追至城東江岸，成奔桂嶺。上復賜詔，令不以遠近追捕。又以暑月暴露之苦，令學士院降勑書撫諭。

王進兵趨桂嶺，其地有北藏嶺、上梧關、蓬嶺，號爲「三隘」。成先引兵據北藏嶺、上梧關以待王，自喜以爲得地利，後來者莫能奪。王至，成以都統領王淵迎戰。王麾兵疾馳，不陳而鼓，淵軍大潰。復殲其守隘之卒，奪二隘而據之，成急遁去。十三日，成復選鋭將自北藏嶺夾擊官軍，王以兵迎之。成敗，斬一萬五千餘級，獲其弓箭刀鎗等無數。成又自桂嶺置寨，至北藏嶺綿亘六十餘里，所據皆山河澗，道路隘狹，人馬不得並行。成自守蓬嶺，嚴備特甚。是時，賊衆十餘萬，皆河北、河東、陝右之散卒，驍勇健鬬。王所部纔八千人，而騎兵最少，視成軍十不及其一。十五日，王進兵蓬嶺，分布嶺下。日及未一鼓，登之，成軍四潰，所殺及掩擁入河者不知其數。成自投嶺下得駿馬而逃，王舉其寨盡有之，凡鎗刀、金鼓、旗幟無遺者，奪其被虜人民數萬人歸之田里。擒其將張全。成竄連州。王召張憲、王貴、徐慶，謂之曰：「曹成敗走，餘黨盡散，追而殺之，則良民脅從深可憫痛。然縱其〔所〕往，則大兵既旋，復聚爲盜。吾今遣若等三路招降，若〔復〕抵拒，誅其酋而撫其衆，謹毋妄殺，以累主上保民之仁。」於是憲自賀連、慶自邵道、貴自郴桂陽招之，降者二萬，與王會于連州。王用其酋領而給其食，降民大喜。乃益進兵追成，成懼甚，走宣撫司降。

有郝政者，率衆走沅州，首被白布，自稱爲成報讎，謂之白頭巾。已而爲張憲所擒，其將楊再興，走躍入澗中，憲欲殺之。再興曰：「願執我見岳公。」遂受縛，王見再興，奇其貌。命解其縛，曰：「吾不殺汝，汝當以忠義報國。」再興拜謝，後卒死國事，爲名將。嶺表悉平。時以盛夏行煙瘴之地，登山涉險，衝冒炎暑，賊兵以疾死者相繼，而官軍無一人疫癘者，惟死敵之兵纔一二人，論者以爲王忠義所致。

六月十一日，授中衛大夫、武安軍承宣使，依前神武副軍都統制。制辭有「許國忠誠，馭衆訓整。同士卒之甘苦，致紀律以嚴明」之語。

初，有旨命王平曹成日赴行在，尋以江州係控扼要地，合屯重兵，令王將帶本部并韓京、吳錫軍屯于江州。比入江西界，準本路安撫大使李回牒，令招殺馬友下郝通賊馬。王遂至筠州，降之。除揀放外，得精兵一萬八千人。因奏所得兵可以防江，其韓京、吳錫軍更不須起發，乃以京、錫撥隸荆湖廣南宣撫司。時馬友復亂筠州，城西防隘之兵望風奔潰，守臣已徒步出（竟）〔境〕。及聞王軍來，友遽逃去。軍至江州，劉忠之餘黨四千餘人寇蘄之廣濟縣，又李通已受招安，在司公山不肯出，令王掩捕，悉平之。於是，李回奏乞以舒、蘄、光、黄接連漢陽、武昌一帶盜賊，並委王招捕。

十二月，亡將李宗亮誘張式以所部兵叛。

紹興三年癸丑歲，年三十一。

平李宗亮。賜金蕉酒器。討虔寇，擒彭友等。平固石洞，入虔州斬十大王等。擒高聚。擒張成。召赴行在，賜袍帶鞍馬弓箭等，賜宸翰「精忠」旗。除江西沿江制置使，改江西制置使，兼舒蘄州，改神武後軍統制。

春正月，宗亮、式夜至筠州，焚毁居民，殺劫甚衆。王遣徐慶、傅選軍捕滅之。

二月，上遣鄭壯齎賜王金蕉酒器，如賜韓世忠禮。召赴行在，江西宣諭劉大中奏：「臣到洪州，採訪物論，皆謂岳某提兵素有紀律，人情恃以爲安。今岳某將帶軍兵前赴行在，竊恐民不安業，盜賊無所鎮壓，復至猖獗。」乃不果行。又賜李回親札，令擇本路盜賊熾盛處，專委王。

是時，虔、吉二州之境，盜賊羣起，如彭友、李動天爲之魁，及以次首領，號爲十大王。虔州則陳顒、羅閑十等各自爲首，連兵數十萬，置寨五百餘所，表裏相援，捍拒官軍。分路侵寇循、梅、廣、英、惠、韶、南雄、南安、建昌、汀、潮、邵武諸郡，縱横來往，兇焰方赫。於是，李回奏吉寇彭友等爲亂，乞專委王。廣東宣諭明槖亦奏：「虔賊爲二廣患，採之南方物論，皆言岳某所部最爲整肅，所過不擾。若朝廷矜憫遠人，特遣岳某軍來，則不惟可除羣盜，而既招復叛如劉椑輩，亦可置之隊伍，繩以紀律，使之爲用。」又知梧州文彥明奏，虔州鹽寇入廣東劫掠，乞委王討捕。劉大忠亦連奏，以王爲請。上始專以虔、吉寇付王。

夏四月，王至虔州，聞彭友等立柵于固石洞，儲蓄甚富。王遣吏伺其實，乃已離固石洞。悉其兵至雩都侯官軍，且宣言曰：「人言岳承宣智勇爲天下第一，我今破之，岳承宣且敗，他人若我何？」吏回報，王笑，遣辯士三人造之，開諭禍福，說之以降。賊曰：「爲我語岳承宣，吾寧敗不肯降，毋以虛聲恐我也。」遂與戰。友等方躍馬馳突，示其驍勇，王麾軍擊之，擒友等於馬上，餘酋散走。賊衆橫屍滿山谷，獲衣甲器械無數。奪其被虜老弱二萬餘人，縱歸田里。

餘酋復退保固石洞。洞之山特高，四環皆水，登山僅止一徑，勢甚險阻。王頓兵瑞金縣，領千餘騎至固石洞，復遣辯士說之。曰：「汝誠阻險，能保不敗耶？敗而後降，吾不汝貰矣。降即亟降，毋自速辜。」賊衆不聽，曰：「苟能破山寨，吾黨雖死，尚何憾？」王乃列馬軍於山下，皆重鎧持滿。黎明，遣死士三百疾馳登山，賊衆大亂。山下鳴鼓呼噪，〔賊〕莫測多寡，棄山而下，見山皆爲列騎所圍，於是疾呼丐命，倉卒投墜而死者甚衆。王乃令軍中毋殺一人，賊衆悉下山投降。或曰：「說之不我聽，何以貸爲，請盡戮之。」王蹙然良久，曰：

「此輩雖凶頑，然本愚民耳，殺之何益？且主上既赦其人矣，不然何以成主上之命？」籍其金帛之藏，盡入備邊激賞庫，擇降民之勇鋭者隸諸軍，餘悉縱之田里。下令使各安業耕種，逃民盡還。遣徐慶等將兵，授以方略，捕諸郡賊，以次敗降。是役也，擒賊大小首領五百餘人，一無遺類。

初，廟堂以隆祐震驚之故，有密旨令屠虔城。王既平諸寇，乃駐軍三十里外，上疏請誅首惡而赦脅從，不許。連請不已，上乃爲之曲宥，詔王裁決。六月，王始入城（諭）〔論〕囚，即諸酋罪之尤者數人，各置之法，餘悉稱詔貰之。市不易肆，虔人懽聲如雷。至今父老家家繪而祀之，遇諱日，則哀金飯僧于梵舍，以爲常，雖更權臣之禍亦不變。

時又有劉忠之將高聚犯袁州，王遣王貴擊之，擒高聚及其徒二百餘人，降其衆三千，殺其僞統制方□。

張成亦以三萬人犯袁州，陷萍鄉。復遣王貴擊之，成敗走。王貴奪其寨焚之，殺死甚衆，俘五百餘人。明日復戰，遂擒成而降其衆。

秋七月，召赴行在。趙鼎奏：「虔州民習兇頑，累年爲患，岳某雖已破蕩巢穴，恐大兵起行之後，復爾嘯聚，請留五千人屯虔州。」又以密院之請，分三千人屯廣州，一萬人屯江州。

九月，至行在。上預使人諭王，許繫金帶上殿。十三日，入見。上慰撫再三，王頓首謝而退，卒不言其功。上以其長者，益重敬之。賜衣甲、鎧馬、弓箭各一副，撚金線戰袍、金帶、手刀、銀纏槍、戰馬海馬皮鞍各一，賜宸翰于旗上，曰「精忠岳某」，令先師行之次建之。又賜王之子雲弓箭一副及戰袍、銀纏槍各一，犒勞官兵甚厚。

十五日，特旨落階，授鎮南軍承宣使，依前神武副軍都統制、江南西路沿江制置使。制辭有「千里行師，見秋豪之無犯；百城按堵，聞夜吠之不驚」之語。又賜詔曰：「卿殄寇之功，馭軍之略，表見於時，爲後來名將。江湖之間，尤所欣賴。兒童識其姓字，草木聞其威聲。」

十八日，有旨諭王，其目有三：一、令王於江州、興國、南康一帶駐劄，江西諸屯軍馬許遇緩急抽差。一、江上有軍期急速，與制置會議不及，許一面隨宜措置。一、舒蘄兩州增隸王節制。

二十日，賜銀二千兩犒所部將士。二十一日，改除江南西路舒蘄州制置使。二十七日，以李山軍馬隸王。二十九日，改差神武後軍統制，依前制置使。

冬十一月，令王瓔、折彦質遣吳全、吳錫兩軍並聽王節制。

十二月，以李横、牛臯隸王。

是時，僞齊使李成合北虜兵五十萬，大舉南寇，攻陷襄陽府及唐、鄧、隨、郢州、信陽軍。故鎮撫刺史如李横、李道與、翟琮、董先、牛臯等俱失守。僞齊於每郡但置僞將，又有湖寇楊么舟師與僞齊交結，欲分車舡五十艘攻岳、鄂、漢陽、蘄、黄，順流而下。李成以兵三萬益楊么舟師，自提十七萬由江西陸行趨兩浙，與么會合。朝廷患之，始命於江南北岸水陸戰備處，常爲待敵計。又命於興國、大治、通洪州之路措置隄備，多遣間探，日具事宜以聞。又命防拓鄂、黄等州及漢陽軍，又以下流鄂、岳備賊營之潛渡爲寇者。一日，王與〔莫〕〔幕〕中人語，論及二寇，或問將何先。王曰：「先襄漢，襄漢既復，李成喪師而逃，楊么失援矣。第申嚴下流之兵以備之，然後鼓行。」

忠文王紀事實録卷之三

行實〔編年三〕

紹興〔四年〕

紹興五年

紹興四年甲寅歲，年三十二。

兼荆南、鄂、岳州，詔王收復襄陽六郡。除黄、復州、漢陽、德安制置使。復郢州，斬京超、劉楫。復隨州，斬王嵩。領軍趨襄陽，指授王貴、牛皋戰襄江，復襄陽府。僞齊益李成兵屯襄江，遣王萬兵清水河，戰新野市，敗之。賜札問守禦策，奏行營田。進兵鄧州，敗劉合孛堇，降楊德勝。擒高仲，復鄧州，賜銀合茶藥。復唐州，復信陽軍，襄漢平。辭制置使，賜詔不許。屯鄂州，除清遠軍節度使，賜金束帶一。奉詔出師池州，提舉趨廬州。

春三月，〔除兼荊南、鄂〕岳州制置使。王乃奏乞復襄陽六郡。以〔爲今欲規恢，不〕可不爭此土，宜及時攻取，以除心膂之病。〔上以諭輔臣〕，趙鼎奏曰：「知上流利害，無如飛者。」於是即以親札報之曰：「今從卿所請，已降畫一，令卿收復襄陽六郡。惟是服者舍之，拒者伐之，追奔之際無出李橫舊界。」畫一之目，以湖北帥司統制官顔孝恭、崔邦弼兩軍并荊南鎮撫使司馬軍並隸節制。及諸州既復，並許隨宜措置，差官防守。如城壁不堪守禦，則移治山寨，或用土豪，或用舊將牛皐等主之。

夏四月，令神武右軍、中軍各選堪披帶馬百匹，遣使臣、兵級部付王。二十五日，上以金束帶三賜王將佐。

五月，除黃、復州、漢陽軍、德安府制置使，提兵至郢州。僞將京超驍勇武悍，號萬人敵，雜蕃漢萬餘人，軍勢大張。王渡江至中流，顧（莫）〔幕〕屬曰：「某不擒賊帥，不復舊境，不涉此江。」初五日，抵城下。王躍馬環城，以策指東北敵樓，顧謂衆曰：「可賀我也。」超乘城拒敵，王使張憲就問之曰：「爾曹本受聖朝厚恩，何得叛從劉豫？」超謀主劉楫出應之曰：「今日各事其主，毋多言也。」王怒甚。時軍正告糧乏，王問糧所餘幾何，曰：「可再飯。」王曰：「可矣，吾以翌日巳時破賊。」黎明，鼓衆薄城，一麾並進，衆皆累肩而升。超迫於亂兵，投崖而死。殺虜〔卒七千人，積〕屍與天王樓俱高。劉楫就縛至前，王責以大〔義，南鄉斬之〕。遂復郢州。於是，遣張憲、徐慶復隨州。僞將〔王嵩聞憲、慶〕至，不戰而遁，退保隨城，未下。王遣牛皋（裹）〔裹〕三日糧〔往〕，糧未盡而城已拔。執嵩斬之，得士卒五千人，遂復隨州。

王領軍趨襄陽，李成聞王至，引軍出城四十里迎戰，左臨襄江。王貴、牛皋等欲即赴賊，王笑謂貴等曰：「止。此賊屢敗吾手，吾意其更事頗多，必差練習，今其疎暗如故。夫步卒之利在阻險，騎兵之利在平曠。成乃左列騎兵於江岸，右列步卒於平地，雖言有衆十萬，何能爲？」於是舉鞭指貴曰：「爾以長槍步卒由成之右擊騎兵。」指皋曰：「爾以騎兵由成之左擊步卒。」遂合戰，馬應槍而斃，後騎皆不能支，退擁入江，人馬俱墜，激水高丈餘，步卒之僨死者無數。成軍夜遁。復襄陽府，駐軍城中。

僞齊益李成兵，屯襄江北新野市，號三十萬，欲復求戰。王先遣王萬提兵駐淸水河以餌之，王繼往。六月五日，賊悉其衆，衝突官軍，萬與王兵夾擊，敗之。六日，復戰，又敗之，使萬追擊，横屍二十餘里。上賜札曰：「李成益兵而來，我師大獲勝捷，乃卿無輕敵之心、有勇戰之氣之所致也。因以見賊志之小小耳！朕甚慰焉。嘗降親札，令卿條具守禦全盡之策。若少留騎兵，恐復爲賊有；若師徒衆多，則饋餉疲勞，乃自困之道。卿必有以處焉。」王奏曰：「臣竊觀金〔賊〕、劉豫皆有可取之理。金〔賊〕累年之間，〔貪婪横逆〕，無所不至，今所愛惟金帛子女，志已驕惰[一]。劉豫〔僭臣賊子〕，雖以儉約結民，而人心終不忘宋德。攻討之〔謀，正不〕宜緩。苟歲月遷延，使得修治城壁，添兵聚糧，而後取之，必倍費力。陛下淵謀遠略，非臣所知。以臣自料，如及此時以精兵二十萬直擣中原，恢復故疆，民心効順，誠易爲力。此則國家長久之策也，在陛下睿斷耳。若姑以目前論之，襄陽、隨、郢，地皆膏腴，民力不支。若行營田之法，其利爲厚。即今將已七月，未能耕墾，來春即可措畫。陛下欲駐大兵於鄂州，則襄陽、隨、郢量留軍馬，又於安、復、漢陽，亦量駐劄，兵勢相援，漕運相繼，荆門、荆南聲援亦已相接，江淮荆湖皆可奠安。六州之屯，且以正兵六萬爲固守之計，就撥江西、湖南糧斛，朝廷支降劵錢，爲一年支遣。候營田就緒，軍儲既成，則朝廷無餽餉之憂，進攻退守皆兼利也。惟是葺治之初，未免艱難，必仰朝廷微有以資之。基本既立，後之利源無有窮已。又此地秋夏則江水漲隔，外可禦寇，内足以運糧。至冬後春初，江水淺澀，吾資糧已備，可以坐待矣。于今所先在乎速備糧食，斟量屯守之兵，可善其後。臣今亦候糧食稍足，即過江北。雖番僞〔賊〕勢衆多，臣誓當竭力勦戮，不敢少負陛下。」時方重深入之舉，而王璵以大兵討楊么，六萬之兵亦未及抽摘。然營田之〔議，自是〕興矣。

秋七月，遂進兵鄧州。聞李成與金〔賊〕劉合〔孛堇、陝西〕番僞賊兵會聚于州西北，置寨二十餘所以拒官軍。王遣王貴等由光化路，張憲等由横林路，會合奄擊。憲至鄧城外三十里，遇〔賊〕兵數萬迎戰。王萬、董先各以兵出奇突擊，〔賊〕衆大潰。降執番官楊德勝二百餘人，得兵仗甲馬以萬計。劉合孛堇僅以身免。〔賊〕將高仲以餘卒走，退保鄧城，閉門堅守。十七日，王引兵攻城，將士皆不顧矢石，蟻付而上，一鼓拔之。生擒高仲，遂復鄧州。

上聞之喜，謂胡松年曰：「朕雖素聞岳飛行軍極有紀律，未知能破敵如此。」松年對曰：「惟其有紀律，所以能破〔賊〕。」及捷奏至，後殿進呈，上曰：「岳某籌略頗如人意，令學士院降詔奬諭。」仍遣中使傳宣撫問，賜銀合茶藥，并問勞將佐，犒賞有差。

二十三日，復唐州，尋又復信陽軍，擒僞知、通凡五十人。襄漢悉平，川、陝貢賦綱馬道路，至是始通行無阻焉。

襄漢既平，王辭制置使，乞委任重臣經畫荆襄。上賜詔不許。趙鼎奏：「湖北鄂、岳州屯駐，不惟淮西藉其聲援，可保無虞，而湖南、二廣、江浙亦獲安妥。」上乃以襄陽、隨、唐、鄧、信陽並作襄陽府路，隸之王。尋移屯鄂州。

二十五日，除清遠軍節度使、湖北路荆襄潭州制置使，依前神武後軍統制，特封武昌縣開國子，食邑五百戶，食實封二百戶。制詞略云：「身先百戰之鋒，氣蓋萬夫之敵。機權果達，謀成而動則有功；威信著明，師行而耕者不變。振王旅如飛之怒，月三捷以奏功；率寧人有指之疆，日百里而辟土。慰我后雲霓之望，拯斯民塗炭之中。」辭意甚寵。又賜金束帶一。

九月，兀朮、劉豫稱兵七十餘萬，聚糧入寇，諜報警急。二十一日，令備軍馬、舟船於衝要控扼之地，分布防〔托〕，時具諜探動息及備禦次第聞奏。二十五日，令照應荊、襄，控扼武昌一帶，仍措置楊么。二十七日，令體探的實，嚴切隄備。二十九日，令凡控扼處，分遣官兵，嚴密把截，如有警急，則鼓率將士，極力捍禦掩殺，毋令透漏。

冬十月五日，令疾速措置。更遣諜報，日一具奏。虜人侵淮，急圍廬州。上賜札曰：「近來淮上探報緊急，朕甚憂之。已降指揮督卿全軍東下。卿夙有憂國愛君之心，可即日引道，兼程前來。朕非卿到，終不安心。卿宜悉之。」王奉詔出師池州，先遣牛皋渡江。

十二月，自提其軍趨廬州，與皋會。上遣李庭幹賜王香藥，且賜札撫問。時僞齊已驅甲騎五千被城，皋以所從騎遥謂虜衆曰：「牛皋在此，爾輩胡爲見犯？」虜衆已愕然相視，及展「岳」字幟與「精忠」旗示之，虜衆不戰而潰。王謂皋曰：「必追之，去而復來，無益也。」皋追擊三十餘里，虜衆相踐及殺死者相半。殺其都統之副及僞千戶長、五百戶長數十人，擒番、僞兵八十餘人，得馬八十餘匹，旗鼓兵仗無數。軍聲大振，廬州遂平。

紹興五年乙卯歲，年三十三。

入覲，賜銀絹等，除鎮寧崇信軍節度使，充湖北荊襄潭州制置使。除荊湖南北襄陽府路制置使，陞都統制。大破楊么，降黃佐、楊欽，擒陳貴等。

斬楊么、鍾儀，擒黃誠、劉衡，賜銀合茶藥，加檢校少保，除湖南北襄陽府路招討使，賜銀合茶藥。

春二月，王入覲，賜銀絹二千四兩、承信郎恩命一，母封國夫人，孺人封號二、冠帔三，眷禮甚厚。賜諸將金束帶及牛皐以下二十九人并立功官兵五百四十六人，各轉資受賞有差。授鎮寧、崇信軍節度使，依前神武後軍統制，充荆湖北路荆襄潭州制置使，加食邑五百戶，食實封三百戶，進封武昌郡開國侯。制詞有曰：「閱禮樂而厲廉隅，德遜有君子之操；援枹鼓而先士卒，忠蹇匪王臣之躬。」又曰：「于疆于理，威行襄漢之山川；如飛如翰，名動江湖之草木。」又曰：「萬騎鼓行，震天聲於不測；千里轉戰，奪勇氣於方張。力捍孤城，系俘羣醜。」又以明堂恩加食邑五百戶，食實封二百戶。

十二日，除荆湖南北襄陽府路制置使、神武後軍都統制，招捕楊么。楊么者，鼎州鍾相之餘黨。楚人謂幼爲么，故稱么云。自建炎末相敗死，么率其餘部居湖湘間，其徒有楊欽、劉衡、周倫、黃佐、黃誠、夏誠、高老虎等。數年間，聚兵至數萬。立相之子儀，謂之鍾太子，與么俱僭稱王，官屬、名號、車服、儀衛，並擬王者。居有三衙大軍，所居之室稱曰內。又書行移不奉正朔，蹂踐鼎、澧，窺覦上流，程昌禹以車船拒之，盡爲所獲，水軍吳全、崔增一戰不返，兵力益強。根據龍陽、武陵、沅江、湘陰、安鄉、華容諸縣，水陸千里，操舫出沒。東犯岳陽至臨湘縣，西犯江陵之石首至枝江縣，北犯江陵至荆門，南犯潭州至巴溪，爲患不一。官軍陸襲則入湖，水攻則登岸。大將王瓛出師兩年，屢戰不効，賊氣愈驕。一時將帥皆謂不可以歲月成功，爲宵旰憂又甚於邊寇。時王所部皆西北人，不習水戰。王獨曰：「兵亦何常，惟用之如何耳。今國勢如此而心腹之憂未除，豈臣子辭難時耶？」

三月，奉詔自池進兵于潭。遇天久雨，泥淖沒膝，士徒艱涉。王躬自塗足霑漬衣體以示勸，皆奮躍忘勞。所過肅然，民不知軍旅之往來。上聞之，曰：「岳某移軍潭州，經過無毫髮搔擾，村民私遺士卒酒食，即時還價，所至懽悦。」賜詔奬諭，有曰：「連萬騎之衆而桴鼓不驚，涉千里之塗而樵蘇無犯。至發行齎之泉貨，用酬迎道之壺漿。所至得其懽心，斯以寬予憂顧。」

將至潭，先遣使持檄至賊中招之。先是，鼎州太守程昌禹遣劉醇，荆湖南北宣撫使孟庾遣朱寔，湖廣宣撫使李綱遣朱詢，荆南鎮撫使解潛遣史安，湖南及諸軍遣晁遇十七人，邵州太守和璟亦累遣人招安，皆爲賊所殺。至是，所遣之使叩頭伏地，曰：「節使遣某，猶以肉餧飢虎也。寧受節使劍，不忍受逆賊辱。」王叱之起，曰：「吾遣汝，汝決不死。」使者起，受命以行。至其境，望見賊巢，即厲聲呼曰：「岳節使遣我來，諸寨開門延之！」使者以檄授賊，賊捧檄欽誦。或問：「岳節使安否？」雖叛服之志未齊，然皆不敢萌異意。於是么之部將黃佐謂其屬曰：「吾聞岳節使號令如山，不可玩也。若與之敵，我曹萬無生全理，不若速往就降。岳節使誠人也，必善遇我。」率其所部詣潭城降，皆再拜，王釋其罪，慰勞之。即日聞于朝，擢佐武義大夫、閤門宣贊舍人，賞予特厚。佐出，復單騎按其部，撫問甚至。明日，召佐使坐，命具酒與飲。酒酣，撫佐背謂曰：「子眞丈夫，知逆順禍福者無如子。子姿力雄鷙，不在時輩下，果能爲朝廷立功名，一封侯豈足道哉？吾欲遣子復至湖中，視有便利可乘者擒之，可以言語勸者招之。子能卒任吾事否？」佐感激至泣，再拜謝王曰：「佐受節使厚恩，雖以死報佐不辭，惟節使命。」乃遣佐歸湖中。又有戰士三百餘人來降，王皆委曲慰勞，命其首領以官，優給銀絹縱之，聽其所往。有復入湖者，亦弗問。居數日，又有二千餘人來降，王待之如初。

時張浚以都督軍事至潭州，參政席益與浚備語王所爲，謂浚曰：「岳侯得無有他意，故玩此寇？益欲豫以奏聞，如何？」浚笑曰：「岳侯忠孝人也，足下何獨不知用兵有深機，胡可易測？」益慚而止。夏四月，黃佐襲周倫寨，擊之，倫大敗走，殺死及掩入湖者甚衆。擒其統制陳貴等九人，奪衣甲器仗無數，寨柵糧船焚毀無遺者。佐遣人馳報王，王即上佐功，轉武經大夫，仍撫勞所遣將士，第功以聞。

統制任士安乃揚言岳太尉兵二十萬至矣，及所見止士安等軍耳，賊乃併兵永安寨攻之。王遣兵設伏，士安等戰垂困，伏兵乃起，四合擊之。賊衆敗走，獲戰馬器甲無數。又追襲過荀陂山，所殺獲不可勝計。士安復移軍與牛皐屯龍陽舊縣之南，逼近賊巢。賊出攻之，官軍迎擊，賊又敗走。上賜札諭之曰：「朕以湖湘之寇逋誅累年，故特委卿爲且招且捕之計，欲使恩威並濟，綏靖一方。聞卿措畫得宜，朕甚嘉之。」

五月，有旨召張浚還，浚得詔，謂王曰：「浚將還矣，節使經營湖寇已有定畫否？」王袖出小圖以示浚，曰：「有定畫矣。」浚按圖熟視移時，謂王曰：「浚視此寇阻險窮絶，殆未有可投之隙。朝廷方召浚歸議防秋，盍且罷兵規畫上流，俟來歲徐議之。」王曰：「何待來年？都督第能爲某少留，不八日可破賊都，還朝在旬日後耳。」浚正色曰：「君何言之易耶？王四廂兩年尚不能成功，乃欲以八日破，君何言之易耶？」王曰：「王四廂以王師攻水寇則難，某以水寇攻水寇則易。」浚曰：「何謂以水寇攻水寇？」王曰：「湖寇之巢艱險莫測，舟師水戰，我短彼長，入其巢而無鄉導，以所短而犯所長，此成功所以難也。若因敵人之將，用敵人之兵，奪其手足之助，離其腹心之援，使桀黠孤立，而後以王師乘之，覆亡由反手耳。某請除來往三程，以八日之内俘諸囚於都督之庭。」浚亦未信，乃奏曰：「臣只候六月上旬，若見得水賊未下，即召某前來潭州，分屯潭、鼎人馬，規畫上流軍事訖，赴行在。」王遂如鼎州。

六月二日，楊欽受黄佐之招，率三千餘人乘船四百餘艘詣王降。王喜謂佐曰：「可任也。楊欽驍悍之尤者，欽今乃降，賊之腹心潰矣。」欽自束縛至庭，王命解其縛，以所賜金束帶袍予之。即日聞奏，授武義大夫。又命具酒，使王貴主之，禮遇甚厚，及所部犒賞有差。欽感激不自勝，所部皆喜躍，恨降晚。王乃復遣欽歸湖中，諸將皆力諫，王不荅。越兩日，欽盡說全琮、劉詵等降，未降者尙數萬。王詭罵曰：「賊不盡降，何來也！」杖之，復令入湖。是夜，以舟師掩其營，併俘欽等，其餘黨殺獲略盡。惟楊么負固不服，方浮遊湖上，夸逞神速。其舟有所謂望三州、和州載、五樓、九樓、大德山、小德山、大海鰍頭、小海鰍頭，以數百計。舟以輪激水，疾駛如羽。左右前後俱置撞竿，官舟犯之，輒破。又官舟淺小而賊舟高大，賊矢石常自上而下，而官軍仰面攻之，見其舟而不見其人。王取君山之木多爲巨筏，塞湖中諸港，又以腐爛草木自上流浮而下。擇視水淺之地，遣口伐者二千人挑之，且行且罵。賊聞詈不勝憤，爭揮瓦石追而投之。俄而，草木坌積舟輪下，膠滯不行。王亟遣軍攻之，賊奔港中，爲筏所拒。官軍乘筏，張牛革以拒矢石，羣舉巨木撞賊舟，舟爲之碎。楊么舉鍾儀投于水，繼乃自仆。牛皋投水擒么，至王前斬首，函送都督行府。僞統制陳瑫等亦劫鍾儀之舟，獲金交床、金鞍、龍鳳簟以獻，率所部降。王亟領黃佐、楊欽等軍入賊營，餘酋大驚曰：「是何神也！」夏誠、劉衡俱就擒，黃誠大懼，不知所爲，亟與周倫等首領三百人俱降。牛皋請曰：「此寇逋誅，罪不容數，勞民動衆，亦且累年，若不略行勦殺，牛皋不知何以示軍威。」王曰：「彼皆田里匹夫耳。先惑於鍾相妖巫之術，故相聚以爲姦。其後乃沮於程吏部盡誅雪耻之意，故恐懼而不降。日往月來，養成元惡，其實但欲求全性命而已。今楊么已被顯誅，鍾儀且死，其餘皆國家赤子，苟徒殺之，非主上好生之意也。」連聲呼謂官軍曰：「勿殺！勿殺！」牛皋敬服其言而退。王親行諸寨慰撫之，命少壯強有力者籍爲軍，老弱不堪役者各給米糧令歸田。有自請歸業者二萬七千餘戶，王皆給據而遣之。又命悉賊寨之物盡散之諸軍，而縱火焚寨，凡焚三十餘所。揭牓於青草洞庭湖上，不數日，行旅之往來，居民之耕種，頓若無事之時然。湖湘悉平。是役也，獲賊舟凡千餘，鄂渚水軍之盛，遂爲沿江之冠。

自其與浚言至賊平，果八日。浚歎曰：「岳侯殆神算也。」即日上之朝，上遣內侍一員至軍前，傳宣撫問，仍賜銀合茶藥及撫勞將士。賜詔褒諭，有曰：「湖湘阻深，姦凶嘯聚。曩命往伐，用非其人，輕敵寡謀，傷威損重，遂令孽寇，久稽靈誅。卿勇略冠軍，忠義絕倫。肅將王命，險集長沙。威稜所加，已聞聲而震疊；恩信既著，宜傳檄而屈降。消時內侮之虞，宣予不殺之武。」又賜札曰：「非卿威名冠世，忠義濟時，先聲所臨，人自信服，則何以平積年嘯聚之黨，於旬朝指顧之間，不煩誅夷，坐獲嘉靖。使朕恩威兼暢，厥功茂焉。」

初，有唐生居鼎州，嘗與程昌禹論湖寇之險，曰：「他人寨柵猶或可入，如楊么寨則雖虎豹不可入也。」昌禹曰：「然則奈何？」唐生作俚語應之曰：「除是飛便會入去。」昌禹大笑曰：「世間豈有生肉翅人可使耶？」顧謂僚屬，玆事當且止也。又夏誠、劉衡等嘗自詫曰：「吾城池樓櫓如此，欲犯我，除是飛來。」至是始驗。時有盧奎者作《鼎澧聞見錄》述其事，其末曰：「半月之間，談笑以平羣賊，使有船者不能遠去，有寨者不能堅守，幾於〔不戰〕屈人。」紀其實也。

有旨兼蘄、黄州制置使。以目疾乞解軍事，上不許。既而疾稍瘳，王不復請，强起視事。又有旨，令王以三十將爲額。八月二十三日，有旨令王於襄陽府路、復州、漢陽軍鄉村民社置山城水寨處，疾速措置備禦事務，具已施行狀聞奏。

秋九月，加檢校少保，食邑五百戶，實封二百戶，進封開國公。制詞有曰：「得好生於朕志，新舊染於吾民。支黨内攜，手掀狡窟，渠魁面縛，自至和門。服矢弢弓，盡殺潢池之嘯聚；帶牛佩犢，悉歸田里之流逋。清湖湘累歲蕩汨之菑，增秦蜀千里貫通之勢。」還軍鄂州，益自奮厲，日率將士閲習師徒，軍容甚整。張浚視師，還朝以聞。

冬十月，上賜詔褒諭。

十二月，除荆湖南北、襄陽府路招討使。

行實編年四

紹興六年丙辰歲，年三十四。

梁興來。兼營田使，入覲。移屯襄陽，易武勝、定國軍節度使，除宣撫副使。

周國夫人姚氏薨，起復。復虢州寄治盧氏縣。復商州。復長水縣。戰業陽，斬孫都統，擒滿在。戰孫洪澗，焚蔡州。援淮西。戰何家寨，擒薛亨、郭德等。戰白塔。戰牛蹄。賜銀合茶藥，賜鞍簡香茶。

春正月，太行山忠義保社梁興等百餘人奪河徑渡至王軍前。王以聞，上曰：「果爾，當優與官以勸來者。若此等人來歸，方見敵情。」遂詔王接納。

二月，兼營田使。以都督行府議事至平江府，自陳去在所不遠，願一見天顏。九日，得旨引見，面奏襄陽、唐、鄧、隨、郢、金、房、均州。信陽軍舊隸京西南路，乞改正如舊制。州縣無以按察。上皆納之。未置監司，州縣無以按察。又奏襄陽自收復後以李若虛爲京西南路提舉兼轉運、提刑公事。又令湖北襄陽府路如有闕官，自知、通以下許王自擇强明清幹者任之，及得薦舉改官、陞擢差遣。其有蠹政害民、贓汙不法者，得自對移放罷。十九日，陛辭，上賜酒器金二百兩，士卒犒賞有差。都督張浚至江上會諸大帥，浚於座中獨稱王可倚以大事。乃命韓世忠屯承、楚以圖淮陽，劉光世屯廬州以招北軍，張俊屯盱眙，楊沂中爲俊後翼，特命王屯襄陽以窺中原。謂王曰：「此事君之素志也，惟君勉之。」王奉命，遂移屯京西。

三月，易武勝、定國兩鎮之節，除宣撫副使，置司襄陽，加食邑五百戶，食實封二百戶。制詞有曰：「洛都甫邇，王氣猶在於伊瀍；陵寢具存，廟貌未移於鍾虡。」所以寓責望之意深矣。王以宣撫重中增「河東」二字及「節制河北路」五字。

八月，遣王貴、郝政、董先攻虢州，寄治盧氏縣，下之，殲其守兵，獲糧十五萬石，降其衆數萬。上聞之，以語張浚等。浚曰：「王措畫甚大，今已至伊洛，則太行山一帶山寨必有通謀者。」自梁興之來，王意甚堅。十三日，遣楊再興進兵至西京長水縣之業陽，僞順州安撫張宣贊命孫都統及其後軍統制滿在以兵數千拒官軍。再興出戰，斬孫都統，擒滿在，殺五百餘人，俘將吏百餘人，餘黨奔潰。明日，再戰于孫洪澗，破其衆二千，復長水縣，得糧二萬餘石，以給百姓官兵。於是，西京險要之地盡復。又得僞齊所留馬萬匹，芻粟數十萬，中原響應。王又遣至蔡州，焚賊糗糧。上賜詔褒之，

名，自非廊廟近臣今勳伐高世者不可委任，上章力辭。上賜詔曰：「漢高帝一日得韓信，齋戒築壇，拜爲大將，授數萬之衆，雖舉軍盡驚，而高帝不以爲過。與待絳、灌、樊、酈輩計級受賞者有間矣，豈非用人傑之才固自有體耶？卿智勇兼資，忠義尤篤，計無遺策，動必有成。勳伐之盛，焜燿一時，豈止與淮陰侯初遇高帝比哉？」

夏四月，上命至武昌調軍。丁周國夫人姚氏憂，上遣使撫問，即日降制起復。勑本司官屬將佐、本路監司守臣躬請視事，賻贈常典外加賜銀絹千匹兩，襄奉之事，鄂守主之。王扶櫬至廬山，連表懇辭，乞守終喪之志。上悉封還，親札慰諭。又累詔促起，乃勉奉命，復屯襄漢。

秋七月，上命王凡移文僞境，於宣撫職位

有曰：「進貔虎以馮陵，戮鯨鯢於頃刻。」又曰：「長驅將入於三川，震響傍驚於五路。」

九月，劉豫遣子麟、姪猊、許清臣、李鄴、馮長寧，以叛將李成、孔彦舟、關師古合兵七十萬分道犯淮西，諸將皆大恐。劉光世欲舍廬州，張俊欲棄盱眙，同奏乞召王以兵東下，欲令王獨攖其鋒，而己得退保，中外大震。都督張浚聞之，以書戒俊曰：「〔賊〕豫之兵以逆犯順，若不勦除，何以立國？平日亦安用養兵？爲今日之事，有進擊，無退保。」遂言於上曰：「岳某一動，則襄漢有警，復何所制？」力沮其議。光世竟舍廬州，退保采石。上憂之，乃以親札付浚曰：「不用命者，以軍法從事。」俊、光世始聽命還戰。上猶慮其不足任，復召王。

初，王自收曹成至平楊么凡六年，皆以盛夏行師，爲炎瘴所侵，遂成目疾。重以母喪，哭泣太過，及是疾愈甚。所居用重帘蔽明，不勝楚痛，然聞詔即日啓行。上聞之，遣醫官皇甫知常及僧中印以驛騎相繼至軍療治。會麟敗，王至江州，不違元詔。

冬十一月十九日，奏上。上語趙鼎，喜其尊朝廷，誦司馬光《通鑑》名分之説以稱之。賜札曰：「聞卿目疾小愈，即提兵東下，委身徇國，竭節事君，於卿見之，良用嘉歎。今淮西賊遁，未有他警，已諭張浚從長措置，卿更不須進發。其或襄、鄧、陳、蔡有機可乘，即依張浚已行事理，從長措置，亦卿平日之志也。」王奉詔，遂還軍。

時僞齊於唐州北何家寨置鎮汝軍，屯兵聚

糧，爲窺唐計。王遣王貴、董先等攻毁之。有僞五大王劉復雄擁兵出城迎敵。初十日，貴等遇之于大標木，依山而陳，衆幾十倍，一戰俱北，横屍蔽野。直抵鎮汝軍，焚其營而有其糧。僞都統薛亨以衆十萬掠唐、鄧來援，貴、先嚴兵待之。既戰，佯北，命馮賽以奇兵繞出其後。亨果來追，先回兵夾擊，賊大敗。生擒薛亨及僞河南府中軍統制郭德等凡七人，殺獲萬計，俘獻在所，五大王以匹馬逃。王即奏云，已至蔡境，欲遂圖蔡以規取中原。上恐僞齊有重兵繼援，未可與戰，不許。然貴等已至蔡城，閉拒未下，王使人返之。貴等回至白塔，李成率劉復、李序、商元、孔彦舟、王爪角、王大節、賈關索等併兵來絶貴歸路。貴以馬軍迎擊，賊兵盡敗，追殺五里餘。還至牛蹄，賊復益兵追及之，有數千騎方渡澗，爲董先所擊，盡擁入澗中，積屍塡谷。得馬二千餘匹及衣甲器仗等，降騎兵三千餘人。賊兵之繼來者，望見官軍，皆引遁。上聞捷，大悦。賜札獎諭曰：「卿學深籌略，動中事機。加兵宛葉之間，奪險松栢之塞。仍俘甲馬，就食糗糧。登聞三捷之功，實冠萬人之勇。」蓋述商、虢等戰效也。又遣內侍傳宣撫問，賜銀合茶藥。

十二月，大雪苦寒，上以王方按邊暴露，手詔撫勞。有曰：「非我忠臣，莫雪大耻。」又遣賜馬鞍四、鐵簡二、香茶藥等，傳宣撫問，召赴在所。

紹興七年丁巳歲，年三十五。

入覲，論馬。扈從至建康，除太尉，陞宣撫使，陞營田大使。論恢復大計，論劉光世軍，解兵柄，復軍，乞以本軍討劉豫。論建都，乞進屯淮甸。計廢劉豫，賜燕及茶藥等。

春正月，入見。上從容與談用兵之要，因問王曰：「卿在軍中得良馬否？」王曰：「驥不稱其力，稱其德也。臣有二馬，故常奇之。日噉芻豆至數斗，泉飲一斛，然非精潔則寧餓死不受。介冑而馳，其初若不甚疾，比行百餘里，始振鬣長鳴，奮迅示駿。自午至酉，猶可二百里，褫鞍甲而不息不汗，若無事然。此其爲馬，受大而不苟取，力裕而不求逞，致遠之材也。值復平楊么，不幸相繼以死。今所乘者不然，日所受不過數升，而秣不擇粟，飲不擇泉，攬轡未安，踴躍疾驅。甫百里，力竭汗喘，殆欲斃然。此其爲馬，寡取易盈，好逞易窮，駑鈍之材也。」上稱善久之，曰：「卿今議論極進。」

二月，除起復太尉，加食邑五百戶，實封二百戶。制詞有「積獲齊山，俘累載道，令行塞外，響震關中」等語，賞商、虢等功也。繼除宣撫使，兼營田大使。

三月，扈從至建康。十四日，以劉光世所統王德、酈瓊等兵五萬二千三百一十二人，馬三千一十九匹隸王。且詔王德等曰：「聽某號令，如朕親行。」王乃數見上，論恢復之略。以爲劉豫者，金人之屏蔽，必先去之，然後可圖。因慷慨手疏言：「臣自國家變故以來，從陛下於戎伍，實有致身報國、復讎雪耻之心。幸憑社稷威靈，前後粗立薄效。陛下錄臣微勞，擢自布衣，曾未十年，官至太尉，品秩比三公，恩數視二府。又增重使名，宣撫諸路。臣一介賤微，寵榮超躐，有踰涯分。今者又蒙益臣軍馬，使濟恢圖。臣實何人，誤蒙神聖之知如此，敢不晝度夜思以圖報稱？臣竊揣敵情，所以立劉豫於河南而付之齊秦之地，蓋欲荼毒中原，以中國而攻中國，粘罕因得休兵養馬，觀釁乘隙，包藏不淺。臣謂不以此時稟陛下睿算妙略以伐其謀，使劉豫父子隔絕，五路叛將還歸，兩河故地漸復，則金人之詭計日生，浸益難圖。然臣愚欲望陛下假臣日月，勿拘其淹速，使敵莫測臣之舉措。萬一得便可入，則提兵直趨京洛，據河陽、陝府、潼關以號召五路之叛將。叛將既還，王師前進，彼必棄汴都而走河北，京畿、陝右可以盡復。至於京都諸郡，陛下付之韓世忠、張俊，亦可便下。臣然後分兵濬、滑，經略兩河。如此，則劉豫父子斷必成擒，大遼有可立之形，金人有破滅之理。爲陛下社稷長久無窮之計，實在此舉。假令汝、潁、陳、蔡堅壁清野，商於、虢略分屯要害，進或無糧可因，攻或難於饋運。臣須斂兵退保上流，賊必襲而南。臣俟其來，當率諸將或挫其鋭，或待其疲。賊利速戰，不得所欲，勢必復還。臣當設伏邀其歸路，小入則小勝，大入則大勝，然後□徐圖再舉。設若賊見上流進兵，併力侵淮上，或分兵攻犯四川，臣即長驅擣其巢穴。賊困於奔命，勢窮力殫，縱今年未終平殄，來歲必得所欲。陛下還歸舊京，或進都襄陽、關中，唯陛下所擇也。臣聞興師十萬，日費千金，內外騷動七十萬家，此豈細事？然古者命將出師，民不再役，糧不再籍，蓋慮周而用足也。今臣部曲遠在上流，去朝廷數千里，平時每有糧食不足之憂。是以去秋，臣兵深入陝洛，而在寨卒伍有飢餓而死者，臣故亟還。前功不遂，致使賊地陷僞，忠義之人旋被屠殺，皆臣之罪。今日唯賴陛下戒勅有司，廣爲儲備，俾臣得一意靜慮，不以兵食亂其方寸，則謀定計審，必能濟此大事。異時迎還太上皇帝、寧德皇后梓宮，奉邀天眷以歸故國，使宗廟再安，萬姓同歡，陛下高枕萬年，無北顧之憂，臣之志願畢矣。然後乞身歸田里，此臣夙夜所自許者。」

疏奏，上以親札荅之曰：「有臣如此，顧復何憂？進止之機，朕不中制。」復召至寢閤，命之曰：「中興之事，朕一以委卿。」又賜親札曰：「前議已決，進止之機，委卿自專。先發制人，正在今日，不可失也。」王復奏申述前志，札報曰：「覽卿近奏，毅然以恢復爲請，豈天實啓之，將以輔成朕志，行遂中興耶？」又令節制光州。

方率厲將士，將合師大舉，進圖中原。會秦檜主和議，忌其成功，沮之，其議遂寢。王德、酈瓊之兵，亦不復畀之矣。

夏，奉詔詣都督府，與張浚議軍事。時王德、酈瓊之兵猶未有所付，浚意屬呂祉，乃謂王曰：「王德之爲將，淮西軍之所服也。浚欲以爲都統制，而命呂祉以都督府參謀領之，如何？」王曰：「淮西一軍卒叛亡盜賊，變亂反掌耳。王德與酈瓊故等夷，素不相下，一旦握之在上，則必爭。呂尙書雖通才，然書生不習軍旅，不足以服其衆。某謂必擇諸大將之可任者付之，然後可定。不然，此曹未可測也。」浚曰：「張宣撫如何？」王曰：「張宣撫宿將，某之舊帥也。然其爲人暴而寡謀，且酈瓊之素所不服，或未能安反側。」浚又曰：「然則楊沂中耳？」王曰：「沂中之視德等爾，豈能御此軍哉？」浚艴然曰：「浚固知非太尉不可也。」王曰：「都督以正問，某不敢不盡其愚，然豈以得兵爲念耶？」即日上章，乞解兵柄。步歸廬山，廬於周國夫人姚氏墓側。浚怒，以兵部侍郎張宗元爲湖北、京西宣撫判官，監其軍。宗元日閱部伍，乃心服王之能。時連詔促王還軍，王力辭。詔屬吏造廬以死請，不得已乃趨朝。既見，猶請待罪。上知其故，優詔荅之，俾復其位而還宗元。宗元歸，復于上曰：「將帥輯和，軍旅精銳。上則稟承朝廷命令，人懷忠孝；下則訓習武伎，衆和而勇。此皆宣撫岳某訓養之所致。」上大悅，賜褒詔曰：「想鉅鹿李齊之賢，未嘗忘也；聞細柳亞夫之令，稱善久之。」王遂上疏曰：「逆豫逋誅，尙穴中土，陵寢乏祀，皇圖偏安。陛下六飛時巡，越在海際。天下之愚夫愚婦咸願伸鋤奮挺，以致死于敵，而陛下審重此舉，累年于茲。雖嘗分命將臣，鼎峙江漢，僅令自守以待敵，不敢遠攻而求勝。是以天下忠憤之氣日以沮喪，中原來蘇之望日以衰息。歲月益久，汙染漸深，趨向一背，不復可以轉移。此其利害，誠爲易見。臣待罪閫外，不能宣國威靈，致神州隔於王化，虜僞穴於宮闕，死有餘罪，敢逃司敗之誅！陛下比者寢閤之命，咸謂聖斷已堅，何至今日尚未決策北向？臣願用此時上稟睿算，不煩濟師，只以本軍進討，庶少塞鰥官之咎，以成陛下寤寐中興之志。順天之道，因民之情，以曲直爲壯老，以逆順爲強弱，萬全之效，茲焉可必，惟陛下力斷而行之。」疏奏，札報曰：「覽卿來奏，備見忠誠，深用嘉歎。恢復之事，朕未嘗一日敢忘于心。正賴卿等乘機料敵，力圖大功。如卿一軍士馬精鋭，紀律脩明，鼓而用之，可保全勝。卿其勉之，副朕注意。」王奉詔將行，乃復奏，以爲：「錢塘僻在海隅，非用武之地。臣願建都上游，用漢光武故事，親帥六軍往來督戰，庶將士知聖意之所向，人人用命。臣當仗國威靈，鼓行北向。」未報，而酈瓊叛。

初，王既還軍，張浚竟用呂祉爲宣撫判官，而王德爲都統制護其軍。瓊果大噪，不服，訟德於浚。浚懼，乃更以張俊爲宣撫使，楊沂中爲制置使，呂祉爲安撫使，而召德以本軍還爲都督府都統制。瓊益不服，擁兵詣祉，執而斬之，盡其衆七萬走僞齊。報至，中外大震，浚始悔不用王言。於是，上詔報王以「兵叛之後，事既異前，遷都之舉，宜俟機會」。王復上奏云：「叛將負國，臣竊憤之。願進屯淮甸，伺番僞機便奮擊，期於破滅。」降詔獎諭，而不之許。王奉詔以舟師駐于江州，爲淮浙聲援。得報，虜已廢僞齊。

先是，六年，王在襄漢，豫兵連創，其爪牙心腹之將或擒或叛，屢不自振。然依金人之勢，尚稽靈誅。王知粘罕主豫而兀朮常不快于粘罕，可以間而動。是年十月，諜報兀朮欲與豫分兵自清河來，上令王激厲將士以備。俄兀朮遣諜者至王軍，爲邏卒所獲，縛至前，吏請斬之。王愕視曰：「汝非張斌耶？本吾軍中人也。」引至私室，責之曰：「吾鄉者遣汝以蠟書至齊，約誘致四太子而共殺之，汝往不復來。吾繼遣人問齊帝，已許我今年冬以會合寇江爲名，致四太子于清河矣。然汝所持書竟不至，何背我耶？」諜冀緩死，即詭服。乃作蠟書言與僞齊同謀誅兀朮事，曰：「八月交鋒，我窮力相擊，彼已不疑，江上之約其遂矣。事濟，宋與齊爲兄弟國。」因謂諜者曰：「汝罪萬死，吾今貸汝，復遣至齊，問舉兵期，宜以死報。」刲股納書，厚幣丁寧，戒勿泄。諜唯唯，拜謝而出。復召之還，益以幣，重諭之，乃遣，至于再三。諜徑抵兀朮所，出書示之。兀朮大驚，馳白其主，於是清河之警不復聞。豫以故得罪，遂見廢奪。

王於是上奏，謂宜乘廢立之際擣其不備，長驅以取中原，不報。上又遣江諮至江州，就賜茶藥酒果，及錫燕宣勞，且賜御札嘉獎。

紹興八年戊午歲，年三十六。

還軍鄂州，備金人。入覲，論和議非。

春二月，還軍鄂州，復累請于朝。秦檜難之，令條具曲折。王歷述利害以聞，不報。

五月，諜報金人駐兵京師、順昌、淮陽、陳、蔡、徐、宿等郡，期以秋冬大舉南寇。又分三路兵，聲言欲迎敵岳太尉。朝廷第令隄備，命王明遠斥堠、習水戰、練閱軍實爲待敵計，不發兵深入。王亦日夜訓閱，更迭調軍屯襄漢，備守而已。秋，召赴行在。金人遣使議和，將歸我河南地。王入對，上諭之，王曰：「夷狄不可信，和好不可恃。相臣謀國不臧，恐貽後世譏議。」上默然。宰相秦檜聞而銜之。已而，金使至，和議決。上復親札歸功於王戮力練兵、扶顛持危之效。王不樂，謂幕中人曰：「得有盟信耶？」

紹興九年己未歲，年三十七。

講和。授開府儀同三司。論虜情。

春二月，以復河南赦天下。王表謝，寓和議未便之意，有曰：「婁欽獻年於漢帝，魏絳發策於晉公，皆盟墨未乾，顧口血猶在，俄驅南牧之馬，旋興北伐之師。蓋夷虜不情，而犬羊無信。莫守金石之約，難充谿壑之求。圖暫安而解倒垂，猶云可也；顧長慮而尊中國，豈其然乎？」末曰：「臣幸遇明時，獲觀盛事。身居將閫，功無補於涓埃；口誦詔書，面有慚於軍旅。尚作聰明而過慮，徒懷猶豫以致疑。謂無事而請和者謀，恐畢辭而益幣者進。願定謀於全勝，期收地於兩河。唾手燕雲，終欲復讎而報國；誓心天地，當令稽首以稱藩。」

十一月，授開府儀同三司，加食邑五百戶，實封三百戶。時三大帥皆以和議成進秩一等，王獨力辭，且於貼黃陳情曰：「臣待罪二府，理有當言，不敢緘默。夫虜情姦詐，臣於面對，已嘗奏陳。竊惟今日之事，可危而不可安，可憂而不可賀。可以訓兵飭士，謹備不虞；不可以行賞論功，取笑夷狄。事關國政，不容不陳。初非立異於衆人，實欲盡忠於王室。欲望速行追寢，示四夷以不可測之意。萬一臣冒昧而受，將來虜寇叛盟，似傷朝廷之體。」上三詔，猶不受，復溫言獎激，至以「郤穀守學」、「祭公克己」爲稱，不得已乃拜。

王益率士卒訓兵嚴備，以虞旦夕之警。分遣質信材辯者，往伺虜情。上方遣齊安郡王士㒟等謁諸陵，王自請以輕騎從士㒟洒掃，其實，欲觀敵人之釁，以誅其謀。且上奏言：「虜人以和欵我者十餘年矣，不悟其姦，受禍至此。今復無事請和，此殆必有肘腋之虞，未能攻犯邊境。又劉豫初廢，藩籬空虛，故詭爲此耳。名以地歸我，然實寄之也。」秦檜知其旨，即奏：「新復故地之初，正賴大將撫存軍旅。」賜詔褒諭而止之。又勑王軍：「凡新界軍民毋得接納，其自此而來者皆送還之，所遣渡河之士悉令收隸，毋得往來。」

紹興十年〔庚申歲，年三十八。〕

金人叛盟。援劉錡。議建儲，加少保、河南府陝西河東河北路招討使。改河南北諸路招討使。分遣諸將，復西京、曹、陳、鄭、趙州、潁昌府、永安、南城軍等。復垣曲、沁水、翼成縣等。戰曹州宛亭縣、劭原、曲陽、永安軍等。殺鶻旋郎君、王太保、阿波那千戶、李孛堇萬戶千戶等，擒劉來孫等。駐郾城，大破兀朮，敗拐子馬。戰五里店，斬阿李朵孛堇。賜金合茶藥。賜金千兩、銀五萬兩、錢十萬緡。賜錢二十萬緡。戰小商橋，斬撒八孛堇及千戶等。大戰潁昌府城西，斬夏金吾及千戶等。擒王松壽、張來孫、千戶阿黎不、田驩等。賜錢二十萬緡。

駐朱仙鎮，以背嵬破兀朮。兀朮奔京師。輯諸陵。兀朮棄京師。班師，乞致仕，入覲。

夏，金人果叛盟，犯拱、亳諸州。上大感王言，以爲忠。

五月，下詔命王竭忠力，圖大計，頒奇功不次之賞，崇戰士捐軀之典，開諭兩河忠義之人，結約招納。賜御札曰：「金人過河，侵犯東京，復來占據已割舊疆。卿素藴忠義，想深憤激。凡對境事宜可以乘機取勝、結約招納等事，可悉從便措置。若事體稍重合稟議者，即具奏來。」時王亦以警報奏乞詣在所陳機密，會劉錡據順昌抗虜，告急于朝，上亟命王馳援。王奉詔，即遣張憲、姚政赴順昌，復奏請覲。上遣李若虛前去「就卿商量」，又曰：「設施之方則委任卿，朕不可以遥度也。」王於是乃命王貴、牛臯、董先、楊再興、孟邦傑、李寶等提兵自陝以東，西京、汝、鄭、潁昌、陳、曹、光、蔡諸郡分布經略。又遣梁興渡河，會合忠義社，取河東北州縣。調兵之日，命各語其家人，期以河北平乃相見。又遣官軍東援劉錡，西援郭浩，控金、商之要，應川、陝之師，而自以其軍長驅，以闞中原。將發，熏衣盥沐，閉齋閤，手書密奏言儲貳事。其略曰：「今欲恢復，必先正國本，以安人心。然後不常厥居，以示無忘復讎之志。」初，八年秋，王因召對，議講和事，得詣資善堂，見孝宗皇帝英明雄偉，退而歎喜曰：「中興基本，其在是乎！」家人問其所以喜，王曰：「獲見聖子，社稷得人矣。」其乞詣行在也，蓋欲面陳大計。及李若虛來，王亦以機會不可失，不復敢乞覲，乃疏言之。上得奏，歎其忠，御札報曰：「非忱誠忠讜，則言不及此。」

六月，授少保，兼河南府路、陝西、河東、河北路招討使。制詞有曰：「氣呑強虜，壯自比於票姚；志清中原，誓有同於祖逖。」又曰：「舉素定之成謀，攄久懷之宿憤。」嘉王之志在戰不在和也。王益以無功辭不受。上詔諭之曰：「卿陳義甚高，朕所嘉歎。第惟同時並拜二三大帥，皆以次受命。卿欲終辭，異乎蘧伯玉之用心也。」王乃不敢辭。尋改河南、北諸路招討使。

未幾，所遣諸將及會合之士皆響應，相繼奏功。李寶捷于曹州，又捷于宛亭縣荆堽，殺其千戶三人并大將鶻旋郎君。又捷于渤海廟。

閏六月，張憲敗虜于潁昌府。二十日，復潁昌府。王親帥大軍去蔡而北。上以王身先士卒，忠義許國，賜札獎諭。張憲遂進兵陳州。二十四日，破其三千餘騎。翟將軍益兵以來，復敗之，獲其將王太保，復陳州。韓常及鎮國大王邪也孛堇〔再〕以六千騎寇潁昌。二十五日，董先、姚政敗之。是日，王貴之將楊成破〔賊〕帥漫獨化五千餘人于鄭州，復鄭州。二十九日，劉政復劫之于中牟縣，獲馬三百五十餘匹，驢、騾百頭，漫獨化不知存亡。

秋七月一日，張應、韓清復西京，破其衆數千。牛皐、傅選捷于京西，又捷于黃河上。孟邦傑復永安軍。初二日，其將楊遇復南城軍，又與劉政捷于西京。僞守李成、王勝等以兵十餘萬走，棄洛陽，歸懷、孟。

時大軍在潁昌，諸將分路出戰。王自以輕騎駐于郾城縣，方日進未已。兀朮大懼，會龍虎大王于東京議，以爲諸帥皆易與，獨王孤軍深入，將勇而兵精，且有河北忠義響應之援，其鋒不可當，欲誘致其師，併力一戰。朝廷聞之，大以王一軍爲慮，賜札報王，俾占穩自固。王曰：「虜之技窮矣。使誠如諜言，亦不足畏也。」乃日出一軍挑虜，且罵之。兀朮怒其敗，初八日，果合龍虎大王、蓋天大王及僞昭武大將軍韓常之兵逼郾城，王遣子雲領背嵬、遊奕馬軍直貫虜陳，謂之曰：「必勝而後返，如不用命，吾先斬汝矣。」鏖戰數十合，賊屍布野，得馬數百匹。楊再興以單騎入其軍擒兀朮，不獲，手殺數百人而還。初，兀朮有勁軍，皆重鎧，貫以韋索，凡三人爲聯，號「拐子馬」，又號「鐵浮圖」，堵牆而進，官軍不能當，所至屢勝。是戰也，以萬五千騎來，諸將懼。王笑曰：「易爾。」乃命步人以麻札刀入陣，勿仰視，第斫馬足。拐子馬既相聯合，一馬僨，二馬皆不能行，坐而待斃。官軍奮擊，僵屍如丘。兀朮大慟曰：「自海上起兵，皆以此勝，今已矣。」拐子馬由是遂廢。

兀朮復益兵，至郾城五里店。初十日，背嵬部將王綱以五十騎出覘虜，遇之，奮身先入，斬其將阿李朵孛堇，〔賊〕大駭。王時出踏戰地，望見黃塵蔽天，衆欲少卻，王曰：「不可，汝等封侯取賞之機，正在此舉，豈可後時！」自以四十騎馳出，都訓練霍堅者扣馬諫曰：

「相公爲國重臣，安危所繫，奈何輕敵？」王鞭堅手，麾之曰：「非爾所知。」乃突戰〔賊〕陳前，左右馳射，士氣增倍，無一不當百。呼聲動地，一鼓敗之。捷聞，上賜札曰：「覽卿奏，八日之戰，虜以精騎衝堅，自謂奇計。卿遣背嵬、遊奕迎破〔賊〕鋒，戕其酋領，實爲雋功。然大敵在近，卿以一軍獨與決戰，忠義所奮，神明助之。再三嘉歎，不忘于懷。」上又遣內侍李世良詣王軍，傳宣撫問，賜金合茶藥、金千兩、銀五萬兩、錢十萬緡。尋又賜錢二十萬緡，半以賞復鄭州兵，半以予宣撫司非時支使。

兀朮又率其衆併力復來，頓兵十二萬于臨潁縣。十三日，楊再興以三百騎至小商橋，與〔賊〕遇。再興驟與之戰，殺虜二千餘人，幷萬戶撒八孛堇、千戶、百人長毛毛可百餘人，再興死之。張憲繼至，破其潰兵八千，兀朮夜遁。

郾城方再捷，王謂子雲曰：「〔賊〕犯郾城，屢失利，必回鋒以攻潁昌，汝宜速以背嵬援王貴。」既而，兀朮果以兵十萬、騎三萬來。於是，貴將遊奕，雲將背嵬，戰于城西。虜陣自舞陽橋以南，横亘十餘里，金鼓振天，城堞爲搖。雲令諸軍勿牽馬執俘，視柳而發，以騎兵八百挺前決戰，步軍張左右翼繼進。自辰至午，戰方酣，董先、胡清繼之，虜大敗，死者五千餘人，殺其統軍、上將軍夏金吾幷千戶五人，擒渤海漢兒王松壽、女眞漢兒都提點千戶張來孫、千戶阿黎不、左班祗候承制田瓘以下七十八人，小番二千餘人，獲馬三千餘匹及雪護闌馬一匹、金印七枚以獻。兀朮狼狽遁去。副統軍粘汗孛堇重創，輿至京師而死。十八日，張憲之將徐慶、李山等復捷于臨潁之東北，破其衆六千，獲馬百匹，追奔十五里。

王上郾城諸捷。上大喜，賜詔稱述其事曰：「自羯胡入寇，今十五年，我師臨陳，何啻百戰，曾未聞遠以孤軍當兹巨孽，抗犬羊並集之衆於平原曠野之中，如今日之用命者也。」復詔賜錢二十萬緡以犒軍。

是月，梁興會太行忠義及兩河豪傑趙雲、李進、董榮、牛顯、張峪等，破□于絳州垣曲縣。虜入城，復拔之，擒其千戶劉來孫等一十四〔人〕，獲馬百餘匹及器甲等。又捷于沁水縣，復之，斬〔賊〕將阿波那千戶、李孛堇，死者無數。又追至于孟州王屋縣之邵原，漢兒軍張太保、成太保等以所部六十餘人降。又追至東陽，〔賊〕棄營而去，追殺三十人，獲所遺馬八匹，衣甲、刀槍、旗幟無數。又至濟源縣之曲陽，破高太尉之兵五千餘騎，屍布十里。獲器械、槍刀、旗鼓甚衆，擒者八十餘人。高太尉引懷、孟、衛等州之兵萬餘人再戰，又破之。賊死者十之八，擒者百餘人，得馬驢騾二百餘頭。高太尉以餘卒逃，又敗之于翼城縣，復翼城縣。又會喬握堅等復趙州，李興捷于河南府，又捷于永安軍，中原大震。王上奏以謂：「趙俊、喬握堅、梁興、董榮等過河之後，河北人心往往自亂，願歸朝廷。臣契勘金〔賊〕近累敗衄，虜酋四太子等皆令老小渡河，惟是賊衆尚徘徊於京城南壁。近卻遣八千人過河北，此正是中興之機，金〔賊〕必亡之日。苟不乘時，必貽後患。」檜沮之，第報楊沂中、劉錡新除而不言所遣。王獨以其軍進至朱僊鎮，距京師纔四十五里。兀朮復聚兵，且悉京師兵十萬來敵，對壘而陳。王按兵不動，遣驍將以背嵬騎五百奮擊，大破之，兀朮奔還京師。王遂令李興檄陵臺令朱正甫行視諸陵，葺永安、永昌、永熙等陵神臺，枳橘栢株之廢伐者補而全之。先是，王自紹興五年遣義士梁興敗金人於太行，殺其偽馬五太師及萬戶耿光祿，破平陽府神山縣。遣張橫敗金人於憲州，擒嵐憲兩州同知及岢嵐軍事判官，遣高岫、魏浩等破懷州萬善鎮，及密遣梁興等宣布朝廷德意，招結兩河忠義豪傑之人，相與掎角破賊。又遣邊俊、李喜等渡河撫諭，

申固其約，河東山寨韋詮等，皆斂兵固堡以待王師。烏陵思謀，虜之黠酋也，亦不能制其下。但諭百姓曰：「毋輕動，俟岳家軍來當迎降。」或率其部伍舉兵來歸，李通之衆五百餘人，胡清之衆一千一百八人，李寶之衆八千，李與之衆二千，懷、衛州張恩等九人相繼而至。白馬山寨首領孫淇等、偽統制王鎭、統軍崔慶、將官李覲、秉義郎李清及崔虎、劉永行、孟阜、華旺等，皆全率所部至麾下。以至虜酋之腹心禁衛如龍虎大王下忔查千戶，高勇之屬及張仔、楊進等，亦密受王旗牓，率其衆自北方來降。韓常又以潁昌之敗，失夏金吾。金吾，兀朮子婿也。畏罪不敢還，屯于長葛，密遣使，願以其衆伍萬降。王遣賈興報許之。

是時，虜酋動息及其山川險隘，王盡得其實。自磁、相、開、德、澤、潞、晉、絳、汾、隰豪傑，期日興兵，衆所揭旗，皆以「岳」爲號，聞風響應。及是，朱仙鎮之捷，王欲乘勝深入，兩河忠義百萬聞王不日渡河，奔命如恐不及，各齎兵仗、糧食，團結以徯王。父老百姓爭挽車牽牛載糗糧以餽義軍，頂盆焚香，迎拜而候之者，充滿道路。所置守、令熟視，莫敢誰何。自燕以南，號令不復行。兀朮以敗，故復簽軍以抗王，河北諸郡無一人從者，乃自嘆曰：「自我起北方以來，未有如今日之挫衄。」王亦喜，語其下曰：「這回〔殺〕番人，直到黄龍府，當與諸君痛飲！」

時方畫受降之策，指日渡河，秦檜私于金人力主和議，欲畫淮以北棄之。聞王將成功，大懼，遂力請于上，下詔班師。王上疏曰：「虜人巢穴盡聚東京，屢戰屢奔，鋭氣沮喪。得間探報，虜已盡棄輜重，疾走渡河。況今豪傑向風，士卒用命，天時人事，強弱已見。時不再來，機難輕失，臣日夜料之熟矣。惟陛下圖之。」疏累千百言，上亦鋭意恢復，欲觀成效。以御札報之曰：「得卿十八日奏，言措置班師，機會誠爲可惜。卿忠義許國，言辭激切，朕心不忘。卿且少駐近便得地利處，報楊沂中、劉錡同共相度，如有機會可乘，即約期並進。」檜聞之，益懼，知王之志鋭不可返。乃先詔韓世忠、張俊、楊沂中、劉錡各以本軍歸，而後言于上，以王孤軍不可留，乞姑令班師。一日而奉金書者十有二。王不勝憤，嗟惋至泣，東向再拜曰：「臣十年之力，廢於一旦，非臣不稱職，權臣秦檜實誤陛下也。」諸軍既先退，王孤軍深在敵境，懼（兀）朮知之，斷其歸路，乃聲言翌日舉兵渡河。兀朮疑京城之民應王，夜棄而出，北遁百里。王始班師，郡縣之民大失望，遮王馬前，慟哭而訴曰：「我等頂香盆、運糧草以迎官軍，虜人悉知之。今日相公去北，我等噍類不遺矣。」王亦立馬悲咽，命左右取詔書以示曰：「朝廷（有詔），吾不得擅留。」勞苦再四而遣之，哭聲震野。及至蔡，有進士數百輩及僧道、父老、百姓坌集于庭，進士一人相帥叩頭曰：「某等淪陷腥羶，將逾一紀。伏聞宣相整軍北來，志在恢復。某等跂望軍馬之音，以日爲歲。今先聲所至，故疆漸復，醜虜鳥奔。民方室家胥慶，以謂幸脱左衽，忽聞宣相班師，誠所未諭。宣相縱不以中原赤子爲心，其忍棄垂成之功耶？」王謝之曰：「今日之事，豈予所欲哉？」命出詔書置几上，進士等相帥歷階視之，皆大哭，相顧曰：「然則將奈何？」王不得已，乃曰：「吾今爲汝圖矣。」乃以漢上六郡之閒田處之，且留軍五日，待其徙從而遷者，道路不絶，今襄漢多是焉。方兀朮夜棄京師，將遂渡河，有國朝舊日諸生叩馬諫曰：「太子毋走，京城可守也，岳少保兵且退矣。」兀朮曰：「岳少保以五百騎破吾精兵十萬，京師日夜望其來，何謂可守？」生曰：「不然，自古未有權臣在內，而大將能立功於外者。以愚觀之，岳少保禍且不免，況欲成功乎？」生蓋陰知檜與兀朮事，故以爲言。兀朮亦悟其說，乃卒留居。翌日，果聞班師。議者謂使王得乘是機也以往，北虜雖強，不足平也，故土雖失，不足復也。一簣虧成，萬古遺恨。

王既還，虜人得伺其實，無所畏憚，兵勢漸振。向之已復州縣，又稍稍侵寇。王抑鬱不自得，自知爲檜所忌，終不得行其所志。用兵動衆，恢拓土宇，今日得之，明日棄之，養寇殘民，無補國事。乃上章力請解兵柄致仕。上賜詔謂：「其方資長算，助予遠圖，未有息戈之期，而有告老之請。」不許。奉詔自廬入覲，上問之。王第再拜謝。

虜人大擾河南，分兵趨川、陝，上命王應之，以王貴行。

八月，以趙秉淵知淮寧府。虜犯淮寧，爲秉淵所敗。又悉其衆圍秉淵，王復命李山、史貴解其圍。虜再攻潁昌，上命津發人民，於新復州軍據險保聚。韓世忠捷于千秋湖，命以蔡州軍牽制。

九月，虜犯宿、亳，命控扼九江，又付空名告身，〔自〕正任承宣使以下，凡四百八十一道，以激戰功。

冬十月，川、陝告急，復請益光州兵援田邦直。虜聚糧順昌，將寇唐、鄧，入比陽、舞陽、伊陽諸縣，命捍禦隄備。

是冬，梁興在河北，不肯還，取懷、衛二州，大破兀朮之軍，斷山東、河北金帛馬綱之路，金人大擾。

紹興十一年辛酉歲，年三十九。

援淮西。召赴行在。除樞密副使，賜金帶、〔魚〕袋、銀絹、鞍馬等。帶本職按閱御前軍。還兵柄，還兩鎮節，充萬壽觀使，奉朝請。證張憲事，歿。

春正月，諜報虜分路渡淮。王得警報，即

上疏請合諸帥之兵破敵。未報。十五日，兀朮、韓常果以重兵陷壽春府。二十日，韓常與僞龍虎大王先驅渡淮。二十五日，駐〔廬州界。邊〕報至行在，上賜御札曰：「虜人已在廬州界上，卿可星夜前來江州，乘機照應，出其賊後。」詔未至，王竊念虜既舉國來寇，巢穴必虛。若長驅京洛，虜必奔命，可以坐制其弊。

二月四日，既遣奏，復恐上急於退虜。又上奏曰：「今虜在淮西，臣若擣虛，勢必得利。萬一以爲寇方在近，未暇遠圖，欲乞親至蘄、黃相度形勢利害，以議攻卻。且虜知荆、鄂宿師，必自九江進援，今若出此，貴得不拘，使敵罔測。」至是上得乞會兵奏，大喜。及得擣虛奏，果令緩行。是日，又得出蘄、黃之請，益喜。手札報諭，以爲「中興基業，在此一舉」。初九日，王始奉初詔。時方苦寒嗽，力疾出師。賜札曰：「聞卿見苦寒嗽，乃能勉爲朕行，國爾忘身，誰如卿者？」師至廬州，兀朮聞王之師將至，與韓常等俱懲潁昌之敗，望風遽遁。遂還兵于舒以竢命，上賜札，以王小心恭謹、不敢專輒進退爲得體。兀朮用酈瓊計，復窺濠州。

三月初四日，王不俟詔，麾兵救之，次定遠縣。兀朮先以初八日破濠州，張俊以全軍八萬駐于黃連鎭，去濠六十里，不能救。楊沂中趨城，（隅）〔遇〕伏，僅以身免，殿前之兵殲焉。虜方據濠自雄，聞王至，又遁，夜踰淮，不能軍。

夏四月，遣兵捕郴賊駱科，又遣兵援光州。自朱仙鎭之機一失，虜勢浸横，暫卻遽進，不可復圖。隄防攻討，皆無預於恢復之計。柘皋之戰，能拒敵人之鋒而已，中原之事，未可議也。十年冬，司農少卿高穎慷慨自陳，欲裨贊岳某十年連結河朔之謀，措置兩河、京東忠義軍馬，爲攻取計。梁興不肯南還，復懷、衛二州，絶山東、河北金帛馬綱之路，然竟亦無所就，虜人之強自若。

既而，秦檜竟欲就和議，患諸將不同己，用范同策，召三將論功行賞。王至行在。二十四日，授樞密副使，加食邑七百戶，實封三百戶，特旨位在參知政事上，賜金帶、魚袋、銀絹等，視宰臣初除禮。王奏請還兵。二十七日，罷宣撫司，皆冠以「御前」字。

五月十一日，詔韓世忠留院供職，俊與王並以本職按閲軍馬，措置戰守，同以樞密行府爲名，撫定韓世忠軍于楚州。

先是，王少俊等十餘歲，事俊甚勤。紹興改元，有李成之役。俊既叨王之功，得追其責，甚德王，且服其忠略，屢稱薦於上。其後二三年間，蕩二廣、江西之劇寇，復襄陽六郡之故疆，不淹時而大功立，時論許予，寘諸將右。上亦自謂得人傑，行賞不計其等，擢之不次之位，俊頗不平。四年，虜犯淮西，俊分地也，怯而不肯行。宰臣趙鼎責而遣之，至平江府，又辭以墜馬傷臂。鼎怒，命一急足領之出關，且奏請誅俊，以警不用命者，既又無功還。王渡江一戰大捷，解廬州圍。上奇其功，畀以鎮寧、崇信兩鎮之節，俊益耻之。及王位二府，正專征，天下稱三大帥，與俊體敵。俊忿疾見於辭色，王益屈己下之，數以卑辭致書於俊，俊皆不荅。楊幺平，王又致書，獻俊樓船一，兵械畢備。俊受船，復不荅書。王事之愈恭，俊横逆自若。至七年，恢復之請大合上意，札書面命，皆以中興之事專畀王。又所賜褒詞，每有表異之語。如曰「非我忠臣，莫雪大恥」，「卿爲一時智謀之將，非他人比」，「朕非卿到，終不安心」，甚者謂「聽某號令，如朕親行」。俊見之，常憾其軋己，有意傾之。

是歲淮西之役，王聞命即行。途中得俊咨目，甚言前途乏糧，不肯行師。王不復問，鼓行而進。故賜札曰：「卿聞命，即往廬州。遵陸勤勞，轉餉艱阻，卿不復顧問，必遄其行。非一意許國，誰肯如此？」俊聞之，疑王漏其書之言於上。歸則倡言於朝，謂王逗留不進，以乏餉爲辭。或勸王與俊廷辨，王曰：「吾所無愧者，此心耳。何必辨？」及視世忠軍，俊知世忠嘗以謀劫虜使敗和議，忤檜，承檜風旨，欲分其背嵬，謂王曰：「上留世忠而使吾曹分其軍，朝廷意可知也。」王曰：「不然。國家所賴以圖恢復者，唯自家三四輩。萬一主上復令韓太保典軍，吾儕何顔以見之？」俊大不樂。比至楚州，乘城行視，俊顧王曰：「當修城以爲守備計。」王曰：「吾儕所當戮力以圖克復，豈可爲退保耶？」俊艴然變色，遷怒於二候兵，以微罪斬之。韓世忠軍吏耿著與總領胡紡言：「二樞密來楚州，必分世忠之軍。」且曰：「本要無事，卻是生事。」紡上之朝，檜捕著下大理，擇酷吏治獄，將以扇搖誣世忠。王嘆曰：「吾與世忠同王事，而使之以不辜被罪，吾爲負世忠。」乃馳書告以檜意。世忠大懼，亟奏乞見，投地自明。上驚，諭之曰：「安有是？」明日，宰執奏事，上以詰檜，且促具著獄。於是，著止坐妄言追官，杖脊流吉陽軍，而分軍之事不復究矣。俊於是大憾王，及歸，倡言於朝，謂王議棄山陽，專欲保江，且密以王報世忠事告檜。檜聞之，益怒，使諫臣羅汝楫彈其事。

初，檜不欲宗強，王乃建資善之請；檜擠趙鼎而黜之，王獨對衆嘆惜。與檜意俱不合，已深惡之。及檜私金虜，主和議，王慷慨屢上平戎之策，以恢復爲己任。入覲論和議，則斥相臣謀國不臧；表謝新復河南赦，則有「唾手燕雲」等語，旨意大異。上賜以手書諸葛亮、曹操、羊祜三事，王恭書其後，鄙曹操之爲人酷虐變詐，且曰：「若夫鞭撻四夷，尊中國，安宗社，輔明天子以享萬世無疆之休，臣竊有區區之志，不知得伸歟否也。」至虜人渝盟，上劄付檜奏於王。王讀之，見「德無常師，主善爲師」之説，惡其言飾姦罔上，則又恚駡曰：「君臣大倫，比之天性，大臣秉國政，忍面謾其主耶！」檜自是既憾王之非己，又懼其終梗和議，忤金人意，謂王不死，己必及禍，遂有必殺王之念，日夜求所以誣陷之者。王亦自知不爲檜、俊所容，屢請解兵避之，不許。

始，檜議和，諸將皆以爲不便。檜知張俊貪，可以利動，乃許以罷諸將兵，專以付俊，俾贊其議。俊果利其言，背同列而自歸于檜，檜深感之。至是得俊語，復投其所甚欲，乃日召俊與謀共危王。以万俟卨在湖北，嘗與王有怨，故風卨彈之。咼尤喜附檜，願效鷹犬。章再上，不報。又風羅汝楫，章六上，又不報。會王亦累抗章，請罷樞柄，上惜其去，以詔慰之曰：「曾居位之日幾何，而丐閑之章踵至。無亦過意，爲之憮然。」力辭。

八月，還兩鎮節，充萬壽觀使，奉朝請，恩禮如舊。制詞有：「奮身許國，影趙士之曼纓；勵志圖功，撫臧宮之鳴劍。」表王之志終始不替也。於是，檜、俊之忿未已。密誘王之部曲以能告王事者，寵以優賞，卒無應命。又遣人伺其下與王微有怨者，輒引致之，使附其黨，否者脅之以禍。聞王貴嘗以潁昌怯戰之故，爲臣雲所折責，比其凱旋，王猶怒不止，欲斬之，以諸將懇請獲免。又因民居火，貴帳下卒盜取民蘆筏以蔽其家，王偶見之，即斬以徇，杖貴一百。檜、俊意貴必憾王父子，使人誘之。貴不欲，曰：「相公爲大將，寧免以賞罰用人？苟以爲怨，將不勝其怨矣。」檜、俊不能屈，乃求得貴家私事以劫之，貴懼而從。時又得王俊者，嘗以從戰無功，歲久不遷，頗怨王。且位副張憲，屢以姦貪爲憲所裁，與憲有隙。俊本一黠卒，始在東平府，告其徒呼千等罪，得爲都頭。自是，以告訐爲利，不問是否。自出身以來，無非以告訐得者，軍中號曰「王鵰兒」。鵰兒者，擊搏無義之稱也。檜、俊使人諭之，輒從。於是，檜、俊相與謀，以爲張憲、貴、俊等，皆王之部將，使其徒自相攻發而因及其父子，庶主上不疑。張俊乃自爲文狀付王俊妾，言張憲謀還王兵，使告之王貴，乃使貴執憲，以歸于己。是時，俊附檜黨，檜方專國擅權，威動人主，風旨所向，無敢違忤，是非黑白，在檜呼吸間。自非守道不屈之士，未有不折而從之者，故貴等唯其所使。憲未至，張俊預爲獄待之。屬吏王應求請於俊，以爲密院無推勘法，恐壞亂祖宗之制。俊不從，親行鞫煉，使憲自誣，謂得雲手書，命憲營還兵計，憲被血無全膚，竟不伏。俊手自具獄，以獄之成告于檜。

十月，械憲至行在，下之棘寺。十三日，檜奏乞召王父子證張憲事。上曰：「刑所以止亂，若妄有追證，動搖人心。」不許。檜不復請。十三日，矯詔召王父子。前一夕，有以檜謀語王，使自辨。王曰：「使天有目，必不使忠臣陷不義。萬一不幸，亦何所逃？」明日使者至。笑曰：「皇天后土，可表某心耳。」

初，命何鑄典獄，鑄明其無辜，改命万俟卨。卨不知所問，第譁言王之父子與憲有異謀，又誣王使于鵬、孫革致書于憲、貴，令之虛申探報以動朝廷；王之子雲以書與憲、貴，令之擘畫措置。而其書皆無之，乃妄稱憲、貴已焚其書，無可證者。自十三日以後，坐係兩月，無一問及王，卨等皆憂，怛無辭以竟其獄。或告卨曰：「淮西之事，使如臺評，固可罪也。」卨喜，遽以白檜。十二月十八日，始札下寺，命以此詰王。卨先令簿錄王家，取當時御札束之左藏南庫，欲以滅迹，逼孫革等使證王逗留，而往來月日甚明，竟不能紊。乃命評事元龜年雜定之，以傅會其獄。會歲暮，竟不成。檜一日自都堂出，徑入小閤，危坐終日。

已而食柑，以爪畫其皮幾盡。良久，手書小紙，令老吏付獄中，遂報王薨矣，蓋十二月二十九日也，年三十有九。其具獄但稱以衆證結案，而王竟無服辭云。憲與雲俱坐死，幕屬賓客于鵬等坐者六人，獨參謀薛弼嘗有德於卨爲憲湖北時，檜在永嘉日，又嘗從檜遊，且恭奴事，得其懽心。及在（莫）〔幕〕中，知檜惡王，動息輒報，得不罪。遷王家族於嶺南，與張憲並籍沒貲產。檜使親黨王會搜括，家無儋石之儲，器用惟存尙方所賜，之外無有也。

初，王之獄，檜以忌怨成隙，待王以必死。何鑄既明王無辜，失檜意，遷鑄執政而俾使虜，實奪其位。卨自請任其責，乃擢之爲中丞，專主鍛鍊。獄之未成也，大理丞李若樸、何彥猷以爲無罪，固與卨爭。卨即日彈若樸，謂其黨庇王，與彥猷俱罷。大理卿薛仁輔亦言其冤，卒以罪去。知宗士㒟請以百口保王，卨劾之，竄死于建州。布衣劉允升上疏訟其冤，下棘寺以死。

王俊以告訐，自左武大夫、果州防禦使超轉正任觀察使，姚政、龐榮、傅選等以傅會，遷轉有差。後王俊離軍，檜猶不忘之，授以副總管。從者賞，違者刑，苟知避禍，無不箝結奉承。時董先亦逮至，檜恐其有異辭，引先面諭，且甘言撫勞之，曰：「毋恐，第證一句語，今日便出。」先唯唯。檜使大程官二人護先至獄中，先對吏，果即伏，遂釋之，不逾半刻。唯樞密使韓世忠不平，獄成，詣檜詰其實。檜曰：「王子雲與張憲書不明，其事體莫須有。」世忠曰：「相公言『莫須有』，何以服天下？」因力爭，檜竟不納。

王死，洪皓時在虜中，馳蠟書還奏，以爲虜所大畏服，不敢以名呼者唯王，號之爲岳爺爺。諸酋聞其死，皆酌酒相賀曰：「和議自此堅矣。」他日，皓還朝，論及王死，不覺爲慟。上亦素愛王之忠，聞皓奏，益痛悔焉。薨之日，天下知與不知，皆爲流涕，下至三尺童子，亦怨秦檜云。查籥嘗謂人曰：「虜自叛河南之盟，岳某深入不已。檜私于金人，勸上班師。金人謂檜曰：『爾朝夕以和請，而岳某方爲河北圖，且殺吾壻，不可以不報，必殺岳某而後和可成也。』」檜於是殺王以爲信。沈尙書介謂岳霖曰：「王之忤張俊也以廉，忤秦檜也以忠，俊方厚貲而王獨淸，檜方私虜而王獨力戰，此所以不免也。」時以爲名言。

〔一〕自「惰」至下頁「李成與」，原件倒頁，據《鄂國金佗稡編》卷一八移正。

忠文王紀事實録〔卷之四〕

行實拾遺

王天性至孝，自北境紛擾，母命以從戎報國，輒不忍。屢趣之，不得已，乃留妻養母，從高宗皇帝渡河。河北陷，淪失盜區，音問絶隔。王日夕求訪，數年不獲。俄有自母所來者，謂之曰：「而母寄余言：『爲我語五郎，勉事聖天子，無以老媪爲念也。』」乃竊遣人迎之，阻於寇攘，往返者十有八，然後歸。王欣拜，且泣謝不孝。自歸，有痼疾，王雖身服王事，軍旅應酬無虚刻，嘗以昏莫竊暇至親所，嘗藥進餌。衣服器用視燥濕寒煖之節，語欬行履未嘗有聲。遇出師，必嚴飭家人謹侍養，微有不至，詈罰自妻始。及母薨，水漿不入口者三日。每慟如初，毁瘠幾滅性。自與子雲跣足扶櫬歸葬，不避塗潦蒸暑，諸將佐有願代其役者，王謝之，路人無不涕泣。既葬廬于墓，朝夕號痛，又刻木爲像，行溫凊定省之禮如生時。連表哀訴，願終三年喪。上三詔不起，勑監司守臣請之，又不起。責其官屬以重憲使之以死請，乃勉强奉詔，終制不忍棄衰絰。

自二聖北狩，夷狄猾夏，王每懷誓不與（遽）〔虜〕俱生之志，刺繡爲袍，有「誓作中興臣，必殄金賊主」之文。其後援筆爲詞詩，經行紀歲月，無不以取中原、滅逆虜爲念。手攘群盜如李成、曹成、馬友、彭友、虔吉湖湘之寇，皆同時諸將所不能爲之功。然大營驛等題則曰：「此蜂蟻之羣也，豈足爲功？北踰沙漠，蹀血虜庭，盡屠夷種，復二聖，取故疆，使主上奠枕，則吾所志。」至《翠巖寺》詩，又有「山林嘯聚何勞取，沙漠羣兇定破機」之句。每拜官，辭避之語亦然。於檢校少保則曰：「未能攘卻夷狄，掃除僭竊。」宣撫副使則曰：「顧王宇恢復之迹，未見尺寸。」太尉則曰：「腥羶叛逆之族尚據中土，而臣官職歲遷月轉，實負初心。」少保則曰：「羯胡敗盟，未見殄滅，豈可以身爲謀，貪冒爵祿？」又曰：「俟臣功績有成，將拜手稽首，祗承休命。」其志可知矣。

小心事上，畏威咫尺，聞大駕所幸，未嘗背其方而坐。上稱其尊朝廷，及賜詔，屢有「小心恭謹、不敢專輒」之褒，如紹興六年禦劉麟至江州、十一年禦兀朮舒州俟命之類是也。視國猶其家，常以國步多艱，主上春秋鼎盛而皇嗣未育，聖統未續，對家人私泣，聞者或相與竊迂笑之。十年北征，首抗建儲之議，援古今，陳利害，雖犯權臣之忌而不顧。天下聞而壯之。

奉身儉薄，食不二胾，居家惟御布素，服食器用取足而已，不求華巧。旁無姬妾，蜀帥吳玠素服王善用兵，欲以子女交驩。嘗得名姝有國色，飾以金珠寶玉，資奩鉅萬，遣使遺王。次漢陽，使者先以書至。王讀之甚不樂，即日報書，厚遺使者而歸其女。諸將或請曰：「相公方圖關陝，何不留此以結好？」王曰：「（吾）〔吳〕少師於某厚矣，然國耻未雪，聖上宵旰不寧，豈大將宴安取樂時耶？」左右莫敢言。玠見女歸，益敬服，以爲不可及。少時飲酒至數斗不亂，上嘗面戒曰：「卿異時到河朔方可飲酒。」自是絕口不復飲。諸將有勸者，輒怒之。見妻御縉帛，則曰：「吾聞后宮妃嬪在北方尚多窶乏，汝既與吾同憂樂，則不宜衣此。」命易以布素。家人有擣練者聞王歸，即遽止。

朝廷命王與韓世忠、張俊分地任責，虜

畏王威名，獨不敢窺荆襄，常出淮西侵寇。王守己地之外，又屢爲應援。十一年，虜入壽春，踰淮而來。王初得警，即上奏，乞出師。繼又念虜既入寇，巢穴必虚，乞出京洛以制其弊。復恐上急於退虜，是日復奏乞出蘄、黄相度先議攻卻，皆未有詔也。至援濠州，亦不待詔而行。其切於謀國如此。臨戎誓衆，言及國家之禍，仰天橫泗，氣塞莫能語。士卒感愴，皆欷歔而聽命，奮不顧身。臨敵必先士卒，摧精擊鋭，不破不止。或人問天下何時太平，王曰：「文官不愛錢，武官不惜命，則太平矣。」與將校語，必勉忠孝節義，士皆願効死力。

每征討出師，朝聞命，夕就道。祈寒大暑，不憚勞苦，雖疾亦不問。桀虜勍敵，衆人所避，王獨行。如隆冬按邊，而上有「非我忠臣，莫雪大耻」之喻；盛夏出師，而上有「暑行勞勩，朕念之不忘」之語；不顧目疾，東下援赴，而上有「委身徇國，竭節事君」之歎；自力寒嗽，疾馳先驅，而上有「國爾忘身，誰如卿者」之褒者不一也。於事尤不避繁瑣，當復襄漢、平楊么之時，諸將碌碌不足恃，朝廷憂〔顧〕之責萃於王，州郡之所告急，密諜之所探，聞朝徹宸旒，暮馳莫府。一日之間，既命圖襄漢，又命圖楊么，交至沓集，王隨事酬應，未嘗憚煩。所部兵二萬餘人，守禦者半、攻討者半，東西調役，略無乏事。

平居憂國，知無不爲。諸大將率以兵爲樂，坐糜廩庾，漫不加卹，王獨常有憂色。每調軍食，必蹙頞謂將士曰：「東南民力耗弊極矣，國家恃民以立國，使爾曹徒耗之，大功未成，何以報國？」及京西、湖北之地始平，即募民營田，凡流逋失業及歸正百姓，給以耕牛糧種，輟大軍之儲萬石貸其口食。俾安集田里，一意耕耨，分委官吏，責成大功。又爲屯田之法，使戎伍攻戰之暇俱盡力南畝，無一人游閒者。其疆理溝洫之制，皆有條緒。行之二三年，流民盡歸，田野日辟，委積充溢，每歲餽運之數頓省其半。上嘗手書曹操、諸葛亮、羊祜三事賜之。守臣武赳等以營田還荆湖之民，至今賴其利焉。

諸大將多養尊自肆，崇飾體貌，王獨以宣撫司官屬有冗員，蠹國害民，乞行裁減。其體國率如此。

上嘗亟稱其忠，見於詔札則曰「卿志存憂國，義專報君」，又曰「卿忠義之心通于神明」，又曰「忠義出于天資，忱恂著於臣節」。見於制詞則曰「秉誼忠純」，又曰「精忠許國」，其類不可殫紀。

樂施疎財，不殖資產，不計生事有無。所得錫賚，率以激犒將士，兵食不給則資糧於私廩。九江有宅一區，聚家族之北來者，有田數頃，盡以（瞻）〔贍〕守家者。張俊貪，占田徧天下，而家積鉅萬。嘗謂其形迹，已故憾之。卒之日，雖王會極力搜括，家無餘貲。秦檜猶疑之，謂所藏不止是，興大獄數年，盡捕家吏，逮治有死者，而卒不得錙銖云。

上知其屢空，欲擇第於行都，欲以出師日自任其家事。王辭曰：「北虜未滅，臣何以家爲？」一起復制詞，亦有厲票姚辭第之志。

御軍之術，其大端有六：（一）曰重蒐選，貴精不貴多，背嵬所向，一皆當百。上初以韓京、吳錫二軍付王，皆不習戰鬭，且多老弱。王擇其可用者不滿千人，餘皆罷歸。數月，遂爲精卒。上喜，賜報曰：「可見措置有方，忠誠體國。」二曰謹訓習：止兵休舍，輒課其藝，暇日尤詳，至過門不入，視無事時如有事時。如注（城）（坡）、（挑）〔跳〕壕等藝，皆被重鎧，精熟安習，人望之以爲神。三曰公賞罰。待千萬人如待一人。張憲之部卒郭進有功於莫邪關，頓解金束帶及所用銀器賞之，又補秉義郎。子雲嘗以重鎧習注坡，馬蹪而踣，王以其不素習，怒曰：「前驅大敵，亦如此耶？」遽命斬之，諸將叩頭祈免，猶杖之百乃釋之。餘如傅慶以夸功誅，辛太以違命誅，任士安以慢令受杖，過無大小，必懲必戒。張俊嘗請問用兵之術，荅曰：「任、信、智、勇、嚴五者，不可闕一。」請問嚴，曰：「有功者重賞，無功者峻罰。」四曰明號令。授兵指畫，約束明簡，使人易從，違者必罰。五曰嚴紀律。行師用衆，秋豪不犯。有踐民稼、傷農功、市物售直不如民欲之類，其死不貸。卒有取民麻一縷以束芻者，詰其所自得，立斬之。六曰同甘苦。待人以恩，常與士卒最下者同食。樽酒臠肉必均及其下，酒少不能遍，則益之以水，日受一啜。出師野次，士卒露宿，雖館舍甚備，不獨入。詔詞有所謂「絶少分甘，與人同欲」，又云「甘苦同於士卒，雖萬衆而猶一心」者，指此。諸將遠戍，則使妻至其家問勞其妻妾，遺之金帛，申殷厘之勸。人感其誠，各勉君子以忠報。其有死事者，哭之盡哀，輟食數日。育其孤，或以子婚其女。士卒有疾，輒親造撫視，問所欲，至手爲調藥。朝廷每有〔頒〕犒，多者數十萬緡，少者數萬緡，付之有司分給，一錢不私藏。嘗命其將支犒帶甲人五緡，輕騎人三緡，不帶甲者二緡，將裁其數，匿金歸己，杖而殺之。有是六者，用能恩威兼濟，人人畏愛，重犯法。部衆十數萬，本四方亡命樂縱嗜殺之徒，皆奉令承教，無敢違戾。夜宿民戶外，民開門納之，莫敢先入。晨起去，草葦無亂者。所過民不知有兵，市井粥販如平時。湖口人項氏家粥薪自給，有卒市薪，項愛其不擾，欲自損其直二錢以授之。卒曰：「吾可以二錢易吾首領耶？」竟不敢從，盡償其直而去。雖甚飢寒不變節，每相與自誂曰：「凍殺不拆屋，餓殺不打虜，是我軍中人也。」民見他將兵遁亡滅影，聞爲岳家軍過，則相帥共觀，舉手加額，感慕至泣。

御衆得其死力，楊再興歿于虜，焚其屍，得矢鏃二升，蓋不僨不止也。在合肥日，遣騎馳奏，至楊子江，風暴禁渡，典者力止之，騎曰：「寧爲水溺死，不敢違相公令。」自整小舟絕江，望者以爲神。

凡即戎，皆至寡敵至衆。如南薰門王善之戰，以八百人破五十萬；桂嶺曹成之戰，以八千人破十萬，不可殫舉。而最後以背嵬騎五百大破兀朮十萬之衆。兀朮號善用兵，亦大懼，亟奔京師。其兵之精蓋如此。

用兵無奇正，臨機制勝。嘗自言爲將無謀，不足以搏匹夫。故王於用謀，如紹興二年逸諜以破曹成，六年僞書以廢劉豫之類，不可槩舉。故制詞嘗有「慮而後會之機」，「謀成而動〔則〕有功」，「〔有〕冠三軍之勇，〔而〕計然後戰」等語。

臨事定，猝遇敵，不爲搖動。敵以爲撼山易，撼岳家軍難。攻郢州，城不設壕塹，路不設伏，而〔賊〕自不敢犯。兵雖常勝，無驕色，先計後戰，務出萬全。自結髮從軍，大小數百戰，未嘗敗北，以此。

凡出兵，必以廣上德爲先，殲其渠魁而釋其餘黨，不妄戮一人。裨將寇成嘗殺降，即劾其罪，是以信義著，敵人不疑，恩結於人心。雖虜之僉軍，皆有親愛願附之意。如建炎三年在常州，紹興十年龍虎大王下忔查千戶高勇等之來，皆千里來奔。故制詞有「得仁人無敵之勇」、「宣予不殺之武」、「廣好生於朕志」等語。

權雖專，莫敢擅輒。初，襄漢平，諸郡彫瘵，州縣官率瓜時不上，詔王得自專辟置臧否之權。王詮擇人物，以能安集百姓爲先。張旦守襄陽，兼四川安撫使，牛皐爲副使，李尙義通判襄陽府事，李道爲四州都統制，周識攝郢，孫翬攝隨，舒繼明攝信陽，高青攝唐，單藻貳之，張應攝鄧，党尙友貳之，郡（莫）〔幕〕則孫革、蔣廷俊、邵俅、訾諧等多由小吏識拔。人樂於赴功，期月之間，咸以最聞。迨其稍還舊觀，即上章乞還辟置之權，上降詔援衛青不與招賢事稱之。且曰：「自非思慮之審，謙謹之至，何以及此？」其遠權勢蓋如是。

諸大將貪功，王每被賞輒以無功辭，甚至六七辭不肯妄受。上嘗賜詔曰：「卿每拜官必力懇避，誠知懷冲遜之實，非但爲禮文之虛也。」復襄漢時，宰臣朱勝非使人諭之以飲至日建節旄。王愕然曰：「丞相待我何薄耶？」乃謝使者曰：「爲某善辭丞相，岳某可以義責，不可以利誘。襄陽之役，君事也，使訖事不授節，將坐視不爲乎？拔一城而予一爵者，所以待衆人，而非所以待國士也。」及建節，力辭，不得已乃受。劉光世之兵，上初以畀王，檜知其有大舉北征意，沮之，寢其命，略無慍色。及復軍，首乞不假濟師，以本軍進討，以除心腹患。酈瓊叛之，又乞進屯淮甸，上賜詔（槳）〔獎〕之。兵隸李回日，授神武副軍都統制，已乃聞爲甥壻高澤民僞爲之請而得之。王驚惕，即日自陳，乞正澤民罔上之誅，力辭不受。又數見回白其事，回乃奏云：「岳某一軍自從討賊，服勤職事，忠勇之名聞於江右，紀律之嚴信於疲甿。留屯洪州，聲勢甚遠，江湖群寇率皆逃避。近遷神武副軍都統制，士論皆謂稱職。及得其外甥壻私書，乃知此除曾經樞密院陳乞。某小心惶懼，累與臣言，實非本心所敢僥望。」上即報回曰：「岳某勇於戰鬬，馭衆有方。昨除神武副軍都統制出自朕意，非因陳乞。可令安職。」又力辭，回再三諭之，乃止。後幕屬劉康年亦爲之請母封國夫人，次子雷授文資。王得其實，鞭康年五百，繫之，上章待罪，乞反恩汗。

功成不居，盡推與同列及其下。始受襄漢之命，朝廷令劉光世遺馬軍五千人爲牽制，六郡盡復光世之軍始至。及論賞，乃奏乞先賞光世功。李寶結約山東豪傑數千人，屢請以曹州率衆來之泗以歸，爲韓世忠奏留之。寶截髮慟哭，願還王戲下。世忠以書來諗，王荅曰：「是皆爲國家報虜，何分彼此？」世忠歎服。每辭官，必云：「某所之戰皆將士竭力，在臣何功？辭少保之章曰：「臣方同士卒之甘苦，明將帥以恩威，冀成尺寸之功，仰報君父之德，豈可身被厚寵，惄然不以當鋒刃、冒矢石者爲心？」上將士之功，絲毫必錄，行賞於朝，惟恐不厚。或功優賞薄，不避再三之請，爲之開陳。然不當得，則一級不妄予。部將有正任廉車者數人，率積於此，轉餉之臣於軍須無闕者，皆上之朝，如曾紆、薛弼、劉延年、程千秋、徐與可、張運之屬，皆以勞遷，或得職名。何子端、陳進等雖小吏，亦以功進二階。下及游說有助，如進士蕭淸臣、趙澗、陶著等，皆命之以官。尤嚴死事之典，朝沒暮上，如舒繼明、扈從舉及張漢之、吳立等，皆蒐訪而得，不遺一人。

雲從戰數立奇功，乃常匿之，所遷擢皆朝廷舉察，上所特命。襄漢功第一，不上。逾年，銓曹辨之，始遷武翼郎。平楊么亦第一，又不上。張浚廉得其實，曰：「岳侯避寵榮一至此，廉則廉矣，然未得爲公也。」乃奏云：「湖湘之役，岳雲實爲奇功。以雲乃飛子，不曾保明，乞與特推異數。」王猶辭不受。嘗以特旨遷三資，王辭曰：「士卒冒犯矢石，斬將陷陳，立奇功者，臣始（所）〔列〕事狀，得霑一級。男雲無故遽躐崇資，是不能與士卒一律，將何以服衆？」又言非所以示將士大公至正之道，累表不受。上嘉其志，特俞其請。帶遙刺則曰：「始就義方，尚存乳臭，雖屢經於行陳，曾未見於事功。比者驟遷官聯，必令志氣怠惰。伏望追還成命，庶使粗知官爵之難，勉力學業，他日或能備效驅策。」又曰：「使雲不知名器之重，或就驕溢，上則負陛下之恩，下則取縉紳之議。幷臣之罪，亦復難逃。」又云：「正己而後可以正物，自治而後可以治人。若使男雲受無功之賞，則是臣已不能正己而自治，何以率人乎？」至十年潁昌之戰，功先諸將，而辭忠州防禦，則曰：「君之馭臣，固不吝於厚賞；父之教子，豈可責以近功？男雲隨行迎敵，雖有薄効，殊非大功，乞收成命。」帶御器械則又力辭，獲免而止。上嘗賜詔稱之曰：「卿力抗封章，推先將士。蓋不特固執謙避，耻同漢將之爭功，而使其自立勳勞，復見西平之有子。」

遇諸子尤嚴，平居不得近酒。爲學之暇，使操畚鍤治農圃，曰：「稼穡艱難，不可不知也。」

重節誼，謹施報，死猶不忘。張所以謗謫，行至長沙，賊酋劉忠者誘其附己以叛。所駡忠，不從，竟遇害。其子宗本尚幼，王訪求鞠養，教以儒業，飲食起居，使諸子相處。紹興七年，遇明堂恩，捨其子而補宗本，奏曰：「臣昨建炎初因論事罪廢，聖造寬洪，偶幸逃死于時。孤孑一身，狼狽羈旅，因投招撫使張所。所一見，與臣云及兩河燕雲利害，適偶契合，臣自白身借補修武郎。其後所軍次北京，未及渡河，貶謫南方，卒以節死。臣念張所實先意兩河，而身未北渡，已遭横議。今其身名彫喪，後嗣零落，臣竊痛之。使臣不言，臣則有負。欲望矜憐，將臣今歲奏薦恩例，補所男宗本。仍乞依張俊例，於文資內安排。」又陳述所死難之由，乞追復舊職，仍乞優加褒異以旌其忠。上俞之，復特賜其家銀絹百匹兩，與一資恩澤。

議論持正，不善附人。年少未顯，見當路要人，未嘗有強顏攀附意，故卒以此賈禍。素無一介之助，致位通顯，皆上所親擢。上賞褒其功，謂左右曰：「用將須擇孤寒忠勇，久經艱難，親冒矢石者。」

王得附竹帛之光，以此好禮下士，食客所至常滿。一時名人才士皆萃幕府，商論古今，相究詰，切直無所違忤。或語至夜分，乃寢。出則戎服，升首坐，理軍務，入則峨冠褒衣，窮經傳，或雅歌投壺，持循禮法，恂恂如書生。口未嘗言己功，制詞所謂「廉約小心，得祭遵好禮之實」，又云「有公孫謙退不伐之風」，又云「卑以自牧，履馬異不伐之謀」，其類可考。

秦國夫人李氏遺事

娶李氏，名娃，字孝娥。奉其姑有禮度，

又能籌理軍事。王出軍，則必至諸將家，撫其妻子，以恩結之，得其歡心。在宜興日，王嘗召至行在，部下謀叛，李氏得之，不言。一日，會諸將于門，即坐告之，捕斬叛者，一軍肅然。

諸子遺事

雲，年十二從張憲戰。憲得其力，大捷，號曰「嬴官人」，軍中皆呼焉。王征伐，未嘗不與。京西之役，手握兩鐵鎚，重八十斤，先諸軍登城，攻下鄧州，又攻破隨州。潁昌之役，大戰無慮十數合，出入虜陣，甲裳爲赤，體被百餘創。然每戰捷，王獨不上，故其功多不聞。歷任王機（莫）〔幕〕、帶御器械、提舉醴泉觀，官至左武大夫、忠州防禦使。死之日，年二十三，贈安遠軍承宣使。

雷，故任忠訓郎、閤門祗候，贈武略郎。

霖，故任朝請大夫、敷文閣待制，贈中大夫。

震，故任朝奉大夫，提舉江南東路常平事。

霆，故名靄，改賜今名，任修武郎、閤門祗候。

昭雪廟謚

紹興二十五年，秦檜薨于位，子熺勒令致仕。高宗皇帝厲精萬幾，首欲復王官，而時宰万俟卨嘗主王獄，力陳以爲虜益猖獗，方此顧和，一旦錄故將，疑天下心，不可。及紹興之末，虜益猖獗，朝廷始追咎和議。太學生程宏圖上書，其略曰：「今日之事國家所以應之者，先務有四。其一曰下詔書以感南北之士。和議既行之後，爲故相秦檜所誤，沮天下忠臣義士之氣。一旦思得其死力，必有以感動其心而奮起之，故哀痛之詔不可不亟下。然詔不可徒下也，首當正秦檜之罪，復無辜之冤，以舒天下不平之心，而振其敢爲之氣。且檜所以失吾南北之心者，自趙鼎以不主和議而竄海外，身滅家亡，則學士大夫忠義之氣沮矣。自岳某以決定用兵而誣致大逆，則三軍之士忠憤之氣沮矣。至如長告訐之風，起羅織之獄，一言及時事，不問是否，例置死所，使天下不知有陛下而欲人呼己謂之聖臣，則天下匹夫匹婦忠憤之氣由此掃地矣。檜所以失吾中原之心者，亦有由矣。士大夫陷沒虜中，而家屬有在中國者，和親之日，檜既不能庇其宗族，以結其心，而使之起義以報我，乃返徇虜人之請，而悉還之。方其去時，如赴死所。中原忠義，南望呑聲，恨其絕望於我也。今者要當正秦檜之罪而籍其家財，雪趙鼎、岳某之罪而復其官祿。然後下詔，臣將見其懽忻鼓舞，吐憤紓懷，朝讀詔書而暮赴義矣。」上深然其言，下詔諭中原及諸國等人，又詔燕北人昨被遣歸者，蓋爲權臣所誤，追悔無及。又許王家自便，盡室生還。竄檜黨于荒遠，削籍除名，示不復用。初，以岳陽與王之姓同，易爲純州，至是復仍舊號。於是上意一孚，志士爭奮。汪澈以御史中丞宣諭京西〔二〕，諸將與合軍陳諜，以訟王之冤。澈諭之曰：「當以奏知。」諸軍哭聲如雷，皆呼曰：「爲我岳公爭氣效死！」都督張浚、參贊陳俊卿聞此語，皆悲感服。

先是，王薨一年，前後年此日，諸將復之武昌騎戲。又一下卒忠義所激，自題一詩云：「自古忠臣帝王疑，全忠全義不全尸。武昌門外千株柳，不見楊花撲面飛。」聞者爲之悲泣罷遊。

暨孝宗皇帝涖祚云初，首下詔曰：「故

岳某起自行伍，不踰數年，位至將相，而能事上以忠，御衆有法，屢立功效，不自矜夸，餘烈遺風，至今不泯。去冬出戍鄂渚之衆，師行不擾，動有紀律，道路之人歸功於某。某雖坐事以歿，太上皇帝念之不忘。今可仰承聖意，與追復元官，以禮改葬，訪求其後，特與錄用。」制詞有云：「事上以忠，至無嫌於辰告；行師有律，幾不犯於秋毫。外摧孔熾之強胡，內剪方張之劇盜。名之難揜，衆所共聞。會中原方議於櫜弓，而當路力成於投杼，坐急絳侯之繫，莫然內史之灰。逮更化之云初，示褒忠之有漸。思其姓氏，既仍節鉞於岳陽；念爾子孫，又復孤惸於嶺表。欲盡還其寵數，乃下屬於眇躬。是用峻升孤棘之班，疊畀齋壇之組。近畿禮葬，少酬魏闕之心；故邑追封，更慰轅門之望。豈獨發幽光於既往，庶幾鼓義氣於方來。」末云：

「聞李牧之爲人，殆將拊髀；闕西平而未錄，敢緩旌賢！」其辰告之語，蓋指王建儲之議也。子雲復左武大夫、忠州防禦使，以禮祔葬。子孫襁褓以上皆官之，俟嫁則官其夫。張憲復龍神衛四廂都指揮使、閬州觀察使，官憲子孫。賜王家錢萬緡，建廟於鄂州，賜其號曰「忠烈」。詔三省曰：「秦檜誣岳某，舉世莫敢言，李若樸爲獄官，獨白其非罪，令訪問甄錄。」既而李若樸除郎。何彥猷妻劉氏經都堂具狀，乞比類李若樸除郎事理推恩，奉聖旨何彥猷特贈兩官，與一子恩澤。

淳熙四年，前太常少卿顏度奏請定謚。太常議以宗社再安、遠邇率服、猛虎在山、藜藿不採爲折衝禦侮，定亂安民、秋毫無犯、危身犯上、確然不移爲布德執義，請謚曰「武穆」，詔依。

淳熙五年五月五日，霖以知欽州召見，

賜對便殿。上宣諭曰：「卿家紀律、用兵之法，張、韓遠不及。卿家寃枉，朕悉知之，天下共知其寃。」霖對曰：「仰蒙聖察，撫念故家，不勝感激。」

籲天辨誣通叙

王奮自單平，宣、政之間，已著功於河朔。高宗皇帝受密詔開霸府，而王首被識擢，蓋自是而歷位孤卿，專制閫外，未嘗有蚍蜉蟻子之援，獨以孤忠結知明主，自信不疑。勳名既高，讒甚橫出，而王之迹始危矣。是時，城（孤）〔狐〕負恃，勢可炙手，天下之士莫敢一攖其鋒。而王之加罪也，何鑄、薛仁輔以不願推鞫而逐，李若樸、何彥猷以辨其非辜而罷。士㒟以百口保任而幽之閩，韓世忠以「莫須有三字何以服天下」爲問而奪之柄，最後而劉允升以布衣扣閽而坐極典矣。一時附會之徒，如万俟卨則以願備鍛鍊自諫議而得中丞，王俊則以希旨誣告自遙防而得廉車，姚政、（寵）〔龐〕榮、傅選之流，亦以阿附而竝沐累遷之寵矣。王薨之後，復有程宏圖者大書直指以明王之冤，幸而大明當天，宏圖之言適合聖意，宏圖蓋未敢逆爲此望也。然則是理之在人心如何哉？紹興更化，逐讒黨，復純州，還諸孤之在嶺嶠者。重以念王不忘之德意屬之孝宗皇帝，嗣位之初，首加昭雪，既復其官爵，又錫之冢地。疏以寵命而祿其子，予以緡錢而恤其家族，給以元業而使之不餬口於四方，旌以廟皃而俾有以慰部曲三軍之心。日月照臨，下燭幽隱，雨露霑溉，徧及死生。聖恩洋洋，夐出史諜。蓋自漢魏以來，功臣被誣，誕謾無實，未有如王之抑。及其昭雪之際，眷渥有加，亦未有如王之榮者也。而其所以爲寃者，不容不辨，蓋王之禍端，造乎張俊，而秦檜者實成之。俊之怨王不一也，而大者有三焉。淮西俊分地，趙鼎命之，怯敵不行。迨王一戰而捷，俊則耻之，一也。視韓世忠軍，俊迎檜意，欲分其背嵬，王執義不可。比行楚州城，俊欲興版築，王又曰：「吾曹當戮力圖尅復，豈可爲退保計耶？」俊則怒之，二也。彊虜大寇，俊等不能制，而王談笑取之，主上眷寵加厚，踰於諸將。王於俊爲後輩，不十數年爵位相埒，俊則嫉之，三也。檜之怨王，尤不一也，而大者亦有三焉。全家南還，已莫揜於撻辣縱歸之跡。草檄辱國，復汗靦於室撚寄聲之問。以至二策之合不得，輒易大臣之盟。檜之私虜如此，則主和之際，豈容有異議？然王一則曰恢復，二則曰恢復，犯其所甚諱，一也。昔王之諸孫名甫者守鄞，會稽文惠王史浩謂之曰：「方代邸侍燕間，嘗一及時事。檜怒之，輒損一月之俸。」趙鼎以資善之議忤檜，卒以貶死。其謀危國本之意，非一日矣。然王首進建儲之議，犯其所不欲，二也。韓世忠謀劫使者，敗和議得罪於檜，檜命王使山陽以捃摭世忠軍事，且戒令備反側，托以上意。王曰：「主上幸以世忠陞宥府，楚之軍則朝廷軍也。公相命某以自衛，果何爲者？若使某捃摭同列之私，尤非所望於公相者。」及興耿著獄，將究分軍之說，連及世忠。王歎曰：「某與世忠同王事，而使之不幸被罪，吾爲負世忠。」乃馳書告以檜意。世忠亟奏求見，上驚，諭之曰：「安有是？」既而以詰檜，且促具著獄，著得減死。犯其所深惡，三也。夫俊以其憾王之心而諂事於檜，檜之憾王者，視俊爲尤切，唱和一辭，遂啓大獄。况當時輔之以羅汝楫之迎合，王鵰兒之告訐，万俟卨挾故（恐）

〔怨〕而助虐，王貴劫於私而強從，則王固非以淮西之逗留，而王之子雲非以通書而致變，張憲亦非以謀復王掌軍而得罪也。雖然，淮西之事，御札可考也，通書之迹，書已焚矣，惟鍛錬之是從矣。復掌軍之謀，則又取信於仇人之説，而必成於狴犴之内。甚而陳首之事，自甘軍法，以實其言。至行府興獄，雖張俊極力以文致，而其半亦自云妄矣。嗚呼寃哉！洪皓嘗奏事而論及王，不覺爲慟，以爲虜中所大畏服、不敢以名稱者惟王，至號之爲岳爺爺。及王之死，虜之諸酋莫不酌酒相賀，以爲和議自是可堅。而查籥嘗謂人曰：「虜自叛河南之盟，王深入不已。檜私于金人，勸上班師。兀朮遺檜書曰：『爾朝夕以和請，而岳某方爲河北圖，且殺吾壻，不可以不圖，必殺岳某而後和可成也。』檜於是殺王以爲信。」即皓之所奏而觀之，籥之言其不妄也。若夫辨寃之説，《金佗（碎）〔粹〕編》編之詳矣，不欲復贅。

〔一〕瀐：原作「徹」，據《鄂國金陀粹編》卷九及《宋史》卷三六五《岳飛傳》改。

忠文王紀事實録卷之五

奏議

謝講和表

武勝定國軍節度使、開府儀同三司、湖北京西路宣撫使兼營田大使臣岳某上表言：今月十二日，准都進奏院遞到赦書一道，臣已即躬率統制、統領、將佐官屬等望闕宣讀訖。觀時制變，仰聖哲之宏規；善勝不爭，實帝王之妙算。念此艱難之久，姑從和好之宜。眷澤誕敷，輿情胥悅。臣某誠歡誠抃，頓首頓首。竊以婁欽獻言於漢帝，魏絳發策於晉公，皆盟墨未乾，顧口血猶在。俄驅南牧之馬，旋興北伐之師。蓋夷虜不情，犬羊無信，莫守金石之約，難充溪壑之求。圖暫安而解倒懸，猶云可也；顧長慮而尊中國，豈其然乎？恭惟皇帝陛下大德有容，神武不殺，體乾之健，行巽之權，務和衆以安民，迺講信而脩睦。已漸還於（竟）〔境〕土，想喜見於威儀。臣幸遇明時，獲觀盛事。身居將閫，功無補於涓埃；口誦詔書，面有慚於軍旅。尙作聰明而過慮，徒懷猶豫而致疑，謂無事而請和者謀，恐卑辭而益幣者進。臣願定謀於全勝，期收地於兩河。唾手燕雲，終欲復讎而報國；誓心天地，當令稽顙以稱藩。臣無任瞻天望聖激切屏營之至。

乞出師札子

起復太尉、武勝定國軍節度使、湖北京西路宣撫使兼營田大使臣岳某奏：臣自國家變故以來，起於白屋，從陛下於戎伍，實有致身報國、復讎雪恥之心。幸憑社稷威靈，前後粗立薄效。陛下録臣微勞，擢自布衣，曾未十年，官至太尉，品秩比三公，恩數視二府，又增重使名，宣撫諸路。臣一介賤微，寵榮超躐，有踰涯分。今者又蒙益臣軍馬，使濟恢圖。臣實何人，誤辱神聖之知如此，敢不晝度夜思，以圖報稱？臣竊揣敵情所以立劉豫於河南而付之齊秦之地，蓋欲荼毒中原，以中國而攻中國。粘罕因得休兵養馬，觀釁乘隙，包藏不淺。臣謂不以此時稟陛下睿算妙略以伐其謀，使劉豫父子隔絶，五路叛將還歸，兩河故地漸復，則金人之謀計日生，浸益難圖。然臣愚欲望陛下假臣日月，勿拘其淹速，使敵莫測臣之舉措。萬一得便可入，則提兵直趨京洛，據河陽、陝府、潼關以號召五路之叛將。叛將既還，王師潛進，彼必捨汴都而走河北，京畿陝右可以盡復。至於京東諸郡，陛下付之韓世忠、張俊，亦可便下。臣然後分兵濬、滑，經略兩河。如此，則劉豫父子斷必成擒，大遼有可立之形，金人有破滅之理。爲陛下社稷長久無窮之計，實在此舉。假令汝、潁、陳、蔡堅壁清野，商於、〔虢、略〕分屯要害，進或無糧可因，攻或難於餽運。臣須斂兵，〔退保〕上流，賊必追襲而南，臣俟其來，當率諸將或挫其鋭，或待其疲。賊利速戰，不得所欲，勢必復還。臣當設伏邀其歸路，小入則小勝，大入則大勝，然後徐圖再舉。設若賊見上流進兵，併力以侵淮上，或分兵犯四川，臣即長驅擣其巢穴。賊困於奔命，勢窮力殫，縱今年未終平殄，來歲必得所欲。陛下還歸舊京，或進都襄陽、關中，惟陛下所擇也。臣聞興師十萬，日費千金，内外騷動一十萬家，此豈細事？然古者命將出師，民不再役，糧不再籍，蓋慮周而用足也。今臣部曲遠在上流，去朝廷數千里，平時每有糧食不足之憂。是以去秋臣兵深入陜洛，而在寨卒伍有飢餓而死者，臣故亟還，前功不遂，致使賊地陷僞，忠義之人旋被屠殺，皆臣之罪。今日惟賴陛下戒勑有司，廣爲儲備，俾臣得一意靜慮，不以兵食亂其方寸，則謀定計審，必能濟此大事。異時迎還太上皇帝、寧德皇后梓宫，奉邀天眷，以歸故國，使宗廟再安，萬姓同歡，陛下高枕無北顧之憂，臣之志願畢矣。然後乞身歸田里，此臣夙夜所自許者。臣不勝拳拳孤忠昧死，取進（旨）〔止〕。

乞本軍進討劉豫札子

太尉、武勝定國軍節度使、湖北京西路宣撫使兼營田大使臣岳某言：賊豫逋誅，尙穴中土，陵寢乏祀，皇圖偏安，陛下六飛時巡，越在海際，天下之愚夫愚婦莫不疾首痛心，願得伸鋤奮挺以致死于敵。而陛下審重此舉，累年于兹，雖嘗分命將臣，鼎峙江漢，而皆僅令自守以待敵，不敢遠攻而求勝。是以天下忠憤之氣日以沮喪，中原來蘇之望日以衰息。歲月益久，汙染漸深，趨向一背，不復可以轉移，此其利害誠爲易見。臣待罪閫外，不能宣國威靈，克殄小醜，致神州隔於王化，僭僞穴於宫闕，死有餘罪，敢逃司敗之誅？陛下比者寢閣之命，聖斷已堅，咸謂恢復之功指日可冀，何至今日尙未決策北向？臣願因此時上稟成算，不煩濟師，只以本軍進討，庶少塞鰥官之咎，以成陛下寤寐中興之志。順天之道，因民之情，以曲直爲壯老，以逆順爲強弱，萬全之效，兹焉可必。惟陛下力斷而行之，不勝大願。區區愚忠，畢罄於此。干冒天威，無任戰汗俟譴之至。取進止。

乞移都奏略

錢塘僻在海隅，非用武之地。臣請陛下建都上游，用漢光武故事，親勒六軍，往來督戰，庶將士知聖意之所向，人人用命。臣當仗國威靈，鼓行北向，殄滅北虜，則中興之功，即日可冀。

乞定儲嗣奏略

今欲恢復，必先正國本以安人心，然後陛下不常厥居，以示不忘復讎之意。

乞終制劄子

草土臣岳飛劄子：臣今月十二日至江州瑞昌縣界，準樞密院奏：「勘會岳某丁母憂，已擇日降制起復。緣目今人馬無人主管，及見措置進兵渡江，不可等待。奉聖旨先次行下，岳某特起復，仍日下主管軍馬，措置邊事，不得辭免。」伏念臣孤賤之迹，幼失所怙，鞠育訓導，皆自臣母。國家平燕雲之初，臣方束髮從事軍旅，誓期盡瘁，不知有家。自從陛下渡河以來，而臣母淪陷河朔，凡遣人一十八次，始能般挈，得脱虜禍。驚悸致疾，遂以纏綿。臣以身服戎事，未嘗一日獲侍親側，躬致湯藥之奉。今者遭此大難，荼毒哀苦，每加追念，輒欲無生。而陛下恩眷有加，即命起復，在臣么微，固深銜戴。然臣重念為人之子，生不能致菽水之歡，死不能終衰絰之制，面顔有靦，天地弗容。且以孝移忠，事有本末，若内不克盡事親之道，外豈復有愛主之忠？臣已般挈扶護前來，欲於江州或南康軍界營葬，伏望聖慈矜憐餘生，許終服制。取進止。

乞終制第三劄子

草土臣岳某奏：近於四月十二日，具奏辭免起復檢校少保、武勝定國軍節度使、湖北京西路宣撫副使。今月初一日，準御前金字牌遞到尙書省劄子，奉聖旨不允。令學士院降詔，仍不得再有陳請，依已降指揮，日下主管軍馬，措置調發，不管少失機會者。伏念臣叨荷聖恩，倍加倫等，惟期盡忠，庶圖報稱。緣臣老母淪亡，憂苦號泣，兩目遂昏，方寸亦多健忘。自揆餘生，豈復尙堪器使。非敢獨孝于親，而於陛下不竭其忠，正謂災屯如此，不能任事。况臣一介右列，若學術稍優，謀略可取，亦當勉強措置調發。臣於二者，俱乏所長，今既眼目昏眊，又不能身先士卒，賈作鋭氣，苟不罄瀝血誠，披告陛下，則他日必致顚隮，上辜委寄。伏望睿慈俯察孤衷，許臣終制。取進止。

太學，岳鄂王故宅也。今司土之神，或曰即王焉。公朝申錫廟號、爵封，徽章具存。王血忱衛社，共天命而立民彝，忠在令甲。乃今右我多士，扶持名教，威靈凛凛，猶生時敵愾之忠，何拳拳斯文如此哉？孝悌忠信，自有撻甲兵之道，聲明文物、仁義禮樂所暨，可以化夷爲華。我朝中天之禍烈矣，實自當時諸人不知乎此有以啓之，此所以詒王之憂也。王賫志地下有時，神游故宅，幸其今爲斯文之所聚也。所以衛之甚力者，蓋謂六籍之教不墜，五帝三王之學常明，天理人倫常不晦蝕，夷狄其能侵中國乎？其視唐張睢陽志於爲厲鬼以擊賊者，又萬萬矣。夫爲厲鬼以擊賊，孰愈乎昭義理、暢聲教而使賊自懾服者乎？此王所以宜食於故宅也。景定壬戌年間，本齋同舍廬陵謝起巖蒐王世系勳閥，凡旂鼎所銘，册書所著，奉常所議，考功所録，州志、家乘、野史所紀，其涉於王者，輯爲一書，計若干卷，目曰《紀事實録》。不特使囿神貺者有考，抑以示妥安靈媄之意。又十年爲咸淳七年，乃相率裒金而壽之木。書之篇末，極知其僭。是歲春二月望，明善齋齋諭學生吴安朝謹識。

宋本忠文王紀事實録書後

本書紀岳鄂王事，凡五卷，宋太學明善齋學生廬陵謝起巖輯。前有景定癸亥起巖自序，標題爲《忠顯廟忠文王紀事實録本末》。後有咸淳七年太學明善齋諭學生吴安朝跋。卷一，高宗宸翰，後附追封鄂王及將佐等告詞，又景定時中書省牒文，及改謚忠文告詞。卷二、卷三，行實編年。卷四，行實紀遺。卷五，奏議。景定刊本，半葉十行，每行二十三字。白口雙闌，板心上記字數，下記刊工姓名，可辨者爲錢桓及于、徐、東、明、昌等姓名一字。收藏印記有「錫山安國寶藏」、「子高文房之印」、「晚香閣記」三印。函面金牋，題「乾隆己酉賜經筵講官、禮部尚書兼文淵閣直閣事臣紀昀」三行。按《宋史》，淳熙五年九月賜岳飛謚武穆。寶慶元年二月，改謚忠武。蓋以孔明之興漢、汾陽之復唐，取二謚之美以旌異之。至忠文之謚，世不盡知，或且疑其不類。惟近時錢汝雯新編《鄂王年譜》，引《岳廟志略》，及明金忠士《請金佗祠額疏》，言德祐元年有賜謚忠文之典。然詔敕無徵，月日不詳，姑以傳疑而已。今得此書觀之，則太學學録、學生楊懋卿等申文，已詳叙尚書省牒中。更以吴安朝跋證之，始知太學爲鄂王故宅，司土之神即王也。其祠名靈通，其神爲正顯昭德文忠英濟侯。懋卿等因請以八字侯封改畀王爵，太常寺議賜名忠顯祠，其封號原擬文忠，又以二字恐與先聖相類，因先忠後文，以示有別，其後詳載忠文告詞與王父子將佐加封告詞，其時則景定二年二月也。秖以事出晚季，宋社旋墟，此書既少流傳，典故遂歸湮滅，致令考古者詑爲異聞，紀事者存爲虛說，亦可歎矣。考謝氏此書，其自序言「昨得與忠文諸孫同筆硯交。見其《鄂國金佗》有編，裒類浩繁，僭仍其纂記而爲要之提」云云，知當時編輯純取材於《金佗粹編》明矣。今以本書與《粹編》對勘，則所録高宗宸翰、行實、編年與夫行實拾遺，其文字同、次第同，第其稱謂改「先臣」爲「王」耳。然取浙刻《粹編》本逐卷細校，則訂譌補佚，幾於不可勝計。蓋近刻《粹編》皆祖明嘉靖本，其所據宋元舊本，以年深板蝕，字多損浥，且展轉散佚，闕板至數十番之多。余頻歲游杭，仰瞻祠墓，追念孤忠，因有校定《粹編》之志。遂尋求宋元古刻，雖殘篇斷卷，亦所不遺，而所補闕文，曾不及半。兹取《實録》參校，凡《粹編》自卷一至卷九，所有奪文譌字，訂正一清。舉其犖犖大者述之，如卷四《行實編年》「崇寧二年」下，脱「王初歲中事」一葉，二百八十字；宣和六年春三月「賊」下，脱「首張超」二十二字；卷五紹興元年十二月「升神武副軍都統制」下脱「紹興二年壬子歲事實」二百六十三字；紹興三年「撫勞再三」句下脱二十字；「沿江制使」下脱六十四字；卷六「紹興五年窺覘上流程」下，脱一葉二百四十七字；卷七紹興七年，「此皆宣撫岳飛」下脱三十六字；卷九遺事中「一時名人才士」下脱一百七字；秦國夫人遺事脱八十字；諸子遺事脱六十七字；昭雪廟謚門「皆悲感歎服」下脱六十八字；「追封張憲告祠」下脱三十二字，咸賴以補完，通得一千一百八十二字。而追封忠文牒文告詞，及妻子家屬故將封告之詞爲他書不見者又二千餘言。噫，可謂夥矣！此書傳世最稀，罕秘特甚，徧檢古今書目，皆未入録。明徐階之《岳廟誌》、徐縉芳之《精忠實録》，亦未述及。其書以官牘紙印行，細審紙背，有洪武九年嵊縣申文、洪武十一年紹興府册籍各字迹，知明初其板尚存於浙中。是此書刻於宋季，印於明初。經錫山安氏之珍藏，不知何時乃歸於内府，至乾隆五十四年己酉始出以賜河間紀文達公。光緒以來，文達遺書稍稍散佚，此書爲臨清徐梧生監丞所獲。迨共和八九年間，徐氏藏書又出，余乃於内城帶經書坊獲之，其流轉大略可攷見者如此。夫景定至今越六百七十餘年，經歷四代，若存若亡。至乾隆時幸出塵霾，上邀宸覽，然深鎖禁庭，未得登名秘閣。蓋高宗頻事南巡，諸臣多獻秘籍，及迴鑾以後，多付重裝，遂皆別庋。余掌故宫書庫時，常見古書綴有簽題，多出天禄琳琅之外。此書宜亦類是。及文達拜賜之時，《四庫全書》告成已近十年，無由補録。其沈埋堙没又百餘年，遲至今日，乃藉余手表而出之，抑何幸歟？夫孤本秘册，已自足珍，矧其告詞可考史籍之遺，其文字可補故書之闕。天假奇緣，錫兹瓌寶，不僅珍之什襲，更將傳之萬本。爰詳攷始末，以質方雅，且冀當世嗜學好古之士，謀所以廣其流傳，爲此書續命，則匪獨余一人之私幸已也。藏園傅氏寫本。

梅溪王忠文公年譜

（清）徐炯文 編

李文澤校點

道光十三年王氏刻王忠文集卷首

王十朋（一一一二—一一七一），字龜齡，號梅溪，温州樂清（今屬浙江）人。紹興二十七年進士第一，簽書建康軍節度判官廳公事，添差紹興府簽判。秩滿，除校書郎，歷著作佐郎，遷大宗正丞。孝宗即位，除司封員外郎。隆興元年爲起居舍人，擢侍御史。以論宰相史浩，出知饒州。歷知夔、湖、泉、臺四州，奉祠。乾道七年除太子詹事，以龍圖閣學士致仕，卒，年六十，謚忠文。

十朋爲人剛直，數上書言政，陳禦金之策。勤敏博學，爲文專尚理致，不爲浮虛靡麗之詞。著有《梅溪集》、《後集》、《奏議》，共五十四卷。事蹟具汪應辰《龍圖閣學士王公墓誌銘》（《文定集》卷二三）、《宋史》卷三八七本傳。

清徐炯文所編《梅溪王忠文公年譜》一卷，成於雍正年間，附於雍正六年刊本《王忠文公文集》卷首，其後道光、同治、光緒年間重刊十朋文集，均附有年譜。是譜簡記仕歷，遇事則書，較爲簡略。

梅溪王忠文公年譜

邑後學翔雲徐炯文敬編[一]

宋徽宗政和二年壬辰十月十八日，公生。

公生有異兆。眉濃垂，目深神藏。少穎悟，強記覽，日誦數千言，無他嗜好。

徽宗宣和七年乙巳，公十四歲。

讀書鄉塾，操筆即有憂世拯民之志。

高宗建炎二年戊申，公十七歲。

讀書鄉塾。有《感時傷懷》詩。

建炎三年己酉，公十八歲。

讀書邑之金溪招僊館。

建炎四年庚戌，公十九歲。

讀書金溪。有《駕幸溫州》詩。

高宗紹興四年甲寅，公二十三歲。

時尚力學，見朝廷艱虞，心懷忠憤，每發於詩歌。

紹興五年乙卯，公二十四歲。

邑建新學，公作《縣學落成詩百韻》頌其事。

紹興十一年辛酉，公三十歲。

父贈朝散郎諱輔父謝世，公居喪盡禮。

紹興十四年甲子，公三十三歲。

學成行尊，授徒梅溪，遠近從遊者率知名士。

公孝友天至，進退取予必以義，下逮燕笑，無一不軌於正。所學自孔孟下，惟韓文公、歐陽公、司馬溫公是師。通六經，尤長於《春秋》。

紹興十五年乙丑，公三十四歲。

冬，赴補太學。

紹興十六年丙寅，公三十五歲。

赴補太學。

紹興十七年丁卯，公三十六歲。

秋，赴鹿鳴燕。

紹興十八年戊辰，公三十七歲。

春闈下第，追補太學。至閏八月歸，和韓昌黎《秋懷》。

紹興十九年己巳，公三十八歲。

秋，赴太學。

紹興二十年庚午，公三十九歲。

春，陞太學上舍，母贈碩人萬氏謝世，公居喪盡禮。

紹興二十二年壬申，公四十一歲。

喪少子孟丙。冬，赴補。

紹興二十三年癸酉，公四十二歲。

春，赴補，至八月歸。

紹興二十四年甲戌，公四十三歲。

家居講授。

紹興二十五年乙亥，公四十四歲。

家居講授。

紹興二十六年丙子，公四十五歲。

冬，赴臨安。

是年十月，景雲見于邑治東之文峰。

紹興二十七年丁丑，公四十六歲。

高宗親策進士於廷，公對策萬言，御筆親擢第一。初授左承事郎、僉書建康軍節度判官（聴）〔廳〕公事。又詔：「王十朋係朕親擢第一人，欲試以民事，何得遠闕，可特添差紹興府僉判。」

冬，赴官。

紹興二十八年戊寅，公四十七歲。

守僉判。民有訟久不決，多走諸司乞委公。雖文書塡委，公一一繙閱，不以付吏，審覈情僞，參用經律，所與奪人皆厭伏。

紹興二十九年己卯，公四十八歲。

守僉判。臘月秩滿，解官歸。

紹興三十年庚辰，公四十九歲。

正月二日，被命除秘書省校書郎，尋兼建王府小學教授。先是，教授與王子分賓主，公不可，王敬之特如其禮。

紹興三十一年辛巳，公五十歲。

在秘書省。時言路久塞，公因輪對策金人必敗盟，力陳備禦之要，請亟起張浚、劉錡。又論楊存中以管軍領三公，名器濫極。上大感悟，用其言，而大臣多不悅者。公求去，除著作佐郎，罷其兼職，公力辭，不許。久之，除大宗正丞，仍待次，尋得請主管台州崇道觀。五月十八日去國。

紹興三十二年壬午，公五十一歲。

朝廷推恩，贈公先世。

六月，內禪，孝宗即位，起公知嚴州，未赴，即召對。

九月，赴行在，首以明作有爲、任賢討軍爲言，除司封員外郎，兼國史院編脩官，又兼崇政殿說書，除國子司業。會詔百官言事，公上疏應詔陳弊，上嘉之。即召公與侍郎張闡對便殿，從容論事。

孝宗隆興元年癸未，公五十二歲。

四月，除起居舍人，改兼侍讀。公與左史胡銓同奏史職廢壞者四事，上皆從之。

越月，除侍御史。公益自任，排和議，論用兵事宜，薦張浚，劾史浩八罪及其黨史正志、龍大淵、林安宅，去之。志在必復陵寢，清中原。及符離少挫，國是遂搖，湯思退用，張浚貶，公遂自劾。詔以公權吏部侍郎，不拜。六月十九日去國。

隆興二年甲申，公五十三歲。

除集英殿脩撰，起知饒州。

七月，至鄱陽。謁顏魯公、范文正公，遂

新其祠，合祀之。

孝宗乾道元年乙酉，公五十四歲。

官饒州，抑强撫弱。

七月，移知夔州，饒人遮道挽留，由間道去。尋除敷文閣待制。

乾道二年丙戌，公五十五歲。

官夔州，治務簡靜，奏請馬綱復行舊路。築社稷壇，修諸葛武侯、寇萊公祠，給水修壘。公治郡，政令嚴肅而實慈祥，以廉潔率下，而人素心服。月率兩詣學，延見士子，從容晦誘，且以詢郡政得失。

乾道三年丁亥，公五十六歲。

戶部責虛逋十四萬，爲請不得，即丐祠去，州人送之，踰境涕泣。

七月，移知湖州。

九月，待對僊林，既而赴官。興貢院，重刊《戒石銘》。

乾道四年戊子，公五十七歲。

官湖州。未幾，得請提舉江州太平興國宮。

八月二日，又起知泉州，進敷文閣直學士。喪令人。

乾道五年己丑，公五十八歲。

官泉州。修戒石，復忠獻堂，立韓魏公祠，重修北樓。

乾道六年庚寅，公五十九歲。

守泉州。治務簡靜，復移知台州。公以病力辭，且乞致仕，乃復提舉太平興國宮。

泉人爲立生祠。

乾道七年辛卯，公六十歲。

三月，除太子詹事，詔旨敦趣。公力疾造朝，上特御選德殿，以公足弱，詔給扶減拜，且賜坐。公猶極論時事，就賜金帶。公三章乞致仕，詔以龍圖閣學士致仕。

七月丙子，有大星隕於故居。公薨，上聞嗟悼，賻恤有加，令兩浙漕臣典喪事。公積階至左朝奉郎，封樂清縣開國男，贈左〔朝〕散大夫，謚忠文。遺戒喪事毋得用佛老教。以十二月戊午葬於左原之白巖。端明學士汪公應（宸）〔辰〕誌其墓。入郡邑鄉賢。明邑侯潘公潢請於臺臣監司，又特立其祠。令人賈氏有賢行，先公三年卒。公兩遇郊祀恩，奏其弟壽朋，字夢齡。又奏其弟伯朋，字昌齡。長子聞詩，次子聞禮，俱太學生，後以公恩補官。聞詩字興之，初授監建康糧料院，秩滿，進大理丞，又知和、光二州。尋爲樞密參議，終江東提刑。聞禮字立之，初授監湖州烏青鎮，歷湖北營田判官，又知常州，知德安府，改太府丞，江東運判，終直秘閣。清正強毅，能守公訓。聞詩治光州時，與聞禮共編輯公文刻之，《試策》、《奏議》五卷，《前集》二十卷，《後集》二十九卷。新安朱子爲之序。

〔一〕編者署名原在篇末，今移至此。

王十朋詩文繫年

李文澤　編

據《宋代文化研究》第五輯增訂

譜主王十朋（一一一二—一一七一）事蹟，已見前譜簡介。

本譜爲李文澤所編，重在詩文繫年，考述十朋行歷，可補前譜缺略之憾，於閱讀王十朋詩文頗有裨益。

王十朋（一一一二—一一七一），字龜齡，號梅溪。政和二年（一一一二）生於溫州樂清（今浙江樂清）。少穎悟強記覽，爲鄉里所推重。後入太學，紹興二十七年（一一五七）中進士第一。授左承事郎，簽書建康軍節度判官廳公事。歷秘書省校書郎、建王府教授、著作郎。數上疏言朝政，陳禦金之策。孝宗即位，除知嚴州，未赴。隆興初，除起居舍人，兼侍講，逾月除侍御史。力主北伐大計，及張浚出師失利，上疏自劾，乃以集英殿修撰知饒州。乾道元年移知夔州。徙湖、泉州，在官有治績。以病乞致仕，提舉太平興國宮。七年三月，除太子詹事，趣造朝，上章乞罷政，改以龍圖閣學士致仕，命下而已卒，享年六十。紹熙三年（一一九二）賜謚忠文。

據汪應辰撰《王公墓誌銘》，王十朋有《梅溪》前、後集五十卷。其子王聞詩、聞禮紹熙壬子刻於江陵。今四部叢刊影明正統本《梅溪王先生文集》有廷試奏議四卷、前集二十卷、後集三十卷，共五十四卷。他本俱同。與汪誌相較，多奏議卷次。奏議當爲其子刊刻時增輯。又，十朋詩文部次分明，前集詩文爲其未登第前作，後集詩文乃仕宦時所作，以年代編次，井然不紊。這爲研究者提供了極大方便，今據文集臚列如次。

宣和七年，**十四歲**。

是年冬大雪，作《次表叔賈元實韻》詩，云：「牧羊大窖人何在，駐馬藍關路更賒。」（前集卷一）

建炎四年，**十九歲**。

戎馬連年，江南州郡陷於金軍。是年正月，

高宗自海上奔溫州。十朋感傷時事，著《傷時感懷》詩二首。其一云：「淡蕩三秋冷時節，蕭條萬里空山河。傷時眼淚滿襟血，更把少陵詩句哦。」其二云：「帝鄉五載亂離中，億萬蒼生陷犬戎。二聖遠征沙漠北，六龍遙度浙江東。斬奸盍請朱雲劍，射虜宜貫李廣弓。借問秦庭誰慟哭，草茅無路獻孤忠。」有悲時憂國之感（前集卷一）。

二月，高宗入溫州。十朋著《駕幸溫州次僧宗覺韻》詩，詩云：「佇看天仗還京闕，無復旄頭彗紫微。」（前集卷一）

紹興四年，二十三歲。

十一月十五日，爲其叔祖賈處嚴著《潛澗嚴閣梨文集序》，是時其人已亡歿二十三年矣（前集卷一七）。

十月，高宗定策親征，自臨安進發。十二月，十朋著《讀親征詔書》詩二首。詩序言：「甲寅季冬讀親征詔書，哀痛切骨，畎畝愛君，情至於此，食祿者義當如何，胸中展轉不能自已，故作二詩。」其一曰：「逆虜何時正典刑，久聞諸將擁強兵。中原未雪十年耻，聖主自勞千里征。楚國群臣誰慟哭，杜陵野客自呑聲。」其二曰：「諸將年來已極榮，回看烟閣欠功名。八年猶未平淮甸，一戰那能復帝京。畎畝忠臣自憂國，閭閻小子妄談兵。憑誰決得天河水，一洗乾坤萬里清。」（前集卷一）

紹興十一年，三十歲。

三月，有《懷孫子尚》、《懷姜渭叟兼簡謝守中用前韻》、《懷劉方叔兼簡全之用前韻》三詩，寄贈友人（前集卷二）。

又有《述懷》詩，云「吾年三十百無堪，

世事如麻總未諳」，「回頭場屋心幾折，混迹泥塗分固甘」（同上）。

紹興十四年，三十三歲。

闢學館於梅溪，從學者四十人。秋試，學生萬庠、徐大亨、吳翼中選。十一月，作《送吳翼萬庠赴省試序》以壯行色（前集卷一七）。

紹興十五年，三十四歲。

冬，入臨安補太學，罷家塾。先是十朋講學授徒，有弟子章端武、羅少陸、茹履等。及諸生歸，十朋著《送章生端武》、《送羅生少陸》、《送茹生履》詩，詩中有云：「行將拭老眼，萬里看驊騮。」勉勵有加（前集卷三）。

罷學之日，著《乙丑冬罷會呈諸友》詩，云：「謬意開家塾，微才愧斗筲。雖逃有若叱，寧免孝先嘲。」（前集卷三）

在太學有《寄夢齡昌齡弟》詩云「東望家山幾斷魂，白雲飛盡路漫漫」，「事業未應孤鐵硯，弟兄猶喜畫儒冠」（前集卷三）。

按：此詩具體時日不詳，據文集當爲十朋初至太學時所作。

友人孫子尚卒於會稽，年三十二。十朋與孫有十年交好，作《祭孫子尚文昭》以弔之（前集卷一八）。

紹興十七年，三十六歲。

漕試中選，秋季赴太守宴，著《赴鹿鳴宴次太守趙殿撰韻》詩：「要得異才聯虎榜，亦容下客盜狐裘。」（前集卷三）

十二月，赴臨安省試。臨行著《赴省治裝有感》詩，稱「一年強半身爲客，席未遑安又趣裝」（前集卷三）。

紹興十八年，三十七歲。

三月，省試落第。四月歸家，行至會稽，

復還太學。閏八月自太學歸，著《別太學同舍》詩，有云「二年客賢關，傾蓋皆故人」（前集卷三）。歸至家，見原題《修竹》、《黃楊》、《丁香花》三詩，慨然有懷，復題三絕於後（前集卷三）。在家讀韓愈《秋懷》詩，欣然有感，追其韻，作《和秋懷》十一首（前集卷九）。十一月七日，省先人墳塋，誦其父詩句，感嘆不已，賦詩一絕，有「記得先君舊題壁，水光山色恨難禁」之句（前集卷四）。十一日過萬橋，會飲於友人萬先之家，著《和醉贈張秘書寄萬大年先之申之》詩寄友人，詩云「良友不易得，清談苦難聞」，「顧我與三友，新當敗孤軍，飄零各南北，對酒無復醺」（前集卷九）。又次韻韓愈詩，著《和縣齋有懷四十韻》、《和桃源圖》詩（同上）。二十二日，在家夜讀韓愈《永貞行》有感，著《和永貞行》（前集卷九）。二十三日，夜坐六行堂讀韓愈詩，念及友人，著《和短燈檠歌寄劉長方》（前集卷九）。又有《和苦寒》、《和南食》、《和聽穎師琴》、《和憶昨行示夢齡》、《和燕河南府秀才送周光宗》諸篇（同上）。十二月十六日，憶及上舍友人，著《和答張轍寄曹夢良》詩（前集卷九）。

紹興十九年，三十八歲。

元日，讀韓愈集《送楊郎中賀正》詩，和其韻（前集卷九）。正月七日，過友人居，讀韓愈《城南登高》詩，次韻留題，贈友人孫先覺（卷九）。三月初一日，與同舍生二十八人於梅溪送春，誦唐人賈島詩，分韻賦詩，著有分韻詩一首（前集卷四）。

按：紹興十五年，王十朋赴臨安省試，已罷家塾。至是復有家塾事。家塾之復當在去年閏八月自太學歸後。

五月，著《和答柳柳州食蛤蟆》詩，戒諭友人勿嗜殺生（前集卷九）。

家塾有學生三十人，四人將離去，王十朋賦《周仲翔》、《李大鼎》、《許輝先》、《謝鵬》四詩以贈別（前集卷四）。

七月九日，與弟夢齡宿湖邊莊，著《宿湖邊莊》詩，稱「身名未就耕桑廢，何日投閑老此湖」（前集卷四）。

八月，舟游吳中，十四日過山陰，有《前中秋一日舟過山陰晚稻方熟忽動鄉思呈先之》詩（前集卷四）。

十月二十八，十朋生日，著《十月二十八日母氏劬勞之日也哀痛中書二十八字》詩，哀悼其母（前集卷四）。

紹興二十年，三十九歲。

六月二十五日，讀馮當可書富家翁事，著《書富家翁逸事後》。是夜，又作《井光辨》，記其家古井夜汲有光之異（前集卷一九）。

二十六日，著《大井記》，再記古井夜汲有光事（前集卷一七）。

丙寅，戲作《四友錄》，記筆、墨、紙、羅文房四物（前集卷一九）。

七月十日，讀《東坡大全集》，著《讀蘇文》，以爲坡文好奇而失之駁，至其文之工、才之美，宜歐陽修欲避路放出一頭（前集卷一九）。

十四日，有蛙入鞋中，戲作《記蛙》文（前集卷一九）。

十六日夜，有長虹現於西，作《夜虹見》文（前集卷一九）。

二十二日，讀韓愈文，作《讀進學解》（前集卷一九）。

二十六日，大雨初霽，與友人同觀前溪大水，作《觀水記》（前集卷一七）。

紹興二十一年，四十歲。

四月，鄉人送巖松一株，形態奇異，十朋珍愛之，徙置會趣堂，作《巖松記》（前集卷一七）。

十月，學生錢萬中葬祖母，於墓前修亭以追享之。十朋爲作《追遠亭記》（前集卷一七）。

紹興二十二年，四十一歲。

五月，幼子孟丙亡，方七歲。十朋痛不能已，於六月著《哭孟丙》詩以哭之（前集卷五）。

孟丙之卒，十朋又有《祭孟丙文》追悼之（前集卷一八）。

八月中秋，學生鄭遜志、夏伯虎來會，飲酒賞月，依其韻賦詩酬贈之（前集卷五）。

九月九日，鄉里長者十九人聚飲，十朋與會，著《九日飲酒會趣堂者十九人老者與焉既醒念不可以無詩因用贈林知常韻示諸友》詩，并有《九日寄昌齡弟》詩（前集卷五）。

十二日夜，游梅溪賞月，秋色滿眼，著《梅溪翫月》一絶（前集卷五）。

再赴臨安補試。臨別賦詩，自序云：「自乙丑冬如臨安赴補，逮今凡五往矣。是行也，痛慈親之不見，傷幼兒之早死，登途泫然。」詩有「八歲五行役，兹行最感傷。思親啼血淚，憶子斷剛腸」（前集卷五）。

十月四日，至南明，觀石象，見八年前題詩有感，作一絶和前韻，并書於佛閣（前集卷五）。

十二月，作《西征》詩，云「王家辭弟游帝都，出門滿眼思親淚」，「皇華亭上一回首，陡覺眉頭起鄉思」（前集卷五）。

紹興二十三年，四十二歲。

三月二十五日至剡溪（今浙江嵊縣），於旅舍見友人曹夢良題壁詩，次其韻和之：「客舍那堪聞杜鵑，夢魂驚斷竟無眠。」（前集卷六）

四月，作《淵源堂記》、《細論堂記》。先是，周世修爲剡溪世家子，與十朋同爲上舍生。至此，邀十朋客於家，遂有此作（前集卷一七）。

又著《淵源堂十二詩》（前集卷六）。

七月，自太學歸家，作《别周德遠諸友》詩，有云：「旅食百日餘，故人情已周。論文有深味，惜别添牢愁。」（前集卷六）

二十三日，過剡中，宿石佛摩雲閣，與同舍生周德遠、德貽、德廣諸人同行，賦詩餞别云「明朝南北路，身世各塵囂」（前集卷六）。

八月二日，至白若遇水，以小舟從石門渡江，情勢危急，作詩示同行謝圖南、童文卿（前集卷六）。

秋，爲鄉人賈循撰《賈府君行狀》，爲鄉人周仁撰《周府君行狀》（前集卷二〇）。

紹興二十四年，四十三歲。

在家闢書閣前蕪地爲小園。十一月，賦小詩紀園中之景，計有《小小園》、《便便閣》、《青青徑》、《娟娟林》、《楊楊畹》、《鮮鮮砌》、《牡丹》、《芍藥》、《早梅》、

《雙竹》、《紫微花》，凡十一首（前集卷七）。

十二月，爲鄉人張攄撰《張府君行狀》（前集卷二〇）。

紹興二十五年，四十四歲。

正月，爲同舍生萬庚撰《東平萬府君行狀》（前集卷二〇）。

二月，訪壽昌文郁禪師，見舫齋旁海棠繁盛，作《覓海棠》詩贈之（前集卷七）。

三月上巳日，著詩寄札上人，索要山丹花，并寄詩云：「梅溪野老栽成癖，蓮社高人諾不輕。小小園林緑將暗，早移芳蘂看敷榮。」（前集卷七）

三月，爲净慧禪師作《舫齋記》（前集卷一七）。

十一月，有鄉鄰於古井汲水，井崩塌，人陷井中。越三日，縣尉周邵出己貲募人拯救，掘土穿井而出之。十朋隨周邵目睹其事，著《左原紀異》詩以紀其事（前集卷八）。

紹興二十六年，四十五歲。

正月四日，作《孫先覺母夫人正月四日生時年八十》詩，賀友人母壽辰（前集卷八）。

四月十一日，時雨初霽，登高閣極目遠眺，作《雨止復用前韻》、《孟夏十有一日時雨初霽晨登高閣極目四望烟銷日出氣象一新復用前韻》、《再用前韻勉諸友》詩（前集卷八）。

横山連氏妻奉母姑孝謹，姑死，刻木像事之。七月十四日，至其家觀木像，作詩盛贊云：「純孝世稀有，事亡人所難。堪嘉里曾子，况有婦丁蘭。」（前集卷八）

紹興二十七年，四十六歲。

春日，游杭州西湖，著《春日游西湖》詩（前集卷八）。

二月廷試，高宗諭考官：「對策中有陳朝政直切者，幷置上列。」十朋《廷試策》以「權」爲對，大意曰：「攬權者，非欲衡石程書如秦皇，傳餐聽政如隋文，強明自任、不任宰相如唐德宗，精於吏事、以察爲明如唐宣宗，蓋欲陛下懲旣往而戒未然，威福一出於上而已。」「願陛下正身以爲本，任賢以爲助，博採兼聽以收其效。」試官以其卷來上，高宗批：「經學淹通，議論醇正，可作第一人。」賜第一人及第（文集廷試策卷一、《宋史》卷三八七本傳）。

十朋登第，著《丁丑二月二十一日集英殿賜第》詩：「太平天子崇儒術，寒賤書生荷作成。槐市育才叨舍選，楓宸唱第冠時英。聖恩寬大容愚直，御墨褒嘉佩寵榮。卻笑劉蕡不遭際，徒令紙上有虛名。」（後集卷二）

唱名後，於臨安燕集，謁拜朝臣，著《游天竺贈同年》、《贈閻同年安中》、《贈梁同年介》、《次韻陳大監掞見贈》、《次韻劉長方司戶見贈》、《陳大監餞別用前詩珠字韻以謝》、《用陳大監謝王國錄季羔見贈》等詩（後集卷二）。

高宗賜《學記》以寵榮之，諸朝臣各贈書硯有差。十朋著有《謝榮帥薿贈御書孝經用陳大監韻》、《陳郎中公說贈韓子蒼集》、《章季子贈端硯》、《謝李侍郎琳贈御書》等詩，以酬寵賜（後集卷二、《宋會要》選舉二之一八）。

十朋又以書報二弟夢齡、昌齡曰：「今日唱名，蒙恩賜仕及第，惜二親不見，痛

不可言，嫂及聞禮、聞詩可以此示之。」（《歷科狀元録》卷五引《鶴林玉露》）

歸家途中，得表叔僧寶應所寄詩，作《塗中得寶應叔二詩次韻》詩以酬答，詩云：「十年行役厭間關，一第初收鬢已斑。重念此生難報處，君親恩德重丘山。」又云：「以親不見不勝悲，銜恨何曾有仕時。二叔尚存俱白首，歸來猶足慰衰遲。」（後集卷二）

八月己未，詔除紹興府簽判。

十二月赴任，榜所寓廨舍曰民事堂，以不忘高宗訓示，并著《民事堂》詩：「親擢深蒙聖主恩，宜知民事訓詞溫。仰惟聖意思邦本，要使書生識治原。不憚勤勞馳禹會，敢忘精白奉堯言。它時上問蒼生事，願竭孤忠慷慨論。」（後集卷二）

十五日，出郊探春，游大禹遺迹。作《臘月望日出郊探春游告成觀謁大禹祠酌菲飲泉遂至龍瑞宮觀禹穴薄暮而還》詩，以紀其事（後集卷二）。

紹興二十八年，四十七歲。

元日，隨同僚冒雪趨天慶觀朝拜，赴府拜表，還家飲屠蘇酒，有感於去年亦不在家，作詩云：「年年元日身爲客，孤負吾廬溪上梅。」（後集卷二）

三月晦日，太守邵大受宴僚屬於西園，十朋與會，作《趙提幹即席賦詩次韻》（後集卷三）。

八月十五日，於蓬萊閣賞月，作《中秋賞月蓬萊閣呈同官》詩（後集卷三）。

九月四日，夜夢與先人游，既覺，作《記夢》詩（後集卷三）。

九日，與同官登古蕺山，作《九日登蕺山》詩，云：「鄉思遙馳三徑裏，秋聲近在八松間。」又著《夢齡九日有詩兼懷昌齡次韻》（後集卷三）。

十月十五日，買菊花一株，著《十月望日買菊一株頗佳》詩（後集卷三）。

十六日，欲與弟夢齡、諸子及喻叔奇同游蘭亭，天氣不佳，未成行。著《聞詩生日》、《十月十六日欲與夢齡弟及聞詩聞禮同游蘭亭仍約喻叔奇偕行會天氣不佳喻亦以疾辭出門而止兀坐終日懷抱殊惡》二詩（後集卷三）。

十一月，與同官前進士七人游天衣寺，十朋首賦《游天衣寺》詩一章，其餘人和之。十朋撰《游天衣詩序》（後集卷三、二七）。

十二月，著《會稽風俗賦》、《民事堂賦》（後集卷一）。

按：原文無年月。據《民事堂賦序》云「某備員越幕，歲將暮」，二賦應爲十朋任職紹興簽判日所作。十朋於去年十二月初赴任，明年十二月初解官，其寫作時日當在本年。

紹興二十九年，四十八歲。

作《懷喻叔奇》詩，詩云：「同年四百二十六，莫逆論交能幾人。」（後集卷四）

二月二日，次子生日，賦《聞禮生日》詩（後集卷四）。

十朋亡友孫子尚葬於會稽山大禹寺之側。春，十朋受命祭祀大禹，往弔之，植柏十株，作詩二首以紀之（後集卷四）。

五月十二日，女兒生日，作《女子生日》詩（後集卷四）。

閏六月，守臣率僚屬祭祀范仲淹，拜遺像於祠堂。十朋作《范文正公祠堂詩》以紀盛事（後集卷四）。

八月十五日，太守宴賓客於蓬萊閣，賞月分茶，十朋坐中成絶句二首，云「白髮青衫老幕客，蓬萊秋月兩年看」，又有《和趙仲永撫幹二首》詩。後以詩不足盡意，再著《蓬萊閣賦》以述志（後集卷一、四）。

著《故參政李公挽詩》三首憑弔李光，云：「一代高明學，三朝骨鯁臣」，「方面功尤著，端朝氣最剛。身能縛元濟，城不陷睢陽」（後集卷四）。

九月九日，與同官游戒珠寺，作《九日與同官游戒珠寺用去年韻》詩（後集卷四）。

十二月七日，解官，賦《留別民事堂》詩，詩云：「二年宦東州，民事了無補。俯仰愧斯堂，何以報明主。」（後集卷四）

紹興三十年，四十九歲。

正月二日，除秘書省校書郎，擬以八日起程，書絶句一首：「梅花照歸眼，春色戒行裝。君命不俟駕，安敢懷故鄉。」（後集卷五）

四月乙丑，孝宗由普安郡王爲皇子，進封建王，十朋兼建王府小學教授。先是教授入講堂則與皇孫叙賓主位，教授居賓位，十朋不可，建王特爲置教授位於中，以示優禮（《要録》卷一八五、《會要》崇儒一之一一、《宋史》卷一六二《職官志》二）。

有《次韻皇子建王題明遠樓》詩（後集卷五）。

十月二十二日，孝宗生日，有《皇子建王生日》詩，稱：「願王自愛思無愆，仰佩天眷奉周旋。保持王體如臨淵，日親端士遠佞便。」（後集卷五）

輪對，上《輪對劄子三首》，言：禦敵莫急於用人，今有天資忠義、材兼文武可爲將相者，有長於用兵、士卒樂爲之用可爲大帥者，宜起而用之，以圖恢復。又言：今權雖歸於皇上，政復出於多門，是一秦檜死而百秦檜生也。楊存中以三衙結交北司，竊盜大權。請罷諸軍承受，解承中兵權。孝宗嘉納。太學生以十朋與馮方、胡憲、查籥、李浩并稱，作《五賢詩》頌之（奏議卷二、《宋史》卷三八七本傳）。

按：《要錄》卷一八八載，次年二月楊存中以太子太傅出爲醴泉觀使，當即十朋等上疏之效。

紹興三十一年，五十歲。

正月十五日，風雷雨雪交作，十朋以爲陽不勝陰之驗，有《與宰相論災異書》，欲其「以《春秋》災異之說爲上力陳之，進君子，退小人，內修闕政，外備強虜」，以消弭天災（後集卷二五、《要録》卷一八八、《宋史》卷三八七本傳）

四月四日，祭祀赤帝，送友人還鄉，著《送黃子升通判還鄉》詩，有「江頭送歸客，我亦是行人」句（後集卷五）。

五月丙子，除十朋知大宗正丞，紹興府供職。五月十八日離京城，次日宿富陽廟山。作《懷館中同舍》詩：「去國懷明主，離群念舊游。翻令到家夢，終夜繞瀛洲。」又有《寄馮員仲》詩，稱「相見惟言去，吾今去已成」（後集卷五）。

七月初歸家，友人林明仲邀十朋等游梅嶼，席間索詩，十朋有《贈明仲》、《懷舊游》、《贈諸公》、《題宋莊》、《題西岑》六絕贈之（後集卷五）。

十月初一日，著有《十月朔日偶書》詩：「去年此日對淸光，聖德能容一介狂。言略施行非不遇，身雖疏外亦何妨。」（後集卷六）

按：「去年此日對淸光」，當指紹興三十年上殿輪對事。據此詩，可以推知王十朋奉祠，顯然是高宗對其「疏外」的一種處置。

十朋園林中杜鵑花盛開，有共蒂雙頭之異，著詩以紀之（後集卷六）。

十一月二日，自金溪訪友人錢用章，十朋以東道之姓爲韻賦詩贈主人（後集卷六）。

紹興三十二年，五十一歲。

去年十一月，有詔命十朋主管台州崇道觀。

正月七日，在家種蘭，作《人日有雪竹間種蘭》詩（後集卷六）。

二月二日，祭祀先人墳塋，有《二月二日焚黃天色開霽賓游并集存沒有光悲痛之餘因成鄙語》詩，詩云「餘生難報劬勞德，猶有孤忠可報君」（後集卷六）。

三月，游歷左原，覽山原河川，賦《左原詩》三十二首（後集卷六）。

六月十一日，孝宗即位。二十一日，除十朋知嚴州。九月二十一日，得旨召赴京城，十朋著《赴召》詩云：「聖主龍飛才十日，微臣得郡古嚴陵。詔書又趣歸天闕，願竭孤忠贊中興。」（後集卷七）

十月，召對，有《上殿劄子》三篇，言：太上皇以大器付之陛下，賢於堯、舜。陛下當仰思以副太上皇之付托者。今社稷之安危、生民之休戚、人才之進退、朝廷之刑賞，宜若舜之協堯，斷然行之，以盡繼述之道。又云：今日之計，戰固未可輕，和決不可議，守以養氣，俟時而伸，乘機而投而已。又言：願陛下擇諸内外千官百辟，有清德雅望王佐才者，有兼資文武可以救時活國者，任以爲相，又得賢侍從以論思獻納，眞諫官以拾遺補過，才御史以糾肅官邪，則内修外攘之功，不日可冀矣（奏議卷二、《宋史》卷三八七本傳）。

十一月，除兼國史院編修官，又兼崇政殿說書。友人曹夢良自嚴州贈炭，著《曹夢良贈炭戲成一絶》詩（後集卷七）。

十二月，詔臺諫、侍從官集議當今弊事。十朋上《應詔陳弊事》疏，論大臣、侍從、臺諫，今居其位者往往不舉其職，宜有以革之。人主有大職事三：任賢、納諫、賞賢是也。孝宗覽奏嘉賞，召對便殿，與論國事（奏議卷二、墓誌銘、《宋史》卷三三《孝宗紀》）。

隆興元年，五十二歲。

爲國子司業，宿學私試，作《宿學呈同官》（後集卷七）。

三月，史館中聞黃鶯鳴，胡銓用東坡詩韻賦其事，十朋有次胡銓韻詩（後集卷七）。

孝宗賜經筵官建茶，十朋分贈太學同舍友人芮輝，幷作次韻詩（後集卷七）。

四月，除起居舍人，陞侍講。從駕詣高宗德壽宫，借洪景嚴馬以赴，有詩戲云：「從駕濫騎承旨馬，朝天叨綴舍人班。」（後集卷七）

與胡銓同上《論左右史四事》疏，極言史職廢壞，當釐而革之（奏議卷二、墓誌銘）。

五月，以十朋爲侍御史，上《除侍御史上

殿劄子》，論吏部郎官史正志操心傾險，賦性奸邪，善觀時變，以求進用，乞斥逐以正典刑。有旨除正志江西轉運判官。後又上《論史正志劄子》、《再論史正志劄子》，論罰不當罪，復罷新任（《會要》職官七一之三、奏議卷三）。

五月，上《論宿州退師劄子》，以宿州大軍退守，觀時識變，得進退之機，深斥幸災樂禍者倡爲浮議，以動搖大計（奏議卷二）。

按：原文不署年月。據《宋史》卷三三《孝宗紀》載，隆興元年五月甲寅，李顯忠、邵宏淵軍大潰於符離。十朋此奏當於是時上之。

六月，上《論用兵事宜劄子》、《乞審核李顯忠等功罪劄子》、《論龍大淵撫諭兩淮劄子》（奏議卷三）。

按：原文不署年月。據《宋史》卷三三《孝宗紀》、三六七《李顯忠傳》，李顯忠用兵失利，六月罷軍職，責授團練副使。十朋三疏論時政，當於此時上之。

又有《自劾劄子》，以「不合妄贊恢復，又不合乞委任張浚，今王師不利」，請罷御史之職（奏議卷三）。

六月十九日，十朋罷職歸家，作《去國》詩：「去國常憂國，還家未有家。君恩報無所，含愧出京華。」（後集卷七）

七月，歸家，課僮僕輩種蔬菜以備炊，作《種蔬》詩（後集卷七）。

八月二十六日，太白星晝見，作《太白晝見》詩，以爲「天戒爲福非爲殃，願勿徒以虛文禳」（後集卷七）。

九月九日，與鄰里於家中飲酒賞菊，作

《九日寄表叔賈司理》與《九日不登高與兄弟鄰里就弊舍飲菊》二詩（後集卷七）。

十二月三十日，作《癸未守歲》詩，云：「歲宜鄉里守，杯共弟兄銜。」（後集卷七）

隆興二年，五十三歲。

元月十五日，在家觀燈，鄉鄰於其屋舍張燈，辭之不獲，作絶句一首，云：「我輩忍將燈照眼，游人多是火燒腸。」（後集卷七）

是歲連月旱，二月十九日得雨，其弟昌齡作賀雨詩，雨不霑足而放晴，十朋次韻著閔雨詩二首（後集卷七）。

三月三日，雨，作《社日喜雨復用前韻》詩，有「願言一飽均黎庶，瓶粟無儲不用憂」之句（後集卷七）。

又聞使臣胡昉使金不屈，自宿州還。孝宗命張浚視師淮上，有「和議不可成」之語。十朋和其弟昌齡詩紀其事，云：「用儒端可復侵疆，活國何勞別取方。文帝要須親御馬，子卿寧患遠看羊。」（後集卷七）

按：原詩本無年月。據《宋史》卷三三《孝宗紀》，隆興二年二月乙酉胡昉自宿州還。三月丙戌詔張浚視師於淮。十朋詩當即此時所作。

七月三日，至鄱陽任職，賦《七月三日至鄱陽》詩紀其事（後集卷八）。

又撰《饒州到任謝表》（後集卷二一）。

按：十朋自去年六月罷職，今年起知饒州，復職時日不詳，待考。

八月，張浚爲十朋作《不欺室銘》：「泛觀萬物，心則惟一。如何須臾，有欺暗室。

君子敬義，不忘守素。」越數日，浚死，此爲張浚絕筆。其後十朋著《不欺室三字參政張公書也筆力勁健如端人正士儼然人望而敬之因成古詩八韻》，有「紫巖之銘雲山筆，不欺室中雙至寶」之句。當爲傷悼之作（後集卷八）。

十月十五日，與同僚於薦福寺會食，有《十月望日同官會飯薦福送酒》詩（後集卷八）。

二十八日，生日，有《示聞詩聞禮》詩，云：「哀哀父母生我勞，生日不見徒悲號。」（後集卷八）

金人犯淮南，宋軍力戰。王十朋有《聞捷報用何韻》詩：「淮甸流離唐赤子，將軍奇特魏黃須。願將銀管書忠誼，糞土東京趙與胡。」（後集卷八）

按：據《宋史》卷三三《孝宗紀》，隆興二年十一月初，金軍犯淮南，至閏十一月和議成。王詩當在其時作。詩中所稱「何」爲何子應。

十一月，爲顏眞卿、范仲淹立祠，撰《顏范祠堂記》（後集卷二六）。

閏十一月，饒州普降瑞雪，作《閏月三白》詩三首以誌喜（後集卷八）。

十二月末，又降大雪，洪邁作《五白》詩，十朋復作《臘盡又雪洪復作五白詩再和》詩（後集卷八）。

乾道元年，五十四歲。

正月二日，孫女生日，有《國娘生日》詩（後集卷八）。

十五日，有《元夕次何憲韻》詩二絕（後集卷八）。

二月一日，與友人訪洪邁別墅，作《二月朔日同嘉叟蘊之訪景盧別墅用郡圃栽花韻即席唱和》詩二章。還家，興猶未盡，又作《還舍復用前韻以寄》詩（後集卷八）。

二月陰雨，十五日祈晴，至十七日雷雨又作，著《二月十五日祈晴十七日雷雨再作》詩：「誰坐黃堂稱太守，深慚無術救天災。」（後集卷九）

二十二日，何子應赴部述職，十朋著《送何憲行部趣其早還》詩爲其送行。何於途中亡歿，十朋極哀痛，作《哭何子應》詩三章以悼之（後集卷八、九）。

按：據後集卷九、《宋史》卷二〇九《藝文志》八載，王十朋官饒州時邀陳洪州、洪吉州（洪邁）、王嘉叟、何子應集爲楚東詩社，相與唱和，編《楚東唱酬集》前集，尚未付梓，何子應亡故。張孝祥繼入社，又編次五人詩爲後集。是年九月，王十朋赴官夔州，於舟中有《讀楚東倡酬集寄洪景盧王嘉叟》詩，稱「預恐吾儔有別離，急忙刊得倡酬詩」；《再讀楚東集用前韻寄景盧嘉叟》，云「待將後集從前刻，直到番陽送別時」（後集卷一一）。詩集的刊刻當在二月至七月之間。

五月四日，與郡同僚會飲於鄱江樓，分韻賦詩，著《鄱江樓分韻得月字》、《前端午一日會飲鄱江樓十有六人既分韻賦詩又戲成短篇》二詩（後集卷九）。

二十日陰雨，有《閔雨》詩（後集卷九）。

二十二日，鄉人葉處和赴試臨安，著《送葉秀才序》送之（後集卷二七）。

二十五日，送別張孝祥，席間有《五月二十五日餞安國舍人於薦福洪右史王宗丞來會坐間用前韻》詩贈之，又作《再用前韻送安國》詩（後集卷九）。

二十八日，登范仲淹所建芝秀閣，有感而作《思賢閣記》。後三日，又作《蕭灑齋記》（後集卷二六）。

七月得旨移夔州。於九日成行，饒人遮道挽留，至斷其橋，不得已從間道而去。十朋提點何德獻追送不及，以詩寄贈，十朋次其韻作詩一章：「誤辱番陽士庶憐，閉門不許出朝天。間行雖乏相如璧，得句全勝子敬氈。」（後集卷一〇）

按：《會要》選舉三四之一七載，七月十八日詔集英殿修撰、權發遣饒州王十朋除敷文閣待制，知夔州。據此詩序記載，十朋以七月九日離饒州，制詔頒下當早於此時。《會要》所載有誤。

其時又作《同官酌別》詩酬同僚，云：「無德於民愧寇恂，斷橋留我荷蕃人。」（同上）

八月十五日，赴夔州任途中，宿瑞昌縣瀼溪驛，乃唐詩人元結所隱，著《中秋宿瀼溪驛》、《中秋思鄉用瀼溪韻》詩，中有「男兒四方志，寧憚蜀天遠」句（後集卷一〇）。

十朋二子聞詩、聞禮自太學來會，八月二十六日至興國軍。十朋喜其來，因作詩云：「不將蝸角與人爭，走侍雙親蜀道行。」（後集卷一〇）

九月九日，舟次鄂渚（今湖北武昌），著《九日懷故鄉》、《九日陪諸公登高》詩（後集卷一一）。

十日，離鄂渚，泝江而上，晚泊江口，有《望鄂渚漢陽》詩（後集卷一一）。

十五日，宿於高牙，旅途寂寂，憶及其姊

喪葬當在九月，懷念家中親友，作《九月十五夜》、《宿高牙》、《三姊之葬在九月而不得其日……詩以寓哀》（後集卷一一）。

旅途遇風，舟不敢行，糧食幾絕。十六日，有小舟破浪而來，賈販鹽魚。作《買魚行》詩（後集卷一一）。

二十五日，十朋母忌辰，作《二十五日先妣遠忌祭於舟中》詩（後集卷一一）。

十月四日，宿於沙市，見新月，鄉思凄然。六日得臨安家書，賦詩一篇寄二弟，詩云：「詩成天作紙，簾捲月爲鈎。」（後集卷一一）

二十四日，至歸州，交接州符，作《二十四日視師印於歸大拽鋪》（後集卷一一）。

十一月一日，至夔州，山川皆杜甫詩中景物，作《初到夔州》詩（後集卷一二）。

撰《夔州到任謝表》，稱「地易夔門，難敢辭於蜀道；心傾堯日，遠尤甚於長安。」（後集卷二一）

十五日，夔漕查元章生日，作《查元章生日》詩贈之（後集卷一二）。

十二月十八日，餞送虞允文，作《出郊送虞參政因游竹亭小飲與者九人》詩，有云：「向來戎與濤，此樂何繇諧」（後集卷一二）。

按：原詩不署年月。後集卷一四於臘月十八日有詩迎虞允文，詩題云「去歲亦以此日送之」。

有《夔州論馬綱狀》、《再論馬綱狀》，并《聞馬綱復行舊路……喜而和之》詩三章（詩有缺）（奏議卷三、後集卷一二）。

按：以上數篇均無年月。據《宋史》卷三三《孝宗紀》，乾道元年五月，詔吳璘措置馬綱水路。十朋十一月初到官，其奏疏及詩當與馬綱事相關。故附於此以俟考。

乾道二年，五十五歲。

正月初六日，與友人同游水濱，有《正月六日游磧呈行可元章》詩（後集卷一二）。

十朋在夔州，買山植樹，廢州民買水錢，修葺城壁，沿街種柳，作《買山》、《給水》、《修壘》、《種柳》詩（後集卷一二）。

十五日，州民入郡城度上元，作詩三章以勸諭之（後集卷一二）。

正月，以社稷壇卑陋頽圮，買地易路，增修屋宇，不踰月告成。二月戊子，十朋率屬官親祀告成，事畢，賦詩以紀之（後集卷一二）。

十朋得男孫，名之曰夔。二月二十四日，作《聞詩得男名之曰夔》詩（後集卷一二）。

五月四日，與同僚登南樓觀競渡，成小詩四首。次日又與周行可、查元章登樓，再成小詩五首（後集卷一二）。

六月十四日，夔漕周行可生日，作《行可生日》詩爲賀（後集卷一二）。

六月，奉節縣令修唐介祠堂，十朋爲作《唐質肅公祠記》（後集卷二六）。

新修諸葛武侯祠廟，二月告成，七月二十七日作《夔州新修諸葛武侯祠堂記》文（後集卷二六）。

八月一日，巴東新修寇準祠，作《寇忠愍公巴東祠記》（後集卷二六）。

七月，天大旱，禱而得雨。八月又旱，中旬大雨，旱情解，喜作《八月十二日雨》

詩，有云「但願時暘及時雨，不獨一州天下普」（後集卷一三）。

十五日，對月有感，賦《中秋對月用昌黎贈張功曹韻呈同官》詩（後集卷一三）。

九月六日，遇雨，詠誦潘大臨「滿城風雨近重陽」詩句，招同官分韻賦詩，足之成章云：「滿城風雨近重陽，準擬登臨尚渺茫。會見明朝天氣好，不教孤負菊花黃。」（後集卷一三）

重九日登山，作《九日登卧龍山呈同官》詩（後集卷一三）。

十月，作《十月九日雪》（後集卷一三）、《十月十日買黃菊二株》（後集卷一三）等詩。

十二月，與同官會集八陣臺，作《臘日與同官小集八陣臺觀武侯新祠》詩（後集卷一四）。

十八日，參政虞允文舟過郡城，於西城竹亭迎候，賦七絕一首（後集卷一四）。

三十日，作《除日》詩，稱「蝸舍三年別，夔門兩歲除。盆雖命肴簌，儺不是鄉閭」，「何如杜陵老，守歲阿咸居」（後集卷一四）。

乾道三年，五十六歲。

元日，思懷故國，作《元日》詩：「弟兄團拜處，歸去願成行。」（後集卷一四）

七日出游江濱，作《人日游磧》詩（後集卷一四）。

二月初一日，詣州學，講堂前杏花正開，有《二月朔日詣學講堂前杏花正開呈教授》詩（後集卷一四）。

四月，遷諸葛亮祠於新址，下臨八陣圖遺迹，撰《新遷諸葛武侯祠堂記》（後集卷二六）。

州學諸生繪其像於泮宮而祠之，十朋有《呈蘇教授》詩云「從公於邁誤成頌，爾貌不揚何足祠」（後集卷一四）。

七月，徙知湖州。賦《聞得吳興》詩云：「暮年身似杜陵翁，流落烏蠻白帝中。聖主哀憐不終棄，乞祠卻得水晶宮。」（後集卷一四）

夔人爲十朋立生祠，十朋感之，作《別夔州三絕》云「才疏政拙形容陋，深愧邦人爲立祠」（後集卷一四）。是時，又有《贈別同官》詩，稱「爲郡不才眞下下，同僚多助卻優優。及瓜便合扁舟去，行李聊爲一飯留」（同上）。

十七日，離夔州，夜宿瞿唐峽，有詩紀之（後集卷一五）。

出蜀途中，歷覽三峽遺迹，有《巫峽》、《神女廟》、《昭君村》、《石門》詩紀其行次（後集卷一五）。

過洞庭，登岳陽樓，賦《岳陽樓》詩懷先賢，云：「後樂先憂記飽觀，茲樓今始得憑欄。」（後集卷一五）又有《讀岳陽樓記》詩，稱：「先憂後樂范文正，此志此言高孟軻。暇日登臨固宜樂，其如天下有憂何。」（同上）

過黃州，游王禹偁、蘇軾遺迹，賦《黃州》、《游東坡十一絕》詩，有「水隔三分國，風遺兩逐臣，雪堂更覿面，詩思更入神」句（後集卷一五）。

八月十五日，宿於黃池，與友人飲酒賞月，作《黃池對月》云「論文一尊酒，欣對舊同官」（後集卷一五）。

九月一日，至臨安。其友周德載、夏廷茂來訪，十朋有詩相贈：「二十年前舊友生，扁舟來訪見交情。相看容髮俱非昔，

記得爐亭笑語聲。」（後集卷一五）

九日，游佛閣，北望家鄉，用舊韻賦詩一首（後集卷一五）。

召對，有《除知湖州上殿劄子》三章。首言天下災患頻仍，陛下應責己以實，應天以誠，而無事乎虛文。次論蜀地大事有三：一曰監司，二曰虛額，三曰馬綱。今倚蜀爲重，當厚加存恤，以撫綏民心。三論君子、小人相爲消長。君子小人有可辨者，第觀其自何門而來，以何術而進，因可以灼知其爲人矣。宜於宰執、侍從、臺諫之臣精加識擇（奏議卷四）。

按：召對時日不見記載，考九日詩有「今日仙林獨侍班」之句，而下文有十三日離仙林之事，十朋召對當在九至十二日間。

十三日，離臨安赴任，有《離仙林》詩云：「重日修門鬢已華，君恩猶未許還家。水魚聲動摧行李，蠟炬向人空自花。」（後集卷一六）

至湖州，久雨初晴，喜而賦《郡中久雨入境而霽》詩（後集卷一六）。

撰《湖州到任謝表》（後集卷二一）。

十月初一日，與凌季文、沈德和、劉汝一會於六客堂，歌詩相唱酬。十朋有《會六客堂》、《沈書和詩再用韻》、《凌書和詩復用韻》、《劉汝一和詩復用韻》數詩（後集卷一六）。

十日，與僚友再會於六客堂，有詩文唱和（後集卷一六）。

於衙署重刊宋太祖《戒石銘》，賦《重刊戒石銘》詩二絕，云：「黃堂坐處天威近，一點欺心事莫明。」（後集卷一六）

十一月，於州學行釋奠禮。登稽古閣，觀

山川之勝，誦范仲淹「吳興先生富道德，詵詵弟子皆賢才」詩句，賦詩一首（後集卷一六）。

乾道四年，五十七歲。

二月十五日，欲往弁山勸農，遇雨，改出南門，登峴山，訪五花亭遺迹，再游何山，有《二月望日欲勞農於弁山……薄暮而還》詩二首（後集卷一六）。

乞奉祠，得旨解州符，僚佐餞別，父老相送。作《郡僚展餞席上賦詩》、《父老》詩，稱「心勞撫字政尤拙，田不荒蕪去亦宜」（後集卷一六）。

舟泊富春，得旨提舉太平興國宮，賦《宿富春舟中》詩（後集卷一六）。

八月二日得旨知泉州。有《戊子八月二日得泉州》詩云：「五年符竹換三州，乞得祠宮欲少休。名姓誤蒙君相記，泉南千里又分憂。」（後集卷一七）

九月二十九日，自城南解舟赴任，作《解舟》詩稱「屢請方得祠，暫歸又懷章。挈家入南閩，兒女不盡將」，「到官即有乞，行將返耕桑」（後集卷一七）。

撰《泉州到任謝表》（後集卷二一）。

於州城款宴屬邑縣令，贈《諷七邑宰》詩，詩言：「九重宵旰愛民深，令尹家懷撫字心。今日黃堂一杯酒，殷勤端爲庶民斟。」韋居安稱其「眞懇切，足以動人之良心」（後集卷一七、《梅磵詩話》卷中）。

十二月十日，妻賈氏卒於郡署，作《哭令人》詩：「三十年間共苦辛，忽然驚斷夢中因。鍾情正是我輩事，鼓缶忍同方外人。」（後集卷一七）

乾道五年，五十八歲。

三月，感念令人，作《悼亡》詩：「不見

音容忽三月，無從涕泗已千行。」（後集卷一七）

四月八日，泉州貢院上梁。十朋有《四月八日貢院上梁》詩紀其事（後集卷一七）。

追憶其妻逝世前有「莫言窮」之語，愧嘆不已，再賦《悼亡》詩（後集卷一七）。

四月天旱不雨，將禱於神明，雨大作。陳體仁有詩來賀，十朋次其韻三章；又次韻蔣教授《喜雨》詩（後集卷一七）。

六月，以韓琦所居忠獻堂廢圮，新葺之。題詩一絶以紀其事（後集卷一七）。

八月，於郡圃闢韓魏公祠堂，率僚佐祭祀之，有《韓魏公生於泉南……率同僚祀之》詩（後集卷一七）。

十五日，州貢院建成，親臨謁拜，賦《八月十五日貢院落成》詩以勉學子（後集卷一七）。

九月九日，登雲榭，作《九日登雲榭》詩。次日與友人游九日山延福寺，作《十日同知宗提舶游九日山延福寺》詩（後集卷一八）。

有《懷胡侍郎邦衡》詩，詩云：「今世汲長孺，廬陵胡侍郎。孤忠一封事，千載兩剛腸。」（後集卷一八）

按：據原詩卷次，此詩當作於十月前。

興化守訪得蔡襄集，鋟版於郡庠。十月，十朋爲撰《蔡端明文集序》（後集卷二七）。

十一月，以建貢院餘材興修北樓成，爲一州之壯觀，作《泉州新修北樓記》（後集卷二六）。

二十一日，除敷文閣直學士。撰《除敷文閣直學士謝表》（後集卷二一）。

乾道六年，五十九歲。

正月七日，作《人日喜晴》詩（後集卷一八）。

十五日，設宴觀燈，作《元宵貢院張燈會客知宗即席賦詩次韻》詩，酬答友人（後集卷一九）。

三月，爲蔣元蕭撰《讀禮堂記》（後集卷二六）。

閏五月二十日，解郡符。出州宅，著《罷官迷懷》、《出州宅》、《寓淸源驛》詩，詩中云「去矣淸源守，皤然雪滿顚。居官無善政，排悶有詩篇」，「泉人豈思我，我意自思泉」（後集卷二〇）。郡同官送別，席間賦《諸公餞別分韻得人字》詩相贈（同上）。

二十六日大風，有《記風》詩紀其事（後集卷二〇）。

九月，葬其妻賈氏於左原，撰《令人壙志》（後集卷二九）。

十一月二十二日，其弟生日，賦《夢齡弟生日》詩以誌慶（後集卷二〇）。

乾道七年，六十歲。

龔茂良知廣州，建南海縣學。正月，十朋爲撰《廣州重建學記》（後集卷二六）。

光宗立爲太子。梁克家請選置太子官屬，增講讀官。三月，王十朋、陳良翰幷除太子詹事。撰《除太子詹事賜衣帶謝表》（後集卷二一）。

召對上殿，進《除太子詹事上殿劄子》三章。首言爲太子遴擇僚屬，俾日與端人正士游，養成德性，相與講論古今治亂之理。他日民情吏事不患不知。次論罷去冗官監司，庶幾官不虛設，事得其當，而人各安其職。又言歸附之將，難保其無二心，不可日親近之（奏議卷四）。

是年七月，十朋卒。

李燾父子年譜

王德毅 編

據臺灣精華印書館排印本

李燾（一一一五—一一八四），字仁甫，一字子真，號巽巖，眉州丹稜（今屬四川）人。紹興八年進士，歷州縣官，除潼川府路轉運判官。乾道間召入朝，任兵部員外郎、秘書少監，累遷禮部侍郎，前後兼史職二十餘年，纂修《四朝國史》、《續資治通鑑長編》。淳熙十一年卒，年七十，謚文簡。李燾博極群書，尤以史學著名。所著《續資治通鑑長編》，被譽爲《春秋》以後纔有此書。此外尚有《易》、《春秋》及史學著作多種，其文集五十卷，已佚，《兩宋名賢小集》内存有《李文簡詩集》。燾子壁、𡌴等，皆典史事，能繼其家學。

李壁（一一五九—一二二二），字季章，號雁湖居士，又號石林。紹熙元年進士，官至參知政事，兼同知樞密院事，後累被貶斥，嘉定十五年卒，年六十四。著有《雁湖集》一百卷等，已佚。今存《中興戰功録》一卷及《王荆公詩注》五十卷。

李𡌴（一一六一—一二三八），字季允，號悦齋。從張栻學，紹熙元年進士，官至同簽書樞密院事，督視江淮京湖軍馬，嘉熙二年卒，年七十八，謚文肅。著有《李文肅集》，已佚。今存《皇宋十朝綱要》二十五卷。

此譜爲李燾父子合譜，刊入臺灣精華印書館排印本中國學術著作奬助委員會叢書。本書收録時對原稿略有改動：一、原稿於宋紀年下有公元及金、蒙古紀元，今僅存宋紀年，删去公元及金、蒙紀元；二、原稿未作書名等標引，今按新式標點加以標引；三、原稿引書卷次或標「卷三十一」，今統一標爲「卷三一」；四、對原稿版式按本書體例略作調整，個別誤字，參照原書補正。

叙例

南宋史家之巨擘，首推二李，二李者，丹稜李燾，井研李心傳也。二李學行，心慕已久，前已草成心傳（秀巖先生）年譜，年來涉覽之餘，於燾父子行事，每加留意。今乃蒐取正史、别史、雜史所書，與夫詩文集、隨筆雜記所載，次年月之先後，考諸史之異同，而成燾父子合譜，不敢謂裨益於學術，聊償仰慕往哲之心願云爾！

章實齋曰：「年譜之作，昉於宋人，考次前人撰著，因而譜其生平時事與其人之生卒進退，而知其所以爲言，是亦論事知人之學也。文集者，一人之史也，家史、國史與一代之史，亦將取以證焉，不可不致慎也。」（《韓柳二先生年譜書後》）本譜之編，發意於此。倘能供研究中國史學史者之取證，尤所幸也！

方壯猷先生撰《南宋編年史家二李年譜》，編述有緒，獨惜過於簡略，拾遺補闕，亦屬必要，况其不無紕繆者乎？今之所集，實數倍之，蓋所以師燾「寧失於繁，勿失於略」之遺意。原譜中年月繫事多誤，本譜皆已改正，並於每事之下，各繫出處，遇有需加解説者，則以案語附其後。

李燾於《續通鑑長編》用力四十年，葉適謂爲「《春秋》之後纔有此書」。又嘗參與國史之修纂，前後十易寒暑，夫以神、哲、徽、欽《四朝國史》之修纂，幾經二十八年，所歷史官凡百餘人，其間卓著績勞者，惟燾一人而已！今略考其更易之跡，以明燾在史學界所居之重要地位。至其子垕、壁、垔，皆典史事，而垔剛正有守，尤能繼承家學，所謂史學世家者，良不虚也。自政和五年（一一一五）燾之生，至嘉熙二年（一二三八）垔之卒，前後凡一百二十四年。其間名賢碩儒，不乏其人，與燾父子或神交心契，或過從密切，或同柄朝政，或并居山林，其言行退進，與燾父子無不有直接間接之關連，今酌予輯録。至若國家大政，世局變化，其影響及於譜主者，皆當條舉綱目，以明譜主之言動與當時國政士風之關係。

本譜之編述，就各史源及參考書之原文，彼此互較，而折衷之，出以己意，可免徵引文獻之重複，而省文字。其紀年也，以宋紀元爲主，下繫干支及譜主年壽。其法：紹興二十八年前繫燾壽；二十九年壁生，繫壁壽；三十一年垔生，自此至淳熙十一年分繫燾、壁、垔壽。淳熙十二年至嘉定十五年分繫壁、垔壽；嘉定十六年以後則獨繫垔壽。紀年一律頂格，年内諸事按月逐條低一格書之，遇有異聞，即加考案附於後，以明其所以然者，或能少舒一得之見也。

本譜編輯期間，屢蒙姚從吾師及楊家駱先生鼓勵，提供材料，獲益良多，衷心銘感。惟編者年輕識淺，昧於所學，當此文獻散佚之際，稽考爲難。若蒙諸師友不吝賜教，使此一編年史家之事跡，重見光輝，寧非盛事，又豈僅得遂德毅一人之所願而已哉！

民國五十二年夏，於臺北國立臺灣大學歷史系

世系表

高祖李淵—太宗世民—曹恭王明—左武衛大將軍偲—昌—訓—挺—宗—長江令瑜—昵—晟—翊—始建令遠—神睿—同—全（—某）—夔—夙（—郭氏）

夙—中（—史氏）—燾（—楊氏）—謙、垕、垩、塾、垈、壁（—張氏）、壇

壁—銓、鑄、鏻、鏐

夙—陵州府君某—熹—斐、壐

元費著《成都氏族志》曰：「李氏唐冑也，大唐（太宗）十四子，少即曹王，五子，少即武衛大將軍偲，武氏擅政，偲入蜀，來眉州丹稜伏民間，五世孫瑜，明皇西幸時，抗表言狀，得通屬籍，尋拜長江令，卒官，歸葬丹稜。瑜四世曰遠，遠二世曰同，爲始建令，葬籍縣。同生全，始居華陽。」上表參照方壯猷撰《南宋編年史家二李年譜》中所列《丹稜李氏世系表》、《巽巖先生墓刻》、《文簡公神道碑》，眞德秀撰《李參政壁神道碑》及拙撰《李悅齊先生年譜》而成。

譜前

唐則天皇后垂拱四年戊子

八月，博州刺史琅邪王沖起兵討武氏，其父豫州刺史越王貞舉兵應之。自則天稱制，貞與韓王元嘉，魯王靈夔，霍王元軌，及元嘉子黃國公譔，靈夔子范陽王藹，元軌子江都王緒，並貞長子沖，密有匡復之志。及舉義失敗，貞等或自殺，或誅放。武氏遂藉故殺戮唐宗室諸王，壯者誅死，幼皆沒爲官奴，或匿民間爲庸保。太宗第十四子曹王明已先卒，其長子南州別駕零陵王俊，次子黎國公傑，並遇害，第三子價，第四子備，第五子左武衛大將軍偲，皆棄職逃。偲入蜀，家於眉州之丹稜，子孫因定居焉，此燾之十六世祖也。

唐玄宗天寶十五載丙申

安祿山反，迫京師，明皇愴愴西幸，駐蹕巴蜀。燾之十一世祖瑜，抗表言狀，得通屬籍，遂拜長江令。

宋神宗元豐七年甲子

十一月，司馬光撰《資治通鑑》全書告成，凡二百九十四卷，又《目錄》三十卷，《考異》三十卷，總三百五十四卷。初光嘗約戰國至秦二世如左氏體爲志八卷，治平二年奏進，英宗悅之，遂命論次歷代君臣事蹟，起周威烈王，迄于五代，神宗甚重其書，曰：「……賢於荀悅《漢紀》遠矣！」《目錄》倣《史記·年表》，年經國緯，《考異》參諸家異同，正其謬誤，而歸於一（《直齋書録解題》卷四）。張芝聯曰：「……史料繁，則取捨益宜謹慎，非考異莫能存衆說，觀點

世系表

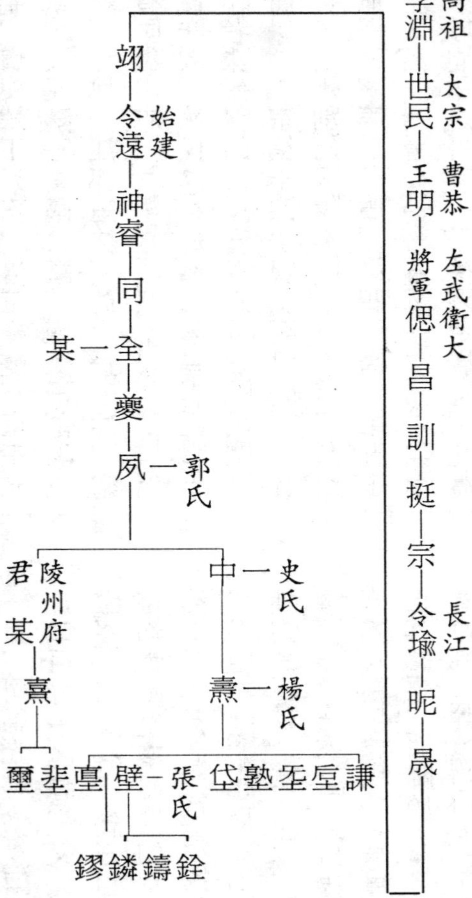

元費著《成都氏族志》曰：「李氏唐冑也，大唐（太宗）十四子，少即曹王，五子，少即武衛大將軍偲，武氏擅政，偲入蜀，來眉州丹稜伏民間，五世孫瑜，明皇西幸時，抗表言狀，得通屬籍，尋拜長江令，卒官，歸葬丹稜。瑜四世曰遠，遠二世曰同，爲始建令，葬籍縣。同生仝，始居華陽。」上表參照方壯猷撰《南宋編年史家二李年譜》中所列《丹稜李氏世系表》、《巽巖先生墓刻》、《文簡公神道碑》，眞德秀撰《李參政壁神道碑》及拙撰《李悅齊先生年譜》而成。

譜前

唐則天皇后垂拱四年戊子

八月，博州刺史琅邪王冲起兵討武氏，其父豫州刺史越王貞舉兵應之。自則天稱制，貞與韓王元嘉、魯王靈夔、霍王元軌，及元嘉子黄國公譔，靈夔子范陽王藹，元軌子江都王緒，並貞長子冲，密有匡復之志。及舉義失敗，貞等或自殺或誅放。武氏遂藉故殺戮唐宗室諸王，壯者誅死，幼皆沒爲官奴，或匿民間爲庸保。太宗第十四子曹王明已先卒，其長子南州別駕零陵王俊，次子黎國公傑，並遇害，第三子價，第四子備，第五子左武衛大將軍偲，皆棄職逃。偲入蜀，家於眉州之丹稜，子孫因定居焉，此燾之十六世祖也。

唐玄宗天寶十五載丙申

安祿山反，迫京師，明皇愴愴西幸，駐蹕巴蜀。燾之十一世祖瑜，抗表言狀，得通屬籍，遂拜長江令。

宋神宗元豐七年甲子

十一月，司馬光撰《資治通鑑》全書告成，凡二百九十四卷，又《目錄》三十卷，《考異》三十卷，總三百五十四卷。初光嘗約戰國至秦二世如左氏體爲志八卷，治平二年奏進，英宗悅之，遂命論次歷代君臣事蹟，起周威烈王，迄于五代，神宗甚重其書，曰：「……賢於荀悅《漢紀》遠矣！」《目錄》倣《史記·年表》，年經國緯，《考異》參諸家異同，正其謬誤，而歸於一（《直齋書録解題》卷四）。張芝聯曰：「……史料繁，則取捨益宜謹慎，非考異莫能存衆說，觀點雖異，然史重紀事、事實備然後可以言觀點，不然，仍難免空論。非長編無以囊括史實，明因果，定取捨。《考異》、《長編》皆溫公所手創也。昔李仁父欲修北宋一朝史，不敢私續《通鑑》，乃先修《長編》；今正史雖成，然欲考天水一祖八宗史迹，此書終不可廢。」（《漢學》第一期）燾之《長編》，蓋所以踵《通鑑》，因略著其大凡於右，藉以知燾史學之源流也。

徽宗大觀三年己丑

五月，燾之父中舉賈安宅榜進士（《丹稜縣志·選舉》）。

政和二年元年辛卯

四月，詔禁史學。自古權臣用事，必禁史學，自蔡京當國，士大夫於史遂三緘其口。明年正月追封王安石爲舒王，安石子雱爲臨川伯，並從祀孔子廟。其後燾論安石父子不當配饗，蓋以燾不悅安石之經學，而獨私淑司馬之史學也。

本譜

政和五年乙未，燾一歲。

四月十七日，燾生。燾字仁甫，亦曰仁父，一字子眞，號巽巖，學者稱巽巖先生。世居蜀之眉州丹稜縣。曾祖夔，祖夙，贈奉直大夫，祖母郭氏贈恭人，後以燾子壁拜參和政事，再贈隴西郡夫人。父中，母史氏（《永樂大典》卷一〇四二一《巽巖先生墓刻》、《李文簡神道碑》）。時司馬光卒後二十有九年，平生行事早已載諸實錄正中，著述固已傳諸當世，皆所以啓示燾者也。

是歲虞允文六歲。允文字幷甫，一字彬父，仁壽人，生於大觀四年十一月二日（王質《雪山集》卷五《樞密宣撫相公樂府序》）。王十朋四歲。十朋字龜齡，溫州人，生於政和二年（《梅溪王先生文集》附録《神道碑》）。陳俊卿三歲。俊卿字應求，興化人，生於政和三年（《朱子大全集》卷九六《陳公行狀》）。林光朝二歲。光朝字謙之，號艾軒，莆田人，生於政和四年（周必大《平園續稿》卷廿三《林公神道碑》）。

宣和五年癸卯，燾九歲。

燾九歲，弟熹生。熹字明甫，陵州府君之季子（《永樂大典》卷一〇四二一李壁撰《叔父墓銘》）。

洪邁生。邁字景盧，號容齋，鄱陽人（《洪容齋先生年譜》）。

宣和六年甲辰，十歲。

劉夙生。夙字賓之，莆田人（《水心先生文集》卷一六《著作劉公墓志銘》）。

宣和七年乙巳，十一歲。

燾天資穎異，博覽經傳，獨不樂王安石學（《神道碑》）。

欽宗靖康元年丙午，十二歲。

七月十五日周必大生。必大字子充，號平園，廬陵人（《周文忠公年譜》）。

是歲徐夢莘生。夢莘字商老，清江人（樓鑰撰《徐公墓誌銘》）。

高宗建炎元年丁未，十三歲。

劉朔生。朔字復之，夙之弟。

楊万里生。萬里字廷秀，號誠齋，吉水人。

案：周必大題《三老圖詩序》題云：「郡士劉訥以乘成兄生於乙巳，而予丙午，誠齋丁未，寫三老圖，爲題四韻。」是萬里生於建炎元年。《宋史》卷四三三本傳謂其卒於開禧二年，年八十三，誤也。

是歲五月朔，康王構即皇帝位於南京應天府治（今河南商邱縣），是爲紹開中興之主高宗，改靖康二年爲建炎元年。先是，在徽宗時，蔡京、王黼相繼用事，竊弄權柄。政、宣之世，帝耽逸樂，忽聞方臘之變起。憂懼遣師，擇帥授兵童貫，賊幸得平，而貫卻貪天之功，矯以上聞。舉朝相賀，不知國亡無日矣！夫規復燕雲，既失策於前，君臣苟安，復不謀於後，卒之金兵長驅渡河，進圍汴都，幾如入無人之境。此靖康元年十一月也。已而京師陷落，二帝北狩，京師子女玉帛爲金兵掠擄一空，靖康之難，較諸永嘉爲尤甚焉！

建炎四年庚戌，十六歲。

九月十五日，朱熹生。熹字仲晦，號晦庵，婺源人（《朱子年譜》）。

紹興元年辛亥，十七歲。

袁樞生。樞字機仲，建安人（鄭鶴聲撰《袁樞年譜》）。

紹興二年壬子，十八歲。

應鄉薦，舉眉州解魁。時第二人爲史堯弼，年方十四，人疑其文未工，赴鹿鳴宴猶著粉紅袴，太守命分韻賦詩，堯弼得「建」字，援筆立成。云：「四歲尚少房玄齡，七步未饒曹子建。」

案：堯弼字唐英，有《蓮峰集》，任清全序曰：「紹興中史唐英之名滿於搢紳間，天下知名士也。李巽巖以南北六朝策首送眉揚，蓮峰在第二，年甚少，其文尤該博，非幼學所能。」其推尊如此（《浩然齋雅談》、《蓮峰集》）。

紹興三年癸丑，十九歲。

張栻生。栻字敬夫，號南軒，廣漢人，浚之子（《朱文公集》卷八九《張公神道碑》）。

紹興四年甲寅，二十歲。

燾不樂王安石學，獨私慕司馬光、范祖禹學行，甫冠，已著《兩漢鑑》，此史學著述之始。

紹興五年乙卯，二十一歲。

追念靖康變故，憤金仇未報，著《反正論》十四篇，皆救時大務，人多奇之（《宋史》本傳、《文簡神道碑》）。

九月五日，汪應辰舉進士第一。應辰字聖錫，信州玉山人。燾家父子皆蒙其推薦。生於重和元年（一一一八），小燾三歲（《宋史》卷三八七有傳）。

紹興六年丙辰，二十二歲。

正月十五日，尚書左僕射、監修國史趙鼎上重修《神宗實錄》二百卷，史官范冲等撰，稱爲考異。考異者，備朱墨黃三書而明著其去取之意也。初蔡卞既改舊錄，每一卷成，納之禁中，蓋將盡泯其迹，而使新錄獨行，謂朱墨史者，世不可得而見也。及梁師成用事，自謂蘇氏遺體，頗招延元祐諸家子孫，若范溫、秦湛之流，師成在禁中見其書，爲諸人道之，諸人幸其書之出，因曰此不可不錄也。師成如其言，及敗，沒入，有得其書者，攜以渡江，遂傳於世。

紹興七年丁巳，二十三歲。

三月十七日呂祖謙生。祖謙字伯恭，號東萊，金華人（《呂東萊太史年譜》）。

紹興八年戊午，二十四歲。

正月，獻《反正議》十四篇於朝，乞擇宗室賢者使攝儲貳，留守形勝，或別出征伐，使民無異望（《朝野雜記》乙集卷一）。

四月二十七日，詔以翰林學士朱震知貢舉，給事中張致遠，起居舍人勾龍如淵同知貢舉（《宋會要輯稿》選舉一）。得合格奏名進士黃公度以下二百一十二人。

六月十八日，中進士。調成都華陽縣主簿，未上。讀書本縣之龍鶴山，命曰巽巖。因以爲號，士大夫用是以稱。有記曰：「子眞子三卜居乃得此山，坐東南，面西北，其位爲巽爲乾。蓋處己非乾健無以立，應物非巽順無以行。《易》六十四卦，仲尼掇其九而三陳之，起乎履止乎巽，此講學之序也。語曰：『可與共學，未可與適道；可與適道，未可與立；可與立，未可與權。』夫人各有所履，善惡分焉，惟能謙可與共學，惟能復可與適道，知所適而無以自立，則莫能久，故取諸常恆，使久於其道，或損之，或益之，至於困而不改。若井未始，隨邑而遷，則所以自立者成矣！雖然，吉凶禍福，横發逆起，有不可知，將合於道，其惟權乎！然非巽則權亦不可行，學而至於巽，乃可與權，此聖賢事業也。」年方二十四，其志趣學問已如此（《文簡神道碑》、《桯史》卷一二）。方壯猷曰：「此可見燾之志趣學問蓋深於《周易》者，曾著《易學》五卷，《周易古經》八卷。燾私淑司馬光，光亦深於《易》學者，曾著《潛虚》一卷。」（《二李年譜》）

同年中通顯著：

龔茂良，字實之，興化軍人（《宋史》卷三八五有傳）。

陳俊卿，字應求，莆田人（《宋史》卷三八三有傳）。

是歲三月初七日，秦檜爲尚書右僕射、同中書門下平章事兼樞密使（《宋史·高宗紀》六）。

六月初九日，趙鼎上《重修哲宗實錄》一百五十卷。先是，紹興四年三月，高宗謂宰臣朱勝非等曰：「神宗、哲宗兩朝史錄，事多失實，非以傳信後世，當從别修定。著《唐鑑》范祖禹有子名冲者，有召命可促來，令兼史官。」勝非奏：「神宗史緣添入王安石《日錄》，哲宗史經蔡京，蔡卞之手，議論多不公。冲至，以宗正少卿兼直史館，辭不拜。冲謂史館專修神宗、哲宗實錄，以父祖禹元祐間任諫官，後坐章疏議論，責死嶺表，而神宗實錄又經祖禹之手，今既重修，則凡出京、卞之意及其增添者，不無删改，儻使冲預其事，恐其黨未能厭服。」帝曰：「此事朕何敢私？頃歲昭慈誕辰，宫中置酒，從容語及前朝事，曰：『吾逮事宣仁，求之古今母后之賢，未見其比。姦臣私憤誣謗，雖嘗下詔辨明，而史錄未經刪改，豈足傳信後世？吾意在天之靈不無望於官家也。』朕每念此，惕然於懷。欲降一詔，具載昭慈遺旨，庶使中外知朕修史之本意。」遂命沖專修成書。王明清《揮麈錄》曰：「徐敦立云：在館中時，見重修哲宗實錄，其舊書崇寧間率多貴游子弟以預討論，於一時名臣行事，既多疏略，而新書復因之，於時急於成書，不復廣加搜討，有一傳而僅載歷官先後，且據逐人碑誌，有傳中合書名猶云公者，讀之使人不能無恨。」（《文獻通考》卷一九四）

紹興九年己未，二十五歲。

九月，張燾除寶文閣學士知成都府，兼本路安撫使（《中興館閣録》）。

紹興十年庚申，二十六歲。

三月，詔郡國各舉賢良方正直言極諫之士以聞。燾以李唐三百年間應此科之選而名實無愧者，惟劉玄華一人而已！心竊慕之，因攜所著《通論》五十篇謁蜀帥張燾，欲應詔，因故不果薦。其友晁公遡以書勉之，燾答以當修此學，不必從此舉。

案：岳珂《愧郯錄》卷一一制舉科目條載：紹興元年正月一日，四年三月十八日，七年二月九日，十年三月二十三日，十四年三月二十八日，十七年四月二日，二十年五月四日，二十三年五月一日，二十六年四月三日，二十九年三月十九日，三十二年三月二十八日，凡十二詔，迄無應者。不審何故。意者謂：當政治黑暗之際，郡國首長爲愛惜人才，深恐直言極諫之士將不免於禍，故率不肯推舉。非此時代無賢良方正直言極諫之士，燾，即其一也。

五月十一日，辛棄疾生。棄疾字幼安，號稼軒，濟南人（《辛稼軒先生年譜》）。

紹興十一年辛酉，二十七歲。

七月十一日，提舉實錄秦檜上《徽宗實錄》六十卷，自元符三年，至大觀四年。

紹興十二年壬戌，二十八歲。

秋，蒞華陽主簿任。時宰秦檜聞其名，欲招徠之，燾不與通（《神道碑》）。

是歲，始撰《續資治通鑑長編》。

案：燾淳熙九年第四次進長編表曰：「臣網羅收拾，垂四十年。」逆推之，當在是年開始。

紹興十四年甲子，三十歲。

四月，秦檜禁野史，燾以此重得罪，淹屈州郡殆二十年。李光之次子孟堅私撰國史，爲陸升之所舉發，獄成，光一家盡竄嶺南。

是歲，罷華陽主簿。將去，重修主簿廳事，自爲記，略云：「壬戌之秋，余實來主此縣簿，掃壁而讀記，洗柱而視刻（即記中前所云「會昌壁記，乾符柱刻」），念其多歷年所，慨然有感于余心，行且去矣，乃使匠氏支植傾頹，革除腐爛，槩茨丹雘，煥如作新，苟無它虞，則繼自今尚可爲數千百年計也。」（《成都文類》卷廿九）

紹興十五年乙丑，三十一歲。

燾父中知僊井監。燾亦爲隆州監稅（《永樂大典》卷一〇四二一引《元一統志》）。

紹興十六年丙寅，三十二歲。

燾弟熹年二十四，以蔭補官，監雅州廬山縣酒務（《永樂大典》卷一〇四二一引李壁撰《叔父成都府君墓誌銘》）。

紹興十七年丁卯，三十三歲。

注嘉州軍事推官，未上，丁父憂，還里守制。自是閉戶著書。父中累官至朝奉大夫，卒贈宣奉大夫（《神道碑》）。

紹興十八年戊辰，三十四歲。

是歲，塾生。塾字季修，燾第四子。

案：塾卒於淳熙七年（一一八〇），年三十三，逆推之，當生於是年。

紹興十九年己巳，三十五歲。

十月初五日，燾以太府寺丞面對，論比年州郡監司多差未出官選人押綱，以覬賞典，緣未諳世務，公然盜用，望申嚴行下。詔送戶部。其後本部言，初官亦有可以倚仗，因賞典太優，欲今後止依本等推賞。從之（《繫年要録》卷一六〇）。

案：此據《繫年要錄》。李心傳曰：「熊克《小歷》作太常寺丞眉山李燾，按燾此時方自嘉州推官丁憂家居，克蓋誤。」今無從是證，姑繫之。

六日，知新州張棣劾燾，超遷提舉荆湖北路常平茶鹽公事（同上）。

紹興二十年庚午，三十六歲。

服除，再注雅州軍事推官。作《當直司箴》，諷郡守用私情背公法者（《神道碑》）。

是歲葉適生。適字正則，號水心，永嘉人（《宋史》卷四三四）。

紹興二十一年辛未，三十七歲。

七月，集英殿修撰、知衢州曹筠爲敷文閣待制、四川安撫制置使、兼知成都府。

太府少卿、總領四川財賦軍馬錢糧汪召嗣直龍圖閣，都大主管成都等路茶馬監牧公事符行中守太府少卿、總領四川財賦軍馬錢糧。行中嘗欲增簡州鹽筴，以其事屬燾，燾移書力拒之。張浚謂爲有臺諫風（《建炎以來繫年要録》卷一六二）。

紹興二十五年乙亥，四十一歲。

在雅州推官任。燾以餘暇，博極載籍，搜羅百氏，慨然以史自任。於宋朝典故尤悉力研覈，倣司馬光《資治通鑑》義例，斷自建隆，迄於靖康，爲編年一書，名曰《長編》。浩大未能卒畢，乃謂司馬光修史，先爲《百官公卿表》十五卷，後頗散逸，乃偏求正史實録，傍采家集、野史，增廣門類，起建隆迄靖康，合新舊官制成一百四十二卷，其重編光稿者僅七之一，《長編》之書，蓋基於此（《神道碑》）。序曰：「司馬光以熙寧二年建議請撰《宋興以來百官公卿表》，元豐四年表成，凡十卷。詔送編修院，世莫知其何如也。按光集有《百官公卿表總序》，文官知雜御史以上，武官閤門使以上，内臣押班以上，其遷出咸表之。……某家藏舊書，有所謂《百官公卿表》者七卷，宰相、參知政事、樞密使副爲一卷，三師、三公、左右僕射、東宫三師三少賓客爲一卷，使相、宣徽節度留後、觀察爲一卷，尚書丞郎、給諫、常侍爲一卷，知開封府、三司使、學士、舍人、御史中丞爲一卷，觀文、資政、端明、樞密、侍講讀學士爲一卷，十二衛上將軍、六軍統軍爲一卷，他官皆止天禧，惟宰相執政盡熙寧，疑此表則光等所修也。然卷第比實錄所載尚缺其三，倫類往往顛倒紛錯，而《總序》所稱閤門使及押班以上皆絕不見，豈三卷所缺即此表者而傳寫偶失之歟！若然，則他官除拜俱當以元豐爲限矣！不應自天禧以來遽絕筆，但詳於宰相執政也。且當時修此表歷十二年乃成，其久如是，疏略顧如是，是必不然。……某能薄不堪世用，頗願盡力於史學，而本朝故事尤切欣慕，某既不自料，故追繼光作，將以昭明祖宗之盛德大業，使衆說咸會於一，不敢鑿空架虛，熒惑視聽，固當事事謹其月日，如古《春秋》，乃可傳信。彼百官沿革、公卿除拜皆事之最大者也，表又安可缺？因取舊七卷，亟整治之，續編其年，至宣和止，元符以前皆從實錄，治平而上又參諸正史，元符以後不免憑所傳聞，國書既非人間通有，辛苦求得之，脫簡誤字絕無他本可校，於先後次序，諒多牴牾，但憑所傳聞，則宣和距元符二十五年、六年，玆不詳，此皆某之罪也。改而正諸，必有所待。年表舊止七卷，卷第不均，今釐析之，與某所續編者總一百四十二卷，凡所增益倫類，具之目錄，其故事則當別見續紀，此不重列。」（《文獻通考·經籍考》二十九）

十月二十一日，秦檜死，年六十六。檜素主和議，交歡於金，一時良將賢士，誅鋤殆盡，宋卒偏安於一隅，無復恢宏氣象。朱熹曰：「紹興之初，天子痛念宗社阽危之辱，久而未報，寤寐俊傑，以圖事功，既得趙忠簡公、張忠獻公而相之，又俾兩公博求天下之英才以備官使，於是忠賢畢集，讜言日進，國以大競，仇虜讐焉。其後兩公相繼去位，秦檜遂以講和誤國，脅主擅政，一時諸賢，率以異議擯逐，二十年間，堙阨淪謝，其幸及檜死復見收用者什不二三，然亦往往遲暮奄忽，而不及究其所爲矣！嗚呼！此豈獨士之不幸也哉！」（《朱文公文集》卷八九《范如圭神道碑》）燾淹屈州郡者二十餘年以此。

紹興二十七年丁丑，四十三歲。

是歲，改宣教郎，知成都府雙流縣。日坐聽事，訟至立決。前執政李文會自瀘州徙益州，下行縣，供張加倍，燾用常儀，李取他道去。仕族張氏子競家貲，燾曰：「汝在喪，忍墜先訓，盍歸思三日復來。」果悔過自新，大姓李雩市邱成之產業，燾以成之不白所生母，追正之。雩讕辭訴府，燾乃引經義律文致雩法。於是豪右斂迹，邑庭如水（《神道碑》）。

重修城隍廟，復由邑之西南移於邑之東北。

任淵《雙流縣城隍廟記》曰：「雙流爲邑甚古，邑治東北有城隍祠。……紹興二十五年有因頹圮改築治西南者，令長亟易，邑居不寧，父老以咎儻在是。後二年，眉山李燾仁甫來令茲邑，始復其故。……仁甫去爲賓幕，予以無能猥嗣其事。……」（《成都文類》卷三三）

案：《神道碑》曰：「紹興二十四年，改宣教郎，知成都府雙流縣。」而據《成都文類》載任淵撰《雙流縣城隍廟記》，似改知在本年，今從之，並誌其異如上。

在任，又相繼成《天禧以來御史年表》、《天禧以來諫官年表》各若干卷。其諫官年表，並列古今之變爲二説，以附著之，其一曰諫官必天子自擇而宰相勿與，其二曰宰相雖不得與擇諫官，必優容之，乃克有濟。又成《歷代宰相年表》三十四卷，序略曰：「古之所謂相者一而已，初未嘗使他人參貳乎其間。堯相舜，舜相禹，禹相臯陶，臯陶既沒，乃相益，湯相伊尹，傳所謂仲虺爲湯左相者，不足信也。周家並建三公，而一公實兼家宰，故旦、奭夾輔成王，而誕保文武受命者專屬之旦，旦歸於豐，奭乃專政，蓋其名三公，其實一相耳！自秦以降，名實浸以兩失，間有瓌偉絶特負賢相之稱，功烈赫然著見於一時者，亦必得君之專，歷年之久，而莫或參貳之故也。權出於一而莫或參貳之，雖姦雄或得以肆其惡，攘壞天下，傾國敗家，不可禁遏。然而一相之任終不可分者，唐虞夏商之成法也。彼徒見趙高、王莽、曹操、司馬懿其禍如此之酷也，而不察夫帝王之所以隆盛，其爲利蓋亦博哉！不能還治其本，而返疑其末，並列兼制，使相牽引，而相遂失其職矣！夫任相不獲其利而蒙其禍，是君之不明，非相之權果不可使出於一也。既奪其職分其權，則所謂相者特一大有司耳！其何以總百官治萬事，而亮天工邪？凡相取其德耳，故曰惟尹躬暨湯咸有一德，而禹舜臯陶之胥命，必孜孜以德爲言，彼誠知所本者歟！本之不知，則其選用益雜而多端矣！選用雜而多端，故其稱號亦顚倒錯亂，無有定制。或居其位而不得聞其政，或當軸秉鈞而身仍爲他官，名實糾紛，賢不肖溷淆，其多或至十三四人，而其少猶不下四五輩，古所謂相，寧若此乎！然而治亂安危所係，今猶古也。其所以得相及所以失相者，要不可不知。其按諸舊史，惟前漢及唐頗有譜諜，其他率皆不具，脱略牴牾，迷失本眞，乃旁搜遠取，推究前後，悉用司馬遷經緯之法，追爲《年表》，起漢元訖周顯德，昔之參機務執樞要者，莫不咸在。事有本末，附見於下，否則略之，使其人與其官皆相傳而不絶，觀宰相之出處進退何如，而天下安危治亂在目中矣。其足以補前代之缺文，揭當今之遠鑑乎！」（《文獻通考·經籍考》三十）上下合一千五百三十四年。《百官公卿表》實與此相繼，觀此知燾之史學源自二司馬，其於政治史之見解，亦可稍窺其概略也。

紹興二十八年戊寅，四十四歲。

二月，實録院修撰賀允中等請重修大觀以前徽宗實録。以秦檜領史院時所修疏略故也。從之（《繫年要録》卷一七九）。

八月十一日，提舉湯思退等上《徽録》一百五十卷，自八年開院，踰二十年乃成，雖再加增潤，疏略猶多。十九日，同修國史周麟之奏副本在有司者宜謹其藏，不許關借傳寫（《玉海》卷四八）。

周麟之撰《進表》曰：「燕謀啓浚，仰萬世之閎謨，嗣徵昭先，輯一朝之鉅典。恭惟興王克紹聖統，致太史汔成全書。恭陳簡册之嚴，冒徹冕旒之邃。……聖明潤色洪業，有光謨烈之承，典籍垂法將來，式謹事辭之載。歷考繼文之代，其存傳信之書，述作相因，古今共貫。」又云：「覽奏篇之半，尙博采於三長，念偈日之多，至夐逾於七閏。臣等粗殫忠赤，甫及汗青，補藝以成一家，遮可追於往作，廣愛而形四海，端有賴於斯文。」（《海陵集》卷六）述作之意，在於此也。先是，汪藻纂輯元符庚辰以來詔旨，至宣和末，凡八百六十五卷，《徽宗實錄》所取十蓋七八，然猶多脱落。九月二十四日，中書舍人王剛中充龍圖閣待制、四川安撫制置使兼知成都府。先是禮部侍郎孫道夫言：「成都帥陛下不可不擇，宜求材可以制置四川者二三人常置之聖度。」帝曰：「當儲人以待緩急之用。」剛中亦言禦戎最今日先務，勿計敵之強弱，當先自擇將帥。帝壯其言，會西蜀謀帥，宰執謂宜得文武威風識大體者，帝曰：「無逾王剛中矣！」遂有是命（《鶴林集》卷一五引《高宗實録》）。

紹興二十九年己卯，四十五歲，壁一歲。

七月十七日，翰林學士修國史周麟之言：「左宣教郎知成都雙流縣李燾申，有《皇朝公卿百官表》一百一十二卷，內九十卷係私自編纂，乞下所屬給札雇工抄録，欲從朝廷下本路漕司借本鈔錄赴院，以備參照。」從之（《宋會要輯稿》崇儒五）。《繫年要録》（一八三）記曰：「燾博學剛正，張浚、張燾咸器重之，秦檜盛時，嘗遣人諭意，欲得燾一通問，即召用之。燾惡其誤國擅權，迄不與通，坐此偃蹇州縣垂二十年。四川安撫制置使王剛中聞其名，奏以爲幹辦公事（案：《神道碑》載，二十九年四川制置使王剛中辟公幹辦公事。即本年內事，謹附此，不另繫）。初燾父中仕至左朝奉大夫，通習本朝典故，燾以司馬光《百官表》未有繼者，乃徧求正史實録，旁採家集野史，增廣門類，起建隆迄靖康，合新舊官制，踵而成書。」是燾之史學，亦半由家傳也。

十一月二十四日，燾第六子壁生。壁字季章，號雁湖，又號石林（《真文忠公文集》卷四一《故資政殿學士李公神道碑》、《鶴山先生大全集》卷九四《賀李參政壁生日》）。

紹興三十年庚辰，四十六歲，壁二歲。

在制置司幹辦公事任。閒公事餘，記蔡京秦檜時事，成《李梲等十事》一篇，雖得諸所傳聞者，然大抵平世事，罕所佚遺。惟事在柄臣，則未有不憚史官而嫉記者，故是非毁譽，鮮不失實，率閲歲歷時而後其事浸明。自唐許、李，以至有宋王、蔡、秦、韓莫不皆然也。魏了翁跋曰：「裕陵一朝大典，既爲羣小所澒汨，雖紹興更定，差勝諸本，而其間詆嫉謾讕之詞，終有刊落未盡。其後紹述之議，雖行於紹聖，而實昉乎元祐之末，至紹興重修《泰陵實録》，獨元祐八年事皆無存者，至參取玉牒日曆諸書以足之，僅得成書。中興後事，亦是紹興八年至二十五年最爲疏略，小人終日爲不善，遑恤乎人言。惟于傳世詒後之書，則必求以遏絶而竄移之，此其良心之不可蝕者。不知聞見於時人，而筆削於家乘野録者，父兄子弟姻戚友朋間，轉相傳習，便如申伏之口，制竇之心，蓋有不與秦火俱燼者也。公平生記聞，當不止是，若更加搜攬而褎稡焉，豈特有補于史氏之闕，亦足以爲後來蔑惡怨正者之儆云。」（《鶴山先生大全集》卷六一）

案：燾手記《李棁等十事》，未詳年月，姑著于此。

紹興三十一年辛巳，四十七歲，壁三歲，垕一歲。

五月，吳璘爲四川宣撫使，仍命制置使王剛中同處置軍事。《宋史》卷三八六《剛中傳》曰：「敵騎度大散關，人情洶洶，剛中跨一馬夜馳二百里，起吳璘於帳中，責之曰：『大將與國義同休戚，臨敵安得高枕而卧！』璘大驚。又以蠟書抵張正彥濟師，西師大集，金兵敗走，方議奏捷，剛中倍道馳還，謂其屬李燾曰：『將帥之功，吾何有焉！』燾喟曰：『身督成而成不居，過人遠矣！』」剛中之操持，於兹見之。

是歲，燾第七子垕生。垕字季允，號悅齋。

案：眞德秀《跋劉靜春與南軒帖》云：「是歲淳熙戊戌，眉山參政李公年甫冠，其季今制閫侍郎十有八耳！」戊戌爲淳熙五年，逆推之，知當生於是年（《真文忠公集》卷三六）。

紹興三十二年壬午，四十八歲，壁四歲，垕二歲。

起知榮州。州因山爲城，川爲池，夏秋常患水溢，燾築防禦之（《神道碑》）。

是歲六月，高宗內禪，孝宗即位。召判建康府事張浚入相，並兼江淮宣撫使，十月張燾同知樞密院事。

案：《宋史》卷三八五《汪應辰傳》曰：議太上尊號，李燾、陳康伯密議以光堯壽聖爲稱。」時李燾官榮州，無籍籍之名，應爲張燾。張燾爲同知樞密院事，與康伯位相埒，故能密議。

《宋史》誤矣！

孝宗隆興元年癸未，四十九歲，壁五歲，垔三歲。

在榮州任。燾進自建隆迄開寶十有七年《續資治通鑑長編》一十七卷，奏狀曰：「臣嘗盡力史學，於本朝故實，尤切欣慕，每恨士大夫各省所傳，不考諸實錄正史，紛錯難信。如建隆開寶之禪授，涪陵岐魏之遷殁，景德慶曆之盟誓，曩宵諒祚之叛服，嘉祐之立子，治平之復辟，熙寧之更新，元祐之圖舊，此最大事，家自爲說，臣輒發憤討論，使衆說咸會於一。敢先具建隆迄開寶十有七年爲十有七卷上進。」（《文獻通考》卷一九三）周密《癸辛雜識》後集記李燾可之言曰：「李仁甫爲長編，作木廚十枚，每廚作抽替匣二十枚，每替以甲子誌之，凡本年之事有所聞必歸此匣，分日月先後次第之，井然有條，眞可爲法也。」

隆興二年甲申，五十歲，壁六歲，垔四歲。

除潼川府路轉運判官。入境，劾守令不職者四人。州縣多横斂，燾選官置局，括一路財賦額，列其名色，使有無相補，酌三年中數爲帳，徧示官吏，許摘不當，定爲科約，上之朝，頒之州縣。法良意美，經久不廢（《神道碑》及《宋史》本傳）。

丁母史氏夫人憂，去官。

五月一日，敷文閣待制汪應辰除敷文閣直學士、四川安撫制置使兼知成都府（《宋會要輯稿》選舉三四）。後日應辰薦《長編》，計必與燾常相過從也。

十一月六日，燾奏，乞以今任潼川府路轉運判官兩月又二十五日，補滿前任知榮州一年九月又五日，通成兩考資任外，仍別理爲任。吏部言據法有礙，詔許通理，仍別理爲任（《宋會要輯稿》職官五九之二二）。

乾道元年乙酉，五十一歲，壁七歲，𡌴五歲。

三月十一日，虞允文爲參知政事兼同知樞密院事，王剛中爲同知樞密院事。

六月六日，剛中卒，年六十三。贈資政殿大學士光祿大夫，謚恭簡（《宋史·孝宗紀》一、《宋會要輯稿》禮四一）。

是歲燾在鄉守制，肆力於《續通鑑長編》之纂述。

乾道二年丙戌，五十二歲，壁八歲，𡌴六歲。

閏九月二十九日，國史院日曆所上《神哲徽宗三朝帝紀》、《光堯壽聖太上皇帝聖政》。《進帝紀表》曰：「慨多歷於歲華，訖未施于功緒，蓋士起異同之論，而時更板蕩之餘，視熙豐符祐之成，舉是非而雜糅，考崇觀政宣之志，頗放失於舊聞。賴故家遺俗之猶存，致偉績宏休之可紀。」蓋實錄也（《南宋文範》卷廿八）。

十二月，國史院編修官胡元質言：「五朝正史，久已大成，而神宗、哲宗、徽宗三朝正史，開院纂修，累年于茲，臣竊惟靖康繼宣和之後，以功緒本末則相關，以歲月久近則相繼，伏望將今來所修《欽宗實錄》，立之課程，尅以期限，併修帝紀繳進名爲《四朝國史》。」從之（《宋會要輯稿》職官一八）。

冬，國史院編修官范成大上論三朝國史劄子。略曰：「恭惟國家五朝正史久已大成，而神宗皇帝、哲宗皇帝、徽宗皇帝三朝史書，始於紹興二十八年開院纂輯，孝清廟，羹牆祖宗之心。……伏望特賜聖裁，亟命朝廷討論史事，立之課程，尅以期限，其熙寧以來舊事，本院無書可考者，許關取秘閣四庫所藏，及搜訪士大夫家所存干照文字，網羅參訂，仍擇儒館優閑之臣數人增兼編擇，庶得併力分工，結局有期。」（《歷代名臣奏議》卷二七七）眞可謂慨乎言之也。

是歲四月，資政殿大學士張燾卒，年七十五。燾外和內剛，帥蜀有惠政，民祠之不忘。始論和議，歸之於天，士論歎然，洎繳駁施廷臣之奏，朝野復一辭歸重焉（《平園續稿》卷二一《張忠定公神道碑》）。

劉宰生。宰字平國，號漫塘，金壇人，燾子壁、㚟之同年至友也。

案：《漫塘集》卷二七《祭同年朱景

糜費帑廩，九年於此，惟帝紀略備之外，其餘邈然無涯。不惟舊聞失墜，無書可考，亦緣是非褒貶，易招悔吝，朝廷既不督課，有司幸於因循。加以席未及煖，遷徙而去，甚或提綱無官，秉筆全闕，動經旬月，無復誰何！人徒見館宇邃嚴，吏胥旁午，皆謂煌煌天朝，必備史策，而不知文具如此！臣竊檢照景德中修太祖、太宗兩史，十年而成，天聖中修眞宗史，四年而成。熙寧中修仁宗、英宗兩史，六年而成。今之三史，若只用目前規摹，更數十百年亦恐汗青無日。何則？自熙寧初年至今百年，見聞所逮，尚難追記，只更一二十年，殘編斷簡，漸就散逸，故家遺俗，無可詢究，雖悔向來之因循，欲決意成之，亦不可復得。文謨武烈，恐遂湮晦，何以仰稱陛下追

淵通判文》稱：「某與景淵舉進士爲同年，名相比爲同甲，初筮仕爲同官。……景淵長某三歲，視我如弟，某視景淵如兄。」宰撰《景淵墓誌銘》（見《漫塘集》卷二九），稱其卒於嘉定十四年，壽五十九。逆推之，知景淵生於隆興元年，宰小景淵三歲，知應生於是年。

乾道三年丁亥，五十三歲，壁九歲，亶七歲。

夏，四川制置使汪應辰薦燾於宰執。薦書曰：「應辰伏見左朝散郎兼潼川府路轉運使李燾，篤志學問，無他外慕，安貧守分，不妄取予。凡經傳歷代史書，以至本朝典故，皆究極本末，參考異同，歸于至當。隨事論著，成書不一，皆可以傳信垂後。而又通曉事務，明習法令，守郡將漕，績效顯著。前此朝廷嘗降召命，而燾偶在憂服之中，今者從吉在即，所有元降省劄，四川制置司已繳納尚書省外，應辰不敢僭易，輒爲論薦。又恐鈞慈欲知其人，謹此上稟，伏乞鈞照。」（《汪文定集》卷一三）應辰知燾之深，可以想見，其巨眼識人，亦可與《長編》共千古矣（楊家駱先生語）。應辰復上劄薦《長編》，劄子曰：「切見左朝散郎李燾所著《續資治通鑑》，自建隆迄元符悉已成書，於實錄正史之外，凡傳記小說，采摭殆盡，考其異同，定其疑謬，精密切當，皆有依據。其太祖一朝編年，已經投進，蒙付國史日曆所，所有太宗以後文字，伏乞朝廷給劄付本官抄錄，發送秘書，藏之秘閣。」（《宋會要輯稿》崇儒五）從之。

服除，召赴行在。八月十四日入對，首舉

太祖治身治家治官治吏典故，以爲恢復之法，乞增諫官，許六察言事。請練兵毋增兵，杜諸將私獻，覈軍中虚籍。又言軍興三十年，蜀賦一錢折變百之，願自此勿增取。況蜀兵已多，宜罷招刺，嚴簡汰，禁大將毋張虚籍，掊部曲。孝宗嘉納。除尚書兵部郎中，以父諱下行員外郎，兼國史院編修官，又兼禮部員外郎（《神道碑》）。

八月二十九日，秘書省狀：「勘會左朝散郎李燾所著《續資治通鑑長編》，其太祖一朝已蒙降付國史日曆所外，所有太宗以後文字，伏乞朝廷給劄付本官抄錄送本省校勘，藏之秘閣。」詔給劄鈔錄所著長編太宗已後文字（《宋會要輯稿》崇儒四）。

十月一日，占城入貢，詔學士院答敕。時洪邁景盧直學士院，爰引故事，乞用金花白藤紙寫詔，燾上言當從紹興近例，用白藤紙作敕書，景盧以爲侵官，論奏其事。孝宗曰：「禮官議禮，豈可謂之侵官，近例可憑，止從紹興可也。」燾曰：「典禮先有司，部兼掌客，豈侵官邪？」景盧深不懌。後燾掌史院，修《四朝國史》列傳，未竟而卒，孝宗自婺州召景盧還專領之，景盧筆削往史，迄無完篇，蓋素不相樂也（《洪容齋先生年譜》）。

十一月，會慶節上壽，在郊禮散齋内議權作樂，燾言漢唐祀天地，散齋四日，致齋三日，我藝祖初郊亦然。自崇寧大觀法《周禮》分祭天地，故前十日受誓戒，今既合祭，宜復漢唐及本朝舊制。庶幾兩得。詔垂拱上壽，止樂正殿，爲北使權用（《神道碑》）。
十二月，正除禮部員外郎，仍兼國史院編修官。燾言中興祭典未備，岳鎮、海瀆、先農、先蠶、風雨、雷師九祠，以酒脯代牲牢，近者雨暘失節，郡國水災，殆或以此。詔復舊。以《開寶通禮》、《嘉祐因革禮》、《政和新儀》，令太常寺參校同異，修成祭法。

是月陳俊卿拜參知政事，劉珙同知樞密院事，奏汪應辰、陳良翰、張栻學行材能皆出人上，得旨召對，應辰除吏部尚書，尋兼翰林學士並侍讀（《朱文公文集》卷九七）。

是冬，明堂大禮，推恩，燾父中贈官中奉大夫。士大夫除官，於官稱及州府曹局名犯家諱者，聽回避，此常法也。燾以所贈父官，適同父諱，乃請於朝，謂當告家廟，與自身不同。乞用元豐以前官制，贈光祿卿，丞相頗欲許之。時洪邁在西垣，聞其說，爲諸公言，今一變成式，則他日贈中大夫必爲秘書監，贈太中大夫必爲諫議矣。法不可行，遂止（《容齋三筆》卷一一）。

案：燾奏狀，俱載岳珂《愧郯錄》卷十。燾熟於掌故，援引極詳，方壯猷先生編《二李年譜》俱錄之。惟其繫於淳熙七年，則大誤。略曰：「……趙雄進神、哲、徽、欽四朝正史志一百八十卷，經修官在外者例減磨勘三年。宰執奏，正史頗採燾《長編》，而地理志又出燾手，詔減年外別轉一官。燾自奉議郎涉典籍，官朝議大夫，當遷中奉大夫，避父諱，請於朝，謂當告家廟，與自身不同，乞用元豐以前官制，贈光祿卿」云云。顯係將燾轉官與其父贈官混爲一談。奏狀中明言：「臣父某故贈左朝奉大夫，緣臣誤通朝籍，再贈官至左朝議大夫，今次大禮，又贈中奉大夫。」而燾於淳熙七年因前此避父諱遇遷秩寄理者三，於是轉通議大夫。與此奏狀實不相涉。據拙編《洪容齋先生年譜》，邁官西垣，僅在乾道三、四年間與燾同朝，而淳熙七年邁正罷建寧家居，此與《容齋三筆》所云「予在西垣聞其說」者不合，且是年亦無明堂大禮也。予詳考之，惟有乾道三年燾登朝，十一月二日郊祀大禮，推恩，時邁直學士院，故得聞其說，爲諸公言之，今繫於此，想與事實不遠矣！余又考邁之所以持異議，蓋與爭詔紙有關，或素不相樂所使然也。

是歲，虞允文爲四川宣撫使，舉燾次子垕（字仲信）應賢良方正能直言極諫科於朝，不報。先是燾慕賢良方正制科，曾撰《通論》五十篇，謁蜀帥張燾，欲應詔，因故不果薦，遂命其次子垕，四子塾同修此學。至是允文首薦垕於朝，可見燾與允文之關係亦不薄也（《二李年譜》）。

李心傳生。心傳字微之，號秀巖，井研人，宗正寺簿舜臣之長子（《李秀巖先生年譜》於其生年有考證）。

乾道四年戊子，五十四歲，壁十歲，直八歲。

三月二十三日，詔自漢以來，衆建科目，網羅天下之士，而賢良方正實爲首選，其令尙書兩省諫議大夫、御史中丞、學士待制各舉賢良方正能直言極諫一人，仍許監司守臣解送，具詞業繳進以聞（《宋會要輯稿》選舉一一）。

二十四日，詔合修神、哲、徽、欽四朝正史，從胡元質、洪邁之請也。

四月二十五日，進國初至治平《續通鑑長編》一百八卷。進表曰：「臣先于去年八月准尚書省劄子，三省同奉聖旨，依敷文閣直學士汪應辰奏，取臣所著《續資治通鑑》，自建隆迄元符，令有司繕寫校勘，藏之秘閣。臣尋於十四日蒙恩賜對，面奉聖旨，令臣早投進。遂除官郎省，兼職史局。續又准尚書省劄子，奉聖旨，令臨安府給劄。臣今先次寫到建隆元年至治平四年閏三月五朝事跡，共一百八年，計一百八卷。內建隆元年至太平興國元年太祖一朝事跡，雖曾于隆興元年臣知榮州日具表投進，已蒙降付史館，後來稍有增益，謹重別鈔錄投進外，餘治平以後，文字增多，兼監修四朝正史未畢，欲望聖慈，特賜寬假，臣更加整齊，節次修寫投進。疏遠微賤，僭爲此書，罪當誅絕，聖主不即麾斥，乃過聽而兼收之，臣死且不朽矣！……臣竊聞司馬光之作《資治通鑑》也，先使僚屬採摭異聞，以年月日爲叢目，叢目既成，乃修《長編》。唐三百年，范祖禹實掌之，光謂祖禹：『《長編》寧失于繁，無失于略。』當時祖禹所修《長編》蓋六百餘卷，光細刪之，止八十卷。今《資治通鑑·唐紀》自一百八十五卷至二百六十五卷是也。故神宗皇帝序其書，以爲『博而得其要，簡而周於事』。臣誠不知揆度，妄意纂集，雖義例悉用光所創立，錯綜銓次，皆有依憑。其間牴牾，要亦不敢自保。……仰惟祖宗之豐功盛德，當與唐虞三代比隆，乾坤之容，日月之光，繪畫臻極，訖弗能近，矧令拙工強施丹堊，臣誠愚闇，豈不知罪？然而統會衆說，掊擊僞辨，使奸欺訛訕，不能乘隙亂眞，祖宗之豐功盛德，益以昭明。……顧臣此書，詎可便謂《續資治通鑑》，姑謂《續資治通鑑長編》庶幾可也。其篇帙或相倍蓰，則長編之體當然。寧失於繁，猶光志云爾！伏惟皇帝陛下，煥乎文章，固已經緯兩儀，黼黻萬化，如臣薄技，又安居陳。陛下徒以祖宗之孫謀彝憲往往在是，遂委曲加惠，導之使前，承命距躍，干冒來獻。僉緣幸會，得御燕閑，千百有一。儻符神指，更擇耆儒正直若光者，屬以刪削之任，遂勒成我宋大典。垂億萬年，如神宗皇帝所謂博而得其要，簡而周于事者，則將與六經俱傳，是固非臣所能，而臣之區區小忠，因是亦獲自盡，誠死且不朽矣！所有《續資治通鑑長編》一百八卷，今寫成一百七十五冊，並目錄一冊，謹隨表上進。」（浙刻《續資治通鑑長編》卷首）書上，孝宗謂輔臣曰：「自建隆至治平百餘歲事跡備于此矣！」

案：此次所進《長編》，自建隆元年至英宗治平四年閏三月，凡一百八年，年爲一卷，其一年中事跡較多者，則分子卷。太祖朝一年一卷，計十七卷。然太宗朝始自十七卷後半，終於第三十八卷之二，其中淳化五年（九九四）爲第三十五卷之一、二，至道元年爲第三十六卷之一、二，同二年爲第三十七卷之一、二，同三年爲第三十八卷之一、二，名曰二十二卷，實則爲二十六卷。眞宗朝自第三十九卷至第六十三卷之二，卷數爲二十五，其中有二十卷分子卷爲二，故實際卷數爲四十五。仁宗朝自第六十四卷至一百四卷之二，卷數爲四十一，卷又分子卷一至五不等，如寶元二年（一〇三九）爲第八十卷之一、二、三，慶曆元年（一〇四一）爲第八十二卷之一、二、三、四，同二年爲第八十三卷之一、二、三、四，同三年爲第八十四卷之一、二、三、四，同四年爲第八十五卷之一、二、三、四、五，至和二年（一〇五五）爲第九十六卷之一、二、三，此外分子卷爲二者甚多，故實際爲七十八卷。英宗朝自第一百五卷之一至第一百八卷之一，卷數爲四，各卷又分子卷一至四不等，故實際爲十卷。茲與現行本卷第比較，列表如下：

	卷數	實際卷數	現行本卷數
太祖	一七（一—一七）	一七（一—一七）	一七（一—一七）
太宗	二二（一七—三八）	二六（一七—三八之二）	二六（一七—四二）
真宗	二五（三九—六三）	四五（三九—六三之二）	五七（四三—九九）
仁宗	四一（六四—一〇四）	七八（六四—一〇四之二）	一〇〇（一〇〇—一九八）
英宗	四（一〇五—一〇八）	一〇（一〇五之一—一〇八之一）	一〇（二〇〇—二〇九）
計	一〇九（一〇八）	一七六（一七五）	二一〇（二〇九）

以上總一百七十五卷，目錄一卷，卷

各一冊，凡一百七十六冊。此即有清諸家所藏一百八卷殘本。朱彝尊跋曰：「眉州李文簡公《續資治通鑑長編》共九百八十卷，《舉要》六十八卷。隆興元年知榮州，先以建隆迄開寶年事一十七卷上進，乾道四年官禮部郎，乃以整齊建隆元年至治平四年閏三月五朝事蹟共一百八卷進。淳熙元年知瀘州，又以治平後至靖康凡二百八十卷進，淳熙九年知遂寧府，重別寫呈，并《舉要》、目錄計一千六十三卷進。今僅存者太祖至英宗朝一百七十五卷而已！若神宗朝二百二十八卷，哲宗朝二百二十卷，徽宗、欽宗朝三百二十三卷，乾道中祗降秘書省依《通鑑》紙樣繕寫一部，未經鏤板，遂失傳。宋儒史學，以文簡爲第一。蓋司馬君實，歐陽永叔書成，猶有非之者，獨文簡免於譏駁。張敬夫比之『霜松雪柏，生死文字間』。葉正則謂『《春秋》之後，纔有此書』，要非過論也。治平以後，藉有《長編紀事本末》存，略見大旨，然見之者罕矣。陳氏桱、王氏沐、薛氏應旂，目不覩是書，輒《續通鑑》行世。柯氏維騏，王氏惟儉之改修《宋史》亦然，此猶夏蟲不可語以冰，松柏之鼠不可語以堂密之有美樅者也。」（《曝書亭集》卷四五）又葉德輝跋曰：「《續資治通鑑長編》一百八卷，起太祖建隆元年正月，至英宗治平四年閏三月，每半葉十三行，行二十三字，此李燾乾道四年二次奏進本。……案《天祿琳琅書目續編》宋版史部，《續資治通鑑長編》六函五十册，云宋李燾撰，書凡一百八卷，前有乾道四年燾進表，揭銜朝散郎、尙書禮部員外郎、兼國史院編修官。表内略云：五朝事蹟共一百八年，計一百八卷。謹案欽定《四庫全書總目》，云：《續通鑑長編》，自元以來世鮮傳本，康熙初徐乾學始獲其本於泰興季氏，嘗具疏進。據此，則一百八卷之本，實從宋本傳出，後雖從《永樂大典》輯得全書五百二十卷，而此自宋以來單行已久，且係宋刻原書，今兩存之，亦足爲互相參證之用矣！」（《郘園讀書記》卷三）《皕宋樓藏書志》，載有影鈔宋刊本《續通鑑長編》一百八卷，今尙能幸存，亦殊可喜。觀此，足可考見燾第二次所進《長編》之概要矣！

是月二十四日，蔣芾等奏進《欽宗實錄》四十卷並帝紀若干卷。欽錄因龔實之所補日曆而修，文直而事該。帝紀乃燾所修也（《洪容齋先生年譜》）。

五月一日，詔：「尙書禮部員外郎李燾進《資治通鑑長編》一百八卷，纂述有勞，特轉兩官。」先是，燾奏：「得旨依敷文閣直學士汪應辰奏，取所著《續通鑑長編》，自建隆迄元符，令有司繕寫校勘，藏於秘閣。燾面奉聖旨令投進，今先寫成五朝事跡，起建隆元年至治平四年閏三月，計一百八年，共一百八卷。」宰執進呈，故有是命（《宋會要輯稿》崇儒五）。

十三日，以與修《欽宗實錄》並帝紀，推恩轉官，並減一年磨勘。上劄辭謝。劄子曰：「伏覩降旨進呈《欽宗實錄》並帝紀畢，一行官吏並推恩，燾亦該特轉一官仍減一年磨勘者。竊惟實錄成書推恩，自有故事，固不當辭，而燾元不與修實錄，但與修本紀，則轉一官減一年磨勘，誠非所當得。蓋修史先進呈帝紀，自淳化始。凡所以先進呈者，羣臣筆削、或有失當，因取決於聖裁。故號爲進呈紀草，其推恩則必待志傳俱成。雖徽宗醲於用賞，亦未遽改此故事。神宗正史及哲宗正史成書在崇寧三年及宣和四年，凡修史官姓名及推恩等第可考而知。政和以後，或異前聞，然文字散逸，所載官職，往往差誤，以難準憑，要當以熙寧爲正。謹案熙寧十年七月進呈仁宗、英宗兩朝紀草，其進讀顧問賜坐賜茶並如儀，獨無推恩指揮，其推恩乃至元豐五年六月。參照首尾，證驗明白，則燾於今日不當冒受此賞，咨諸儀禮，豈不曉然。燾亦非敢終辭此賞，姑待成書，乃可議也。謹案：太祖、太宗、眞宗三朝史，天聖五年二月修，至八年六月成，凡歷四年；仁宗、英宗兩朝史，熙寧十年五月修，至元豐四年六月成，凡歷五年。今修神宗、哲宗、徽宗及欽宗四朝正史，已踰十年，則其書自當趨成。苟燾向得被數牛馬走，姑待成書，徐竊恩賞，既有故事可遵，又安敢飾説固辭。若於今日便與修實錄官同轉一官，減一年磨勘，則誠爲不可。伏乞敷奏，追還新命。」宰執將燾劄轉奏上，孝宗曰：「説得極有道理。」蔣芾奏曰：「陛下若從其請，亦可以激勉貪鄙之士。」孝宗曰：「極是，宜從之。」（《宋會要輯稿》職官一八）

是歲六月十五日，提舉修《四朝國史》蔣芾言：「《四朝國史》自紹興二十八年開院，至今十有一年，僅成帝紀，所有諸志並傳，文字卷帙最繁，並未曾措辭。案本朝修太祖、太宗、眞宗三朝正史，不過四年，修仁宗、英宗兩朝正史，不過五年，今四朝史即踰十年，而志傳茫然，未有次序。臣已將諸志分委所屬修纂，惟是編修官舊係四員，後來裁減其半，臣欲量事添置一員。」詔員興宗以秘書省正字兼編修官（《宋會要輯稿》職官一八），劉季裴以秘書丞兼編修官。

八月，行《乾道曆》。初將《統元》、《紀元曆》與劉孝榮所獻新曆，委官測驗，互有疏密，遂令太史局參照新舊行用。尋禮部侍郎程大昌言：「新舊曆官互有異同，難以參照，而新曆比舊曆則爲稍密。」遂詔令太史局施行新曆，以乾道曆爲名。燾上言：「曆久必差，自當改法。恭維列聖臨御，未有不更曆者，獨靖康偶不及此。今《統元曆》行之既久，其與天文不合固宜。況曆家皆以爲雖名統元，其實紀元，若紀元又多歷年所矣。曆術精微，莫如大衍，大衍用於世，亦不過三十四年，後學膚淺，其能行遠乎？隨時改曆，此道誠不可廢。抑嘗聞曆不差不改，不驗不用，未差無以知其失，未驗無以知其是。失然後改之，是然後用之，此劉洪要言至論也。舊曆差失甚多，不容不改，而新曆亦未有明效大驗，但比舊曆稍密爾！厥初最密，後猶漸差，初已小差，後將若何？故改曆不可不重也。」謹案：仁宗用《崇天曆》，自天聖至皇祐，其四年十一月月食，曆家言曆不效，詔以唐八曆及本朝四曆參定，曆家皆以景福爲密，遂欲改曆。而劉羲叟獨謂《崇天曆》頒行逾三十年，方將施之無窮，兼所差無幾，不可偶緣天變，輕議改移。又謂：『古聖人曆象之意，止於敬授人時，雖則預考交會，不必脗合辰刻，辰刻或有遲速，未必獨是曆差。』仁宗從羲叟言，詔復用《崇天曆》。羲叟曆學爲本朝第一，歐陽修、司馬光輩皆遵承之。《崇天曆》既復用，又十三年，至治平三年，始改用《明天曆》。曆官周琮等皆遷官。後三年，《明天曆》課熙寧三年七月月食，又不效，乃詔復用《崇天曆》。琮等皆奪所遷官，《崇天曆》復用。至熙寧八年始改用《奉元曆》。《奉元曆》議，沈括實主之，明年正月月食，《奉元曆》遽不效，詔問修曆推恩人姓名，括具奏辨，故曆得不廢。然先儒蓋謂括強解，不深許其知曆也。然後知羲叟所稱止於敬授人時，不必輕議改移者，不亦至言要論乎？欲乞朝廷察二劉所陳，及崇天、明天之興廢，申飭曆官，加意精思，勿執今是，益募能者，熟復討論，更造密度，使與天合，庶幾善後之策也。」疏上，詔送太史局，仍令諸路求訪精通曆書之人，從別修定（《皇宋中興兩朝聖政》卷四七）。

九月十九日，燾奏：「祠祀舊典，在紹興間悉已復行，所未復者，惟嶽鎮、海瀆、先農、先蠶、風雨、雷師等八九所，今但告以酒脯，恐於交神之道有所未備。訪諸有司，歲用羊豕共不過六十餘，乞令有司，並復舊典。」從之（《宋會要輯稿》禮一四之九四）。

十月十一日，乞舉行嶽鎮、海瀆、先農、先蠶、風師、雨師、雷神，並復舊典樂章，報秘書省修撰。從之（《宋會要輯稿》職官一八）。

十一月三日，秘書少監汪大猷等言：「契勘近得旨：令秘書省根究來年己丑歲太陰九道宿度箋注，御覽詣實。本省累集太史局官，赴省參考，各執己見，互有不同。伏見朝廷考定新舊曆法，曾差單時，禮部程大昌、李燾、同往太史局測驗，備知疎密詳悉。今欲兼差單時等三員，就御史臺或本省，同共監集局官參筭，早見詣實。」詔「單時、程大昌、李燾就御史臺同共集局官參筭。」（《宋會要輯稿》第七十册太史局）

乾道五年己丑，五十五歲，壁十一歲，埴九歲。

正月九日，以逢大比，詔命「吏部尙書兼侍讀兼權翰林學士汪應辰知貢舉，給事中兼直學士院梁克家、右諫議大夫兼侍講陳良祐同知貢舉，秘書少監汪大猷、司農少卿胡襄、禮部員外郎李燾、兵部員外郎晁公遡、都官郎中陶去泰，……參詳。」（《宋會要輯稿》選舉二〇）

正月十七日，燾奏：「比年科場所取試文，遽不及前，論卑而氣弱，浮虛稍稍復出，甚者強掇禪語，充入經義，又非止脫形器之累，極淵妙之際，如晉人之談老莊也。相習相同，泛濫莫之所屆，此豈爲士人罪哉！薦紳先生則使然。伏願深詔輔弼，明勑有司，自今試士必取實學切於世用者，苟涉浮虛及妄作禪語，雖其華靡，並行黜落，庶幾學者洗滌其心，盡力斯文，以稱陛下總核之政。」從之

（《宋會要輯稿》選舉四）。

案：此奏前繫「臣僚言」，予檢對燾《神道碑》，稱「公患時文卑弱，乞命考官取學術醇正切於世用之文，苟涉虛浮，必行黜落。明春省試，敕榜戒諭。」大致相合，知爲燾所奏。

二月，汪應辰薦燾次子垕堪應賢良方正能直言極諫科。

三月六日，詔應賢良方正能直言極諫科眉州布衣李垕詞業令繳進。用翰林學士汪應辰之薦也（《宋會要輯稿》選舉一一）。

春，燾輪對，時孝宗方勵精爲治，事或中出。燾奏：「唐虞三代專倚輔弼，漢唐或謀卿士，今捨二途，近習必進。此治亂之機，惟聖明深慮過防。」蓋有所指也。又奏：「省闈取士，本不立額，乞參皇祐四百之限，稍加裁定。舊時奏名雖賜出身，罕授職任，近兩榜至八百五十餘人考選注官，而賢良一科則寂無應詔舉者。」又言：「天下有變，當經營北方，未見可付之人。」帝曰：「當自將。」燾言：「聖諭及此，與眞宗濟澶淵合矣！」帝曰：「此朕家法，太祖平澤潞取維揚，太宗平太原皆是也。」燾謂先自治以待時，帝聳聽不見倦，近侍皆跛倚。明日，諭三省議省額及特恩二事，有沮之者，乃已（《神道碑》）。

四月，汪應辰以吏部尚書兼國史院修國史（《館閣録》卷八）。

五月，遷秘書少監，仍兼國史院編修官。太史言八月日當食，燾上疏言：「災異所以儆戒人主，今經筵不訪問，言路罕論奏，大臣無趙普補綴奏目，杜衍封還內降之風，臣恐憂不在疆埸，惟陛下進衆正，消羣陰，以應天變。」語甚懇切（《神道碑》）。

是月，范成大以禮部員外郎兼國史院編修官，（《館閣録》卷八）

八月六日，以陳俊卿爲尚書左僕射，虞允文爲右僕射，並平章事，兼樞密使，兼制國用使。俊卿以用人爲己任，獎廉退，抑奔競。允文亦以人才爲急，嘗籍爲三等，號《材養錄》，故所用多得人（《皇宋中興兩朝聖政》卷四七）。虞懷忠《虞允文神道碑》曰：「乾道五年大拜，公輸忠輔導，允加意士彙，置《材館錄》，一時名士，如胡銓、王十朋、趙汝愚、汪應辰、周必大、李燾，皆推誠薦引。」（《四川通志》卷四四）楊萬里《虞公神道碑》亦曰：「公感上不世之遇，深思所報，每曰宰相無職事，旁招俊乂，列于庶位而已。懷袖有一小方策，自曰《材館錄》，聞人一善必書。一再論蜀，首薦汪應辰、趙雄、黄鈞、梁介、范仲芑、章森，前後居中及爲相，首用胡銓、張震、洪适、梁克家、留正、鄭聞、周執羔、王希吕、韓元吉、林光朝、丘崇、晁公武、吕祖謙、張珖、楊甲、王質、辛棄疾、湯邦彦、王之奇、尤袤、王佐、王公衮，又用吕原明、司馬康故事，薦張栻入經筵，又薦布衣李垕制科。一時得人之盛，廩廩有慶曆元祐之風。」（《誠齋集》卷一二〇）

是月，胡元質以中書舍人兼同修國史兼實録院同修撰。

九月，陳良翰以權兵部侍郎兼同修國史，兼實録院同修撰。林光朝以秘書省正字兼編修官及實録院檢討官（《館閣録》卷八）。

十二月二十三日，燾奏《徽宗實錄》之舛誤，請專力重修。奏曰：「伏見四朝正史，開院已踰十年，臣備員編修亦二年有餘，除去年進呈欽宗紀草，繼與本院官分定志傳名件，每月不闕課程。然臣竊謂，若只如見今次第，即正史之成殆未可期。緣正史當據實錄，又緣實錄往往差誤，史官自合旁采異聞，考驗增損。謹案《神宗實錄》三次重修，朱墨相攻，是非易見。雖事跡尚多脫遺，比後來實錄已是不同。《哲宗實錄》亦兩次重修，兼臣先因〔纂輯〕《續資治通鑑長編》，頗嘗收集參究，實錄外略得一二。惟是《徽宗實錄》疎舛特甚，難遂準憑下筆，若務速成，不計臧否，只須取四朝實錄分散事跡，添未立諸傳，並綴緝諸志，數月間亦粗可了。但恐因循滅裂，終致人言。況史院官遷改去住不常，所見人人殊異，又未嘗對面商榷，互相點檢，文字浩瀚，何由速成？臣頃因轉對，嘗具奏章，乞依祖宗典故，就委史院官重修《徽宗實錄》。蓋欲反今文字，未至十分淪落，更着意收拾，同力整齊，庶幾正史他日傳信不疑。未蒙施行。重念臣去年進呈欽宗紀草，乞免推賞，幸蒙特賜矜允，猥因進《續資治通鑑長編》，自建隆迄治平凡一百八卷，乃蒙誤恩，特與增秩，每懼不稱陛下獎擢之意，其治平以來，自合依詔旨接續修進。祈特許臣專意討論徽宗一朝事跡，纂述《長編》，《長編》既具，即可助成正史。」從之（《宋會要輯稿》職官一八）。

是日，燾又奏歷朝實錄之得失。曰：「竊

見太平興國三年，初修《太祖實錄》，命李昉、扈蒙、李穆、郭贄、宋白、董淳、趙鄰幾同修，而沈倫監修，五年成書。及咸平元年，眞宗謂倫所修，事多漏略，乃詔錢若水、王禹偁、李宗諤、梁顥、趙安仁重加刊修，呂端及李沆監修，二年書成，前錄文武臣止九十一傳，沆整其闕繆，合成一百四傳。凡得姓受禪，平僭僞，更法制，皆創行紀述，視前錄稍詳，而眞宗猶謂未備。大中祥符九年，復詔趙安仁、晁迥、陳彭年、夏原空一字崔遵度同修，王旦監修，明年書成。蓋自興國至祥符前後凡三修。《太宗實錄》初修於至道二年，再修於大中祥符九年。祖宗實錄皆不但一修，此故事也。《神宗實錄》修於元祐，再修於紹聖，又修於元符，至紹興初凡四修。《哲宗實錄》初修於元祐，再修於紹聖（案：《哲宗實錄》，元符三年詔修，大觀四年成書，重修於紹興四年，八年成書。上所云年號實誤）。惟神宗、哲宗兩朝所以四修再修，則與太祖、太宗異，蓋不獨於事實有所漏略而已，又輒以私意變亂是非，紹興初不得不爲辯白也。誣謗雖則辯白，而漏略固在，然猶愈乎近所修《徽宗實錄》，蓋《徽宗實錄》疏舛特甚，非前二錄比，凡臣僚除罷年月最易知者，其顚倒錯亂，往往志不可曉。況其難知者乎？史院前已得旨修四朝正史，竊緣修正史當據實錄，實錄儻差誤不可據，則史官自合旁采博取，考驗增損，今實錄既疏舛若此，最難以準憑下筆，苟謂開院今已十年有餘，當亟奏篇，則因仍綴緝，亦可粗成卷帙，然臣終不敢也。況徽宗一朝大典，治忽所關最大，若不就今文字未盡淪落，尚可着意收拾，同力整頓，日復一日，必至是非混亂，忠義枉遭埋沒，姦諛反得恣睢。史官之罪大矣！臣竊願陛下特降指揮，用太祖、太宗故事，將《徽宗實錄》重加刊修，更不別置司局，只委史院官取前所修實錄仔細看詳，是則存之，非則去之，缺則補之，誤則改之。宜從元符三年正月至十二月，每事開具何者爲是，何者爲非，何者爲誤，今合如何删修，仍進呈取旨。若一年義例既定，則餘年自可倣此編集，此一無甚難者。但須檢勘全備，辨證精審耳！實錄先具，正史便當趣成，今不治其本源，而導其末流，臣決知其不可也。」從之（《宋會要輯稿》職官一八）。

二十四日，燾除兼權起居舍人。

二十五日，禮部言：「李垕詞業，乞送兩省侍從參考訖，依紹興元年九月指揮施行。」三省勘會李垕詞業已經御覽，有旨特令來年三月依格召試中書。命下，左正言施元之德初方候對，因爲起居郎兼權中書舍人林機景度言，「故事：無獨試者，當繳之。」景度即奏：「制舉所以待非常之才，渡江以來，從臣亦嘗論薦其人，若劉度、祝諡是也，然皆請而不報，蓋事體至重，不可輕也（案：胡銓邦衡亦以吕頤浩舉賢良詞業，上即日除樞密院編修官，景度蓋未知此也）。今復此舉，必依祖宗典故，勿使論者可得而議其失，則國家可以示公，而垕得此名亦無忝矣！謹考舊制，具本人詞業繳進，送兩省侍從參考，分爲三等，次優以上召赴閣試，糊名考校，無一人獨試者，今垕詞業未經參考，而又獨試一名，恐非典故。今所有錄黃，未敢書行。」德初亦奏：「祖宗制科之說，自有典故，今李垕詞業，雖降付後省，未有許令參考繳奏指揮，遽有召試中書之命，即是未應前後典故。兼國子監看詳，明言合送兩省侍從參考，況將來閤試六論，本朝典故，亦須三四人以上糊名考校，無一名獨試者。乞重此非常之科，且以垕詞業令有司共公參考來上，俟相繼有一二人，然後俾之就試，庶幾有得賢之實，無倖進之譏。」詔：「除汪應辰、李燾有妨嫌外，令兩省侍從官參考聞奏。」既而孝宗聞林機、施元之二人握手私語，乃大怒之。左相陳俊卿奏，元祐中有獨試故事，機爲所使，因極論二人之奸。後二日，詔：「林機、施元之身居出納言責之地，朋比相通，可並放罷。」此十二月廿九日也（《朝野雜記》甲集卷一三）。

是月，林光朝上劄子論《四朝國史》，有曰：「竊惟《四朝國史》，業鉅事隆，自二章創議，欲以神宗皇帝、哲宗皇帝兩朝正史，候將來徽宗皇帝實錄已定，卻別行撰述，即置國史院續次。臣僚又以靖康繼宣和之後，首尾相關，當作一書。通前書爲《四朝國史》，此實當代甚盛之典也。然筆削之重，逡巡十年，欲問成編，未見涯際。昨來得旨，又令重修徽宗皇帝實錄，以前者訛舛，無所取信。耳目所接，尚可更定。今延閣所藏，有太祖、太宗、眞宗三朝國史，實爲一書，往年修太祖、太宗兩朝正史，起景德四年，迄於大中祥符九年，是遠至十年而後成書也。其後修眞宗正史，自天聖五年至八年，是又歷四年而後成書。是書相望，何止二十年而後合爲一書也。今神宗、哲宗兩朝，纖悉具備，而紀志列傳尙或斷缺，崇寧大觀百度更張，獨有汪藻所錄元符以來詔旨，而造膝之論，不在此書。……他書又多疏略，自非徽宗實錄裒綴已定之後，即紛然載筆者，何從措一辭也。以臣之愚見，四朝大典，簡編浩汗，欲乞聖慈，許先次修神宗、哲宗兩朝正史，及徽宗實錄，令同日進呈，徽宗實錄已定之後，即通欽宗實錄，續次修纂爲《四朝國史》，正如景德、天聖作兩項撰述，而後合爲一書，則雖以日月計之可也。如臣之言髣髴爲可采，即乞付國史院共同參酌。」（《歷代名臣奏議》卷二七七）

乾道六年庚寅，五十六歲，壁十二歲，㙒十歲。

正月，雷震上元後一日，燾錄仁宗景祐三年正月甲辰求言寬賦斂二詔以進。直前乞刊定徽宗實錄之疏舛者，因言「臣方進修治平後《長編》，若就加討論，可助正史。」詔復開實錄院，首以燾爲檢討官（《神道碑》）。

陳良翰爲左諫議，時東宮久未建儲，以雷震，首疏言之，孝宗嘉納。左相陳俊卿之未去也，有議皇孫出外者，俊卿爲燾言之，燾出梁昭明事示俊卿，俊卿愕然而止（《兩朝綱目備要》卷一）。

二月二十四日，奏言：「昨具奏乞重修徽宗實錄，已得旨依，今略具元祐三年正月乙卯至三月合增損事跡凡二十一條，謹繕寫呈進。仍乞下史官參詳筆削。」從之（《宋會要輯稿》職官一八）。

三月三日，詔「降下《續資治通鑑長編》一百七十六冊，並《資治通鑑》一冊付秘書省，令依《通鑑》紙樣及字樣大小，繕寫《續通鑑長編》一部，仍將李燾銜位於卷首依司馬光銜位書寫，限日進納。」（《宋會要輯稿》崇儒五）

四月七日，國史院奏：「重修徽宗實錄申請事項：一、檢會國朝典故，遇修實錄則置實錄院，今乞依修哲宗、欽宗實錄體例，止就國史院修。一、行移取會文字，以實錄院爲名，就用國史院印記。一、更不添置官，提舉實錄院官依典故差見今提舉四朝國史官充。修撰、同修撰差現今修國史同修撰。檢討官差見今編修官。提舉諸司、承受主管諸司官，亦就差國史院提舉諸司、承受主管諸司。一、所有官屬更不添支食錢。一、合有修書人吏，並諸色等人及提舉諸司承受諸司下人吏等，止就差國史院逐色相兼，更不添支食錢。一、公使錢就於國史院錢內支破，其合用紙札，照例據實數關取。一、今來重修徽宗實錄，依倣昨來重修神宗、哲宗實錄體例，限以二年成書。一、搜訪取索文字之類，並乞依昨修徽宗實錄前後已得指揮施行。」並從之（《宋會要輯稿》職官一八）。

十八日，汪應辰罷吏部尚書、翰林學士，出知平江府。應辰正直多言。立朝務革弊政，多有不喜之者，內侍尤側目。先是應辰舉燾次子垕應制科，有旨詔試，權中書舍人林機言垕詞業未經後省評奏，且獨試非故事。陳俊卿言，元祐中嘗有獨試，機蓋爲人所使耳！詔俊卿詰之，乃機與諫官施元之密議，以是沮應辰者。

於是機、元之並罷（《續資治通鑑》卷一四一）。

是月，省侍從參考垕詞業至，戶部尚書曾懷等奏，謂其援證既詳，遣詞亦贍，欲爲次優。有旨八月下旬命中書召試。二十六日，利州路又繳到吳淇應賢良方正科詞業，詔參考以聞（《朝野雜記》甲集卷一三）。

五月一日，燾奏：「擇日進呈《四朝會要》，有申請事件如下：一、將來御殿進呈，依例合進讀第一卷上五枚。昨來乾道二年進呈《太上皇帝聖政記》日，係差秘書少監汪大猷，今乞差官施行。一、今來進呈會要，其合行事並進畢，請御封赴秘閣安奉，及留中小本合進納御前，欲並乞就委編修會要都大提舉承受諸司官施行。一、進書日檯擎輦官並本會祗應人內有無勅號之人，今欲乞前期具人數姓名保明報皇城司，關請牌號，候事畢納繳。」詔「差李燾爲進讀官，餘並依。」（《宋會要輯稿》職官一八之三三）

八日，宰相虞允文等上神哲徽欽《四朝會要》（亦稱《續會要》）三百卷。燾序之，略曰：「徽宗初，詔王覿、曾肇續編元豐至元符，尋復詔起治平四年，止崇寧五年，凡四十年，二書皆弗克成。政和末，有司獨上帝系、后妃、吉禮三類，總一百一十卷，其書皆通章得象王珪所編，稍益以熙寧後事，而此三類外皆未遑暇。運遭百六，史記放絕，光堯壽聖太上皇帝甚憫焉，紹興九年詔館職續編，三十一年又降趣旨，然闕簡破牘，掇落匪易。皇帝陛下纂修洪緒，敷時繹思，更命宰執提舉，閱再歲乃克成書。斷自神宗之初，迄於靖康之末，凡六十年，總三百卷，分二十一類，六百六十六門。竊惟五朝大政，前書備載，類仍舊章，鮮所開創，逮神哲徽欽之御世，因時適變，道與前異。大抵革於熙寧，復於元祐，旋革於紹聖，又復於元符，再革遂臻崇觀政宣之豐豫，以及靖康。六十年間，業廣事詳，方策所記，視前倍蓰，今茲綴集於零落散亡之餘，十僅得其六七，誠不足允符神旨。然科條粗舉，部類各分，禮樂兵刑之大原，學術刑法之要指，取賢斂才之品式，設官分職之制度，九州之別合，四夷之服叛，概見於斯。凡厥討論，尚或有取。」（《文獻通考》卷二〇一）洪邁曰：「國朝會要，自元豐三百卷之後，至崇寧、政和間復置局修纂。宣和初，王黼秉政，罷修書

五十八所，時會要已進一百十卷，餘四百卷亦成，但局中欲節次覬賞，故未及上。既有是命，局官以謂，若朝廷許立限了畢，不過三兩月可以投進，而黼務悉矯蔡京所爲，故一切罷之。官吏既散，文書皆爲棄物矣！建炎三年，外舅張淵道爲太常博士，時禮寺典籍散佚亡幾，而京師未陷，公爲宰相言，宜遣官往訪故府，取現存圖籍，悉輦而來，以備掌故，此若緩而甚急者也，宰相不能用。逆豫（僞齊）竊據，鞫爲煨燼。吁！可惜哉！」（《容齋隨筆》卷一三）

十九日，左丞相陳俊卿罷，特授觀文殿學士知福州。制書以俊卿「叠貢封囊，顧還印綬，既屢形於優詔，曾莫奪於忱衷，惟時委寄之隆，豈有中外之間。」（《宋會要輯稿》職官七八之五一）先是，右相

虞允文建議遣使金國，以陵寢爲請，俊卿面陳以爲不可，至是坐論罷。朱熹撰《俊卿行狀》曰：「吏部尚書汪應辰舉李垕應制科，有旨召試，權中書舍人林機言垕詞業未經後省平奏，且獨試非故事，公奏元祐中謝悰亦獨試，機蓋爲人所使耳！上喻公詰之，乃機與諫官施元之密謀，以是沮應辰，而對上又不以實，公因極論其姦，遂詔暴二人朋比交通之狀而罷之，中外稱快。然應辰竟以與右相議事不合求去。公奏應辰剛毅正直，士望所屬，當有以留其行者，因遂數薦應辰可以執政，上初然之，而後竟出應辰守平江。自是上意益向允文，而公亦數求去矣！」（《朱文公文集》卷九六）

閏五月九日，詔起居舍人范成大假資政殿大學士、充奉使金國祈請國信使，權知閤門事兼樞密副都承旨康湑假崇信軍節度使副之，求陵寢地及更定受書禮。初，紹興約和，禮文多可議者，而受書之儀特甚。凡金使者至，捧書升殿，北面立榻前跪進，帝降榻受書，以授内侍；及再和，仍循其例，帝頗悔之。至是虞允文議遣使，帝問誰可使者，允文以燾及成大對。退而語燾，燾對曰：「今往，金必不從；不從，必死爭之，是丞相殺燾矣。」更召成大語之，成大即承命。臨行，帝謂之曰：「卿氣宇不羣，朕親加選擇，聞官屬皆憚行，有諸？」成大曰：「臣已立後，爲不還計。」帝曰：「朕不發兵敗盟，何至害卿！」成大請國書並載受書禮一節，弗許，遂行（《續資治通鑑》卷一四一）。

是夏，燾以記注之官，數面對論事。《神道

碑》曰：「汪應辰進公子垕賢良詞業，上曰：『卿有子矣。』范成大除右史，升攝起居郎，議者誤引元豐八年十月詔旨，欲廢二浙保正，止存耆長。又宰相以蜀人帥蜀，工部並除二侍郎，武臣提點刑獄，皆違舊制。公援證再三，上曰：『卿論事有根據，極當朕心。』左相陳俊卿出知福州，右相虞允文既任恢復，未免更張，公言二典若稽古，夏則典則，商云成憲，周云舊章，漢云故事，子孫莫之敢廢。王安石變更法度，厲階可鑒。上欲除公兵部侍郎。公自攝注，數論事，宰相頗不樂，公遂請去。」

六月十八日，燾上明堂之禮今宜舉行劄子，略曰：「臣聞昊天四祭，在春曰祈穀，在夏曰大雩，在秋曰明堂，在冬曰圜丘，名雖不同，其實一也。……太上皇帝建炎二年既祀圜丘，紹興元年即祀明堂，以太祖太宗並配天地，神祇享答，福祚綿永。陛下臨御之三年，既親祈穀，七年又祀圜丘。臣愚竊謂明堂之禮今宜復行，不但可省去南郊繁文浮費，專意事天，而遠稽祖宗故事，近遵光堯壽聖太上皇帝慈訓，實爲當務之急。」（《中興禮書》卷五一）

廿七日，燾除直顯謨閣、荊湖北路轉運副使。時虞允文獨相，燾與陳俊卿素善，疑垕之應制科當路或沮之。面奏：「制舉獨試一人，雖有顏贊、林陶、李孜、高志寧、錢彥遠、吳奎、趙彥若、謝悰故事，而壼涉學荒淺，恐不足當此異恩，別致人言，乞將來更有進卷，合格當召者，許令同試。」帝不許。垕遂乞隨侍，允文爲奏請，有旨別聽指揮。燾反對變更法度，陛辭，尤以「毋變古」、「毋速變」爲戒。將行，友朋相送，周必大用司馬溫公故事，作小詩別之。詩曰：「臺門屋壞中丞去，秘閣簷推少令歸。賴有溫公遺事在，故應早晚入黃扉。」（《省齋文稿》卷五）

又林光朝亦以詩送別。曰：「文字眇煙雲，過眼徒浩浩。所有未見書，惜哉吾已老。子雲客長安，陳跡如一埽。同叔向來人，吾生苦不早。亦聞青城山，斯翁爲有道。瞿塘不可上，秋夢長顛倒。白日來西崑，一見自應好。縱談百代前，至竟非枯槁。多爲開口笑，明月生懷抱。黃鶴有高樓，怳如事幽討。攬轡逢道州，聽書下下考。周南勿留滯，掇拾供史藁。分手重酸辛，璠璵衆所寶。十日不見面，何爲大草草。」（《艾軒先生文集》卷一）

是月，劉朔卒，年四十四。朔，夙之弟。夙挺特，不肯輕以聲色假人，朔稍濟以和易。至於輕祿位而重出處，厚名分而薄勢利，盡言于朝，盡心於官，公是非，勵廉隅，則所同也。及卒，燾與林光朝、呂祖謙、趙汝愚等往哭之（《宋元學案》卷四七，《水心集》卷一六）。

秋，蒞湖北漕任。燾嘗奏：「《禹貢》九州，荆田第八，賦乃在三，人功既修，遂超五等，今田多荒蕪，賦虧十八。」帝委燾條畫。至則言創耕，憚科歛，且畏爭奪，宜寬冒占，廣激勸。如太祖乾德四年，許見佃者止輸舊稅，更不通檢。詔如所請，其妄執契爭奪毋受理，守令能勸課者賞之。知總呂游陽奏計，燾攝其職。歲饑，發戶部大軍倉賑民，僚佐爭執，燾曰：「吾自任責，不以累諸君。」尋如數賞之。游陽歸，劾燾專輒，帝僅令具析而已（《神道碑》）。

是歲，建四望樓，員興宗賦詩誌祝。前題云：「巽巖秘監起小樓，名以四望，邀同賦詩，有笑樓卑之甚陋之甚當易之者，僕因分韻具述李小築之意，嘲其解矣！」詩曰：「青青十二樓，萬瓦浮雲稜。居者誰氏子，酒肉堆丘陵。……青夢幾時回，何曾舍虛凝。本欲了萬境，竟爲景所繩。我友子眞子，士以古誼徵，載書來上都，結束車不勝。插架備小築，且以觴賓朋。或人指之笑，謂此不能宏。有如短尾航，又如束翅鷹，團疑戀殼龜，局類遭寒蠅。卑卑形覆缶，短短射依堋。行行頻壁礙，倚倚難軒憑。風立苦打頭，月坐傷橫肱。寒足籠擁掩，炎軀甑炊蒸。俯館忽見地，閉目可數層。何當攬星辰，惟堪掛用繒。君子促改辦，不爾陋可憎。我興聽是說，諸友無乃稱。交從二十年，我能識其膺。彼腹椰子大，千卷貯亦曾。體作黃冠樸，言迺求雲僧。……瞻想西南北，衆萬皆環緪。奈此歸思何，猶然間騫騰。世好巍粉飾，是態惡可懲。元規塵可謝，肝膽醒春冰。但使居者樂，勿使疑者升。諸公歛戲語，俄然迭嗟矜。攜酒共過之，窗虛納清澄。員子眼力到，數來數歸鵬。擬乎天上人，天門杳不膺。爲君出登賦，歸來伴龕燈。三年京國夢，一杜立不能。我數爲何鄉，神尻以爲乘。」（《九華集》卷一）

案：燾築四望樓，不詳年月，惟以「載書來上都，結束車不勝」「三年京國夢，一杜立不能」二句考之，當在出爲湖北漕之後。然興宗於是年八月中旬即下世，則知樓之築當在初秋也。

乾道七年辛卯，五十七歲，壁十三歲，㙐十一歲。

四月四日，詔今歲科場，其令尚書侍郎、兩省諫議大夫以上，御史中丞、學士、待制，各舉賢良方正能直言極諫一人，守臣監司亦許解送，仍具詞業繳進以聞。初虞允文奏請召試賢良，當降詔，孝宗曰：「數十年來未有應此選者。」允文曰：「昨李垕已得旨召試，或有與其父燾不相樂，聲言欲沮之，垕以此乞隨父之任。得旨已許其請。」帝曰：「今可召矣試！」允文又言：「昨依紹興指揮，降詔九月召試。」帝乃令九月試於中書（《宋會要輯稿》選舉一一）。

九月二十七日，命翰林學士王曮、起居舍人李彥穎，就中書後省考試參詳制科。曮等上李垕六論。一曰明主有必治之道，二曰湯法三聖，三曰人者天地之心，四曰歷律更相治，五曰三家言經得失，六曰，揚雄張衡孰優。試凡五通。

十月四日，宰相進呈垕六論。帝曰：「昨覽垕程文，亦好，一日之間成數千言，良不易也。」虞允文曰：「記題誠難，垕能記其五。」帝曰：「湯法三聖出功臣表，而垕以爲《諸侯王表》，卻是記得全文不差。」李心傳曰：「李文簡《與孫牧齋書》云：『垕被旨八月次旬召試，造物者意乃不然。公出諱以沮遏之。尋因入辭力告上乞免，上弗許，仍宛轉託渠具奏，始有旨別聽候指揮。其間曲折甚多，垕必具報。』而《虞直閣公亮行狀》乃云：『李應制科，差日命官且試矣，會有欲搖沮之者，李不復望試，從公圖之。於是虞公亟入奏，用蘇子由以喪展日故事，爲更命官改日鎖院。』今以史考之，未見改日命官之事，亦不省出諱謂何。雖虞公數論林機、施元之不當罪，復以邵處之，然卒獨試者，虞公力也。」（《朝野雜記》甲集卷一三，《宋會要輯稿》選舉一一）

二十七日，禮部言：「檢照祖宗故事，策試賢良方正，即無唱名之例，今欲候初覆考詳所考定等第繳奏，再付朝廷推恩。」從之（《宋會要輯稿》選舉一一）。

二十八日，御藥院言：「已降旨：應賢良方正直言極諫科李垕令赴殿試，契勘御試舉人唱名畢，其正奏名進士第一甲策文並寫作冊進御，並進德壽宮，及焚進諸陵，今李垕策文，伏乞指揮。」詔依例修寫（同上）。

二十九日，權禮部侍郎周必大言：「初復制舉，體至重，欲斟酌是日駕坐，文臣常參官以上考試，六輪官、貼職秘書省官並常起居訖，依舊就殿門外祗候，宣召即入。」從之（同上）。

十一月四日，孝宗親御集英殿，試策曰：「朕承太上之詒謀，紹祖宗之丕緒，宵衣（肝）〔旰〕食，十年于兹矣！日與一二大臣圖回治道，興起治功，庶幾無負付託之重。然躬節儉以先天下，而侈靡之俗尚衆，持公正以杜羣枉，而阿私之俗未革。富國在所先也，理財或未盡其術；強兵亦所急也，軍政或尚多宿弊。非不遴選守令，而未聞撫民有方，盡如古循吏；非不廣求將帥，而未見智勇兼備，盡如古名將。田野雖闢，倉廩尚虛，法令雖明，犯法多有。春秋以來，雨不時若，江湖數郡，民多乏食。救荒之政，何施而可使無流離失業之患，國家經費多資煑海之利，比緣江湖，歲事不登，而榷貨所入，頓減常歲，懋遷之術，何爲而可？使商賈通行以足軍士之須？論役法之未善者非一日，其法誰爲最善？言楮幣之爲弊者非一端，其弊何以拯救？是數者，皆今日之急務，朕所樂聞也。今子大夫褒然而起，副朕久虛之選，朕甚嘉之，其盡心悉意以陳毋忽。」埴策考入第四等，賜制科出身（同上）。

五日，禮部言：「策試賢良方正，即無唱名之例，若照倣逐舉進士，皇帝御殿推恩，足以彰崇儒求言之盛。先一日，帝謂宰臣，策試制科，既已臨軒推恩，事體尤重，雖不唱亦須引見受賜。」至是並從之（同上）。

八日，帝特御殿，引見賜制科出身李埴，並唱名推恩。周必大賀啓曰：「君人者勞於求賢，孰當明旨，子大夫褒然爲首，獨副詳延。富哉八千言甚偉之文，應此七十載久虛之典。冕旒動色，韋布增光。竊觀聖朝，最重制舉，藝祖當艱難創業之際，已設三科；仁宗享盛大持盈之期，至頒十詔。惟所詢皆當時之要務，故所得率一時之異人，乃知用儒納諫之極功，豈以右武好文而殊轍。天之未喪，文不在茲。恭惟某官，博洽本於家傳，精勤充乎天性，賢人事業，罔不窮采，流俗施爲，未嘗肯顧，積歲心潛於載籍，一朝名震於京師。維昔眉山，有如蘇氏，明允抱才而不遇，文忠勵志以有成。肆惟黃門，亦紹素業。謂古人不可作矣，而今者誰其繼之！豈無他人，適在同郡。況尊公方正之學，早爲先達之所崇，而難弟功名之心，方勉後圖而未艾。猗中興之盛際，復嘉祐之遺風。某託契頗深，締交恨晚，討論盛舉，幸預于司存，臚句廣廷，復陪于山立。曾未遑于展慶，乃先辱於摛詞，惟欣感之交懷，非叙陳之可究。」（《省齋文稿》卷廿四）

韓元吉賀啓曰：「大廷發策，盡循天聖之規；多士嚮風，復見元光之舊。茲爲甚盛之事，宜得非常之才，伏以賢良學士，奧學自于家傳，敏識殆其天賦。議論不苟，悉本仁人之言；治安可期，實明王事之體。蓋設施之有待，豈誦說之徒云。久馳藉甚之聲，果占褒然之首，顧慚衰懦，獲際淸揚，究觀落筆之雄，重枉飛書之貺。文章擅於天下，豈特振眉山之風；功業盛於朝廷，當遂繼平津之踵。」（《南澗甲乙稿》卷一二）垕既中制科，一日之間，名滿天下。

冬，袁樞爲禮部試官，蓋爲垕之舉制科矣（《袁樞年譜》）。

是歲五月，劉夙卒，年四十八。《二劉先生行實》曰：「乾道辛卯五月，太史劉公卒，艾軒謁告，攜家出精舍哭之。周益公方以少篷領三館之士，乃相語曰：師友道喪久矣，新太史哭其友故太史，古道一振風俗之機，吾儕弔可廢乎？且復之（劉朔）之喪，仁父、伯恭、子直嘗向艾軒舉行斯禮也，遂縞衣哭于艾軒之前。張袁公以書抵艾軒曰：『賓之正人，聞其死，重爲國家惜之。況相視猶父子，哀哉！奈何？』答書有云：『賓之愛君均於愛親，憂國過於憂身，古有遺直，今難其人。』」袁公摘以示其徒陳從事符曰：『斯人也何可復得？得斯言也，可以不朽也。』」（《艾軒集》附録）夙兄弟並以名德重於朝，顧皆不得大用，其卒也，四方悲之如親戚。燾與之相與講習問學，皆極友善。

乾道八年壬辰，五十八歲，壁十四歲，垕十二歲。

季春，張栻答垕書，賀其舉賢良，深用慰嘆。有云：「比承奉對天陛，正學以言，歸拜親庭，榮則多矣！竊在游從，深用慰嘆。未及具問，來教先貽，佩戢至意。即此春晚，伏惟侍旁從容，德履勝裕。國家稽古建科，得人爲盛，中雖廢於邪臣，卒莫掩於公議。逮兹舉首，乃得昌言。將必有聞風而起，幸甚，幸甚！雖然，盛名之下難居，而問學之方無窮，責人者易爲言，而克己者難其功，任重道遠，惟益勉之以副蘄望。某歸來舊廬，已三閲月，無事可以讀書，玩味存察，不敢墮弛，惟孤陋少友是懼，每馳情於公家父子兄弟間也。」（《南軒先生集》卷廿七）

李丙以父任監行在都鹽倉，是年夏，上所編《丁未録》二百卷，自治平四年至靖康元年。六月一日詔特改京官，付國史院。先是七年趙雄薦《丁未録》，議論更革，往往編年該載，給札來上，孝宗有淹貫該博，用功甚多之諭。然記載無法，學士弗稱焉（《朝野雜記》甲集卷六）。

九月十二日，左丞相虞允文特授少保、武安軍節度使、充四川宣撫使。制書以允文「萬觀績用之優，乃上封章之力。重違其請，誠雖輟於弼諧；庸聽其歸，蓋雅資於綏撫」，故有是命。時燾方以秘書少監、起居舍人、兼國史院編修官實錄院檢討官趨召，允文自詭北伐，疑燾在朝異議，預白上改主管潼川府路安撫司公事，兼知瀘州（《宋會要輯稿》職官七八，《燾神道碑》）。

十月二十四日，除直寶文閣，權知瀘州。燾在瀘，首葺石門堡，置戍以扼夷人，叙州舊市羈縻，馬價頗平，此歲增其尺寸，償直不以時，燾言國計邊防胥失之。乞戒茶馬司，市毋溢額，仍勿於夷漢禁山內伐木造舟。尋皆報可（《神道碑》）。

是歲，垕授左文林郎、瀘州節度使推官。

案：周必大撰《胡斗南箕墓誌銘》曰：「合試蜀人李賢良垕，考其文第一，御史揭榜，復疑人數不應式，罷去。」垕之應制舉，朝臣有欲阻之者，其所以終召試者，虞允文之力也。允文既撫蜀，而燾亦不果來行都，宜乎垕之遭罷也！

乾道九年癸巳，五十九歲，壁十五歲，𡑞十三歲。

閏正月初一日，燾攜子甥等赴雲安，泊舟雲之西三十里萬戶驛下橫石灘上，有《曲水留題》。曰：「或言雲安之西三十里許有自然曲水，閏月甲午朔泊舟橫石灘上，攜子垕、垤、塾、垈、壁、𡑞及劉甥卞子、道子步訪之，水極峻急，不可流觴，巖顏有永和三年及六年刻字十五六行，剝落已不可讀，細辨其文，俱昔人捐金以事仙佛，識金數於石爾！殆非禊飲處也。好事者因年號遂增飾之，當時必置屋廬象設，今變滅無餘，然水石皆可喜，姑取酒酌其旁，賞晤良久乃去。」（《全蜀藝文志》卷六四）又撰《朐肊記》，謂萬戶驛之左右即肊朐故地也。

二月，黎州青羌奴兒結寇安靜砦，知州宇文紹節遣推官黎商老禦之，戰死，夔州轉運判官趙不忌攝制帥以討之。奴兒結入侵漢地二百餘里，成都大震。不忌靜以鎮之，夜襲殺其首領，十六日而平。李心傳記曰：青羌寇邊，「……諸司以守臣宇文紹直不支還馬價，致生邊隙，交章按劾，而知雅州蹇駒，瀘南帥臣李仁父以茶司不支降馬價本錢引惹邊事，亦制章以聞。紹直降官停任，而茶司大不爲清議所與。是年七月，宣撫茶馬司辟通議郎邵降年知州事，而制司檄茂州通判呂宜之與黎州通判樊彥思兩易。降年嘗通守本郡，得諧羌心，奴兒結聞其來，乃（諧）〔詣〕州納款，其月十一日壬寅也。降年具其事白宣撫司，且言邊民沒夷地者尚千餘人，乞許令說諭收贖，宣撫司從之，八月十三日癸酉行下。」（《朝野雜記乙集校勘記》卷三）

案：《水心集》卷二六《趙公行狀》，記平青羌奴兒結事甚詳，可參考。

是冬，郊祀推恩，陳居仁擢禮部郎中，嘗奏臺閣宜多用明習典故之士。孝宗曰：「知名之士，試舉一二。」居仁奏：「如周必大、洪邁久在禁林，不待臣言。李燾、莫濟豈應棄之侯國？」帝欣納。甫數日，首召燾（《攻媿集》卷八九《陳公行狀》及《宋史》卷四〇六《居仁傳》）。

淳熙元年甲午，六十歲，壁十六歲，壼十四歲。

燾在瀘州任，表進治平以後至中興以前《續通鑑長編》二百八十卷，奏表曰：

「臣先次投進《續資治通鑑長編》，自建隆迄治平，今欲纂輯治平以後至中興以前六十年事蹟，庶幾一祖八宗之豐功盛德，粲然俱存，無所闕遺。顧此六十年事，於實錄正史外，頗多所增益，首尾略究端緒。合爲《長編》，凡六十年，年爲一卷，以字之繁略，又均分之，總爲二百八十卷。然熙、豐、祐、聖、符、靖、崇、觀、和、康之大廢置，大征伐，關天下之大利害者，其事跡比治平以前特異，寧失之繁，無失之略，必須睿明稱制臨決，如兩漢宣章故事，無使各自爲說，乃可傳信無窮。」（《文獻通考》卷一九三）

被召赴闕，適城中火，燾上章自劾。既放罪矣，提刑何熙志奏燾不親至火所，並指《長編》記魏王食肥彘，語涉譏謗。孝宗曰：「此載皇宋事實，何害?」命成都提刑李蘩體量火事。燾行至國門，乞祠待辨。詔除江南西路轉運副使，且許臨遣（《神道碑》）。

淳熙二年乙未，六十一歲，壁十七歲，𡌴十五歲。

二月二十二日，進神宗、哲宗兩朝《長編》（即治平四年至元符三年）三百四十冊，四百一十七卷。或勸燾方被讒，勿及時事。燾曰：「聖主全度如此，竭忠所以報也。」以進《長編》，詔除秘閣修撰（《玉海》卷四七、《宋會要輯稿》職官六三、《燾神道碑》）。

案：周必大《題范太史家藏帖子》曰：「眉山李仁甫謂：『近則事詳，遠則事略，不當以繁省論文。』其言美矣！故《續通鑑長編》，多採近世士大夫所著，如曾子宣日記之偏，王安石《甲申錄》之妄，咸有取焉！」此言得之！黄廷鑑跋曰：「李文簡公《續通鑑長編》一書，今世所傳僅存建隆至治平一百七十五卷，蓋即乾道四年所進之本也。其淳熙元年續進神哲以下四朝之書，自元明以來，久無傳本，今七閣所儲《永樂大典》本雖缺徽欽二紀，而熙寧訖元符兩朝三十餘年事跡，犂然俱在。洵爲北宋紀載之淵藪矣！其中分注考異，詳引他書，而于神哲之代尤多。如《宋會要》、《政要》、《歷朝實錄》、《時政記》、王禹偁《建隆遺事》、蔡襄《直筆》、王拱辰《別錄》、司馬溫公《日記》、劉摯《日記》、呂大防《政目》、呂公著《掌記》、曾布《日錄》、林希《野史》、王巖叟《朝論》、歐陽靖《聖宋掇遺》、邵氏《辨誤》諸書，及諸家傳誌碑銘，皆無一存者。即幸有傳書，如《東齋記事》、《涑水紀聞》、《東軒筆錄》、《湘山野錄》、《玉壺清話》、《邵氏聞見錄》、《夢溪筆談》、《揮麈錄》之類，往往傳寫脫訛，亦據以是正。則此編非特足以考訂宋遼二史闕訛，而有宋一代雜史小說家不存之書，亦可賴以傳其十二，誠溫公《通鑑》後不可不讀之書也。」（張氏愛日精廬印本《續通鑑長編》卷首）

又案：周密《癸辛雜識》前集「韓彥古條」曰：「韓彥古字子師，詭譎任數，處性不常，爲京兆尹。李仁甫惡其爲人，弗與交，請謁常瞰其亡。一日，知其出，往見之，則實未嘗出也。既見，韓延入書室而請曰：『平日欲一攀屈而不能，今幸見臨，姑解衣磅礴也。』仁甫辭再三，不獲，遂爲強留。有二櫥貯書，牙籤黃袱，書護甚嚴。仁甫問此何書，答曰：『先人在軍中日得於北方，蓋本朝野史編年成書者。』是時仁甫方修《長編》，既成，有詔臨安給筆札，就其家繕寫以進，而卷帙浩繁，未見端緒，彥古嘗欲略觀，而不可得。仁父聞其言，窘甚，急欲得見之。則曰：『家所秘藏，將即進呈，不可他示也。』李益窘，再四致禱。乃曰：『且爲某飲酒，續當以呈。』李於是爲盡量，每盃行，輒請。至酒罷，笑謂仁甫曰：『前言戲之耳，此即公所著《長編》也。已爲用佳紙作副本，裝治就以奉納，便可進御矣！』李視之，信然，蓋陰戒書吏傳錄，每一板酬千錢，吏畏其威，獲其賞，輒錄送韓所，故李未成帙，而韓已得全書矣！仁甫雖憤媿不平，而亦幸蒙其成，竟用以進」云云。語涉荒誕不經，姑錄之以備一家之言而已！

春，燾奏近來日食地震，小人不可不慮。又上《快箴》，引太祖退朝悔乘快決事以諫。帝曰：「朕當揭之坐隅。」旋坐火後不盡書焚室，貶秩一等，而何熙志以輒議吏事削兩官。燾在江西，置一路財賦都簿，如潼川科約（《神道碑》）。

閏九月十八日，翰林學士王淮，兵部侍郎兼直學士院周必大舉眉州布衣李塾堪應賢良方正直言極諫科。塾，燾之第四子也。劄子曰：「臣等竊見朝廷復制舉以收海內方聞之士，歷年滋久，未有特起應詔者，陛下臨御，始得李垕一人。蓋是科之設不徒取其文學，且復採其行藝，然後策以當世之務，詳觀有用之才，其選既艱，宜應者鮮矣！臣等伏見布衣李塾，博聞強記，經史百氏之學，無所不通，議論英發，有補治體，而敏識特操，蜀士所推。蓋塾眉山人也，與其兄垕素慕蘇軾、蘇轍之遺風，是以俱有志於此，求之流輩，未易多得。臣等叨直翰苑，稽諸故實，所宜薦聞，以備採擇。今保舉堪應賢良方正直言極諫科，伏望聖慈，特降指揮，令有司檢會累次詔旨施行。庶幾異材繼出，彰中興得人之盛。」（《宋會要輯稿》選舉一一《制科》、《周益國文忠公集》卷一三八）

是歲，燾弟熹卒，年五十三，爲文祭之。

李壁撰《叔父成都府君墓誌銘》曰：「叔父賦資原慤，侃侃樂易，然與人交，無謟笑佞辭，勢利之際，未嘗輕變所守以徇之。雖律令精習，而持心近厚，所居官必斥去雕琢，不求知名，號稱長者。……間閱陰陽歷算方技之書，皆深得其要，而亦未嘗以語人也。……叔父之卒，實淳熙二年□□戊辰，後七年十月辛酉，始克葬於丹稜縣樂扶鄉永壽里石子山之原。屬太史公守東藩，辈來乞銘，太史公春秋高，觸緒多感，憚於涉筆，則語辈曰：『昔劉道原之葬，實以溫公《十國紀年序》爲銘，凡吾與爾父平生之言，乙未歲祭文蓋盡之，其可刊已。』辈拜且泣，曰：『不朽之託，固在斯文。』」（《永樂大典》卷一〇四二一）

案：雍正七年川督黃廷檢等修《四川

通志》卷七載「李熹，燾之弟，知遂寧，治民寬厚，凡無名之賦，悉奏蠲免。」然壁所撰《叔父墓誌》則云「叔父生二十四年以陰補官，監雅州盧山縣酒務。歷利州、潼川府兩路提點刑獄司檢法官，終宣教郎知成都府成都縣。」不悉《四川通志》何所據也。

又案：楊家駱先生曰：「燾屢言曆事，復藉天變以警時主，又撰《混天帝王五運圖古今須知》一卷，《七十二候圖》三卷，則熹深得陰陽曆算方技諸書之要者，度與燾平日亦必有所授受討論也。」斯言得之。

十二月，垕除秘書省正字，兼國史院編修官、實錄院檢討官（《中興館閣録》卷七、八）。

淳熙三年丙申，六十二歲，壁十八歲，垕十六歲。

正月，內召。燾請去年在江南西路所行科約法，勿以去而見廢，孝宗曰：「卿不爲高論，務在便民，甚善。」擢秘書監，權國史院同修國史、實錄院同修撰，蓋專待燾以史事，故用侍從之禮（《神道碑》）。張栻與書曰：「竊聞除書復長道山，固爲吾道慶，然而進退去就之義，高明所素講，今日必有以處之，而亦士類之所屬望也。詩曰：『戰戰兢兢，如臨深淵，如履薄冰。』此古人所以周旋乎理義，動中節奏而不失也。」（《南軒先生文集》卷廿六）蓋所以勉之也。

是月，垕除秘書省校書郎，兼國史院編修官、實錄院檢討官，父子同典史事，縉紳榮之（《中興館閣録》卷七，《神道碑》）。

二月二十四日，奏言「太上皇帝日曆成書，已擇日進呈，其合立臣僚傳，尚有取索未足去處，見行催促，俟到即類聚修立，續行添入。」從之（《宋會要輯稿》職官一八之一〇二）。

三月一日，奏請宗祀明堂之禮，自宜迭行。燾曾歷引神宗皇帝聖語及錢公輔、司馬光、李受諸儒之説，爲上言之，適轉對，重申其説。孝宗令下羣臣集議，嬖幸謂與光堯德壽宮有嫌，沮不行。遂除權禮部侍郎，賜服金紫，仍領史館及實錄院（《神道碑》、魏了翁《奏實録缺文疏》，見《歷代名臣奏議》卷二七七）。

二日，燾再上論明堂之禮宜復舉行劄子。略曰：「臣於乾道六年任秘書少監，因攝左史，直前奏事，嘗具劄子妄言當郊之歲，宜祀明堂，猥蒙陛下欣然開納，若謂其言可行者。臣尋被命遠使，七年于外，今茲擢長東觀，歲又當郊，……伏願陛下獨決聖心……遂發明詔，復舉盛典，……逮秋之成，早見上帝，爲萬姓祈福，天下幸甚！」（《中興禮書》卷五一）

三日，燾奏上《太上皇帝日曆》一千卷，自爲序，略曰：「日曆起初潛，訖内禪，用《春秋》四繫之法，雜取左右史起居注，三省秘院時政記，及百司移報，綜錯成章，凡關於時，靡不畢載，前後所論著，共成一千卷，卷爲一冊，總一千冊，謹繕〔寫〕進呈。顧惟紀述聖神之言，事大體重，臣愚豈能獨任。加之歲週三紀，史非一官，掇緝穿聯，簡算繁夥，其間牴牾，違失本眞，安敢自保！在昔英主，往往指授，重加刊正。房元齡等進武德貞觀事跡，太宗更令紀實，如臣妄庸於元齡，無能爲役，姑自罄竭，強附於唐虞氏史官之義爾！」先是，紹興元年四月八日，從程俱之請，詔修日曆，自建炎元年至紹興十二年修成，凡五百九十卷，内多爲秦檜改棄。十二年以後，記錄尤不足信。乾道七年，汪大猷請重修《太上皇帝日曆》未備者，至是始成（《文獻通考》卷一九四，《玉海》卷四七）。

五月六日，台州守臣趙汝愚舉宣教郎姜凱，信州守臣唐仲友舉迪功郎鄭建德，堪應賢良方正能直言極諫科。詔以其詞業令兩省侍從參考聞奏。又詔「周必大、李燾爲有妨嫌，與免參考」（《宋會要輯稿》選舉一一）。

五月九日，奏言：「見編修《四朝正史》，合要名臣墓誌，行狀，奏議，著述等文字照使。今詢問得吏部侍郎徐度，有自著《國紀》一百餘卷，其子行簡見在湖州寄居，乞下所屬給札抄錄赴院，以備參照。從之。」（《宋會要輯稿》崇儒四）

七月十九日，雷震太廟柱，壞螭尾，有司隨加繕治。燾奏此非所以祗天應，當應以實。帝諭大臣曰：「燾愛朕，屢有讜言。」燾嘗請正太祖東嚮之位，上熙寧元符紹興議論，其後卒行之。進《四繫錄》，記女眞契丹起滅，自紹聖迄宣和靖康，凡二十卷。帝曰：「朕豈一日忘此仇哉！」（《神道碑》、《玉海》卷五八。）

九月，以權禮部侍郎兼侍講。以經筵少開，錄趙師民《勸講箴》以諷，並及仇士良不欲人主讀書近儒之說。會改潛邸爲佑聖觀，創璿璣於太乙宮，燾密疏二千餘言，帝褒答之（《神道碑》）。

十月，以《徽宗實録》置院久，上促奏篇，乃薦呂祖謙爲秘書郎兼檢討官，審定增削數百條。書遂有成期。《呂東萊太史年譜》曰：「淳熙三年十月二十六日，除秘書省秘書郎兼國史院編修官、實録院檢討官。以重修《徽宗皇帝實録》，用禮部侍郎兼同修國史實録院同修撰李燾之薦也。」

是月，臯除著作佐郎，仍兼國史院編修官、實録院檢討官（《館閣録》卷八）。周必大回啓曰「伏承策勛東觀，正位承明，惟此官乃侍從之階，故今代以選掄爲重，昔人之進者固多矣，蜀士之賢者可考焉，淳夫在元祐之時，莊叔當紹興之末，皆歷大著作之任，遂爲修記注之官。以公之才，何彼之愧。……父子並兼史官，古今無此榮遇，蓋談、遷未始聯事，而彪、固亦非同時，崔駰三世相承，止於傳業，應奉五葉不絶，姑曰承家。豈若無異論于三傳之中，施隔屏于一堂之上，行幷儀於禁路，實增煥于周行。某曾直玉堂，嘗勤藻翰，以爲行慶超遷之命，是故少稽酬答之言，今雖愧于後時，竊自欣于先見。」（《省齋文稿》卷二五）

案：周必大集皆編年，此啓繫四年春，今爲叙述便利計，特附於此。

是歲，汪應辰卒，年五十九。

淳熙四年丁酉，六十三歲，壁十九歲，臯十七歲。

二月十五日，孝宗駕幸太學，命燾執經，有勞，特轉一官。堅辭不許。燾自郎、春官已極論科舉及奏名，去冬又乞依紹興二十七年二月詔書，用經義詩賦論策四場，如元祐時，仍采蘇軾議，量收恩科。至是，力持變文體，取正學以致人才。帝袖燾奏付三省下學官議，國子司業鄭伯熊等請如燾言，而老生晚學譁然不便，議遂格（《神道碑》）。

是月，周必大繳進塾詞業，狀云：「右臣昨任敷文閣待制侍講日，曾同翰林學士王淮保舉李塾堪應賢良方正直言極諫科，後來王淮簽書樞密院事，禮部檢會李塾詞業，欲令周某取索繳進。準尚書省劄子，備奉聖旨，依禮部所申，今來取到李塾詞業五十篇，計一十冊，謹隨狀繳進以聞。」（《周益國文忠公集》卷一三九）

三月八日，吏部尚書韓元吉等言：「舊制賢良詞業繳進，送兩省侍從參考，分爲三等，文理優者爲上等，次優爲中等，平凡爲下等，考訖繳奏，次優以上召赴閣職，臣等衆參考得李塾，姜凱，鄭建德，馬萬頃詞業爲次優。」詔並令中書召試（《宋會要輯稿》選舉一一）。《朝野雜記》曰：「淳熙四年，李仲信之弟塾季修復舉賢良方正，南士頗嫉之，而近習貴璫又恐制策之或攻己也，共搖沮焉。會台守趙子直舉宣教郎吴凱，信守唐與正舉迪功郎鄭建德，吏部侍郎趙粹中舉亳州布衣馬萬頃應詔，上問輔臣，故事，召試賢良，嘗行黜落者否？執政對曰：『昨來召試止李垕一人，他日若試數人，須有優劣。』」（甲集卷一三）

三月九日，燾奏上《徽宗皇帝實録》二百卷，《考異》一百五十卷，《日録》二十五卷。

十九日，奏言：「實録院官吏向來係差國

史院官吏相兼，今來書成結局，合行罷兼。」從之。

四月，奏：「今修四朝正史，開院已十七年，乞降睿旨，責以近限，庶幾大典早獲備具。」詔限一年（《館閣録》卷四，《玉海》卷四六）。

案：《館閣錄》及《玉海》皆云「五年四月，權禮部侍郎同修國史李燾言……」，實爲四年四月之誤，蓋五年燾已出守常德，不復參與史事也。

七月五日，進《徽欽兩朝長編》三百二十册。孝宗謂燾無愧司馬光，後有表云：「豫帝恩言，比迹先正。」指此（《中興館閣書目》、《神道碑》）。

案：燾修進《長編》總九百八十卷，自建隆元年至治平四年五朝事跡一百七十五卷，自治平至元符三年神、哲二朝四百一十七卷，合計五百九十二卷。故徽欽二宗二十七年間事，當有三百七十八卷，分裝在三百二十册中，平均每年達十四卷之多，誠所謂「近則事詳，遠則事略」者也。

七月八日，中書後省言：「昨來召試止係李垕一名，宣差制舉考試官一員，參詳官一員，今召試四人，稍多，欲於參詳官内增差一員。」詔依（《宋會要輯稿》選舉一一）。

八月四日，燾眞除禮部侍郎，仍兼工部及國史館實録院原職。辭免，優詔不允。詔曰：「貳卿再歲爲眞，雖曰故事，朕量才録德，乃人主之柄，豈專以日月爲限哉！卿性質簡廉，問學淵傳，策名委質，今四十年，潛心史學，景行先正，凡列聖之功德，一代之制度，忠邪之議論，夷狄之叛服，表年提要，總爲巨編，自建隆迄于靖康，成書殆且千卷。使朕覽觀乎家法，興起乎治功，有臣若斯，其益多矣！眷臣惟亞，何以假爲！尚尊所聞，毋或遜避。」（周必大《玉堂類稿》卷六《賜朝議大夫權尚書禮部侍郎兼同修國史兼侍講兼權工部侍郎李燾辭免除禮部侍郎恩命不允詔》）乃拜。或請升降兩學從祀，衆議不同，第去王雱榜，用燾說也。李心傳曰：「先是紹興七年春，胡文定公奏疏，辨陳公輔所詆程學之謬，因乞以康節、明道、伊川、橫渠四先生春秋從祀孔子之廟，張魏公爲政，奏入報聞。乾道五年春，繼除魏掞之元履爲太學錄，又白宰相，言宜罷王荆公父子勿祀，而祀二程先生，宰相陳魏公不可。淳熙四年，趙侍郎粹中又奏乞去王雱，而擇本朝名儒列于從祀。詔禮官學官與給舍議，李文簡時爲禮部侍郎，以諭以范、司馬二文正，歐陽、蘇二文忠從祀；李公以爲可，趙衛公（雄）在西府，尤主之，且欲置范、歐而升司馬、蘇子於堂上，龔（茂良）、李（彦穎）二參政不以爲可，乃不行。其年秋，但去臨川伯雱，畫道命録像而已！」（《道命録》卷八）

案：燾上請以司馬光、蘇軾等從祀疏曰：「范仲淹佐仁宗，謹庠序之敎，始遍郡國立學，更取士法，以作新人才。歐陽修昌起古文，攘斥異端，視唐韓愈無媿。嘉祐治平之間，人才特盛，修所長育成就，爲力居多。而司馬光及蘇軾風節彌高，其學術專務格君心安百姓。其欲正人心，息邪說，距詖行，放淫辭，流離顛沛之死靡憾，蓋似孟子。當安石萌芽，唯光、軾能逆折之，見於所述文字，不一而足。軾著《書傳》與安石辯者凡十八九條，尤爲切近深遠，其用功不在決洪水闢楊墨下，使其言早聽用，寧有靖康之禍？悉去王安石父子而取光、軾，斯爲允當，並及仲淹、修亦無不可。」（《宋代蜀文輯存》卷五四）是又燾不悦安石之學之又一明證。

二十五日，詔引試應賢良方正能直言極諫科李塾、姜凱、鄭建德、馬萬頃，命中書舍人錢良臣爲制舉考試官，齊慶胄、蕭燧爲參詳官。論六首，一曰因者君之綱，二曰《易》數家之傳孰優？三曰前世歷法多差，四曰十二節備如何，五曰王學本賈氏，六曰動靜繁寡如何？先是，

監察御史潘緯言：「制舉以待非常之才，漢唐素重茲選，聖朝尤號得人，如富弼、張方平，蘇軾與其弟轍，皆由此科進，既號大科，欲孚衆望，必鄉評共許，士行無瑕，無愧斯名，始可應此舉。陛下崇尚科目，獎援人才，舊制命尚書兩省諫議大夫以上，御史中丞學士待制各舉一人，今許用侍從薦舉，或守臣監司解送。舊制試論，於經史諸子正文及注疏内出題，今已權罷注疏。皆所以誘其來也。竊謂應此選者，一繳進詞業，二試六論，三對制策，所謂繳進策論共五十篇，類多燈窗著述之文，策限三千字以上，雖曰無所不問，以考博通之識，亦豈無平日備對之語。唯是六論，於注疏命題，人以爲難，況此一場，謂之過闊，乞尤當加意。今引試有日，若遽令再於

注疏出題，亦已何及！如依舊制，以四通以上爲合格，則與應進士舉一場試經義五篇者何異？臣愚欲六題皆通方爲合格之選，則其得之也榮。」二十六日，遂詔制舉六論，已權罷注疏出題，可以五題通爲合格。始命糊名謄録，悉如故事（《宋會要輯稿》選舉一一、《朝野雜記》甲集卷一三）。

二十七日，制舉考試官錢良臣言：「準敕考試制舉試卷四號，臣等依準近降指揮，以五題通爲合格，今考到試卷内多有不知題目出處，又引用上下文不盡，止有僅及二通者。」上命賜束帛罷之。舉者周必大輩皆放罷，此九月三日也。必大上舉李塾賢良不應格待罪劄子云：「臣昨任敷文閣待制日，曾同王淮薦舉眉州布衣李塾堪應制舉，後來王淮爲執政，其李塾詞業係臣繳進，緣止蒙恩召試，今聞李塾所試六論，率不應格，無以副陛下孜孜求士之意。罪無所逃，欲望聖慈，特賜黜責，以懲謬舉。」或曰：故事：六題一明一暗（上下文有度數謂之暗題），是時錢良臣素與必大、燾不合，且承孌近旨，奏言制舉甚重，稍難其題。御筆因差良臣考試，故所命多暗題云（《宋會要輯稿》選舉一一、《朝野雜記》甲集卷一三、周必大《歷官表奏》卷三）。

是月，夜直宣引，奏言：「近者蒙氣蔽日，厥占不肖者祿，股肱耳目，宜謹厥與。」賜坐，欲起，帝再留賜飲賜茶，恩意甚寵。時周必大直玉堂，同觀月唱和。必大和詩曰：「殿中延拜貳卿眞，腰下初横寶帶新，便有堂封佳讖在，移庖恰趁謝恩人。」原注曰：「仁甫正謝日，適貳參政同過局，置酒省中。」又詩曰：「玉堂清冷夢難頻，月姊高寒遠莫親。件直徑須呼苦酒，不應覓句調他人。」原注：「仁甫專飲苦酒。」蓋所以嘈之也。尋詔監視太史測驗天文，燾爲郎時，已言乾道新曆不可用，因舉差失數十條，詰太史局官，皆無以對，卒無知者。燾又參酌《開寶通禮》、《政和五禮新儀》爲一書，雖下禮官，亦不能成（《神道碑》、《省齋文稿》卷六）。

韓元吉與塾書，賀其應制舉。有曰：「某昨與令外舅遊，聞足下雋才甚著，日者復幸尊公同制而升，得奉周旋，每以未見足下爲恨也。中都坌冗，日力不暇給，雖欲從多聞之士，以講明道藝之蘊，如無繩而縶馬。敢意高誼不遺，跫然足音，乃臨于蔀室，寵以書教，述古今言行之要，取士之略，知唐制不逮于漢，而本朝獨近于古者，粲然其文之華也，鏗然其韻之美也，淵然其中之宏也，而渥然其外之澤也。夫制舉之缺，自元祐以迄今，聖天子蒐羅于四方，而足下昆弟褎然爲首，以振眉山之舊。禮樂法度之源，兵農刑政之本，足下講之熟矣，六經之說無不習，百家之言無不通，此猶未足道。竊嘗念之，中原困於兵革者近五十年，衣冠淪于塗炭，天子蓋不忍爲之屈，思得非常之材以攄天下之憤，而復致周道之興。故鄉舉里選爲未足，而前史以爲制舉者，所以待非常之材也。上心慕焉，足下宜有以副此也。某之老懦，徒將拭日于斯，雖然，不敢忘也。既勤厚意之辱，故輒上以爲謝，異時功名之來，足下徐舉武而收之，始可以爲今日賀

也。」（《南澗甲乙稿》卷一三）

案：韓淲《澗泉日記》曰：「李燾，字仁甫，蜀中史學之首號，議論有根據，亦淸放，嘗爲侍郎，修史，再召至，作侍讀，復任修史之命而終。先公與之同在從班，往來亦相善。」淲，元吉之子也。元吉旣與燾同朝相善，視塾猶若年家子，故所期許若此，然卒以人爲因素落第，惜哉！

塾旣落弟，還歸眉山，燾賦詩送之，周必大有和章見贈。曰：「餘力猶能誦稗官，奥篇隱帙復何難？求賢正市千金駿，當賦終徵百羽翰。喚渡吳江秋水漲，解鞍蜀道雪山寒，歸來趁賀新郎罷，東閣重尋一笑歡。」（《省齋文稿》卷六）寬慰之意，盡于此也。

九月一日，日有食之。燾爲社壇祭告官，伐鼓禮廢，復舉行之（《神道碑》）。

二十日，垕降一官放罷。以言者論垕爲其弟應制科黜落，被旨考上舍試，因策問本朝制科典故，有云：「蘇洵輩皆嘗黜落，富弼、張方平粗識題意，亦不免錯誤。」忿怒肆言。其父燾自知朝論籍籍，旋騰疑誤自劾之草，乞將垕罷黜。垕遂降一官放罷，燾亦以本官出知常德府。初燾感上知遇，論事益切，每集議，衆未發言，燾先條陳可否，無所迴避。此次外補，蓋由來久矣（《宋會要輯稿》職官七二、《朝野雜記》甲集卷一三、《神道碑》）。

十月，起臨安赴常德，途次武昌。呂祖謙致書問候。曰：「某冗食東觀，偶未汰斥。經年陪侍，誨日賀席，所以愛予敎督，周浹隆洽，一旦驟遠函丈，頓覺孤跡，煢然無依。雖強顏官次，意緒怱怱，如有所亡也。武陵合符猶在來春，莫若小惕鄂渚，爲度歲計。文潛既到，凡百當能調護，況舊治種種人情，想不致落泊也。連日風雨，舟行計亦齟齬，不知寢食安亦穩否乎？念念，蹴然動心。所恨微官束縛，不能身護行李，惟一味馳鄉而已！……惟祈厚爲斯文護重，以俟陽復泰亨之寵。」（呂東萊《太史文集》卷一二）

是歲，喜見陳騤所爲《中興館閣錄》，爲之序。有曰：「上世官修其方，故物不坻伏。後世弗安厥官，其方莫修。職業因以放失。夫方云者，書也。究其本源事跡及朝夕當思營者悉書之，法術具焉！使居是官者，奉以周旋，雖百世可考爾！周官三百六十，官各有書，小行人適四方，則物爲一書，多至五書。蓋古之人將有行也，舉必及三，惟始衷終，依據審諦，則其設施，斯可傳久。六龍駐蹕臨安踰四十年，三省樞密院制度尚稽復舊，惟三館秘閣，巋然傑出，非百司比。自唐開元韋述所集記注，元祐間宋宣獻之孫匪躬作《館閣錄》，紹興改元，程俱致道作《麟臺故事》，宋氏皆祖韋氏，而程氏故事並國初，他則多闕，蓋未知其有宋錄也。惜最後四卷俄空焉！余屢蒐采弗獲，欲補又弗暇，每每太息，今所編集，第斷自建炎以來，凡物巨細，靡有脫遺，視程氏誠當且密，官修其方行古道者，不當如是耶？」（《文獻通考》卷二〇二）

案：此書記止於淳熙四年，騤長蓬山，與同僚錄建炎以來事而成，壽見而嘉之，乃爲之序。序之年月不詳，姑繫於此。

淳熙五年戊戌，燾六十四歲，壁二十歲，埴十八歲。

春，燾抵武陵任所。友人呂祖謙數與書討論修史事，又奉勸修削《長編》，成一完書，無需留待後之作者。諸書皆關節目之大者，謹分錄如下：（一）「自違函丈，胸懷偪塞，無所發施，雖猶黽勉於此，寡耦少徒，殊鮮味也。……俯領郡寄，固亦少阻歸興，但進退逶迤，上可以見君子體國之意，下可以杜塞不見察之議，蓋未爲失策也。地理志，以某方出殿幙，俟假滿，當詳閱討論，當已無遺恨。苟有合增補處，即一面與周丈（必大）共議修入，卻續拜稟。（徐鍇）《通釋》，比從姚倉求本，會其行部，猶未送到，當更趣之。所闕卷數，比因館中修書目，卻尋得全本，但有脫□字處極多，當並錄呈次。伯祖（呂好問）履歷，以家叔自南安歸，有失子之戚，俟其悲傷稍定，當可得也。潘義榮文字，亦當更趣。潘監鹽政，恐未必曾纂集耳。史事猶有五六志全未有涯，勢須展限，人情易得因循，殊未可期也。鄭景望出守宛陵，於養親極便，但館中益覺索寞耳！陛辭所論甚剴切，良可敬也。廷對讜論者率在高等，蜀士亦有數卷甚奇，但幙中不敢錄本耳！武陵民淳事簡，黃堂必甚優游。《長編》既已斷手，莫若及此暇時參訂修潤，整頓凡例，刊削枝葉，兩存者折衷歸于一是，遂爲完書。若祗廣記備言，以待後人，恐年祀浸遠，未必能明今日去取之意，使千載有遺恨，良可惜也。」（案：《呂東萊太史年譜》，淳熙五年春，為殿試考官，三月十三日，磨勘轉朝奉郎。前書中稱「某方出殿幕」，知作書當在三月前。）（二）「某官次觕遣，但塊處索居，所懷偪塞。……比復同舍，例攝省戶，偶占禮曹，雖目前文牘極清簡，然稍討論，便繫典禮，責諉政自不輕也。開府之始，酬酢經理，想亦小勞區畫。飄颻江渚之久，今行李既遂安堵，亦可少就休愒也。遠方人士，亦有可與語者否？史事諸志，自冬春來雖各粗成編，沓然首尾不完，節目斷絕，殊未有次序，今期限在冬末，已是第三次展，不免趣辦，第恐牴牾處多耳！徐鍇《通釋》，紹興本近方得之，比館中本闕十卷，蓋此書本名《說文繫傳》，各分子門，其前三十卷謂之《通釋》，乃印本所有，後十卷各別有名，乃印本所無，今謹抄錄送去。但此本蠹蝕，闕字甚多，若得假以《說文》參校，義理亦可推尋也。潘義榮編年謹納上，唯伯祖履歷及其他文字，累往家叔處取猶未到，當更趣之。纔得即尋便轉致次。仲信祠祿文字，前此與傅景仁同將上，獨見卻，執更須待少時耳！季脩前聞尚留蜀中，莫非久還侍旁否？近事邸報中可得大略，周丈自春來請去之章已四上，李壽翁亦以病告經月，陳能之入史院一月，即得眩瞀之病，迨今未平。大抵目前善類，或去或病，悒悒殊鮮況也。武陵民淳事簡，公退思多閑暇，《長編》莫曾下手再整頓否？遠地士子固難得，亦有可語者否？……所諭《長編》，乍到固知多事，今條教既定，莫漸可整頓否？雖遠方難得人商榷，然暇日極難得，似不可放過也。」（三）「日來史限迫趣，卒常宿館中，舛錯毛起，猶未見大功緒。其恨函丈在遠，不能一一質正也。武陵民淳事省，當可卧治，亦有佳士可共語否？龔參政父子歿於瘴鄉，劉樞亦復不起，善類甚惜之也。張欽夫帥荆南，不知已到官未？同在一路，凡事可相應接，亦非小補也。陳丞相有奏事之命，猶辭免，又未知到闕去留如何？劉文潛在桂爲況如何？似亦時相聞否？劉子澄已外除，諸公莫爲言者，近得其書，只欲求祠也。」（案：據《宋史·孝宗紀》，龔茂良卒於是年六月，知此書寫發于秋後。）（四）「史課雖粗不廢，第同舍遷易不常，猝未就緒。北扉雖有其志，而力不足，每相與浩歎。共思去歲合堂同席之樂也。

聞復刊緝《長編》，條列當益嚴密，第恨阻遠，不得陪侍筆削耳！《李羣玉詩》謹抄錄拜呈，餘金並往。向來《說文繫傳》非特校對草草，政以元本斷爛，每行減去數字，故尤難讀。若得精小學者，以許氏《說文》參繹，恐猶可補也。張欽夫（栻）不知已到荆南否？朱元晦（熹）辭南康，已有不許辭免便道之官指揮，不知竟肯起否？劉子澄（清之）已從吉，娼嫉者頗衆，執不過得一倅，又未知闕次何如耳！」（案：據《朱子年譜》，五年八月差知南康軍，辭。冬十月，奉旨不許辭免，令疾速之任。知此書寫於冬日。）（五）「史氏諸志，近略見涯緒，但職官、選舉一兩志未就條理耳！同舍去來不定，故難見功也。黨籍本末，想類次已成編，謝上蔡曲折當以問朱元晦，得報即拜稾。近聞辰守微有齟齬，雖未得其詳，其竊謂邊防經理雖不可緩，要須中外相應乃可展盡，苟或未然，不若姑隨時蒐補，仍舊貫之爲善也。」（《呂東萊太史文集》卷一二）

四月二十四日，清江劉靖之卒，臯撰其墓刻，張栻銘其墓。靖之字子和，靜春先生劉清之之長兄，資稟冲淡而溫厚，登紹興二十四年進士第（《朱文公大全集》卷九八《劉子和傳》）。

五月六日，臯友林光朝卒，年六十五。光朝專心聖賢踐履之學，通六經，貫百氏，言動必以禮，四方來學者無慮數百人，南渡後以伊洛之學倡東南者，自光朝始（《宋史》卷四三三）。

是月，周必大奏乞展限修史。略曰：「竊見編修四朝正史，置院雖久，而中間緣併手重修徽宗實錄，未暇撰次，只自去春進書之後，前史官李燾方始具奏，乞寬展期限，奉四月三日聖旨，展至今年春季。適會累月以來，官屬多從外補，是以未能就緒。欲望更展望限，庶獲成書。」詔展至冬季（《宋會要輯稿》職官一八）

六月，龔茂良卒於英州謫所。茂良知臯最深，相期以學，聞其卒，甚哀悼之。

八月十九日，壁、臯始從張南軒受業。初壁、臯從清江劉清之遊，清之以蜀中師表許之，及張栻以秘閣修撰除荆湖北路安撫使兼知江陵，臯守常德，同在一路，常相通問，壁、臯早晚隨侍，問學極便。清之遂函薦之於張栻。栻倡居敬養氣克己明理之說，本孟夫子之意，參二程子之學，講學湖湘，從者極衆。壁、臯因往就教，學問大進。眞德秀《跋劉靜春與南軒帖》曰：「此靜春劉先生與張宣公帖也。是歲淳熙戊戌，眉山參政李公年甫冠，其季今制閫侍郎十有八耳！靜春皆以蜀中師表許之，二公果能以文章德業自著，不負所期。然靜春不惟知之，又屬宣公成就之，蓋人材世道所賴，故其惓惓於此。知人之智，愛人之仁，於是乎兼之。前修用心，眞可敬仰。」（《真西山先生文忠集》卷三六）魏了翁跋曰：「此靜春先生劉公淳熙五年八月十九日所與張宣公帖也。宣公時爲秘閣修撰、荆湖轉運副使，過其弟端明公于宜春，劉公之兄靖之字子和，卒于贛州教官，將葬而屬銘焉！劉公世載令德，爲國朝文章家，逮公尤孜孜以人才爲己任，朱文公稱其收恤宗黨，接引後來，樂人之善，矜人之惡，蓋得之親見。宣公雖不及識公，而書問往來間氣味之同亦爾。此可以強致乎？是歲石林李公年二十，悅齋李公年十八，而靜春以二公屬宣公，已曰：『異日與川中作師表，非小補也。』而數十年後，悉如其言。人固不易知，然而心者神明之舍，所以範圍天地，出入古今，苟志平氣定，不遷於私好惡，不奪於小利害，往往可以十得八九，況稟氣之清明者，固可以望而知之。某生晚，不及與觀一時師友之盛，猶幸與輔漢卿（廣）、趙昌父（蕃）、張元德（洽）諸公遊，知靜春事爲悉，因悅齋李公刻此帖見寄，附姓名其末。嗚呼！師友道廢，利祿相挻，上慢其下，下諛其上，以講學儲才相規益者鮮矣。張德衡甚寶此帖，亦以覘世道之變云。」（《鶴山集》

卷六四）

秋，辛棄疾出爲湖北轉運副使（《辛稼軒先生年譜》）。

十月二十五日，翰林學士兼修國史周必大言：「被命纂修四朝正史，賴同僚協力，裒類事實，粗見功緒，今當下筆之際，事體猶難。前朝國史雖是衆人分撰，然當時案牘可以稽據，是非可以詢問，貴成一手，不至訛舛。南渡以來，文籍殘闕，往往搜求散軼，考證同異，若非參合衆智，深慮不相照應，牴牾者多。嘗與衆議，分手撰述，每遇一志一傳成篇，並令在院官互相修潤，庶幾首尾貫穿，體例歸一，無思慮不周之患。祈降指揮遵守」，從之（周必大《奏議》卷八）。

是歲，在常德任內，與湖北帥臣張栻奏定湖北土丁刀弩手數目，度田立額。湖北辰、沅、靖、澧州弓弩手者，自政和七年始募土丁爲之，授以閒田，散居邊境，教以武藝，其隸於籍者，至九千餘人。靖康初，全軍調發往河東援太原，爲敵人所陷，僅存千五百人，建炎三年亟罷之。紹興六年，命招三千五百人爲額。淳熙三年，楊太尉倓爲荆南帥，上即擢命倓修其政令。已而知辰州尹機代還，請命有司，括田招募，人給例物五千，春秋校閱，犒賜如禁軍例。上即擢機爲湖北提點刑獄，使與之同措置。然弓弩手舊田，諸郡已收爲省用，機迫使募人爲之，往往無田可給。但虛立姓名以應命。又土人多憚點閱，甚患苦。先是，壽爲轉運副使時，已言此制不可復，至是又力陳其不便，乞度田立額。事下諸司，平處列上，張栻時爲安撫使，頗以爲是，會機卒，馬大同繼之，欲換以土軍，辛幼安（棄疾）時新除漕副，亦乞各具所見，議不合。燾言當用提刑司近差官點定一千三百七十六人之數，增募爲一千五百人，栻以爲多減恐不成行列，欲用見數，委提刑躬行檢點。俟有田沒官，始令招足元額。燾復爲言，如此則提舉刀弩手司又當復置，而欲冒賞者必至橫沒民田，爲害滋大，不若以現點數爲準，專委守臣，磨以歲月，令招及今額。仍同栻連銜具奏，去其病民罔上者數條，詔皆施行。境多茶商，異時禁切商賈，率至交兵，燾曰：「官捕茶賊，豈禁茶商？」聽其自如，迄無吠犬警（《神道碑》、《朝野雜記》甲集卷一八、《朱文公文集》卷八九《張公神道碑》）。

成《說文解字五音韻譜》十二卷。此書據徐鍇《說文解字繫傳》而成，鍇援引精博，小學家未有能及之者。燾後序云：「某在武陵，嘗與賈直孺之孫端修，因徐楚金兄弟《說文解字韻譜》，別以類編所次五音先後，作《五音韻譜》。其部叙仍用許叔重舊次。蓋楚金兄弟本志，止欲便於檢閱，故專以聲相從。叔重當時部叙固不暇存，既不存當時部叙，則於偏旁一切都置之宜矣！然偏旁一切都置，則字之有形而未審厥聲者，豈不愈難於檢閱乎？此寶元之所以既修《集韻》，必修《類篇》；修《類篇》，蓋補《集韻》之不足處也。……故某初作《五音譜》，不敢紊叔重部叙舊次，其偏旁按堵如故，獨依《類篇》取《集韻》翻切所得本音，以序安頓，粲然珠連，不相雜揉，古今奇字，畢陳立見，頗自謂於學者披閱徑捷，不愧楚金兄弟之言矣！」燾又嘗序著作之意曰：「小學放絕久矣！欲崇起之，必以許氏爲宗，而鉉、鍇兄弟最爲親近者，如陽冰、林罕、郭忠恕等輩，俱當收拾採掇，聚爲一書，使學者復覩純全，似非小補，顧力有所不及耳！《韻譜》仍便於檢閱，然局以四聲，則偏旁要未易見，乃因司馬光所上《類篇》，依五音先後，悉取《說文》次第安排，使若魚貫然，開編即可了也。《說文》所無而《類篇》新入者皆弗取，若有重音，則但舉其先而略其後，雖許氏本在上去入聲，而《類篇》在平聲，亦移載平聲，大抵皆以《類篇》爲定。……《切韻》、《廣韻》皆不如《集韻》之最詳，故司馬光因以修《類篇》，《集韻》部叙或與《廣韻》不同，鍇修《韻譜》尚因之，今五音先後並改從《集韻》，蓋《類篇》亦以《集韻》爲定故也。嗚呼！學無小，而古則謂字書之學爲小何哉！亦志乎學當由此始爾。……今學者以利祿之路，初不假此，遂一切棄捐不省，喜字書者，求其心畫端方，已絕不可得，但肆筆趁姿媚耳！……王安石初是《說文》，覃思頗有所悟，故其解經，合處亦不爲少，獨恨求之太鑿，所失更多。不幸驟貴，附和者益衆，而鑿愈甚。蓋字有六義，而彼乃一之，雖欲不鑿得乎！……余竊哀之，雖老矣，猶與後生共講習，故先爲此《五音韻譜》，且叙其指意云。」（《文獻通考》卷一八九）

淳熙六年己亥，燾六十五歲，壁二十一歲，䇓十九歲。

正月，國史院言，已降指揮，《四朝正史》

限至淳熙五年冬季，今來見行分修，係涉熙寧至靖康五十餘年，文字浩瀚，乞寬展日限。詔更展半年（《館閣録》）。

三月，呂祖謙大病初癒，作書與燾，道病中曲折。有曰：「某歲晚忽感末疾，重爲醫者所誤，既投熱劑，又復吐利疾證，遂頓危殆，亟更易醫藥，幸而所用漸見效。此一月來手足間皆能自如，但微有弱處，精神言語則不甚有異於常時，但病體疲薾不堪。少有衝冒。雖蒙恩補外，而留滯許時，殊覺不安。更稍可強勉，即買舟東歸矣！《文海》奏篇，異數便蕃，一時紛紛，蓋因忿激而展轉至此。病中惟靜審以處之而已！其始亦未欲以聞，蓋累以宣諭，故□□也。恐或欲知。契丈祠請既不遂，正人未遽遠去，善類朝夕以冀宣室興思也。」（《呂東萊太史集》卷一二）

案：《呂太史年譜》曰：淳熙六年，「公自歲前感疾請祠，正月十一日，詔與州郡差遣，十六日，又詔與添差參議官差遣，免謝辭。二十四日，樞密使王淮宣旨問所編《文海》次第，公遂以其書繳申三省以進。二月三日得旨：呂某編類文海，採摭精詳，與除直秘閣。……時中書舍人陳騤繳公直閣之命，以爲推賞太優，尋奉聖旨，館閣之職，文史爲先，今所編次，采取精詳，觀其用意，有益治道，故以寵之。三月底，乃發臨安回婺州。」據此，知此書當在三月前付出。

夏，燾乞祠，提舉江州太平興國宮。時《五音韻譜》已成，未敢付梓，得請歸眉山，推鄉人家氏三世留意篆書，多所撰述，每欲持此書相與考評精惋，或增或損。而去鄉踰一星歲，及歸，則舊遊零落盡矣！後生雖多俊才，不復肯以小學爲事，所謂《五音譜》者，遂束之高閣（《文獻通考》卷一八九引後序）。

秋，行明堂大禮，推恩，孝宗以燾首建議，特除敷文閣待制。先是燾數建白行明堂大禮，上令集議，嬖近謂於德壽宮有嫌，沮不行。至是趙雄爲丞相，周必大爲禮部尚書，與諸儒議，謂：「周成王宗祀文王，漢武帝陟配高祖，所謂嚴父，指周公也。晉唐及本朝名臣皆有是說，非出於燾發之耳。」其議遂定（《神道碑》）。

是歲，臯從張栻學，求道甚鋭，栻戒以無急於成，以是循序漸進。先是，「南軒受學於胡五峰先生（宏），而後得見，猶未與之言也，泣涕而請，僅令思忠清未得爲仁之理，蓋往返數四而後予之。前輩所以成就後學，不肯易其言若此，故得其説者，啓發於憤悱之餘，知則眞知，行則篤行，卒能以學問名世。有非俗儒四寸口耳之比，今帖所謂無急於成，乃先生以其所以教於人者教人耳！」（《鶴山先生集》卷六一《跋南軒所與李季允帖》）

案：《南軒文集》中未載此帖，想已佚。此事年月不詳，但去此不遠，姑繫於是年。

胡元質時制置四川，創成都貢院，請燾爲記。略曰：「吴郡胡長文以龍圖閣直學士安撫制置四川，遣人持書及類試省貢院圖來武陵，屬眉丹稜李燾，其書指言西南大都督惟蜀，異時學於京師（者）甚衆，蓋敵齊魯，斯文所從起也。國家習用文治，士愈輻輳，每三歲取士詔下，合成都九邑士來應有司之試者，數踰五千，日增而未止。舊貢院既狹小不足以容，則更就佛寺。……屬將明命，盡護全蜀，實董淳熙四年類試省試，所逢若此，惕然不安於衷，爰議改作。……役起五年之秋，秋毫不以煩百姓也，今成矣！……長文用力於斯文久矣，其改作此信善哉！……余去鄉久，於蜀故弗詳，頗聞長文治蜀，慨然有愛民之心，嘗奏減茶鹽重課爲緡錢五十萬及上供金帛之白著者亦幾二十萬，皆遺黎數十年患苦者，一旦得少蘇息。……故余並敢以素所持論作記，庶幾學者競勸益思，所以報明天子憂顧遠方養成寒畯之意，且無忘長文之德。」（《成都文類》卷四六）

淳熙七年庚子，燾六十六歲，壁二十二歲，亶二十歲。

二月二日，張栻卒於江陵之府舍，年僅四十八，時人傷之。栻受業於胡宏，學者稱南軒先生；講學湖湘，以是而有湖南之學。栻之教人也，必使之先有以察乎義利之間，而後明理居敬以造其極，其剖析開明，傾倒切至，必竭兩端而後已（《朱文公文集》卷八九《張公神道碑》）。

春，亶卒。壁祭文曰：「士之生世，窮達不論，論其所傳。兄之文章，與其氣節，古人差肩。不幸不偶，一跌不振，時或使然。雖屈一時，流芳無窮，尙慰九泉。龍鵠之東，山秀水匯，歸安新阡。勒銘藏幽，勉致無類，我哀莫宣。天理未泯，會見二子，怒飛摩天。聲葺遺編，省養嫠嫂，某敢不虔。以茲微誠，一慟告別，肝推心穿。」（《永樂大典》卷一四〇五一

引《雁湖集》

案：《四川通志》（七）稱「垕知遂寧府，政主簡靜，濟以剛果，間有措置，卒歸平恕，郡人宜之。」燾家父子兄弟五人皆曾知遂寧，有遺愛，故著之於編。

五月十一日，塾卒，年三十三。垕、塾相繼亡，燾之悲痛可想見矣！六月二十日，壁祭塾文曰：「……七兄（垕）之亡，吾兄弟相泣慟哭，噫嘻太息，口不絕聲。誠以陟岡之愛隆，而同胞之義切，少壯相守，黃髮爲期，半道摧折，是誠可悲。已惟親年益高，重以此變，觸目凄動。亟命某逆張氏婦於左綿，歸見祖廟，某應諾，顧災禍方新，意耿耿不樂爲，此行迫於親命，御痛即塗。暨抵左綿，甫信宿，而得八兄書報，兄自某違去，晚遂得疾，某以端午日離家，而兄以十一日遽至大故也。……天乎！何奪之速而至於此極也，何元昆鸞殺之未幾，而強季鳳去之復亟也！惟兄篤於孝友，方視某束檐之初，雖暫睽隔，而憾慘增劇，送某及門，默然含辛，某亦徘徊顧瞻，相視零涕。嗚呼！某當是時，苟能力告父母以未去側，猶庶幾獲留，而因循佁儗，竟憚發口，此其爲罪，殺身何贖也。嗚呼！七兄名立官□，□□□□多應酬，惟其與兄，則如左右手，未嘗跬步相離去。情之……所不能盡知，而某與兄獨得於心者，未易一二言也。豈謂兄之病也，某乃不得侍其飲食藥餌而死也。又不得具其官櫬衣裳，琅琅之音不獲聞，刻骨之恨，至於沒世不可磨矣！兄之天資穎異靚深，美秀而文，身兼數器，高拔不羣。凡世之人，專專嗜書，則於家事，罔克徧舉。雖鄭康成所以能成其業者，亦爲父母昆弟所容，惟兄服勞幹蠱，纖悉曲盡，退而講習，則旁搜遠紹，洞幽徹玄，雖老儒經生所不能逮也。凡世之人，孜孜勸藝，則於時務必不兼通，雖高仲舒多識古事，而於今則有所不知。兄種學績文，涵滀演迆。至論當世之故，則諳練通達，燭照龜占，雖久宦遊，有所不能及也。挾瑰瑋之才，備純固之行，充之以正大之學，謂雖暫屈，必將踔厲風發，霖雨於四海，而某之鈍頑，亦得依乘輔翼，策名其間。嗚呼！……青燈夜窗，兄之所以語我者何如？而今乃遂棄某而死耶？已矣！風雨不渝，寧復對窗之約，池塘未改，永無春草之詩。睽違數辰，俛仰千古，功名之念，自歎離披，棠□之歡，併成蕭颯，戢恨飲泣，誰知此心！惟兄盛年，厥聞鼎鍾，名公鉅卿，見者斂容，折節倒屣，願交下風。其中知兄爲深，相期以共由斯道者，惟玉山汪先生，莆田龔公爲然。玉山以文學道德，師表一世，兄最推仰。龔公雖賢者，然所爲未盡合古，兄以不快之，而猶望其可與有爲也。亡幾何，汪公捐館舍，而龔公坐忤權貴，亦斥死嶺外。兄每歎息於邑，強起應書，卒見排擯，歸志浩然，不以介蔕。名聲愈高，而素守彌堅，清議愈歸重，而流俗之讆言，則有所不必問也。嗚呼！兄雖不遇，而五十篇之文，爛如日星，蓋以薦之宸扆，仰備乙讀，天子至以神筆鈎纂，宜諭輔臣，欲有所舉行。而家君奏事殿省，金口獎勵，備極優渥，中外竦聽，日遲朝陽之嗚。而忌者謂兄名高才周，必將大有所攖拂，逆設機穽，俾不得伸。嗚呼！不伸於一時，必伸於萬世，又安知後來不尋諸故府，如主父偃祖賈生遺策而行之也。呂伯恭嘗與某言，兄之此文，備學術之正宗，而曹子固、陳君舉以謂淵源皆自元祐，殆無一字頗僻。嗚呼！兄之胸次，固何但此！風雷變化，百未一施，而韜光欲輝，長返濱漠。無乃名在絳闕，職列丹臺，如王平甫之往靈芝宮耶？仲純甫之主長白山耶？不然，巖巖清峙，廊廟之具，天既生之，若將有意，而胡爲遽奪之也！兄《約齋》之文，凡兩大編，暨未來南時，少作一篇，所著《儲範》，及長，《形勢錄》等書，具在篋笥，心畫絢爛，宛兮如新，撫玩興慨，不覺長慟。昔江南李恭伯自次其文曰：天將壽我乎？所爲固未止此，不然，亦可籍手以見古人矣！兄年三十三，雲升川增，橫放高騖，使極其所如往，泰伯豈足爲兄平□□□□，何特語言文字而已哉！而某之愚，則謂後之君子，因其□□□□□□□□編者，猶可昭示無窮，以慰余在原之思也。少暇當第其卷帙，以書告翰林周公爲之序篇，且屬廬陵劉子澄爲之後序，兄豈以爲可乎？嗚呼！七兄之終也，門戶之寄，猶賴有兄，兄隨以亡，某何用生？然所以猶強顏苟存未即殞越者，實以父母既老，而兩兄之所以望我者，猶欲竭力奉承，不敢失墜耳！嗟嗟季脩，今其死矣！某其不復進爲於世矣！縱或時運可爲，亦將悒悒鮮歡，無與共斯樂者矣。又況某之迂拙疏介，與俗多不合耶？是誠不若退而求志，自放於山林之爲愈也，嗚呼！爰自今春，荆州（張栻）即世，兄太息於邑，如汪龔死而時加戚焉。往往兄弟羣居，談笑疊發之際，兄獨怛然不懌，某以是知兄憂世之心，雖適丁時命大繆，猶萬一冀道之可行，而平生心交，川逝飈駛，宜兄之不能忘懷於此。而兄之心，豈爲富貴利達而言也。方欲爲文弔荆州，而七兄病，七兄病亡，而兄復繼之。嗚呼天乎！椓喪賢哲，而剪滅善良，豈消長之循環，抑存亡之有數！寧獨兄弟鍾孔懷之戚，抑亦朝野興殄瘁之哀。反覆思惟，猶怳以疑。談辯如雲，妙質秀眉，瞿然意兄之復起，而忽不知死生之異路也。嗚呼！人之相知，貴在知心，惟某知兄，惟兄我知，悵斯人之永已，悼再見之無期，仰歌鶺鴒，苦淚雙垂，浮雲爲我陰，鳴蟬爲我悲。……天實爲之，理不可推。從巳三歲，肌膚玉雪，咿啞學語，兄最憐愛。應生甫六十日，眉目如畫，實爲英物。兄辛勤一生，賫志沒地，歛福垂裕，倘在此兒。若乃撫視煦育，以待其成，敎之晦之，俾他日嶷嶷有立，則某之報兄者庶其在此！」及葬，又祭曰：「惟我兄弟，隨翁西還。凡存五人，並肘差肩。韡韡□華，雍雍雁行。豈期一朝，天降不祥。落其芳華，折其勁翰。歿者已矣，存者厚顔。嗚呼！父母之篤愛，兄弟之至情，呱呱幼稚，哀哀嫠人，所以望兄者益甚遠且大，奈何棄之而奄歸於九京天地之原！謀與伯氏偕葬，而陰陽家之說，迺謂不然。近徙喬林，巖壑相望，葦蒿悽慘，猶庶幾往來其間也。幽室之銘，某旣勉致蕪纇之

辭，若其平生之言，則某曩於六月十九日致薄奠所以告兒者備矣！」（《永樂大典》卷一四〇五一引《雁湖集》）

十二月，吏部尚書兼修國史王希呂言，今來編修四朝正史志已成，乞選日進呈。十二日，國史院上四朝史志一百八十卷。《地理》一志，全出燾手，餘多兼采《續通鑑長編》（《玉海》卷四六）。洪邁曰：「《四朝國史》本紀，皆邁爲編修官日所作。至於淳熙乙巳丙午，又成列傳百三十五卷。惟志二百卷，多出李燾之手，其彙次整理，殊爲有功。然亦有失點檢處，蓋文書廣博，於理固然。《職官志》云：『使相以待勳賢故老，及宰相久次罷政者，惟趙普得之。明道末，呂夷簡罷，始復加使相，其後王欽若罷日亦除，遂以爲例。』按趙普之後，寇準、陳堯叟、王欽若皆祥符間自樞密使罷而得之，欽若以天聖初再入相，終於位，夷簡乃在其後十餘年，今言欽若用夷簡故事則非也。」（《容齋三筆》卷一三）

是歲，燾自武陵歸眉山，爲趙開撰墓誌銘。內云：「贈特進追復徽猷閣待制趙公既葬，……今四十年矣！燾頃自武陵歸眉山，而公長子永實爲州（牧），數相從也。一日盛服臨治泣而言曰：『先人所建立，蜀人戶知之，不肖孤何敢妄有稱述。今犍爲郡守雍有容故所作行狀及家所藏奏藁具在，惟墓碑久未刻銘，敢頓首以請。』燾固辭弗能，則固請弗怠，且曰：『蜀耆舊惟公紬金匱石室之書，識先人黜陟本末，亦惟公直筆正辭，信而有證，則銘吾先人，匪公之歸將誰歸，幸公哀而許焉！』燾與永年相若，鄉者

備使東川，永實守昌元，治有能聲，始相好，今俱老矣，乃復相過從，似非偶然。」（《宋代蜀文輯存》卷五四）

案：開卒於紹興十一年，下數四十年，知此墓銘當撰於是年。

起知遂寧府，垕、塾相繼亡，燾悲痛甚，孝宗欲以吏事銷憂，起知遂寧府。用蔡挺涇原衙教法，闢勤武堂親閱士卒，其雜居市廛者，葺營聚之（《神道碑》）。

淳熙八年辛丑，燾六十七歲，壁二十三歲，亶二十一歲。

二月四日，趙雄、王淮、周必大以《四朝史志》成書，所與修官各進秩有差，因乞與燾推恩。奏狀曰：「臣等仰惟陛下崇爵祿以馭富貴，公賞罰以核名實，蓋凜凜乎周漢之上矣。臣等退相告語，常欲推廣德意，見於奉行之際，庶幾昭明功效，激勸多士。近者《四朝史志》成書，臣雄備位宰司，適叨典領，臣淮、臣必大並以曾經修纂，各蒙增秩加恩。……其有留心斯文，功用顯著，偶緣去朝，未被醲賞，隱而弗言，心則有愧。臣等伏言，大中大夫、充敷文閣待制、新知遂寧府李燾，博考舊聞，網羅逸事，修成《續資治通鑑長編》一千卷，其自熙寧至靖康六十年中，朝廷之所設施，羣臣之所議論，推原審訂，登載甚詳，今之史志，摭取實多。又其間地理志全出燾手。昨燾外補，臣淮、臣必大移文取索，乃上送官。臣雄檢照紹興二十八年初進《徽宗皇帝實錄》，提舉官右僕射湯思退言，翰林學士汪藻，修元符以來詔旨八百餘卷，實錄多取正，望加褒錄，以勸忠勤。有旨：加藻端明殿學士，諸子悉與堂除差遣。燾之《長編》，助成史志，正與藻類，猶褒於身後，況燾值於書成，若止令與曾任史官在外之人例，減二年磨勘，似未爲允。欲望聖慈，稍賜甄別，特與轉官。既彰聖朝念功之實，亦使臣等免蔽之譏，其於總核，不爲無補。」（《周益公奏議》卷一一）詔：「李燾依已降指揮減二年磨勘外，更與轉一官。」燾自奉議郎，年涉典籍，官朝議大夫，避父諱，遇遷職寄理者三，於是轉通議大夫（《神道碑》）。呂祖謙與必大書曰：「近事小小節目之間，殊有慰人意處，如宰執推李仁甫修史之功。」（《東萊文集》卷七）燾之得人望如此！

七月二十九日，呂祖謙卒，年四十五。祖謙學以關洛爲宗，而旁稽載籍，不見涯涘，心平氣和，不立崖異，一時英偉卓犖之士皆歸心焉（《宋史》卷四三四）。

是歲燾在遂寧任，以酒課加重，奏榷酤起王莽而成於德宗，本朝郡釀有數，監司尚不許，今乃設法勸飲，以斂民財，縱未能盡弛，猶當用買撲舊法，罷去官監。帝意鄉之。而計司迫於贍軍，日減三十緡而已！燾節用度，停茶錢，官府肅然。周必大回啓，稱燾「全蜀先進，中朝老成，學術貫串乎古今，才名赫奕于中外。慨念俗吏，罔思治原，視民瘼而弗求，縱吏姦而莫問。惟公久陪帝幙，既已知德意志慮之詳，乃今密接鄉邦，必將繼中和布宣之譽。」（《省齋文稿》卷二六）正所以相砥礪也。燾於閒公事餘，收拾舊著，而尤加意於《五音韻譜》。適與餘杭虞仲房相遇，仲房能爲古文奇字，聲溢東南，凡江浙偏旁與其他金石刻多仲房筆，乃出《五音譜》求是正焉！仲房喜曰：「此要書也，便可刊刻，與後學共之，復何待？」燾曰：「姑徐之，試爲我更張其不合者。」已而，仲房謂曰：「《五音譜》發端實因徐氏，則此譜宜以徐氏爲本，則所謂以聲相從，其平上去入自有先後，固不容顛倒，叔重部敘，亦何可獨異。蓋即用徐氏舊譜，參取《集韻》卷第，起東終甲，而偏旁各以形相從，悉依《類篇》，今若此，則《說文解字》形聲俱存此譜，於檢閱豈不愈徑捷，但不免移徙叔重部敘耳！」燾應之曰：「叔重部敘舊次，起一終亥，世固未有能通其說者，楚金（徐鍇）實始通之，其書要自別行，兩不傷，賦詩斷章，取所求而已，復何待？」亟謂仲房，鏤版流布（《文獻通考》卷一八九）。

案：魏了翁與李埴書曰：「巽巖先生初作《五音譜》，以許叔重部敘爲之，後在遂寧，出視虞仲房，仲房乃改用徐楚金《韻譜》，老先生雖勉從之，終弗愜也。故後序及跋語既云要自別行，又云要須各行，大抵始一終亥其形也，始東終甲其聲也。許氏元無反切，後人漸加附益，至徐鼎臣始以孫愐《唐韻》音切爲定，自音切行，人以爲便於檢閱，而不知字之本乎偏旁，故老先生謂偏旁一切都置，則字之有形無聲者，豈不愈難檢閱？蓋不以《韻譜》爲然也。」（《鶴山先生大全集》卷三四）燾舊編《五音韻譜》，大抵皆以《類篇》爲定，至是從虞仲房之言，乃改從徐氏，則其五音先後，亦不復用《類篇》，但取許氏本音次第之。庶學者易曉云。惟二書要須各行乃曲當也。

淳熙九年壬寅，燾六十八歲，壁二十四歲，

垕二十二歲。

燾歷年外守，頗得閒整頓《長編》。前得

旨，《長編》或有增損，依熙寧修三經義

法具奏。至是，上四千四百五十餘條。

又以一百六十八年事，散見九百八十卷，

乙覽難周，别爲《舉要》六十八卷，總

目五卷，修換事目十卷。進表曰：「臣

累次進所爲《續資治通鑑長編》，今重别

寫進，共九百八十卷，計六百四册。其

修換事總爲目一十卷，又緣一百六十八

年之事，分散爲九百八十卷之間，文字

繁多，本末頗難立見，略存梗概，庶易

檢尋，今創爲建隆至靖康《舉要》六十

八卷，並卷總目共五卷。已上四種通計

一千六十三卷，六百八十七册，投進者。

紀一祖八宗之盛德至善，義寧止於百篇，

聚九朝三世之各見殊聞，事或傳於兩説。

惟折諸聖，迺得其眞。臣網羅收拾垂四

十年，綴葺穿聯踰一千卷，牴牾何敢自

保，精力幾盡此書。非仰託大臣之品題，

懼難逃乎衆人之指目。漢孝宣稱制決疑，

故事莫高於甘露；我神考錫名冠序，治

鑑莫毁於元符。豫席恩言，比跡先正，

臣死且不朽。」（《文獻通考》卷一九三）

馬廷鸞曰：「李文定（簡）公纂本朝

《長編》，自紹興、隆興、乾道、淳熙節

次上進，收拾舊事，垂四十年，是《長

編》一百六十八年之書，以四十年而

成。」（同上）此《長編》之所以足以垂

千古也。朱熹論《長編》得失曰：「近

得周益公書，亦疑其間考訂未甚精密，

因寄得數條來某看。他書靖康間事最疏

略，如姚平仲劫寨，則以爲出於李綱之謀，种師中赴敵而死，則以爲迫於許翰之故，全不知二事俱有曲折。劫寨一事，決於姚平仲僥倖之舉，綱實不知。（原案云：綱除知樞密院，辭免劄子內云：「方修戰具，嚴守備以俟，授師未便迫虜，使進不得攻，退無所掠，勢窮而遁，俟其渡河，半濟而擊，勝可萬全。而平仲引衆出城，幾敗乃事，然平仲受節制於宣撫，不關白於行營，二月八日夜半平仲之出，种師道不知之，在微臣實無所與。」）當時執政如耿南仲輩方極力沮綱，幸其有以藉口，遂合爲一辭，謂平仲之出，綱爲其謀。師中之死，亦非翰之故。（原案曰：《中興遺史》云：「河北制置副使种師中軍真定，進兵解太原圍，去榆次三十里，金人乘間來突，師中欲取銀賞軍，而輜重未到，故士心離散。又嘗約姚古、張灝兩軍同進，二人不至，師中身被數創，力戰又一時，死之，朝廷議失律兵將，中軍統制官王從道，朝服而斬於馬行市。」）脫如所書，則翰不度事宜，移文督戰，固爲有罪，師中身爲大將，握重兵，豈有見樞府一紙書，不量可否，遂忿然赴敵以死。此二事蓋出於孫覿所紀，故多失實。」問覿何如人？曰：「覿初間亦說好話，夷考其行，不爲諸公所與，遂與王及之、王時雍、劉觀諸人阿附耿南仲以主和議，後竄嶺表，尤銜諸公，見李伯紀輩，望風惡之。洪景盧在史館時沒意思，謂靖康諸臣，覿尚無恙，必知其事之詳。奏乞下覿，（撰）其所見聞進呈，秉筆之際，遂因而誣其素所不樂之人，如此二事是也。仁甫不審，多采其說，遂作正文書之，其他記載，有可信者，反爲小字以疏其下，殊無統紀。遂令觀者信之不疑，極是害事。當王允之殺蔡邕也，謂不可使佞臣執筆在幼主旁，使吾蒙訕議，允之用心固可誅，然佞臣不可執筆，則是不易之論。」（《永樂大典》卷一〇四二一引《朱子語類》）馮雪濠曰：「《四庫全書》目著錄《永樂大典》本《續資治通鑑長編》五百二十卷，提要稱其原目無存，所分千餘卷之次第已不可考，又言其作此書經四十載乃成，自實錄正史官府文書，以逮家錄野紀，無不遞相稽審，質驗異同，雖採摭浩博，或不免虛實並存，疑信互見，未必一一皆衷於至當。然其進狀自稱寧失之繁，毋失之略，蓋廣蒐博錄，以待後之作者，其淹貫詳贍，固讀史者考證之林也。」（《宋元學案補遺》卷八）

淳熙十年癸卯，燾六十九歲，壁二十五歲，垕二十三歲。

春，燾在遂寧任。三月六日上《長編》全書，自建隆迄靖康凡九百八十卷，《舉要》六十八卷，孝宗甚重之，以其書藏秘府（《玉海》卷四七）。

案：燾所上《長編》全書，亦即最後定本，《宋會要》稱六百八十七冊，陳騤等之《中興館閣書目》稱一百六十八卷，陳振孫《書錄解題》（四）著錄與《館閣書目》同，並云：「其卷數雖如此，而冊數至餘三百，蓋逐卷又分子卷，或至十餘。」自乾道四年燾所上太祖至英宗五朝事跡計一百零八年共一百零八卷觀之，則知北宋一祖八宗一百六十八年間事，亦應年爲一卷，共一百六十八卷。然此一百六十八卷本與九百八十卷本是否完全相同，則殊難臆知。惟就《書錄解題》所載册數，僅當燾所上全書册數之半觀之，疑陳氏亦未得睹全帙也。至若九朝事跡在《長編》中所占卷數，據趙希弁《郡齋讀書附志》（五）云：「《續資治通鑑長編》九百四十六卷，……太祖至英宗一百七十五卷，神宗朝二百二十八卷，哲宗朝二百二十卷，徽宗朝三百二十三卷，其書倣司馬氏《通鑑》踵爲之，……希弁所藏蜀本，視書坊所刊者爲詳。」知欽宗朝居三十四卷。太祖至英宗五朝一百七十五卷，已見乾道四年。神宗二百二十八卷，哲宗二百二十卷，合計四百四十八卷，

已較淳熙二年二月所上神宗、哲宗兩朝長編四百十七卷增多三十一卷。徽宗三百二十三卷，欽宗三十四卷，總三百五十七卷，則又較淳熙四年七月所上徽欽兩朝長編三百八十八卷減少三十一卷。要之《長編》皆有增益，前已上四千四百五十餘條，今將此分繫各該年中，知其卷第必有一新之調整，宜乎前後之不一貫也。

又案：周必大《省齋文稿》卷一八《題范太史家藏帖》曰：「儒者病乎寡要，實錄牽于多愛，自太史公已然，況餘人乎！眉山李仁甫謂『近則事詳，遠則事略』，不當以繁省論文，其言美矣！故《續通鑑長編》多抄近世士大夫所著，如曾子宣《日記》之偏，王安石《甲申錄》之妄，咸有取焉！若

得如范公者相與商定而斧稿，則又善之善也。」燾書近千卷，而欲盡如人意者難矣！然其搜求之勤，用力之專，與夫彙次整理史料之切，自遠古以來，未有能及之者。不可謂非後人治北宋史者之一大福音也。至若《長編》之版本源流，與南宋據《長編》所成各史書之考略，有楊家駱先生《續通鑑長編輯略》在，茲不重贅。

六月二十日，燾自遂寧府召還。時詔命屢下，固辭不獲。久之，孝宗數詢來期，至是對延和殿，邇英方讀陸贄奏議，燾摭贄言切今者數十事勸上力行。且言「贄雖相德宗，其實不遇，今可謂千載一時。」帝曰：「惟不遇於當日，是以言垂後世。」燾又奏：「陛下即位二十餘年，志在富強，而兵弱財匱，與教民七年可以即戎者異矣。」帝有無功業之嘆。燾曰：「功業見乎變，人事既修，天應自至。」帝曰：「卿宿德耆儒，宜在左右任史職。」遂進敷文閣直學士、提舉佑神觀，兼侍講，兼同修國史、實錄院同修撰。王子俊代人撰賀啓曰：「伏審光奉綸言，歸侍經幄。久矣去國，其何以慰蒼生之心；幡然賜環，稍足以生善類之氣。蓋公論乃今而後定，殆揆路繼此而延登。側聞除書，幾至曲踊。恭惟某官，統傳洙泗，秀出岷峨。聖人不生，豈在子弟之列；大雅既熄，當求之古人之中。盡繙金匱之藏，有光玉振之響，氣直養而無害，材無施而不宜。頃由簡知，入躋禁近。有能典朕三禮，是資寅直之誠；爾尚弼予一人，綽有論思之益。曲高難和，道大不容，納履星辰之間，把麾江湖之外。顯曹僻郡，未嘗干喜慍之懷；緗帙縹囊，初不廢校讎之課。淵乎于道而益進，淡然與世以相忘，其如治狀之上聞，不容造物之我舍。錫以芝檢，歸諸筍班。奉琳宫之緣，宛在上清虛皇之側；勸邇英之講，迪以合宫衢室之初。行將登庸，大慰僉屬。某爲官甚下，辱知獨深，墮在塵埃米鹽之中，限以雲泥關山之隔。伏讀贊命，喜倍等倫。」（《格齋先生三松集》）

案：此啓前標題《代賀李侍郎燾除在京宫觀兼侍講》，所代者爲誰，待考。王子俊吉水人，字才臣，安丙帥蜀，曾辟爲制置司屬官，子俊與燾子壁、𡌴皆相交，似亦與燾有所過從矣！

七月十七日，燾奏今史官猶有闕員，乞選兼職少者委任之。曰：「臣蒙恩庀職史館，事有當奏取聖裁者，謹列于後：一、從來修史必立年限，今四朝正史開院已二十四年，三次展限矣。所幸紀及志竝奏全篇，其未了者，止諸臣列傳耳！列傳既有底本，稍加之意，似不難了。乞自今更與展限明年春季。庶幾史官各務協心，不致有淹日月。一、裕陵諸臣列傳已經四次修改，泰陵三次，祐陵二次，靖康一次。若舊本有誤處，及有合添處。即當明著其誤削去。合添處仍具述所據何書，考案無違，乃聽修換，仍錄出爲考異，不然則從舊。更勿增改。所有諸臣合立傳，而事跡無可尋討者，且附他處，不必強立，庶幾後來尋討得見，則不妨別立，大抵只要信而有證。一、臣聞操楫佐轅，技不兩工，故史官必久居其任，少兼他職，乃可責成。若兼職太多，用志必分，雖高才任職，多多益辦，然人之精力有限，正恐詳于此則略於彼，今史官猶有缺員，自今差除，乞選兼職少者委任之，庶幾專力速成大典。」從之（《恥堂存稿》卷二《經筵進講故事》，原注出《孝宗皇帝實録》）。

案：高斯得曰：「臣嘗伏讀國史，竊見修史故事，必一書成乃修一書，未嘗有竝修兩書者，蓋國家大典，關係至重，非專心致志爲之，則不能記載得實，傳信後世。且以神哲徽欽四朝正史言之，乾道中，李燾上帝紀，既而補外，及再還朝，乃命修列傳，故燾初至，有此三項奏請，列傳垂成而燾卒，所謂展限來年春季者，竟不果就，遂召洪邁卒成之。十三年十一月乃克登進，曰紀、曰志、曰傳、次第而修，首尾二十七年，四朝大典始備。……以燾良史之才，無出其右，亦不敢詭竝修志傳。而二書之進，後先相距其遠又如此，以是言之，崇成鉅典，其可以易言哉！」（《恥堂存稿》卷二）

八月二十六日，起居舍人、兼國史院編修官趙彥中言：「國史明得失之跡，所以信萬世之傳也。陛下因近臣之言，趣就史功，以臣愚見，中更建炎多故，史籍散軼，……乞詔諸儒，凡羣臣當立傳者，其於忠邪善惡大節之際，苟可考證，必令分明，但使褒貶昭然，勿顧其子孫之怨，庶幾萬世之下有所考信。」從之（《宋會要輯稿》職官一八）。

十一月，燾得見呂吉甫帖，命臯題其後，考證極爲精詳，謂溫公誤國者，陳瑩中矯枉之言也。吉甫幸災樂禍，對司馬光直似謾罵，故表而出之，使觀者略窺其心術（《益公題跋》卷八）。

是冬，燾有歸志，因賦詩曰：「明年七十吾歸矣，預買北關門外舟。」至是疾作，三省請給告十日，帝曰：「老者不以筋力爲禮，可半月。」（《神道碑》）

淳熙十一年甲辰，燾七十歲，壁二十六歲，𡌴二十四歲。

春正月，燾表乞致仕，凡三上，優詔不允。帝數問燾疾增損何如，萬里召來，豈容輕去？丞相王淮曰：「燾知進退，宜從所請。」帝曰：「脫有不幸，故於道路，奈何？可諭其鄉人給事中宇文价留之。」价傳帝旨，燾曰：「臣子戀闕，非老疾忍乞骸骨！」因詢价時事，勉以忠盡。聞四川制置使留正、總領馮異論減酒額，猶手劄贊廟堂行之（《神道碑》）。

二月病棘，初五日，除敷文閣學士轉一官致仕。命下，喜曰：「事了矣！」口占（還）〔遺〕表曰：「臣年七十，死不爲夭，所恨報國缺然。願陛下經遠以藝祖爲師，用人以昭陵爲法。」辭氣安定。是日薨於行在所（臨安），享年七十。累官至通奉大夫，爵丹稜縣開國伯。遺表上聞，孝宗哀其忠，賻銀絹三百兩疋，贈光祿大夫，特命臨安府營辦葬事，尋敕濱江漕臣護其喪歸葬蜀。他日，帝語鄉人宇文价曰：「朕嘗許燾大書『續資治通鑑長編』七字，且用神宗賜司馬光故事爲序冠篇，不謂止於此也。」燾高亮傑特，碩大剛毅，人望之凜然，而內甚夷曠，其學洞究古今，會道紨理，晦明巨細，交貫旁達。四方學者，宗仰敬畏，終莫測所至。其在朝廷，正色侃侃，守經據古，務以格君心，存舊章，畏天變，愛民力，裁恩倖，峻風節爲言。不擇禍福利害，以爲趨舍避就，挺立不撓，邪枉憚焉。其任外服，綱舉目張，仁行威振，強暴者戢，柔懦者立，貪沓者化，興利除弊，率爲後法。方燾少年，遭國家多難，慨然有志馳驅，值權臣力主和議，務以術消闕天下忠義敢爲之氣，燾竊憤之，終其世不與通。陸沉遠方，凡三十年，始登朝堂。屬時宰附會，規挑兵端，又力爭之，以爲自治未至，何以謀人。至擯居外藩，猶懇懇弗已。晚再侍帷幄，察時論浸弛，慮成翫愒晏安之漸，則勸以爲無怠初志，益懋遠圖。然嚴氣正性，不肯纖芥徇時，以故屹屹難合，迄大不施，獨爲孝宗所尊禮，至稱之曰「有國之師表也」，其見重何如哉

（《永樂大典》卷一〇四二一引李壁《雁湖集》）。周必大曰：「公孝友誠實，性無嗜好，惟潛心經史。……故其出處本於絜靜精微，著述則評論今古，別白善惡，得褒貶之旨。所至求奧篇隱帙，傳錄讎校，雖陰陽小說亦無遺者。家藏積數萬卷，爲文語道而理備。考蜀類試，參詳南省，多得名士，薦人輒削稿。前兩入朝，適虞允文暨趙雄當路，士大夫爭談兵，二公皆蜀人，雅敬公，公一無所徇。晚在經筵，人頗懷安，公爲上言，前日紛紛，今日默默，俱非自治。其持論不隨時類此。」又曰：「韓愈以天刑人禍歸咎史筆，柳宗元隨闢其說，後人終致疑焉。今以李文簡公驗之，何疑？且左氏紀諸國之事，《史記》上下數千載，是是非非，利害不專及當世。若公續司

馬光《資治通鑑》，爲本朝長編，上關國體，下涉諸臣之家乘，非異代比。使天刑人禍可信，孰能結知明主，見推多士，生歷清要，沒定美謚，諸子繼踐世科，歷二千石，光顯末艾，如李氏者乎？況公出入中外，見謂忠直，盡言交遊，藐視強禦，雖微作史，自當齟齬難合。然讒間不行於朝，士大夫鮮含怒者，何也？守道正，莅職公，事上不欺，應物無心，天人交助，其在茲乎！」（《神道碑》）張栻曰：「李仁甫如霜松雪柏，無嗜好，無姬侍，不殖產，平生生死文字間，《長編》一書，用力四十年。」葉適以爲《春秋》以後纔有此書。適又云：「自史法壞，譜牒絕，百家異傳，與《詩》《書》《春秋》並行，而漢至五季，事多在記。後史官常狼狽收拾，僅能成篇，嗚呼！其何以信天下也。《通鑑》雖幸復古，然由千有餘歲之後，追戰國秦漢之前則遠矣。疑詞誤說流於人心久矣，方將鉤索質驗，貫殊析同，力誠勞，而勢難一矣！及公據興復之會，乘歲月之存，斷自本朝，凡實錄正史，官府文書，無不是正，就一律也。而又家錄野記，旁互參審，毫髮不使遁逸，邪正心迹，隨卷較然。夫孔子之所以正時日月必取《春秋》者，近而其書具也，今惟《續通鑑》爲然爾！故余謂《春秋》之後纔有此書，信之所聚也。雖然，公終不敢自成書，第使至約出於至詳，至簡成於至繁，以後待人而已！」（《宋史》卷三八八《燾傳》、《水心集》卷一二）

案：燾門人謝疇，字元錫，潼川人，從遊，治經史，著《春秋古經》十二篇，肅爲之序，稱其治《春秋》極有功（《宋元學案補遺》卷八）。

周必大挽詩曰：「萬古仇池一老仙，前生遊宦憶西川。令威化鶴空千歲，何似重來十五年。」（原注：東坡辛巳年薨，公乙未生。）「父子才名震蜀都，家風人道似三蘇。不知岷嶺英靈氣，底向眉山特地殊。」「經學淵源史筆高，文章餘力特風騷。紛紛小技誇流俗，磨滅身名笑爾曹。」「頻駕輶軒析左符，直從梁益到江湖。棠陰處處留遺愛，芹泮人人憶大儒。」「鳴珮甘泉不乏人，誰能博古更通今。直如汲黯非游俠，忠似更生不鑄金。」「千卷《長編》已刻閩，爭傳副墨價兼金。冠篇不得同迂叟，遺恨不應託玉音（原注：上許御製《長編》序）。」「是是非非口即心，掃除人僞只天眞。身全五福仍通貴，造物因公勸世人。」「病後精神更湛然，掛冠剛欲及生前。去來自在渾無迹，撫掌僧徒浪學禪。」「蓬監曾叨繼後塵，史闈何幸對題名。非才自是無能役，太息難忘故舊情。」「我畏讒讒口屢緘，獨公嗜好不酸鹹。每傾苦酒思談論，萬里何由奠巽巖。」楊萬里挽曰：「紫蓋猶黃帽，青燈到白頭。芝庭過晁董，金匱續春秋。曉月承明寂，東風玉疊愁。慇懃倩潮水，將淚去西州。」「家譜忠仍孝，詞林博更宏。牧羝無穉子，雛鳳有難兄。誰謂身非達，其如道不行。青蠅滿天地，白日轉清明。」（《省齋文稿》卷七，《誠齋文集》卷二二）

所著成書有：《易學》五卷，《大傳雜説》一卷，《尚書百篇圖》一卷，《詩譜》三卷，《春秋學》十卷，《春秋古經》一卷，

《五經傳授圖》一卷，《說文解字五音韻譜》十二卷，《四朝史稿》五十卷，重修《徽宗實錄》二百卷，《考異》一百五十卷，目錄二十五卷，《高宗日曆》一千卷，《續宋會要》三百卷，《思陵大事記》三十六卷，《阜陵大事記》二卷，《續資治通鑑長編》九百八十卷，《舉要》六十八卷，修換事總目十卷並卷總目五卷，《四繫錄》二十卷，《宋政錄》十二卷，《宋異錄》一卷，《本朝事始》二卷，《建隆遺事辨》一卷，《歷代宰相年表》三十四卷，《唐宰相譜》一卷，《皇朝百官公卿表》一百四十二卷，《天禧以來御史年表》、《諫官年表》各若干卷，《江左方鎮年表》十六卷，《五代三衙將帥年表》一卷，《宋年表》二卷，《七十二子名籍》一卷，《晉司馬氏本支》一卷，《齊梁本支》一卷，《王謝世表》一卷，《陶潛新傳》並《詩譜》各三卷，《趙普別傳》一卷，范、韓、文、富、王、歐陽、司馬及六君子年譜各三卷，《巽巖奏議》三十卷，《反正議》十四篇，《通論》五十篇十卷，《南北攻守錄》三十卷，《兩漢鑑》若干卷，《六朝通鑑博議》十卷，《科場沿革》一卷，《集賢學士並賜帶典故》一卷，《混天帝王五運圖古今須知》一卷，《七十二侯圖》三卷，《謝家詩集》一卷，《李文簡公集》一百二十卷。都五十三種，凡三千餘卷。

案：燾著述，楊家駱先生《長編輯略》卷六已有極詳盡之考訂，可供參照。

是歲，垕官知成都府郫縣事，壁官主管尚書刑工部架閣文字，通判永康軍，𡌴階承務郎，官制幹。楊萬里與壁啓曰：

「伏以荆溪假守，嘗識李君父子之間，（逢）〔蓬〕島校文，適逢元方兄弟之至。知來臨之再枉，亦走見之兩乖。……恭惟府判中大，家傳金匱石室之學，身爲瑤林瓊樹之英，詒我五七之篇，重以四六之語。明月之珠，夜光之璧，忽御袖以滿襟；虎豹之文，鸞鳳之音，併眩眸而盈耳。」又與臯啓曰：「伏以長身玉立，猶及瞻一老之下風，有子璧連，今又仰二難之偉器。彼此交謁，來往不逢。……恭惟制幹，傳學奕葉，摛文載英，伯仲並遊於上都，聲名傾動於朝著。雪山藥園之賦，轇轕莊騷；雲溪草堂之詩，遏摩甫白。自笑年過於半百，忽逢敵至而作雙。左枝右梧，覺應接之不暇；前茅後勁，欲進退而未能。」（《誠齋集》卷五四）孫應時亦與臯啓曰：「讀蜀道之歌，想見風采，依嚴公之幕，辱爲輩流。不孤萬里之遠遊，眞成一段之奇事。恭惟某官，星精孕秀，月窟騰芳。滔滔岷江之詞源，峭峭石笋之風骨，固已陵轢多士，震驚一時，而且略無驕豪，厚自涵養，要窺從上聖賢之實地，不作隨世功名之近圖。定非尋常，所可量度。蓬萊道山之召，人已遲之；芙蕖綠水之居，君寧久此。不愁黃卷之如律，便看黑頭之作公。某偶然來訪於魚鳧，幸甚獲陪于鸞鳳。愧非孫楚，不能爲參卿軍事之高；初見李翱，聊亦〔致〕得賢主人之賀。」（《燭湖集》卷二）

案：眞德秀撰《資政殿學士李公神道碑》曰：「公以父任授承務郎，監鳳州比較務主管刑工部架閣，通判永康軍。文簡公薨，終喪，仍通判永康。」

知壁首次通判永康最遲當在是年春。周必大淳熙十二年與埅書稱：「令弟通判、令弟承務，並勤通問。」知𡍼亦以父任授承務郎。惟其官制幹不詳年月，以楊萬里與壁、𡍼兄弟啓前後聯屬，故並繫之。

淳熙十二年乙巳，壁二十七歲，𡍼二十五歲。

二月六日，宰執進呈右司員外郎尤袤兼國史院編修官，孝宗曰：「李燾去後，史院未有修史官，若李燾在此，不知今已成書否？」王淮等奏：「亦未遽成，更有諸傳未畢，如妃主等傳，闊略尚多。」帝曰：「若無所據姑闕之。」因顧深克家曰：「可以此意宣諭史院。」（《宋會要輯稿》職官一八）

春，自婺州召洪邁還朝。六月十八日除通議大夫、敷文閣待制、提舉佑神觀、兼侍講、兼同修國史（《宋會要輯稿》職官五四）。

七月初四日，埅等葬燾於丹稜縣巽巖之陽。周必大與埅書曰：「萬里護先公之柩，善達故鄉，此天相，非人力也。……某荷先公知愛特厚，自從永訣，悲愴異常，昨既諸公共致奠文，不敢別叙其私。乃如哀挽，……勉強十章，殊不成文，……況值病裏，思致尤窘，雖然，就使不忙不病，亦安得好語耶？」（《周文忠公集》卷一八七）

十月二日，太常博士倪思上乞尙史學劄子。曰：「臣聞士之於學，必經史兼通而後可。經所以明理，史所以考古今成敗興亡之變，然後其學爲有用。竊見近日學校科舉之弊，患在士子視史學爲輕，夫所謂史者，豈獨漢唐而已哉！而今之論史，獨有取於漢唐，至三國六朝五代，則以爲非盛世事，鄙之而恥談。夫三國六朝五代則亦固非盛世，然其進取之得失，守禦之當否，籌策之疏密，計慮之工拙，與夫兵民居處之方，形勢成敗之迹，前事之失，後事之戒，不爲無補，皆學者所宜講究者也。西晉淸談之禍，王安石新學之弊，其失皆以士大夫持論好高，崇經而略史。近者有司稍知其弊，命題之際，頗出史傳，然猶有所拘忌。而又場屋考校，專以經義詩賦定得失，而以論策爲緩。夫士子之趨嚮，視考官之去取，則其以史學爲輕，勿足怪哉！……乞申敕考官程式命題雜出諸史，無所拘忌，而於去取之際，稍以論策爲重，庶幾士子博古通今，皆爲有用之學，其益非淺。」從之。（《宋會要輯稿》選舉五、《抱經樓藏書志》卷三一引）

案：宋刊本《六朝通鑑博議》，前有陳之賢序，及乞尙史學劄子。《抱經樓藏書志》盡錄之，檢《宋會要輯稿》，知爲倪思所上。當係以此劄頗述三國六朝史之不可忽，故附刻入，今悉著於篇，似非牽附也。

淳熙十三年丙午，壁二十八歲，臯二十六歲。

十一月二十一日，宰執王淮等上神哲徽欽《四朝國史》列傳一百三十五卷，凡立傳者八百七十人。《朝野雜記》曰：「《四朝國史》，始於李仁父，而終於洪景盧。乾道中，仁父初入史院，上《四朝帝紀》。再還朝，乃修諸志。未及進書而仁父去國。時史館多以爲侍從兼職，往往不能淹貫，則私假朝士之有文學者代爲之，今《四朝藝文志》一書，實先君子筆也。淳熙中，趙衛公溫叔爲相，史志告成，仁父時守建寧，大臣言仁父之力爲多，特進秩一等。久之，列傳猶未就緒，上遂召仁父卒成之，書垂成而仁父卒，乃自婺州召景盧入領內祠，專典史事，又踰歲而始成書焉。」（甲集卷四）

又記乾道三年占城入貢，燾與邁互爭答詔紙式，邁深不懌。「其後仁父修四朝列傳，垂就而卒，上命景盧續成之，景盧筆削舊史，乞無完篇，蓋素不相樂也。於是上促書甚急，而新書未畢，王偁季平以《東都事略》來獻，遂取用焉。或者但見新書疏略，而不知倉卒之間不暇考擇也。」（卷九）

淳熙十四年丁未，壁二十九歲，𡌴二十七歲。

夏，燾友韓元吉卒，距生於重和元年，年七十。陸游《劍南詩稿》卷一九有《聞韓無咎下世》詩一首，題下自注「丁未夏」。元吉子淲《澗泉日記》云：「李仁甫蜀中史學之首號，議論有根據，亦清放，嘗爲侍郎，修史，再召至，作侍讀，復任修史之命而終。先公與之同在從班，往來亦相善。」

是歲，垕、壁、𡌴服除。壁仍通判永康軍。以導江縣竹估錢最重，力請于諸司以聞，得旨均之諸邑（真撰壁碑）。

淳熙十五年戊申，壁三十歲，𡌴二十八歲。

正月，壁撰《太常因革禮序》（《宋代蜀文輯存》卷七五）。

三月十一日，以高宗崩（去年十月八日崩），洪邁奏請開館修纂高宗實錄（《容齋年譜》）。

淳熙十六年己酉，壁三十一歲，𡌴二十九歲。

正月，金世宗崩，太孫璟即位，是爲章宗。

二月孝宗內禪，光宗即位。蓋孝宗欲守三年喪，而尤不樂向金朝新皇帝稱叔也。壁、𡎺同赴類省試，壁以詞賦冠多士，𡎺亦中選。《齊東野語》曰：「蜀中類試，相傳主司多私意，與士人相約爲號，中朝亦或有之，而蜀以爲常。李壁季章，𡎺季允同登庚戌科。己酉赴類省試，二公皆以文名一時，而律賦非所長。鄉人侯某以能賦稱，因資之以潤色。既書卷，不以詩示侯，侯疑其必有謂，將出門，侯故少留，李遂先出，而侯踵其後，扣吏以二李卷子欲借一觀，以小金牌與之，吏取以示，則詩之景聯皆曰『日射紅鸞扇，風清白獸樽』，侯即以己卷改用之。既而皆中選。二李謝主司，主司問此二句，惟以授二昆仲，何爲又以與人？李怳然不知所以，他日微有所聞，終身與侯不協」云（卷八）。

光宗紹熙元年庚戌，壁三十二歲，𡎺三十歲。

正月二十四日，詔以吏部尚書兼侍講鄭僑知貢舉；何澹，陳騤同知貢舉。

四月，壁、𡎺同登余復榜進士第。𡎺治詩賦，聲華藉甚，召試入館職，班對，備陳忠讜。壁除將作監簿。

是歲，壁、𡎺之業師劉清之卒，年五十七。清之字子澄，清江人。五歲讀蒙求，至龔遂勸農，文翁興學，諷誦久之。其父因語之曰：「此二君子教人之要務也。人亦不過耕與讀耳！」清之聞之欣然，自是讀書勤甚。比長，受業於兄孝敬先生（靖之）早晚力學自修，專以儀型先世，希慕往哲爲事，博極書傳，而不專科舉之業，燕居端坐，終日翼翼。張栻、呂祖謙皆神交心契，汪應辰、周必大、楊萬里及燾皆器重之，平生所最相得者，向浯、彭龜年耳。及病且死，周必大來視疾，謂曰：「子澄其澄慮？」清之氣息已微，云：「無慮可澄。」遂卒（《宋史》卷四三七，《宋元學案》卷五九）。朱熹曰：「子澄以樂易之姿，躬純篤之學，志行高雅，信道深堅，處家庭則孝弟達聞，交朋友則信義昭著。居閒則其講道著書，有以樂衆人之所不樂，從官則其養民善俗，獨能憂衆人之所不憂。至於收恤宗黨，而接引後來，蓋孜孜焉無不用其至。若其樂人之善而矜人之惡，又汲汲焉唯恐不盡其誠。故賢者與之遊，則常幸其有思齊聞過之益，不賢者與之處，則常病其有明污招過之羞。然世之賢者少而不賢者多，是以子澄之得譽寡而蒙毀衆。道不得行於一州，而遂齎志以沒地也。」（《朱文公集》卷八七）壁、垕得師如此，亦可以有志於聖賢之業也。

紹熙二年辛亥，壁三十三歲，垕三十一歲。

二月，丞相留正以恬靜不競薦壁，命召試館職，對策，凡五千言，自人主至大臣臺諫以及權倖後宮，皆深議無隱。除正字（《壁碑》）。

十月，壁、垕等丁母氏益國夫人楊氏憂，回籍奔喪。楊氏係同邑贈朝散大夫素之孫，黃庭堅爲記大雅堂者是也（《燾神道碑》）。

是月，光宗宣取《長編》，彭龜年上劄繳進，曰：「右《續通鑑長編》一部，臣照對此書，元有兩本，一本燾知瀘州日投進，其書頗有未備去處。燾知遂寧府日，遂別刪修一本投進，比之瀘州之本，最爲詳密。燾又有一本書名《長編舉要》，撮其凡目，尤可參考。緣本監所錄止是瀘州本，其遂寧府所進本及《舉要》，現藏秘書監，欲望聖慈一並宣取，庶幾可備乙夜之覽。」（《止堂集》卷一）

紹熙三年壬子，璧三十四歲，臯三十二歲。

十月一日，秀國陳之賢序燾著《六朝通鑑博議》，曰：「士大夫考古論今，期爲有用之學，故平居暇日，談經研史，討論興衰治亂之故，故其胸中瞭然具有成藴，而後立人之朝，始得以推其所學，而引君於當道。善知所勸，惡知所戒，而指一世於大治。孟軻氏所謂幼學壯行者是也。國朝以科舉取士，而士知以科名進身，明經取素紫，固未嘗乏人。至於史學，則七制三宗之外，平日未之識面也。粵自先正歐陽子、司馬公之徒，以文章學術高蹈天下，或傳舊述新全一代之史，或曰編月累成萬代之典，炳耀一時，而昭鑠萬世，自公之後，蓋未有人。李侍郎《六朝通鑑博議》，其用志於史也，何其深耶？觀其始自於吴，終之以隋，既摭其大綱，總爲一論，又條其節目，明其去取，詳其出處。其間政事之闕失，形勢之險易，攻取之順逆，人才之長短，莫不曉然具載。揭其名曰《通鑑博議》。其殆與草廬之數語，圯上之一編，相爲伯仲，而思欲同其功業者也。孰謂史學之果難乎？……昔韓昌黎曰：『人不通古今，馬牛而襟裾。』公聞人也，而勸學者反似乎峻，及觀博陸之事，貽羞萬世，則公之言有益之言哉！愚固不敢援此說以勉人，然《博議》一書，有志於學者，苟能反覆考之，則胸中所得自有眞趣矣！」（《抱經樓藏書志》卷三一）

紹熙五年甲寅，壁三十六歲，𡌴三十四歲。

正月十一日，彭龜年成《內治聖鑒》一書，以會要爲目，實以《長編》紀載之事。序曰：「夫帝王之事，載於書，詠予詩，散於諸子百家，視周或尤詳焉。然究其正家始末，未有如周者。亦以《記》有《文王世子》，《詩》有《大明》等編，綱條並舉，尤後具見故也。嗚呼！書之不可已也如是。臣仰惟治朝家法，上繼三代，然典冊所載，精粗大小，繫日以書，不復區別。臣自得官成均，成均舊有《國朝會要》及李燾所進《續資治通鑑長編》錄本，因得竊讀。乃摭祖宗正家等事，萃爲一編，因《會要》所次之目，實之以《長編》記載之事，一時名臣奏請，有足裨補內治者，亦復採錄。間有愚見，輒復論著，凡二十卷，名之曰《內治聖鑒》。」（《止堂集》卷十）

六月，孝宗崩，年六十八。

是月，壁、𡌴服除，召赴闕。壁抵建康，奉壽皇諱驛上光宗書曰：「天下不幸，陛下新罹大憂，向者定省之禮有愆，羣臣爭辯甚切，臣獨謂睿明豈不知此，所以然者，心懷疑疾有以亂之也。昔英宗亦以疾事太皇，小有不至，諫官奏疏東朝，謂豈可責有疾之人以無疾之禮？其後英宗清明既復，母子之愛懽然如初，今天降割於我家，聖心未及改爲，而壽皇奄忽不待。側聞閔凶之初，尚以疑疾不及視斂，陛下試思，此身乃壽皇遺體，此位乃壽皇付託，追報之義，所當如何？而五十年父子之至恩，數千載綱常之大義，特以一疑字壞之。惟因今此大憂，醒然覺悟，追執喪紀，內盡哀敬，如此，則雖不正於始，猶可正於終，彝倫尚存，未至全泯。」（《壁碑》）遂除秘書省正字。制曰：「惟爾父爾兄，並遊英俊之躔，有臯綏之遺風，無歆向之異論，能繼厥後，爾惟其人。自登世科，亟賓冊府，銜卹萬里，素冠三年。召收來歸，復畀舊物，豈惟以是正簡冊望汝，史事其重，爾有家學，朕將于汝乎求之（《攻媿集》卷四一）。

七月，光宗内禪，寧宗即位。

八月，趙汝愚拜右丞相，朱熹召爲煥章閣待制兼侍講。

九月二十九日，壁除秘書省校書郎，制曰：「《詩》不云乎，君子有之，維其有之，是以侶之。以爾先（生）〔人〕文墨議論之選，而垂名千載，但見於史筆。宜爾之能，嗣其業也。校讎府冊，益博爾文，鴻漸之序，於是焉始。可。」（《止齋先生文集》卷一七）壁數面對，謂：「壽皇（孝宗）在殯，太上（光宗）以疾，未能執喪，陛下在柩前即位，素幄御朝，實代聖父行禮。惟厥初觀聽所屬，宜以追慕爲先，引見羣臣，及發號施令，詞氣之間，皆當寓國家艱危，不得已爲宗廟社稷勉膺付託，深致慘戚之意。而内庭燕處起居膳服之節，悉從貶降，務使情文相稱，以盡孝思。」又謂：「天位至重，守之至艱，後世辟王，或汰然以位爲樂，此昏明治樂之所由以分也。陛下聖敬日躋，臣謂宜正固君德，先誠其意，自古人主，或徒善口耳而心未必治，或暫能戒懼而久必怠荒。故可象之儀，止見於當宁之嚴，而輕佻之度，或發於宮壺之邃，此由意之未誠，無正固之德故也。臣願稽古問學，必明於道德之歸，克己治心，必根於惻隱之實，坐朝入宮，無莊肆之異，自家形國，循先後之宜。使表裏無貳，始終無間，如此則天資日茂，聖功純熟，形於運用，隨寓皆應。」壁之愛國憂君之苦心，昭然若揭也（《壁碑》）。

閏十月，朱熹罷去。熹自入朝，溫恭守道，愛君憂國，在朝甫四旬即去，正人惜之。壁又上言曰：「陛下始初臨御，召熹勸講，聞者無不興起。蓋以熹海内鴻碩，學術醇正，足以輔導素質，開廣德心。向者或疑其過於恭勁，必將以難行之事強人主，而熹自入朝，溫恭守道，愛君憂國，造次弗忘，間有論奏，詞氣忠懇，不失臣子之禮。今在朝甫四旬，得望清光，密輸忠款，未數數也。而命忽中發，不由中書，何陛下始者召之之勤，而今者去之之亟也？祖宗立國，全在紀綱維持，命令必由三省。墨敕專行，乃是衰亂之事，陛下始初清明，豈得效尤側僻，盡棄家法？」班對，謂：「陛下起潛邸，履極尊，雖祖后神謀與中外推戴之力，然原其所自，實由太上與子之志素定於清衷。竊聞先有宸翰降付中書，其語有云：『歷事歲久，亦欲退閑。』太皇因之亟決大計。觀此，則内禪本末，蓋出于壽康，而成於慈福。臣伏見高宗皇帝常宣示上皇之親書八字，内有『便可即眞』等語。宰臣李綱奏曰：『此乃陛下受命道君，宜藏之宗廟，以示萬世。』臣愚以爲，太上向慾和豫，不得與於哭泣之哀，事有不幸，人子至痛，致陛下即位，適當洶洶之時，深恐天下後世所傳異詞，或不知太上之實有疾，與陛下所以勉承大寶，本由親意，萬一流言訛舛，有失事實，殆非所以宣昭至心，篤厚人紀也。今幸有當時神筆具存，謂宜特賜宣取，如李綱言『藏之宗廟，以示萬世』。」從之（《壁碑》）。

十二月，徐夢莘成《三朝北盟會編》二百五十卷。夢莘每念生於靖康之亂，思究見其顛末，乃網羅舊聞，會萃同異，而成《三朝北盟會編》，自政和七年海上之盟，迄於紹興三十二年之遺使修復舊好，上下四十六年，分上中下三帙，計上帙政宣二十五卷，中帙靖康七十五卷，下帙炎興一百五十卷，凡制誥、詔敕、國書、書疏、奏議、記敍碑志等，登載靡遺，所引書一百二種，雜考私書八十四種，金國諸錄十種，共一百九十六種，

而文集之類尚不數焉！自序有云：「其辭則因元本之舊，其事則集諸家之說，不敢私爲去取，不敢妄立褒貶，參考折衷，其實自見。使忠臣義士亂臣賊子善惡之跡，萬世之下，不得而掩沒也。自成一家之書，以補史官之闕，此《會編》之本旨也。若夫事不主此，皆有所略，嗣有所得，續繫於後。如洪內翰邁國史，李侍郎燾《長編》並《四繫錄》，已上太史氏，茲不重錄。」袁祖安跋曰：「是書體裁與李文簡公《續通鑑長編》相爲表裏，李書卷帙繁重，最爲趙氏別史大觀，溯其記載源流，自北宋開基，至南宋中興而止，中間治平、熙寧、元祐、紹聖各年已多闕佚，而道君、少帝、光堯三朝，更復一字無存，考古者每以爲憾。商老之生也稍後於文簡，自以身逢衰亂，

裒錄政和丁酉至紹興辛巳四十五年間見聞，著爲《三朝北盟會編》，跡其採摭博贍，紀述詳盡，不特可備天水文獻，似亦可爲文簡功臣，洵至寶也。」（《抱經樓藏書志》卷一七）此言得之。

寧宗慶元元年乙卯，壁三十七歲，㚟三十五歲。

四月，壁除著作佐郎，兼刑部郎官，仍兼實錄院原職。

是歲，陳傅良在經筵，進讀《太祖通鑑》節略。序稱：「本朝國書，有日曆，有實錄，有正史，有會要，有勑令，有御集，又有百司專行指揮典故之類，三朝以上又有寶訓，而百家小説私史與士大夫行狀誌銘之類，不可勝紀。自李燾作《續通鑑》，起建隆元年，盡靖康元年，而一代之書，萃見於此，可謂備矣！然篇帙浩繁，文字重併，未爲成書，難以觀覽。今略依漢司馬遷《年表大事記》，溫公司馬光《稽古錄》與燾《舉要》，撮取其要，繫以年月，其上譜將相大臣除罷，而記其政事因革於下方。夫學之爲王者事，若非書生務多而求博，雖章句言語皆不忍捨也。誠能考大臣之除罷，而識君子小人進退消長之際，考政事之因革，而識取士養民治軍理財之方，其後治亂成敗，效出於此。……今所節略《通鑑》，如羣臣奏疏與其他言行，與一時誥令出於代言之臣，苟非關於當年治道之大端，即不抄錄。或見於他書，實係治體，不可不聞，而《通鑑》偶遺，即據某書添入，至於《通鑑》登載，萬一有小小違誤，亦略附著其說於下。」（《止齋集》卷四〇）今此書不傳，不然，亦可與《長編》相互參證矣！

慶元二年丙辰，璧三十八歲，𡌴三十六歲。

正月二十五日，詔命吏部尚書葉翥知貢舉，吏部侍郎倪思、右諫議大夫劉德秀同知貢舉，國子司業高文虎，吏部員外郎官衛涇與璧同參詳（《宋會要輯稿》選舉二二）。

是月二日，趙汝愚卒，年五十七。韓侂胄專國政，以恢復中原爲號召，罷汝愚右相，永州安置，至衡州，疾作，卒。汝愚學務有用，常以司馬光、富弼、韓琦、范仲淹自期，凡平生所聞於師友，如張栻、朱熹、呂祖謙、汪應辰、王十朋、胡銓、林光朝及燾之言，欲次第行之，未果。是汝愚亦篤實之君子也（《宋史》卷三九二《汝愚傳》）。璧跋《忠定集》曰：「趙公秉正履度，即之凜然，致形於篇章，則思致清麗逸發，雖古今能文辭者有不逮，而世顧鮮知者，非由德業之巨，器能之偉，所以詞華見沒矣。」（《文獻通考》卷二四一）

四月，璧請外，除知閬州。以旱，請于制置使，得米五千石賑饑民。始，制司置廣惠倉于諸州，而利州路獨無。璧謂：「本道蓬、閬等處，皆山田磽瘠，民生最艱，請睎三路置倉，爲歛歲備。」制司從之。得錢引萬五千，糴米三千七百餘碩。後日賴焉。

八月，嚴僞學之禁。十二月，秘閣修撰朱熹落職罷祠。

慶元三年丁巳，璧三十九歲，𡌴三十七歲。

七月，𡌴除秘書省正字。

八月五日，國子監發解，命監察御史程松監試，右司郎中張伯垓，軍器監丁逢，著作佐郎曾漸考試。秘書郎王炎，太常博士孟必先，主管官告院徐似道與臺同點檢試卷（《宋會要輯稿》選舉二一）。

十二月，置僞學黨籍，宰執則有趙汝愚、留正、周必大、王藺等四人，待制以上則有朱熹、徐誼、彭龜年、陳傅良、薛叔似、章穎、鄭湜、樓鑰、林大中、黃由、黃黻、何異、孫逢吉十三人，餘官則有劉光祖、呂祖謙、葉適、楊芳、項安世、沈有開、曾三聘、袁燮、蔡幼學及臺等三十一人，武臣則有皇甫斌、危仲壬、張致遠三人，士人則有蔡元定、呂祖泰等八人，共五十九人（《慶元黨禁》）。

是歲，璧數與朱熹書，熹復書有曰：「熹伏承不鄙，貽以先文正公詩篇行實，並及三夫人二壙刻文，跽領伏讀，足慰平生高山仰止之心。而反覆再三，又見其立德立言，明白磊落，所以開發啓吝，不一而足者。幸甚，幸甚！至於不察熹之愚陋，而將使之纂次其行事，刻之幽宮，以視來世，則熹之不德不文，人知其不足以勝此寄矣，顧念平生未嘗得拜文簡之函丈，而讀其書仰其人，則爲日蓋已久。又嘗聽於下風，而知公之所以相知，亦有不待識其面目而得其心者，是以願自附焉而不敢辭也。惟是今日，方以罪戾書名僞籍，平居杜門屏跡，斷舌不敢出一語，以干時禁，而凜凜度日，猶恐不免。乃於此忽爾破戒，即使不自愛惜，亦豈不爲公家之累？是以彷徨顧慮，欲作復止。而卒未有以副來命之勤也。」璧求《文簡公神道碑》於朱熹，熹婉辭之，既而覺情有不忍，乃再與書，道其曲折。有曰：「……始者亦嘗深念，欲便草定，而託以前日所爲，既而思之，又似不誠，而不可爲也。又念劉孫所定，本出於賢昆仲之手者，自足傳信後世，但循例必欲更經一人刪節，則雖在今日陰竊爲之，亦是不害。止是目下未可使人知有此作，將來草定，亦不可使人見有此書，此則難遮護耳。來使本欲留以少候，渠亦以丁寧之切，不來相逼，但覺此終是未敢落筆，不如遣之還，一面更將所示者子細繙閱，隨計所當增損處，託人送令弟處，又恐經由都下不便。生平多做了些閒文字，不能無愧詞。今此好題目，可惜不做。但又適當此時，令人鬱鬱耳！《續通典》見詩中及之，恐有印本，求一部。《長編》改定本，止寫改處，不知有多少冊？得能致之爲幸！或云建炎紹興事亦已成書，尤所欲得，但恐字多難寫耳！頃見靖康間事，楊龜山多有章疏，不曾編入，不知後來曾補否？蓋汪丈所刻本不曾載，福州成都二本皆然，其奏議後來南劍一本卻有之，恐亦不可不補也。」（《朱文公文集》卷三八）

慶元四年戊午，壁四十歲，𡌴三十八歲。

十月，𡌴除秘書省校書郎。

慶元五年己未，壁四十一歲，𡌴三十九歲。

四月，𡌴罷校書郎，差知巴州（指揮）。

夏，壁輯《中興諸臣奏議》，各處搜訪，曾詢及朱熹，熹答書曰：「承問及先人紹興中文字，遺稿中劄子第三篇疑即此奏，豫章所刊集中有之，今以納呈，已加籤貼於其上矣。筆削之際，儻得附見，千萬幸甚！諸公爭和議時，先人與胡德輝、范伯達諸公同入文字，皆史院同僚也。當時此一宗議論，不知有無登載，魏元履所集《戊午讜議》一書甚詳，亦嘗見之否耶？如館中未有，得行下建寧抄錄上送，亦一事也。」又曰：「前年與陳君舉商量，拈出孝宗入繼大統一事，當時議臣，如婁寅亮、趙張二相、岳侯、范伯達、陳魯公（康伯）皆未有褒錄，恐可更詢訪當時曾有議論之人，並與拈出也。」（《朱文公文集》卷三八）

案：此書首云：「熹懇祠得請，深荷上恩。」考《朱子年譜》卷四，慶元四年冬十月引章乞休，蓋以明年將七十也。五年四月有旨令致仕，提舉南京鴻慶宮。知此書當在是年夏後，《中興諸臣奏議》時尚未輯成也。

慶元六年庚申，壁四十二歲，𡌴四十歲。

三月初九日，朱熹卒。熹少從胡憲、劉勉之、劉子翬遊，博求經傳，遍交當世有識之士，聞羅從彥之徒李侗健在，不遠數百里，徒步往從之，故能集理學之大成，開一代講學之風尚。其爲學也，大抵窮理以致其知，反躬以踐其實，而以居敬爲主（《宋史·道學傳》三）。

九月，𡌴撰《雲安橘官堂記》。云：「雲安，漢朐忍縣地，隸巴郡。……三江張子建來爲縣之明年，政修民聽，於是即治所之西偏建堂，榜之曰橘官，亢爽宏緻，絕出故常。……會予自樞府罷官西歸，道所從出，艤舟留浹日，子建觴予堂上，而屬予記。……子建於其一邑之事物，物焉理之，皆各有其序，……已惟一堂之成，似未足記，然使後之人能推子建之意，無鄙夷此土，而於其職所

當爲者，蓋知盡心焉，……故予喜爲之書。」（《全蜀藝文志》卷三四下）

十一月二十二日，臯罷知巴州（指揮）。以臣僚言臯操心頗僻，備見彈章，既技栻以祠錄，今乃巧求試郡，俾其臨民，殃及千里（《宋會要輯稿》職官七四）。

是歲，璧差知漢州。

案：璧除知漢州不詳年月，惟知閬州已任滿，當在是年改除。

寧宗嘉泰元年辛酉，璧四十三歲，臯四十一歲。

是歲周必大撰《燾神道碑》，稱璧朝請郎權發遣忠州，璧、臯皆朝散郎。

嘉泰二年壬戌，璧四十四歲，臯四十二歲。

正月，《高宗實錄》成，陳自強等上，時史館無專官，莫知誰筆也。

二月初九日，弛僞學黨禁。張孝伯知韓侂胄已厭前事，因謂之曰：「不弛黨禁，恐後不免報復之禍。」侂胄從之。趙汝愚追復資政殿學士，謚忠定。於是黨人之見在者先後復官。

十二日，詔修《高宗正史寶訓》。十八日，禁私史。初秦檜既成和議，始有私史之禁，時李光嘗以此重得罪。檜死，遂弛語言律。近歲私史益多，郡國皆鋟版，人競傳之。去秋，有商人戴十六者，私持熊克《中興小歷》及《九朝通略》等書欲渡淮，盱眙軍以聞，遂命諸道帥憲司察郡邑書坊所鬻書，凡事干國體者悉令毀棄。言者因奏禁私史，且請取燾《續通鑑長編》、王偁《東都事略》、熊克《九朝通略》、李丙《丁未錄》，及語錄家傳等書，下史官考訂，或有裨於公議，即乞存留，不許刊行。自餘悉皆禁絕，違者坐之。《中興小紀》者，自建炎初元至紹興之季年，雖已成，未嘗進御。其書多避就之辭，不爲精博，非《長編》比也（《兩朝綱目備要》卷七）。

是歲，詔修孝宗、光宗實錄。先是和州布衣龔敦頤（後避光宗諱改名頤正）者，元祐黨人原之曾孫也，嘗著《符祐本末》、《黨籍列傳》等書數百卷，淳熙十四年，洪邁領史院，奏之朝廷，以其有史學，賜出身，除實錄院檢討官，蓋付以史事。未幾而頤正卒，朝論覺無專官，乃外召傅伯壽，陸游爲在京宮觀，免奉朝請，令修史。於時陸游還政久矣，乃表乞致仕。詔以爲同修國史兼實錄院同修撰（《朝野雜記》甲集卷十，《兩朝綱目備要》卷七）。

嘉泰三年癸亥，壁四十五歲，埴四十三歲。

五月十一日，陳自強爲右丞相，首除蘇師旦爲定江軍承宣使。先是師旦爲樞密都承旨，趙大全爲學官，一日得堂帖，除樞密院編修官，大全稱疾杜門不拜。後師旦建節罷去，壁除副都承旨，大全乃受命（《兩朝綱目備要》卷七）。

十六日，資政殿學士傅伯壽言：「竊惟國史雖據金匱石室之藏，然天下散失舊聞亦不可不網羅也。中興以來，修《徽宗實錄》則采《元符詔旨》，修《四朝國史》則采《續資治通鑑》及《東都事略》。今孝宗、光宗實錄已成，將修三朝正史，自建炎丁未，至於紹熙甲寅六十八年，典冊所書，固已燦然，其間豈無登載漏脫傳聞異同之患，凡事有舊記述，可不廣取而參考乎？今史館所收《三朝北盟會編》、《中興遺史》、《中興小曆》

三書，恐如此之類尚多有之。臣以爲宜發明詔，廣加求訪，如有以書聞者，下之史館看詳，果有可采，少賜旌賞。其有家不能繕寫者，官給以筆札，庶幾羣言畢萃，正史不日可成矣！本朝國史例皆無表，則歲月久遠，將無所考，臣愚謂宜依漢唐正史，增立年表，至如天文、律曆、五行，最爲深遠，非素精者不能下筆。……臣愚謂宜精求其人，使修三志，庶幾表志與紀傳並傳，以成萬代之信史，豈不美歟！」從之（《宋會要輯稿》職官一八）。

十月，壁除秘書少監，權中書舍人，以祖諱改直舍人，尋遷宗正少卿，仍直院。先是，傅伯壽、陸游專領史事，已而傅除簽書樞密院事，老病不能拜，力辭，乃以爲資政殿學士出守。陸年且八十，

復引年，遂以次對領秘書，俄復致仕。朝廷命二人舉可代者，陸薦京西轉運判官李大異，傅薦壁，時壁新除夔州路提點刑獄。遂召大異爲秘書監，壁爲少監，共領史事（《兩朝綱目備要》卷七）。

是歲，壁編就《國朝中興諸臣奏議》四百五十卷。自叙曰：「丞相忠定趙公汝愚，肇自太祖以至欽宗，凡諸臣所論，類而輯之。建炎中興，雖異創業，人物之盛，不減嘉祐、治平，一時所言，國賴以濟，尋訪歷年，十僅得其五六。裒綴雖未爲盡，而名公巨人建明之偉者，大較具於此矣。略仿趙公凡例，總爲十八門，別而彙之又二百門，通爲四百五十卷。凡修德興學之序，正家善俗之方，事天罪己之誠，用賢納諫之公，愛惜名器，辨別忠邪，屏浮侈，尚勤約，戒苛刻，本

忠厚，上而郊廟禮文，詔誥賞罰，次而官制職守，學校薦舉，與夫議獄斷刑，阜通財貨，消盜賊，勤恤民隱，切於政者，靡不具焉。而其時最大而莫先者，則嘗膽之志未伸，興復之義未明，如擇將訓兵，申儆軍實，料敵制勝，經理邊防，曰流道，曰江淮荆襄，曰川陜，地形阨塞，戍守疏密，開卷瞭然，有同圖繪。斟酌損益，有裨於今者，惟高廟朝謀議莫詳焉。故今纂次，終於紹興。其有繫國家大計，生民休戚，事已見於前，而至孝宗初始定者，則仍取後來所論，附之逐事之末，其是非同異之實，不可得而掩也。」（《玉海》卷六一、《二李年譜》）

案：《二李年譜》繫此於紹熙五年，余以爲未合，乃改移於是年，蓋以汝愚謚忠定，乃嘉泰二年以後事。

正月，壁以宗正少卿兼權同修國史實錄院同修撰（《館閣續録》）。

嘉泰四年甲子，壁四十六歲，㙾四十四歲。

三月十二日，行都大火，有司方窮治火所自起，逮捕騷然。壁白韓侂胄，曰：「天聖明道中，玉清昭應宫及禁中火，皆置獄窮治，諫官御史言：『此實天災，若反以罪人，恐重貽譴怒。』又言：『火起無迹，安知非天意，獨宜修德應之。』仁宗惻然，並薄其罪。今當眎以爲法。」帝以災變令百官條闕失，壁言：「聖人之道，不過得中，天下之事，不可極意，君父之示臣子，初豈有彼此厚薄之間哉！特臣下以好惡之私，互相傾迫，理或至於過中，事或病於極意。此漢唐以來禍階覆轍所以相尋而狎至也。臣竊見二十年間，士大夫各懷異趣，議論紛紜，是非不公，彼此過當，譬如人家子弟，自爲爭鬬，父母亦隨以不寧，而家事之當葺者，顧弗暇恤，豈理也哉！比者甄叙人物，不問舊新，中外職司，惟賢是用，德意孚洽，羣情歡豫，宗社之福也。臣聞天下之大器，有同一舟，舟平則安，舟偏則危。元祐紹興之間，姑置勿論，止以仁廟時賈昌朝、范仲淹兩黨言之，其間固多君子，惟其一存偏陂，遂至黑白不分。賴神文至仁如天，輔以韓琦之忠，品節扶持，融攝和會，兩黨之隙，帖然自消，故天下之才，不卒致於毀傷破壞，而皆爲國家用。陛下大度明恕，同符先朝，朝廷大臣，追蹤前烈，皇極之建，與天爲謀。日者起從臣於久廢，息遇甚渥，以是知前日人才之放棄，豈陛下本心哉！然十年之間，壯者老，老者病，收之桑榆，固已晚矣。臣願益堅此意，以凝治功，均眎舊新之人才，深鑒黨偏之害國，使羣下私意，左右奸言，不得以奪之，則天下幸甚！」自慶元黨論起，至是始寢平，故壁力陳之以堅上意云（《壁碑》）。

四月二十二日，埴在知永康軍任，奏陳備邊之要略。奏曰：「備邊之要，莫踰於設險，秦漢植榆爲塞，限隔匈奴，本朝作塘淀於河北，實扞戎馬侵軼。塘淀所不及處，即禁近邊斬伐林箐，使溪隧斷絕，無從入寇。……蓋自昔所以待戎狄者，亦不專恃兵甲之勝也。至於西南徼外，蠻夷部族繁夥，故尤嚴禁止條約。……臣所領軍治，西出玉壘至蠶崖關，即係威、茂州境，其戍城草子寨廣濟鄉一帶，尤緊接夷界，周回縱廣，控制甚遠。其間皆層巒複嶺，長林大壑，草木薈鬱，磴坂深阻。治平初，呂大防知青城縣，……嚴戢官私樵採，用以限隔蕃蠻，扞蔽川蜀。……惟近年以來，此禁浸弛，無知之民，惟利是趨，侵尋剪伐，略無忌憚。竊緣禁山之下即是阜江，可以直至成都，其勢甚順。……官司指爲出產所在，公私並緣肆行採斫，夏秋漲水之際，結爲簰栰，蔽江而下，經過津岸，殆無虛月。向之茂密，今已呈露，向之險阻，今可通行。又有工徒之斤斧，商賈之負販，樵牧之薪蒭，往往蹊徑於其間。狼子野心，豈可長保？若不嚴行禁戢，誠恐以致藩籬淺薄，無所限制，異時必爲西南大憂。臣竊謂四蜀沿邊州郡，隨處皆有禁山，惟永康禁山利害尤切。……永康至成都止一日之程，坦途方軌，別無險要防限去處，是故管下禁山，封禁遮障，比他處尤宜嚴密。臣竊思之，山以禁名而終莫能禁者，一江實爲之累也。若於上流特置聯鎖，以杜絕津載，則彌亘連亥之木不容順流而下，故禁江尤切於禁山。乞許令本軍於牛谿、蠶崖關兩處江步，隨宜創置鐵鏁，闌截水衝，使津載路絕，人無覬覦。則邊關庶可長保寧謐。」詔從之（《宋會要輯稿》方域一二）。

六月，垩在知臨邛任，重校刊行《華陽國志》。自序曰：「古者封建五等，諸侯國皆有史以記事，後世罷封建爲郡縣，然亦必有圖志以具述。蓋以疆域既殊，風俗各異，山川有險要阸塞之當備，郡邑有廢置副隸之不常，至於一士之行，一民之謠，皆有不可沒者，顧非筆之於書則不能也。……此晉常璩《華陽國志》之作，所以有補於史家者流也。予嘗考其書，部分區別，各有條理，……本朝元豐間，呂汲公守成都，嘗刊是書，以廣其傳，而載禩荒忽，刓缺愈多，觀者莫曉所謂，予每患此久矣。假守臨邛，官居有暇，蓋嘗博訪善本，以證其誤，而莫之或得，因摭兩《漢史》、陳壽《蜀書》、《益部耆舊傳》，互相參訂，以決所疑，凡一事而先後失序，本末舛逆者，則考而正之。一意而詞旨重複，句讀錯雜者，則刊而去之，設或字誤，而文理明白者，則因而全之。其他旁搜遠取，求通文義者，又非一端，凡此皆有明驗，可信不誣者。若其無所考據，則亦不敢臆決，姑闕之以俟能者。然較之舊本之訛謬，大略十得五六矣，鋟木既具，輒敘所以，冠於篇首，好古博雅與我同志者，願無以夏五郭公之義而律之。」（《全蜀藝文志》卷三〇）觀此知垕亦積學博雅之士也。

七月，壁除權兵部侍郎，仍兼權同修國史實錄院同修撰。八月改權禮侍，亦兼史職，又兼內制同知。十二月兼直學士院（《館閣續録》、《中興學士院題名》）。

十月，周必大卒。必大亮宏達於天資，研精覃思，博極書傳。少有大志，常以古人自期。涖事慮周而識敏，內秉剛方而外和易，人不見其圭角。常謂《易》六十四卦，惟謙六爻皆吉，又誦「一言可以終身行之者，其恕矣乎」，其平生處己以謙，待物以恕，出於自然，無所矯飾（《周文忠公集》附録《必大行狀》）。必大負宰輔之才，亦房杜張宋之亞匹也。案：周行狀乃壁所撰，内云：「仲兄著作，季兄賢良，皆從公遊，蒙待以國士。」兩家蓋通好也。

寧宗開禧元年乙丑，壁四十七歲，𡌵四十五歲。

正月，壁與簽書樞密院事劉德秀舉永康軍布衣何致堪應賢良方正能直言極諫科，許令繳進詞業。致繕寫詞業一十冊，乞令有司公共看詳，詔兩省侍從官參考聞奏。自𡌵後，制科無合格者，又三十餘年乃有致應舉，致字子一，少有才，爲郡守陳纘館客。纘入爲司農丞，薦致於劉德秀，德秀亦喜之，乃率壁及工部侍郎劉師文以制科薦於朝（《宋會要輯稿》選舉一一）。

三月一日。以禮部尚書蕭逵知貢舉，中書舍人陸峻，右諫議大夫李大異與壁爲同知貢舉。得合格奏名進士林執善以下二百五十九人（同書《選舉》一）。

六日，壁與蕭逵、陸峻、李大異合奏考校天下貢士，自應矢勤矢忠以副明詔，奏曰：「竊惟國家三歲一開禮闈，羣天下貢士而試之，專務網羅俊乂，以備他時器使，事體至重。蓋被差擇而職選掄者不下三四十人，使悉心殫慮，猶懼有闕。然常人之情，羣臣則喜追逐，檢局則思放肆，而考校程晷有限，稍或怠墮，立見廢事。兼禮闈嚴肅之地，尤嚴褻慢。臣等被命入院，除體例外，未嘗置酒，冀與屬僚一意考校，雖其間識見精力不齊，而頹墮不虔者亦鮮矣。乞申飭今後内外科試，凡在院官各思罄竭，無得非時燕會，妨廢本職，立爲定制，庶幾用志不分，多得雋秀之士，以副明詔。」一從之。又言：「竊觀比年場屋之文，氣體卑薾，詞藻浮虛，以經學言之，則未嘗精思孰究，安能探索微妙？以史學言之，則未嘗博覽強記，安能貫通顛末？此外如諸子前賢文集，則罕曾誦習，皆用時文套類，是以學多寡陋，文多凡下；其間學粹而文典者，百不一二。曩歲知貢舉者薦請于朝，令監學官選擇時文百篇，以爲模楷，有旨從之。然竟寢不行。臣等究其源流，蓋緣疇昔以儒決科，而今顯官者甚衆，使監學官遽去取於其間，則未免有愛惡之嫌。是以雖有詔旨而中格也。乞檢會指揮，委監學官公共選擇紹興以來累舉所取六經義詩賦論策，擷其文詞典雅，學問該贍，而膾炙衆口，可傳誦習者數十篇，特令刊行，使士子有所矜式。如是累舉時文，委有可稱，其人見仕于中外，並免預選擇之數，庶幾無愛惡之嫌，易以揀選，仍限三閱月了畢，如此，則虛浮之文可歸於典實，多士幸甚！」亦從之（同書《選舉》五）。

五月十九日，立衛國公曮爲皇子，進封榮王，兼樞密副都承旨。壁首白發其端，謂當早立皇嗣，至是立曮。

六月十三日，詔遣壁使金賀金主生辰，並覘敵虛實。韓侂胄久專國，三邊守將日以金廷多故聞，阿諛者因怵侂胄治兵圖恢復，侂胄然之。自是薦紳大夫士之嗜進者與久廢而思用者，爭抵掌言兵事矣。安豐守言北境饑民流徙，在唐、鄧、潁、蔡、壽、亳間數十萬人，淮西帥以聞，帝命兩省侍從臺諫雜議。壁建白曰：

「問者使人之歸，雖言虜亂形已見，而法制猶行國中，不應遽至是。且彼方與韃交兵，強壯者既悉驅以北，安知非故捐老弱以嘗我。受之則耗資糧，困根本，不受則使中原遺黎有仇我心。或謂吾方有事中原，因其來，收卹之，其名豈不甚美？顧吾之收有限，而彼之來無窮，門庭一開，後將有不勝悔者。是謂以空名受實患。爲今計，獨有遣重師，簡良將，增屯廬楚間，屹如巨防，列據要害，使兵威震疊，敵人望而畏之。設流徙果有來歸，則諭之曰：『吾非忘爾民者，奈兩國和好何？』或忿集而來，不可遏，則諭之曰：『大兵不知，將疑汝爲寇而加僇焉，吾不能汝救。』彼亦豈不知避？仍檄其境守者，告以民饑當卹，邊事貴靜之意，理直詞順，虜必愧服。」及壁爲賀金國生辰使，時金方移文宋三省樞密院問沿邊增戍等事。壁白侂胄，謂：「慶曆中，契丹以本朝益戍守、浚塘泊爲問，當時答之之語，雖務委曲涵容，然亦未嘗以其言遽自撤戍也。今我增兵淮甸，蓋防彼境流民，事發有因，非出無故。且彼已置元帥於歸德，治行省於汴都，簽兵刷馬，紛然並舉，在我豈容無備？今答之之辭，宜曰：『增戍之事，本朝豈有他心，大國自謂過計。今欲撤去，夫豈其難，弟須元帥行省悉命收還，尅日同時，彼此俱罷，庶幾兩無疑阻，用固歡盟。』至於規恢，自是素計。惟當觀釁而動，出於萬全，要必濟之功，無輕發之悔。」既次鎮江，聞有朱裕者謀襲漣水不克，以書白侂胄，請誅之以儆來者。次楚州，又申言之，謂此不懲，必啓邊釁。且絶江以來，具見防秋鹵莽狀，山陽乃昔人家計處，而單乏尤甚。萬一乘吾之虛，猝然豕突，何以應之？將渡淮，復以告。朝廷不得已，乃斬朱裕梟首境上。

閏八月十九日，罷遣應制科何致。先是，同薦應制舉者吳郡滕㰁，東陽杜福，二人偶遭憂，不赴。詔俟服闋並召。致躁急，欲先得試，屢懇于璧，璧以爲狂，笑不顧。致更禱陳纘，纘即以劉德秀意爲蘇師旦言之，韓侂胄不得已於德秀，爲降内批如所請。後二日，權中書舍人易紱（元章）繳還之，致大憾，乃以劉子白廟堂，謂言詞多取憎嫉，必觸忤，乞寢已降召試指揮，且謗紱不已。薦者德秀及璧不能平，乃共奏請罷之。曰：「竊以名者實之賓，名至而實不副，是殆盜名以欺世者。臣嘗歷考自古取士，惟賢良方正一科，世俗之所歆艷，而士心之所深理。蓋非德義醇粹，操行無玷，不足以當賢良之名；非剛毅不撓，直大無私，不足以當方正之名。由漢以來，凡應是科，鮮不爲汗青所識者。以本朝蘇文忠公兄弟，文章標準一世，議論横放四海，終其身無一瑕可指，其初猶曰應材識兼茂明於體用科，初不敢以賢良方正自居。今有人焉，持心浮薄，而輕於立論，媒身淺躁，而急於干進，冒焉居之，略無愧色。清明之朝，詎宜有此欺世之佞哉！謹案應賢良方正能直言極諫科何致，初不知其爲何如人，但繳進詞業，詳觀所撰二十五篇，其間歷詆伊尹而併及於湯，凡五六百言，謂湯有心自王，而摯説之以伐夏救民。謂太甲不明，既放又復之，一切惟己之聽。其始負堯舜之道，而終爲天下開陵犯之端。夫伊尹有商名臣，孔子定書，孟氏垂訓，紀述稱贊，照映今古。致本何人，敢於詆毀？庸非持心浮薄，而輕於立論者乎？繳進詞業，令兩省侍從參考，其意蓋曰是非付之公論，咸以爲可，是亦國人皆曰賢之義。致乃干瀆權貴，對狀遍求簽名，有爲臣言，初不暇讀其文之爲如何，繼而三人被薦，己欲先試，竟爲給舍申省，有浮競之語，致不勝憤懣，廟堂呈劄，輒肆怨言，謂言辭多取憎疾，必觸報罷，乞寢已降召試指揮。若此而曰不要君，臣不信也。庸非媒身淺躁，急于干進者乎？臣嘗恭覩高宗朝鄭厚作《藝圃折衷》，詆孟子有賣仁義等語，臣僚論列，特降指揮，不得學官試官差遣，

乃下所屬劈版，所以杜訕上之萌也。致之文學遠不逮厚，而詆毀伊尹殆與詆毀孟子同科。又嘗恭覩眞宗張師德兩及王旦之門，旦曰：『師德狀元及第，榮進素定，不應兩及吾門。』所以抑奔競之士也。致將奮身大科，富貴特其分内事，何用汲汲挾貴有請？師德謁時宰於已仕之後，且猶以爲貪進，今而視致，其將謂何？夫持心浮薄，而輕於立論，媒身淺躁，而急於干進。有斯二者，顧故曰賢良方正，非愚則誣矣！謂之盜名以欺世，誰曰不然。況夫議論厚薄，出處靜躁，關繫風俗，誠爲非輕，乞將致罷歸，使之退自循省，進德修業，習尙醇厚，而涵養恬靜，他日錄用未晚也。」從之。此五月十日也。時鄧友龍爲侍御史，易紱除右司諫，極論之，此八月十四、十

九日也。遂罷歸。時人稱爲兩臺諫共劾一秀才（《宋會要輯稿》選舉一一、《朝野雜記》乙集卷一五）。

九月一日，壁至金國，金帝遣其臣喬宇逆之，並轡行，道中宇言和議不可輕變，壁曰：「本朝家法，一本仁厚，於民命尤所重惜，豈肯輕用兵乎？惟北朝勿過聽間諜之言，自今各崇信義，則浮論自息。」既至燕，金遣李著館壁，著謂其主即位以來，重行仁政，未嘗妄戮一人，壁亦具道其本朝之所以得天下與今上之所以守天下者，且曰：「今聞大金皇帝之德如此，兩國之民幸甚！」著以增屯戍納叛亡爲問，壁答曰：「日者兩境奸民，互爲出沒，本朝皇帝以邊臣之失職也，既絀降之，又頒黃牓以約敕之，且僇生事之人于境上，北朝視此，可以渙然無疑矣。彼姦人撰造謠言，何所不至！疑之一字，讒間之媒，疑心一生，姦邪將乘之而入，非兩國之利也。」壁所言皆披露肝膽，而陰有以服其心，故金君臣稱南朝之忠信者必曰李公云（《壁碑》）。

案：《朝野雜記》乙集卷一四：「張肖翁之督視江淮軍馬也，遣蕭山丞方信孺往河南行省求和，北帥布薩揆許納南使且禮遣之。信孺既行，揆復使人諭之曰：已奏朝廷，更得安宣撫與西元帥一書乃善。侂胄以書遺安觀文諭旨，安公難之。久之，乃作書如所云，且餉以藥物縑幣。西帥啓緘卻餽，而令鳳翔府路都統使完顏昱作書以來，大略言：當聽命於行省而已。時朝廷遣三使入北，一通謝，二告哀，三賀生辰。金亦遣迓使來，已過泗州矣，復卻回之。曰：『皇帝聖旨，南使中惟李壁、吳琚、朱致和、李大性四人言語可信，當遣來議事，今所遣小使且還。』是壁之開誠佈公，實有足以使金君臣悅服者。其歸也，兩國因增戌而生之疑懼頓釋，邊患庶幾可息，其功不細。然葉紹翁《四朝聞見錄》曰：開禧初，韓平原欲興兵，遣張嗣古覘敵，張還，大拂韓旨。復遣壁，壁還，與張異詞，階是進政府」云云。是壁附和權奸，以致顯要。及後喪師辱國，實有責焉！兩說因並存之。當北事將作，壁即撰《中興十三處戰功錄》十三卷，選南渡後禦侮立功之最重要者共十三處，編爲一書，以鼓人心，而作士氣，亦未必無迎合韓侂胄之意，是又不可諱言也。

十月，使還。金以壁言可信，疑懼頓釋，召其臣之宣撫河南者還，而罷簽刷兵馬。當是時，邊患幾息。然侂胄意銳甚，鄧友龍輩且從臾不休，壁深憂之，是月十二日，上殿論金國中事宜，且言進取之機，當重發而必和，毋輕出而苟且。奏曰：「臣等嘗謂，今日議論之弊，樂因循者狃於私意，言進取者病於寡謀，二者不合，則規恢之大計無時而舉矣。竊惟丙午百六之禍，振古未聞，列聖興復之圖，迄今未究。七八十年之間，士大夫以宴安處屈辱，以常事忽遠謀，祖宗世仇，謾不加省，大義堙欝，人懷苟且。天錫陛下勇智神武，輔以柱石大臣，同心一德，誓刷仇恥，倫紀復振，氣節漸伸，爲宋臣子，稍知理道，誰不思奮？

此誠千載一時也。臣等幸因使旨，親踐虜庭，粗有見聞，不敢隱默。臣始至其境，則兵衛加多，守護益密，經過郡縣，增陴浚池，教閲鉦鼓，聲聞遠近。所歷頓舍，周垣設棘，防隸充斥，纖隙靡通。雖其爲謀甚至，然驗之民心，則涣散已久，（恐）〔怨〕毒日甚，至疾視其上，有偕亡之語，深望於我，有後予之歎。觀彼事勢，豈能久存？所恨去歲朝廷經理之秋，自可出其不意，乘機進取，譬之疾雷，從天而下，雖掃穴犁庭，有不難者。而邊頭小人，初無遠慮，輕出抄掠，以警覺之，我謀既泄，彼遂生心。此則虜有可圖之隙，而我未得制虜之術也。臣等沿途與接伴等語，每每開示大信，使之不疑，彼亦時吐情實，惟懼我或先發。至於抽回行省那邊戍兵，道路所傳，頗亦相應。到眞定中山，又諜知朱裕已正典刑，疑問稍釋。洎達燕都，館伴之言，復以盟誓爲當守，用兵爲深戒。臣等於是揣知虜情之微。蓋其盜有區夏，志滿意足，但得無事，其利已多。彼自爲謀則善矣，而吾可以終已乎？況夷狄本堅忍，今則習驕惰，夷狄本強悍，今則事文雅，此皆臣等所親睹也。考之自昔，固未有腥羶異類，久據中原七八十年而無變者，掃除浸一，其必有待聖哲英豪之起，此則陛下所宜勉，内外臣子所當任責而究心者也。夫棄百年之深怨積怒，而守一時之虛言空約，執權宜不獲之尊稱，而（認）〔誤〕以爲一定不可易之常分，我之事彼者何卑，彼之臨我者何倨也？如是而講信修睦，姑各保其所有而已！此非臣之所敢知也。西晉懷愍之禍，劉聰石勒其戎首也，未幾劉斃於石，石殲於舟，晉無與爲仇者矣。江左諸臣猶知報復之不可一日緩，矧吾仇敵，乃女眞一姓之醜類乎？故臣區區以爲今日進取之機，所當重發而必成，不可輕出而苟沮。高皇帝燒絶棧道，人以爲眞無復東向意矣，一旦席捲三秦，天下震動，遂開帝業。越懷會稽之恥，三欲出師，范蠡以爲未可，句踐怒曰：『忘其欺不穀耶？』洎時既至，蠡以爲請，卒擒勁吳，役不再舉。何則？慮之精而發之果也。故臣願陛下秉不息之誠，堅必報，焦勞憤悱，以感天人之心，策勵振作，以鼓忠義之氣。內之圖回審固，靡毫髮之或遺，外之彌縫周密，泯形迹而莫見。無急近功，輕撓成筭，大數既得，機會可乘，然後焱奮雷迅，掃清河洛，正超泓之顯戮，攄高文之宿憤，夫豈難哉！」（《永樂大典》卷一〇八七六）壁退見侂胄，亦懇切言之。夫恢復之名非不美也，而財用未裕，士卒驕逸，萬一兵連禍結，豈宋社稷之福哉？

十一月一日，壁奏言：「恭被詔書，爲臣辭免奉使回程特轉一官，不允。重念先臣燾贈官已至少師，職名見係敷文閣學士，今來乞將臣合轉一官，于先臣職名上特賜加贈。」詔依所乞，特贈燾端明殿學士（《宋會要輯稿》職官六一）。

十二月，壁撰《周必大行狀》，題銜稱朝議大夫、試尚書禮部侍郎、兼同修國史、兼實錄院同修撰、兼直學士院、兼樞密都承旨。

是歲，埴除夔州路運判。

案：埴除夔路運判不詳年月，據《宋

會要輯稿》職官七四：「開禧三年三月二十七日，前夔路運判李𡌴特降兩官放罷。以臣僚言逆曦負國，𡌴乃潔身以自解，舉部封而棄之。」知𡌴之除是官當在是年或稍後。

開禧二年丙寅，壁四十八歲，𡌴四十六歲。

正月，賀金正旦使陳景俊辭還，金帝使孟鑄就館，諭曰：「大定初，世宗許宋世爲姪國，朕遵守至今。豈意爾國屢有盜賊犯我邊境，以此遣大臣宣撫河南。及得爾國公移，料已罷黜邊臣，抽去兵卒，朕即罷司。未幾盜賊甚於前日，羣臣以爾國渝盟爲言，朕惟和好歲久，委曲涵容，恐姪宋皇帝或未詳知，卿歸國當具言之。」金朝本無意用兵，故再三申諭。景俊還以告，陳自強戒勿言，會金使來賀正旦，朝見失儀，喜事者因以激怒朝廷，由是用兵益決。而荆淮宣諭之使遂出也（《兩朝綱目備要》卷九）。

三月二十四日，參政錢象祖罷。韓侂胄銳意用兵，象祖執不可，壁亦勸象祖力阻其議，侂胄怒，遂以懷奸避事罷之。壁以邊事將作，請令近臣條畫利害，詔如所請。壁謂：「先發制人，雖貴神速，兵應者勝，亦存謹重。向使邊鄙小人不妄動驚敵，而我先發，可以成功。今虜在在宿師，人人建畫，開河除道，治舟積糧，王師一旦首塗，彼豈不知動息？設或堅壁清野，據險設伏，以佚待勞，此聖慮所宜深軫也。」又論蜀襄陽形勢甚悉，而深以腹心爲憂，欲待其先發然後應。侂胄意不悦，壁幾遭逐（《壁碑》）。其所以終未之被逐者，以其轉向附和也。

四月十三日，以京西宣諭使薛叔似爲湖北京西宣撫使，御史中丞鄧友龍爲兩淮宣諭使。遂出師伐金，爲規復中原計。壁度力不能回，則請追貶秦檜王爵以作士心，此十七日也。奏曰：「紹興之初，總攬羣才，脩明庶政，大勢浸張，〔三〕〔王〕師屢捷，電掃關洛，可指日冀。而秦檜久在北方，不能即死，逮其旣返，外託復歸本朝之名，而實則懷彼積年豢養之德。陰受虜囑，力唱和議。當時士大夫皆知其悖禮傷道，遺君後親，往往奮不顧身，引義力爭，雖死無悔。而檜則以梓宮長樂藉口，憑恃虜勢，迫脅君父。貶損位號，以極事仇之禮，朘國增幣，以爲厚敵之資。發遣西北之人，以絕向化之心。誣殺良將，易置兵柄，以破垂成之功。用深文密網，羅織忠臣義士，竊高爵重祿，誘致懦夫庸人。借樂天保民，寧親養老之說以飾姦言，而實則首足倒施，倫紀隳壞。自秦檜首倡和議，使父兄百世之仇，不復開於臣子之口，今廟謨未定，士氣積衰，苟非激昂，曷克丕應。臣愚以爲宜亟貶秦檜，示天下以仇恥必復之志，則宏綱舉而國論明，流俗變而人心一，君臣上下，奮勵振作，拯潰民於殘虐，湔祖宗之宿憤，在今日舉，而措之無難矣！」疏上，秦檜坐追王爵。制略曰：「誅奸臣於旣往，罰雖逭於生前；申勸戒於將來，罪難逃於身後。蓋人心之積憤，豈天網之終疏。……秦檜在政和間爲中執法，方軍前之抗議，其言幾類於程嬰，及塞外之還歸，此節何如於蘇武？惟我高廟，過夏少康，排衆論而授宰衡，如中流之遇維檝，謂其間關萬里，或能爲國報仇。豈期首尾兩端，反欲與敵爲地。既潛交於境外，復墮敵之術中。兵於五材，誰能去之，首弛邊疆之備；臣無二心，天之制也，忍忘君父之仇。……乃復貪天之功，亟爲削地之策，密布私黨，陰遣誓書。造飛謗以翦爪牙，忠臣爲之解體，還降王而就菹醢，行路至今興哀。神州自此陸沉，敵國因之坐大。一日縱敵，遂貽數世之憂，百年爲墟，誰任諸人之責？……況士氣久鬱而未張，公論追尤而弗置，雖保首領以入地下，奈何怨毒之於人深。……其追極品之殊榮，更奪易名之美謚，以昭宿惡，以激懦夫。……誰興厲階，而今爲梗，其少伸誤國之刑。」議者謂壁不論檜之無君，而但指其主和，其言雖公，特以迎合侂胄用兵之私而已（《宋宰輔編年録》卷二〇、《山房集》卷二、《宋史》卷三九八《壁傳》）。及侂胄誅，乃復還之，殊可哂矣！

五月初一日，陳孝慶復虹縣，侂胄聞已得泗州，乃議降詔伐金。召葉適直學士院，欲藉草詔以動中外，適以疾力辭，至三四不受。又欲命曾鴻父漸以少篷權直院，鴻父亦辭，遂止。乃以屬壁。詔略曰：「天道好還，蓋中國有必伸之理；人心助順，雖匹夫無不報之仇。朕丕承萬世之基，追述三朝之志，惟茲仇敵，猶託要盟。朘生靈之資，奉溪壑之欲，此非出於得已，彼乃謂之當然。衣冠遺黎，虐視均於草芥；骨肉同姓，吞噬劇于豺狼。兼別境之侵陵，重連年之水旱，流移罔恤，盜賊恣行。邊陲第謹于周防，文牒屢形於恐脅。自處大國，如臨小邦，迹其不恭，姑務容忍。曾故態之弗改，謂皇朝之可欺。軍入塞而公肆創殘，使來庭而敢爲桀驁，洎行李之繼遣，復慢詞之見加。含垢納汙，在人情而已極，聲罪致討，屬彼運之將傾。兵出有名，師直爲壯。況志士仁人，挺身而竭節，而謀臣猛將，投袂以立功。西北二百州之豪傑，懷舊而願歸，東南七十載之遺黎，久鬱而思奮。聞鼓旗之電舉，想怒氣之飈馳。……齊君復仇，上通九世，唐宗刷恥，卒報百王。矧乎家國之仇，接乎日月之近，夙宵是悼，涕泗無從。將勉輯於大勳，必允資於衆力。言乎遠言乎邇，孰無忠義之心；爲人子爲人臣，當念祖宗之憤。益厲執干之勇，式對在天之靈，庶幾中興舊業之再光，庸示永世宏綱之猶在。布告中外，明體至懷。」（《兩朝綱目備要》卷九）詔既草，由是進禮部尚書。

六月四日，韓侂胄以師出無功，罷兩淮宣撫使鄧友龍，而以丘崈代之。崈，壁所薦也。崈駐節揚州，部署諸將，悉以三衙江上軍分上江淮要害。壁請追回諸道兵，專意守備，以強弩扼清河，舟師拒海口，而命諸將審間諜，遠斥候，以防賊之遽至。運兩淮金帛，分貯姑蘇、金陵，募舟師閩廣以護江面。田琳軍雖潰，然冒矢石，拔重圍，戰甚苦，宜撫慰之。郭倬、李汝翼縛邊將、田俊邁畀虜人，宜置詔獄，鞫其罪。事多施行（《壁碑》）。

七月一日，蘇師旦罷。以韓侂胄奏劾與外宮觀，又奪三官衡州居住。仍籍其家，以家財賜三宣撫司爲犒軍費用。又除名，韶州安置。先是，侂胄既喪師，始覺爲師旦所誤，欲去之。壁時在翰苑，一夕，侂胄招之飲，坐無他賓，酒酣，屏左右曰：「蘇師旦負恩蒙弊，將逐之，公以爲如何？」壁慮其意未決，先微言其過，侂胄甚然之，壁乃悉數其罪。極言：「師旦怙勢招權，其門如市，使明公負謗天下，敢怒而不敢言，若止奪節奉祠，未足以當其罰。且斷蛇弗（殊）〔誅〕，事愈可憂。」侂胄問何以處之？壁曰：「非竄籍不足以謝國人，弭謗論。」侂胄嘉納，以草奏屬之。壁請撤局席，索水沃面，諸侍者以紙筆進，壁抒思良久，奏牘遂成。明日朝退，壁坐玉堂，遣人伺其事，或報平章奏事畢隨駕入內矣，壁聞之，且驚且喜，俄而批出，師旦與在外宮觀，且沒入其家貲。海內稱快（《壁碑》、《兩朝綱目備要》卷九）。

二十三日，壁拜參知政事。初，侂胄嘗與朝士論人才，有乏賢之嘆，因言：「今從官中薛象先沈毅有謀，然失之把持，鄧伯允忠義激烈，然失之輕，李季章通古知今，然失之弱。」象先叔似字，伯允友龍字，季章壁字也。壁使北還，言兵未可輕動，故侂胄以爲弱。及用兵，首命薛、鄧宣撫，至是叔似、友龍俱無功，壁乃秉政。除參政制略曰：「思罙丕圖，眷求近弼。……進有德以尊朝廷，俾參陪於端揆。……中奉大夫、權禮部尚書、兼同修國史兼實錄院同修撰、兼直學院、兼侍讀、賜紫金魚袋李壁，邃學逢源，上才周變，稟金玉之堅粹，諧簫勺之和平，文華緯國，以成帝墳。父子追縱於彪固，江漢炳靈，而絢幽思；弟兄儷美於機雲，粤若高騫，儀吾禁從。汝典朕禮，夙夜直哉惟清，其代予言，訓誥坦然可舉。比持虎節，遠陟龍荒。使萬里而見幾微，分以身而許國，《詩》三百而能專對，類不戰而屈人。嘉懋著於賢勞，爰叙陞於常伯。……是用參稽於望，擢預國鈞。夫執政其猶股肱，自昔固同於一體，然中流而遇維楫，於今尤急於相須。……惟能肩一心於同寅協恭之始，庶幾絹百度於匪朝伊尹之間。」壁曾一再辭之，皆詔不允。詔中略稱：「昔樂正子爲政，賢者喜而不寢；段干木在朝，敵人莫敢與爭。……國家用眞儒迺無敵於天下，匪負棟隆之望，曷裨柄任之圖。以卿夙著家聲，蔚有時舉。文章規姚姒之上，忠信行蠻貊之邦。非道不陳於前，言皆可復；廷臣無出其右，政將焉歸。

矧時庶事之方殷，必待宏才而共濟，既選衆而後用，顧於卿而何辭？」又曰：「得一賢而爲重，然望治雖切，量才實難。務因循者或怠於事功，銳進取者又疏於謀略，患在文具無惻隱之實，思得憂國如饑渴之才。其心純於愛君而不徇名，其智足以周物而無滯慮。疇若予采，信莫如卿。爰自秩宗，擢參宰席。謹紀綱賞罰之柄，懲苟且欺誕之風，賴爾同寅，惟今急務。……若命官以相遜爲能，非其時也矣！」壁既參政，以劄子薦蜀士有時望者十二人於朝，乞召擢。計守貳四人：黎州楊子謨，石泉張慥，隆慶倅何德固，瀘倅張鈞；而黠子謨，鈞二人。京官四人：興元教授黃申之，青神宰湯洪。選人四人：漢州學官詹久中，眉州學官張枏，李道傳亦與焉！而黠申之，久中二人。得旨皆召察。未行，侂胄貶，壁亦謫，申之病謚死，三人皆不敢前。其後制帥楊輔再請於朝，然後促召。時慥以衛涇薦，道傳以輔薦，亦有召察之命。洪後爲黃疇若所薦，亦得召。董居誼入蜀將，上枏之節守於朝，乞召察。德固歷守長寧、唐安，垂除部使者，告老而去，年纔五十四。壁所知多佳士，此其選也（《續通鑑》卷一五七、《山房集》卷二、《後樂集》卷三、《兩朝綱目備要》卷九）。

案：壁除參知政事實有來由，非僅如《續通鑑》所云「叔似、友龍俱無功，壁遂參政。」壁碑曰：「公又歷言邊事，欲繕光、濠等處守備，閱戰艦，罷糧夫，諭散之復收者，令以忠義報國。錄韓世忠、楊存忠破敵事戒勵諸將，回海道之師使駐料角，以精兵數千人循江上下，用備不虞。時邊兵新衄，大敵且奄至，上下惶駴，莫知所爲，公晨夕殫慮，所以區畫者有方，上遂命公與政。」是壁之運籌帷幄，指揮若定，足以上當帝心，下副衆望，而尤以與韓侂胄關係不惡，亦秉政之至要因素也。壁既執政，薦蜀士有時望者十二人於朝，史僅舉其九，至餘三人，皆不可得而考也。

八月，壁以參知政事兼權監修國史日曆同提舉編修，請辭，詔以「史有三長，提綱尤重，法垂一定，載筆實嚴。漢命酇侯約講畫之規，唐以元齡專纂修之任，自昔必資於近弼，矧今允藉於鴻儒。卿文摹六籍之華，學繼諸賢之統。儷二班之父子，相承筆削之謹嚴；考三后之源流，素達禮刑之表裏。參陪機務，方懋遠猷，典領策書，宜膺隆委。況編年有世傳之法，而著令以經述爲宗，討論雖列於羣工，折衷蓋歸於良輔。裁其義例，佇成一家之言。凡厥條章，務述累朝之舊。」不允（《後樂集》卷三）。

是月，斬郭倬於鎮江。倬獄具來，帝將議薄責之，壁言仁宗時黃德和特以不救劉平、石元孫，又誣平降賊，至坐腰斬。倬、汝翼之辠，浮於德和，其可輕貸？乃卒論如法（《壁碑》）。

十一月初七日，以丘崈爲簽書樞密院事，督視江淮軍馬，壁所特薦。金軍揉兩淮，壁請發椿積緡錢百餘萬遣使犒師，以作其氣。諜報金駙馬挾田俊邁在宿州，壁請遣俊邁子允脩赴宣司，爲異時通信張本。居無何，金遣韓元靚來，崈即以書告壁，謂「虜勢尚強，在我且當遵養，彼既先發其端，豈容不領其意？欲遣人護之以歸，將必大得要領。」壁深然之。和議之端，實肇於此（同上）。

十二月，四川制置副使吳曦叛，受金人僞命稱蜀王，招納亡命，以與中央對抗。大局一變至此，朝廷罔然莫知所措，蜀士大夫義不與賊俱，乃相率辭官以去。亶與劉侍郎甲拒僞歸朝。曦叛時，亶持異論，僞帥祿祁令殺之，會其已去，乃得免。

是月，壁以參知政事督視四川軍馬，既而有裂土之議，又罷行（《兩朝綱目備要》卷九）。

是歲，以壁拜參知政事，父燾贈官太師。制稱燾：「心潛六藝，望冠先朝。著書立言，自有家傳之述作，執德秉誼，不爲時好之轉移。由秩宗禁近之班，賦眞館優閒之祿，載筆得麟經之體，遺編儷金匱之藏。玆眉山之信書，續元祐之正學。惟厚施不食其報，故流慶在于後人。」壁母楊氏贈秦國夫人。祖中贈太子少傅，祖母史氏，贈德陽郡夫人。妻張氏，封宜春郡夫人（《後樂集》卷一）。

開禧三年丁卯，壁四十九歲，崈四十七歲。

正月一日，丘崈罷簽書樞密院事、督視江淮軍馬，以知樞密院張巖代之。初，崈移書金帥布薩揆、完顏匡約和，不果納。崈復乞朝廷移書金帳以續前議，又謂金人指太師平章（韓侂胄）爲元謀，若移書請暫免繫銜。侂胄大怒，會廬、和、六合皆告捷，遂不復以和爲意。並謂崈搖撼朝廷，壁憂之，因記張忠獻公（浚）符離師潰後有《論和事疏》及與金帥書，命吏錄之示侂胄，且曰：「張公平生以討賊復讎爲己任，洎隆興初，事勢未舉，亦權宜就和，苟利社稷，固難執一，惟公以魏公之心爲心，庶干戈早戢，南北再安。」壁旣親草與金帥書，將自督府以遣，而侂胄復中變，言者復論崈致書議和爲辱國，遽罷崈。崈道遇所遣使者皇甫恭自汴京回，言金行省完顏弼、右副元帥赫舍哩子寧皆有和意。崈之罷也，命由中出，執政不之知，壁諫，侂胄不納。壁曰：「凡舉大事，未論行事之是非，先觀人心之向背，丘崈向有人望，奈何去之？」侂胄變色曰：「方今天下，只有一丘崈耶？」因拂衣而起。先是吳曦以蜀叛，壁謂：「惟和議亟成，則西事不勞而定。」侂胄不果納。是壁亦力主和議者（《壁碑》、《朝野雜記》乙集卷九）。

二十八日，丘崈落職，仍與宮觀。殿中侍御史徐柟言：「崈宣撫江淮，專輒自任，賞罰失當，措置乖方，委用非人。」詔與宮觀。既而右正言朱質復言：「臨淮、濠梁、安豐皆襟喉之地，崈專輒寡謀，無故委棄，開掘瓦梁堰，費財擾民。」詔落職，依舊宮觀（《宋會要輯稿》職官七四）。

二月二十七日，魏了翁與壁書，暢論蜀事，略曰：「蜀中一變如此，罔然莫知所措，或又謂眞贋未可知。至巫陽上下，則知逆謀已成，僞黃榜四出矣！會諸公數十舟俱出關，遂相約回舟復東，而舟中之人皆思西歸，一夕潰散，不免別募梢火，易以小舟。後數日，始得尾劉總郎，諸公皆回荆州，狼狽顚踣，祗自憐嘆！今峴首之圍，幾百日而未解，京西諸郡，蕩然一空，荆門亦以焚掠剿屠，幾無噍類。前日士民逃京之蜀，而今又逃蜀而還京，舳艫往返相望，前有寇盜之畏，後有僭僞之汙，倀倀然未知所以免。今逆曦又直指秭歸爲限，蔣帥嘗爲奉行僞令，下歸州云：『蜀王已與大金議和，如大金有兵前來，本州不得迎敵。』近又遣祿禧以千人分守瞿唐等處。……亦嘗靜而思之，彼雖握重兵，得地形，而所幸者，有必不能久者數事。其附虜以叛似僞豫，而世受國恩，身兼將相，寵異逾等，乃非豫比。方切利吾有狄難，臣於北狄，欺脅君父。或又見虜人與曦之僞詔，自去年七月曦遣人至彼，已鑄下蜀王之印，審爾，則包藏逆謀，又非一日矣。懷詐孤恩，以危社稷生靈，天地之所不容，神人之所共憤，一也。狼子野心，反覆多詐，方時多事，且使之暫守西蜀，而彼得以併力於淮漢，而其無厭之求，難塞之請，必繼踵而至。傳聞見已要求重幣，拘籍兵數萬，一不厭所欲，則馳一介之使，廢之移之誅之，皆爲所制。談笑可以得蜀矣，二也。自古僭叛而能得志者，多於人心厭動思治之餘，一遇豪傑撫定，則翕然歸之。今祖宗德澤在人，朝廷紀綱政令雖間有缺失，然上下維持，隨即正救。比者皇儲騈慶之祥，又可以推見天意之不我違，今一且遽取四蜀而臣之夷之，人情震憤，恨不食其肉，必生內變，三也。英雄舉事，必先得人以爲助，今賢士大夫既各潔身以去，諸將率多遁逃，其未去者，止是畏死而貌從，紓難以待反正耳。所謂屈膝投拜，甘受僞命，不過暗劣亡恥者，曾犬彘不若，而何可與共事哉！四也。曦本驕騃習貴，不閑將略，不識事體，不過以父祖故，又多資善交結，未嘗有尺寸報效，而超（獵）〔躐〕至此，本無過人。自古英雄舉事，豈有北面拜虜，奉表稱臣而用其正朔者，此又足以推見其無足畏者。五也。合是數端，曦之必不能長，可拱而俟。然獨爲朝廷憂者，虜一滅曦，則蜀將淪而爲夷。虜不退京西之師，則無力可以討蜀，此忠臣義士之所以日夜憤泣而搏手無策也。爲今日計，固不可速之以激其變，而亦不可緩之以觖民望，須是因人心之憤激方新，見聞未熟，及熱圖之，則必有倒戈以爲內應者，又須重爲之賞以購之，則必有能轉禍爲福者。」（《鶴山文集》卷三二）

俄而曦平，一如了翁言。

二十九日，四川宣撫副使安丙、興州中軍正將李好義及監四川總領所興州合州倉楊巨源等共誅吳曦並其妻子，四川平。消息傳來，舉朝大喜。下詔慰安全蜀，赦興州軍民與興元、金州兩軍之脅從者，遣官告吳璘廟，以其忠勞，特存其後。下制總司條寬恤蜀民事，士大夫不幸詿誤者釋其罪，其恥從僞命而去者許還故官，凡此皆壁所建白也（《壁碑》、《宋史·寧宗紀》）。

自曦之叛，帝頗思諸正言人，詔召蜀中名士魏了翁、范子長及𡌴。三月十四日，尚書省劄下四川，𡌴奉詔入對，讜論盈廷，而魏、范皆不至。

三月廿七日，詔前夔路運判李𡌴特降兩官放罷。以臣僚言，逆曦負國，𡌴乃潔身以自解，舉部封而棄之。得旨「李𡌴首以逆曦反狀來上，宜加寬宥」，故有是命（《宋會要輯稿》職官七四）。

是月，安丙、李好義等恢復西和、階、成、鳳四州、四州皆蜀之要害也。初曦叛，割四州遺金，曦誅而四州未復，朝廷以爲憂。壁言：「蜀天險，兵又素精，向者曦與虜通，故爲敗撓，今元惡授首，將士人人用命，四郡不患不復。」未幾，果如所言（《壁碑》）。

春夏間，壁友辛棄疾呈詞致意。《稼軒長短句》卷五《歸朝歡》題曰「丁卯歲寄題眉山李參政石林」，詞云：「見說岷峨千古雪，都作岷峨山上石，君家右史老泉公（指李燾），千金費盡勤收拾。一堂眞石室，空庭更與添突兀。記當時，《長編》筆硯，日日雲烟濕。野老時逢山鬼泣，誰夜持山去難覓，有人依樣入明光，玉階之下巖巖立。琅玕無數碧，風流不數平原物。欲重吟，青葱玉樹，須倩子雲筆。」

案：據《稼軒年譜》，是年春，試兵部侍郎，辭免不允，再辭免，與在京宮觀，留居臨安。秋，即歸鉛山家居，八月得疾，九月卒，故此詞當在春夏間。

七月，臯除湖北路提點刑獄。

八月一日，臯奏：「被命易使湖右，自建康溯流西上，竊見所至濱江多被水患，渰浸民居，幾及屋危，詢之故老，皆謂向所未有，陂湖之田，無復可望，老弱流徙，生理蕩然，殊可憐憫。緣前此所歷，皆係江淮一帶州郡所管，及至武昌縣，交割以來，經行鄂州、漢陽兩郡之境，漲潦瀰浸，爲害尤甚。雖鄂州南市闤闠之地，積水亦深數尺，民戶失業，未免痛嗟。除已一面被牒管下被水州軍，委自守貳從實抄劄，措置賑濟外，近據鄂州申到在州被水已近五千五百餘戶，漢陽在城被水亦三百八十七戶，城市如此，鄉村可知。其他州縣尚未見申到。竊自惟念，備數察州，豈容坐視，但本司素來貧匱，別無錢物可以指準支撥，欲乞朝廷惠矜遠方小民，偶罹天菑，不可不速行拯救。即爲敷奏，特依淛路已行體例，重賜支降度牒，付本司發下濱江並湖諸處，酌度災傷分數等第，責付各郡守臣變賣和糴米斛，多方賑濟。」詔令禮部給降空名度牒一百道，付湖北憲漕司，每道價錢八百貫，從便出賣，撥付被水州軍，專充措置賑濟（《宋會要輯稿》食貨五八)。
是月，皇權湖北帥兼知江陵。項安世送以詩曰：「表餌計已決，艱難人盡非。猶煩使者斧，往載帥臣旂。萬事本無事，一移無不移。因書漢三府，烏盡未爲遲。」(《永樂大典》卷一五一三八引《平安悔藁後編》)李心傳《朝野雜記》曰：「吳德夫自江陵使蜀，於是時虜窺荆襄甚急，朝士莫肯行，侂胄乃以宇文挺臣知江陵府兼權湖北京西宣撫使，蓋宣司在鄂渚，實君江南，而江陵則江北也。挺臣遲遲未行，乃改命僞侍讀湖南北京西宣撫使兼權知江陵府。挺臣遂行。初德夫既去，總領官趙少卿善實攝帥事，得旨：俟挺臣交割乃還武昌。挺臣既入疆，領宣師二司印，趙卿即以軍餉急闕爲詞，委府事於通判而去。挺臣纔至武昌，趙卿亦上謁，挺臣大怒，謝不見。會李季允起廢爲湖北憲，即檄季允使權府事，且劾趙卿於朝，侂胄主之，第降旨令盡力餉軍以責後效而已。季允用是亦復官除帥。俄季允以季章累，罷。」(《永樂大典》卷一三四五三)
十一月三日，韓侂胄見殺。韓侂胄竊柄久，中外交憤，及妄開邊釁，怨者益衆。對金用兵屢不利，朝臣多欲和，會金人有縛送首議用兵賊臣之請，侂胄怒，復欲用兵，中外皆懼。禮部侍郎史彌遠時兼資善堂翊善，乃建去凶之策，其議甚密。久之，得密旨，乃以告二參政錢象祖及壁。初曦之誅也，俱得其通金本末歲月在兩國交兵前。壁請下詔暴其狀，以示兵端非專自我出，庶速其和。帝命壁擬詔進，詞旨痛切，讀者感憤。惟侂胄怙權遂非日益甚，天下大事浸以岌岌。壁忠憤填膺，思爲國家剪除禍本。至是深贊其決，謂恐事留或泄，是日侂胄入朝，至太廟，爲預伏將士殛殺。象祖探懷取中堂帖授右相陳自強曰：「有旨，丞相罷政。」自強即上馬顧曰：「望二參政保全。」二參政赴殿奏事，遂以竄殛侂胄事牒報金國。邇遠之除奸也，惟一二近臣知之，前數日，侂胄在都堂，忽謂壁曰：「聞永嘉人欲變此局面，相公知否？」壁疑事泄，徐答之曰：「那有此事。」侂胄默然（《兩朝綱目備要》卷九、《壁碑》）。

四日，政變既息，壁進兼同知樞密院事。陳自強先罷爲醴泉觀使，壁謂特進在外無充觀使者，遂進呈改提舉洞霄宮。

十六日，殿中侍御史葉時論列壁。奏云：「壁昨自蜀中召還，侂胄即以爲心腹，事無巨細，必與之謀。壁懷鄙夫患失之心，趍和奉承，無所不至，躐遷驟進，既得所欲，國家之安危休戚俱不暇問。侂胄初除平章，討論故事，盡出於壁，開邊之議，壁實贊之。當兵事欲興之時，出師已有定期，在廷搢紳，皆未之聞，壁則無不與議。所頒詔命，壁亦先期撰述，心知物議不以爲可，每與士大夫言，亦相蹙頞，謂當諫止，乃對侂胄語則不然，反覆譎詐，若可欺人，自知不容掩者，乃乞追奪秦檜官爵，不論其專恣無君，乃咎其力主和議。」壁以論劾，上章乞祠祿。詔不允。略云：「卿以安石之文雅，濟德裕之經綸，比與政機，實從人望。屬時多虞，警奏日聞，賴卿推誠協心，畢力盡瘁。方内略定，朕甚嘉之。……

且逆黨盡誅，邊塵漸息，信如卿之言矣。……朕思與卿等宵旰圖治，日謹一日，庶幾安不忘危，底於綏靖，從容引疾，自爲計得矣，而非大臣體國之義也。」明日，以臣僚再論列，詔降兩官，削三秩，送撫州居住（《宋宰撫編年録》卷二〇，《宋會要輯稿》職官七八）。

十二月九日，詔改差知崇慶府李㙜降兩官放罷。以臣僚言逆曦叛命之初，㙜將漕夔路，不能糾衆討賊及守要害（《宋會要輯稿》職官七四）。

案：㙜知崇慶不詳年月。據《兩朝綱目備要》云：「嘉定三年三月二十九日敘州蠻叛，四月八日除知崇慶府李㙜季允成都路提點刑獄。」若然，則兩知崇慶也。鄭師因百云：此與本年三月降官放罷似是一事兩出，予亦疑之。然就所記事，前云特予寬宥，或即不久即帥江陵，再改差知崇慶府。臣僚又以爲言，終於降兩官放罷。此推想當與事實不遠。

又案：王子俊《格齋先生三松集》，有《代通問崇慶李校書㙜啓》一通，略云：「立朝無補，猥分出守之符；接壤相交，乃獲善鄰之寶。矧惟事契，積有歲時。聆伯氏之吹塤，早知有覿，居是邦而友士，無以易堯。……某官高文作古，奧學造微，由蘇氏以來，未有如公家父子兄弟之懿，雖孔子復出，亦當在門弟文學德行之科。頃方從冊府之游，亟以忤柄臣而去，道不容而何病，名以退而益高。使蕩州麾，所到咸書於最善；從班政地，胡今尙鬱於遠猷。諒無煖席之淹，即奉受釐之問，或究賢業，永弼治朝。」此啓未著所代，安丙帥蜀，子俊曾爲其屬官，疑即代丙作，蓋丙此時正官四川宣撫副使也。

寧宗嘉定元年戊辰，壁五十歲，𡌴四十八歲。

春，𡌴除荊湖北路安撫使兼知江陵府。去秋，起行在，赴常德，過金陵時，見葉適，以父燾《巽巖集》示之，請爲序。適少習《長編》，恨燾他文未見。乃序之曰：「……自有文字以來，名世數十，大抵以筆勢縱放凌厲馳騁爲極功，風霆怒而江河流，六驥調而八音和，春輝秋明而海澄嶽靜也。高者自能，餘則勉而效之矣！雖然，此韓愈所謂下逮莊騷，其上無是也。觀公大篇詳而正，短語簡而法，初未嘗藻黼琢鏤以媚俗爲意。曾點之瑟方希，化人之酒欲清，又非以聲色臭味自怡悅也。獨於古文墜學，堂上之議，起虞造周，如挈裘領振之焉，固遺其下而獨至其上者歟？蜀自三蘇死，公父子兄弟後起，兼方合流，以就家學，綜練古今，名實之際，有補於世，天下傳以繼蘇氏。」（《水心文集》卷一二）

案：𡌴撰《開禧德安守城錄》序云：「丁卯蜀亂，至江陵赴行在，尋典武陵，改畀帥閫。」據《宋會要輯稿》職官七四，嘉定元年正月宇文紹節尙在宣撫任，則知𡌴之除帥湖北當在春後也。

六月八日，參知政事衛涇與在外宮觀。以御史中丞章能論列，故有是命（《宋會要輯稿》職官七八）。

十二月一日，左丞相兼樞密使錢象祖除觀文殿大學士、判福州，以象祖累章求退，臺臣亦有所論列也（同上）。

嘉定二年己巳，壁五十一歲，𡌴四十九歲。

壁責居撫州兩年，至是詔令自便（《壁碑》）。

是歲壁歸眉州，衛涇致書通候，有云：「自陪侍三館之遊，荷一見傾，蓋情均手足，中間契闊。歲晚，再獲同朝，情好益篤。適時多事，每蒙開心相與，咨詢下及。某亦未嘗不罄竭愚慮，所愧無所裨補。……至於朋舊，惟知用情，事之可否利害，輒抵掌劇論，寧失於侵忤，若婞婀面從，退而後言，生平所不爲也。暨權邪既誅，濫吹憲府，區區正望參政借重廟廊，圖回久大。某得自免於職業之所當爲，不謂煩言遽興，雖力沮之，迄不見聽，相公既翩然引去，某遂踵賢武而退。屏居以來，人事一切廢絕，獨念與相公情分，二十餘年如一日，懷仰之勤，每落清夢，不覺吳蜀萬里之遠也。……近新進士嘉定家教授相遇，能道燕處之詳，極用自慰，第相公抱負經濟之蘊，未盡展究，當復爲宗社之重一出，使文有所蒙賴，事業益以光明俊偉，此海內善類所共屬心也。」（《後樂集》卷一五）

嘉定三年庚午，壁五十二歲，𡌴五十歲。

是歲，安丙官四川制置大使，薦蜀士五人，計幕客趙希濬，嚴道楊泰之，普州學官張己之，成都帥屬王俊卿及𡌴。𡌴歷官館學，累爲藩帥部使者，不當在歲薦之列。楊泰之少勁直，爲楊輔所知，方吳曦亂時，輔與其父書，有「令嗣拂袖徑去，眞名父之子，輔所以不欲與聞其去，爲緻想蒙悉察」之語。安丙得其墨本，爲繳進。張己之嘉定元年進士，今尚初官，同時廷試第一人，前省元未召也。俊卿喜爲詩，以江西帥使者特薦得官，不由科目，且非蜀士，議者以爲非前比。章上數月，乃詔臯與別議差遣，希濬增一秩，泰之、己之召察，俊卿俟終更與陞等差遣。會成都路提刑林潔己以不應副利店事與帥臣黄疇若異論，罷去，乃命臯爲本路提刑（《朝野雜記》乙集卷十）。

嘉定四年辛未，璧五十三歲，臯五十一歲。

三月二十九日，叙州蠻犯籠鳩堡，成都路帥臣黄疇若調移屯西兵二百戍犍爲縣，朝廷聞之，於四月初八日除臯直秘閣、

本路提點刑獄（《兩朝綱目備要》卷一三）。

四月，四川制置大使司置安邊司以經制蠻事。先是，是年正月一日，昆明别種馬湖蠻攻嘉定犍爲之利店寨，知寨保義郎段松迎敵，力戰無援被執死，蠻盡掠寨民之貲貨，焚其居，驅老弱婦孺數百人而去，至是四川制置大使安丙議置安邊司以經制蠻事，命臯及潼川府路安撫許奕共領之。始議猶欲招安，而蠻人玩狎終不肯出。大使議發兵討伐，臯以爲然，而奕在瀘南，以爲曠日持久，勞師費財，不如招納之利。持論不同，由是久不決。會叙南邊吏獲蠻人數十以告，鞫之，其與於利店之亂者三人，奕揭榜境上，諭蠻人以利店所掠人口來歸，即釋此三人，金帛不問。又遣諜入蠻中，怵以利害，居無何，蠻人請如約，安邊司聞而互招之，繼而中悔。於是臯移檄願得三蠻人，奕答以如此吾爲失信，蠻禍必嫁於瀘。不許。已而大使又以爲言，奕曰：「吾知權利害，爲生靈計耶？」既又移書簽

樞宇文紹節曰：「守邊之道，安之而已。苟圖快意，未有不敗事者。」僚吏或請進兵，奕皆折之。始𡌴聲言某日以兵出塞，蠻頗憚之，會東帥司揭榜敍州境上，大略言：「本司已與西路商量，決無深入之理，仰邊民安業，毋得驚擾。」蠻人見之，知西路揚言殆已，益無所憚。奕因以議不合求罷，改知夔州（《朝野雜記》乙集卷二〇）。

案：魏了翁撰《許公奕神道碑》曰：「遂有瀘川之命……嘉定四年七月至瀘。嘉、敍、瀘俱接夷壤，嘉以西則成都路刑獄司主之，敍以東則瀘之帥府主之。是歲董蠻米在大入嘉之利店，殺巡檢，俘邊民，官軍數戰不利，西路創安邊司窮治其事，公得夷黨三人，遂質之以致所掠，由是與安邊司忤。」（《鶴山先生文集》卷六九）是𡌴與奕於理蠻事意見實相左矣！兩司步調不一，既不足以靖邊患，且正以貽笑外族也。

又案：王子俊有賀𡌴得鄉節一啓，曰：「伏審揆日建臺，出節引道。猩鼯夜嘯，上貽廊廟之憂；錦綉晝行，中出璽書之寵。仍寓寶儲之直，益增英蕩之華，一聞郵置之傳，頓覺封陲之肅。恭惟某官，夙登列著，力障頹波，趙孟所貴能賦之，于吾何有？孫劉不使爲公耳，枉己則非。流落十年，險夷一節。疾風知勁草，身自有于長城；浮雲蔽太空，世苦無于公論。迨茲更化，詭以作州。藹然治最之傍行，久矣召環之當至。殺越人于貨，適値小夷干紀之秋，修扞我于艱難，尙憶曩歲幹方之略。……賁延閣以通班，過故鄉而上冢。昔儂寇叛而安道卒家僮破賊，貝州平而寬夫以相位酬庸。參本末於兩公，殆前後之一轍。式是恩綸之下拜，居然天意之有開。適于是時，忽降甘澍。衛師興而致雨，已示洗清小醜之期；商歲旱而作霖，又卜歸服大僚之兆。」（《三松集》）子俊與臺同爲丙所薦，常日必過從極密，於臺之歷官行事知之亦深切也。

七月十七日，詔夔州路提點刑獄李垕降一官放罷。以臣僚言其素無行檢故也（《宋會要輯稿》職官七四）。

九月十二日，馬湖蠻復寇邊。先是，蠻人以黃紙作牒，移嘉州，其語殊倨，安邊司俾寨官卻之。既而提刑司令寨官諭以先歸所掠，蠻人語益嫚，遂犯敘州，至宣化之二十里，臺怒守臣史師道應報安邊司文書稽遲，劾之，鐫二秩，罷歸。師道爲大使安丙所薦，許奕稍庇之（《續通鑑》卷一五九）。

二十八日，詔中大夫提舉臨安府洞霄宮李壁今後永不收敘。以臣僚言其阿意詭隨，從臾開邊故也（《宋會要輯稿》職官七四）。

是秋，壁復中大夫，提舉臨安府洞霄宮，頓首再謝，上書乞寢恩命。不允。詔曰：「朕惟公論所在，未有久而不明，人材實難，弗忍使之終棄。卿傳家之學，貫於古今；憂世之心，形於辭色。曩參融假，屬値多虞。處羣小橫流之中，而有陰扶善類之意；當大權倒植之際，而有密制元惡之謀。況其遄返於虜廷，嘗欲挽回於兵釁，謂世仇固所當復，而邊事豈可遽興？至今斯言，猶在朕聽。迨奮投龜之決，迄成解瑟之功，稽其忠勤，厥有本末。」是又發壁之心跡以示人也。「茲博參於清議，爰盡洗於丹書，既復文階，仍頒祠廩。以示原情之典，以隆念舊之恩。」壁讀詔感泣，不復敢辭。初開禧用兵，帷幄事秘，壁之謀議始末，四方有未之知者，及復官詔書出，然後壁之心跡始昭然暴白於國人，而世咸稱爲名臣（《真文忠公文集》卷一二，卷四一《壁碑》）。王子俊致賀啓曰：「伏審盡還峻秩，晉奉眞祠。夙夜匪躬，久矣眞心之莫白；風雷作號，居然公論之復明。側聆播告之修，一洗讒誣之巧。某官心傳正學，世篤孤忠。國且將危，安得潔身而苟去；敵非易與，固當出力以廷爭。使人皆王陵，則諸呂（熟）〔孰〕與誅？朝有東之，則二張非所患。君子所爲，衆人不識，孰能明東緼乞火之謀；宗廟再安，二聖重歡，乃實係曲突徙薪之策。顧令罪去，其謂人何！宜皇明之燭幽，下璽書而錫命。故物復祟階之舊，清班從閒館之游。周公居東三年，行對命禾之寵；奇女墜地七日，豈淹講室之居。……某登門舊矣，讀詔欣然，非爲游從之私，將有拔茅之望，良喜是非之定，少寬恤緯之憂。」（《格齋先生三松集》）

十月二十六日，以金國有難，命江淮、京湖、四川制置司謹邊備。時和議方堅，皆漫不置意，惟趙方在江陵，知金人北逼於蒙古，計必南遷。乃度地形，修工事，日夜爲嚴備。是可謂獨具隻眼者也。

十一月二十四日，壁生辰，魏了翁以長短句賀之。曰：「曾記武林日，歲上德星堂，相君襟度夷雅，容我少年狂。輦路升平風月，禁陌清時鍾鼓，嗺送紫霞觴。回首十年事，解后衮衣鄉。古今夢，元一轍，謾千場。紛紛閒較目睫，誰解

識方將。……天意那可問，只願善人昌。」（《鶴山先生文集》卷九四）

二十八日，㚖奏陳嘉定府沿邊屯田事宜。略曰：「照對守邊之要，莫先於土丁，而募丁之策，必先有以贍其生，然後可以責其力。自到任，凡管內寨堡闕丁去處，並行招集塡補。皆與優給資糧。今來應募之數，已自不少，內有一項，因民訟陳訴犍爲平戎莊官田，除見管人丁百二十名上寨防拓外，其餘頃畝多爲豪民富戶侵占，歲月已深，視爲己物，遂致丁額不敷，邊面闕人守禦。尋行追上逐戶，各據供認侵占不虛，遂再遣官檢查，今根據到前來侵占地段，總計山田四百九十四坡，水田一千五百九十六畝，裒折租數總計米二千三百斛，雜斛在外，以所管租額數，丁計新增到三百四十四名，通舊管共計五百五十餘名，逐一點閱，委皆少壯強勇，堪以守邊。已開據田段，各出公據分給。逐丁蠲免諸色官租，自令耕佃贍給，兼與明立條約，俾令分成諸寨，一一從長經畫，務令永遠遵守。……又契勘丁數既多，若非差官一員統轄及訓練，卻恐紀律不嚴，事藝不習，緩急之間，或誤驅使，見議於本莊上下兩保之間，建置堡柵，爲會合教閱之所，就差見駐劄犍爲縣嘉眉同巡檢一員提領堡事，欲乞將嘉眉同巡檢員闕許令銜兼帶知平戎堡，教習土丁。庶幾責任有歸，總會有所，可以久而不廢，實西蜀無窮之利。」從之（《宋會要輯稿》方域一八）。

嘉定五年壬申，璧五十四歲，㚖五十二歲。

三月初五日，詔㚖以成都路帥臣兼領敘州

兵事。

十三日，四川制置大使司遣兵分道討平敘州蠻，馬湖蠻酋米在請降。先是大使安丙知蠻不可致，遣興元後軍統領劉雄等二人將西兵千名，自嘉、敘二州分道並進，又遣迪功郎新本路提刑司檢法官安伯恕往敘州節制之。官軍入蠻境，方接戰，土丁某人斷小酋之首，蠻人驚潰，官軍小捷。其酋米在據羊山江之水囤，堅不肯降，囤在峻灘之中，水淺舟不可行，濤深人不可涉。大使聞之，移書㙜曰：「但聲言伐木造舟，攻其水囤，則米在自降矣。」㙜從之，米在果請降。然不肯受盟，邊吏遣土丁十餘人，入蠻爲質，米在乃令其徒數十詣寨納降，安邊司盡以十二年稅犒與之。米在以墮馬爲辭，終不出。是役也，所掠邊民數百人，得還者十三人而已。捷奏上，安丙轉三官爲通奉大夫，黃疇若亦轉一官，㙜進直煥章閣。伯恕特改次等京官。邊上舊有平戎莊，地極膏腴，久爲勢家所擅，㙜以錢二萬七千緡市之，收其田客近四百家，以爲土丁，因食其地。田租年二千七百石，每七石贍一丁，邊境賴以安，歷久不廢（《朝野雜記》乙集卷二〇）。

夏，虛恨蠻犯嘉定，㙜來司臬事，屢招徠之，蠻人終不至（《兩朝綱目備要》卷一三）。

是歲，衛涇與㙜書答謝，蓋以㙜傾歲數勤眞翰，所以相與之意甚厚，逮今感藏。惟以去國以來，多病頹懶，人事盡廢，平生知舊，例成闊絕，雖有鄉之私，無以自見。感㙜眷存，遠煩專介，寵貽誨飭，詞采燦爛，意氣傾寫，展玩不容釋手。書中繼稱：「秘書名門雋望，長才偉識，經綸開濟之事業，皆所素講。方敵勢披猖，荆襄要地，備禦規畫，隱然長城之固，朝家蒙賴爲多。更化甫浹洵，觀使參政令兄遽爾引去，某已大失初望，而拳拳於門牆，不能不爲過慮。蓋漢卿諸賢亦以爲言，但是時議論紛紜已不容一，某之綿薄，殆不能支。未幾，且以罪斥，它不待言而喻矣！繼審復申前命，間而聞之，深以爲喜。賢者所至，治聲隨風而流，借重憲節，亦既許久，良棟大璧，當爲明堂泰壇用，豈外臺所可淹卹。詔趣計在旦夕，續得馳慶。」（《後樂集》卷一五）

案：此書末云：「某疏拙亡取，……荷上恩保全其歸，杜門田里，不覺五年。」涇以嘉定元年六月罷官，至今已五年，故繫於此。

嘉定六年癸酉，璧五十五歲，堊五十三歲。

正月，堊除吏部員外郎兼國史院編修官，實録院檢討官。五月，遷秘書少監，仍兼史職（《館閣續録》卷九）。

六月，董居誼使金，不至而復，以亂政故（《兩朝綱目備要》卷一三）。

八月五日，國子監發解，監察御史倪千里監試，宗正少卿滕強恕與堊考試，樞密院編修官葛洪、主管吏部架閣文字陳伯震點檢試卷（《宋會要輯稿》選舉二一）。

十月一日，金中都戒嚴。十二日，宋遣眞德秀賀金主即位，會金國亂，不至而（還）〔還〕。十四日，遣堊使金賀正旦，亦不至而還（《宋史·寧宗紀》）。《金史》曰：「宋遣李堊爲賀正旦使，入境有期，以大兵（元兵）在近，姑停之，令有司移報。」

十六日，壁姊丈張伸卒。爲文祭之。文曰：「嗚呼子建，而止斯耶？我先君之子婿，於是盡矣。……惟公秀敏天賦，妙齡決科，種學績文，如絲在梭。……試邑雲安，民已札瘥。于資于邛，里謳巷歌。……逆曦干紀，煽爲奸訛，獨子憤鬱，欲春以戈。瀝血自請，滅跡潛沱。予時在朝，閱奏歎驚。臨變不跌，惟義之明。……」（《永樂大典》卷一四〇五六引《雁湖集》）

是月，𡌴除起居舍人，再兼史職。

嘉定七年甲戌，壁五十六歲，𡌴五十四歲。

八月，𡌴遷朝議大夫、起居郎、兼國史院編修官、實錄院檢討官、兼侍講。九月，又兼權禮部侍郎。

案：《宋會要輯稿》崇儒七，稱𡌴以起居郎兼侍讀，此從《宋中興東宫官寮題名》。

十月十三日，𡌴與權刑部尚書兼侍讀范之柔、起居舍人兼直學士院眞德秀合奏請講讀《春秋》。劄子曰：「臣等伏讀兩朝寶訓，仁宗皇帝命丁度等講《春秋》，終篇，聖語有曰：『《春秋》所述皆前世治亂，敢不鑒戒。』仰見祖宗學于古訓，施于政理，於《春秋》一經，尤所加意。恭惟陛下以天縱之資，茂日新之德，恪遵家法，勤御經帷。比年以來，薦徹篇帙，今麟史告備，載舉盛儀。竊惟周轍既東，強國分列，治世之經莫舉，尊王之旨不明，此書一立，懲勸善惡，扶植名分，豈惟百四十二年之行事，其所以建民極而正人心者，雖數千百年猶賴之。是宜淵衷洞究，玉音渙發，深有取於明君臣之義，猗歟盛哉！前聖述作之心，異世同符，先朝憲章之美，重規疊矩。竊嘗敬考歲月，接續龍潛研精之素，起於紹熙五年之仲秋，從容燕閒務學之勤，迄於嘉定七年之良月，紬繹之久，則所得益閎。體察之深，則所施不紊，運量酬酢，左右逢原，君道之所以昭明，治功之所以超越者，不在茲乎？」詔宣付史館（《宋會要輯稿》崇儒七）。

十一月，壁門人李醇儒欲板行所著《王荆公詩箋注》，魏了翁爲之序。略曰：「國朝列局修書，至崇觀政宣而後尤爲詳備，其書則經史圖牒樂書禮制、科條詔令、記注故實、道史內經，而臣下之文鮮得列焉！惟臨川王公遺文獲與編。……卒以靖康多難，散落不全，今世俗所傳，已非當時善本，故其後先舛差，簡帙間脫，亦有他人之文淆亂其間。……石林李公褭居臨川，嗜公之詩，遇與意會，往往隨筆疏於其下，涉日既久，命史纂輯，固已粲然盈編。了翁來守眉山，與寓目，見其闚奇摘異，抉隱發藏，蓋不可以一二數。則爲之舍然嘆曰：是固異乎世所謂箋訓者矣！箋訓之病，黨枯護朽，守缺保殘，有不非服鄭之陋，無是左班之忠。今石林之於公則有不然，其豐容有餘之詞，簡婉不迫之趣，既各隨義發明，若博見彊志，庾詞險韻，則又爲之證辯鉤析，俾覽者皆得以開卷瞭然。然公之學，亦時有專己之癖焉，石林於此，蓋未始隨聲是非也。……石林嘗參預大政，今以洞霄之祿里居，其爲文章，固已施諸朝廷，編之金鑽，此殆公得之遊戲者。」（《王荆公詩箋注》）是編所錄之詩較本集多七十二首，足補本集之遺漏。《明妃曲》之二章曰：「漢恩自淺胡自深，人生樂在相知心。」壁引范元長之語以致其譏，其於不經意之間，發揮義理之正，將以迪民彝，厚世教，蓋有爲而作也。壁少好詩，長而益厲，其所自作，知詩者以謂不減荆公云（《壁碑》）。

嘉定八年乙亥，壁五十七歲，𡌴五十五歲。

七月二十七日，詔提舉臨安府洞霄宮李壁降三官罷宮觀，前起居郎李𡌴降兩官。以殿中侍御史黄序言，壁權臣腹心，罪惡貫盈，鐫秩謫居，未幾自便，復官奉祠，遂爲全人。𡌴乃壁之親弟，其反復傾險，大率相似。故有是命（《宋會要輯稿》職官七五）。

嘉定十年丁丑，壁五十九歲，𡌴五十七歲。

十一月，壁六十初度，程公許爲撰《擬九頌》以壽。序題云：「雁湖先生李公，以嗣世之賢，爲儒林哲匠，參貳機政，協謀除姦，功不自言，横遭媢嫉，賦閒歲久，學日充，德日進。旱霖川航，四海係望。公許嘗竊論楚臣《九章》、《九歌》，傳者謂其託陽數以陳詞，悃悃欸欸之一篇而三致意，庶幾君之一悟，而國賴以安，非私於爲己也。……頌以美盛德之形容，斯文之作，體則騷而文則頌，無乃不類乎？鴻飛遵渚，吾黨望於公者，雖累詞千百，安能摹倣其萬一，是則託楚騷紀陽數，表公之志，頌公之德，於古人託物引類之或有取焉耳！」（《滄州塵缶編》卷二）

案：公許撰述《九頌》，序題云：「先是歲行丁丑，公初度之臨也，公許嘗賦《擬騷九頌》爲公壽，公讀之喜。」

據此，知公許撰《擬九頌》爲壽當在是年。

嘉定十一年戊寅，壁六十歲，臯五十八歲。

臯昔以記波之官，倣范祖禹《帝學》，著成《續帝學》十卷，詔繳進講讀，講官請宣付史館，從之。是歲，壁得復官。

嘉定十二年己卯，壁六十一歲，臯五十九歲。

正月，四川制置使董居誼召赴行都，以新利州路安撫使聶子述爲制置使，安丙之子癸仲時知果州，子述即檄兼制司參議官。

二月，寶謨閣直學士、知潼川府許奕卒於官，詔起臯知潼川。時金兵大舉入梁洋，壁正復官里居，奏請下詔撫將士，曲赦沿邊民。又言：「鳳州推官姚辛罵虜不屈死，沔州通判李耆壽恥汙賊手，舉家自沉於河，宜加褒錄。東西兩路兵失亡過半，宜選募軍中子弟及死事孤以補之。」（《鶴山集》卷五七、六九及真撰《壁碑》）皆報可。

閏三月二十八日，興元軍士張福、莫簡等稱兵作亂，以紅布爲號，被稱曰紅布賊。時帝方倚壁爲重，除端明殿學士知遂寧府。壁之將行也，吳泳以詩送之。曰：「拍拍雁湖水，深深歸雁亭。雁歸三四年，相伴湖水清。燕私豈不樂，國爾終含情。龍章倏夜下，驚起鷗鷺汀。鴻雁雙翥翰，眘焉乃東征。載亂龍鵠椒，復問鶯花程。輶軒鶩華轂，高蓋羅翠旌。康屯豈無學，銷暴不以兵。蔚藍舊草木，再色新威明。寄聲受廛者，明府如父兄。恢恢大儀中，扶立惟三綱。國風怨以怒，王道蕩無章。栖栖魯東家，秉筆修天常。廉陛不亂紀，冠履不易方。斯今世運頹，禮義維楫亡。三邊且病痱，羣盜方鴟張。兵如潰隄蟻，民甚赬尾魴。厲階倘不夷，零露將侵裳。李侯世柱史，識此治亂防。揮袂別廣筵，振衣登高岡。願主茂遠猷，挽河洒天狼。」（《鶴林集》卷一）

四月，張福等叛衆入利州，制置使聶子述遁去，總領財賦楊九鼎與賊遇，走匿民舍，賊追九鼎殺之。子述退保劍門，檄安癸仲兼節制軍馬，任討賊之責。

五月，張福掠閬州，擾果州，吏或死或逃，無敢抗者。賊剽殺縱横，所過無不殘滅。近薄遂寧府，潼川府路轉運判官權府事程遇孫棄城遁，福入，焚其城。游騎在潼漢界，將窺成都。制置司謂賊勢欲西，非戎帥張威不可禦，乃檄威提精兵六千人自綿劍至廣漢來會。時安丙欲自持十萬緡偕聶子述往益昌募士，子述曰：

「大臣非得上旨，未可輕出。」丙遂如果州。其時四川大震，尤甚於吴曦之變。張方首奏，勳望如丙，今猶可用。魏了翁移書宰執，謂安丙不起，則賊未即平，蜀未可定，雖賊亦曰：「須安相公作宣撫，事乃定耳！」璧、㙫兄弟並鎮潼、遂，亦皆以國事勉丙。至爲詔丙爲四川宣撫使，予便宜行事。當賊殘削且及潼時，㙫疾馳至任，提刑永嘉曹奉使器（叔遠）方嚴守備以待，見㙫至，大喜，亟集義壯，治諸縣隍堞，設木隔礮，凡可以禦賊之具者無不集，繕兵訓戒，上下激勵，威聲外儋。賊覘知有備，不敢涉境（《宋史全文》卷三〇、《宋史》卷四〇二《安丙傳》、四〇三《張威傳》、《宋元學案》卷七一）。璧至遂寧，戮惡少年之爲賊鄉導者數人。有進士王洋女爲賊所得，洋往救，死之，女亦不屈，自投于水，賊傷其腦，亦死。壁賞其冠帔，又奏請封孺人。贈洋通郎。又繕城堡，閱禁卒，日爲守計（《壁碑》）。

六月，安丙自果州如遂寧，令諸軍合圍，絕賊樵汲之路以困之。張威復以兵臨之，賊窮請降。方張福等之入益昌也，戕王人，略閬剽果，蹂蓬溪，徑抵遂寧府下，時壁未至，而先已稱詔遣人持檄諭福等，累數百言，福等讀之泣下：「李公正人，我亦知之。」即約日解甲以降。會官軍至挑戰，賊忿，盡燔官寺邑屋。至府治，則曰：「李公且來此，吾不忍毀。」壁復馳書大將張威，使捲甲以西，且諗成都諸司調嘉定黎雅寨丁牌手來會戰，賊時退據茗山，意叵測。壁、臯數以逆順禍福譬諭福等，賊遲疑未決間，張威以大兵至，夜遣人叩府門求藥物，曰：「賊壘堅不可破，將選死士梯而登，以火攻之。」壁曰：「審爾，必多殺士卒，曷若斷賊汲路與餉道，使不得食，即成擒矣。」以長圍法授之，賊遂平。賊始受縶，自言：「我本自飛鳥走成都，李參政誤我。」然壁本志，實欲不煩兵而下，非忧之也（《壁碑》）。

案：程公許撰述《九頌序》題曰：「嘉定十二年春，西師弛備，敵騎坌入天漢三泉洋，川蜀大震，上用心惻，始下詔圖任舊人，起前參政眉山李公於洞霄祠館，以端明殿學士知遂寧府。未就鎮，潰兵嘯聚，自利、閬、果擣虛入城，公乃弭節潼川，與季弟左史直院侍郎公共議招降，以伐其閫西之謀，賊始疑沮，逡巡引避，用能延景刻，會將士以釁之，賊固吾几上肉矣！兵火創殘，流離未復，公始至，是究是圖，俾就安集，民遂德之。家置一喙，先一州而後天下，挽天河以洗兵甲，蒼生屬望，於公不啻旱秧之渴雨。」據此，壁、臯兄弟於戡定蜀潰兵之亂，功亦不細也。公許詩云：「公家難兄弟，與蜀關重輕。峨眉疊連娟，石筍屹崢嶸。」信然（《滄州塵缶編》卷二、四）。

七月初七日，張福亂平。臯守潼，乃建治城湟，城西牛頭山極險，謂曹叔遠曰：「昔日相里貴據此山以攻城，幾爲所破，今可委此山於城外耶？」乃跨山包之，通西溪之渠，以達武江，而天險爲城中所有，遂恃之無恐。魏了翁《撰潼川府新城銘》曰：「嘉定十二年春，眉山李侯被命守潼，夏四月庚午，興元禁卒爲亂，批利、閬，擣果、遂，將闖潼川，永嘉曹君奉使按刑，盛守備以待，侯聞變疾趨，厥既領州，益大修武備，聲威外憺，賊不涉境。秋七月庚子賊平，乃建治城湟，且包牛峰，移西溪爲久遠計，伻來以圖，屬臨邛魏了翁爲之銘。銘曰：……蜀之鉅屏，如益梓部。益城弗葺，多歷年所。比因創難，始議興堵。梓非無城，鞠於水滸。侯王侯吳，侯沈侯許。元豐汔今，績用亦著。人心弗同，前作後沮。或修或否，靡屈靡究。況城之南，殷彼牛首。如薄而登，如俯而取。方時寧晏，未睹其咎。卒然有戎，委柄授手。斤斤李侯，我事孔疚。維時膚使，同德相友。」後有和詞云：「不負此邦去，笑口也應開。」當亦指禦賊保民築新城事而言。

八月二十七日，壁以劄子遞廟堂，請下成都、潼川府、夔、利州路安撫、轉運、提刑、提舉司，四川茶馬司總領所，就所陳張福亂平後善後事宜，采擇施行。劄曰：「某所領遂寧府在東州，控扼水陸，號爲要衝，惟是武備單弱，全無城郭之限，近者強寇竊發，鼓行而前，如入無人之境，直造官府，焚毁漕廨，劫掠倉庫，州縣儲積，爲之一空，甲仗一庫，盡爲賊有，取不盡者，焚之而去。至於居民，悉皆蕩盡，十無二三。四隅一望，皆爲丘墟瓦礫之場。某居閑歲久，誤蒙公朝起廢，畀以牧守之任，薄命所招，臨當之官，遭此變故，今所當先者，勞來還定之政。緣焚屋頗衆，皆營生小民，一家之產，無三四金，非官司借與之錢，無由自能起蓋。而本府庫帑既被劫掠，無復贏餘，目前所入，隨收隨支，止應一時，不容寬展。如此等委實無力可辦。某雖逐急措置，量與郡貸，終是氣力微薄，何緣可使復舊。日夜念此，不遑安處。欲望特與敷奏，行下四川諸大司，併本路帥臣監司，於官錢內通融，又降約及十餘萬緡付本府專一收管，以給被火失業之家，及修城浚濠打造器甲之用，庶幾即日守備嚴飭，稍成州郡，不勝一方之幸。此外又有當申控者，本府兵籍，若無他違法占破及蒐練教閱以時，豈不可恃？切嘗考究平日支衣支糧，至者幾二千人，而比者臨變，乃無一人能發隻矢禦賊者，豈惟失於申儆，蓋每患爲監司及屬官諸廳占破之多，揆之條制，監司各破人兵自有成數，又止廂軍，其禁軍不在差使之列，又往往一司而有占破廂、禁軍四百餘人者。學院子一邑至占三十餘人，其他虚占窠坐人兵更減省外，餘盡發下逐目教習，務令武藝精熟，緩急可以倚仗，又當補塡闕額禁軍，並令數足，衮同教閲，庶幾武備稍飭，一方有恃。惟是，欲乞自朝廷更切申嚴條制，行下逐路監司，於當破人數外，不得擅有截留，違者許所屬追究，所冀盡革前弊，府州之備，稍得嚴固，于以潛消奸宄，所補不細。」朝廷下指揮各監司照會施行（《永樂大典》卷一〇九九八）。

十一月十五日，程公許撰述《九頌》爲壁壽，序題云：「今年己卯，公之壽籍方周一甲子，而雨露疏恩，適丁斯時，泰道初亨，壽雋登用，紀年太極，自當與宋匹休，公許感公文字之知，不敢碌碌自比常倫，再抒鄙思，爲述《九頌》九章，章各有指，所以侈公道之開，而申前作之未備。」（《滄洲塵缶編》卷二）

二十四日，壁六十一歲誕辰，吳泳壽以詩曰：「閒氣生賢喆，斯文擅正宗。咮鳴直是鳳，時見恍猶龍。信史傳緗簡，元勳在鼎鐘。惟存霜後節，景仰彼高松。」「往在黃樞府，璇題護兩扉。剪除當路棘，紉補坐朝衣。風急操舟濟，江空擲釣歸。年年湖上雁，旭旦望南飛。」「起從通德里，出守巽巖州。上相先聲到，兇徒悍氣柔。鴻居新勞徠，鳥戶舊綢繆。已築沙堤路，歸歟贊大猷。」「金碧蒼巖下，神光射斗箕。豆灰浮琯後，梅蘂破冰時。正是生申日，誰爲壽卯詩。今年眞六一，說與酬翁知。」（《鶴林集》卷三）度正亦上壽詩曰：「卓立三峰萬仞高，依然兄弟並雄褒，卷懷經濟藏三徑，震起聲音滿九皐，曾向黃扉參道論，詎容綠野恣閒遨，紫雲山下梅偏早，欲送清香薦玉醪。」（《性善堂稿》卷三）

案：度正壽季章詩不詳年月，以「依然兄弟並雄褒」之句推之，當在是年。蓋璧、𡌡正分守遂寧，潼川也。

嘉定十三年庚辰，璧六十二歲，𡌡六十歲。

正月初一日，𡌡門人程公許撰《東川節度歌》以爲頌。序云：「東川自唐以來爲征鎮重地，國朝以文治不尚武功，擁旄殿邦者皆當世妙選。春官侍郎眉山李公，以法從名流，開藩於茲。適潢池有警，公以德望，隱然爲西州捍蔽。事變甫定，顧瞻環雉，謂牛頭巍峙城外，俯瞰萬井，於鎮守非便，乃請於朝，包括一峰，增築城堞，發千古之形勝，成曠代之偉績，非公不能辦此也。」公許因賦此歌，意在「清朝採詩，或有取於此。」蓋欲以詩存史也（《永樂大典》卷一四七〇七引程《滄州集》）。

二月十八日，潼川運判程遇孫鐫罷，璧與宫祠。以殿中侍御史胡衛論遇孫攝郡，臨事逃遁。璧被命已久，既聞驚報，不即赴郡，且互申宣司，一則失小臣之節，一則失大臣之體，私爭而緩國事故也（《宋會要輯稿》職官七五）。璧去之日，送者傾城，邑父老至泣車下。

秋，𡌡在潼川任，與魏了翁遊，杯酒唱和。魏和章云：「記來時，驚列缺，走吳回。人間都失，匕箸老婢亦驚猜。疋馬曉風鞭袖，孤堞暮煙烽柝，揮卻挂蛇杯。不負此邦去，笑口也應開。」又約飲于嚴家園，即席賦云：「昨夜嚴家集，霜斗颭晴天。乾坤如許空闊，着我兩人閒。醉帽三更月影，别袂一簾花氣，語雋不知還。二十年間事，肝肺寫明蠲。記相逢，一似昨，兩經年。風波鬧處，推出心膽至今寒。也爲故人飲酒，也念邦人懷舊，姑爲駐征鞍。未忍作離語，留待月華圓。」（《鶴山集》卷九六）

冬，壵改知常德府。崔與之來帥成都，相遇於城外驛。各爲詩誌念。與之詩曰：「柏竹老歲寒，梅辔澹春風。邂逅萬里橋，相對雙鬢蓬。論心豈無酒，舉琖不忍空。恐渠道旁嗤，咄咄醉頰紅。送以靜觀頤，答以晦養蒙。障塵馬上去，意氣如飛鴻。荆州舊分虎，武陵世憑熊。所至相勞苦，父老攜兒童。地偏舞袖長，雞瘠牛鼎豐。甘棠子孫枝，蒙密成芳叢。聞之白玉堂，起草誰其工。要爲官擇人，頗收還禁中。胸藏經濟方，醫國收全功。世事俱塵土，惟有汗竹公。兩足芎茁苗，風暖蒲長茸。離索抱孤影，日斷三峽東。」（《崔忠獻公全録》卷八）壵之將赴常德也，友生程公許以詩來謁，有「賦對凌霄意欲仙，卻飛霞佩武陵源，桃花總是甘棠舊，重與郎君憇鹿轓。」「平生知己兩蘇公，乞與宫商發爨桐，歸日雁湖談夜雨，南枝有信待東風」之句（《滄州塵缶編》卷一二），賀頌尊仰之意，尤拳拳焉！而魏了翁之賀詞，益見友朋至情。詞曰：「更盡一杯酒，春近武陵源，源頭父老笑迎，人似老癯仙。檢校露桃風葉，問訊渚莎江草，點檢舊風煙。世界要人拄，公獨卧閒邊。嘆從來，分宇宙，有山川。主賓均是寄耳，嬴得鬢毛斑。最苦中年相别，更是人才難得，相勸且加餐。歸與玉昆說，時寄我平安。」（《鶴山集》卷九六）臯至常德，以安靜爲治。

十一月二十四日，吳泳呈詩賀壁六十二歲生辰。詩曰：「當年指李記生辰，桂史疑爲法報身。魚鳥泳飛南閣曉，風花經緯石林春。手翻萬軸談無底，胸著千年汲愈新。試看喬松霜雪後，凜然一節照詩人。」「自卷朝衣濯雁湖，勛名籍籍在黃樞。時聞走卒稱司馬，猶有羣兒問大蘇。赴隴尺書馳鶴板，起家萬石綰麟符。宵衣炯炯思黃髮，正籍元勛出手扶。」「洶洶風濤卒未清，便提小隊按行營。一言刑省朝歌盜，單騎思懷渤海兵。豐德自應通綠籍，長年何必飯黃精。勸公剩厭蘭英酒，爲作涪川小太平。」「身駕青牛老子車，行雲來去自紓徐。精神健好充黃野，骨法清眞貫玉廬。六十二年康節詠，五千餘卷玉川書。石林莫作盤居計，黃紙來看又詔除。」（《鶴林集》卷三）時壁奉祠家居，故壽詩有「石林莫作盤居計，黃紙來看又詔除」也。

嘉定十四年辛巳，壁六十三歲，臯六十一歲。

三月，金人陷黃州，知州事何大節死之。繼陷蘄州，知州事李誠之及其家人官屬皆死之。

六月一日，初，置沿江制置副使司於鄂州。俄而，除臯爲沿江制置副使兼知鄂州。時臯方內召爲禮部侍郎。初皇子竑之立，非丞相史彌遠意，密有所廢立，而屬意於沂王貴誠（即理宗）。皇子竑不滿彌遠所爲，彌遠亦日媒孽竑之短於寧宗前，欲爰臯爲內助，而貴誠於臯亦眷倚甚至，將引之參預。然臯正色立朝，持論侃侃，政府忌之，乃命以寶謨閣待制出知鄂州（《學案》卷七一）。

七月十六日，埴奏：「沿江制置副使一司，係朝廷特行創立，並無官屬可以協濟，今欲舉辟幾員，伏乞朝廷參酌，速示指揮。」詔：「沿江制置副使司差幹辦公事一員，於京官選人通差。準備差遣一員，專差選人並以經任有舉主無過犯人。準備差遣二員，通差大小使臣，令本司從公選辟，不許差子弟並親知以充員數。」（《宋會要輯稿》職官四〇之一九）

案：埴之赴武昌也，友生程公許送之，並撰《南樓賦》一篇道埴德業，尊仰之意瀰漫字裏行間，情眞誼厚，於是乎見之。序題有云：「武昌在今爲上流巨鎮，南樓得名以庾公重，雖風流邁往，而勳業無聞焉。悅齋先生李公，由館殿瓌望，久更外庸，上念荆州已試之蹟，酬沫水南定之功，陞直圖書，載頒英蕩，就領征鎮，以世厥官，推平日經綸之盛心，運神州規恢之長算，以一洗江左之陋。其在是行，門生程某追送江干，想南樓偉觀，恨不能狃翮而從也。咏歌不足，爲賦以獻。」賦曰：「有天下士，巽巖之子，其翰墨發揮，如芳葩之麗春，其豐神灑落，如璧月之湛水。磅礴乎萬物之表，轥藉乎羣士之軌，囊讎書於天祿，儼正色於朝端，孤忠表乎獨立，百壬爲之熱顏。竟枘鑿之難投，遠修門其幾年！秉姱節以事君，何中外之間然？夫文以緯國，學以用世，……自非括今古於方寸，何以融體用於一致！卓哉我公，周情孔思，險夷不能揉其操，仕止無以奪其志，使之謀謨廟堂，必蹇蹇以匪躬，經綸宇宙，固恢恢乎餘地。彼其七縱七擒，使敵人繫首於下吏者，此特公事業之緒餘耳！皇明燭遠，萬里如見，陞圖書寓直之華，仍禮樂使華之遺，輦車驪駕，爍風采於雲煙，高牙大纛，振籌策於方面。」（《滄州塵缶編》卷一）

嘉定十五年壬午，璧六十四歲，𡌴六十二歲。

春，魏了翁被命造朝，道武昌，與𡌴遇，修通家之好。時𡌴次子鏐未之字也，了翁曰：「名受之父母，字受之賓，予何足以知此？」蓋鏐金之美者，乃爲𡌴賦《棫樸》之亂，𡌴曰：「宜以相字之。」遂字季相。了翁在鄂，與𡌴同登南樓，賦詞以記其事，詞曰：「攜月上南樓，月已（寄）〔穿〕雲去，莫照峨眉最上峰，同在峰前住。東望極青齊，西顧窮商許，酒到憂邊揔未知，猶認胡床處。」及了翁將行，𡌴同總漕載酒湖上相送，了翁又用原韻以賦別思。有曰：「能得幾時留，王事催人去，翠蕩涵空酒滿船，苦要留人住。身世兩悠悠，飄泊知何許，但得心親志合時，都是相逢處。」（《鶴山集》卷五八、九六）詞意懇切，極見精誠感人。

𡌴之官沿江制置副使也，甚得江漢之心。趙汝鐩、史彌鞏並兼機幕，卓著功績。汝鐩字明翁，濮安懿王七世孫，擢嘉泰二年進士第。出爲湖南刑獄司幹官使者，時𡌴守常德，尤獎重之，盜發洞庭，即委其討平之。及𡌴建閫鄂州，乃辟兼機幕。金兵掠荆門，守將委郡而去，汝鐩單馬視關隘，修守備，流徙來輯，始城沙市，塹湖水以濠之。臯方欲爲上其功，會歸蜀，但用考舉改秩而已。彌鞏字南叔，彌遠之從弟也。好學強記，紹熙四年入太學，時彌遠柄國，寄理，不獲試，淹抑十載，嘉定十年始登進士第。迨臯開鄂閫，知彌鞏持論不阿，辟諮幕府事。壽昌戍卒失律，臯欲盡誅其亂，彌鞏乃請誅首倡者一人，軍心感服（《劉後村集》卷一五二《刑部趙郎中墓誌銘》、《宋史》卷四二三《彌鞏傳》）。

五月，劉光祖卒，年八十一。光祖字德脩，簡州陽安人，學者稱後溪先生。平生剛正有守，學融洛蜀。曾奏：「臣觀本朝士大夫，學術議論，最爲近古。其端本也，以居仁由義爲道，以正心誠意爲學；其交際也，以同學爲朋而實非朋，以同道爲黨而實非黨，窮達知其有命，進退知其有義，是以進之不見其泰，退之不見其戚。……本朝盛時，初非有強國之術，而國勢奠定，根本深厚，蓋其學術議論皆由於此故也。」又奏曰：「臣本蜀人，爲學自有源本，介在朝序，與人亦無親疏。……凡今道學，伊洛爲宗，然非程氏之私言，出於《大學》之記載，《大學》之教，明德爲先，其間舉詩人之言，於是有道學之目，曰：『如切如磋』道學也，『如琢如磨』自修也。然則臣所謂居仁由義爲道，正心誠意爲學，又在於切磋而琢磨之。」眞西山曰：「初，公以孤生起西蜀，朝廷之士，共知其賢，而四方或未之知也。及居言責，正色直辭，摧姦擊強，不少顧避，於是海內想聞其風，曰：『此鐵面御史矣！』至覿其容，接其辭，則溫乎惠風之穌，藹乎時雨之潤，四時之氣雖備，而生物之意尤多。蓋公天資渾然，克養有素，故聞之者謂其風節之可畏，即之者樂其道義之可親，蓋信乎其爲全德矣。少從族父兄東溪先生伯熊學，已志乎古之大方，及長，博參諸老，而融會其異同，旁綜百家，而蒐攬其精粹，曾謂蘇、程二氏之學，其源則一，而用之不同，皆有得於經術者也。又道學之論方譁，人謂公師友眉山，非爲伊洛地者，公獨反復懇叩爲上言之，蓋將協和朝廷，調一議論，培宗社之脈，厚薦紳之風，推公此心，使當元祐時，必能銷洛蜀之爭，使獲用於慶元，必無黨論排軋之禍。」（《真文忠公集》卷四三《劉閣學墓誌銘》）蓋元祐有洛蜀之爭，二百年間，其學終莫能合，及光祖與壁、臯兄弟出，魏了翁繼之，遂合其統焉。風氣既開，世運丕變。吳泳有言：「洙泗之學，非洙泗之學，舜三代之學也；河洛之學，非河洛之學，孔子子思孟子之學也。」推其本，遡其源，一之而已，則無所謂派與別矣。初，光祖爲蘇洵請謚，壁贊之，故得一字之典曰文，或譖臯曰：「吾子即他日之卯君也。」然臯立朝，終始一節，不肯阿隨，所以終不登二府者，蓋有得於伊洛之正傳也（《學案》卷七一、《鶴林集》卷三二）。

六月，壁卒於家，年六十四。始屬疾，即親草遺表，爰張方平奏仁宗語：「陛下猶天地父母，豈與犬豕豺狼較勝負。今臣剽聞虜用事臣侯姓者，嘗引王猛苻融言，告其主曰：『國家本戎狄，江東中華正統，天意必不絶之。』使其果有此言，亦望略示善意，使疆埸少安，民得休息。」以資政殿學士、通奉大夫致仕。訃聞，輟視朝一日，贈金紫光祿大夫。夫人張氏，累封通義郡夫人，子銓、鑄、鏻。眞德秀爲撰墓碑，有曰：「惟眉山自蘇氏父子以文章冠宇內，而潁濱遂踐政席，爲元祐名輔臣。甫若干年而文簡公出，以海含山負之學，松勁玉剛之節，標式當代。公之兄弟，皆世其學，文采議論，震耀一時，公亦與聞國政，人謂有光蘇氏。然潁濱之執政也，朝廷清明，衆正在列，志同而道協，故其用力也易。雖時論中變，身弗見容，而大節暸然無異議。公之進也，不幸當奸臣竊柄，憸夫壬人，參錯要塗，陰拱旁伺，前跋後疐，故其用力也難。方事之殷，客有諷公曰：『嘻！是吾心也，然國病矣，我去誰適謀此！彼荀慈明王子師溫太眞何人哉！』公念回斡事機，非人莫可，二三年間，孜孜汲引，布列中外，殆不可勝數，其大者則主丘公宻使專閫，扳錢公象祖復與政，後卒獲其助。又惟奸臣死黨，師旦最其魁桀，不去之則事不可圖，故乘機排擊，靡遺餘力。方是時，猶凝冰凍雪，天地慘烈，而潛噓微陽，默導生意，戞戞乎其難！迹不晦而身危，機不密則事敗，故公之低眉抑首若無所違拂者，是乃深爲宗社計也。持此濟事，而欲人人察其肺腑，顧不愈難乎！此公與潁濱之所以異也。雖然，公之行事本末亦可考已。後之君子，其必有以處之。公清修峻潔，雖在廊廟，而風致超遠如山澤間人，憂時憫世，藹然見于眉宇，平居鞠躬履地，退然若不勝衣，至義所當爲，猋厲迅發，雖賁育莫奪也。除奸之日，再拜辭家廟而出曰：『不幸則以死繼之。』平生嗜學如饑渴，羣經百氏，搜討弗遺，於本朝故實，尤所綜練。國有疑議，旁摭廣引，如指諸掌。其爲文，本於至理，而達之實用，浮淫傀麗之作，未嘗輒措一詞。」蓋一篤實恭儉之君子也。時人以壁使金，所言多附和韓侂胄用兵之意，令人嘆文字之爲虛車。然其爭丘壑之賢，用張威以平寇亂，雖功不足掩罪，而知人之明，則不容沒也（《真文忠公集》卷四一、《學案》卷七一）。

所著有：《中興十三處戰功錄》三卷，《中興諸臣奏議》四百五十卷，《內外制》二十卷，《消塵錄》三卷，《援毫錄》八十卷，《臨汝閑書》百五十卷，《雁湖集》一百卷，《王荆公詩注》五十卷。

友人葉適祭曰：「昔公預政，轉欹爲平，黼扆一去，岷峨幾程。天蘊良謨，發於妙齡。逮茲退藏，愈勵愈明。今所未知，古所已行。方略部份，如將使兵。百家龘殘，全取粹精。一代文獻，得其紀承。予日深佇，鼎鍊再羹。刲割既壞，撥扶將興。奈何一朝，長隔死生。嗚呼哀哉！道之方消，不可祿榮。蘋葦搖曳，猿鶴逢迎。或泣不歌，或飲不醒。展轉其間，奚置品評。一念未泯，獨公弟兄，特於東南，片善寸能。頰舌匪譽，肺腸與並。哀今無有，士失倚憑。老我何用，叩胸血零。空留故書，熠熠滿縢。黃河北流，大江東傾。此酒遠遡，湧溢公庭。神尚挹彼，毋我或醒。」

魏了翁哭曰：「五月辛酉，哭後溪翁。六月甲午，而又哭公。耆德宿齒，欲見無從。風流文獻，罔以考終。岷嶓之西，邦瘁國空。雖天降才，曷其有窮。豈無後出，可配前蹤。獨嗟人物，爲千丈松。培塿崇長，非一旦功。自文簡氏，才識清遒。下涉虞初，上窮帝鴻。靡選不緯，匪末弗攻。公生其間，薫炙貫融。上下千載，挺起遺風。入參天綍，竭力劬躬。人謂斯人，三出勿庸。晦明之愆，以離鞠凶。其在於今，憂端蝟蠭。露立赤子，哲分諸戎。兼收衆逮，猶慮弗充。日替月零，天其夢夢。矧知了翁，早荷獎崇。今年造朝，道出故封。公已得疾，體瘵力慵。猶能三日，燕豆歌鐘。感新道舊，慷慨發衷。孰知此觴，永矣無同。伶俜顧影，于江之東。緘淚書詞，以寄哀恫。」（《葉水心集》卷二八、《鶴山集》九一）

後謚文懿。

案：《四庫全書總目》中對壁頗有惡評，一云：「是壁附和權奸，以致喪師辱國，實墮其家聲，其人殊不足重。」一云：「燾納規進誨，惟拳拳以立國根本爲先，而不侈陳恢復之計，是書（即《六朝通鑑博議》）之作，用意頗同。後其子壁不能守其家學，附和韓侂胄之意，遂生開禧之兵端，然後知燾之所見，固非主和者所及，亦非主戰者所及也。」（卷八八、一五三）然劉宰與亶書則曰：「大參薨背，海內褫氣。方其壯年，鋭於立事，議論豈無少差，要於大義無愧。中間維持善類，破除奸黨，厥功不細。至於淹貫古今，臨事有商量，憂國愛君，一飯不忘，今之世如斯人者有幾？前輩聞張無盡之死，爲之太息，以爲豈無他人，未必如無盡之素有人望。況大參人望過於無盡，而無無盡少年之失耶？」（《漫塘集》卷十）雖宰與璧爲同年至好，不無相互標榜之嫌，第就璧之一生行事觀之，出處大節，有源有本，體國愛民之誠，並無慚於父兄。則知《四庫提要》所云不能守其家學，其人殊不足重者，自非天下之公言矣。知人論事，不亦難乎？

又案：璧所撰《雁湖集》，至清季尤存，《書林清話》卷六云：「聞京師書估以五百金售宋人李璧《雁湖集》。醴陵文氏所藏，海内孤本也。」獨惜今已不傳。

嘉定十六年壬午，壁六十三歲。

壁在沿江制置副使任，設勤武堂，振刷軍備，武昌士氣始奮。是春，友人劉宰致書道賀，並爲撰《勤武堂記》。書曰：「竊以陽春布澤，萬物生輝。恭惟某官，卧護長江，折衝千里，台候動止萬福。……邊頭去歲一捷，虜用大創，絶意不敢南下。蘄黄之間，生聚漸復，制閫之功大矣。次對因任，蓋聖朝兼用陟明增秩之典，某受知門牆，贊喜之深，不知手之舞足之蹈也。年來氣數非愚陋所知，以耳目所接，惟一意哀歛以媚上，繭絲保障，無能别其輕重緩急者。惟以尹鐸之所寬，寬於武昌，猶有望焉！伏惟深加之意。大參薨背，……某貧不能遺奠，欲作一哀詞，而或者謂不宜施之敵己以上，以是未敢。然此念不能釋也。不鄙令作《勤武堂記》，可謂借聽於聾者，二千里相望，不敢固辭，以孤盛心，勉強草數語去，或委不用，或删修用之，惟所以命。五朝《長編》激感頒賜，四朝正所欲得，更望周全，使爲全書。但部帙太大，爲胥吏費，以是爲愧。某卧病家山，度非召還，道過丹陽，無由一見。尚聞切乞爲國家自愛，以對寵光。」《鄂州建衙教場勤武堂記》曰：「鄂據江漢之會，連淮襄之勢，故孫氏再世來都，北睨中原。紹興名將，駐兵其間，關洛爲之震動。顧兵民久分，而兵權又益分，州兵混爲皂隸，掌兵者不克知，大軍冠以御前，爲守者不敢問，沿江上下，列戍相望，而體統不屬。前年春殘，虜嘯聚饑羸，遂得突我蘄黄，雖旋即敗去，而上心惕然，思患豫防，以前禮部侍郎眉山李侯亶有文武才，曩起家帥潼，當潰卒挺亂，蜀道孔訌，能繕兵訓戎，使

盜不敢干而卒以斃。肆疇已試，俾以沿江制置副使兼知鄂州。先是，州事往往以部使者兼領，因即臺治寓軍政，綱目多不克備舉。邇者有詔，以舟師之在鄂者隸州，以總領財賦所創招親効、强勇、茶商諸軍隸制置司，而制置司又自建帳前一軍。侯惟鄂重地，制閫重任，專以治戎講武爲職，然大軍十八戍邊，其留者與州兵，閲習久廢，又新隸諸軍甚衆，亦多循習墮偷，是烏可不教！顧……處庫無以重威，乃發熙寧、紹興詔書，用先正文簡公舊事，辟衙教場於治所之側，而建勤武堂於其上。初神祖在御，因涇原帥臣蔡挺肇建此制，合四州禁軍之不當他役者而教之，名曰衙校，圖其事來上，詔頒天下，以爲永式。紹興復申明之，間于多虞，所在廢闕。淳熙辛丑，

文簡帥遂寧，奉而行之。侯文簡季子，既外稽之故府，復內訂之舊聞，爰築斯場，爰建斯堂，以日討軍實而訓之，場之廣脩不齊，舉武以計，合六千二百。堂之外爲門爲軒，爲次爲廡，屋之大小不齊，以楹計合六十有三。於以飭五兩而示之法，於以閱將校而知其長，於以正中權合體統而歸於一，怠者以奮，懦者以立，而勇者不敢輕，近足以壯金城湯池之勢，遠足以來簞食壺漿之迎，臣子之義得，忠孝之道舉矣！《春秋》尊王命而大復古，侯於二者皆應書法。抑聞兵者民之衛，民者兵之本也，侯之致謹於兵者如此，則其致力於民者可知。僕臥病家山，雖不獲繫舟鸚鵡洲下，曳杖黃鶴樓前，以聽輿人之誦，然必知其賦之薄、刑之省也，必知其政之平、訟之理也。故爲記其事，復爲之頌以授鄂人，使歌舞之。頌曰：於皇聖王，緯文以武。覽奏披圖，風行區宇。整我六師，八荒按堵。有偉良臣，紬金匱書。歸殿大藩，敢玩細娛。是訓是行，（尊）〔奠〕我坤隅。聖代有臣，名門有子。臥護長江，邊塵不起。五材並用，曰余敢弛。乃辟斯場，乃築斯堂。我事孔閑，我武惟揚。乃國乃家，休有烈光。襄淮之衝，江漢之會，擣蔡襲陳，士勇功倍。豈曰臣能，王化無外。惟兵衛民，惟民養兵。明明李侯，後先有經。作此頌詩，以昭厥成。」（《漫塘集》卷十、二一）初，朝議將總領所招親效軍、強勇軍、參商軍，皆隸制司，而制司又別爲帳前一軍，其漢口舟師，則鄂州守所屬也。曩者，州事往往以部使者兼領，因即臺治寓軍政，綱目多不克備舉，㙜以鄂重地，制閫重任，專以治戎講武爲職，諸軍皆烏合之衆，未訓未練，而舟師亦墮於講習，大加振刷，武昌士氣始奮。

案：金人犯蘄黄，事在嘉定十四年三月，記中稱「前年春殘，虜嘯聚饑羸，遂得突我蘄黄」，知該記當撰於十六年，書與記同時發出，故並繫之。

是歲，程珌亦與㙜書致崇仰之意，書曰：「辰在大梁，嘉氣趣至。恭惟某官，肅司留鑰，坐鎮長江，人比天同，台候宴起萬福。某伏念平時受知特厚，一自抵此，亟飭寸箋，少叙依歸之誠。乃未及拜書，而賜翰已墮前矣。是雖百喙何以自蓋其不敏。仰惟知遇之素，或能略其跡而遡其心耳。他人以空詞説而釣官資，公獨以實政事而爲國計，上知可任大事也，再降玉麟之印。春來塞草綿綿，淮清如鏡，丹陽門外，一騎紅飛，再將趣公入陪帷幄矣。」（《洺水集》卷一四）

嘉定十七年甲申，㙜六十四歲。

㙜在沿江制置副使任。三月初九日，撰《鄂州重修北榭記》。曰：「鄂渚之勝，以南樓北榭並稱，南樓由元祐改作，元符末，修水黄公魯直嘗見於題詠。惟北榭冠子城之顛，在郡公堂之後，不知自何時建立。乾道中，于湖張安國爲大書扁牓，厥後達官名人稍爲賦詩者，然距今亦五十餘載矣。棟宇隘庳，日就圮廢，莫或顧省。……於是昉議更葺，先增甓北隅，袤二尋，崇三丈有奇。南袤尋有半，崇與北等。遂改建北榭屋，闢而大之，敗楹腐（桶）〔桷〕，悉易以新。……既成，宏敞翬翼，與南樓嶷然相望。……

雖其高無所不矚，而北望爲尤宜。……樹之廢興似未足書，然余改作之意，非遊觀之爲，則不可不明著，以貽後之同志者，俾得以周覽而繹思焉。」（《南宋文録》卷一二）

是月，壁子銓、鑄等葬壁於丹稜龍鶴石巨原。《神道碑》銘曰：「君子之道，或出或處。夫豈一端，惟義是主。雖不亂羣，乃否之亨。遯或可爲，亦與時行。哀哉斯人，如墮鷇炭。不有君子，孰任其患。納溝之責，豈不在予。褰裳濡足，其得已諸？鄘塢未夷，允若耽位，蕪湖未討，嶠若求媚。方其濡忍，賢哲猶疑，及其夬決，世俗亦知。吁嗟孽臣，以國爲戲，黨論未銷，更稔兵議。縹焉高逝，茲惟厥時。李公之智，胡寧昧期。……始議北伐，既弗苟隨，迨使而歸，又獻厥疑。維道之常，弗合則去，宜去而留，公獨奚慕。國既病矣，予去何之。及今有爲，猶可扶持。鞠躬盡力，成敗孰計。惟一迺心，庶克有濟。……皇綱之整，公翊其成。和議之復，公啓其萌。億萬維生，再安衽席。身雖排根，曾豈是慼。揆諸三賢，事或不同。濡跡救時，則同一忠。我銘斯石，一語敢謬！欲知公心，天子有詔。」（真撰《壁碑》）

八月十一日，𡌴在鄂州，重修岳鄂王飛祠廟告成，爲文祭之（《宋代蜀文輯存》卷七四）。

是月，寧宗崩，丞相史彌遠矯詔立沂王子貴誠爲帝，是爲理宗，封皇子濟國公竑爲濟王，出居湖州。

冬至日，𡌴撰《開禧德安守城錄後序》。《錄》，王致遠編，蓋述其父元父守德安之事功，曹彥約序之。臺爲後序曰：「自魏崔浩已有南人善守城之說，然以余觀之，亦唯其人耳！狒貍飲江，諸郡盡下，世宗南伐，鎮戍迎降。其能力捍堅拒，久而始陷者，特一二城耳，謂南人善守城之說，殆不能例言。故余謂兵無強弱，唯所以用，城無堅脆，唯所以守。安陸自建炎紹興以値國家陽九之厄，連遭巨寇……攻擾，……密學陳公守此以策勳名，顧非淺智譾材者所可企望。余讀《開禧守城錄》一編，然後知運判王君元父之功不在陳下。況陳公之所捍者一時掘起之剽賊，而君之所捍者方張之勍虜也。賊之兵少，虜之兵多，陳公受圍，其最久者六十有五日，君受圍乃百有八日。由此觀之，則君視陳公所成就爲尤難。方城中危急之時，君始爲貳，觀其守禦之方，懷撫之略，皆出君紬繹規制，而爲守者，殆拱手而蒙成耳。一時對敵，隨機應變，莫不皆有法，而於中最者，是復收棗陽潰敗之兵，與生得虜將不殺而用其計以成功，尤深得古名將之遺意。……歲在丁卯，余將漕夔門，以蜀亂出，請兵於荆湖宣閫，甫至江陵，被旨赴行在，過鄂渚。友人項平甫（安世）邀余飲酒，得安陸捷書於坐間，是時已知捐軀捍患忠力不貰爲可敬。尋典武陵，繼改畀帥閫，是時君方拔擢爲守，蓋朝廷始知君之行能絕人，天下亦必知君可倚任於緩急者也。暨余歸蜀，官簿推移，復自東蜀詳刑將輸湖右，又與君爲代，雖未得一接君之色辭，然尋常書疏，往來情分，相與固已不淺矣。後十有三年，制置上游，而君之子致遠出示此編，余讀之嘆曰：昔趙充國征西羌，既還，謂其所善浩星賜曰：兵事當爲後法，吾老矣，豈嫌伐一時事，不爲陛下明言利害，卒死，誰當復言之者。蓋古之賢將拳拳憂國之心，慮後之遠如此！今致遠之爲此録也，豈獨以盡論譔顯揚之義，且將留傳於世，俾後之守邊者視以爲式，其於國家豈曰小補？然則致遠可謂知忠孝之方矣，余故喜爲之書。」（《開禧德安守城録》）

理宗寶慶元年乙酉，六十五歲。

十一月二十七日，朱端常言魏了翁封章謗訕，眞德秀奏劄誣詆，詔了翁落職奪三官靖州居住，眞德秀落職罷祠。初，濟王黜削以死，有司顧望，治喪弗虔，了翁每見上，請厚倫紀以弭人言，應召言事者十餘人，朝士惟了翁、洪咨夔，胡夢昱、張忠恕所言能引義劘上，最爲切至。會右正言李知孝劾夢昱竄嶺南，了翁出關餞別，遂指爲首倡異論，欺世盜名，端常劾之，乃有是命（《宋史》卷四三七）。

寶慶二年丙戌，六十六歲。

疐在鄂州任，甚得江漢之心，然卒與諸司爭曲直不相能，請罷。是年，詔以煥章閣待制知遂寧府。遂寧故疐、璧所治，有遺愛，聞疐至，大喜，曰：「吾舊日郎君也。」故其爲政，不肅而成。友人劉宰與書曰：「竊以春序強半，卉物芳菲，恭惟某官，嗣守名藩，增光世德，民安其教，神合其休。……某伏自武昌回便飭一箋伸謝悃，轉頭累載，寒鄉地僻，蜀道天遠，無便羽可以嗣音，而清香晝戟中，復非野老夢魂可到。耿耿寸衷，未嘗一日不泝江流而上也。侍郎疇昔立朝，稍稍私附，則立致卿相。在鄂渚日，寘是非不問，則亦可緩西歸，而一節凜然，眞可謂不愧出處之義者。遂寧先正舊治，利病素所知，吏民素所孚，其教不肅而成，其政不嚴而治，宜矣！引年謝事，歸燕家山，誠計之得，未知果得從否？午橋風月之勝，平泉草木之佳，端不減古人，而又得鄉之俊秀相與從遊，此古今盛事，聖賢眞樂，引領西望，悵捫參歷井之無其階也。郵置日夜飛馳，雖在萬里外，所聞時事，當不若草茅之鹵莽。姑誦所知，或可參考云云。某區區之跡，於棄官時，生理薄甚，二十五六年間，朋友相資，某又力勤苦節，年來衣食粗給，又以其餘，率鄉人之好事者，因淫祠之已廢，創社倉，厥初得米僅二千三百碩，行之數年，今五千餘碩矣。其規畫與朱侍講（熹）小異，聞治所諸邑建倉，爲利甚博，謹以王邵武所述記文一本納呈，恐可參訂。又《訓俗文》二本，詞太鄙俚，眞侍郎（德秀）見之，謂有益於世教，並納去，發一笑。頃歲誤恩，非望所及，自初出命至更秩與除職奉祠，九以疾辭，竟閟俞音，不敢屢瀆，然未嘗叙銜幫祠廩也。……頒賜九老繡像，得之驚喜，倘秋成無兵革之患，當創草堂三間，張此圖，卧興相對以娱老。或有建上，便當挽眞丈作記，記成，錄本托李校勘（心傳）奉寄。」（《漫塘集》卷十）

案：《宋史》卷四〇一《劉宰傳》曰：「理宗初即位，以爲籍田令，屢辭，改添差通判建康府，又辭，乞致仕，乃以直秘閣主管仙都觀，拜改秩予祠之命，辭秘閣，不允。」前書中所云「頃歲誤恩，非望所及，自初出命至更秩與除職奉祠，九以疾辭。」則當係寶慶元年間事。又李心傳之召爲史館校勘，乃爲是年正月事，知該書之寄發當在春後，𡋯之調知遂寧，去此必不遠矣！

是歲，𡋯爲那君叔明賦《南風之歌》，寄意深婉。

寶慶三年丁亥，六十七歲。

𡋯在遂寧任。友人魏了翁與書曰：「某自去春附彭卒拜狀，今既年餘，不獲嗣記。忽被手教，承知卷懷，康濟之業，講授閭塾，國人弟子皆得有所矜式，古所謂父師者，非此其是歟？《洪範講義》明白正大，使學之者有所據依，以求端用力焉，私淑之功茂矣。其間所謂由玄妙而至親切，由虛無而趨實用，由沖漠而至明察云云，區區者未能深曉，尚俟他時面請所以教也。來諭問及前書極高明之說，此書不曾有藁，不能復省，恐只是説此五句上下貫通，不可拆散，蓋經傳中著一『而』字，即難截斷，如『博學而篤志』、『切問而近思』、『下學而上達』、『溫故而知新』、『告諸往而知來者』之類，皆是上文與下文相屬。前書想只以語脈之相似爲證，非是以此五句便是下學上達。然聖人之言語，只是一片舌頭，此章先言大哉聖人之道，繼之以禮儀三百、威儀三千，又曰苟不至德至道不凝焉！然後申言尊德性卻要道問學，致廣大卻要盡精微云云。蓋欲使人事事理會，步步踏實，只在君臣父子夫婦日用飲食間作法，謂之與下學上達同義，亦未嘗不同也。其曰家諱云者，不欲盡言，此名未可用，而姑託之詞耳。要是斷章，則義不備也。」（《鶴山集》卷三四）是時了翁正謫居靖州，日以講學爲事，壟官遂寧，其政不肅而成，閒公事餘，開門授徒，亦一盛事快事，故兩人書簡往報，重學問之探討，而罕及時事，且談時事亦非過謫居生活之了翁所宜也。

八月初五，虞剛簡卒。剛簡，允文之孫，學者稱滄江先生。卒之日，蜀之士民塗泣巷弔，學于成都者二百餘人聚哭於滄江，壟亦爲文以弔之。有曰：「天稟超軼之才，世傳經濟之學，知味千載之聖賢，結交四方之英俊。」人亦服其公云（《鶴山集》卷七六《虞公墓誌銘》）。

九月三日，壟爲王象之撰《輿地紀勝序》。曰：「東陽王象之儀父，著《輿地紀勝》一書甚鉅，書成，匄余爲序。且曰：『吾書收拾天下郡縣山川之精華，使人於一寓目之頃，而山川俱若效奇於左右，以助其筆端，取之無禁，用之不竭。』余告之曰：昔昌黎韓公南遷過韶州，先從張使君借圖經，其詩曰：『曲江山水聞來久，恐不知名訪倍難。』……然則天下郡縣山川之精華，是眞名人志士汲汲所欲知也。……今儀父所著，余雖未睹其全，第得首卷所記行在所以下觀之，則知論次積日而成，政非淺淺者。……使一人讀，便如身到其地，其土俗人才，城郭民人，與夫風景之美麗，名物之繁縟，歷代方言之詭異，故老傳說之披紛，不出戶庭，皆坐而得之。嗚呼，儀父之用心可謂瘽矣！……然則余之所望於儀

父者，因以遡（劉）向及劉侍讀之事，豈但以資他人爲詩而已乎？」（《全蜀藝文志》卷三一）

理宗紹定元年戊子，六十八歲。

是歲，臺官遂寧，就眉之北郊創築別墅，名曰北園，請友人魏了翁爲之記。有云：「……某之病此（指公卿有師保之義而言）久矣！嘗以家居暇日，築室鶴山之麓，將聚友而麗習焉，規摹粗設，而才不逮，人力亦未贍。得罪南遷，又即靖之鶴山築室以尋前志，士或不鄙而辱從之。然靖居天下窮處，衣冠鮮少。一日，眉之走卒欵門，遺之書，則眉之先達李公季允甫也。遺之圖，則眉之北郊公所爲北園也。園東鄉，中爲志堂，序分十舍，曰求仁，曰立義，曰復禮，曰崇仁，曰請益，曰典頤，曰履信，曰窮理，曰近思，曰篤志。其左南楗，其右北埭，其後爲讀書巖，爲時臺，臺之上爲東樓，又曰極高明，其前爲西閣，爲鶴澤堂，堂後有方池。……自餘不可殫記。大抵目擊身履，無非格言精義之著，雖水華庭草，園芳檻竹，所以館之名之，亦皆克自規儆，匪宴娭之共。且以書曰：『吾之爲是也，羣鄉之秀茂講道肄業其間，人往往謂吾徒自苦，不知吾儕所樂蓋在此不在彼。今役事既竣，而又未有以記，將子是屬。』嗚呼！俗淪士散，家自爲學，而李公以耆德宿齒，不自有餘，慨然自任以仁遜孝悌之責，使國人弟子咸有矜式焉。然則今之大夫士退而巷處，夫皆若是也，雖古制未可遽復，將不能與鄉里之化，軌俗厲賢，以給時用乎？」（《鶴山集》卷四八）又致書曰：「北園講隸之所，龍鶴幽閒之濱，多得幾年功夫，聚友求志著書淑後，此誠天下之至樂，而侍郎之宿心也。而人心之不同，故往往謂求退者爲矯激，而嗜進者爲眞情，勢之所趨，大抵若此，誰其挽之？」又復書曰：「所委《北墅記》，是時遂可併納，以求指教，省作文字，毋以示人，皆藥石之誨，謹當佩服。新詩銘記，不鄙幸教，詩思平澹而緻密，記體詳縝而粹明，此非沉浸演迤流於既溢不及此。嘆味不能置。賈傅碑但謂改一『潭』字，不謂元本『記』字乃作『碑』字，潭之石工善於刓補，易之甚易，但來誨碑則有詩，記則無詩，恐亦不盡然。《黃陵廟碑》無詩，而水門記有之。蓋碑之始，廟以麗牲，墓以下棺，後人因識歲月，又後則刻文爲記，又其後也，乃有碑記表碣之節，今若省許紛紛，則易之爲是。」（同上卷三四、三六）案：𡌴築北園，不詳年月，就記中所言，了翁尚謫居靖州。紹定四年了翁始自靖州召回，𡌴經營北園之始，想當在元年前後，姑著於此，以俟後考。

紹定二年己丑，六十九歲。

𡌴與眉州郡守黃申共創眉州貢院，魏了翁爲之記。記曰：「國朝設科取士，損益隋唐之舊，凡二百有七十年矣，列郡校試，寓於浮屠之館者十有七八，承平日久，人物衆多，貢士之宮，於是寖備。而眉爲士大夫郡，取士於鄉于太學于諸道者，視他州爲多。……猶寓試於開元佛舍。……今守黃侯申居郡之明年，即學宮之側，辟爲國寺，與其旁近僧廬之廢者而更築焉。……煥章閣待制李公𡌴始訂其議，至是又捐貲爲里人倡，凡得錢二千萬，轉運判官黃公伯固，厲公模前後所發如之，不足，則刑獄使者郭公正孫又發五百萬卒成之。某居靖未返，侯以李公之意來言曰：是不可以無記，子之嘗爲守於斯也，以惟子請。」（《鶴山集》卷四八）

案：記云：「國朝設科取士，損益隋唐之舊，凡二百有七十年矣。」宋自西元九六〇年開國，至是恰爲二百七十年，故繫於此。

紹定三年庚寅，七十歲。

正月初七日，臺應蔡廙之屬，爲其父戡序《定齋集》，略曰：「……孝宗嗣德龍飛，……以神志英睿聽覽於上，羣臣亦精白罄竭奉承於下，兵革不用，海內乂安，風俗純茂，民物殷富。蓋自渡江幾六十年，至是爲盛，可不謂懿哉！惟寶謨閣直學士定齋蔡公，是乃出於乾道、淳熙之間者也。尚論其世，而考其行事，究其立言，固知其爲卓然一時之傑矣。公端明殿學士忠惠公四世孫，早擢上第，踐冊府，方北門條對，便殿造辨，皆有鯁挺不阿之言，雖上拂下摩，身幾殆危，無所回忌，自是益爲士論推服。……凡四十年，其間當事任扞方面，將使指總賦輿，宣力四方，無不殫盡，……汔以全節始終。又豈非人之所難能哉！臺嘗獲從廬陵劉公清之遊，雖不獲一親君子光儀，第因劉公稔聞公建明植立之懿，竊所佩服甚久。今又伏觀公之文集，繩墨謹嚴，製作森具，巨細得體，豐約中度。爲詩圓美清遒，渾然不見刻雕之跡，賦則規古體物，宏肆羅絡，闖於衡思之閾，論奏確切懇惻，實而不浮，務求爲可行而不近名。竊嘗謂自昔有問學士節之士，不屑以文名者，則其文必純質渾大而趣味有餘。……公平生砥礪操持，蓋欲以節業自見于世，豈屑以文名者？公之季子戶部郎中總領四川財賦廩素厚善臯，頃嘗相遇於沙羨，今又相遇於蜀。臯亦知戶部爲人英毅敏達，親仁從善，體國愛人，雖出於天性，然亦家法之素所習聞也。既以公集四十卷鋟木將廣其傳，以幸惠後學，且不鄙衰陋，俾爲之序，臯不敢辭。」……（《定齋集》）

春，臯友吳泳修書通問，道仰慕之意，致惓惓之思。其書曰：「某去歲纔及脩門，即祓餞用，敬附五月十八日遞以往，揆日之程，亦當繳徹書臺之下矣。每校勘微之（李心傳）、常丞景仁（游似）出示寶翰，雖屢蒙齒記，而日前所寄書，音銷響落，竟墮浮沈，不識先生長者，罪其簡否？侍郎學懋而政（文）〔美〕，德成而行（草）〔尊〕，人物之望，海內所屬，有如廣東崔丈（崔與之），建寧眞丈（眞德秀），與侍郎代不數人而已！但世運多屯，泰爻不競，三先生者，或勤勞於外，或偃息在家，譬如雲氣浮游太空，片東片西，不能聚而成雨。近者寇盜披猖，已屠數縣，名藩重鎭，多缺帥守，崔禮書既辭隆興之命，王帥久得祠而未離福建，以此事權錯出而人心搖，刑政垢玩而賊黨固，夫人情本不甚相遠，若得一人焉出而鎭壓撫柔之，先從人心上做起根本，昔之脅民爲盜者，度今可以化賊爲民，此特反掌間事耳！班行諸公之論，直以爲此段須三先生然後可以辦集。蓋公者實大賢盛德之事，非小才小智所能用。旨哉！徐（考）節〔孝〕之言眞有味也。某仕材沉下，玷蹟周行亦既一年，曾無補報，輪對又在今春之莫。但歷考鄉父兄衮衮登朝者，官職崇卑，各有定分，風節議論，率皆可觀，某雖不肖不學，安敢希慕之！……侍郎模楷後進，天下方望之如元禮，豈無可以警悔者？因風願示其略，庶存此體段於胸中，它日不至爲宵人之歸，是又拜門牆之賜也。」（《鶴林集》卷二九）

案：據《崔忠獻公全錄》，與之辭隆興之命在紹定二年，吳泳於端平三年上書論壞蜀四證及救蜀五策劄子云：「臣自離鄉里，反造天朝，今九年矣！」知泳造朝當在紹定元年。書中云「崔禮書既辭隆興之命」，又云「某仕材沉下，玷蹟周行亦既一年，曾無補報，輪對又在今春之莫」，知此書至遲當在三年早春寄發。

紹定四年辛卯，七十一歲。

十月二十六日，詔臯以煥章閣待制知遂寧府，擢煥章閣直學士、四川安撫制置使，兼知成都府，盡護蜀師。四川制置副使趙彥呐進直龍圖閣，兼知興元府。利路安撫副使安癸仲以戶部郎中總領四川財賦。

十二月，臯友劉宰與書申賀，有曰：「伏以歲將更始，飛雪呈祥，恭惟某官大開幕府，盡護坤維。夷夏聳聞，神天胥豫，台侯動止萬福。某曩辱一介行李，賜以手書，且有腆貺，匆匆稟報，不究感悰。爾後嗣敬無由，無一日不引領西南望也。蜀士大夫不專任全蜀寄久矣，今專以屬侍郎，其勢非甚迫不及此。侍郎何以應之？向者南士之入蜀，凡邊方之有未知，險要之有未悉，與民俗之有未甚諳，民情之有未盡察，猶有可諉，今侍郎以蜀世家爲蜀統帥，要當使令下而人人喜悅，政行而事事得宜。不然，無可諉者。彼謀國者審知蜀事之難，付之侍郎，實欲分任他日之責。尚謹旃哉，尚謹旃哉！夫事機決於目前，而須報萬里之外，或失機會，責將安歸？某謂非得便宜行事不可，侍郎嘗有此請否乎？比年南士之入蜀者，皆括其地之入以實歸囊，其歸也，既以充斥其家，復以饜飫當路，凡當路之奴僕廝養，必屬饜而後已，否則，譴責隨之。若是而欲蜀道之安，得乎？某以爲欲蜀道之安，非盡去此輩不可，欲盡去此輩，非以便宜行事不可。此輩盡去，則刻剝軍民之政可以漸革，軍民得以吐氣，而夷狄不足畏，盜賊不足平矣。侍郎以爲如何？張荆門元簡與建安黄直卿（榦）丈遊，意氣倜儻，而議論平直，足備監司之選。荆湖安撫制置司幹辦公事羅愚，春伯樞密之季子，宰新淦未滿，辟荆湖機幕，任滿再辟此缺，非其志也。某謂使守一郡，必大可觀。蓋其人律己廉謹，而遇事有立，敬以爲薦。淮東寇粗息，蓋殘虜再失巢穴，已無能爲。新虜方向中原，未暇回顧，正是綢繆牖戶之時，而中外之慮不及此。……某不敢僭拜令嗣昆仲書，敬想許國之誠，不愧家庭之訓，某四雛粗可教，而乃翁不學，無以敎之，皆爲農夫矣。」（《漫塘集》卷十）又吳泳亦致書相勉，曰：「某頃從月置，再奉赤牋，就以所露封章上塵書月，不審曾洞徹否？上睠四顧，謀帥中軍，詩書禮樂之望，亡踰老臣者，於是拓以蜀國十連之封，峻以堯章延閣之秩，式正使名，永淸國步，眷簡之意，蓋有在也。命下之日，中都縉紳莫不舉酒相賀，而某獨尙竊遲。蓋燭之武不能早用於鄭國未危之先，諸葛孔明馳驅受任於漢軍遲敗之際，凡所施置，培覺喫力。今須夙戒元戎，徑度雙劍，更勿牢辭往復，以緩於事機，此則邦人之所望也。侍郎胸次，著幾古今，扶否康屯，必能弘濟。頃庚置未發，前因會宰士，皆謂侍郎孜孜體國，盡公血誠，凡所建明，率皆平實，是時已自略知有建閫消息，不三日而命從天下，蓋以望選不由人言也。某兄弟游門牆已久，區區之見，以爲今日之事，莫若旌三州死難之守，戮環寇坐視之將，章明國法，興起人心，凡弱政斂事，勸令一切更新，應五州失業之民，盡與蠲減租賦，或如西和忠勇軍法，團結民丁，或如渭濱雜耕故事，逐漸講行屯田，不知茲時便可爲否？若夫制總相通，掌兵者與理財者和豫，此在侍郎必有所處爾！」（《鶴林集》卷二九）寶慶以來，蜀事日壞，朝臣多有不願往者，遂專以屬臯。

是月，臯以年逾七十，上章請免安撫制置四川，友人吳泳聞之，馳書勉爲鄉里盡力。略曰：「十二月三日邸吏錄以侍郎辭免之牘，備悉蜀中事勢，已就瀕亡。後一月，度常卿（正）處，復轉示與鄉人劄子，並粘連到趙副使書，尤見侍郎懇懇憂鄉國之意，讀之使人哽咽。方敵騎破利州時，纔聞遽報，即同鄉人往扣廟堂，晝登光範之門，謁執政府，犇走伺候，飲食盡廢，如此者凡六日，亦曾兩見丞相，四見參政樞密，與之痛説蜀亡之狀。且乞召陳襄陽，以二趙（范、葵）爲制副，藉其兵糧援蜀。又以其新立功之故，提一軍上夔門，以控扼其喉，一軍出金洋，以邀擊其背。侍郎從中權運籌，副使糾合忠義，招集潰卒，相與式遏寇虐，恐有可康救之理。言之者急，而應之者緩，雖盡從其請，而尚遲其行。既得侍郎書，又以四事爲請：其一言降詔撫諭，其二乞趣二趙行，並遣鄂州王旻一軍應援，其三乞應制司財物，須管制副同用，其四乞沿江荆南須擇才望方略之帥。次日，微之監丞（李心傳）又欲乞降省劄，徧下諸路監司帥臣，許其自辟置官屬，自支用財賦，招兵禦敵，上下流相應援，其間委折，鄉人必詳報去。五月間，第一番議蜀事，某以爲諸葛公『德政不舉，威刑不肅』二語最中蜀梱之病，莫若更用悦齋爲帥，或云妨礙桂丈，又見侍郎與游景仁（似）書，令從二趙中擇一人來，或者又以爲此統兵之才，當時言輕既不孚信，後來繚遶回旋，竟不出此，然待其出命，則已晚矣！侍郎所謂倘陛下擢臣於數月之前，大安、利、閬未破，諸將未盡殁亡，軍士未盡死散，則尚或可以勉竭，眞至言也。第區區猶有餘望者，侍郎與副使心腹相孚，更無掣肘，可以展采錯事，更乞勉爲鄉國多方措置，共圖所以救援收復之策，此不獨鄉人之望，亦宗社之望也。言之及此，血淚迸落，仍冀加餐善護，以拓經濟之藏（同前）。」

案：據此書中所述情節，當係五年正月間寄發，今特並臯辭免及之。

紹定五年壬辰，七十二歲。

四月十三日，以寶章閣直學士桂如淵頃帥蜀日，北兵攻城，不能合謀死守，而迫致軍民罹殃，反以捷聞，詔褫職罷祠，仍以臯代之。並起魏了翁以集英殿修撰知遂寧府。初，如淵以便宜命高稼利路提刑司兼權興元府，制置司檄守米倉，稼移書謂：「曷若以興、沔、利三戎司分駐鳳州，俾制司已招之忠義，關表復仇之豪傑，聯司以進，彼氣奪矣！」如淵遲疑不決。逮天水、同慶被屠，西和圍益急，始會軍民之衆萬人援之，道梗不能進，而城已破矣！俄報砦寨、七方之師皆潰，遂入沔州。稼率遺民駐廉水縣，召集保甲，分布間道以保巴山。當是時，文臣之在軍中者惟稼一人。臯既代，以稼久著勞績，請改畀內郡，差知榮州。又有曹友聞者，同慶栗城人，彬之十二世孫也，授天水軍教授。城已被圍，友聞單騎夜入，與守臣張維糾民厲戰，兵退，四川制置使製大旗書「滿身膽」以旌之。已而兵復至，友聞罄家財，招集忠義，得五千人。時臯爲制置使，檄其管忠義領所部守仙人關，且行且戰，至峽口，據險。前軍統制屈信率所部突陣，還所掠西和、階、成、鳳四州人畜。至秦塡，友聞遣左軍統制杜午迎擊，力不能敵，遂又命諸軍乘高據險，身冒矢石，爲士卒先。屈信與統制張安國領兵出戰，兵退。臯又檄捍七方關，蒙古兵東破武休關，已而破七方，遂入沔州（《宋史》卷四四九《高稼》、《曹友聞傳》）。壵受任於艱危之際，奉命於敗軍之間，各方措置，以安靜鎮之，蜀中稍治。就中延程公許入參機幕，辟通判施州，深得其助。《宋史》卷四一五《公許傳》曰：「會金人犯閬中，制置桂如淵遁，三川震動，朝廷擢李壵代之，辟公許通判施州，行戶房公事。當兵將奔潰之後，公許盡力佐之，節浮費，疏利源，民不增賦而用自足。時諸將乘亂抄劫，事定自危，以重賂結幕府，大將和彥威懷金寶以獻，公許正色卻之，彥威慚而退。……有獻議招秦鞏大姓於壵者，衆多從臾，獨公許謂山東覆轍未遠，反覆論難，壵從之。其後趙彥呐開閫，復行其策，未幾金人擣成都，大姓者實導之，始服公許先見。」（案：此處所云金人，似誤，應為蒙古。）公許之正直不阿，臨財不苟，卒能佐壵成大功立大名。試觀吳泳與壵書，頌其善於知兵，長於理財，實則半皆公許之力也。泳書略曰：「……諭及結局兵財總數，仰見綜理微密之功。向來蜀口兵額號曰十萬，宣撫司交與制司尚八萬二千四百餘人，後來兩三政所管止六萬九千上下，今受任敗事之後，乃能收集塡刺，合忠義至八萬五千餘人，則兵不為不足矣！向來制司元交宣撫司錢物，本窠名錢引，尚七百一萬一千二百餘道，各項樁管一百四十五萬六百餘道，銅錢小會子金銀物帛又不在內，想前帥交割時必多散失虧損矣！今於用度單乏之際，猶能撙節補虧目，共管一千三百餘萬，則財不為不厚矣。經理荒殘，規置阨塞，又皆可久可大，著實工夫，後人亦得以有所據依，何其幸也！世嘗謂儒者不善知兵，而不知夾谷之會，強者惴焉，善知兵者，莫如孔子。儒者不善理財，而不知無政事則財用不足，善理財者，莫如孟子。天下事非吾儒爲之而誰爲之耶？近亦得新梱書，有二語云：『兵不在多，而在料簡，財不在取，而在調度。』卻也是好說話，但臨邊練軍，自昔所難，而不知所以料簡者何道？師行一日便有支費，而不知所以調度者何術？俱未能喻其詳。某高明以爲然否？張忠獻公罷督府，除醴泉觀使，或勸公勿復問時事，公慨然語之曰：『苟有所見，安忍不言？』如來書所謂繼此歸伏林泉，不復與聞外事之語，則非所望於元勳舊德也。」（《鶴林集》卷二九）埴之綜理謹措之功亦偉矣！

八月，魏了翁以寶章閣待制知瀘州。瀘大藩，控制邊面二千里，而武備不修，城郭不治，了翁乃葺其城，樓櫓雉堞，增置器械，教習牌手，申嚴軍律，興學校，蠲宿負，復社倉，創義冢，建養濟院，居數月，百廢俱舉（《續通鑑》卷一六六）。劉宰與了翁書，謂「蜀事非林下人所能詳，得之傳聞，不敢信，作得一書，介羅季能送李季允丈，令兒曹錄呈，得一過目，幸幸！他所欲言，不異季允書中。」（《漫塘集》卷十）理宗時，朝野人士無不關心蜀事，蓋南宋命運繫於蜀之存亡，是埴與了翁等人爲保全巴蜀而獻身者也。宰與埴係同年至友，時相通問，今《漫塘集》中書札僅四通，知有缺佚也。

是歲，程公許呈詩爲埴壽。略曰：「悅齋先生天下士，琬琰琮璜國鎮瑞。盛名竡節耀古今，歲晚松階猶候對。時臺劇談鋸蜚屑，志堂析疑笢啓鑰。夜歸風雨一龕燈，日電窺書光爍爍。禹貢山川如指掌，漆園之解無郭象。更對次五訂箕疇，不妨後覺勤鑽仰。年來岷峨殊愴悽，公與潔齋名德齊。長庚磊磊配曉月，士有司命國蔡著。卧架詩書差足樂，憑高忍見楚氛惡。豈不望公勇拂衣，正恐百姓須公活。願公相業追元祐，以一至誠服雄狡。願公眉壽如東軒，黄髮皤皤國元老。雲蒸雨簇霈作霖，賢以類聚治乃興。卷舒在公亦何心，四海矯首西山岑。薰風自南一披襟，起舞稱壽千黄金。洗耳五絃虞氏琴，爲公緩軫歌嗣音。」（《滄洲塵缶編》卷七）

魏了翁亦以詩爲㙾壽，詩云：「松高二王德，豐水數世仁。一心千古脈，一氣三千根。人言通德門，封培知幾春。陵州不盡用，雖國非全神。厥美鍾在季，魯殿巋然存。誰知中興主，流澤被子孫。是用遺一老，爲社稷萬人。三朝典刑舊，四海觀聽新。自公鎮西南，威望懾胡虜。棄地盡歸疆，餘民亦安土。便當度雙劍，建大將旗鼓。進賢黜不衷，討貳誅失伍。增屯御驕卒，募耕實邊圉。堂堂當道卧，一勇銷百悔。願公排羣議，釋我分外慮。上流屹長城，卻歸輔明主。」（《鶴山集》卷六）

又與書論蜀現勢及捕盜事。有云：「韃寇漸定，而諸臺徘徊不進，利州一帶，已營葺屋廬，墾闢土地。梁洋之間，諸將亦肯向前。若諸臺駐利，則舊疆漸可歸，流民有所繫屬，大明賞罰，别慝癉惡，戮叛捕亡，何爲不可？……黄卿（黄伯固）獲潼川盜四十八人，便可即誅，乃解赴制司，雖云把穩，實以滋變。或者猶議使府已獲姦細，具有贓證，乃託之鞫勘，明示姑息。臨邛亦獲大邑所捕逋寇數人，乃不就戮，執而歸之成都帥司，內郡皆爾，潰徒何憚而不横行也。」（同上卷三七）

案：程公許所呈壽詩，不詳年月，詩中有「年來岷峨殊愴悽」之句，當係指兵荒馬亂之後，人心惶惶，而景況悽愴也。紹定初年之蒙古人侵擾四川，使地方殘破，至㙻爲制置使，始漸恢復，故下句稱「公與潔齋名德齊」，潔齋，范子長號也；曾知瀘州，有政聲。「北鄙用師，計臺下令征夫役于兩蜀，州縣奉行，急如星火，公斥帑中之儲，爲瀘民代輸其半，餘以歲羅軍糧米本先爲敷納，瀘民晏然不知有夫調之擾。」其安靜爲治，與㙻實相類，所云「公與潔齋名德齊」者，信不謬矣！今特繫此壽頌於㙻帥蜀之年，時公許正參機幕，過從密切，亦可想見門生故吏相敬之至情也。

又案：了翁與㙻書，下繫壬辰，其下一通爲致黃制置伯固，亦繫壬辰，伯固即吳泳所謂新梱者也。其書云：「載惟吾蜀之敝，肇自開禧之棄四郡，嘉定以來，經理未竟，虜復大入，分閫者或兩三月或三二年而去，關隘疏魯，舊來備禦去處，未暇盡修，而損之又損，以養成單閼之變。故自比歲壞政敗局之說，每行於公私文書，信乎其若此也！藥之活之則未有他策，是以昔之受大寄膺重任者，惟有開誠心，布公道，集衆思，廣忠益，不以遜逆廢是非，不以喜怒用賞罰，功不以疏遠廢，罪不以昵比揜。……田冒能保武階於羣州潰裂之衝，邇來鞫治之詞，乃若戾其所爲，此不可曉，亦嘗爲李丈言之（李丈即𡌴）而見答之詞，未甚明暢。」（《鶴山集》卷三七）蜀之敝人皆能言，徒當局者與旁觀者有見仁見智之不同耳！

紹定六年癸巳，七十三歲。

夏，魏了翁以詩賀𡌴生日。曰：「玉堂人住玉堂山，公論推排授將壇。朔壘令嚴精采異，甘泉烽息顧憂寬。北邊舊嘆無頗牧，西賊今聞有范韓。夏屋不知幾崇廣，喚回春燕下林端。」「披荆重立小朝廷，風遞南薰入扇巾。大勢已憑天祚宋，中興更賴嶽生申。扶持命脈還吾蜀，消息精神運此身。人願武公歸入相，我祈河內且留恂。」（《鶴山集》卷一二）

案：此詩中有「風遞南薰入扇巾」之句，時指夏令，當係𡌴之生辰在夏日也。

九月十日，明堂大禮成，推恩，赦天下，𡌴進敷文閣學士，加食邑實封。制曰：「蒐儀先申，蒇祀上辛。賦《思齊》之詩，慕親方切；稽《我將》之頌，饗帝尤嚴。恍三靈之宴娭，遹百祿之來下，有懷時彥，宜錫神釐。……學博而識明，氣全而節勁。螭頭去國，望久鬱於論思；豹尾行邊，功獨高於綏定。屬大權之親攬，務衆正之詳延，首告李泌以東裝，欲爲賈生而前席。……肆疇采邑，仍衍眞畬，爾毋謂萬鍾之何加，朕未嘗五秉之輕與。」（《平齋文集》卷一八）

案：端平三年九月亦祀明堂，大赦，

而洪咨夔卻已在三月前故去，故此明堂加恩應在是年。十月，丞相史彌遠卒，鄭清之爲相，詔辠與崔與之，鄭性之同赴闕。程公許詩曰：「儒林冠冕國蓍龜，黄髮同時二老歸。出處古今難一概，青天未可戴盆窺。」原注「崔李二先生同召」，蓋指此也。

理宗端平元年甲午，七十四歲。

正月，金最後堡壘蔡州在宋、蒙合力夾攻下破滅，臣下或被創死，或自燒殺，金亡。宋蒙成對峙之勢。初，嘉定中，眞德秀使金，道阻不能進，奉幣還報命，力請敵既據吾汴，則幣可以絶。朝士和者甚衆，史彌遠當國，未知所決。時喬行簡爲淮西漕，上書廟堂，謂强韃漸興，其勢已足以亡金。金，昔吾之仇也，今吾之蔽也。古人脣亡齒寒之轍可覆，宜姑與幣，使得拒韃（《四朝聞見録》卷一）。今殘金既滅，南宋亡形已露，脣亡而齒寒，又何待伯顔下臨安而後痛哭哉！

春，辠除權刑部尙書，被召赴行都，過瀘州，友人魏了翁以詩箇送。曰：「擁馬懽呼夾道迎，詔書洛社起耆英。史筵載筆聯翁季，政路題名接弟兄。新政期公皆一律，故交惟我得忘情。正邦須自明倫始，要仗公開萬世程。」「一傾鼎否一番新，但見新人笑故人。元祐至今迭更化，崇寧以後幾權臣。曾趨嘉定改元詔，又賀端平第一春。長把人才留一半，今年新是去年陳。」「是是非非各有心，以同爲愛異爲憎。誓殺秦穆旋修怨，在莒齊威卒震矜。事急求言常易入，位高從諫最難能。願公一破從前陋，萬里無雲皎日升。」辠臨發瀘州之日，官吏以行香日分，追送不及。次日抵合江，飛簡詰後期，附詩嘈之，了翁次韻以謝。有曰：「黃雞喔喔丑前催，擬效張侯夜半來。殘夢方隨僧梵去，挐音已聽客帆開。江皐望極空留恨，陛下憂深正急才。已賦明倫相贈勉，更思桃李及時栽。」（《鶴山集》卷一二）門生程公許亦有餞章，題曰：「上躬攬權綱，與天下更始。悅齋先生洊被宸翰，趨朝行闕，擢畀秋卿，渴佇黃髮之詢，別賚白麻之拜。某挐舟追送，引睇嫪戀，激奬訓誨，眞情郁然，敢不肅戒行李，拱俟造命。作五言古一章，少抒衷曲。」詩曰：「風塵三十年，世途日險窄，嬋娟棄土梗，倚市競容澤。大雅何寂寥，志士三歎息。維皇惠斯文，爲國求壽脈。靈光巋獨存，碩果有不食。坤維返金璧，北墅歸散策。天開景氣新，晴破層冰積。疇咨耿宵慮，圖任先耆德。披雲絢天章，趣駕覲宸極。喉舌俄申命，股肱待宣力。解絃未爲難，航險那可忽。涇渭不同流，薰蕕詎相入。所虞憤失職，險拱或伺隙。事項衆賢和，乃可珍行壄。沉幾陛下聖，虛己言路闢。稍欣元氣充，猶慮外憂迫。敵情任反覆，廟論須謹密。功名百尺竿，家國萬金璧。平生一知己，瓣香無愧色。駑怯勉荷擔，遲頑費推激。大艑駕雲濤，薰風飽帆席。丁寧耳面命，遠別何須惜。寬以七月程，修門拜赤舄。」（《滄洲塵缶編》卷四）皆所以相贈勉矣。

案：壆之赴行都也，值理宗初親政，召起海內名士，英華萃集，人物之盛，時號「小元祐」。據《後村集》卷一五○《直煥章閣林公環墓誌銘》稱：

「端平改元，上始親政擢賢，厚禮耆艾，喬公行簡大耋舊庸，李公𡌅、徐公僑、張公慮皆秀眉鮐背，接踵造廷，而璧帛之聘，四出未已。」又卷一七〇《丞相鄭公清之行狀》亦曰：「（紹定）六年，史丞相薨，十月，制授公右丞相兼樞密使。……端平元年，上始踐祚，……相與舉太阿倒持之柄歸之於上，一二大黜陟大因革，獨斷赫然，咸曰英主出矣！上方欲洗濯三十年積弊，公亦慨然以天下爲己任，惟忱布公，知無不爲。贊上召老成，拔滯淹。李眞公德秀、魏公了翁、崔公與之、李公𡌅、徐公僑、趙公汝談、尤公焴、游公似、洪公咨夔、王公遂、李公宗勉、杜公範、徐公清叟、袁公甫、李公韶，或奮閑散，或起遷謫，或由常調，莫不比肩接踵於朝。衆芳翕集，時號小元祐。大者相繼爲宰輔，餘亦爲名公卿。」誠一時之選。是時金雖亡，而入洛之師大潰，強敵壓境，國運正堪危殆。晚宋政局多變，一挽狂瀾，皆非其人也。

八月，𡌅以權刑部尚書兼國史院同修國史及實錄院同修撰（《館閣續録》卷九）。

九月，𡌅至友劉宰與書稱謝薦舉之德意，有曰：「某比得一奉誨色於吕城道中，大慰三十年闊別尊仰之懷，還舍未幾，即領眞翰，所以慰藉勸勉，勤甚厚甚！某以乞終老田間而未遂，正爾皇皇，未知底止，故未敢修謝。玆又承專介賜書，且重以藥物之珍，……感激當如何？某區區之跡，向已嘗面稟，本不當贅，別來氣血日衰，疾病亦益侵。最是早（晨）

〔歲〕習懶，失於讀書，間有剽聞，今復健忘。蓋事甫過手、文字甫過眼便如隔世，不異土木偶人。以此人而使之應職清時，入官王朝，縱某不自羞，獨不爲當世羞乎？以此斷斷不敢前。所望尚書軫念慈恩之舊，且以近嘗控懇之故，有以容覆全安之。而今不然，既加之勸勉，又重之薦揚，豈尚書愛之至，而察之乃未至耶？某今亦不敢固執其愚見，草一書，書成，則欲以代其身謝君相，不然，即束裝行矣！伏丐矜照。比傳入對數條，甚强人意，亦頗見之施行否？勝負兵家之常，而賞罰要當明白，前時三京之入，但乘其虚，頒賞之厚，震蕩耳目。汝蔡之敗，喪師幾何，而悉委不問，豈不欲四海之聞知，亦不欲自沮三軍之氣耶？尚書以爲如何？」（《漫塘集》卷十）

冬，臺由權刑部尚書擢權禮部尚書兼侍讀。制曰：「羲《易》之定民志，莫先乎乾坤衣裳，禹《範》之叙彝倫，莫大乎威福玉食。朕收還八柄，扶立三綱，堂陛之分既嚴，鼎呂之勢斯重。爲國以禮，待人而行。具官某氣清而神腴，齒宿而意壯，觕掄其學，瞿唐三峽之深，紆餘其文，邛郲九折之峻。自夾螭而振武，屢鳴鳳以蜚聲，去不可留，用然後見。……茂賢勞而不伐，堅初志以善藝。玩世何求，際時乃出。渴大老之入見，促便朝之給扶。中庸九經，所陳者天下國家之道；丘索五典，所讀者上世帝王之書。嘉德義之可尊，知文獻之足證。擢繇司寇，進攝春官。以正名爲衛之先，以秉禮爲魯之本，豈止九賓之臚句，羣臣無敢諠譁；抑令三輔之威儀，老吏或

至垂泣。乃若石室太史之業，金華師氏之功，具罄英猷，奚煩多訓。」（《平齋集》卷二十）

案：亶於端平二年官禮部尚書，則知除權禮部尚書最晚當在此時。

是歲，亶舉程珌自代，珌以書謝。曰：「受存甚備，久自私恩，期望有成，復形公舉。更得黔婁之壻，竟合浮圖之尖，開其始而圖其終，與之一而繼之二，蒙被若此，稱塞謂何！……念天下廣大而多儒，惟明公採擇而博取。如某者，容塵無韻，根鈍不靈。少日讀書，自以不至底滯；壯年爲吏，此事訖墮塵埃。……學業荒落，既不能旋天地而轕三光；文彩彫疎，亦無以陶帝皇而繪萬彙。足未涉乎詞章之籙，目未睹乎制作之庭。……方安寂寞之濱，忽辱光華之舉，邸牘至郡，僚友讙言。時方恍然，莫知所自。既閱日影，乃拜文移，使公舉皆不求而得之，則天下何有不可爲者。某官隱若廊廟之望，全然山澤之癯。焚香繙經，萬物未嘗入慮；引紙行墨，一字不以屬人。窮通此心，老壯一日，當世有若伯仲列，海內號爲文章家。鳳一鳴而世尚文，雲五色而天呈瑞。一時翰苑，悉歛光鋩，千古玄機，透開關鑰。等閑實唾之落，盡堪石室之儲，薄《楚詞》而不騷，凌《子虛》而徑度。唯聚學爲海，澄瀾倒影而莫測津涯；故吐詞成林，嬝紅曳白而不見琱斲。……一言流光，千金訂價。雖龍門俯收於埳井，恐溝木莫任於楹舟。然已入山公之品題，當不比宋人之虛卷。」又曰：「……必侍從之崇班，薦微臣之賤秩，是爲盛舉，宜屬眞才。如某者骨坐非金，丹徒在鼎。朱顔冉冉，漸移簿書如醉之塵；淸夢蘧蘧，寧到風日不侵之地。徒以倚門之切，不辭歛扳之羞。……不謂某官至仁根心，盛德無我。匹夫失所，若己實推，一士未申，惟進恐後。嘗試數南州之士，疇非登元禮之門？至如代己之章，曾未多見，凡昔被公之選，今皆有聞。黄邦黎獻，豈無人哉！四朝老臣，誰如公者？片言所及，舉世曰然。伯益遜于朱虎又遜于熊羆，夫子不如老農又不如顔子，孰識聖賢之見，不同世俗之觀。某謹當惟無曠瘝，是謂獻納。在畎畝則不忘於憂國，居廊廟則必志於澤民，不然自樂於山林，亦思有補於世教。愚所期者，但知不負於斯心；公其念之，或使終居於此座。」（《洺水集》卷一五）

案：據《宋故端明殿學士程公行狀》稱，紹定四年二月，「時李之孝在諫坡，以公守建日嘗有私謁，公弗從，遂妄讒毁去職與祠，公處之泰然。端平紀元，上親攬權綱，厲精庶政，之孝貶斥，除公敷文閣學士，……公上免牘，荅詔不允。」當係因薦舉而除授者。臯於是年曾薦劉宰，舉程珌自代，當必距此不遠。

端平二年乙未，七十五歲。

正月，除禮部尚書兼侍講。臯奏胡瑗、孫復、邵雍、歐陽修、周敦頤、司馬光、蘇軾、張載、程顥、程頤十人，卓然爲學者所宗，宜在從祀孔聖之列。乞令經筵秘書省國子監參酌熟議。又奏請將子思並與陞祀，列在十哲之間，皆從之。

徐文淸公（僑）《家傳》曰：「……一日

講畢，上言二程氏理學之純，公奏自孟氏沒而正學不傳，至我本朝二程氏出，發揮義理，於是聖道煥然復明。……上曰：『二程氏之學自濂溪來。』公奏：『論其發端，實自周氏，而其自得之妙，則有非師友所能與者。』……公又奏二程氏宜從祀於夫子廟廷。王安石學術頗僻，至謂天命不足畏，祖宗不足法，人言不足恤，害政壞法，卒基靖康之禍，願廢勿祀。上欣然開納。且謂李亶亦請並祀周敦頤、程顥、程頤、張載、邵雍、朱熹。公奏邵雍氏之學，推數以明理，未及諸先生之純，願極兪李亶之請，先以五人列諸從祀。……上命公與李亶議之，公退以上旨語李公，李公以子思陪祀已定，請且以我朝諸儒先從享。」亶又言王安石雖罷，而因循未黜，乞亟進五人者以易之。至嘉熙，鑾輅臨幸三學，有詔黜王安石而祀周張程朱五先生，始如亶、僑所議云。

案：燾幼不樂王安石學，而欽慕司馬光。然璧於謫居臨川日，遍注《王荆公詩》，父子異趣如此。淳熙四年，燾請罷王安石父子配食孔廟，衆議不協，止黜王雱而已。至是，亶又請罷安石，卒黜之。其父子同調又如此！觀此，又何怪論者評璧不能守其家學哉！

三月，亶除守吏部尚書兼給事中兼修國史兼實錄院修撰。制曰：「中臺總天下之樞，法度修明則百官正；左省主朝廷之命，紀綱峻整則萬目張。若稽前代之彝，必倚宿儒之重，用頒渙號，以穆師言。具官某，秀涵峨岷，名滿宇宙。通古博今，家傳太守之書；正國致君，躬備大人之事。夷險一節，典刑四朝。朕更絃以飭萬機，加璧以致諸老。儒者在位，必強本朝，忠言逆心，斯迪朕德。豈衆正並登于政路，而耆英猶侍于甘泉。蓋典銓必毛玠，而後可以厲廉隅；批勑必李藩而後足以裁貴幸。水鑑明則流品肅，衿喉謹則政令嚴。茲曰汝諧，庶期予治。下紫宸之拜，曾何筋力之拘。詢黃髮之猷，尙竚腹心之告，更勤勵翼，毋曰遄歸。可。」（《鶴林集》卷六）

是月二十二日，壹除吏部尙書兼給事中，兼修國史兼實錄修撰，專一提領高宗正史，上章乞寢恩命，詔不允。詔曰：「自史策散逸於鬱攸之後，思陵大典正史，迄今猶未脫藁，朕甚懼焉！卿之開物成務之材，通今博古之識，入儀於于禁途，國史實錄，俾參撰次，具有家法。茲既正厥職掌，而炎興之醲綱懿渠，所以維人心而永天命者併屬卿。鈎元提要，亟緒成之，用副予思皇祖烈之意，典銓批勑，精明有餘，毋以學槁思昏爲解，使太史公之業無傳也。」（《平齋文集》卷一四）

是月，壹再除兼侍讀。制曰：「鼎新化原，晉用儒雅。謂萬事之統猶闕，詢茲黃髮則罔愆；雖六經之道同歸，學於古訓乃有獲。式資鴻宿之望，俾侍燕閒之游。具官某，一代耆英，四朝舊德。微言善道，源流尙接於乾淳；全節高名，夷險弗渝於泰定。逮諸耆收聲之盡，屹孤忠貫日之明，補紉犀傾，扶立鼇斷。每念爾身之在外，孰如以道而事君。精神可以折衝，故范鎮有趣還之詔；筋力不以爲禮，故次膺加毋拜之文。矧聖政之一書，實高皇之鉅典，非得博古通今之士，豈當明師勸誦之筵？天下達尊三，爾尙式陳於猷訓；九經行者一，予其弗替於箴言。」（《鶴林集》卷七）

夏四月，臺除刑部尙書兼修國史實錄院修撰兼侍講。二十三日，請捐俸給之半，繼是卿監亦上捐俸之奏，詔不許。詔曰：「朕承世治垢敝之極，楮輕物重，公私交瘉，夙夜不皇寧。惟昔司馬光有言，撙節用度，宜自上始。故裁濫約冗，興于眇躬。而大臣祈歸賦祿之半，蓋錢穀之問方棘，相與警勑貶損，以圖其闕，非以是爲可裕吾國也。卿等誼深體國，援比有請，其未諭朕志乎？夫損貴酌損，節戒苦節，惟時之中，爾知厲《羔羊》五紽之風，予乃蹈《權輿》四簋之戒，國雖未裕，何（遽）至是！勉思大計之裨，毋徇小廉之執。所請宜不允。」（《平齋文集》卷一四）

閏七月四日，臺上章乞歸故里，以年老故也。優詔不允。詔曰：「朕始躬萬機，靡皇他務，迪籲耆俊，共圖康功。卿作我恭先，爲時特起，言論有偉，聰明未衰，而陳誼再三，繩以禮律。朕惟七十而致君事，特其大閑耳，若耆耋好禮，耄期稱道，有不得謝，則不以齒爲限也。《書》不云乎，罔或耆壽。俊在厥服，予則罔克，倘安厥位，勿駿爾行。」（《鶴山集》卷一四）

是月，臺除端明殿學士提舉萬壽觀兼侍讀，兼修國史。制曰：「朕尊延耆俊，嘉尙名儒。偉秘殿以升華，專付史權之重；冠祠庭而命秩，俾陪經幄之游。時預議於所朝，爰眡儀於政路。具官某，爽邦由哲，事君以忠。品藻才高，得十志八書之奥；淵源學富，參一翁二季之間。更出入于累朝，凜孤高于晚節。粤新大化，召長禁庭，方資柄用之儲，遽動浩歸之志，諭以尺一，至于再三。何所聞而來，心乎徇德；不得職則去，過實在予。豈無體貌之隆，曷以筋力爲禮？是用付神京之眞館，躐學士之穹班，庸究業于金華，肆垂光於汗簡。嘉謀爾則入告，尙賴箴規；大事吾其與聞，益殫忠藎。」（《蒙齋集》卷九）復請辭，亦詔不允。有曰：「承明學士之選，凡宥府之初除，從臣之久次者爲之。若優以內祠，留之經帷，自非耆宿，不在兹選。卿三朝勛歷之舊，副朕束求，而陳力不能，累章來覈。夫知止知足者，人臣律己之分；而尙德尙齒者，國家禮賢之宜。是用閔勞禁塗，參考故實，凡以待久次處耆宿者，併用付卿。禮秩既優，眷懷來憖，其毋固謝，嗣有崇章。」批答曰：「優老之典，朕自嗣位以來，未嘗輕以假人，今輟以榮卿之歸，而來奏以不良於行，固辭未已。夫三揖而進，一辭而退，此固卿去就之分。《詩》不云乎，謹爾優游，勉爾遁思。其尙以經學輔朕，無重陳也。」（《鶴山集》卷一四）

九月，臯再四上章乞賜骸骨，歸還故里。皆優詔不允，前後凡四詔。（一）「朕惟周有黄耇台背之老，詩人以美王，漢無白首耆艾之臣，識者以憂世。肆稽衆允，咸籲時髦。卿以四紀勤勞，三朝勛歷，長我六事，爲今名臣。曾幾何時，數以歸諗。夫經帷史觀，有理義之悅心。書殿詞宮，非筋力以爲禮。何疑何間，予請予求。叡聖武公，耄期而入相，延州來子，九十而帥師。爲朕少留，於卿奚損！」（《鶴山集》卷一四，原繫九月二十四日）（二）「卿宿學深於造微，壯略優於經遠，簡知惟舊，禮遇特殊。專紬石室之藏，首勸金華之讀，班升書殿，思視政塗，示委曲以貪賢，俾從容而獻可。胡爲陳力，屢欲乞骸。豈齊王無以留孟軻，抑魯公不能安孔伋，致煩耆德，遂起遐心。朝無白首大儒則內勢輕，國有黃髮良士則外侮息。當此艱圖之日，豈卿得謝之時？毋以兄弟之子而嬰其心，勉以君臣之義而安厥位。」（《平齋文集》卷一四）（三）「《書》不云乎，尚猷詢茲黃髮，則罔所愆。番番良士，旅力既愆，我尚有之。古之人欲其罔愆也，雖以旅力既愆之人，尚幾其我有焉！今卿陳力

不能，累章未已，所以自爲謀則善矣，朕獨不惜良士之去乎？而況比日以來，狄難未衰，邊聲孔棘，淮漢陝蜀，羽書重跡，朕爲此懼。正惟黃耇成人，是諮是信。今顧以禮律義命自儆，以親舊規曉爲疑。夫委質爲臣，苟有以畢誠（單）〔殫〕慮，濟登乃辟，如漢汲蕭，則寧復以居中爲嫌？勉蹈前脩，毋庸亟請。」（《鶴山集》卷一四）（四）「岷峨江漢之英靈，鍾爲人物，其萃在本朝，莫今爲盛。而德爵齒之俱尊，孰有過於卿者？累章乞去，挽留愈力。朕豈私卿哉！一陽在內，衆陽朋來，留卿所以聚坤產之珍，爲邦家之光也。矧蜀讐未弭，思卿疇昔控禦還定之功，猶未大暴白於時，倘卿之輕去，人謂朕何？卿以禮義廉恥而自砥礪，朕以耆壽俊在厥服而加縶維，

宜體貪賢之心，益究格君之學。所請宜不允，不得再有陳請。」（《平齋集》卷一四）

端平三年丙申，七十六歲。

春，臺以端明殿學士、宣奉大夫除資政殿學士，知眉州。兩辭免，皆不允。詔曰：「朝廷以耆儒而尊，故國以世臣而重。朕萬里召卿，期以爲股肱心膂，詎肯使一日去脩門哉！惟西土嘗不靖，朕爲之廢寢食者累月。峨英岷秀，盡萃王庭，鄉大夫之舊德宿望，莫有留者，拊髀躊躇，憂顧無所寄，然後知季良在隋、廉頗用趙之足以重鄉國也。輟經幄之優，進書殿之重，高牙大纛，歸鎮鳴珂。薦紳父老，念疇昔綏靖之勳猶在，必動色相告，坤維可無憂矣！況峻職以尙賢，即家而爲守，在蜀纔止一人。朕於卿可謂盡體貌之宜。往哉，勿以中外爲間。」

「孔子自衛而反魯，孟軻去齊而歸鄒，弗逢其時，乃諉諸命。卿心存於致主，朕志切於用賢，將以有行，未爲不遇，曩頻年外服，嘗著績於制垣，今再歲中朝，遂眂班於執政。雍容勸讀，繾綣給扶，顧圖任之念未忘，何引謝之章屢至！躋賢名於秘殿，建巨屏於故鄉，歷考前聞，罕見近比。相如之諭蜀道，方來弩矢之迎；買臣之守會稽，何勤印綬之上。諒薄言於晝繡，尙遠告於辰猶。所辭宜不允。」（《平齋集》卷一二）

案：劉宰與魏了翁書曰：「某比歲疾甚，朝路中惟王穎叔爲親家，間不免有書相往還。自餘如蜀李丈端明，蓋場屋同年之舊，又五十年知己，訊問往復宜數，亦絕不通書。蓋念李丈之出，而未得其所以歸故，因復至此，

不獨於相公爲然。」（《漫塘集》卷十）

臯眷寵方殷，忽有眉州之除，斯所以令人致疑者也。

夏四月，臯與門生程公許會，留連三日而别，互有贈答。公許呈詩曰：「唐人舊題處，那復有江楓。寺近闔閭國，門當岸崿峰。清風三宿戀，紫氣一尊同。恨與心知別，煙波千萬重。」（《滄洲塵缶編》卷八）

五月，詔賜臯夏藥銀合百兩。勑以「卿故鄉之懷，遠道于役。冒六月之暑，如惔如焚；遡三峽之濤，如震如怒。可無尙藥之賜，以示宗工之思。」（《鶴林集》卷一二）

六月初四日，臯友洪咨夔卒，年六十一。咨夔鯁亮忠慤，剛正明達，議論多關世道升降，言端平之更化，且凜有後憂，誠卓然有識之士矣（《戊辰修史稿》）。

冬，臯友吳泳上書論壞蜀四證及救蜀五策劄子，請早儲蜀帥，以備不虞。云：「臣自離鄉里，反造天朝，今九年矣。己丑上西陲八議，辛卯乞遣葵、范救蜀，壬辰疏四失三憂，癸巳論武仙窺我安康，乞嚴作隄備。乙未言元兵先通川路，後會江南，不可不固上流。又言西邊連年調度，財殫力薄，乞速賜科降，亟趣援兵。今歲之憂，乞亟儲蜀帥，以備不虞。又以彥呐未疾告老，會議都堂，嘗言李臯有威望，楊恢有精力，皆可以爲彥呐之代。無一歲不言蜀事，無一日不憂蜀亡。」又言：「又聞李臯尙在夔州，雖年耆齒宿，而威望德業猶可以鎭服人心。昨已除成都，而成都今已破敗，未可卒往。莫若使之暫留夔門，與虞普同共措

置，凡監司帥守沿流而下者，或有帶行官司錢物，許令截撥，以爲招軍激犒之用。」（《鶴林集》卷二〇）

理宗嘉熙元年丁酉，七十七歲。

正月初九日，𡌴除資政殿大學士、同知樞密院事、四川宣撫使。詔曰：「克壯其猷，宜任元戎之寄；渙汗其號，晉陞右府之崇。增重事權，式符人望。具官某，年高德劭，節勁氣和，聲名滿四海之間，文武爲萬邦之憲。載惟全蜀，重遭強敵之憑陵，雖建制垣，復命大臣而撫諭。茲置宣威之任，益恢御外之規。……噫！屬老臣勿以爲憂，當有萬全之計，用眞儒而焉得削，佇收無敵之功。」聖意眷顧。終以年高力衰，屢上辭章，皆詔不允。詔曰：「治民如治亂繩，朕固無拘於文法，望君如望慈母，爾其思樹於國人。亟往于宣，毋宜多遜。」又詔：「盡護諸將，當屬重臣，克壯其猷，無如元老，況士卒樂爲之用，而草木亦知其名。成命初頒，師言允穆。先聲所至，已處置以得宜；威令既孚，豈安強之難致。能勝其任，盍圖爾庸，毋固執于謙冲，庶亟寬于優顧。所辭不允，不得再有陳請。」（《鶴林集》卷一二、《東澗集》卷五）

𡌴又請早遂退休之願，朝廷則以「身實佩于安危，所關者大，心苟懷于進退，是棄爾成。益殫元老之壯猷，罔使前人之專美」之詔卻之。又祈免奏事，詔以「卿老成而有典型，靖共而好正直。宣威全蜀，備歷艱勤，召對昕庭，庸昭簡注。雖道之云遠，不無跋履之勞，然民具爾瞻，已徯來歸之亟。」亦不允（《東澗集》

卷二)。

二月十五日，諸王宮大小學教授王辰言：「蜀中宣制並建，陛下曾考訂否？」上問以舊例，奏云：「乾道初，虞允文以同知樞密爲四川宣撫，時汪應辰歸班。開禧間，安丙在沔州，楊輔爲成都制置，旋即召還，今李𡌴宣撫在內，楊恢制置在外，號令未免牽制。」上曰：「適與輔臣言，令楊恢參贊安撫矣。」辰曰：「聖慮及此，全蜀之幸。」(《宋史全文》卷三一)

三月十八日，魏了翁卒，年六十。了翁生平處己淡然無營，及病且革，語及蜀兵亂事，猶蹙頞久之，蓋亦憂於國而愛於鄉者。

四月初一日，詔𡌴以同知樞密院事、四川宣撫使兼知成都府。又懇辭，不允。詔曰：「四路之權，既能勝任，一州之寄，夫豈難兼，況諸制垣，悉總郡事。……然各有司存，奚待躬親於細務，徒得君重，第煩振舉于大綱。矧元老克壯其猷，而羣材樂爲之用，必能共理，毋庸固辭。」復請退休，亦不允。詔稱：「自任以重，既處置之得宜，毋棄爾成，庶安強之可致。……方特建于宣威，弗復分于制閫，事權歸一，脈絡相通。……其體至意，永肩一心。」(《東澗集》卷二)

十月，𡌴友張洽卒。年七十七。洽字元德，清江縣人，自少用力於敬，故以主一名齋，平居不異常人，至義所當爲，則勇不可奪。所交皆名士，如呂祖儉、黃榦、趙崇憲、蔡淵、吳必大、輔廣、李道傳、李燔、葉味道、李閎祖、李芳子、柴中行、眞德秀、魏了翁、趙汝讜、陳貴誼、杜孝嚴、度正、張嗣古及𡌴，皆敬慕之。

著有《續通鑑長編事略》等書（《宋史》卷四三〇《張洽傳》）。

嘉熙二年戊戌，七十八歲。

二月，奏蜀漸次恢復。詔以「創殘之餘，綏撫爲急，宜施蕩宥之澤，以示憂顧之懷，可令學士院降德音。」（《宋史·理宗紀》）

三月乙亥，詔四川被兵州軍府縣鎮並轉輸勞役之所，見禁囚人情理輕者釋之，招集流民復業，給種與牛，優與賑贍（《宋史》卷四二）。

夏四月二十九日，除同簽書樞密院事、督視江淮京湖軍馬，發行都並湖廣會子百餘萬犒師。

六月二十三日，卒於官，年七十八。友人程珌致祭曰：「嗚呼！西山之爽，顧獨盛於公家邪？嘉泰甲子之歲，某有秣陵之役，道北固樓，登甘露寺，有亭嶢然，下睨金、焦二阜僅一粟。恭惟先生貳卿題名其上，而八龍並列其下，是時僂指題名已三十年矣。其後貳卿已仙，疇知所謂八龍者多爲從臣，迨今猶有方進而未已者。且復伯仲律呂，海內號爲文章家，而又悉以功業顯，不曰西山之爽獨盛邪！公八龍之長也，豐神峻徹，如明月之珍，如野鶴之聳，食蔬服素，室無歌舞，唯書與石，相與死生，人知其爲清也。望之若厲，即之乃溫，春風風入，不言自和，尊賢而容衆，嘉善而矜不能，人知其爲和也。清矣和矣，而無以見於斯世焉！山林一偏之士耳！而公也論諫數十百篇，根本仁義，言之可行，行之可續，故四朝信之。比其賦政四方也，以實德行實政，人誦之，家象事之，殆半天下。甚至使虜而歸者，其酋率問公年，今何官，大國有議，盍不令其來，得信實如尙書來，議必易成。嗟呼！忠信可以行蠻邦，聖人豈欺我哉！嗚呼！人孰無生，公獨久世如是邪？人孰不仕，公獨有始有卒若是邪？某受公之知，平生寡比，海內有清議，朝廷有良史，某請私以眞清爲先生山林之謚。千里緘詞，有淚如洗。」（《洺水集》卷一二）遺表上聞，朝命轉一官守同知致仕。詔曰：「〔卿〕學爲儒宗，才周世用。始終一節，中不倚和不流；敭歷兩朝，年彌高德彌劭。比以樞庭之重，載宣蜀道之威，突如其來，適値陸梁之寇；定而能應，力圖捍禦之方。正有賴於壯猷，乃屢陳於遜牘。閔勞以事，遂疏趣覲之恩；盍歸乎來，庶獲嘉猷之告。豈期嬰疾，遽致爲臣。」又加恩制曰：「量吞溟渤，秀挹岷峨，詞章後學之宗師，德望清朝之標準。材何施而不可，名弗求而自高，國十爲連，屢宣威於戎閫；王三錫命，遂正位於天官。洊躋書殿之穹班，仍比樞庭之優禮，進封公爵，增衍圭田。」（《東澗集》卷五）後賜謚文肅。

子，長某，次鏐，出身仕歷皆不詳。

覃所著有《通禮》三十卷，《帝學》十卷，《皇宋十朝綱要》二十五卷，《趙鼎行狀》三卷，《悅齋文集》、《宋詩紀事》、《固陵錄》各若干卷，《續補漢官儀》一卷，《續補漢官典儀》一卷。其《十朝綱要》一書，斷自太祖，迄於高宗，上下十朝，每朝首記年號凡幾，皇后、皇子、公主若干人，宰相、參知政事、樞密使、副使、使相、三司使、學士、舍人、御史中丞等官若干人，暨題名進士、廢置州縣各若干，而以誕節神御殿名終焉。其記事也，按月逐條，有綱無目，非朝廷大事則略而不書，故曰綱要。雖採摭從簡，亦有出《續通鑑長編》、《中興小紀》、《繫年要錄》之外者，似不可以簡略廢矣。

案：瞿鏞《鐵琴銅劍樓藏書目錄》卷九稱：「《皇宋十朝綱要》二十五卷，……眉山李𡌴撰。……惟叙銜爲左史，與𡌴官秩不合，豈文簡子垕嘗領實錄事，故采纂成編，後稿本流傳，垕、𡌴字形相近，遂誤以爲𡌴作耶」云云。考𡌴嘉定六年十月除起居舍人，七年八月除起居郎，是曾歷左史也。又吳泳《答鄭子辯書》云：「間者鄉里范潔齋作《長編舉要》，李悅齋作《十朝綱要》，又有眉山楊明叔者，纂成《長編紀事》，流傳世間，本末粗爲詳備。」泳爲𡌴之至友，所言𡌴作《十朝綱要》自不誤，又何止陳均《皇朝編年備要》引用書目列入而已！

又案鄭子辯著有《續通鑑長編要略》一書，眞德秀爲之序，見《眞文忠公文集》卷二九。吳泳曰：「《要略》寵既，博學甚多，風簷披讀，帙簡而綱宏，詞約而事盡，用功深者其傳必遠，當於此書見之。」（《鶴林集》卷三二《答鄭子辯書》）今《舉要》已不傳，不然，亦可與《長編》相互參證矣！

參用書目

宋史　元脱脱撰　藝文版
金史　元脱脱撰　藝文版
續資治通鑑　清畢沅撰　殿版、世界書局本
皇宋中興兩朝聖政　宛委別藏本
兩朝綱目備要　四庫珍本
宋會要輯稿　清徐松輯　國立北平圖書館影印本
建炎以來繫年要録　宋李心傳撰　廣雅叢書本
建炎以來朝野雜記　宋李心傳撰　武英殿聚珍本
宋史全文　明刊本
文獻通考　元馬端臨撰　國學基本叢書本
宋史翼　清陸心源輯　歸安陸氏刊本
戊辰修史傳　宋黃震撰　四明叢書本
宋中興學士院題名　宋何異撰　藕香零拾本
宋中興東宮官僚題名　宋何異撰　藕香零拾本
南宋館閣録　宋陳騤撰　武林掌故叢編本
南宋館閣續録　武林掌故叢編本
四朝聞見録　宋葉紹翁撰　嘉慶四年刊
桯史　宋岳珂撰　四部叢刊
容齋隨筆五集　宋洪邁撰　四部叢刊
愧郯録　宋岳珂撰　四部叢刊
癸辛雜識　宋周密撰　學津討原本
齊東野語　宋周密撰　學津討原本
浩然齋雅談　宋周密撰　聚珍本
澗泉日記　宋韓淲撰　聚珍本
直齋書録解題　宋陳振孫　聚珍本
慶元黨禁　鈔本
玉海　宋王應麟撰　光緒九年浙江書局重刊
宋宰輔編年録　宋徐自明編　鈔本
蓮峰集　宋史堯弼撰　四庫珍本
九華集　宋員興宗撰　四庫珍本

海陵集　宋周麟之撰　鈔本
雪山集　宋王質撰　湖北先正遺書
誠齋集　宋楊萬里撰　四部叢刊
朱文公文集　宋朱熹撰　四部叢刊
止齋先生文集　宋陳傅良撰　四部叢刊
南澗甲乙稿　宋韓元吉撰　聚珍本
南軒先生文集　宋張栻撰　光緒乙巳重刊本
汪文定集　宋汪應辰撰　聚珍本
艾軒集　宋林光朝撰　四庫珍本
攻媿集　宋樓鑰撰　四部叢刊
水心先生文集　宋葉適撰　四部叢刊
吕東萊太史文集　宋吕祖謙撰　舊抄本
稼軒長短句　宋辛棄疾撰　世界影印本
格齋先生三松集　宋王子俊撰　舊抄本
燭湖集　宋孫應時撰　舊抄本
漫塘文集　宋劉宰撰　明萬曆刊本
洺水集　宋程泌撰　明崇禎元年刊本
鶴山先生大全集　宋魏了翁撰　四部叢刊

西山真文忠公集　宋真德秀撰　四部叢刊
後村先生大全集　宋劉克莊撰　四部叢刊
東澗集　宋許應龍撰　四庫珍本
後樂集　宋衛涇撰　四庫珍本
山房集　宋周南撰　四庫珍本
鶴林集　宋吴泳撰　四庫珍本
性善堂稿　宋度正撰　四庫珍本
滄洲塵缶編　宋程公許撰　四庫珍本
平齋文集　宋洪咨夔撰　四部叢刊續編
蒙齋集　宋袁甫撰　聚珍本
定齋集　宋蔡戡撰　常州遺書
崔忠獻公全録　宋崔與之撰　叢書集成
恥堂存稿　宋高斯得撰　叢書集成
周文忠公全集　宋周必大撰　清道光刊本
止堂文集　宋彭龜年撰　聚珍本
永樂大典　世界書局影印
全蜀藝文志　明楊慎輯　鈔本
歷代名臣奏議　明楊士奇等編　明永樂間内

府刊本
開禧德安守城録　宋王致遠撰　永嘉叢書本
丹稜縣志　清光緒十八年刊本
眉州屬志　清嘉慶四年刊本
四川通志　清黄延檢等修　雍正刊本
成都氏族志　元費宏撰　鈔本
宋元學案　明黄宗羲撰　世界書局印本
宋元學案補遺　王梓材編　世界書局印本、
四明叢書本
抱經樓藏書志　沈德壽輯　排印本
郡齋讀書志　趙希弁補注　光緒甲申長沙王
氏刊本
四庫全書總目　藝文印書館印本
周文忠公年譜　周綸編　周文忠公全集附
南宋編年史家二李年譜　方壯猷撰　説文月
刊紀念專號
吕東萊太史年譜　不詳撰人　鈔本
辛稼軒先生年譜　鄧廣銘編　商務排印

李秀巖先生年譜　王德毅編　稿本、幼獅學
報三卷二期
徐文清公家傳　不詳撰人　鈔本
朱文公年譜　清王懋竑編　商務印書館排印
本
南宋文録　清董元輯　光緒蘇州刻本
南宋文範　清莊仲方編　光緒江蘇書局刊本
洪容齋先生年譜　王德毅編　稿本、幼獅學
報三卷二期
續資治通鑑長編　宋李燾撰　光緒浙局刻本
續通鑑長編輯略　楊家駱撰　世界書局排印
郋園讀書記　葉德輝撰　刻本
袁樞年譜　鄭鶴聲撰　商務印書館排印本
道命録　宋李心傳撰　鈔本
王荆公詩箋注　宋李壁注　元大德刊本
宋代蜀文輯存　傅增湘輯　傅氏刊本
書林清話　葉德輝撰　世界書局本

洪文惠公年譜

（清）錢大昕　撰
洪汝奎增訂
張尚英校點

宣統元年晦木齋刊《四洪年譜》本

洪适（一一一七—一一八四），初名洪造，字温伯，一字景温，後改今名，字景伯，號盤洲，鄱陽（今江西波陽）人，洪皓長子。以父出使恩入仕，監南岳廟，調嚴州録事參軍、浙江提舉常平司幹辦公事。紹興十二年，中博學宏詞科，除敕令所删定官，改秘書省正字。以父忤秦檜，出爲台州通判，侍父居英州。秦檜死，歷知荆門軍、徽州，江東提舉。隆興元年，累遷中書舍人。乾道元年，除翰林學士，簽書樞密院事，參知政事，拜右僕射兼樞密使。次年奉祠，起知紹興府兼浙東安撫使。復奉祠，淳熙十六年卒，年六十八，謚文惠。洪适與弟洪遵、洪邁均著文名，時人稱爲「三洪」。工儷偶，藻思綺句疊出（《四庫全書總目》卷一六〇）。著述甚豐，有《隸釋》、《隸續》、《歙州硯譜》、《盤洲文集》八十卷。事蹟見周必大《洪文惠公神道碑銘》（《周文忠公集》卷六七）、《宋史》卷三七三本傳。

洪适年譜，有清錢大昕編《洪文惠公年譜》一卷，收入《潛研堂全書·孱守齋所編年譜五種》内。其後洪汝奎加以增訂，刊入《四洪年譜》卷二。本書所收即洪汝奎增訂本，其取材泛及文集、史傳、筆記、雜史及碑刻，詳述譜主生平事蹟及著述等，博取詳考，明示資料出處，堪稱翔實。本書收録時，對原版式略有調整。

洪文惠公年譜

嘉定錢大昕譔
裔孫汝奎增訂

宋徽宗政和七年丁酉，公生。

公諱适，字景伯，初名造，字溫伯，亦字景溫，饒州鄱陽縣人。右通直郎、贈太師、秦國公彥先之孫，徽猷閣學士、贈太師、魏國忠宣公皓之長子也。高祖士良，曾祖炳，贈少保。忠宣公以政和五年登進士第，六年授台州甯海縣主簿，七年建三瑞堂，以荷花、桃實、竹榦皆有連理之瑞故名。其秋，公生于官廨。

【增訂】丹陽人洪造，字彥襲，與兄興祖同登政和八年進士第，授歙州黟縣尉，死於方臘之變。弟逵訴於朝，特贈通直郎。見盧憲《嘉定鎮江志》、俞希魯《至順鎮江志》及《江南通志·忠節傳》。公初名造，殆因彥襲同姓名而改。「逵」《至順志》作「連」。王應麟《詞學題名》稱洪造後改名适，是改名在中詞科後。乾隆本《宋史·宰輔表》，乾道元年，文惠除簽書樞密院事及除參知政事，皆稱洪造，至十二月戊寅除右僕射，稱洪适。按：二「造」字誤，元本、明監本前後俱作「适」。副樞許及之譔公《行狀》云：曾祖母何氏，贈紀國夫人，祖母董氏，贈秦國夫人。

重和元年戊戌，二歲。

宣和元年己亥，三歲。

宣和二年庚子，四歲。

弟文安公遵生。忠宣公拜南京國子博士，未上，賊犯杭州。經制使陳亨伯檄主餉，遷秀州司錄。以《本紀》方臘陷杭州事推之，當在是年。

宣和三年辛丑，五歲。

宣和四年壬寅，六歲。

宣和五年癸卯，七歲。

弟文敏公邁生。
宣和六年甲辰，八歲。
宣和七年乙巳，九歲。
欽宗靖康元年丙午，十歲。
高宗建炎元年丁未，十一歲。
建炎二年戊申，十二歲。
忠宣公丁父太中憂，還鄉奔喪。母太碩人年七十，與諸孫在秀州。公幼穎異，日誦書三千言。
建炎三年己酉，十三歲。
忠宣公以徽猷閣待制假禮部尙書，充金國通問使，以父喪母老懇辭，不許，遂行。寓家秀州。公年甫十三，能任家事，率五弟三妹奉祖母及母避兵歸饒州，以忠宣公出使恩補修職郎。
建炎四年庚戌，十四歲。
紹興元年辛亥，十五歲。
紹興二年壬子，十六歲。
王倫自金還，言忠宣公奉使不屈，詔下秀州存問家屬。
紹興三年癸丑，十七歲。
紹興四年甲寅，十八歲。
【增訂】是年萊國夫人沈氏來歸。《盤洲集》卷七十七《萊國墓銘》稱「年十有六歸于洪氏，淳熙六年薨，年六十有一」。據此，則夫人少公二歲，夫人于歸當在是年。
紹興五年乙卯，十九歲。
公未冠，以修職郎監南嶽廟。
《咸淳臨安志》：洪氏浴室院在富陽縣。建炎庚戌，洪忠宣公晧持節使北，其長子文惠公适年十三，思奉甘旨。越六年，當紹興乙卯，遂建此院於富春，以寓拳拳之思。後七十年，曾孫偘來丞富春，乃識其事。

【增訂】《盤洲集》卷七十四《忠宣行述》稱，紹興二年使者王公倫歸云云，即下秀州存問家屬，賜銀絹二百。适未冠，得監南嶽廟。按：監廟承上存問家屬而言，似當自紹興二年爲始。錢氏將存問家屬一節編入二年，而將監廟一節編入是年，殆泥《行述》「未冠」二字，故析一事爲二歟？

紹興六年丙辰，二十歲。

【增訂】乾道丁亥正月，自序《隸釋》見《盤洲集》卷三十四。云：「自中原厄於兵，南北壤斷，遺刻耗矣，予三十年訪求」云云。是公之垂意金石，自弱冠之年已然矣。

紹興七年丁巳，二十一歲。

七月，作《戒蛇文》。長子槻生。初名格。

調嚴州錄事參軍。未詳年月，附見於此。

紹興八年戊午，二十二歲。

十一月二十三日，母魏國太夫人沈氏薨，公復還秀州，食忠宣公之祿。

【增訂】周必大譔公《神道碑》稱年十三已能任家事，率五弟三妹奉祖母及母避亂歸饒。母亡，復過嘉禾，食忠宣之祿。錢氏本此。惟公自譔《盤洲老人小傳》見《盤洲集》卷三十三。云：「忠宣連仕浙部，因寓秀州。及持節使虜，某時年十三，奉秦國歸鄉，以俸入在秀州，侍魏國以往。凡九年，魏國棄諸孤。」據此，則避亂歸饒不久仍還嘉禾，非母亡始復過嘉禾也。疑錢氏沿《神道碑》而誤。

紹興九年己未，二十三歲。

十一月辛丑，葬魏國于無錫縣開化鄉白茅山之原。

紹興十年庚申，二十四歲。

紹興十一年辛酉，二十五歲。

除浙西提舉常平司幹辦公事。未詳年月，當在服闋之後。是夏，忠宣公自金遣邵武男子李微以皇太后書至。時河南復爲王土，公擬《宰臣賀表》有云：「宣王復文武之土，光啓中興；齊人歸鄆讙之田，不失舊物。」仲舅博士沈松年一見奇之，勉以習宏詞科，乃與二弟閉門習爲之，夜不安枕者餘歲。作《蟄寮記》。

【增訂】《盤洲集》卷三十《蟄寮記》末署「紹興庚申記」，錢氏偶誤。

紹興十二年壬戌，二十六歲。

公與弟文安公同試博學宏詞科，試題《代樞密使謝賜玉帶表》、《克敵弓銘》、《皇叔慶遠軍承宣使授昭化軍節度使封安定郡王同知大宗正事制》、《唐勤政務本樓記》、《周成王蒐岐陽頌》、《漢五家要説章句序》。文安公第一，公亦中選，名在第三。宰相進呈所試制詞，高宗曰：「父在遠方，子能自立，此忠義報也。」擢文安公祕書省正字，中興以來，詞科中選即入館，自文安始。除公左宣教郎、敕令所删定官。

【增訂】中詞科在是年二月，見《忠宣行述》。《盤洲集》卷五十二《謝試中詞學啓》云：「驟掇虚名，敢自希於雙璧；尚遺季弟，終有恧於三珠。」

按：是歲公弟文敏並與試，未第。

紹興十三年癸亥，二十七歲。

以敕令所書成，拜祕書省正字。

《容齋四筆》：紹興十三年，敕令所進書，删定官五員皆自選人改秩。潘良能季成、游操存誠、沈介德和伯兄景伯皆拜祕書省正字，張表臣正民以無出身除司農丞。四正字同日赴館供職，少監秦伯陽于會食之次，謂坐客言：「一旦增四同舍，而姓皆從水旁，殆有一句，願諸君爲對之，以成三館異日佳話。」即云「潘游洪沈泛瀛洲」，坐客合詞歎賞，竟無有能對者。

六月，忠宣公自金還。八月至都，召對，除徽猷閣直學士，提舉萬壽觀兼權直學士院。九月，出知饒州。公以奉親自列，添差通判台州軍事。

【增訂】是年六月，恭閱御書《周易》，進詩一首。時與文安同爲正字，文安亦進詩一首。見陳騤《中興館閣録》。按：《宋史·高宗紀》：紹興十二年十二月壬申，秦檜上《六曹寺監通用敕令格式》。據此，則公以進書改秩，似當在十二年十二月。今錢氏據《四筆》編入十三年，或進書在先，改秩在後與？沈該《翰苑題名》「洪晧紹興十三年八月，以徽猷閣直學士提舉萬壽觀兼權直院，九月依舊職知饒州」，與錢氏合。文惠《題輶軒唱酬集》見《盤洲集》卷六十二。云「九月乙卯，先君以徽猷閣直學士入翰林，是月甲子出爲鄉州」，與錢氏微異。按：除官入直月分，《忠宣譜》已言之詳矣。

是年，知廣德軍。丹陽洪興祖擢江東提點刑獄，《盤洲集》卷一《謝洪慶善提刑遺法帖》有詩。興祖字慶善。

紹興十四年甲子，二十八歲。

到台州任。是歲六月，忠宣公以中丞詹大方劾奏，罷饒州，提舉江州太平觀，尋丁內憂。

公行縣至甯海，《題三瑞堂詩》云：「久矣馳魂夢，今登三瑞堂。故山有喬木，近事話甘棠。展驥慚充位，占熊憶問祥。白雲留不住，極目是吾鄉。」

【增訂】公於丙寅夏作《分繡閣記》見《盤洲集》卷三十。有「子來旬歲」一語，又《除夜懷景嚴弟并寄景盧詩》見《盤洲集》卷三。有「到此兩迎春」之句，似台州到任當在紹興乙丑。按：《三瑞堂》詩當作於紹興丙寅，公自作詩序見《盤洲集》卷二。云：「政和丙申，家君主甯海簿，明年作交翠亭，是秋亭成，而某生。後二十有八年，某來貳郡事，踰年行縣至此，感舊懷遠，賦詩二章。」其一《交翠亭》云：「三十年中事，鸞棲築小亭。寒聲長新籜，清閟拂疏櫺。水轉前時綠，山濃遠處青。重來勤問訊，此別記秋螢。」其二即此詩。

紹興十五年乙丑，二十九歲。

在台州任。是歲，文敏公中博學宏詞科。

【增訂】《盤洲集》卷二《得二弟消息》詩云：「倚闌春晝靜，花柳自芳香。消息三州遠，塵埃兩地忙。鵲聲傳近喜，鴻影憶初行。鈔得新書策，歸時補墨莊。」時文敏試中詞科，故有五六兩語。

紹興十六年丙寅，三十歲。

在台州任。爲張伯壽作《萬卷堂記》。

【增訂】《盤洲集》卷三十一《萬卷堂記》末署「紹興乙丑記」，錢氏偶誤。是年夏四月，官舍東偏建分繡閣，有記。見《盤洲集》卷三十。據《浙江通志》，記作於五月七日。秋間行縣，得詩甚多，《蔡瞻明寺丞以詩還行縣詩卷，次韻謝之，道中寄曾谹父》詩云：「二年佐州已強半，七月行縣難罷休。」《盤洲集》第二卷《黄巖道中》以下諸詩，皆當作於是時。《祭亡姑文》見《盤洲集》卷七十二。云：「往者伯祖官會稽，姑淪末疾年方笄。甯川有兄枳棘棲，藁葬蕭寺久不治。猶子監郡行縣時，一觴來奠垂涕洟。仲氏使節閩川持，歸骨故里終可期。魂之來兮其有知。」蓋忠宣官甯海時，有從妹藁葬其地，而文惠行縣至甯海，爲文祭之也。伯祖謂給事中諱彦昇，仲氏謂提舉福建常平事諱昕，字光佐，乃忠宣從父弟。十月二十五夜，有《夢中送妙興寺僧》詩。《夷堅志》：紹興十六年十月二十五夜，伯兄文惠公以台州通判出行縣，宿天台山，夢息擔山中云云。按：《志》有「行縣宿天台山」等語，較《盤洲集》卷三詩題下原注爲詳。作《台州添差通判廳壁記》，見《盤洲集》卷三十。又爲蒼梧郡守桑君作《天台山石橋詩集序》。見《盤洲集》卷三十四，未詳年月，附識於此。

紹興十七年丁卯，三十一歲。

五月，忠宣公責濠州團練副使，英州安置。

公通判台州將滿，與郡守曾惇不相能。十一月，殿中侍御史余堯弼論公姦險強暴得自家傳，在州貪墨踰濫，遂免官。《繫年録》稱左奉議郎。

【增訂】《續資治通鑑》：十一月乙亥，左奉議郎洪适罷。按：《荆門謝到任表》見《盤洲集》卷三十六。云：「臣屢緣父命，前詒相門，達危疑欲去之情，掇猜忌不回之怒。既左郡甫終於兩考，偶投荒正值於斯時。守臣覬望以中傷，御史憑依而論列。」此正叙台州罷官事。《宋史·秦檜傳》：台州曾惇獻檜詩稱聖相，凡投獻者以皐、夔、稷、契爲不足，必曰「元聖」。據《檜傳》，惇獻詩在紹興十四年，是惇久爲台守也。

在台州，聞忠宣公遠謫，挈家趨侍。六月

抵豫章，七月歸鄱陽。八月六日，第三子槄殤。

《第三子墓志》見《盤洲集》卷七十五云：「予佐天台郡罷有日，聞家君謫英州，理裝亟行。時第三子病創甫痂落。次婺女，內子病且棘，呼七男女與之訣，獨是子傷鯁不自勝。既少閒，予取捷道趨家君寓所。及之豫章，諸子奉其母還吾鄉。」《禱蒼山神文》見《盤洲集》卷七十一。云：「某以父遠謫，亟欲歸侍，避天台數驛之迂，冒蒼山萬仞之險。念鳥道嶄絕，旁臨邃壑，或雨興於上，淖艱於下，盡室百有餘指，將必有僨越之患」云云。《盤洲集》中文字可以考見當日覲親情事者，獨此二篇爲詳。

是年正月十六日，台州官舍作舞漪亭於池上，盡廢蔬畦，植花數十本，有詩見《盤洲集》卷三。

《題米元暉瀟湘圖》有「予贊治丹邱」一語。朱存理《鐵網珊瑚》載文惠題此圖在紹興十七年三月二十二日。又《題米元暉畫》云「予嘗客毗陵，一葦太湖舊矣，去之六年」云云。題跋並見《盤洲集》卷六十二。

公嘗仿虞通之《王績妒記》作《壼郵》十五卷，序之。未詳年月，疑在通判台州後。

紹興十八年戊辰，三十二歲。

公既免官，往來嶺南侍親者凡九年。

【增訂】《隸釋》卷四《桂陽太守周憬功勳銘釋》云：樂史《寰宇記》：「瀧上有太守周昕廟，今碑在韶州張九齡廟中，其名尙隱隱可辨，蓋『憬』字也。」予嘗侍親度嶺，留英州，其郡東亦有瀧，問之，云彼處壤沃宜稻，而山甚高峭，僅有鳥道，負擔者不可下。土人斬竹爲篺，以器貯米寘其上，俟雨至澗通，隨飛瀑魚貫而下，注於深潭，入水底始再出，碎於石者什五六，謂之瀧如此。

是年，三子槢祔葬湓潭。

紹興十九年己巳，三十三歲。

【增訂】是年，忠宣公在英州瘴作不食。既復初，公作《禳謝青詞》見《盤洲集》卷六十九。有云：「《陟岵》思親，恨循陔之甚邈；開緘聞疾，欲嘗藥以無繇。」一時公已歸鄱陽。按：《盤洲集》卷七十五《叔父常平墓志》云：「紹興十九年八月壬戌，前提舉福建常平事洪公卒，得年六十。既斂，猶子某日往哭。」據此，則公由嶺南歸，當在己巳八月以前。

爲僧希賜作《息菴記》云「蟄寮居士覲親湞陽」，爲吉水尉鄭茂老作《漱汀軒記》云「予自嶠南歸，茂老觴予軒中」，此二記並見《盤洲集》卷三十。當作於戊辰、己巳之年。蓋文惠初至英州，未久便歸鄱陽，迨庚午乃復趨侍。《爽堂記》稱「紹興癸酉，於是家君謫七年矣，某再至，亦四换卉衣」云云可證。

紹興二十年庚午，三十四歲。

十二月一日，舟泊虔州，有《紀夢》一篇。作《嘉濟廟碑》、《知政橋記》。

【增訂】據《盤洲集》「舟泊虔州」云云，乃《南華齋羅漢疏序》見《盤洲集》卷七十。中追叙之語，非虔州時紀夢也。嘉濟廟在贛州東雷岡，知政橋在贛城東偏。《碑》見《盤洲集》卷三十三。《記》見《盤洲集》卷三十。均爲鄱陽許公作。《宋史·高宗紀》：紹興二十三年二月辛未，改虔州爲贛州。

按：公撰《夏康佐母朱安人墓銘》見《盤洲集》卷七十六。云：「始予舉博學宏詞，南昌康佐時知南昌縣。實同年進士。及予省親炎荒，再道江右，會之於吉水，又會之於南昌。」公當於是年再道江右度嶺。

紹興二十一年辛未，三十五歲。

二月二十二日，在英州，作《通天巖記》。

【增訂】《通天巖記》見《盤洲集》卷三十。云：同遊者毗陵邵林宗、新安董謀道、予之叔光晦、弟景徐、報恩希賜師。

作《碧落洞記》，見《盤洲集》卷三十一。云：「予以省親，嗣歲再至。」

是年，忠宣公卧末疾，公代作《保安青詞》云：「自竄南荒，於今五稔。」

有《祭從兄難老難老名壽卿。文》，見《盤洲集》卷七十二。云：「我來炎方，餞我雙港。轡北帆南，別愁分兩。方春之季，得冬日書，盈紙諄諄，詢我歸歟。曾不旬浹，訃音忽至。校得書時，兄已下世。」未詳年月。按：文内有「春季得冬日書」語，似公留英州時作，附見於此。

紹興二十二年壬申，三十六歲。

【增訂】時方公滋爲廣南東路經略使，延公爲僚屬。

樓鑰《攻媿集·參議方君墓銘》云：父滋在番禺，羅致忠宣公長子适爲屬，丞相文惠公也。仍命君定交，共處郡齋。文惠入相，然後引之，退然惟循塗守轍而已。

按：參議名導，字夷吾。

《夷堅志》：文惠公頃遊廣府，府帥方務德因留攝幕屬，與其弟稚川同官。稚川名洪，胥吏倡優避其名，呼公爲共通判。而洪氏所出本共工氏之後，故《左傳》

有晉共華、魯共劉，皆讀曰恭，至漢乃於左方加水云。按：《盤洲集》卷三十一有《恕齋記》，爲稚川作。後卷七十三又有《祭方金壇文》云「五羊襟期，首末四年」，亦謂稚川也。

爲郭子先作字序云：「汝陰郭子先侍親隃嶺，相過於湞陽，復相會於番禺。」又爲陳氏四子作字序並見《盤洲集》卷三十四。云：「揭陽陳修卿作吏廣之清遠，相遇如雅識。」

爲恩平守清江傅公作《癡拙堂記》。見《盤洲集》卷三十一。記稱「上系統二十有五年」，下云「越明年屬予爲記」。按：自建炎丁未至紹興壬申凡二十六年。

紹興二十三年癸酉，三十七歲。

【增訂】是年春，在英州買馮氏故宅，作爽堂，奉忠宣公居焉，有《爽堂記》。爲廣帥方滋作《城廣州記》、記稱紹興二十二年云云，明年正月克成。《賦歸亭記》、記稱南海伯方公撫封之二年，因扞城餘力，葺亭於高墉之上。《師吳堂記》。記稱經始以癸酉三月丁未，其成以五月辛卯。按：四記並見《盤洲集》卷三十一。

紹興二十四年甲戌，三十八歲。

【增訂】是年，知饒州。洪公興祖謫昭州，《宋史·高宗紀》：紹興二十四年十二月甲戌，以故龍圖閣學士程瑀有《論語講解》，秦檜疑其譏己，知饒州洪興祖嘗爲序，昭州編管。公爲作《慶善橋記》。見《盤洲集》卷三十一。記云：「景祐中，文正范公名隄之橋曰『慶善』而屋之。後百有七年，尚書郎丹陽洪公揭使者節。又八年，公佩州魚。斯橋受名於百有七年之前，而公之字已兆。」又云：「洊臨吾州，歲滿借一。」《宋史·職官志》：紹興九年，詔應守臣以二年爲任。此云歲滿借一，蓋三年也。今將更治廣漢，宋漢州乃漢時廣漢郡地。布颿而西，留不可再。於是州民洪某抒輿人之情，伐石筆事。」考文正以景祐丙子黜知饒州，後百有七年當紹興癸亥，興祖提點江東刑獄。又八年，當紹興辛未，興祖知饒州。記雖云更治廣漢，而以《高宗紀》核之，則興祖編管時仍云知饒州，是漢州並未到任，記當作於是年。

紹興二十五年乙亥，三十九歲。

忠宣公謫九載，始復左朝奉郎，主管台州崇道觀，居袁州。未踰嶺，疾作，十月二十日薨於南雄，詔復敷文閣直學士。

紹興二十六年丙子，四十歲。

十一月丙申，葬忠宣公。公譔《忠宣公行狀》，題銜稱左奉議郎、主管台州崇道觀。子槻以迪功郎充江南東路轉運司準備差遣。

【增訂】譔《忠宣公行狀》在是年二月二日。見《盤洲集》卷七十四。

紹興二十七年丁丑，四十一歲。

爲忠宣公製十六尊者像，作偈。

【增訂】《盤洲集》卷二十九《報菴十六尊者偈》稱：「紹興丙子閏十月癸亥，孤洪某等爲先公尙書作十六尊者相，稽首說偈。」錢氏偶誤。

是年夏，跋忠宣公《松漠紀聞》見《盤洲集》卷六十二。

紹興二十八年戊寅，四十二歲。

服闋，四月除知荆門軍，六月到任。九月，應詔上《寬恤四事》。

【增訂】是年六月甲辰，文安公譔《忠宣公謚告碑記》，題銜稱迨左承議郎、新權知荆門軍、主管學事兼管内勸農營田事。

文惠公《書忠宣公賜謚制書後》見《盤洲集》卷六十二。云：「諸孤不肖，咸叨錄用。」又云：「礱石以識異渥，泰龜逢吉，鎸之松區。」據此，則《謚告》礱石，文惠公實躬親其事，不應六月便到荆門任，恐錢氏誤。且是年文惠公譔《劉府君墓志》見《盤洲集》卷七十六。云：「十月，萬州使君仙井何公檥船江夏，予造焉。越三日，又會於南樓。」蓋公赴任荆門，道必出江夏。計荆門到任當在十月後。其云「九月應詔」者，乃九月詔旨，非九月即上奏狀也。今《盤洲集》卷四十九奏狀具在。狀云：「伏睹紹興二十八年九月一日聖旨」，又云「臣到任未及三月」，又云「臣自紹興二十八年冬至以來，已行蠲免訖」，又云「臣已榜示自紹興二十九年革絶訖」。據此，則寬恤奏狀當在是年冬至後。又按：《盤洲集》《寬恤四事狀》外又有《便民五事狀》。見《盤洲集》卷四十九。《宋史》本傳：「起知荆門軍，應詔上《寬恤四事》」，下即連稱「輕茶額」云云，幾似析陳四事條目。今幸兩狀具在，「輕茶額」云云均係《便民五事狀》中語。足訂《宋史》之失。許副樞《行狀》於寬恤四事失書，而便民五事誤作便民四事，不免牽合兩狀爲一，似宜更正。《宋史·職官志》：「紹興九年，詔守臣到任半年以上，具民間利病或邊防五條聞奏，委都司看詳，有便於民者即與施行。續又詔不拘五條之數。」按《高宗紀》：紹興三年二月甲寅，詔守臣至官半年，具上民間利害或邊防五事。《職官志》作「紹興九年」，誤。

《荆門謝到任表》云：追歎九原，出明綸而賜謚；召還二季，躐清貫以登朝。當宰輔之進除書，顧姓名而勤聖問。《題金國文具録》有云：王春二月，家弟遵、邁接踵召對。《謝雪文》見《盤洲集》卷七十一。云：荆門不見雪，距今四歲，一禱而三日再白。據《湖北通志》，公知荆門軍在朱拱辰後，繼之者解潛。

紹興二十九年己卯，四十三歲。

在荆門任。其秋以左朝奉郎借紫知徽州，九月十六日到任。

【增訂】是年在荆門，有《復解額申省狀》、見《盤洲集》卷五十一。《荆門軍守廳壁記》，見《盤洲集》卷三十二。又作《荆門集序》。見《盤洲集》卷三十四。《宋史·藝文志》洪适《荆門惠泉詩集》二卷，即此。《湖北通志·藝文類》有洪适《荆門惠泉詩集》二卷。爲南昌黃子餘作《漪嵐堂記》。見《盤洲集》卷三十二。記云：予昔爲玉州，遡江上寓目焉。明年移歙東還，乃邀我作記。《徽州謝到任表》見《盤洲集》卷三十七。云：「起廢忽臨於一障，備員甫歷於三時。」又《謝宰相啓》見《盤洲集》卷五十八。云：「起徒中而護塞，甫閱三時；涉畿内以典城，旁鄰四壁。」據此，知文惠公在荆門甫閱三時之久，益證錢氏前歲六月到任之誤。

作《休甯縣校官碑記》，見《盤洲集》卷三十三。云：「新安領百里者六，休甯最大，宜有學。紹興六年，南蘭陵陳公尉縣，度地於縣南，爲夏屋五十楹，基於次年春正月，成於秋八月。後二十有二年，予爲其州，邑中彦鄞尉吳稱道校官始末，求書其事於石。」

公從兄難老繼室趙孺人卒，爲作墓志。見《盤洲集》卷七十五。志云：予羣從兄弟三十人，君爲邱嫂。紹興二十八年七月己巳，食於姑前，失匕筯而瞑。次年十一月甲申，封於郭外土湖之陰。

據《江南通志》，公知徽州在潘莘後，繼之者沈濬、薛良朋。

紹興三十年庚辰，四十四歲。

在徽州任，轉左朝請郎。范公至能名成大。爲州司戶參軍，公一見知其遠器，勉以吏事。暇日與商搉今古，謂范公曰：「君它日必登兩府，愼自愛。」范深德之。

刻《研說三種》於郡齋。

【增訂】周必大撰《范公神道碑》云：洪公博洽精明，每以訟牒付公，必問一牒幾人，姓名云何，公由此究心吏事。

錢氏《譜》稱刻《研說三種》，按：《盤州集》卷六十三有《跋文房四譜》云：「右《文房四譜》五卷，參知政事蘇公所集，洪某假守新安，刻之四寶堂。」又云：「予家所藏譜硯之書以五六，頃居閒時頗嘗采獲，大凡翰墨事，冀以綴蘇公書，未就也。巖邑無書可探閱，不能終篇。說歙硯者凡三家，品諸李者有《墨苑》，姑以踵此編，他須異日云。」據此，則《研說三種》特家藏舊帙，附《文房四譜》以傳者耳，非專刻也。

是年，建浮邱亭在郡治西北雉堞上，有兩古木。公倚木建亭，范成大有詩。及舍蓋堂。在郡治後，公建以延四方往來之士，范成大爲之記。

有《戶部乞免發見錢劄子》二首。見《盤洲集》卷末拾遺。

譔《大宋登科記》二十一卷，自序見《盤洲集》卷三十四。云：「刻於新安郡舍蓋堂。」

跋《五代登科記》，跋云：「因刊我宋登科記，故並傳之。」

重編《唐登科記》十五卷。《盤洲集》卷三十四有序。據王應麟《玉海》，成書在是年十月。

跋忠宣公《鄱陽集》，跋云：「刻諸新安郡。」

跋梁新安太守任公《文章緣起》，跋云：「後公六百年，而某爲州。」

按：各跋並見《盤洲集》卷六十三。

作《徽州先達題名記》，見《盤洲集》卷三十二。記云：予十一世祖繇歙之黄村徙番之樂平。

爲宣城章浩作《風月堂《安徽通志》：監郡章浩作風月堂。記》。風月堂在郡治，監郡章浩建，公爲之記。按：是記亦見《盤洲集》卷三十二。

按：文安公跋《松漠紀聞》云「伯兄鏤版歙越」，似文惠公知徽州及知紹興皆嘗刻是書。

紹興三十一年辛巳，四十五歲。

二月二十九日，除提舉浙西常平茶鹽。甫到任，會文安公平江府，以嫌改除提舉江東路常平茶鹽兼提點刑獄，借紫。三月初四日到平江任，初六日改除江東提舉常平茶鹽公事。

【增訂】羅願《新安志》：「洪适左朝奉郎，二十九年九月十六日到任。任内累轉左朝請郎，三十一年二月二十九日除提舉浙西常平茶鹽。」又范成大《吳郡志》提舉常平茶鹽司：「左朝請郎洪适，紹興三十一年三月初四日到任，當月初六日改除江東提舉常平茶鹽公事。」按：

錢氏遷官到任月日，當本此兩書。

《容齋三筆》卷五：文惠公知徽州日，借紫。及除江東提舉常平，告身不借。予聞嘗借者當如舊，與郎官薛良朋言之，於是給公據改借。

有《徽州除浙西提舉赴闕奏方庚狀》，見《盤洲集》卷五十。《提舉浙西常平謝到任表》見《盤洲集》卷三十七。云「在外十九年矣，清班已隔於修門」，謂自通判台州至此凡十九年。

除江東提舉上殿，有《論人戶差役劄子》，又《乞勿繫大獄干證人劄子》，又《乞罷諸路抵當庫劄子》。並見《盤洲集》卷四十一。

公按發宣州太平知縣、左奉議郎周世昌出咨目於三等人戶苗頭上科獻助錢，特降一官。見周必大《掖垣類稿·周世昌降一官制》下注「江東提舉洪适」云云。

是年十一月乙未，金人弑其主亮於揚州龜山寺，公有《賀誅完顏亮表》見《盤洲集》卷三十七。幷《奏狀》。見《盤洲集》卷五十。

按：《江東謝到任表》見《盤洲集》卷三十七。有云「過家諧上冢之私」，又《資福院記》見《盤洲集》卷三十二。有云「予持使者節過家上冢，復至其處」，公當於是歲歸饒，展謁祠墓。

紹興三十二年壬午，四十六歲。

三月，車駕親征，至建康，公上殿奏事。

四月十九日，除尚書戶部郎中，總領淮東軍馬錢糧。二十日離池州，二十六日到京口任。是月，文敏公以起居舍人假翰林學士，充賀金登位使。六月，孝宗即位。七月，文敏公使還，爲言者劾罷。

【增訂】按《宋史·高宗紀》：帝以是年正月壬申至建康府。譜稱三月，似據文惠公上殿奏事而言。公奏事有《乞許逃業子孫贖產劄子》見《盤洲集》卷四十一。《宋史》本傳「适覲金陵」云云即此。

始，公除戶部員外郎，總領淮東軍馬錢糧，旋升郎中。

按：《盤洲集》卷三十八有《戶部員外郎淮東總領供職謝表》可證。《宋史》本傳漏載員外郎一階，錢氏仍之。是年官江東提舉時，有《應詔條陳恢復事宜奏狀》。見《盤洲集》卷五十。《宋史》本傳云：亮斃，适上疏曰「大定大定，金主褎年號。僭號」云云，即此。據《續通鑑》在紹興三十一年十二月戊申，稱左朝奉大夫、提舉江南東路常平茶鹽公事洪适云云。今按原奏狀，正月四日淮知樞密院行府劄子，十二月四日三省樞密院同奉聖旨云云，是奉詔在十二月，公應詔上奏當在正月後。

孝宗隆興元年癸未，四十七歲。

在淮東總領任。符離用兵，饋餉繁夥，公供億無闕，就遷司農少卿。五月，文安公同知樞密院事。是歲築得江樓花信亭於鎮江公廨。

【增訂】官總領時，有《乞添總領江浙財賦字劄子》、《乞令漕臣備辦餽運舟船劄子》、《過江催發米綱劄子》、《過江措置津運劄子》、《支解圍軍兵犒設劄子》、《招安海賊劄子》、《會計軍儲劄子》、《戍兵請給驅磨阻滯劄子》。並見《盤洲集》卷四十一、四十二。

《盤洲老人小傳》云：當海州解圍，《宋史·高宗紀》：紹興三十二年四月戊寅，金人圍海州。五月辛亥，鎮江都統制張子蓋救海州，遇金人於石湫堰，大敗之，金人解去。又有符離甲申之役，符離，今宿州，宋曰宿州符離郡。按《宋史·孝宗紀》，符離用兵在隆興元年癸未。所云符離甲申之役，蓋約略言之，時沿淮猶未撤戍也。緣淮列戍，襁負來歸者袂相屬，共億之費數倍，左支右吾，僅逃乏興。就遷司農少卿。

《司農謝表》見《盤洲集》卷三十八。云：「偶竊郎曹之稱，來專餉道之事。逢時多壘，尸祿再期。」《次韻景裴景裴，公弟，名邃。贊喜農扈之除》詩見《盤洲集》卷四。云：「北固金焦顧盼中，裴回於此再隃冬。」

按：表言「再期」，詩言「再隃冬」，又《納供軍綱目劄子》見《盤洲集》卷四十二。有云「黽勉二年」，是公遷司農少卿，仍留淮東之任，以隆興二年二月召貳太常，始還闕也。

《盤洲集》卷三十二《得江樓記》云：右爲供軍之堂，左爲花信之亭，堂言職，亭言景也。

又周必大《奏事錄》：道過總領所，登供軍堂、得江樓、花信亭，皆洪景伯所葺也，又金山龍游寺有雄跨堂頗雄偉，洪景伯書顏。

按：《慈塋石表》見《盤洲集》卷七十七。云「今适在京口」，又云「适今爲左朝請大夫、戶部郎中、總領淮東軍馬錢糧」。又《淮東總領石記序》見《盤洲集》卷三十二。云「代匱於斯，旬有八月」，據此，則《石表》、《石記序》皆當作於是年。

《盤洲集》卷四《小雨同裴弟深甫堅上人登新亭次韻》云：「移梅種竹趁陽春，舉目江山發興新。」合前《贊喜農扈》一詩，知文惠公官京口時，景裴正寓官舍也。

《隸釋》卷二《東海廟碑在海州。釋》云：予官京口日，將士往來朐山者云海廟一椽不存，自今非四十年前舊物，不復見此刻矣。歐陽公時，天下一家，漢碑雖在遐陬窮谷，無脛而可至，《集古錄》中已屢言難得爲可寶，況今乎！

隆興二年甲申，四十八歲。

二月，自淮東召還，除太常少卿。

四月，以太常少卿兼權直學士院，頃之兼權禮部侍郎。

七月，文安公罷樞府奉祠，公亦求去，諭留。

九月，除中書舍人，內直如故。時金人再犯淮，羽檄沓至，書詔塡委，咨訪酬答，率稱上旨。侍御史晁公武言公草《湯思退罷相制》，無譴責語，公乞祠，不允。

閏十一月，兼直學士院。

十二月，金人講和，假禮部尚書，充賀金生辰使。

【增訂】沈該《翰苑題名》：「洪适，隆興二年四月以太常少卿兼權直院，九月除中書舍人，閏十一月兼直院。」錢氏本此。

《謝中書舍人表》云：「一門再世，繼入北扉；同產三人，迭居西省。」《謝宣召入學士院表》云：「紫誥黃麻，念史談嘗掌斯事；前鴻後雁，至盧奕三居其官。」按：二表並見《盤洲集》卷三十八。

《盤洲集》卷四十三有《請祠劄子》云：臣不避誅戮，冒犯天威，伏念臣與湯思退舊不相識，思退以臣叨中詞科在其前，嘗遭秦檜無辜廢錮，連蹇在外二十餘年，所以召臣入朝供職。臣既猥居卿列，攝事翰苑，疊因宣召，誤受眷知，遂蒙親擢，寘之從班。臣方念糜捐無以圖報，乃聞談者指爲思退之黨。臣既備數禁近，不能盡忠奉公，陷於朋比，烏可苟逃譴責。欲望聖慈特賜恩造，容臣以祠祿省愆於山林之下。仰瀆聖聽，臣不勝戰慄之至。取進止。

《盤洲老人小傳》云：湯岐公策免，聞侍御史晁公武嘖有語相擊，因奏乞身。上曰：「前日公武云湯思退有罪，而卿稱之爲大臣，制詞中無譴責一語，乃其死黨。朕曰：『朕令作平詞，非其罪。』公武執彈章在手，乞留槅。後已卻之，且徙置戶部矣。」

岳珂《程史》：湯岐公思退相高宗，以煩言罷。洪文安遵在翰林當直，例作平語，諫官隨而擊之，以祠去。孝宗朝再相復罷，文安之兄文惠适適視草焉，又作平語，侍御史晁公武亦擊之，蓋其相兩朝再罷相，乃累洪氏二兄弟，先後若出一轍云云。

《宋史·孝宗紀》：隆興二年十一月甲午，以黄榜禁太學生伏闕。是日，太學生張觀等七十二人上書請斬湯思退、王之望、尹穡，竄其黨洪适、晁公武，而用陳康伯、胡銓等以濟大計。

按：晁公武初劾文惠公黨湯思退，繼觀等復劾公與公武皆思退之黨，當時太學中主持月旦者意見多偏，往往如此。

在淮東時，有《論招軍之弊劄子》、《宋史·孝宗紀》：隆興二年正月庚子，罷諸州招軍。十二月壬寅，罷三衙、江上荆襄諸軍招軍。《論東人來歸事宜劄子》、《納供軍綱目劄子》。

官太常禮部時，有《轉對劄子》、五月一日。《論王振服色劄子》、《討論環衛官劄子》，《宋史·孝宗紀》：隆興二年五月壬辰，復置環衛官。又本傳「上欲除諸將環衛官」云云，即此。又《職官志》：環衛官，中興多不除授。隆興中，始命學士洪遵等討論典故，復置十六衛，號環衛官。按：

《討論環衛官》係文惠公與周操同奏，《宋史》誤「适」爲「遵」。有《譔述文字乞奏對劄子》、《乞改定樂章劄子》、《乞進胙德壽宮劄子》、《論郊回用樂劄子》、《乞減樂員劄子》、《繳進太祖皇帝御書奏狀》、《水災應詔奏狀》。八月一日。

官中書舍人時，有《乞刺壯健》、《乞勾人劄子》、《乞措置海道劄子》、《宋史·孝宗紀》：隆興二年十一月庚子，遣兵部侍郎胡銓、右諫議大夫尹穡分詣兩浙，措置海道。《乞降親征詔書劄子》、《進視師詔劄子》、《論邊事劄子》。以上劄子見《盤洲集》卷四十二、四十三，奏狀見卷五十。

時秦檜黨巫伋復召，莫汲除樞密院編修官，余堯弼復龍圖閣學士，公先後繳奏。《宋史》本傳：乾道元年五月，遷翰林學士，仍兼中書舍人。秦塤久廢，忽予祠，适奏曰：「李林甫死後，諸子皆流配嶺南。秦檜稔惡自斃，不肖之孫官職仍舊，可謂幸矣。宮觀雖小，塤得之，則人以除用之漸，恐檜黨牽連而進。」其命遂寢。時巫伋復召，莫汲擢樞密院編修官，余堯弼復龍圖閣學士，适謂其皆檜黨也，隨命繳之。

今按：《盤洲集》，繳奏塤奉祠在是年五月，不誤。而巫伋、莫汲、余堯弼諸繳奏，俱在隆興二年冬，史家乘文勢之便，連類書之爾。又按：《盤洲集》四十七卷內繳奏皆隆興二年事，在使金前。四十八卷內繳奏皆乾道元年事，在使還之後。

是年，公使金，龍大淵爲副介。

《宋史·孝宗紀》：隆興二年十二月丙申，遣洪适等賀金主生辰，龍大淵爲副介。

乾道元年乙酉，四十九歲。

三月，到燕京館，金遣同僉書宣徽院事高嗣先接伴，禮成而還。

五月，除翰林學士、左中奉大夫、知制誥，仍兼中書舍人。

六月丙戌，除端明殿學士，簽書樞密院事。孝宗諭參政錢端禮、虞允文曰：「三省事與洪适商量。」東西府始通班奏事。陳乞高祖父母贈典，爲中書舍人閻安中繳駁。公上章乞寢前命，竝乞罷免，不允。

八月己丑，除左中大夫，參知政事兼權知樞密院事。九月甲戌，兼同知樞密院事。

十月，充冊立皇太子禮儀使。十二月戊寅，拜左通奉大夫、尚書右僕射、同中書門下平章事兼樞密使。

【增訂】《金史·世宗紀》：大定五年三月戊申萬春節，宋遣使來賀。

《交聘表》：大定五年三月庚戌，宋禮部尚書洪适、崇信軍承宣使龍大淵賀萬春節。

《隸續》卷十五《石經儀禮殘碑釋》云：「成周之時，朝覲廢而盟會講，列國相聘，結轍於道，往反禮容，飢曲備具。紹興之季，狄人犯廣陵。其明年壬午，仲弟往尋盟。隆興之季，復入淮壖。其明年乙酉，予銜命至燕，館其邸十日，四見其君。燕射訖禮到闕，與上介便服對內殿，再拜升階，奏使事，賜坐飲茶而退。既弛擔件所得之物，以聞駭步就賜，以所點一二物隨以獻。得告三日，莅職如初。古禮病於太煩，今日之儀無乃太簡乎！

《宋史》本傳：金既尋盟，首爲賀生辰使。金遣同簽書樞密院事「樞密」當是「宣徽」之誤。高嗣先接伴，自言其父司空有德於皓，相與甚驩。

《隸釋》卷三二《公山碑釋》云：頃者先公太師以使事爲北方所留，紹興癸亥年，政地王次翁使至燕，先公鬲垣牆與驛中人語，爲覘者所得，賴副留守高吉祥之力脱縲紲而歸。予之出疆也，高之子嗣先相延勞，以先世之故，並轡殊從容。嘗諉其訪尋中原古刻，云：「北人所不好，市無鬻碑者。」及道過眞定，顧瞻名山，三歎而已。

公在燕館日，膳得四雁，籠之以歸，有詩。使還南京道中，有「殘春能伴節旄還」之句。並見《盤洲集》卷五。

《翰苑題名》：洪适，乾道元年五月除翰林學士，六月除簽書樞密院事。

《宋史·孝宗紀》：「六月丙戌，以翰林學士洪适簽書樞密院事。」又《宰輔表》及徐自明《宰輔編年錄》並作四月，誤。

九月，兼同知樞密院事，《宰輔表》並失書。按：《宋史·神宗紀》：熙甯三年九月癸丑，作東西府以居執政。《高宗紀》：建炎四年四月丙申，命三省樞密院官同班奏事。紹興十一年四月壬辰，命三省樞密院復分班奏事。錢氏《譜》稱始通班奏事，「通班」，《宋史》本傳及《盤洲老人小傳》並作「同班」，惟《神道碑》作「通班」。《孝宗紀》失書。《宋史·禮志》：「乾道元年八月十日，制立皇子鄧王愭爲皇太子。十月，詔以知樞密院洪适爲禮儀使譔冊文，《宋史·孝宗紀》：乾道元年十月壬辰，御大慶殿冊皇太子。簽書樞密院事葉顒書冊，工部侍郎王弗篆寶。」

公除簽書樞密院，有《謝表》見《盤洲集》卷三十九。云：「念君臣遇合之艱，況之千載；顧兄弟因循相繼，曾不一年。」按：文安公以隆興元年五月同知樞密院事，二年七月罷，故有是語。

官參知政事時，有《論湖北軍須劄子》、《進太子冊文劄子》、《納密院窠闕劄子》。

官同知樞密時，有《辭免提舉玉牒劄子》。提舉玉牒一節，《宋史》本傳、《行狀》、《神道碑》俱失書。

官右僕射時，有《乞薦舉監司郡守劄子》十二月十六日。以上劄子並見《盤洲集》卷四十四、四十五。

《容齋三筆》卷八：乾道初年，張魏公以右相都督江淮，議者謂兩淮保障不可恃。公親往視之，會詔歸朝，未至而免相。文惠公當制，其詞曰：「棘門如兒戲耳，庸謹秋防；衮衣以公歸兮，庶聞辰告。」所謂「兒戲」者指邊將也，而讀者乃以爲詆魏公。其尾句曰：「《春秋》責備賢者，慨功業之維艱；天子加禮大臣，固始終之不替。」所以悵惜之意至矣。

《容齋四筆》卷十五：文惠在相位，嘗奏言：「今之監司郡守其無大過者，臺諫固不論擊，但其間實有疲愞庸老之人，依阿留之，轉爲民害。臣欲皆與祠祿，理作自陳監司，或就移小郡，庶幾人有家食之資，國無曠官之失。」孝宗欣然聽許。

《宋史·朱熹傳》：隆興元年，復召入對，時湯思退方倡和議，除熹武學博士待次。乾道元年，促就職，既至而洪适爲相，復主和，論不合，歸。

按：此事王楙竑《朱子年譜攷異》辨之最悉，當取以訂《宋史》之誤。

王楙竑《朱子年譜》：「孝宗隆興元年十一月六日，奏事垂拱殿。十二日，除武學博士待次。乾道元年春，省劄趣就職，夏四月至行在，復請祠。五月，復差監南嶽廟。」《攷異》云：「按《行狀》、本傳皆云『既至』，則朱子四月間至行在矣。因執政復主和議，故不就職而請祠以歸耳。《年譜》亦云『既至』，所書未明，今依《行狀》改正。」《攷異》又云：「按本傳『既至，而洪适爲相，復主和議，不合，歸』，與《年譜》不合。據《年譜》，先是省劄趣就職，既至而執政錢端禮等方主和議，不合，請祠以歸。考《宋史》，洪适是年八月參知政事，十二月爲尙書（省）〔右〕僕射同平章事，四月間未爲相也，本傳誤。錢端禮以甲申十一月簽書樞密院事，十二月除參知政事，次年八月方罷。是歲二月，陳康伯罷時未置相，端禮爲首參，則《年譜》是也。」

王應麟《玉海》：乾道元年七月癸丑，晚御選德殿，御坐後有金漆大屛，分畫諸道，各列監司、郡守爲兩行，以黃簽標識職位姓名。《宋史·孝宗紀》：乾道元年七月癸丑，輔臣晚對選德殿，御坐後有大屛，記注諸道監司、郡守姓名，因令都堂視此書之。上指示洪适等曰：「朕新作此屛，其背是華夷圖，甚便觀覽，卿等亦可依此。」适奏曰：「唐太宗嘗列守令姓名於屛風，今日之舉，遠過前代。」

按：虞允文嘗薦公，《宋史·虞允文傳》：允文多薦知名士，如洪适、汪應辰。及爲相，籍人才爲三等，有所見聞即記之，號《材館録》。及公爲相，嘗薦汪大猷兼吏部侍郎，仍遷主管左選。《宋史·汪大猷傳》：丞相洪适薦兼吏部侍郎，仍遷主管左選。又見樓鑰譔《汪公墓銘》。

乾道二年丙戌，五十歲。

三月，以久雨引咎，三上章乞退。辛未，除觀文殿學士提舉江州太平興國宮。七月十八日，以觀文殿學士、左通奉大夫知紹興府、浙東安撫使。

《容齋三筆》：文惠公罷相後起帥浙東，《謝表》云：「上丞相之印，方事退藏；懷會稽之章，遽叨進用。」《謝生日詩詞啓》曰：「五十當貴，適買臣治越之年；八千爲秋，辱《莊子》大椿之譬。」是時正五十也。

公好漢隸，治越之暇，訓釋攷證，博極古書，爲《隸釋》二十七卷。

【增訂】《宋史·孝宗紀》：乾道二年三月辛未，罷洪适右僕射。

《盤洲老人小傳》云：某在位才百許日，春多雨，《宋史·五行志》：乾道二年春大雨，寒至於三月，損蠶麥，二月丙申雪。上迎天竺佛請霽，天廚進素食。某以調燮無狀，獨章乞罷出。上慰諭，使安職。諫議大夫林安宅、侍御史王伯庠已乘閒見攻，上隨事詆之，安宅至居家待罪。《宋史·王十朋傳》：論史浩十罪，林安宅出入史浩、龍大淵門，盜弄威福。至是詐病求致仕，十朋并疏其罪，罷去。遂以觀文殿學士提舉外祠。

《家廟祭文》見《盤洲集》卷七十三。云：「滄津《夷堅志》：金標坊，滄津湖北洪丞相府即此。之址，基我先君。」又云：「某罷政還鄉，始獲卜築，以遂先志。誤恩遽及，懷會稽之章，不克俟落成而去。」《朝永祐陵表》見《盤洲集》卷三十九。有云：「臣牽絲自外，涖篆惟新，敢循守土之常，獲展拜陵之敬。」時十月十二日壬午，據此則紹興到任當在十月。

《容齋三筆》卷四：監司見前執政，雖本

路並客位下馬。伯氏以故相帶觀文學士帥越，提舉宋藻穿戟門，訶殿云：「浙東監司，如何不得穿紹興府門！」將至聽事，始若勉就客位者，主人亟令掖以還。

《宋史·選舉志》：乾道二年，中書舍人蔣芾請以武舉登第者悉處之軍中，帝以問洪适，适對曰：「武舉人以文墨進，雜於卒伍非便也。」帝曰：「累經任者，可以將佐處之。」

按：此事本傳、《行狀》及《神道碑》俱失書，附見於此。

乾道三年丁亥，五十一歲。

在紹興任。正月八日，序《隸釋》刻之。是歲刻王充《論衡》於郡齋。

【增訂】《宋史·河渠志·越州水》下云：乾道三年，守臣言：「募人自西興至大江疏沙河二十里，并濬牐裏運河十三里，通便綱運，民旅皆利。復恐湖水不定，復有塡淤，且通江六堰綱運至多，宜差注指揮一人，專以開撩西興沙河繫銜。及發捍江兵士五十名，專充開撩沙浦，不得雜役，仍從本府起立營屋居之。」

按：是時公在紹興任。

《隸釋》卷十四《石經尚書殘碑釋》云：本朝一統時，遺經斷石藏於好事之家，猶崑山片玉，已不多見。今京華鞠爲氈罽之鄉，殘碑日益鮮矣。予既集《隸釋》，因以所有鑱之會稽蓬萊閣。

《石經跋》見《盤洲集》卷六十三，下《隸纂跋》同。云：予既輯《隸釋》，因以所得《尚書》、《儀禮》、《公羊》、《論語》千九百餘字鑴之會稽蓬萊閣。

《隸纂跋》云：予嘗韻分其字爲七卷，釋

其文爲二十七卷，尙患筆意不傳，則擇其點曳不闕者鐫之，以爲《纂得》十卷。

《隸續》卷四《魏三體石經左傳遺字釋》云：會稽所鐫《隸纂》，亦存三體數十字，使來者有以取信焉。

刻王充《論衡》，有跋見《盤洲集》卷六十三。云：王君，是邦人也。帳中異書，漢儒之所爭睹。以數本俾寮屬參校，猶未能盡善也，刻之木，藏之蓬萊閣。

時有《自劾劄子》云：臣所領郡，獨會稽李大正吏材治績爲八邑之冠。臣嘗草薦章乞行旌擢，未及投進，今大正既已放罷，臣亦不能無罪。

有《奏水潦劄子》，嗣又有《再奏被水人戶劄子》。以上劄子並見《盤洲集》卷四十六。

乾道四年戊子，五十二歲。

在紹興任。刻元微之《長慶集》六十卷於郡齋，爲文序之。二月二十四日序，自署鄱陽郡公。

又刻《隸續》十卷，文敏公爲之序。

《會稽志》：乾道中，上皋耕者得古磚，有文曰「五鳳元年三月造」，以獻府牧洪文惠公。文惠命鐫以爲硯，置案間，意甚愛之。

公再上章請祠。三月，以觀文殿學士提舉臨安府洞霄宮，自是家居者十有六年，始得別墅於城陰，築臺觀，蓺花竹。

六月，文敏公亦由直學士院除宮觀。

《四朝聞見錄》：洪邁歸鄱陽，與兄丞相适酬倡觴詠於林壑，甚適。偶得史氏璠花種之，別墅曰「璠墅」，樓曰「璠樓」，圃曰「璠圃」。

【增訂】正月，有《試驗揀汰人劄子》正月二十二日，見《盤洲集》卷四十六。

《容齋五筆》卷二：《唐書·藝文志》元稹《長慶集》一百卷、《小集》十卷，而傳於今者惟閩、蜀刻本，爲六十卷，三館所藏獨有《小集》。文惠公鎮越，以其舊治而文集蓋闕，乃求而刻之。

錢氏《譜》稱公再上章請祠。按：《盤洲集》文惠公到越，上章請祠者四，其一云「守越亦既半載」，蓋在丁亥春夏間，其二、其三皆在丁亥八月，至此凡四請祠矣。

《盤洲老人小傳》云：時仲弟在西掖，上曰：「覲文在朝肯宣力，林安宅懷姦不能容。今以三請去，姑從之。」

《謝提舉臨安府洞霄宮表》見《盤洲集》卷四十。云：玆聞同產之對敭，復辱淵衷之稱獎。記臣立朝之宣力，深咎懷姦之人；察臣守土之寡尤，曲徇養痾之請。

《謝宮觀劄子》見《盤洲集》卷四十六。云：伏聞近者弟邁進對，曲蒙齒錄。

《家廟祭文》云：澹津之基，發自慈訓。前歲歸里，始獲肯堂。斤斧未休，往鎮禹會。匄祠得請，玆克奠居。家廟居中，式報遺蔭。永期燕妥，益燾後人。

《夷堅志》：乾道四年春，文惠公自會稽帥請祠歸。將至婺州之義烏，知縣事張宏先期汎坊刻作「迅」，誤。埽繡川驛，邑吏掌供辦者宿其中。夜未艾，月色朦朧，聞外人往來行步甚武。疑爲盜也，謹伺之，乃神人十餘輩，長者丈許。衆懼，不敢出戶，復就寢，竟夕不遑寧。明日而文惠至，蓋故相所臨，必有神物爲之導衛耳。

《宋史·張九成傳》：九成研思經學，多有訓解，然早與學佛者游，故其議論多偏。

朱文公《晦菴集·答石子重》云：「聞洪适在會稽，盡取張子韶經解板行，此禍甚酷，不在洪水夷狄猛獸之下。」今按：《盤洲集》無刻此書序跋。

乾道五年己丑，五十三歲。

乾道六年庚寅，五十四歲。

【增訂】《盤洲集》卷六詩目云：余得圃芝山之麓，去春始治畦徑，名曰山居，中爲芝樹四楹。其秋雙芝產於樹南，今夏復見四本，而盤洲亦有其二，因刻詩以志之。

《宋史·王十朋傳》：出知饒州，丞相洪适請故學基益其圃，十朋曰：「先聖所居，十朋何敢予人。」

據《容齋隨筆》，鄱陽學在城外東湖之北。《續通鑑》：王十朋出知饒州在隆興元年六月。《王忠文公年譜》：「隆興二年甲申，公五十三歲，除集英殿修撰，起知饒州，七月至鄱陽。乾道元年七月，移知夔州。」按：十朋知饒州時，文惠公猶未爲宰輔，亦未嘗家居。迨自於越歸來，則十朋去饒已久，公得圃芝山之麓，始治畦徑，名曰山居，後數年乃作盤洲，何得預從十朋請故學基耶？殊未足信。

乾道七年辛卯，五十五歲。

詩有「於越歸來三見春」之句。子槻知德安縣。

【增訂】十月朔，與弟文安滃潭埽冢，有《焚黃文》。見《盤洲集》卷七十三。

乾道八年壬辰，五十六歲。

五月，作《盤洲記》，自稱盤洲老人。

《直齋書錄解題》：有《盤洲編》二卷，洪丞相适兄弟子姪所賦園池詩也。

時連年水旱，流移繫道，公恤貧己責，宗

族稱之。

【增訂】王象之《輿地紀勝·饒州·景物上》「盤洲」注云：在蟦洲門外，洪丞相別墅也。樂史《太平寰宇記》：蟦洲在鄱陽縣西，多蚌。貞觀中，嘗有采珠者。又「璠圃」注云：在鄱陽縣西，內有瓊花，洪內翰別墅也。

《宋史·五行志》：乾道四年，饒、信水。五年，饒、信州薦饑，民多流徙。

乾道九年癸巳，五十七歲。

作《楚望樓上梁文》。

【增訂】《楚望樓上梁文》見《盤洲集》卷六十八。云：六年治圃，三徑成蹊。

淳熙元年甲午，五十八歲。

是歲，文安公以資政殿學士提舉洞霄宮。

朱彝尊《洞霄宮提舉題名記》：「淳熙元年，有資政殿學士鄱陽洪适景伯。」今攷公提舉洞霄在乾道四年，官觀文殿學士，非資政殿學士也。淳熙初元，以資政奉祠洞霄者公之弟遵，字景嚴，朱攷未審爾。

十一月，文安公薨。

淳熙二年乙未，五十九歲。

【增訂】《白茆焚黃祭文》見《盤洲集》卷七十三。云：「母氏裂全魏之封，今九年矣。」又云：「茲因男桴赴調入浙，始得白於墓下。」

淳熙三年丙申，六十歲。

作《容膝齋上梁文》，有云：「半百年而日苦無多，又增十稔。」

是歲增改《隸釋》千有餘字，除去者數板，公次子柲官山陰令，刊正之。

臘月二十五日，落一左齒，有詩。

淳熙四年丁酉，六十一歲。

六月，跋《岐陽石鼓文》。

七月二十四夜，夢至一蕭寺，羽人環坐，其一高吟云：「六十方買妾，七十猶生兒。旁人掩口笑，老子知不知。」公應聲答詩一篇云云。是歲，病中作《遺表》，後七年而薨，用之。

范至能以敷文閣直學士知成都府，爲刻《隸續》四卷於蜀。

【增訂】《跋岐陽石鼓文》見《盤洲集》卷六十三。云：頃在會稽得之鬻碑者，而闕其第八。時常平使者徐子禮善篆，持以問眞贋，又得其舊藏，複重一紙，十鼓遂足。

錢《譜》所載羽人高吟事，《夷堅志》有之，且云：「公生於丁酉，是歲本命年正六十有一矣，此客若有所諷也。而公清居累歲，未嘗蓄姬妾，即應聲答云：『桑榆景迫鬢毛蒼，已過耆年去路忙。不把精神陪綺席，從他歌舞競新妝。埽除萬事身如夢，斷送一生心弗狂。賴有清風與明月，肯來相伴一爐香。』衆皆大笑，而高吟者有慙色。」

《盤洲集》卷七詩目云：豹巖之北，修竹數畝，中有叢冢數十百處，皆紹興末年所寄。予得此地，七八年間成畦徑矣。所寄之櫬，願移者從之，不強也。作區之春，有姓淡人來啓菆，後數日忽訴於縣、於州、於外臺，追問證治，踰月始定，今不復塞其故穴。欲使孫、曾知之，故作此詩。

淳熙五年戊戌，六十二歲。

淳熙六年己亥，六十三歲。

子槻通判德安府。八月二十一日，萊國夫人沈氏薨。太學博士松年女，母夫人之姪也，追封魏國夫人。
是歲，李秀叔名彥穎。以資政殿學士知紹興府，增刻《隸續》五卷於越。通判喻良能爲跋，稱「觀使大觀文番陽公」，蓋由觀文殿學士進大學士，當在己亥以前也。
【增訂】《玉海》：祕殿之職有三，紫宸居首。慶曆八年五月一作九月。乙巳，以紫宸不可爲官稱，詔以舊延恩殿爲觀文殿，改紫宸殿學士爲觀文殿學士。
《宋史·職官志》：皇祐元年，詔置觀文殿大學士寵待舊相，今後須曾任宰相乃得除授。三年，詔班在觀文殿學士之前、六尚書之上，自是曾任宰相者出必爲大學士。熙甯中，韓絳宣撫陝西、河東得罪，罷守本官。四年，用明堂赦授觀文殿學士，宰相不爲大學士自絳始。中興後，曾爲宰相而不爲大學士者，自紹興元年范宗尹始。
今按：《盤洲老人小傳》、《萊國墓銘》及許樞密《行狀》、周益公碑均止稱觀文殿學士。許狀、周碑作於公薨之後，則公當日初未改除大學士也。惟《宰輔編年錄》淳熙十一年二月，贈觀文殿大學士、正議大夫致仕洪适爲特進，或以曾任宰執，例得通稱「大」歟？

淳熙七年庚子，六十四歲。

八月，有《劾管瑢劄子》。
尤延之名袤又刻《隸續》二卷於江東倉臺，輦其板歸之越，公自爲跋。
【增訂】按：管瑢時官饒州樂平丞。《池州隸續跋》見《盤洲集》卷六十三。云：《隸釋》有續，前後二十一卷。乾道戊子始刻十卷於越，淳熙丁酉，姑蘇范至能增刻四卷於蜀。後二年，霅川李秀叔又增五卷於越，據越州通判喻良能跋云九卷，蓋合范刻蜀本刻之。明年，錫山尤延之刻二卷於江東倉臺，而輦其板歸之越。延之與我同志，故鄭重如此。凡漢隸見於書者，爲碑碣二百五十八，磚文器物款識二十二，魏晉碑十七，款識二。欲合數書爲一，未能也。今老矣，平生之癖，將絕筆於斯焉。庚子十一月。

《山居采茶有感作》詩見《盤洲集》卷七。有云：擧案念齊眉，幻泡何嗟及。重到故園門，不忍攜笻入。

是年饒州旱，越歲又旱。《宋史·五行志》：淳熙七年，饒州大旱。八年，饒州又旱。

按：《盤洲集》卷四十六有《奏旱災劄子》，當在此二年中。帖黃云：「臣居鄉，田疇至少，大熟之年，所收不過千石。四子因官置到，共有數百石，通一歲秋苗纔百有餘石。」

淳熙八年辛丑，六十五歲。

六月，編次《淳熙隸釋》五十卷成，自題其後云：「右《淳熙隸釋目錄》五十卷，乾道中書始萌芽，十餘年間拾遺補闕，續卷寖多。鄞江史直翁、苕溪李秀叔一再添刻，南蘭陵尤延之自秋浦鋟板埤助，蘇臺范至能以越本栞於蜀，前後增加，律呂乖次，合而一之。得《聖賢嶽瀆祠廟》四卷、《石經》一卷、《旌孝講德》二卷、《河渠橋道》二卷、《阡表壙銘》十六卷、《雜刻》三卷、《磚文器物款識》二卷、《魏蜀吳晉》三卷、《譜》一卷、《圖式》八卷、《水經》一卷、《歐趙說》六卷、《碑鄉》一卷，凡碑板二百八十五，磚器二十七。某人垂意古學，見之訢然，命掾史輯舊板去留移易首末，整整一新，傳之將來，或不束之高閣，勞勤心目，可無憾焉。」此書蓋合《隸釋》、《隸續》爲一，屬越帥刊行。爲書史失去，不復存副本，公每以爲恨。

十月辛酉，葬萊國夫人鄱陽縣懷德鄉之徐邨。公爲墓銘，效漢人雙闕，自作小傳，俾後人刻其上。

【增訂】春日，作《滿庭芳詞》見《盤洲集》卷八十。有云：「六旬過四，七十古來稀。」

陳振孫《書錄解題》：《隸釋》二十七卷、《隸續》二十一卷，丞相鄱陽洪适景伯撰。凡漢刻之存於世者，以今文寫之而爲之釋，又爲之世代譜及物象圖碑形式悉具之，魏初近古者亦附焉。年來北方舊刻不可復得，覽此猶可慨想。

《萊國墓銘》云：男子九：槻，承議郎通判德安府；柲，奉議郎江西安撫司主管文字；楕，文林郎、江東茶鹽司幹辦公事；樌，宣教郎、主管仙都觀；桴，承事郎；楹，承奉郎、監泉州市舶務；榔，承奉郎；二蚤世。

淳熙九年壬寅，六十六歲。

子槻通判興州。

淳熙十年癸卯，六十七歲。

淳熙十一年甲辰，六十八歲。

二月辛酉，公薨。自罷相後累遇郊祀加恩，爵至鄱陽郡開國公，食邑五千二百户，實封二千四百户，贈特進。《宰輔編年録》：二月，贈觀文殿大學士、正議大夫致仕洪适爲特進。累贈太師、魏國公，謚文惠。

子九人：槻，字規之，初名格，字成之，朝請大夫、知贛州江南西路兵馬鈐轄；柲，朝請大夫、知南劍州；槢早亡；楕，朝請郎、權發遣長甯軍；櫍，朝請郎、軍器主簿；桴，承事郎；榏，朝奉郎、知慶元府定海縣；楝，一作棣。早亡；柖，通直郎、權簽書荊門軍判官廳公事。本傳列九人名，不詳其官秩。

孫二十四人。槻子四人：儼，承事郎、龍陽縣丞；偁，承事郎、提領建康府戶部贍軍酒庫所幹辦公事；傳，將仕郎；伉。

孫二人：芾、蘊。

十二年三月甲申，諸子奉公柩合葬郡西四十里徐邨之原。許及之撰公《行狀》。及之，公婿也。周必大撰《神道碑銘》。

【增訂】據許副樞《行狀》，公薨以二月二日。公葬郡西四十里徐邨之原，按：今鄱陽縣有四十里街是也。

公婿許公及之作《行狀》在淳熙十二年十一月，而周益公作《神道碑》結銜稱少傅，碑云「其子孫以副樞許甥狀請碑墓道」。今以《宋史》帝紀考之，益公以慶元元年七月壬辰加少傅，許副樞以慶元四年八月丙子由吏部尚書除同知樞密院事，碑當作於慶元四年後。

錢氏所載子九人，名諱官職大率從《神道碑》，惟第九子，《萊國墓銘》及《行狀》並作梛，《神道碑》作榣，錢氏從《宋史》作柖。按：當是初名梛，更名榣，以《神道碑》爲正，史改「榣」爲「柖」，殆因字形相近而誤。其《行狀》中與《碑》異者：槻，朝奉郎、通判興州；據《江南通志》，公子槻嘗知滁州，在辛棄疾、石宗昭後，未詳何年。柲，承議郎、通判光州；錢大昕《養新餘録》：文惠之仲子柲，字必之，以廕累官知山陰縣，桂陽軍簽判，通判郢州，差知武岡軍，甚有政聲，改知南劍州不赴，自請奉祠以主管武夷山沖祐觀。里居，年七十一卒，官奉直大夫，爵番陽縣男。子三人：某，朝散大夫前知容州；偲，承議郎、權發遣嘉定府；偺，蚤世。孫四人：藺、荀、萬，皆將仕郎，芮。注云魏了翁爲墓志。 櫓，文林郎、池州建德縣丞；《夷堅志》：淳熙十四年，歙縣宰虞奉議枏遣廳吏吕明云云，予姪櫓與虞爲代。是櫓嘗知歙縣。 櫰，宣教郎、知隆興府武甯縣；楹，承奉郎、監漢陽軍酒税；槨，承奉郎、監台州商税務。

《神道碑》云：孫二十四人：倬，承議郎、江南西路提點刑獄司幹辦公事；《容齋四筆》卷五：韓退之作《藍田縣丞廳壁記》，雄拔超峻，光前絶後，此篇之外，不復容後人出手。姪孫倬頃丞宣城，後生頗有意斯道，自作題名記示予，予曉之曰：「他文尚可隨力工拙下筆，至如此記，豈宜犯不韙哉。」倬時已勒石，深悔之。近日亦見有爲之者，吾家孫姪多京官，調選再轉必爲丞，慮其復有效尤者，故書以戒之。 儼，故承事郎、知常德府龍陽縣丞；《夷堅志》：鼎州龍陽縣云云，慶元元年，吴人章君來爲令，及冬而殂。章氏既行，予姪孫儼作丞，素抱血疾，自是益甚，夜夜祟魅叩擊門户。予姪婦勸徙居，儼終不肯聽，次年二月竟不起。 伋，奉議郎、荆湖南路提舉茶鹽司幹辦公事；《湖北通志》：洪伋知荆門軍。據《夷堅志》：紹熙三年，姪孫伋爲荆門僉事判官，臨川陸九淵子静作守，歲未盡十日，子静感疾不起。伋暫領印符，旋被帥檄攝軍事。又云：姪孫子中，紹熙間部臨川米運到長風沙。又云：姪孫伋子中娶張會卿待制女，隨夫官荆門，病卒。又云：紹熙四年云云，明年春獄成，予姪孫伋僉書判官見其事，已而去職。又云：鳳州通判郭公遂以慶元乙卯部潼川，過鄂州，與孫伋相遇。《養新録》云：《容齋隨筆》初刻於婺州，至嘉定壬申從孫伋由贛州守擢江西提刑，合五筆刻之章貢，有何異及邱櫄前後兩序。又十年，伋守建甯，再刻於郡齋，伋自爲跋，稱「從孫朝議大夫、直華文閣、知建甯軍府事，新除知隆興府、江西安撫使」，則嘉定十六年八月也。偲，承事郎、新知江州瑞昌縣；《夷堅志》：福唐潘涓爲銅陵宰，姪孫偲作丞。《容齋四筆》卷二：政和六年，張天覺在荆南，與章子厚之子致平一帖云「老夫行年七十有四」云云，此帖藏致平家，其曾孫簡刻諸石。予今年亦七十四歲，姪孫偲於長興得墨本以相示，聊記之云。傃，承事郎；俌，承事郎、新提領建康府戶部贍軍酒庫所幹辦公事；僑、俁；侃，承務郎、新監建康府戶部大軍庫門；侃丞富春，見《咸淳臨安志》。傒，承事郎、新權簽書漢陽軍判官廳公事；傅，將仕郎；佃；僴、《容齋續筆》卷二：先公自燕還，得二硯，皆藏姪孫僴處。仔、俅、儉；儔，承事郎、新監無爲軍崑山鎭；伉、俊、仁；俶，承事郎；佑、儆、倓。曾孫男五人：芾、蘊；藺，將仕郎；蘧、荀。

按：《行狀》稱孫二十人：倬，承務郎、監筠州新昌縣酒稅；儼、伋皆承務郎，伋監舒州山口鎭，餘俱未得官。伉下云一未名，殆即俊也。餘及曾孫五人，皆公葬後增。

《行狀》云有文集一百卷，藏於家。《神道碑》云：公罷政後，論著益多，四方傳誦，有《盤洲集》八十卷。

陳振孫《書錄解題》：《盤洲集》八十卷。

岳珂《寶眞齋法書贊》云：洪文惠《盇簪帖》，楷書五行：「适再拜。非才猥叨誤擢，遂有盇簪之便，忻愜可知。所幸餘潤可借，得苟免大譴，百懷俟面，玆不縏及。适再拜。」右隆興丞相魏國洪文惠公适字景伯《盇簪帖》眞蹟一卷。公相孝宗，僅累月而歸，自稽陰徘徊綠野者十有餘載，澤雖不下究，而難進之操凜然有可觀者。珂雖屢識公隸古，而眞蹟之見則昉於兹，蓋寶慶乙酉正月得之中都馮氏。贊曰：公作隸古，與先漢侔。發爲書翰，順塗挾輈。公相孝宗，曾不少留。歸安一邱，終始休休。我護淮餉，祖公前脩。登華信亭，步得江樓。摩挲石題，瞻睇銀鉤。風靜鵲巢，月明沙鷗。意公其來，偕造物游。蹟則不磨，心兮焉求。

按：公書翰眞蹟，並世寶貴。附録岳氏《法書贊》一則於此，以見吉光片羽之彌足珍云。

洪文安公年譜

（清）洪汝奎 編
張尚英校點

宣統元年晦木齋刊《四洪年譜》本

洪遵(一一二〇—一一七四),字景嚴,號小隱,鄱陽(今江西波陽)人,洪皓次子,以父蔭補官。紹興十二年,與兄洪适同試博學宏詞科,賜進士出身,除秘書省正字。以父忤秦檜去國,遵亦出通判常州,移婺州、紹興府。十五年,召爲正字,擢御史。二十八年,遷起居舍人,兼權樞密都承旨。明年,除中書舍人,累遷吏部侍郎,兼權吏部尚書。三十一年,爲翰林學士,出知平江府。孝宗即位,除翰林學士承旨,兼侍讀。隆興元年,拜同知樞密院事,以端明殿學士提舉太平興國宫。乾道六年,起知信州,歷知太平州、建康府。淳熙元年卒于里第,年五十五,謚文安。

洪遵與兄洪适、弟洪邁同以文章馳名,號「三洪」,時人嘗編三人所撰外制爲《三洪制稿》(見魏了翁《三洪制稿序》),今已佚。著有《小隱集》八十卷、《東陽志譜》十卷、《錢譜》五卷等,均已佚。今存《泉志》、《翰苑遺事》、《洪氏集驗方》及所輯《翰苑群書》等,清勞格輯有《小隱集》一卷。事蹟見周必大《同知樞密院事贈太師洪文安公遵神道碑》(《周文忠公集》卷七〇)、《宋史》卷三七三本傳。

本譜爲清洪汝奎所編,取材較豐富,臚述仕歷、著述甚悉,原刊入《四洪年譜》卷三。本書收録時,對其原版式略有改更。另外,近人羅伯昭撰有《洪文安公年譜》(《泉幣》第九期,一九四一年十一月),極簡略,亦可參考。

洪文安公年譜

裔孫汝奎編輯

宋徽宗宣和二年庚子，公生。

公諱遵，字景嚴，饒州鄱陽人。高祖諱士良，妣章氏。曾祖諱炳，贈少保，妣何氏，贈紀國夫人。祖諱彥先，《宗譜》作「彥暹」，字子深。此從周必大《洪文惠公神道碑》。通直郎，贈太師秦國公，妣董氏，贈秦國夫人。考諱晧，徽猷閣直學士，贈太師魏國公，謚忠宣，妣沈氏，贈魏國夫人。兄諱适，右丞相，贈太師魏國公，謚文惠。

忠宣公以政和五年乙未登進士第。六年丙申，官台州甯海縣主簿，至是年三十有三，生公於甯海官廨，少文惠公三歲。錢大昕《洪文惠公年譜》謂以《本紀》方臘陷杭州事推之，知忠宣公遷秀州司錄當在是年。今考《宋史》，臘以是年十二月陷杭州，明年正月，臘將方七佛引衆六萬攻秀州，則忠宣公秀州到任恐尙在後。公當生於甯海官廨。

宣和三年辛丑，二歲。

宣和四年壬寅，三歲。

宣和五年癸卯，四歲。

弟文敏公邁生。

宣和六年甲辰，五歲。

宣和七年乙巳，六歲。

欽宗靖康元年丙午，七歲。

高宗建炎元年丁未，八歲。

建炎二年戊申，九歲。

是年，秦國公薨。忠宣公奔喪歸鄱陽，寓家秀州。

建炎三年己酉，十歲。

忠宣公起復爲徽猷閣待制，假禮部尙書充

金國通問使，仍寓家秀州。

公兒時端重如成人，從師業文，不以歲時寒暑輟。《宋史》本傳。

建炎四年庚戌，十一歲。

金人陷秀州，據《宋史·高宗紀》，在是年二月辛卯。公兄弟奉秦國夫人、魏國夫人避亂歸鄱陽，旋復還秀州。

許及之《洪文惠公行狀》：「值胡騎犯吳，間關奉秦國、魏國，挾五弟三妹歸鄱陽。」又云：「指衆食貧，忠宣奉入在秀，復迎挈以往。」

紹興元年辛亥，十二歲。

紹興二年壬子，十三歲。

王倫自金還，言忠宣公奉使不屈。詔下秀州，存問家屬。

紹興三年癸丑，十四歲。

紹興四年甲寅，十五歲。

以父蔭補承務郎。未詳何年，恐當在詔問家屬後。

紹興五年乙卯，十六歲。

紹興六年丙辰，十七歲。

紹興七年丁巳，十八歲。

紹興八年戊午，十九歲。

十一月二十三日，魏國夫人沈氏薨，公孺慕攀號，以孝聞。

紹興九年己未，二十歲。

十一月辛丑，葬魏國於無錫縣開化鄉白茅山之原。既葬，兄弟即僧舍肄詞業，夜枕不解衣。《宋史》本傳。

《夷堅乙志》：紹興戊午冬，予兄弟同奉先夫人之喪，居無錫大池塢外家墳庵，庵前後巨松二萬株。次年春，兩松各結一毬，松高四五丈，毬生其顛，四向翠葉圍繞，宛然天成。庵僧紹明曰：「近村邊氏墓松亦曾如此，其狀差小，而其孫安野秀才預薦。今數二而大，豈非沈氏有二子登科乎？」是時，內兄沈自強、自求方應進士舉，既而皆不利，而予伯氏、仲氏乃以壬戌年中博學宏詞。蓋習此科，時正在庵肄業，遂合二毬之瑞。

紹興十年庚申，二十一歲。

紹興十一年辛酉，二十二歲。

紹興十二年壬戌，二十三歲。

二月，與文惠公同試博學宏詞科，中選，公第一，文惠公第三。《宋史》本傳：與兄适同試博學宏詞科中魁選，賜進士出身。馬端臨《文獻通考》：洪遵入中等，洪适入下等。宰臣進呈所試制詞，上曰：「父在遠，能自立，此忠義報也，可與陞擢差遣。」文惠公除敕令所刪定官，公除祕書省正字。畢沅《續資治通鑑》：「紹興十二年二月辛卯，給事中、知貢舉程克俊等言，博學宏詞科右承務郎洪遵敕賜進士出身，沈介、右從政郎洪适並合格。」又云：「帝言遵之文於三人中爲勝，遂以遵爲祕書省正字。」《宋史》本傳：中興以來，詞科中選即入館，自遵始。

試題：《代樞密使謝賜玉帶表》、《容齋三筆》卷八：壬戌詞科，《代樞密使謝賜玉帶表》。文安公曰：「有璞於此必使琢，恍驚制作之工；匪伊垂之則有餘，允謂便蕃之賜。」主司喜焉，擢爲第一。《克敵弓銘》、葉紹翁《四朝聞見録》：「洪遵試《克敵弓銘》，未知所出，有老兵持硯水，密謂洪曰：『即神臂弓也。』」凡制度輕重長短，無不語洪。有司以爲神。」按：《宋史·兵志》：「熙甯元年，始命入內副都知張若水、西上閤門使李評料簡弓弩而增修之。若水進所造神臂弓，實李宏中所獻，蓋弩類也，以檿爲身，檀爲弰，鐵爲㭼子、槍頭，銅爲馬面，牙發、麻繩、札絲爲弦。弓之身三尺有二寸，弦長二尺有五寸；箭，木羽，長數寸。射三百四十餘步，入榆木半笴。帝閲而善之。於是神臂始用，而他器弗及焉。」又云：「淮東總領朱佺言鎮江一軍乃韓世忠部曲，世忠造克敵弓，《續通鑑》：六月甲戌，詔有司造克敵弩，韓世忠所獻也。帝謂宰執曰：「世忠宣撫淮東，日與虜戰，常以此弩勝。朕取觀之，誠工巧，然猶未盡善。朕籌晝累日，乃少更之，遂增二石之力，而減數斤之重，今方盡善，後有作者，無以加矣。」秦檜曰：「百工之事皆聖人作，非諸將所及也。」以當敵騎衝突。其發可至百步，其勁可穿重甲，最爲利器。」又《高宗紀》：「紹興十一年六月乙亥，造克敵弓。」據史，則神臂弓與克敵弓截然爲二。按：王明清《揮麈三録》：「洪景伯兄弟應博學宏詞，以《克敵弓銘》爲題。洪惘然不知所出，有巡鋪老卒睹於案，問以問洪云：『官人欲知之否？』洪笑曰：『非而所知。』卒曰：『不然，我本韓世忠太尉之部曲，從軍日，目見有人以神臂弓舊樣獻於太尉。太尉令如其制度製以進御，賜名克敵。』并以歲月告之。洪盡用其語，首云：『紹興戊午五月，大將』云云。主文大以驚喜。是歲遂中科目，若有神助焉。此蓋熙甯中西人李宏中創造，因内侍張若水獻於裕陵者也。」據此，與葉説合，或克敵弓即損益神臂弓之製與？《皇叔慶遠軍承宣使授昭化軍節度使封安定郡王同知大宗正事制》、按：公此制載王應麟《詞學指南》。《唐勤政務本樓記》、《周成王蒐岐陽頌》、《漢五家要説章句序》。

紹興十三年癸亥，二十四歲。

官祕書省正字。宰相秦檜子熺爲官長，謦欬爲人輕重。公恬然不附麗，一年弗遷。《宋史》本傳。

據《高宗紀》，是年秦熺爲祕書少監，迨十五年十月，遂由翰林學士承旨爲資政殿學士，提舉萬壽觀，兼侍讀。恩數視執政。

八月，忠宣公自金還，與朝論異，九月出知饒州。公遂乞外，通判常州。到任年月失詳。

是年有《乞訪遺書劄子》。

陳確《名臣奏議》：高宗時，祕書省正字

洪遵乞訪遺書，略曰：「自昔右文之主，遭時艱難，圖典散逸，必汲汲搜求，常若不及。是以漢唐之間，或訪以使者，或遺之金帛，故當其時，斷編殘帙，晦而復出。國朝承五閏之後，尺簡不存。至太平興國中，始命三館以《開元四部書目》閱所闕者，疏其名於待漏院，許天下吏民詣官投進，及三百卷者送學士院驗人材補授，於是四庫之書復全。聖聖相繼，籤縢之盛跨越前代。陛下踐位，復祕書省，仿唐十八學士之制而定其員，廣求遺逸以補麟臺之闕，甚大惠也。臣幸預校讎，視今所藏未及承平時十一二，望舉行興國之制，以《唐藝文志》及《崇文總目》參校，凡館中所闕者榜之檢鼓院，仍詔監司守令精意括訪。凡臣庶所藏，委所在給紙札鈔錄，願進者，卷給錢帛，卷帙富則別議褒賞。臣將見祕冊奧書叢然集於闕下，誠有以副陛下右文之意。」

按：《宋史·高宗紀》：「紹興十三年七月甲子，詔求遺書。」據此，則文安乞訪遺書之奏，當在是年。《紀》又云：「十六年七月壬辰，立祕書省獻書賞格。」

【附考】陳騤《中興館閣錄》：紹興十三年二月，恭閱御書《左氏春秋》、《史記·列傳》，正字洪遵進詩一首。六月，恭閱御書《周易》，正字洪遵、洪适各一首。

紹興十四年甲子，二十五歲。

六月，忠宣公罷饒州，提舉江州太平觀。

八月，秦國夫人董氏薨。

紹興十五年乙丑，二十六歲。

是年，文敏公中博學宏詞科。

紹興十六年丙寅，二十七歲。

通判常州，日以行縣，數往無錫省魏國夫人墓。《盤洲集》卷七十七《慈塋石表》。

【附考】《夷堅志》：「紹興十六年十月二十五夜，文惠在台州，夢妙緣寺事云。時忠宣在鄉里，文安在毗陵，予處侍下。」按：夢妙緣寺事，詳見《盤洲集》。

《盤洲集》：「得景嚴弟書，有詩云：『往年同入洛，此日各監州。』」按：當在通判常州時。

紹興十七年丁卯，二十八歲。

五月，忠宣公責濠州團練副使，英州安置。

按：此前後十餘年間，當有省親歸鄱陽及往英州事，今失詳。

【附考】朱翌《灊山集·寄諸洪》詩云：「彭蠡春生萬頃湖，光明相映棣華跗。鵷雛鸑鷟俱爲鳳，乳酪醍醐總是酥。歸壽其親來繼踵，無求於世獨知吾。青天一紙雁數字，南北雖殊意不殊。」玩第五句，蓋謂公兄弟接踵歸省也。

紹興十八年戊辰，二十九歲。

紹興十九年己巳，三十歲。

撰《泉志》。《宋史·藝文志》：洪遵《泉志》，十五卷。王應麟《玉海》：紹興十九年，洪遵得古泉百有餘品，旁攷傳記，下逮稗官所紀，爲《泉志》十五卷。七月晦日序之。

《序》云：泉之興，蓋自燧人氏以輕重爲天下，太古杳邈，其詳叵得而記。至黃帝、成周，其法寖具。秦漢而降，制作相踵。歲益久，類多湮沒無傳。梁顧烜始爲之書，凡歷代造立之原，若大小重輕之度，皆有倫序，使後乎此者可以概見。唐封演輩從而廣之，國朝金光襲、李孝美、董逌之徒纂錄蠭出，然述事援據頗有疏略。余嘗得古泉百有餘品，則又旁考傳記，下逮稗官所紀，攟摭大備，分彙推移，釐爲十五卷，號曰《泉志》。嗚呼！泉用於世舊矣，其始作之艱且勞者也，不幸則爲水之所溺，火之所燔，土之所蝕，又不幸則爲金工所鑠，童孺所鑪，夷航蠻舶之所負，其不耗也危乎殆哉！幸其猶有存者，而世或未之見，余竊惜之。此《泉志》之所爲作也。

紹興二十年庚午，三十一歲。

紹興二十一年辛未，三十二歲。

紹興二十二年壬申，三十三歲。

紹興二十三年癸酉，三十四歲。

紹興二十四年甲戌，三十五歲。

通判婺州。到任年分失詳。

按：當在紹興甲戌以前。王世貞萬曆《金華府志》序云：紹興甲戌，洪文安公來爲通守而志之。

撰《東陽志》。

《宋史·藝文志》：「洪遵《東陽志》十卷。」陳振孫《書録解題》：「紹興二十四年爲通判時所作。」

按：元吳師道有《敬鄉録》十四卷，以文安公《東陽志》所記婺州人物尚有遺漏，因蒐録舊聞以補其闕。

紹興二十五年乙亥，三十六歲。

通判越州。《宋史》本傳：「通判常、婺、越三州。」依本傳三州序次，越州最後，疑到任未久，尋復館職。湯思退按：思退以是年六月自禮部侍郎除簽書樞密院事。薦復館職，入爲祕書省正字。

八月兼權直學士院。湯鵬舉密薦爲御史，《續通鑑》：紹興二十六年五月丁未，侍御史湯鵬舉試御史中丞。方賜對，而忠宣公薨。見《宋史》本傳。

十一月癸亥，訃至，自祕書省正字兼權中

書舍人，以憂去國。

樓鑰《小隱集序》云：紹興二十五年，自祕書省正字已兼中書舍人，獨押六房，暫直學士院。

官正字時，有《奏乞塞僥倖劄子》、《名臣奏議》：高宗時，祕書省正字洪遵上奏。《奏請復建鴻臚官劄子》、《名臣奏議》：高宗時，祕書省正字洪遵上奏。據《宋史·高宗紀》，是年十月庚辰，復置鴻臚寺。《乞禁奏祥瑞疏》。

疏曰：臣聞《春秋》之作，以示萬世規戒，上之日食、雨雹、隕星、震電，下至多麋、有蜮、蝝生、有蜚之類，纖悉必載，獨祥瑞之事闕然不聞，豈二百四十二年間皆無可書之實。聖人垂教，以爲無益故也。秦漢以來，世主往往憑藉以文太平，故此說浸盛。至若黃龍見於劉聰，蒼麟、白鹿見於石虎，鳳凰、騶虞見於王建之世，是乘時僭竊，何瑞之有？而其導諛之臣，曾罔聞知，史冊班班，蓋有《春秋》深意。惟元魏世宗時，芝生太極殿，崔光舉莊周所謂「氣蒸成菌」，指爲不祥。其言忠切，可爲後世龜鑑。陛下聖謨天造，光啓中興，歲仍二字疑倒。金穰，何謂上瑞？紹興初，蜀郡有以符瑞來上者，亟行削秩。四方聞之，莫不歌誦聖德。十餘年來，權臣擅朝，矯誣瑞應，邪諂之徒，迎合朋附，藉此進身。如衢州之寶碑，則設心獻佞，類於符命；贛州之木成『天下太平』字，鏤刻甚明，識者嗤笑；福州之竹實，則紀傳所載，初非吉證。揆是三者，概可見矣。

按：《宋史·五行志》：「紹興十四年四月，虔州《高宗紀》：紹興二十三年二月辛未，改虔州爲贛州。民毁敧屋析柱，木裏有文曰『天下太平』，時守臣薛弼上之。方大亂，近木妖也。」又《高宗紀》：「紹興十四年四月，虔州民析其屋，朽柱中有文曰『天下太平年』。」又云：「紹興十八年六月，福州侯官縣有竹實如米，饑民採食之。」據此二事，則文安此疏當在是年。

又按：贛州木文、福州竹實，並見《秦檜傳》。

紹興二十六年丙子，三十七歲。

十一月丙申，葬忠宣公於鄱陽縣和風南管村故縣之原。文惠公撰《行狀》，稱遵左朝奉郎、祕書省正字兼權中書舍人。

紹興二十七年丁丑，三十八歲。

紹興二十八年戊寅，三十九歲。

服闋，與文敏公相繼被召。二月壬子，公垂拱殿奏事畢，極陳父冤，上爲道謗語所起，遂除起居舍人。

據公所作《忠宣謚告碑記》云：「正月辛巳被庚午制書，召臣赴行在。二月乙未，又召弟邁。壬子，遵對垂拱殿。奏事畢，上稱忠宣朔庭全節，遂及秦檜奇中之語。三月戊寅，邁入對。」

《宋史》本傳：免喪召對，極陳父冤曰：「先臣與龔璹同出疆，璹仕於劉豫，以妄殺兵官爲豫所誅，而秦檜贈以節旄，擢用其子。先臣拒金人之命，留十五歲乃得歸，顧南竄嶺外，臣兄弟屏跡在外，檜不分忠逆如此。」高宗悉爲道謗語所起，且曰：「卿再登三館，嘗典書命，今以修注處卿。」遂拜起居舍人。

撰《邇英記注》。《宋史》本傳。

《名臣奏議》：高宗時，起居舍人洪遵

《乞經筵編聖語狀》略曰：「臣聞景祐中，崇政殿說書賈昌朝以經筵一言一事總而成書，號曰《邇英延義二閣記注》，獻於仁宗皇帝，而章得象等被命相踵修纂。累聖丕承，其書具在。望遵用故事，應經筵中侍臣升絀、《宋史》本傳，「升絀」作「除罷」。封章進對、燕會賜與、講讀問答，命載筆之臣斷自今年八月秋講爲始，悉行編錄，以《邇英記注》爲名。仍敕講讀官今後奏對之間，面得天語，即具報無隱。庶幾一代盛典大書特書，詒諸億世，與時政記、日曆、起居注相爲表裏。金匱石室之藏有以考信，誠非小補。」據《玉海》，是年五月十八日丁丑上奏。

《宋史》本傳：乾道間又有《祥曦殿記注》，實自遵始。

三月戊子，奏對，爲父乞謚。六月甲辰，作《忠宣公謚告碑記》，題銜稱左朝散郎、起居舍人。《乞賜謚劄子》稱左朝奉郎，此當是轉秩。

《碑記》云：三月戊子，以吏事進對，爲忠宣乞謚，即日御筆依所乞。五月乙亥，復以職事對奏，云：「先臣蒙復職及賜謚忠宣，臣欲以指揮及謚告刻石，傳之無窮，侈美聖恩，以爲存歿光榮。」上曰：「可。」六月甲辰，爲之記。

奏《論張子正子顏除官》。

《名臣奏議》：高宗時，起居舍人洪遵上奏論：「張子正子顏，係武臣張俊之子，不當除待制與集英殿修撰。」

《宋史·張俊傳》：子五人，子琦、子厚、子顏、子正、子仁。

經筵進《褚遂良論漆器故事》，又進《漢文帝不作露臺故事》，又進《宋璟獻尚書無逸爲圖故事》，又進《韓昭侯藏敝袴故事》。

《名臣奏議》稱起居舍人洪遵。又《奏議·守成類》：高宗時，洪遵進《鮑叔牙請齊桓公無忘在莒故事》。又《聽言類》：高宗時，洪遵進《齊威王烹阿封即墨故事》。

按：《奏議》第云高宗時洪某，未詳何官，附識於此。

七月戊寅，面對，論鑄錢利害，帝嘉納之。除起居郎兼樞密院都承旨。《宋史》本傳。

《續通鑑》：紹興二十八年七月戊寅，起居舍人洪遵論鑄錢利害，大略謂：「今錢寶不爲錯謝維藩《合璧事類》外集引《長編》云云，「爲錯」作「唯銷」。按：《長編》李燾所作。煅作器用，而南過海，北渡淮，所失至多。自罷提點官，復直屬二員，無异監司，而鑄錢殊未及額，亦宜多方措置。帝諭大臣曰：『遵論頗有可采，前後銅禁行之不嚴，殆成虛文。銅器雖民間所常用，然亦可以他物代之。今若自公卿貴戚之家以身率之，一切不用，然後申嚴法禁，宜無不成者。』」「成」，《合璧事類》作「戢」。此句下，《合璧事類》云：「上出銅器千五百事，送鑄錢司，遂大斂民間銅器。」

奏請起居郎、舍人依講讀官奏事。

《名臣奏議》：高宗時，起居郎洪遵乞修注官經筵奏事。

《宋史》本傳：舊制，修注官、經筵官許留身奏事，而近例無有，遵奏請復舊制。

按：邵經邦《宏簡錄》「請革近例，留身奏事」，語欠分晰。

《宋史·職官志》：紹興二十八年，用起居郎洪遵言，起居郎、舍人自今後許依講讀官奏事。

《合璧事類後集》引《中興會要》：紹興二十八年，詔起居郎、舍人自今後許依講讀官奏事。先是起居郎洪遵言：「臣幸得以記注陪侍經幄。伏聞元祐中，起居舍人呂陶嘗乞候講讀臣僚再留奏事，并許侍立以見。講退猶且入侍，何由不許奏事。乞下講筵所，依講讀官例施行。」故有是詔。

又請追修紹興九年以後起居注。見《宋史》本傳、《名臣奏議》。

《玉海》：紹興二十八年九月二十七日甲申，洪遵請依講讀官奏事。遵又言：「紹興九年以後起居注未修者殆十五年，請每月帶修兩月，庶幾天德地業赫然與日星並傳。」從之。二十八日，詔郎、舍人依講讀官奏事，從遵之請也，時爲起居郎。

經筵進仁宗詔閤門通進銀臺司、登聞檢鼓院故事。《名臣奏議》稱起居郎洪遵。《宋史·職官志》：通進司、銀臺司並隸給事中，登聞檢院隸左諫議大夫，鼓院隸司諫正言。

奏乞減免平江、湖、秀三州秋苗。

《宋史》本傳：是歲，平江、湖、秀三州水，無以輸秋苗，有司抑令輸麥。遵言麥價不在米下，民困如是，奈何指夏以爲秋，衍一而爲二，使轉溝壑乎？願量取其半，而被水害者悉免之。

又《高宗紀》：紹興二十八年八月己丑，檢放風水災傷州縣苗稅，仍振貸饑民。九月癸未，蠲平江、紹興、湖州被水民逋賦。二十九年正月庚申，濬平江二十六浦以泄水。庚午，振湖、秀諸州饑民。三月己卯，除湖州、平江、紹興流民公私逋負。

《五行志》：「紹興二十八年九月，江東、淮南數郡水，浙東、西沿江海郡縣大風、水，平江、紹興府，湖、常、秀、潤爲甚。」又云：「紹興二十八年，平江府饑。」

按：減免平江、湖、秀三州秋苗事，本傳係吏部侍郎下，今以《紀》、《志》參考，疑當在紹興二十八年。又按：《名臣奏議》：「高宗時，中書舍人洪遵請免平江府、湖、秀州被水人戶折科。」

兼權中書舍人。

據《小隱集序》云，是年公以左史再攝西掖，明歲爲眞。

【附考】《容齋三筆》卷十五：紹興二十八年九月，仲兄以左史直前奏事，時兼權中書舍人。高宗聖訓云：「有一事待與卿說，昨有宮人宮正者封夫人，乃宮中管事人，六十餘歲，非是嬪御，恐卿不知。」兄奏云：「係王剛中行詞，剛中除蜀帥，按《宋史·高宗紀》：是年九月庚辰，以中書舍人王剛中爲四川安撫制置使。係臣書黃，容臣別撰入。」上頷首。後四日，經筵留身奏事，奏言：「前日面蒙宣諭《永嘉郡張夫人告詞》，既得聖旨，即時傳旨三省，欲別撰進。昨日宰臣傳聖旨，令不須別撰。」上曰：「乃皇后閤中老管事人，今六十六歲。宮正乃執事者，昨日宰執奏，欲換告亦無妨礙，不須別進。今已年老多病，但欲得稱呼耳。」蓋昨訓詞中稱其容色云。

《容齋續筆》卷五：紹興二十八年，廣西經略司申安、化三州蠻蒙全計等三百十八人進奉，乞補官勳，皆三班借差、三班差使，悉帶銀青、祭酒而等第加勳。

文安公在西垣，爲之命詞。

紹興二十九年己卯，四十歲。

拜中書舍人。奏皇太后慶八十乞增恩數。

見《名臣奏議》，時爲中書舍人。

《宋史·韋賢妃傳》：二十九年，太后壽登八十，復行慶禮，親屬進官一等，庶人年九十，宗子女若貢士已上，父母年八十者，悉官封之。九月，崩于慈甯宮，謚曰顯仁。

《高宗紀》：是年二月丙辰朔，以皇太后年八十詣慈甯殿，行慶壽禮。

按：殿本「二月」誤，當作「正月」，明本亦誤。

論輔逵、王綱轉官。

《宋史》本傳：殿前裨將輔逵轉防禦使，王綱轉團練使，遵言：「近制管軍官十年始一遷，今兩人不滿歲，安得爾？」時勳臣子孫多躐居臺省，奏乞明示禁止。

《宋史》本傳。

《續通鑑》：紹興二十九年七月癸巳，中書舍人洪遵言：「近奉指揮，自今功臣子孫序遷至侍從，並令久任在京宮觀，永爲定法。臣竊計內外將家子孫無慮二千人，若以序遷，不出十年，西清次對之班皆可坐致。太祖皇帝之世，所與開國創業及南征西伐諸大臣，功如曹彬、潘美、王審琦、石守信、王全斌、慕容延釗之徒，其子若孫不過諸司使，惟彬之子琮、瑋以功名自奮，王承衍、石保吉以聯姻帝室，皆爲節度使，初不聞有遞遷侍從之例。今指揮一出，使十年之間，清穆敞閒之地類皆將種，非所以示天下之美觀，望收還前詔。」從之。

與給事中王晞亮同上奏，言歷任六考，舉

官五員，當如舊制。

《名臣奏議》：紹興二十九年，聞人滋奏請：「凡在官歷任及十考以上，無公私罪，雖舉削不及格，許降等升改。或疑其太濫，則取吏部累年改官酌中之數，立爲限隔，舉狀、年勞參酌並用。」於是下其議。中書舍人洪遵、給事中王晞亮等上議曰：「本朝立薦舉之法，必使歷任六考，所以遲其歲月而責其赴功；必使之舉官五員，所以多其保任而必其可用。今如議臣所請，則有力者惟圖見次，無材者苟冀終更，出官十餘年可以坐待京秩，此不可一也。今欲減改官分數以待無舉削者，則當被舉之人必有失職淹滯之歎，此不可二也。京官易得，驟至郎位，任子之恩愈不可減，非所以救入流之弊，此不可三也。夫祖宗之法，非有大害未易輕議，今一旦取二百年成法而易之，此不可四也。臣以爲如故便。」按：此奏見《宋史·選舉志》，「如故便」下，《宋史》有「滋議遂寢」四字。

經筵進周世宗斬樊愛能等故事。《名臣奏議》：高宗時，中書舍人洪遵。

論限田利弊。

《名臣奏議》：高宗時，中書舍人洪遵《論限田劄子》云：「限田之制，本於抑兼并，卹編戶，寬力役，可謂盡善。然州縣猾吏因緣爲姦，至於墓地、蔬圃例皆紐計，中下之家惟恐頃畝溢格，至有貨鬻墳山以避傜役者，甚非立法利民之意。而奉行之官不能體國，漫弗加省。望聖慈命戶部行下，令品官之家止限見在田產，山林園圃、墳塋地段並行豁除。仍以逐縣爲率，依新制各計頃畝，不通一州之數。庶幾田制稍寬，不敢重擾。」

《宋史·高宗紀》：紹興二十九年七月己酉，禁諸路抑買官田。

論李文會卹典。

《名臣奏議》：時爲中書舍人，上奏論文會奴事秦檜，其死不當加卹典。

奏請看詳被赦罪人隸軍伍。

《名臣奏議》：高宗時，中書舍人洪遵上奏云：「天下惡少平時飲博椎埋，剽竊盜販，睚眦殺人，肆爲不逞。或竄聚山谷，或行劫江湖。一旦抵罪，則盡出所藏，行賕獄吏，以覬幸免。而免之之術，其說有四，曰案問，曰無證左，曰非故殺，曰尸不驗。往往奏裁，例從輕比，止於鞭扑而宥以遠惡，然其遠者不過三千里，惡者不過嶺南。凶徒惡黨類多伏匿於窮山敻野之間，爲之影援。部送軍兵或取其金帛，或墮其酒炙，或窘於黨與，或反罹殺害，行不半途則已逸去。政使得至配所，才及年歲，則左賂右買，規脫尺籍，否則逋逃亡命，覆出爲惡，延禍良民，不可縷數。夫被罪之人，可以驅駕，自古以然。春秋之時，越句踐使罪人三行，屬劍於頸，以取檇李之勝。秦漢以來，東征西伐，赦弛刑官徒，發天下亡命，敺之爲兵，載在方策，昭然可考。望聖慈令有司看詳，凡天下凶盜及雜犯殺人，罪應至死而赦之者，量地里遠近分配大軍。不惟可免逋亡異日生患，而此徒輕生好殺，既隸軍伍，知有洗心自新之路，稍加閱習，必樂爲用。」

《宋史·高宗紀》：紹興三十年五月辛巳，刺海賊罪不至死者爲龍猛、龍騎軍。乙酉，詔諸路刺強盜貸死少壯者爲兵。

按：此當是文安奏請被赦罪人隸軍伍時事。

繳羅殿蕃進馬指揮，並上奏。

《宋史·兵志》：廣馬者，建炎末，廣西提舉峒下李棫請市馬赴行在。紹興三年，即邕州置司提舉，市於羅殿、自杞、大理諸蠻。未幾，廢買馬司，帥臣領之。據《名臣奏議》，遵時爲中書舍人，上奏云：「邕州舊與交人爲市，每歲得馬，分給江上諸軍，雖於諸道頗爲煩費，然循習既久，民以爲常。今若創於宜州，受羅殿馬，又須於邕馬不經由處合置新驛，州縣受弊，其事一也。臣詢之知馬者，云馬出夏國者爲上，部落者次之，茶馬司所買熙河馬又次之，川產土生馬爲下。至於南蕃所產，雖外貌權奇，其實帛首而不能俯，每行三數十里輒已喘乏，徒爲觀美則可，以之戰陳，則又遠出川馬之下，其事二也。邕州所市交馬，積有歲年，金帛酬之，不爲不至。然蠻人無厭，小不如意則愆期邀價，多以物貨濫惡爲辭。今羅殿蕃自云逐年亦賣馬於橫山，《宋史·地理志·邕州下》：「紹興三年，置司市馬於橫山砦。」按：邕、宜並隸廣南西路，熙河隸陝西路。近與毗那國爲仇，道路梗塞，遂由宜州。此一偏之說，固不可信，安知其非交趾屬部，或與之有隙，借重中國以自救解。或交人欲生釁，詭爲此計，異日得以歸曲於我，其事三也。呂愿中帥廣西，貪功生事，招誘南丹州莫氏，使之納土。當時朝廷醲賞過於軍功，而種類未補官者尚百餘，峒至今紛紜不已。今羅殿蕃欲入貢，乃因南丹遣山子效用曉報，則獻馬之計，豈其素心，將來恃恩望報，恐非莫氏之比，其事四也。邕州守臣例於銜內帶安撫都監及提點買馬公事，置司設屬，每歲買馬，帥司又遣幹官同莅其事，所費不貲。宜州守光盛志在倖賞，若遂此請，將來必乞與邕爲比，又增遠方之害，其事五也。」

《宋史·高宗紀》：紹興二十四年四月己酉，羅殿國貢名馬。七月乙亥，南丹州莫公晟及宜州界外諸蠻納土內附。

《孝宗紀》：隆興二年八月戊午，南丹州莫延廩爲諸蠻所逐，來歸，詔補修武郎。

按：此時文安公已罷樞府。

奏乞榜諭瑞昌、興國失業茶商。

《宋史》本傳：奏言瑞昌、興國之間，茶商失業，聚爲盜賊。望揭榜開諭，許其自新，願充軍者塡刺，願爲農者放還。

論買馬博易。

《名臣奏議》：高宗時，中書舍人洪遵請戒飭茶馬司，收市駔駿，無令胥史以病馬充數。

按：《宋史·職官志》：都大提舉茶馬司，凡市馬於四夷，率以茶易之。

論禱雨思所當戒。

《名臣奏議》：高宗時，中書舍人洪遵論救災不止在賑饑窮、決犴獄、止屠宰、出廩粟。

按《宋史·五行志》：紹興二十九年二月，旱七十餘日。秋，江浙郡國旱。三十年秋，江浙郡國旱，浙東尤甚。

論鄱陽永平、永豐兩監宜復置鼓鑄使。

《宋史·太宗紀》：至道二年十月己未，詔以池州新鑄錢監爲永豐監。

《地理志》：池州監一，永豐。饒州監一，永平。

《食貨志》：紹興初，併永豐監於饒州。

《宋史》本傳：論者欲復鄱陽永平、永豐兩監鼓鑄，詔給、舍議。遵曰：「唐有鼓鑄使，國朝或以漕臣兼領，或分道置使，釐爲三司。自中興來，置都大提點，官屬太多，動爲州縣之害。間者亟行廢罷，又無一定之論。初委運使，又委提刑，又委郡守貳，號令不一，鼓鑄益少，竊以爲復置便。

按：「以爲復置便」句，《宏簡錄》作「請復置使」，亦通，《宗譜》作「以爲不宜復置使」則誤矣。

又《高宗紀》：紹興二十六年十二月甲寅，罷諸路鑄錢司。二十七年七月己巳，復饒、贛、韶鑄錢監。八月庚申，復置提領諸路鑄錢司於行在。

《食貨志》：紹興二十七年，復饒、贛、韶三州鑄錢監，以漕臣往來措置，通判主之。

《職官志》「提舉坑冶司條」：紹興五年，詔將饒州司官吏除留屬官一員外，並減罷，併歸虔州司。又加「都大」二字於提點之上，或病其事權太重，省併歸逐路轉運司措置，仍置提領諸路鑄錢官一員於行在，以侍從官充，自此或復或罷不一。以上並史原文。

【附考】《輿地紀勝·行在所下·三省樞密院激賞庫》注引《朝野雜記》云：「三省樞密院激賞庫者，渡江後所創也，自建炎中興，堂膳始減，至維揚又減，至臨安又減。紹興四年秋，趙元鎮爲川陝、荆襄都督，既而不行，遂以督府金錢入激賞庫。十年，秦會之當國，以兀朮畔盟用兵，須犒賜之物，乃計畝率錢偏天下，五等貧民無得免者。然兵未嘗舉，而所斂錢盡歸激賞庫，其後歲支至三十八萬緡，堂廚萬五千，東廚萬二千，玉牒所二萬四千，日曆所、敕令所、國史院各二萬，尚書省犒設萬三千，中書門下七千，密院九千，議者指爲冗費。二十九年冬，上命御史、舍人議之。朱漢章、洪景嚴奏歲減二十萬緡，詔可。孝宗受禪，復減歲用錢爲十萬緡，迄今不改。」

《盤洲集》卷四《聞景嚴弟遷西掖並寄景盧》詩云：傳家紫橐榮三子，得路青雲喜二難。

按：是時文惠公官荆門州，文敏公官祕書省校書郎。

《容齋隨筆》卷十六：紹興二十九年，予仲兄始入西省。至隆興二年，伯兄繼之。乾道三年，予又繼之，相距首尾九歲。

予作《謝表》云：「父子相承，四上鑾坡之直；弟兄在望，三陪鳳閣之游。」一比之前賢，實爲遭際，固爲門戶榮事，然亦以此自愧也。

紹興三十年庚辰，四十一歲。

正月乙酉，詔以中書舍人兼權尚書禮部侍郎。丁未，試吏部侍郎。

《續通鑑》：紹興三十年正月乙酉，中書舍人洪遵兼權尚書禮部侍郎。丁未，中書舍人兼權樞密都承旨洪遵試尚書吏部侍郎。

《容齋四筆》卷十三：文安公嘗爲左選侍郎。

《名臣奏議》：高宗時，吏部侍郎洪遵薦奏薦王珏、林珦、胡橦。

王珏任繁劇。又云：紹興中遵薦林珦堪充繁劇任使，胡橦堪任大縣。

據《名臣奏議》，薦王珏在吏部侍郎時，其薦林珦、胡楗則第云紹興中。洪遵上奏，恐非官吏部時事，今類紀於此。

奏革選人賄吏等弊。

《宋史》本傳：三十年正月，試吏部侍郎。異時選人詣曹改秩，吏倚爲市，毫毛不中節，必巧生沮閡，須賂餉滿欲乃止。遵明與約，苟于大體無害，先行後審，薦員有定限，而舉者周遮重複，或同時一軍「軍」或作「章」。而巧爲兩牘，或當薦五員而輒踰十數，或當舉職官而詭爲京狀，或身係常調而妄稱職司，或東西分曹而交錯攙補，或已予復奪而指云事故，件析枚數，請凡如是者得通劾之。舊制，致仕任子，隨所在審敕牒即請行。是時從議者請，必令于元州判奏。遵言：「士大夫或游宦粵、蜀，數千里外，不幸以死。臨終謝事，其家獲歸故里，已爲至難，今復因此齟齬，反覆稽延，是明與惡吏爲地也。」乃止仍舊貫。

富大用《事文類聚新集·六曹部》引《言行錄》云：「洪文安公遵，字景嚴，爲吏部侍郎。先是，選人諸曹改秩，予奪一出吏手，公乃隨事疏理，吏不得肆。」「言行録」三字誤。按：此段係周必大所作《神道碑》中語。

《宋史·孝宗紀》：隆興元年三月己酉，立選人減舉主法。四月乙丑，定選人改官歲額。

按：是時文安已爲翰林承旨，不在吏部。

奏選舉二事。

《名臣奏議》：吏部侍郎洪遵上奏，請川、

廣進士科第在第五甲，其南海特奏名當銓試者，皆與免試擬注。遵又上奏，請懲責奏舉不實。

按：奏選舉二事，《宋史·本紀》及《選舉志》並未載。

奏乞脩《國朝續會要》。據《名臣奏議》，在吏部侍郎時。

《宋史》本傳：金人來索絳陽郭小的、安化劉孝恭二百家。遵以蜀之李特可爲至戒，願以根集未足爲解，淹引日月報之。

按：此事未詳何年，據本傳，在遷翰林學士之前，今附於此。

八月，以吏部侍郎除翰林學士，兼吏部尚書。據沈該《翰苑題名》，除翰林學士在八月。

《宋史》本傳：「遷翰林學士兼吏部尚書。」

周必大《賀洪景嚴除內相兼吏書啓》云：自丞郎而入北門，考院規而無㦸；由佐貳而升太宰，即選部以有光。一時傳陸贄之詔書，多士賴山公之啓事。矧如先正，久暴大忠。半世龍庭，猶握尚書之節；浹旬鼇禁，莫眞學士之除。幸天定者亦能勝人，故善積者必有餘慶。是開賢胄，來踐世官。繼處內庭，踵贊皇之勝事；並經常伯，掩謝氏之前聞。

奏論川陝、淮漢立功將士當亟行賞。據《名臣奏議》，時爲翰林學士。

九月，詔試館職，公發策。見周必大所撰《文安公墓碑》、《祭文》。

《周必大年譜》：紹興三十年九月丁丑，詔試館職。戊戌入和甯門，赴學士院試策。癸卯除祕書省正字。

周必大《玉堂雜記》：祖宗試文多在學士院，近歲惟試館職耳。紹興三十年，湯丞相思退等以予及同年程泰之大昌應詔。

又云：予庚辰九月，與程同試，兩人名皆有「大」字。舊制云試前一日，學士宿院。故元祐中蘇文忠公與鄧文惠公溫伯各進策題，禁中點用文忠所作。及予與程同試，時學士洪景嚴、兵部尙書楊元老椿亦並入。按：文安策題亦見周必大集。

湯思退罷相，公當制。汪澈論公，遂匄去。

《宋史·高宗紀》：紹興三十年十一月己巳朔，湯思退罷。

岳珂《桯史》：湯岐公思退相高宗，紹興三十一年，以煩言罷。洪文安遵在翰林當直，例作平語，諫官隨而擊之，以祠去。孝宗朝再相，隆興二年復罷。文安之兄文惠适適視草焉，又作平語，侍御史晁公武亦擊之，文惠請外。上曰：「公武言卿黨湯思退，朕謂平詞出朕意。」固卻其章，仍徙戶侍矣。蓋其相兩朝再罷相，乃累洪氏二兄弟，先後若出一轍，可笑如此。岐公中詞科，與文敏邁實同年云。

按：《桯史》作三十一年，誤。又按《汪澈傳》未載論文安事，蓋因湯相及之也。

十二月，除徽猷閣直學士，提舉江州太平興國宮。據《翰苑題名》，在十二月。

《宋史》本傳：汪澈論湯思退罷相，遵行制無貶詞，澈以爲言，遂丐去，以徽猷閣直學士提舉太平興國宮。

范成大《吳郡志》：洪遵，徽猷閣直學士、左朝請郎，紹興三十一年五月到，三十二年五月，除翰林學士。

紹興三十一年辛巳，四十二歲。

知平江府。

《宋史》本傳：金主完顏亮命其尙書蘇保

衡由海道窺二浙，朝廷以浙西副總管李寶《宋史·李寶傳》：授浙西路馬步軍副總管，駐劄平江，令與守臣督海舟捍禦。禦之。寶駐兵平江，守臣朱翌素與寶異，朝議以遵嘗薦寶，乃命遵知平江。及寶以舟師擣膠西，凡資糧器械舟楫皆遵供億。寶成功而歸，遵之助爲多。

《續通鑑》：紹興三十一年八月甲寅，浙西馬步軍副總管李寶以舟師三千人發江陰。先是，寶自行在還，即謀進發，軍士爭言西北風力尚勁，迎之非利。寶下令：「大計已定，不復可搖，敢有再出一語者，斬。」遂發。徽猷閣直學士、知平江府洪遵竭資糧器械濟之。

《夷堅丙志》：朱新仲待制翌，紹興二十八年守嚴州，夢至大山下，左右指云：「崑山也。」未幾徙宣州，宣城獻地圖，有鄉名崑山者，謂前夢已應。又一歲，徙平江，崑山正其屬縣。在平江日，夢典謁報洪內翰來，亟出迎，則予仲兄也，時自翰林學士奉祠居鄉里。既坐，乃居東道。覺而異之。不兩月，新仲罷去，仲兄實踵其後云。

《江南通志》：朱翌後洪遵，遵後沈介。

乞精選間諜。

《名臣奏議》稱：知平江府洪遵奏請博延智勇機略之士，深入敵境。

車駕幸金陵，至平江，衛士相戒無擾。公因對論商船事。

《續通鑑》：是年十二月壬子，帝泊姑蘇館。守臣徽猷閣直學士洪遵獻洞庭柑，帝不受，自是所過無入獻者。癸丑，帝乘馬至平江府行宮。

《宋史》本傳：車駕幸金陵，禁衛士丐索

無藝，它郡隨與不饜，至吴乃相告曰：「内翰在此，汝毋復然。」先是，朝廷慮商舶爲賊得，悉拘入官，既而不返。並海縣團萃巨艦，及募水手、民兵皆縶留未得去。遵因對論之，以船還商，而聽水手自便，吴人德之。始立屋數十楹於魏國夫人墓道。

《盤洲集》卷七十七《慈塋石表》云：遵守吴門，始能立屋數十楹於墓道西，居僧以職香火。

是年二月，文惠公除提舉浙西常平茶鹽。三月初四日到任，會文安公知平江府，初六日，以嫌改除江東提舉常平茶鹽公事。錢氏《文惠公年譜》。

【附考】《續通鑑》：紹興三十一年十月壬戌，隨州觀察使、主管侍衛步軍司公事李捧爲前軍都統制云云。捧嘗請斷吴江橋以阨金，或又欲塹常熟之福山以斷其騎軍，徽猷閣直學士、知平江府洪遵曰：「審爾，是棄吴以西耶。」凡堂帖、監司、符移皆收不行。

周密《癸辛雜識》後集：完顔亮窺江之時，步帥李捧建謀欲斷吴江長橋以扼奔突。時洪景伯知平江，以爲無益，奏止之。既而又有建策於常熟福山一帶多鑿阬穽，以陷虜馬者。德祐之際，朝廷亦建議斷橋於吴江者，又斷北關之板橋者。嗚呼！疾已入於膏肓，且投膚革之劑，亦秖取識者之笑耳，尚忍言哉。

按：「景伯」當作「景嚴」。

《江南通志·古蹟》：秀野亭，在長洲縣城北，宋侍讀葉道卿所居。《吴郡志》云：紹興三十一年，郡守洪遵建。又開元寺，宋紹興間守臣洪遵作戒壇。

紹興三十二年壬午，四十三歲。

五月，以徽猷閣直學士知平江府，除翰林學士。據《翰苑題名》、《吴郡志》，均在五月。

六月，孝宗即位。

《宋史·孝宗紀》：紹興三十二年五月甲子，立爲皇太子，改名眘。初，高宗久有禪位之意，嘗以諭帝，帝流涕固辭，會有邊事不果。及歸自金陵，陳康伯求去，高宗復以倦勤諭之。中書舍人唐文若聞而請對，言不宜急遽，故先下建儲之詔，賜名瑋。監察御史周必大密與康伯言，與唐昭宗名同音，不可。詔别擬進，乃定今名。既又命學士承旨洪遵爲太子擇字，遵擬四字以進，皆不稱旨。甲戌，御筆賜字元永。

周必大《親征録》：紹興三十二年六月甲戌，皇太子賜字元永，宰臣率百官詣文德殿拜賀立儲。翰林學士洪遵等十六人以皇太子正位東宫告廟，禮畢，同班上殿稱賀，實欲致戀軒之意。上曰：「朕在位失德甚多，更賴卿等掩覆。」眞父、張震字。仲誠同對，促罷朱揆，謂朱倬。上曰：「即有處分，卿等皆公論也。」

周密《齊東野語》：紹興三十二年六月十一日，内禪前一日，宰相朱倬罷。倬字漢章，三山人，上眷殊厚。辛巳視師回，至平江，洪遵景嚴爲守。時倬與康伯並相，遵以求入爲禱，倬唯唯，康伯曰：「進退近臣當由上意，非某所敢知也。」及將内禪，康伯奏書詔方冗，翰林獨員，洪遵在近，欲召之。倬惡其非己出，即曰：「不可。其弟邁新爲右史，今復召遵，此蘇軾與轍所以變亂元祐也。」上卒召遵，倬罷相。景嚴適當制，有云：

「爲君子邦家之基，曾未聞於成效；有元良天下之本，乃欲冀於疇庸。」

除承旨兼侍讀，《翰苑題名》無「兼侍讀」三字。

《玉堂雜記》：上初政，承旨洪遵、學士史浩、直院劉珙。撰禪位詔、登極赦文、尊號、改元等文。

《宋史·孝宗紀》：是年六月丙子內禪，戊寅大赦，甲午上尊號，十一月戊申詔改明年元。

《宋史·后妃傳》：憲聖慈烈吳皇后，開封人。高宗內禪，手詔后稱太上皇后，遷居德壽宮。孝宗即位，上尊號曰壽聖太上皇后。

《孝宗紀》：隆興元年十月丙子，詔太上皇后教旨改稱聖旨。

《玉堂雜記》：太上初遜位，上尊號，時陳丞相康伯當國，集議定命，學士洪景嚴遵撰議文，然後降詔。

又《龍飛錄》：紹興三十二年六月甲午，文德殿宣詔書，上太上皇帝尊號曰光堯壽聖太上皇帝，太上皇后曰壽聖太上皇后。先是，禮官與執政已定此號，然後令有司集議。二十二日，侍從、臺諫、禮官會於都堂，左相援筆書云云。或謂尊號始自開元，至元豐罷之，萬世不可易也。汪聖錫持此議尤力，給舍、臺諫多從其說，故不簽議狀者大半。而洪翰林已草壽聖之議矣，二十三日進呈，奉旨恭依。汪聖錫、徐敦立二侍郎及給舍臺諫各以狀申都省，云尊號既非矣，而光堯近神堯，壽聖乃英宗誕節，且嘗名寺，不可用也。二十五日遂降旨，謂已奏知太上，不容但已，恐數字未善，更令金安節、張震等商量，疾速（奏）來上。金彥亨在禁從簽書中官最長，而眞父臺諫之長故也。明日，彥亨、眞父請再集百官議。二十七日，聖旨不須別議，願與簽書前議者聽。諸公知不可回，皆與簽書。《宋史·汪應辰傳》：字聖錫。傳云太上尊號，李燾、陳康伯密議以光堯壽聖爲稱。

《小隱集序》云：高宗皇帝將行內禪，聖意謂一時大典冊不可輕屬，召爲翰林承旨，禪位之詔、登極之赦、尊號、改元等文皆出公手。

羅大經《鶴林玉露》：《孝宗受禪赦》文云：「凡今發政施仁之目，皆得之問安視膳之餘。」天下誦之。此洪景嚴筆也。《龍飛錄》：紹興三十二年六月戊寅，宣赦文德殿，首尾詞翰林學士洪遵草，其間有云：「凡今發政施仁之目，皆得之問安視膳之餘。」蓋用御批語，人傳誦之。

奏請申敕中外，循太上皇后之訓。《名臣奏議》稱孝宗時翰林承旨洪遵上奏。有詔議應敵定論，公與金安節等相繼論列。

《宋史·孝宗紀》：紹興三十二年九月庚子，以金人來索舊禮，詔宰執、侍從、臺諫各陳應敵定論以聞。

又本傳：孝宗即位，拜翰林學士承旨兼侍讀。詔問宰執、侍從、臺諫曰：「敵人來索舊禮，從之則不忍屈，不從則邊患未已。中原歸正人源源不絕，納之則東南力不能給，否則絕向化之心。宜指陳定論以聞。」遵與給事中金安節、中書舍人唐文若、起居郎周必大共爲一議，其略謂不宜直情徑行，亦未可遽爲之屈，謂宜遺金繒如前日之數，或許稍歸侵地，如海泗之類，則彼亦可藉口而來議矣。

又《史浩傳》：紹興三十二年，遷翰林學

士、知制誥。張浚宣撫江淮，將圖恢復。浩與之異，議欲城瓜洲采石。浚奏不守兩淮而守江，不若城泗州。除參知政事，有詔議應敵定論。洪遵、金安節、唐文若等相繼論列。《宰輔表》：紹興三十二年七月己巳，史浩自翰林學士知制誥遷左中大夫，除參知政事。又按：是年八月癸卯，以張浚爲江淮宣撫使。

《名臣奏議》：孝宗時，翰林學士承旨洪遵《制敵定計劄子》，言攻守宜有定論。

奏乞放免崑山縣隱戶田賦。

《名臣奏議》：孝宗時，翰林學士承旨洪遵乞放免崑山縣苗米六千五百石有畸。

按：此奏當在平江召還後。

奏薦張允之、郭沔、吳松年、張晙。

《名臣奏議》：孝宗時，翰林學士承旨洪遵舉右朝奉郎權知辰州軍州事張允之、右承議郎充江淮荆浙福建廣南路都大提點坑冶鑄錢司主管文字郭沔、通判明州軍州事吳松年、右通直郎知平江府吳江縣張晙可任。

【附考】《玉海》：孝宗紹興三十二年七月甲子，時内禪禮成，故年仍紹興，而君則孝宗也。詔讀《三朝寶訓》。九月甲辰，洪遵進讀至呂蒙正論君子小人事，上以君子小人係時運盛衰爲不然。十月丙寅，讀至眞宗論政理，上曰：「天下本無事。」庚午，讀太宗乘快指揮事，按：宋人記乘快指揮事，多屬諸太祖，疑太宗乃太祖之誤。上言太祖，下言太宗，故加「又」字，於文勢亦順。上曰：「爲人上，奈何不敬？」又讀太宗事，上曰：「祖宗精於治道如此。」壬午，讀孫冕上言事，上謂得大體。周必大《題胡邦衡講筵詩卷》云：中興以來，侍從百司燕饋之費，率取辦於臨安。每歲經筵，開講讀及修注官會於學士院，府吏治具以爲常，住講亦如之。紹興壬午，壽皇初即位，力修節用裕民之政，守臣趙子潚「潚」，周必大《省齋文稿》作「淵」，誤。《玉堂雜記》亦作「潚」。《掖垣類稿》有《趙子潚知臨安府轉官制》。因條具異時雜費，悉罷之，歲省緡錢一二十萬，歸之朝廷，講會其一也。是年秋，洪遵景嚴以翰林承旨兼侍讀，某時爲起居郎，與洪議用學士院餐錢置酒五行，以毋廢故事，後遂爲例。

又《玉堂雜記》：紹興三十二年冬，予爲左史，趙清卿子潚知臨安，初獻議盡罷百司饋送及所供飲饌。時洪景嚴以內翰兼侍讀，開講日學士院自置酒五行，自後遂爲例。按此云冬，題跋作「秋」，互歧。

又《龍飛錄》：紹興三十二年十一月乙未，以內教罷講筵，是日當末講。舊例，臨安具酒饌，比亦廢此禮。學士院設食，三品而已。時洪翰林兼侍讀。

《龍飛錄》：紹興三十二年十一月戊辰，省劄坐同知樞密院事張燾所奏，并降御札，召侍從、兩省、臺諫赴尚書省拜受訖，就都堂給筆札，令條具時弊，仍各諭其官屬，次第以聞。《宋史·孝宗紀》：紹興三十二年十二月戊辰，詔侍從、臺諫集議當今弊事，仍命盡率其屬，使極言無隱。衆議乞許三日內條對，逐具奏聞。己巳，景靈宮行香，御筆督條對，史參乞少寬之，務令詳盡。上親批，大略謂：「近臣非若疏遠之士，不知時務，今宜之於口，書之於簡，何擇焉？」史參又奏：「陛下固欲知時弊，非掩士大夫不備而窮其所短也。」并繳洪翰林以下所援仁宗給札故事，退而條具。上乃從之。按：《史浩傳》未載，《張燾傳》亦略。

孝宗隆興元年癸未，四十四歲。

禮部試進士，爲知貢舉。

《宋史》本傳：知隆興二年貢舉，拜同知樞密院事。

錢大昕《廿二史攷異》：「宋自治平以後，三歲一科舉，隆興二年非貢舉之歲，蓋元年之誤。」又云：「遵入樞府在元年五月，非二年事。」

《宋史·孝宗紀》：隆興元年正月戊申，詔禮部貢院試額增一百人。四月壬申，賜禮部進士李待問以下五百三十八人及第出身。按：《咸淳臨安志》：是年，牓首木待問，史誤〔二〕。

《龍飛錄》：隆興元年正月庚子，鎖禮部貢院，敕差翰林承旨洪遵知舉，兵部侍郎周葵、中書舍人張震同知，以免解就試人衆，增參詳官一人、點檢官四人，國子司業王十朋爲別院考試官。

樓鑰試策，偶犯舊諱，公爲取旨，許降等奏名。

《宋史·樓鑰傳》：隆興元年，試南宮，有司偉其詞藝，欲以冠多士。策偶犯舊諱，知貢舉洪遵奏得旨，以冠末等投贄。考官胡銓稱之曰：「此翰林才也。」

鑰著《攻媿集·謝省闈主文啓》云：薄技中程，豈謂單詞之誤；上恩從厚，猶霑末第之榮。委墮甑於道中，已甘絶望；收焦桐於爨下，實賴知音。

又許及之撰《文惠行狀》，稱公爲總賦，屬文安擇壻。及之爲隆興元年進士，實文安領貢舉云。

撰《中興以來玉堂制草》。

《玉海》：隆興元年，翰林承旨洪遵撰《中興以來玉堂制草》，序云：「是書自承平有之，南渡以後泮散不屬，始命綴緝。凡將相之除拜，后妃之封冊，詔旨之斿，樂語之奏，上梁之文，布政之牓，無不備具，唯答詔、青詞之煩，不復記也。爲六十四卷。」

《宋史·藝文志》：洪遵《中興以來玉堂制草》三十四卷，與《玉海》異。又按：《藝文志》有周必大《續中興玉堂制草》三十卷，序云近歲承旨洪遵起建炎中興迄紹興内禪三紀之間，得《制草》六十四卷，序而藏之。

五月丁未，自翰林學士承旨、知制誥兼侍讀，遷左中大夫，同知樞密院事。《宋史·宰輔表》。《慈塋石表》稱遷左中大夫，同知樞密院。

《宋史·孝宗紀》：隆興元年五月丁未，以辛次膺爲參知政事，翰林學士承旨洪遵同知樞密院事。《續通鑑》誤作「洪适」。

是月，金人陷宿州。公與計議官盧仲賢遺金帥紇石烈志甯書。

《金史·交聘表》：大定三年五月，宋人破宿州。是月，志甯復取宿州。宋洪遵與志甯書，約爲叔姪國。志甯渡淮，取盱眙、濠、盧、和、滁等州。宋使胡昉以湯思退與忠義書稱「姪國」，不肯加「世」字，忠義執胡昉，詔釋之。

《僕散忠義傳》：「世宗以紇石烈志甯經略宋事，時大定二年也。三年，宋將李世輔《宋史·李顯忠傳》：李顯忠，綏德軍青澗人也，初名世輔，南歸賜名顯忠。陷宿州云云。忠義還，以書責宋，宋同知樞密院事洪遵、計議官盧仲賢使二輩持《與志甯書》及手狀，歸海、泗、唐、鄧州所侵地，約爲叔姪國。」又云：「和議始於張浚，中更洪遵、湯思退。及徒單克寧敗宋魏勝於十八里莊，取楚州。世宗下詔進師，於是宋知樞密院周葵、同知樞密院事王之望書一一如約，和議始定。」

《宋史·孝宗紀》：隆興元年三月壬辰朔，金右副元帥紇石烈志甯以書取侵地。五月甲寅，李顯忠、邵宏淵軍大潰於符離。六月癸亥，張浚乞致仕，且請通好，皆不許。八月戊寅，金紇石烈志甯又以書求海、泗、唐、鄧四州地及歲幣。丙戌，遣淮西安撫司幹辦公事盧仲賢等齎書至金帥府，戒勿許四州，差減歲幣。十月戊午朔，大臣奏金帥書言四事。帝曰：「四州地、歲幣可與，名分、歸正人不可從。」十一月己丑，盧仲賢自宿州以金都元帥僕散忠義遺三省樞密院書來。庚子，遣王之望等爲金國通問使。辛丑，詔侍從、臺諫於後省集議講和、遣使、禮數、土貢四事，仍各薦可備小使者。丙午，盧仲賢擅許四州，下大理寺，奪三官。癸丑，以胡昉、楊由義爲使金通問國信所審議官。二年正月，金僕散忠義復以書來。二月乙酉，胡昉自宿州還。初，金帥以昉等不許四郡，械繫之，昉等不屈，金主命歸之。

《湯思退傳》：隆興元年，符離師潰，召思退復相。諫議大夫王大寶上章論之，不報。金帥紇石烈志甯遺書三省樞密院，索海、泗、唐、鄧四郡。思退欲與和，遣淮西安撫司幹辦公事盧仲賢加樞密院計議編修官，持報書以往。既行，上戒勿許四郡。仲賢至宿州，僕散忠義懼之以威，仲賢皇恐言歸當稟命，遂以忠義與三省樞密院書來，上猶欲止割海、泗。思退遽奏以吏部侍郎王之望爲通問使，知閤門事龍大淵副之，將割棄四州。張浚在揚州聞之，遣其子栻入奏仲賢辱國無狀，上怒。會侍御周操論仲賢不應擅許四郡，下大理究問。

【附考】《慈塋石表》：太夫人以先君恩封令人，贈碩人，以遵入翰苑贈淑人，以四子恩追封鄱陽郡夫人，以遵入樞府進博平郡。

周必大《省齋文稿》：去年會慶節，初上壽儀，敕差翰林承旨今樞密洪景嚴攝殿中監，執酒盞，予攝少監，以酒注於盞。既而準故事權停此禮，但拜表文德殿下，從駕德壽宮。今年赴永和觀，罷散武弁三數人而已，有感成小詩云：「去歲茲辰侍赤墀，詔黃親許奉瑤巵。如今不及封人賤，猶對君王效祝辭。」

按：去歲當是癸未。

王十朋《梅溪集·目錄》：是年四月，從駕詣德壽宮，與諸公會食於和樂樓，是日借洪景嚴承旨馬，戲云：「從駕濫騎承旨馬，朝天叨綴舍人班。」時十朋爲起居舍人。

周必大奏議有《同侍從臺諫議權罷舉主改官劄子》，原注：同洪遵、金安節、劉珙、張震、陳之淵上。其詞曰：「臣等聞法弊則變法，法不弊而人自弊之，則亦責人而已矣。本朝自太祖以來，患幕職、州縣、判司簿尉之官謬濫者多，故內自翰林學士，外至監司長史皆許薦舉。中間雖歲月久近，員數多寡時有損益，而薦舉之制則未嘗廢。今若患其奔競，遂盡除之，何異因噎而廢食，大不可也。

臣等謂欲救斯弊，莫如必行連坐之法。昔景德中，兵部員外郎邵曄坐舉李隨不當，審刑院以會赦當免，宰相王旦曰：『朝臣舉官甚衆，若遇赦悉免，則是更無連坐法矣。』眞宗以曄近使嶺表，止命停任。又治平三年，樞密直學士知泰州李參所舉人坐贓，當責坐小州，英宗方倚參守邊，但命奪官。夫以二臣有勞於國，方被倚任，然猶不廢謬舉之罰。今令甲明有同罪之文，紹興初又有減二等指揮，然犯人事發，舉主臨時陳首，故法雖嚴，而實未嘗行。此致弊之大者，誠能遵用舊制，不許自首，量罪輕重，削秩停任。彼監司、郡守借有簡賢附勢，殉貨營私之人，亦且計其得失而知所擇矣。此法既行，又慮常情爲己太重，或至一切不舉，按大中祥符三年詔書，常參官舉外任幕職州縣官各一人，如年終無舉官狀，即具奏聞，當行責罰。乞倣此制，遇歲終令逐司逐州具當年分監司郡守所舉官姓名聞奏，及申吏部照會，如或員闕，亦行責罰，庶幾併革不舉之弊，而無變古之譏，竊以爲便。」

《容齋三筆》卷一：紹興中，胡邦衡銓竄新州，再徙吉陽。《宋史·高宗紀》：紹興十二年七月壬申朔，福州簽判胡銓除名，新州編管。十八年十一月己亥，胡銓移吉陽軍編管。《胡銓傳》：紹興十二年，諫官羅汝楫劾銓飾非橫議，詔除名編管新州。守臣張棣訐銓與客唱酬訕謗怨望，移謫吉陽軍。吉陽即朱崖也，軍守張生亦一右列指使，遇之亡狀，每旬呈必令囚首詣廷下。邦衡盡禮事之，至作五十韻詩爲其生日壽。邦衡以隆興初在侍從，錄所作生日詩示仲兄文安公，且備言昔日事。

隆興二年甲申，四十五歲。

壽康殿産芝，同列議表賀，公風止之。

《宋史·孝宗紀》：隆興二年三月庚戌，芝生德壽宫。

本傳：壽康殿産金芝十二，同列議表賀，遵引李文靖奏災異故事風止之。

《宋史·地理志》「行在所」下云：重華、慈福、壽慈、壽康四宫，重壽、甯福二殿，隨時異額，實德壽一宫。

奏薦眉山李燾、永嘉鄭伯熊及林光朝。御史周操論公，公連章乞罷。

《宋史》本傳：薦眉山李燾、永嘉鄭伯熊及林光朝，未及用。會湯思退爲左相，而次相張浚罷，御史周操策遵且超遷，上章致劾，上亟徙寘他官。遵不能安位，連章乞免，訖與御史俱去。按：林光朝，莆田人。《宋史·儒林傳》：隆興元年，光朝年五十，以進士及第調袁州司户參軍。

七月丁亥，罷同知。以端明殿學士提舉太平興國宫。

《宋史·孝宗紀》：隆興二年七月丁亥，洪遵罷。

按：文安罷，副樞周葵兼知樞密院事，見《宋史·宰輔表》及周必大撰《周葵神道碑》。

《宰輔表》作「大學士」，本傳無「大」字。按《宋史·職官志》：建炎二年，都省言延康殿學士舊係端明殿學士，詔依舊，後拜簽樞者多領焉。據此，是端明殿但有學士，無大學士。《續通鑑》誤作洪适。

庚戌，落端明殿學士。《宋史·孝宗紀》。

【附考】隆興初，同知樞密院。欲以冬祀任子恩貤作高祖卹典，未幾去位。見公所作《瀠潭隧表》。

乾道元年乙酉，四十六歲。

【附考】《盤洲集·謝簽書樞密院表》云：「兄弟因循相繼，曾不一年。」按：文惠公以是年六月簽書樞密院，十二月除尚書右僕射。

乾道二年丙戌，四十七歲。

作《瀫潭隧表》。

《表》云：惟我高祖考窀穸於瀫潭，九十八年，元孫遵始克表其隧。」今按：瀫潭之葬年月失詳，惟《盤洲集·盤洲老人小傳》云：「高祖疾革，命家人曰：『葬我必以瀫潭倉下，後世青紫當不絕。』後十六年當元豐乙丑，伯祖給事中始以進士起家。」就此推之，則葬當在熙甯己酉，迄乾道丙戌爲九十八年。

乾道三年丁亥，四十八歲。

作小隱園，因以小隱自號。未詳年月。按：當在罷樞府後。《小隱集序》云：「小隱，公自號也。」坊刻《夷堅志·乙集》：「小隱園在妙淨寺南。」《輿地紀勝》：「小隱在饒州朝天門外，洪樞密別墅也。」

乾道四年戊子，四十九歲。

三月，文惠公罷知紹興府，奉祠。六月，文敏公由直學士院奉祠。

按：是歲，公兄弟並居鄉里。

乾道五年己丑，五十歲。

乾道六年庚寅，五十一歲。

起知信州，徙知太平州。

《宋史》本傳：乾道六年，起知信州，徙知太平州。前守周操以嘗論遵，聞遵來，不俟合符馳去。遵追餞至十里，勞苦如平時，曰：「君當官而行，我何怨？」聞者以爲盛德。

《江南通志·太平州》：周瑈後洪遵，遵後胡元質。

圩田壞，鳩民築之。《宋史》本傳：圩田壞，《宋史·五行志》：乾道六年五月，平江、建康、甯國府、温、湖、秀、太平州、廣德軍及江西郡大水，江東城市有深丈餘者，漂民廬，湮田稼，潰圩隄，人多流徙。民失業，遵鳩民築圩凡萬數。方冬盛寒，遵躬履其間，載酒食親餉饁，恩意傾盡，人忘其勞。運使張松周應合《景定建康志·官守志》江東轉運司題名：張松，右中奉大夫、直顯謨閣、副使，乾道六年閏五月十七日到任。總領所題名：九月一日兼權兩淮總領，十一月十一日除太府少卿、兩淮總領兼發運副使。忌功，妄奏圩未嘗決，民未嘗轉徙，必責圩戶自閼築且裁省募工錢米之半。遵連疏爭，至乞遣朝臣覆按。於是將作少監馬希言、監察御史陳舉善押至，黜松言，圩遂成，合四百五十有五。松無所泄其忿，則別治溧水永豐圩，來調丁、米、木，數甚廣。遵曰：「郡當歲儉，方賑恤流移，勸分乞糴，如自刲其股以充喉，不暇食，況能飽他人腹哉。」執不從。

罷苗米輸耗，聽民自持斛概。據《宏簡録》。

按：本傳所云「揭牓，民苗米唯輸正不輸耗，聽民自持斛概，庾人不能上下其手」，即謂此事。

歲大饑，《宋史·五行志》：乾道六年冬，甯國、廣德軍、太平、湖、秀、池、徽、和州皆饑。告糴江西，《宏簡録》作江南，誤。有《乞借江西米劄子》。《名臣奏議》：遵知太平州，請量撥江西樁積米出糶。蠲租賑贍，活者萬計。戍兵爲盜，拘執歸軍，《宋史》本傳：楚地旱，旁縣賑贍者慮不早，施置失後先，或得米而亡以炊，或閤户莩藉而廩不至。遵簡賓佐，隨遠近壯老以差賦給，蠲租至十九，又告糴於江西，得活者不啻萬計。戍兵乘時盜利，曹伍剽於野，盡執拘以歸其軍，故當大札瘥而邑落晏然。《乞存留揀中禁軍劄子》。《名臣奏議》：孝宗時，知太平州洪遵論太平州止有揀中禁軍四百二十七人，不當盡行起發。

是年，文敏公起知贛州。

【附考】《盤洲集·答景嚴》詩云：「向來戎馬沸邊聲，曾出良籌助埽清。六載倦游潛楚澤，一枝同折記欒城。北門西府仍班綴，後雁前鴻愧寵榮。兩鬢星星吾老矣，看君重上赤墀行。」按：此時當是公以端明起知信州時有詩，而文惠公和之，第三語可證。首二語謂紹興辛巳知平江府事。

《容齋三筆》卷十：乾道六年，仲兄以端明殿學士知太平州。是年郊赦，伯兄已贈祖爲太保，而轉運司移牒太平州云：「準吏部牒，取會本路曾任執政官合封贈二代者。」仲兄既具以報。又再行下，時祖母及父母已至極品，於是以祖爲言，遂復贈太傅。命詞給告，殊非端殿所當得，不知省部一時何所據也。

周必大《玉堂類稿》：乾道六年，端明殿學士、新知信州洪遵到闕，撫問并賜銀合茶藥，口宣云：「有敕卿起臨近郡，入奏便朝。念遠涉於川塗，盍分頒於茗劑。式宣恩指，尙體眷私。」

《安徽志》：聽江亭在當塗縣南津門外，宋州守洪遵建。

《輿地紀勝·芝山》：洪遵詩注云：唐龍朔元年，刺史薛振上素山之顚，山產芝草三莖，刺史薛振因改爲芝山。至乾道庚寅合五百九年。按：詩未見。

乾道七年辛卯，五十二歲。

徙知建康府、江東安撫使兼行宮留守。

《江南通志》：知建康府史正志，後唐瑑，《宋史·孝宗紀》：乾道三年八月壬戌，以知建康府史正志兼沿江水軍制置使，自鹽官至鄂州，沿江南北及沿海十五州水軍悉隸之。十月丁酉，遣唐瑑等使金賀正旦。四年七月己巳，罷沿江水軍制置司。瑑後洪遵，遵後梁克家。《孝宗紀》：乾道九年十月甲子，遣留正等使金賀正旦，右丞相梁克家與同知樞密院張説議使事不合，乃求去。辛未，克家罷爲觀文殿大學士知建甯府。淳熙二年正月癸巳，前宰相梁克家、曾懷坐擅改堂除，克家落觀文殿學士，懷降爲觀文殿學士。《梁克家傳》：以觀文殿大學士知建康府。按：《本紀》作「建甯」，《宰輔表》亦作「建甯」。《景定建康志》無梁克家名。

《景定建康志·行宮留守題名》：洪遵，乾道七年六月，以端明殿學士、安撫使兼行宮留守。

《玉堂類稿·端明殿學士左中大夫知太平州洪遵辭免知建康府乞外宮觀不允詔》原注：乾道七年六月十二日。云：厥今重鎮，莫如秣陵，異時謀帥，多取正塗之舊。非特藉賴威望，鎮臨兵民，亦惟嘗侍帷幄，知德意志慮之詳焉。卿文學政事著於中外，當塗分守，尤號循良，寬吾顧憂，無易卿者。夫由諸侯而列方伯，釋銅魚而佩玉麟，固足以爲吏士之光矣。況乎枌榆故鄉，近在封部之間哉。勉稱恩榮，毋煩遜避。

《宋史·孝宗紀》：乾道五年三月乙亥，召虞允文赴行在。時爲四川宣撫使。六月己酉，以允文爲樞密使。《宋史·宰輔表》：虞允文以乾道五年八月拜右僕射、同中書門下平章事兼樞密使。八年二月，自右僕射除左丞相，九月罷。七年三月戊寅，徙侍衛馬軍司，戍建康。

按：《本紀》此段與下文所引本傳「虞允文當國」云云皆合。文安公徙知建康，定在乾道七年。是年，《本紀》又有中書舍人范成大《宋史·孝宗紀》：是年，范成大爲中書舍人。《范成大傳》除中書舍人在使金之後，知静江府之前，俱未詳年分。按《本紀》，范成大以乾道六年閏五月使金。乞不草詞一節，與本傳「當制舍人范成大」語合。

入覲，赴選德殿奏事，進資政殿學士。

《景定建康志·建康表》：乾道七年辛卯六月二十三日，端明殿學士、右中大夫洪遵知府事，七月四日赴行在奏事，十八日除資政殿學士，回府。

《宋史》本傳：徙知建康府、江東安撫使兼行宮留守。孝宗諭當制舍人范成大褒其治績，且許入覲。時虞允文當國，有北征志，先調侍衛馬軍出屯。《咸淳臨安志·侍衛馬軍司》：乾道七年，虞允文移屯建康，以爲出師之漸，號馬軍行司，以邊帥兼領。《宋史·虞允文傳》：臨安侍衛馬軍司牧地，舊在臨安，允文謂地狹不利芻牧，請令就牧鎮江，緩急用騎過江便。三軍有怨語，其後言者以此爲言。其在府者，五軍悉送其孥，謀築營砦，無慮萬竈。張松用不能罷，特敕遵同宰執赴選德殿奏事。遵奏外臣不敢尾二府後，願需班退引，上弗許。進資政殿學士以行。至則揭牓，民苗米唯輸正不輸耗，聽民自持斛概，庾人不能輕重其手。徧行郊野卜砦地，求不妨民居、不夷冢墓者，踰年始得之。

按：本傳「揭牓民苗米」下二十五字，與上下文意不相聯屬，疑當爲錯簡。今已據《宏簡錄》編入知太平州下，但此種惠政既行之太平州，及官建康，亦必踵而行之耳。

《玉堂類稿》：乾道七年，端明殿學士、

新知建康府洪遵到闕，撫問并賜茶藥，口宣云：「有敕卿就更留鑰，祇覲宸廷。念暑路之載馳，軫眷懷而良厚。宜加頒賚，用輔保調。

奏薦邵宏淵，薦宏淵矍鑠可用，據《名臣奏議》，在知建康時，下趙撙、郭剛同。又薦趙撙、郭剛，時撙爲馬帥，剛爲建康都統制。又薦梁公永、程渭老。《名臣奏議》：洪遵知建康府，薦右宣教郎、知建康府溧水縣梁公永，右從事郎、知池州府建德縣程渭老，望加旌擢。

有《論采石水軍劄子》、《名臣奏議》：知建康府洪遵論京口、采石、九江、鄂渚數防，惟采石尤爲要重。《論軍士展俸劄子》、《名臣奏議》：知建康府洪遵請採西漢羽林孤軍之制，酌聖朝軍士暴露之法。《論選擇將帥劄子》、《名臣奏議》：知建康府洪遵請令偏裨以上更迭入覲，躬閱能否。《論太平州蠲賑劄子》、《名臣奏議》：孝宗時，知建康府洪遵再上奏，言太平圩埠三數百所，盡遭雨潦，亟宜蠲賑。《乞倚閣饒州南康軍夏稅劄子》、請依乾道六年指揮，倚閣饒州南康夏稅。以下劄子五道，據《名臣奏議》皆在知建康時。《奏饒州南康軍旱災劄子》、請檢照江西、湖南，審量守令勸誘米斛指揮，以救饒州、南康軍大旱。據《名臣奏議》，遵又上奏，請賑濟饒州、南康軍。又《請賑濟劄子》、又《奏張運助饒州賑濟劄子》、論張運自備人船，載米二千碩賑濟饒州，義可旌賞。又《奏收養童幼劄子》，一、專委知縣、巡尉體察，一、能飲食者付寺觀收養，一、須乳哺者責令有乳之家收養。又《奏乞借椿管錢收糴浙西米劄子》。

《宋史·地理志》江南東路下：「南渡後府二，建康、甯國。州五，徽、池、饒、信、太平。軍二，南康、廣德。爲東路。」公知建康府，實以江東安撫入銜，《名臣奏議》皆當有據。《宋史·五行志》：「乾道七年春，江西東、湖南北、淮南、浙、婺、秀州皆旱；夏秋，江、洪、筠、潭、饒州、南康、興國、臨江軍尤甚，首種不入，冬不雨。」又云：「乾道九年五月戊午，建康、隆興府、嚴、吉、饒、信、池、太平州、廣德軍水漂民居，壞圩湮田。」據此，則饒州、南康諸奏當在七年，太平州一奏當在九年。《名臣奏議》俱云在知建康府時，彙書於此。

【附考】《景定建康志·建康表》：乾道七年辛卯十二月十二日，洪遵言蕪湖知縣呂昭問以和糴爲名，禁止米斛不得下河。饒州旱傷，前來收糴米七百五十餘碩，本縣抄札，不令交還。詔昭問降一官放罷。

《盤洲集》有《辛卯溺潭焚黃文》，原注「同景嚴」，文云：「國家恩厚，輔弼雖去位，遇郊猶得崇報於祖廟。某等憑藉德蔭，饕此官榮，雙奉卹章，獲伸繩武之孝。祖考繇帝保而躋帝傅，祖妣則有大國之封。冬朔埽冢，敬以黃告三通，焚於墓下，惟靈其鑒之。」據此，則公嘗以是年一歸鄉里，然別無左證，抑或《盤洲集》原注所云「同景嚴」者第謂「同奉卹章」，而非謂同謁冢墓與？

乾道八年壬辰，五十三歲。

【附考】《夷堅丁志》「朱勝私印」條云：乾道八年，予仲兄留守建康，亦發土得印，徑寸七分，其文十二字，曰「西道行營水陸諸軍都虞候印」，欲考其何時而未暇也。

《景定建康志·建康表》：乾道八年壬辰七月二十四日，詔建康府絹二千五百匹並與免放，令戶部以沙田蘆場錢撥還。

又云：十一月十六日，詔建康府都統郭

剛將本軍戰馬上就建康府牧養。

乾道九年癸巳，五十四歲。

旋貶兩秩，未幾復元官，仍拜資政殿學士。

《宋史》本傳：營卒醉，妄言搖衆，斬之，磔於市，三軍無敢譁。有晝入旗亭挺刃椎壚者，械付獄。驛上奏未下，統帥懼得譴，請自治之。孝宗怒，罷統帥，遵亦坐貶兩秩。未幾，五營成，復元官，仍拜資政殿學士。

跋《翰苑羣書》。

跋云：翰苑秩清地禁，沿唐迄今，爲薦紳榮。遵世蒙國恩，父子兄弟接武而進，實爲千載幸遇。曩嘗稡遺事一編，揭來建鄴，以家舊藏李肇、元稹、韋處厚、韋執誼、楊鉅、丁居晦洎我宋諸公，凡有紀於此者併琹之木。仍以國朝《年表》、《中興題名》附。乾道九年二月七日，番陽洪遵書於清漪閣。

《玉海》：乾道間，洪遵纂唐李肇《翰林志》、元稹《承旨學士院記》、韋處厚《學士記》、韋執誼《翰林院故事》、楊鉅《學士院舊規》、丁居晦《壁記》、李昉《禁林燕會集》、錢惟演《金坡遺事》、晁迥《別書金坡遺事》、李宗諤《雜記》、蘇易簡《續志》、蘇耆《次續志》、沈該《中興翰苑題名》及《學士年表》、《翰苑遺事》，《玉海》原注：不著名氏。稡爲一書，凡三卷。

《浙江采集遺書總錄》：洪遵彙輯各家，而以自撰《翰苑遺事》殿焉，凡十二種。

按：錢惟演、晁迥、李宗諤三家之書，今本已佚，故止存十二種，分上下二卷。

《曝書亭集·跋洪遵翰苑羣書》云：「近又得洪遵《翰苑羣書》足本，

於是詞臣之典故略備。」據此，似朱氏竹垞曾見足本。《宋史·藝文志》「洪邁《漢苑羣書》三卷」，卷數與《玉海》合，惟「翰」誤作「漢」，又誤以爲文敏公作。

《文獻通考》：《翰林羣書》三卷、《翰林遺事》一卷，陳氏曰：自李肇而下十一家及《年表》、《中興後題名》共爲一書，而以其所錄《遺事》附其末，總爲三卷。《遺事》錄諸書所未及者。

按：《翰林羣書》「林」字誤。下又云《翰林遺事》一卷，按《文獻通考》既引陳振孫云總爲三卷，則《遺事》非別爲一卷也。

校韋述《唐集賢注記》二卷。

據《唐書·藝文志·職官類》，書凡三卷。

《玉海》：「今本二卷，乾道九年六月，

洪遵以太清樓本校之，僅可讀。」《宋史·仁宗紀》：天聖三年四月丁丑，詔三館繕書藏太清樓。《徽宗紀》：宣和四年四月丙午，詔置補完校正文籍局，録三館書，置宣和樓及太清樓祕閣。

按：晁公武《讀書志》作二卷，陳振孫《書錄解題》作三卷。

跋忠宣公《松漠紀聞》。

跋云：先忠宣《松漠紀聞》，伯兄鏤版歙越。遵來守建鄴，又刻之。暇日捜閱故牘，得北方十有一事，皆曩歲侍親傍聞之者，目曰《補遺》，附載於此。乾道五年六月，男資政殿大學士、左中大夫、知建康府、江南東路安撫使兼行宮留守遵謹書。

按：跋稱乾道五年六月，誤，時公尚奉祠居鄉也。今以跋有「來守建鄴」一語，附著於此。《宋史·河渠志》：

「乾道五年，建康守臣張孝祥言秦淮之水流入府城，別爲兩派。」據此，則建康守臣又有張孝祥，足訂《松漠紀聞》跋語之誤。

淳熙元年甲午，五十五歲。

以資政殿學士提舉臨安府洞霄宮。

《宋史》本傳：「淳熙元年，提舉洞霄宮。」《景定建康志·建康表》：「乾道九年癸巳十二月二十七日，遵提舉臨安府洞霄宮。」年月互歧。朱彝尊《洞霄宮提舉題名記》誤作「資政殿學士鄱陽洪适景伯」，錢氏《文惠譜》辨之矣。

歸鄱陽。

據《盤洲集》卷七十三《祭樞弟文》。全文見後。

十一月薨。

《宋史》本傳：十一月薨，年五十有五，謚文安。

晉少保，封信國公，謚文安。文敏公撰《行狀》。《小隱集序》云：世系治行，則文敏所作《行狀》甚詳。葬鄱陽縣城北芝山側定子山。

《統宗譜》云「葬鄱陽芝山白泥井，俗名錠子山」，周必大撰《文安神道碑》云「葬湖陽七蟠山之原」，互歧。據《盤洲集·樞弟大葬祭文》，當在淳熙三年。

夫人朱氏，朱正綱之女。《揮麈前録》：「晏元獻夫人王氏，國初勳臣超之女，樞密使德用之妹也。元獻壻，富鄭公也。鄭公壻，馮文簡。文簡孫壻蔡彥清、朱聖予。聖予女適滕子濟，俱爲執政。元獻有古硯一，奇甚，王氏舊物也，諸女相授，號傳壻硯，今藏滕氏。朱之孫女適洪景嚴，近又登二府，亦盛事也。又有古犀帶一，亦元獻舊物，今亦藏滕氏，明清嘗於子濟、子珙處見之。」

封信國夫人。

子二人：槱知峽州。坊刻《夷堅志·丁集》：夏巨源者，精於卜筮，居臨安中瓦，每來卜者，一卦率五百錢。紹熙三年冬，禹之自贛倅受代造朝，其子价侍行。既至，點檢敕告文書，遺其一，雖遣僕還家訪尋，終不能自釋。乃同詣夏肆，夏書紙上曰：「事在千里外。」繼書一「食」字、一「尭」字，合而讀之則「饒」字也。問曰：「是乎？」答之曰：「然。文書見在，係一多口人收得，而鴛鴦爲看守，無足憂也。」其説茫洋無準的，固以爲妄。既而僕從饒州來，持所遺至，蓋向者打併行李時忘在外，小妾福安見之，价房中十篋，用泥融飛燕子、沙暖睡鴛鴦爲標貼，遂寘鴛篋内。既悟鴛鴦看守之語，而「福」字有「口」，「田」字又四「口」，所謂多口人者，如是亦神矣哉。

槔知餘姚縣。坊刻《夷堅志壬集》「醉客賦詩」條云：德興章德象，字德章，以恩科得官，爲筠州新昌尉。皋之姪攝邑，聞其語。又《甲集》：復州子城内有廢地，治作菜圃，僉判官舍在其東。紹熙坊刻「熙」誤作「興」。四年四月，予兄子槔爲僉判。又《乙集》：復州僉判廳主管諸司錢物，吴興周礪滿秩，予姪皋之代之。又一條云：皋之姪過南康。

孫九人：价，通直郎、淮西常平提幹；信、侊；倪，承奉郎；佃、侹；僖，朝請大夫；伸；倓登紹定壬辰科徐元杰榜進士，官至朝奉大夫、知岳州軍州事。據《統宗譜》。

有《小隱集》七十卷，《書録解題》：《小隱集》七十卷，樞密文安公洪遵景嚴撰。其進用最先於兄弟，而得年不永，薨於淳熙元年。樓鑰爲序。序略云：鑰向者受公特達之知，既竊名第，以至晚登政途，不敢忘也。公之子二：槱嘗守峽州，將赴闕，至上饒而殁；槔知餘姚縣，又亡於旅舍。峽州無恙時，刻公之文，將俾鑰爲序，未及也。其壻汪君杲通判信州，以峽州遺意爲言。鑰方經紀餘姚之家，其子佃又面以爲請，鑰何敢當。獨以銜恩未報，又願託不朽，因不敢辭。

曹溶《學海類編》中有洪遵《史記眞本凡例》一卷，《四庫全書存目》斥爲僞作，確不可易。

《浙江采集遺書總錄》誤以洪炎《侍兒小名錄》爲文安作。按《宋史·藝文志》載洪炎《侍兒小名錄》一卷，又《讀書志》載王銍《侍女小名錄》一卷，並載銍序云：「大觀中居汝陰，與洪炎玉父遊，讀陸魯望《小名錄》，戲徵古今女侍名字，因盡發所藏書，纂集踰月而成。」據此序，則銍與洪玉父共成一書，特《宋史》題洪炎，晁氏題王銍，互異。又「侍兒」、「侍女」，字互異耳。

《書錄解題》「洪炎玉父集爲此書，王銍溫豫續補」。歷考《宋史》及晁、陳二書，則《侍兒小名錄》爲洪炎作，甚明。《四庫全書提要》：「王銍補《侍兒小名錄》，前有題詞云『以續洪适之書』。考王楙《野客叢書》，謂洪駒父作《侍兒小名錄》，則是洪芻非洪适。」按：王銍書大觀時作，時文惠公未生，四庫諸臣斷爲非文惠作是也。乃引王楙書，誤「炎」爲「芻」。而於尤侗《宮閨小名錄》又云「是書補陸龜蒙、王銍、洪适之遺」，何也？蓋《提要》非出一手，故前後歧異。今當以《宋史》、晁、陳二書爲正。《浙江總錄》即沿俗本王銍《小名錄》題詞而誤。

又按：今本《說郛》目錄有陸龜蒙《小名錄》、洪遂《侍兒小名錄》各一卷，則又訛「遵」爲「遂」矣。

朱文公《晦菴集·觀洪遵雙陸譜》云：「近從新譜識梟盧，擬喚安陽舊博徒。只恐分陰閒裏過，更教人誚牧豬奴。」按：《雙陸譜》，《宋史·藝文志》不載，《讀書志》有《撈蒲經》、《撈蒲格》各一卷，又《雙陸格》一卷，皆不題撰人，是決非文安創作也。

【附考】《容齋四筆》卷四：「予仲兄文安公鎮金陵，因秋暑減食，當塗醫湯三益教以服礜石圓，已而飲啖日進，遂加意服之。越十月而毒作，鼻衄血斗餘，自是數數不止，竟至精液皆竭，迨於捐館。」周必大《書稿》淳熙元年答劉文潛司業焞云：「糟薑蒙決西江蘇合香，遂成繼富，慚荷慚荷。昨日洪景盧云景嚴病鼻衄半年，或勸服此藥，當謂蘇合香。但嘘去龍腦而已，用之立效。遞中移書贛州是時文敏在贛州。言之。書到次日，適有邑尉病此危甚，其家中夜扣府門，以身後爲託。景盧送藥二丸，後三日，其人來謝。古方所不載，亦不可不知也。」

《新安文獻志·南薰老人吳源傳》云：乾道癸巳冬，建康留守洪樞密抱病，招中都旁郡醫集，皆搏手相視。時漕程公叔達以同鄉之好，強致之診視，即曰：「何其由驚氣入心而得。」洪驚問曰：「何其神也！」因言捄焚而得疾，服藥即瘳。

《盤洲集·樞弟輓詩》云：少小猶朋友，陳編晝夜開。同時題雁塔，旬月聚麟臺。詞掖君先達，臺階我後來。傷心今古隔，楚輓不勝哀。投老開三徑，聯翩北郭門。嘲花詩插架，對竹酒盈尊。歎息千秋宅，荒涼十畝園。談叢鐺折脚，雲暗脊令原。靜鎮多遺愛，存橋有遠謀。禁林傳大冊，宥地簡前旒。疾也勞心得，生乎撒手休。三年棠棣徑，倚杖淚爭流。

又《祭樞弟文》云：嗚呼！親則手足，義同友朋。少小同志，刻苦窗螢。聯中科目，闊步蓬瀛。繼踵詞禁，遂陟樞衡。自昔監郡，始相契闊，三十年中，少會多別，細數從容，七十其月。園池相望，苔竹蒙密，對酒賦詩，曾無虛日。建康之歸，恨君有疾，日望藥喜，杖策可必。天乎不仁，服鳥入室。鐺腳情話，今折其一，悲苦塡膺，傷感陳迹。酹此一觴，淚若泉出。

又《樞弟水陸疏》云：人生如寄，興哀《棠棣》之詩；法力無邊，徼福菩提之路。肅三界冥陽之會，伸百年兄弟之情。亡弟大資《宋史》本傳：進資政殿學士，不言大學士。按：《職官志》有資政殿大學士。《志》云：康定二年詔大學士置二員，學士置三員。紹興十六年，秦檜弟梓以端明卒於湖州，進大資致仕，恤典同參政。是後從臣自端明視政府而序進者，遂爲常矣。文惠云「亡弟大資」，殆可通稱歟？享壽不逮六旬，遡幽已臨三七。平生舉措，或有誤於斯心；厚夜沈淪，恐未登於彼岸。痛深同產，誠叩大慈。淨供無遮，共飽毗耶之飯；惡纏悉解，願歸兜率之宮。

又《樞弟周祥祭文》云：嗚呼！終天之訣，于今旬歲。想像平生，屢飛淸淚。風梗鴒原，暮景憔悴。傾此一觴，悲在心髓。

又《樞弟大葬祭文》云：嗚呼！生死之隔，忽其二年。追思友愛，陳迹依然。松檜成列，日迫新阡。靈輀將啓，丹旐翩翩。隕淚漬酒，痛橫九原。

周必大《洪景嚴樞密輓詞》云：兩制擒文壓搢紳，三吳耀武見經綸。橋留震澤居無擾，舟濟滄溟捷有神。宥府嘉猷推乃后，陪都遺愛紀斯民。多才多藝無多壽，此理憑誰問大鈞。召試曾叨對巨題，代言今忝繼前規。豐鐘霜響人何在，瓦釜雷鳴愧可知。滕駟啓城嗟有日，徐雞醊酒恨無期。玉堂賴有綸章在。時展前編慰所思。公嘗編《中興制草》。

又《省齋文稿·祭洪景嚴樞密文》云：維淳熙二年歲次乙未二月癸丑朔十八日壬申，朝請郎、充右文殿修撰、提舉江州太平興國宮周必大，謹遣人以清酌庶羞之奠，致祭於故大資政、樞密鄱陽公之靈。嗚呼！天生雋才，於德或靳。公優班馬，而望顏閔。士有其資，罕或逢時。公際動華，而爲皋夔。曠幾百年，鍾是全美。宜享黃髮，卒相天子。何成之艱，而往也遄。膏澤在人，疇不潸然。矧予不肖，嘗綴賓客。試於玉堂，公實發策。哲人云亡，倍蓰其悲。物雖薄矣，誠則庶幾。嗚呼哀哉！尚饗。

又《平園續稿·洪文安公神道碑》云：洪忠宣公見危授命，半世異域，白首來歸，力陳忠言至計。高宗方引以自近，權臣惡其害己，不使浹日安於朝廷之上。至以漠北僅存之身，投諸南荒必死之地。身且不閱，遑恤其家。然而長子丞相文惠公、次子樞密文安公被遇兩朝，先後得政，又次子翰林公邁未及大用，而入從出藩，翺翔最久。蓋立朝莫清於登瀛，莫榮於代言，莫重於掌文柄，莫尊於閒兩社。公既與昆季迭居，並以文章稱天下，公又先進，或一再至焉。其後孫曾印綬相望，方興而未艾，衣冠盛事，世推洪氏。《易》云：「積善之家必有餘慶。」傳謂「非此其身，在其子孫」，蓋天定能勝人也。樞密諱遵，字景嚴，世爲饒州鄱陽人。曾祖炳，贈少保；妣，紀國夫人何氏。祖彥先，贈太師榮國公；妣秦國夫人董氏。父忠宣，諱皓，終徽猷閣直學士、左朝散大夫，贈太師冀國公；妣楚國夫人沈氏。世次見文惠碑。公兒時端默如成人，楚國亡，慟絕者再，苦學忘晝夜，詞章壯麗，自成一家。紹興十二年春，以右承務郎監南京中嶽廟，冠詞科，賜進士出身。高宗念其父，特除祕書省正字。詞科徑入館，自公始。閣下多前輩，皆以畏友待公。明年春，文惠公繼來，搢紳榮之。秦熺爲祕書郎、爲少監，勢燄赫赫，公守道安恬，留滯不遷。九月，忠宣去國，公求通判常州。守湯樞密鵬舉、部使者孫祕丞汝翼待僚吏嚴峻，公雖少而明擿吏姦，臺府爭委以事。移倅婺州，守李琛傲愎，亦知敬公。升佐紹興府，未上。

二十五年夏，再入爲正字，攝行外制。十一月，湯樞密執法殿中，薦爲御史，方賜對，而忠宣公薨。服闋，召還。公奏先臣與龔璹均使虜廷，璹臣劉豫，以擅殺人被誅，秦檜反贈節鉞。臣父抗節，乃貶死，可謂不分逆順矣。詔還忠宣舊職，賜謚。擢公起居舍人，遷郎，兼權樞密都承旨，二十八年也。明年正月，除中書舍人，賜服金紫。殿前裨將輔達轉防禦使、王剛團練使，公言近制官軍十年一遷，二人尚未滿歲。上喜曰：「步帥趙密去年求遷，詞臣謂密爲節度使方九年，逮今乃除太尉。卿論二人，軍中自以爲當也。」時勳臣子孫多歷臺省，議者以爲言，詔序遷至次對即久任內祠，公奏：「侍從非磨勘比，言明序遷可乎？」三十年正月，兼權禮部侍郎，俄遷吏部。選人詣曹改秩，予奪遲速盡出吏手。公隨事疏理，吏不得肆。完顏亮將渝平，中外以爲憂。沈介使回，獨謂無他，公請密爲邊備。八月，兼權吏部尙書。舊制，文武臣致仕任子許所在州保奏，或請必由本貫，革欺弊。公言宦游蜀廣或數千里，自有敕牒可驗。詔仍舊法。公既以近臣兼承密旨，邊防民隱每爲上言。三衙春夏牧馬夏菰城，仰給蘇、湖、秀三州，適積水淹田，有司預請倍輸夏麥以補芻粟；北虜索絳陽郭小的、安化劉孝恭等二百家，公皆執不可。軍器利弊，命公料簡。公區別良窳，衆謂熟於軍旅者未必能也。上以是有大用意。入翰林爲學士，典銓如故。明年，御史論湯丞相思退，章不下，內批以大學士奉祠。公當直，例作平詞，諫官云云。公連請去。三省擬除敷文閣直學士，上令進徽猷，提舉江州太平興國宮。閏三月，平江闕守，上親用公。先是，虜亮命張忠彥堅壁鳳翔拒吳璘，以劉萼攻擾襄漢，自將精鋭及簽軍分寇兩淮，謂我悉兵扞邊。乃別造舟膠西，刷河北壯丁雜金人號大漢軍，統以蘇尙書者，將由海道乘虛擣二浙。諜知其謀，詔浙西總管李寶率舟師禦之。公竭資糧器械濟寶，寶乘風盡焚虜舟。亮謀既壞，忿躁就斃。寶由左武大夫超授靖海軍節度，公有助焉。步帥李捧嘗請斷吳江橋防虜入，或又欲塹常熟縣之福山限其騎軍。公曰：「審爾，是棄吳以西耶！」凡堂帖、監司符驗，皆收不行。上幸金陵，從衛百須，傍郡承迎不暇，入公境獨無過求。公謂官拘商船聚近海縣，募水手留民兵，夾運河築烽臺，徒費無益，悉條奏散遣，吳人德之。三十二年夏，上將內禪，趣召公，日詢來期，遂還翰苑。凡傳位及登極赦、上太上尊號、追冊安穆皇后、封拜三王制詔，皆公視草。六月，進學士承旨，兼侍讀。隆興元年知禮部貢舉，皇城邏卒挾內侍王允修，侵辱士人，公引蘇軾奏陳慥故事以聞。閩士揖其友，邏者指爲傳義，欲掖出之，公命卒業。一士賦擅場，又有對策剴切，皆傍犯名諱，公爲取旨，許降等奏名。前二人，林光朝、樓鑰也。陳自修試詞科，擬制一語聱牙被黜。公薦其才學，特與教官。其愛惜士類如此。五月，同知樞密院事。張忠獻公以元樞督師江淮，公與宰相協心帷幄，凡處分機要，平議對境書檄，敷陳曲折，率稱上意。公前在從班，與正言周操議論不同，至是操爲侍御史，將以和戰不決彈公。疏未入，語漏，上徙操權吏部侍郎。公不自安，求去。上卻其章，請益力，以端明殿學士再提舉興國宮。還鄉，傾貲葺園圃，築小隱堂，日與昆朋賦詩飲酒，極溪山之樂。乾道六年，起知信州。民遇吉凶及營造困於科酒，諸縣重賦斂，州市物虧其直。公家鄰郡，素知之，至即亟爲罷行。旬日，驛召赴闕奏事。時江東圩田壞，徙公知太平州。前政即周御史，聞公來，不俟合符馳去。公追餞十里，曰：「前日國事，何嫌？今不爲子孫計耶？」交驩而行。公履圩埂，勸相徒役，用工數萬，人忘其勞。轉運張松妄奏圩未嘗決，民無轉徙，止當責成圩戶，裁省雇募。公乞朝臣按視，於是將作監馬希言、監察御史陳舉善繼來，直公之言。圩成，合四百五十有五。松方別治溧水永豐圩，過科工費，壑鄰逞憾。公曰：「郡當歲儉，方賑恤流移，勸分乞糴，如刲股不充喉，尚能飽他人之腹乎？」力訴於朝，就除知建康府、兼本道安撫使、行宫留守。上諭當制舍人范成大載公治績，且許入覲。時虞丞相允文有意北征，先移駐侍衛軍馬，驟增萬竈，敕公同二府議於内殿。公奏：「呂惠卿請與弼臣同對，神宗赫怒。近太上在金陵，張浚司留鑰，亦不許偕執政奏事，願别班引。」上批「所委體大，共議勿辭」，蓋近此所無也。進資政殿學士寵其行。至則蠲苗米耗剩，許民自持斛槩，徧走郊野，布置營壘，民居及冢墓一無相涉，諸將不能易。上賜手札曰：「寨地異同，卿挺身任責，非乃心王室疇克爾？」踰年役興，禁卒醉酒搖衆，公磔於市，帖帖無敢譟。御前軍常晝入旗亭，挺刃椎壚，公付獄鞫聞，統帥懼罪，乞付軍自治。上怒，罷統帥，公亦貶秩二等。頃之，五營乞公，亟還元官，加大學士。屬部饑，公疲精捄荒，食少事多，庸醫勸服礜石，鼻衄不止。暮夜，江船火近大軍倉，公馳救，疾益侵。祠章三上，淳熙元年春，乃許提舉臨安府洞霄宫。十一月甲午薨於里第，享年五十有五。積官大中大夫，贈宣奉大夫，爵本縣開國子，食邑六百户。四年正月丙午，葬湖陽七蟠山之原。妻咸安郡夫人朱氏，尚書右丞諤之孫，朝議大夫正剛二山之女。翰林狀公遺事上太常，謚曰文安。有文集八十卷，《東陽志》、《雙譜》各十卷，《錢譜》五卷。子男三人：楀，今爲奉直大夫、新知峽州；桾，早世；槔，今爲奉議郎、新兩浙轉運司幹辦公事，賜緋魚袋。女六人：四不及嫁，其二適禮部尚書木待問、提轄左藏東西庫陳由義，今俱亡。孫男七人：价，舊名恢，今爲奉議郎、淮東常平司幹辦公事；倪，承奉郎，早亡；佃，通仕郎；億，承奉郎；侹，伸、倓，未仕。孫女八人：長適儒林郎、新四川總領所幹辦公事佘忠卿，次適通直郎、前知德化縣汪杲，繼室以其妹；次許進士楊景受；二夭，餘未行。曾孫男三人：艾，將仕郎；蔚，登仕郎；著，將仕郎。公以二子升朝，累贈太師。咸安後公十二年十二月薨，與公同穴，贈秦國夫人。昔某試館職，公實發策。孝宗初元分掌內外制，每議事輒聯名，相與至厚，以是峽州遠求墓道之碑。惟公靜重明通，平居言不輕發。上前議論纚纚，語簡而理足。雖以文進，政術自高。與物無競，人不忍欺。守郡未嘗以公錢予人，親舊有求，捐俸不靳，故通貴而家無餘資。某既備書見聞，復繫以銘曰：劬躬壽後，有開於先。進德修業，惟嗣之賢。嗟嗟忠宣，奮身致主。生死朔南，兩極艱苦。天實憫之，三子英英。科名宦達，公則先鳴。翔於樞庭，底績三鎮。有猷有爲，謂復得政。何德之臧，而年弗長。惟文與行，沒世彌彰。彼崇者邱，屹立斯石。詩以颺之，有永無斁。

〔二〕原著者所用《宋史》版本有異。中華書局標點本《宋史·孝宗紀》於此條正作「木待問」，不誤。